Die Masken aus der Nekropole von Lipari

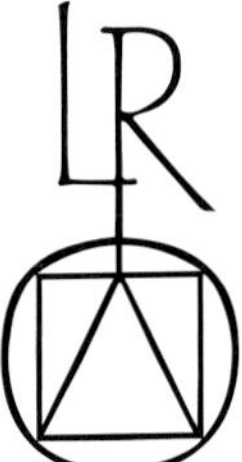

Deutsches Archäologisches Institut Rom

Palilia

Band 21

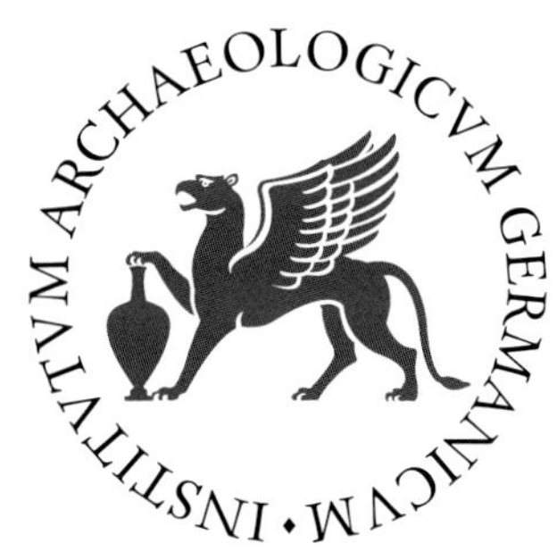

Agnes Schwarzmaier

Die Masken aus der Nekropole von Lipari

2011

Dr. Ludwig Reichert Verlag Wiesbaden

Umschlagbild:
Maske aus Grab 74 (D-DAI-ROM-2005.50; Foto H. Behrens)

Zugleich: Habilitationsschrift für das Fach Klassische Archäologie im Fachbereich Geschichts- und Kulturwissenschaften der Freien Universität Berlin

Für Martin

Redaktion: Deutsches Archäologisches Institut Rom

Satz, Bild und Prepress: Klaus E. Werner

Bibliografische Information der Deutschen Nationalbibliothek
Die Deutsche Nationalbibliothek verzeichnet diese Publikation in der Deutschen Nationalbibliografie; detaillierte bibliografische Daten sind im Internet über http://dnb.ddb.de abrufbar.

ISBN 978–3–89500–710–1

Gedruckt auf alterungsbeständigem Papier mit neutralem pH-Wert.
Printed in Germany.

Inhalt

Abkürzungen und Hinweise

Die antiken Autoren werden nach Der Neue Pauly zitiert. Zusätzlich zu den im Archäologischen Anzeiger von 1997 empfohlenen Abkürzungen und Sigeln werden folgende verwendet:

Agli albori della ricerca	M. A. Mastelloni – U. Spigo (Hrsg.), Agli albori della ricerca archeologica nelle Eolie, Museo Archeologico Regionale Eoliano (1998)
ARW	Archiv für Religionswissenschaft
Bieber, Theater	M. Bieber, The History of the Greek and Roman Theater (1961)
BTCGI, Lipari	L. Bernabò Brea – M. Cavalier, Lipari, in: G. Nenci (Hrsg.), Bibliografia topografica della colonizzazione greca in Italia e nelle isole tirreniche 9 (1991) 81–185
Burkert, Religion	W. Burkert, Griechische Religion der archaischen und klassischen Epoche (1977)
Castello	L. Bernabò Brea – M. Cavalier, Il Castello di Lipari e il Museo Archeologico Eoliano^{2} (1979)
Cavalier, Lipari-Maler	M. Cavalier, Nouveaux documents sur l'art du Peintre de Lipari (1976)
Cavalier, Stromboli	M. Cavalier, Necropoli greca di Stromboli, SicA 40, 1979, 7–26
Ceramica figurata	L. Bernabò Brea – M. Cavalier, La ceramica figurata della Sicilia e della Magna Grecia nella Lipara del IV sec. a. C. (1997)
Ceramica liparese	L. Bernabò Brea – M. Cavalier, La ceramica policroma liparese di età ellenistica (1986)
Dieci anni	U. Spigo – M. C. Martinelli (Hrsg.), Dieci anni al Museo Eoliano (1987–1996), Ricerche e studi. Quaderni del Museo Archeologico Regionale Eoliano 1 (1996)
Ecuba e Taltibio	L. Bernabò Brea, Ecuba e Taltibio: maschere delle Troiane di Euripide in una tomba liparese del IV sec. a. C., StItFilCl 13, 1995, 3–9
Enrico di Mandralisca	Enrico Pirajno di Mandralisca. Umanità, scienza e cultura in una grande collezione siciliana, Hrsg. Fondazione Mandralisca, Cefalù, Ausstellung Palermo (1998)
Da Eschilo a Menandro	L. Bernabò Brea – U. Spigo, Da Eschilo a Menandro. Due secoli di teatro greco attraverso i reperti archeologici liparesi, Ausstellung Lipari (1987)
Giuliani, Tragik	L. Giuliani, Tragik, Trauer und Trost (1995)
Graepler, Tonfiguren	D. Graepler, Tonfiguren im Grab (1997)
I Greci in Occidente	G. Pugliese Caratelli (Hrsg.), I Greci in Occidente, Ausstellung Venedig (1996)
Himmelmann, Realistische Themen	N. Himmelmann, Realistische Themen in der griechischen Kunst, 28. Ergh. JdI (1994)
Hinz, Kult	V. Hinz, Der Kult von Demeter und Kore auf Sizilien und in der Magna Graecia (1998)
Kurtz – Boardman, Thanatos	D. Kurtz – J. Boardman, Thanatos. Tod und Jenseits bei den Griechen (1985)
Libertini, Centuripe	G. Libertini, Centuripe (1926)
Maschere della tragedia	L. Bernabò Brea, Le maschere ellenistiche della tragedia greca, Cahiers du Centre Jean Bérard 19 (1998)
ML II	L. Bernabò Brea – M. Cavalier, Meligunìs Lipára II. La necropoli greca e romana nella contrada Diana (1965)

ML V	L. Bernabò Brea – M. Cavalier, Meligunìs Lipára V. Scavi nella necropoli greca di Lipari (1991)
ML VII	L. Bernabò Brea – M. Cavalier, Meligunìs Lipára VII. Lipari, Contrada Diana. Scavo XXXVI in proprietà Zagami (1975–1984) (1994)
ML IX 1	L. Bernabò Brea – M. Cavalier, Meligunìs Lipára IX. Topografia di Lipari in età greca, Parte I: L'Acropoli (1998)
ML IX 2	L. Bernabò Brea – M. Cavalier, Meligunìs Lipára IX. Parte II: La città bassa (1998)
ML X	L. Bernabò Brea – M. Cavalier, Meligunìs Lipára X. Scoperte e scavi archeologici nell'area urbana e suburbana di Lipari (2000)
ML XI	L. Bernabò Brea – M. Cavalier – F. Villard, Meligunìs Lipára XI. Gli scavi nella necropoli greca e romana di Lipari nell'area del terreno vescovile (2001)
MPTG	L. Bernabò Brea † (con la collaborazione di M. Cavalier), Maschere e personaggi del teatro greco nelle terracotte liparesi (2001)
MTL	L. Bernabò Brea, Menandro e il teatro greco nelle terracotte liparesi (1981)
Museo Eoliano	L. Bernabò Brea – M. Cavalier – U. Spigo, Lipari, Museo Eoliano (1994)
Museo Mandralisca	V. Consolo – V. Orlando – A. Tullio – T. Viscuso, Cefalù, Museo Mandralisca (1991)
Ritratti	L. Bernabò Brea (con la collaborazione di M. Cavalier), I ritratti greci nelle terracotte liparesi della prima metà del III secolo a. C. (2000)
RVP	A. D. Trendall, The Red-Figure Vases of Paestum (1987)
Terracotte teatrali	L. Bernabò Brea, Terracotte teatrali e buffonesche della Sicilia orientale e centrale (2002)
Trendall, RVUS	A. D. Trendall, Rotfigurige Vasen aus Unteritalien und Sizilien (1991)
Tullio, Museo Mandralisca	A. Tullio, La collezione archeologica del Museo Mandralisca (Cefalù) (1979)
Webster, Glasgow	T. B. L. Webster, The Stevenson Collection from Lipari – Terracottas, Scottish Art Review 12, 1969/70, 6–28
Webster, MTS²	T. B. L. Webster, Monuments Illustrating Tragedy and Satyr-Play² (1967) (= BICS Suppl. 20)
Webster, MMC³	T. B. L. Webster, Monuments Illustrating Old and Middle Comedy, revised and enlarged by J. R. Green³ (1978) (= BICS Suppl. 39)
Webster, MNC³	T. B. L. Webster, Monuments Illustrating New Comedy, revised and enlarged by J. R. Green and A. Seeberg³ (1995) (= BICS Suppl. 50)
Wiles, Masks	D. Wiles, The Masks of Menander (1991)

Vorwort

Die vorliegende Arbeit wurde 2002 unter dem Titel »Die Masken von der Insel Lipari« vom Fachbereich für Geschichts- und Kulturwissenschaften der Freien Universität Berlin als Habilitationsschrift angenommen. Die hier publizierte, überarbeitete Fassung war im Frühjahr 2004 weitestgehend abgeschlossen. Wesentlichen Anteil an der inhaltlichen Ausrichtung des Projektes hatte Adolf H. Borbein, der immer für Diskussionen zur Verfügung stand und durch seine kritischen Fragen erst den Blick öffnete für neue Wege und Gedanken. Er übernahm dankenswerterweise auch eines der Habilitationsgutachten.

Ohne die großzügige Förderung durch die Deutsche Forschungsgemeinschaft, die ein dreijähriges Habilitationsstipendium gewährte, hätte die Arbeit jedoch nicht zu einem Ende gebracht werden können.

Zahlreiche Museen haben mein Vorhaben unterstützt und Zugang zu ihren Funden und Archivaufzeichnungen gewährt. Besonders im Museo Eoliano in Lipari erhielt ich während meiner wochenlangen Aufenthalte durch Luigi Bernabò Brea (†), Madeleine Cavalier, Umberto Spigo, Filippo Famularo sowie das Museumspersonal tatkräftige Unterstützung und viele wichtige Hinweise. Besonders dankbar bin ich für die Genehmigung einer Photokampagne durch die Soprintendenza Archeologica in Messina (Giovanna Bacci Spigo) und das Museo Eoliano, die das DAI Rom im Museum von Lipari durchführen konnte. Überhaupt erst möglich gemacht wurde sie durch die Vermittlung und den Einsatz des damaligen Direktors des DAI Rom, Dieter Mertens. Dafür wie auch für die Aufnahme in die Reihe der Palilia weiß ich mich ihm und seinem Nachfolger Henner von Hesberg in besonderem Maße verpflichtet. Sylvia Diebner und der Photographin Heide Behrens bin ich für Organisation und Durchführung der zum Teil schwierigen Kampagne sehr verbunden. Die redaktionelle Betreuung lag in den Händen von Marga Sanchez de la Reina und Philipp von Rummel. Hans R. Goette verdanke ich nicht nur vielfältige Hilfestellung im Umgang mit griechischen Museen und Altertumsbehörden, sondern auch zahlreiche Photos und Hinweise. Jörg Denkinger hat mit großer Sorgfalt und Stilsicherheit die Phasenpläne der Nekropolenareale gestaltet. Sonja Grübl, Stefan Schaedel und Lore Schwarzmaier fertigten die Übersetzung der italienischen Zusammenfassung an. Die G. Rodenwaldt-Stiftung unterstützte die Photoausstattung des Buches mit einem namhaften finanziellen Beitrag. Ihnen allen danke ich herzlich.

Mein Dank für vielfältige Hilfe, beim Studium von Stücken, bei der Beschaffung von Photos und Literatur, für Auskünfte, Anregungen und Diskussionen gilt außerdem folgenden Institutionen mit ihren Mitarbeitern, Kollegen und Freunden: Agora Excavations Athen (Jan Jordan), DAI Athen, Kanellopoulos Museum Athen (Konstantinos Skabanias), Institut für Klassische Archäologie der FU Berlin, Museo Mandralisca Cefalù, Corinth Excavations (Nancy Bookidis, Ioulia Tzonou-Herbst), Kelvingrove Museum Glasgow (Simon Eccles), Museo Eoliano Lipari, British Museum London (Lucilla Burn), Institute of Classical Studies London mit dem Theaterarchiv von T. B. L. Webster (Geoffrey Waywell), Nationalmuseum Neapel (Stefano De Caro, Marinella Lista), Museo C. Faina Orvieto, Ashmolean Museum Oxford (Michael Vickers), Nationalmuseum Palermo (Carmela A. di Stefano), DAI Rom, Archäologisches Museum Syrakus (Concetta Ciurcina, A. Curcio), Nationalmuseum Tarquinia.

Lilian Balensiefen, Marianne Bergmann, Fritzi Jurgeit-Blanck und Horst Blanck, Elke Böhle-Neugebauer und Alexander Böhle, Vinzenz Brinkmann, Tim Carter, Ortwin Dally, Annegret Fauser, Marina Fievet, Klaus Fittschen, Egon Flaig, Barbara Fritsch, Wilfried Geominy, Daniel Graepler, Dagmar Grassinger, John Richard Green, Uwe Hafemeister, Wolf-Dieter Heilmeyer, Nikolaus Himmelmann, Jens Holzhausen, Ursula Knigge, Irmgard Kriseleit, Uta Kron, Antje Krug, Michael Krumme, Johannes Laurentius, Madeleine Mertens-Horn, Johannes Müller, Gloria Olcese-Hiener, Bärbel Paetzel, Gertrud Platz-Horster, Jürgen W. Riethmüller, Frank Rumscheid, Annelies und Oriol Schaedel, Renate Schlesier, Margot Schmidt (†), Andreas Scholl, Axel Seeberg, Magdalene Söldner, Klaus Stemmer, Jutta Stroszeck, Cornelia Weber-Lehmann, David Wiles, Hartmut Zinser.

Schließlich und nicht zuletzt danke ich meiner Familie von Herzen, meinen Eltern für die stetige Anteilnahme und Unterstützung in allen Phasen der Arbeit, meinem Mann für seine liebevoll aufmunternde, kluge und geduldige Art, mit der er manche Krisen ertrug und meistern half. Ihm widme ich das Buch.

Berlin, Januar 2008

I Einleitung

1 Fragestellung und wissenschaftliche Verortung der Arbeit

Gräber sind eine der wichtigsten Quellen für die Erforschung vergangener Kulturen und ihrer Gesellschaften. Ihre oft reichhaltigen Inventare haben sich in der Regel viel besser erhalten als vergleichbare Gegenstände aus Siedlungskontexten. Zugleich wurde auf die Ausschmükkung von Grabbauten und die Gestaltung von Grabmonumenten viel Arbeit, Kunstfertigkeit, Phantasie und Mühe verwendet. Bereits daran läßt sich ablesen, daß der Tod des Menschen seit jeher als eine existenzielle, wenn auch naturgegebene Bedrohung angesehen wurde, die zu verstärkter Aktivität führte. Die Angst vor dem Tod fordert einerseits zur Auseinandersetzung heraus, fördert andererseits aber auch seine Verdrängung. Die Ethnologie hat ganz unterschiedliche Verfahrensweisen beobachtet, wie mit einem Leichnam umgegangen wurde[1]. Verbrennung und Körperbestattung, wie sie in der griechisch-römischen Antike üblich waren, stellen nur zwei von vielen Möglichkeiten dar. Ebenso vielfältig waren die Riten, die nach einem Todesfall vollzogen werden mußten, bevor bei der trauernden Gemeinschaft wieder der Normalzustand einkehren konnte. Dem Tod wohnt demnach eine immense kulturhervorbringende Kraft inne, die in unterschiedlichen Gegenden zu ganz eigenen Lösungen des Umganges mit ihm geführt hat[2]. Genauso unterschiedlich sind natürlich die Vorstellungen, die sich an das Sterben und das Danach knüpfen. All dies kann im Laufe der Zeit Veränderungsprozessen unterliegen[3].

Über die Bestattungssitten im klassischen Athen ist man aufgrund der Grabungen und der schriftlichen Überlieferung ganz gut orientiert. Anders sieht es in den griechischen Kolonien Unteritaliens aus, für die Schriftquellen zum täglichen Leben weitgehend fehlen. Nicht nur die an Edelmetallfunden reichen Gräber, die in den Nekropolen von Tarent, aber auch an anderen Orten wie zum Beispiel Canosa zutage gekommen sind, die in Athen aber keine Parallele finden, lassen vermuten, daß trotz gemeinsamer Grundzüge regionale Gepflogenheiten bei der Herausbildung der Grabsitten eine große Rolle spielten. Einfach die attischen Verhältnisse auf die Kolonien zu übertragen, scheint also nicht ratsam. Deshalb wuchs mein Plan, den Umgang mit dem Tod und die daraus entstandene Kultur an einer aussagekräftigen Nekropole in Unteritalien zu untersuchen.

Hier bot sich die Insel Lipari mit ihren ausgedehnten und vergleichsweise gut erschlossenen Grabarealen an, zumal dort eine Fülle von hochinteressanten und qualitätvollen Kunstgegenständen zutage gekommen war. Eine liparische Besonderheit stellen die vielen tönernen und bunt bemalten Masken dar, die sowohl in einer Reihe von Grabinventaren als auch im Nekropolengelände verstreut gefunden wurden. Man bezog sie immer auf das griechische Theater und vermutete deshalb, daß in den zugehörigen Gräbern Schauspieler oder Theaterliebhaber bestattet waren[4]. Diese Deutung ist sehr unwahrscheinlich, weil einerseits in Lipari bisher Zeugnisse für Theaterbetrieb und Schauspieler fehlen – sieht man von den Masken und Komödienterrakotten aus dem Nekropolengelände ab – und weil andererseits auch Kinder- und Frauengräber mit Maskenbeigaben bedacht wurden. Nach ihrer Vergesellschaftung mit Trinkkeramik zu urteilen, besaßen die Masken vermutlich eher eine Funktion im Rahmen des Bestattungsrituals. Aus diesem Grunde sollen sie als Ausgangspunkt dienen, um Genaueres über die Behandlung der Toten, die Bestattungszeremonie und wenn möglich auch über damit verbundene Vorstellungen zu erfahren.

1 P. Metcalf – R. Huntington, Celebrations of Death. The Anthropology of Mortual Ritual² (1991) 24 f.; S. C. Humphreys in: dies. – H. King (Hrsg.), Mortality and Immortality. The Anthropology and Archaeology of Death (1981) 5; B. d'Agostino – A. Schnapp in: G. Gnoli – J.-P. Vernant (Hrsg.), La mort, les morts dans les sociétés anciennes (1982) 18 f.; Vernant ebenda 7 ff. – Ich danke E. Böhle-Neugebauer für zahlreiche Diskussionen zu diesem Themenkomplex.

2 Metcalf – Huntington a. O. 25. 27 (Anm. 1); J. Kinnes in: R. Chapman – J. Kinnes – K. Randsborg, The Archaeology of Death (1981) 83; Humphreys a. O. 5 f. (Anm. 1). – Zur kulturhervorbringenden Kraft des Todes: J. Assmann, Der Tod als Thema der Kulturtheorie (2000) 13 ff. und passim.

3 Vgl. Ph. Ariès, L'homme devant la mort (1977); M. Vovelle, Piété baroque et déchristianisation (1973). Beide Arbeiten behandeln die sich wandelnden Einstellungen zum Tod im Frankreich der frühen Neuzeit; Metcalf – Huntington a. O. 20 f. 26 f. (Anm. 1).

4 R. R. Holloway, Gnomon 39, 1967, 402 f. (= Rez. zu ML II); dazu skeptisch P. G. McC. Brown, Liverpool Classical Monthly 9, 7, 1984, 110. Bernabò Brea, MTL 21, sieht die Theaterbegeisterung der Liparer als eine der Triebfedern (neben mystischen Jenseitsvorstellungen) für die Deponierung von Theaterterrakotten und Masken am Grab.

Das Erkenntnisinteresse bezieht sich also auch auf den Totenkult und damit auf die religiöse Seite des Grabrituals.

Die hier vorgelegte Untersuchung stellt den kontextuellen Zusammenhang der Nekropole in den Mittelpunkt. Um die Vergesellschaftung der Grabbeigaben auswerten und übersichtlich dokumentieren zu können, wurde eine Datenbank angelegt, in die knapp 800 liparische Gräber von der Koloniegründung bis ins 1. Jahrhundert v. Chr. aufgenommen wurden[5]. Dafür wurden die Beigaben und andere Merkmale typologisiert und die Gräber nach einer groben chronologischen Gruppenzuordnung sortiert. Eine Korrespondenzanalyse zur Herstellung einer relativen Reihenfolge der Gräber aufgrund von Ähnlichkeitsmerkmalen der Beigaben[6] und deren Umsetzung in ein Zeitgerüst war nicht möglich, da nicht von allen publizierten Gräbern Abbildungen der Funde vorliegen, die allein eine genaue und konsequente Typologisierung erlaubt hätten. So muß man sich bisweilen auf Beschreibungen und die Nomenklatur der Ausgräber verlassen, die jedoch zwischen den einzelnen Bänden der Publikation schwanken kann. Was das chronologische System angeht, folgt die Arbeit bei der Zuordnung der Gräber bis auf einige begründete Ausnahmen den publizierten Angaben der Ausgräber, denn deren chronologisches Gerüst erwies sich weitgehend als tragfähig[7]. Die archäologischen Ordnungsmethoden wie beispielsweise die Scheidung in Typen oder die Stilanalyse sind nicht Selbstzweck, sondern werden als Hilfsmittel eingesetzt, um weitergehende Fragen beantworten zu können und zielen letztlich auf eine kulturhistorische Betrachtung, bei der auch kulturanthropologische Ansätze berücksichtigt werden.

In welchem Verhältnis steht die Arbeit damit zur bisherigen Grabforschung und vor allem zur augenblicklich herrschenden methodisch-theoretischen Diskussion? Die traditionelle Grabforschung, die im 19. Jahrhundert wurzelte und das Bild bis in die 70er Jahre des 20. Jahrhunderts bestimmte, kümmerte sich entweder um die Publikation von Gräbern bzw. Nekropolen oder setzte sich mit der Funktion und Bedeutung von Grabbeigaben auseinander. Im Vordergrund stand bei dieser Forschungsrichtung jeweils die Frage nach dem Tod und dem Umgang mit ihm, verbunden mit einer Heilstheologie, die unreflektiert im christlichen Weltbild der Forscher wurzelte[8]. Bei der Veröffentlichung von Fundmaterial und Ergebnissen aus Nekropolengrabungen lag der Schwerpunkt naturgemäß auf der Materialvorlage, während die Auswertung in der Regel keinen großen Raum einnahm[9]. Dies gilt zum Beispiel sowohl für die den Gräbern im Kerameikos gewidmeten Bände als auch noch für die erst kürzlich erschienene großangelegte Publikation der Nekropolen von Samothrake[10]. Aus Bestattungsart, Grabbau und Beigaben zog man häufig direkte Rückschlüsse auf die soziale Stellung der Grabinhaber bzw. ihrer Familien, die unbewußt von den modernen Maßstäben des Bearbeiters geprägt waren. In den Objekten im Grab sah man einerseits individuelle Gaben der Hinterbliebenen an den jeweiligen Toten. Andererseits versuchte man, im Lichte der schriftlichen Überlieferung aus den einzelnen, isoliert betrachteten Gegenständen die dahinterstehenden Vorstellungen von Tod und Jenseits herauszulesen[11]. Auch die Arbeiten zu Funktion und Bedeutung von Grabbeigaben beschäftigten sich meist mit einzelnen Stücken, Dekorationsmotiven oder Gattungen, die losgelöst von ihrem konkreten Grabkontext behandelt wurden. Im Rahmen einer überregionalen, weite Verbindungslinien ziehenden Betrachtungsweise wurden wiederum auch Schriftquellen zur Erklärung herangezogen.

Dieser Forschungsrichtung wurde in den letzten Jahrzehnten zurecht mangelnde methodische Reflexion vorgeworfen, dennoch sind viele dieser Arbeiten anregend

5 Die Dokumentation mußte sich auf die in ML II, V, VII und X publizierten Gräber beschränken. Stark gestörte Befunde, die überhaupt keine Aussage mehr zuließen, wurden weggelassen, außerdem die römischen Gräber aus nachchristlicher Zeit. Leider macht die Grabungspublikation besonders zur Bestattungsart nicht immer vollständige bzw. eindeutige Angaben.

6 Hierzu vgl. Graepler, Tonfiguren 67 ff., bes. 71 ff.; vgl. auch die kritische Wertung der methodischen Voraussetzungen von N. Himmelmann, JdI 115, 2000, 280–283; J. Müller – A. Zimmermann (Hrsg.), Archäologie und Korrespondenzanalyse. Beispiele, Fragen, Perspektiven (1997) passim.

7 Aus zwei Gründen war es nicht möglich, eine eigene Chronologie der Gräber zu erarbeiten: Einerseits hätte dies den Zeitplan für das Projekt gesprengt. Andererseits erhielt ich nicht so freizügigen Zutritt zu den ausgedehnten Magazinen des Museums von Lipari wie es für ein solches Unterfangen notwendig gewesen wäre. Dies erwies sich aber im Verlaufe der Arbeit auch nicht als unbedingt erforderlich.

8 Beispiele für solche Arbeiten hat Graepler, Tonfiguren 151 Anm. 15 aufgezählt. Zudem könnte man den neuen Aufsatz von E. Kunze-Götte, AM 114, 1999, 61–73 anführen. Graeplers abwertende Haltung zu diesen Arbeiten teile ich nicht. – Zu der Gefahr, Tod und Jenseitsvorstellungen der Griechen durch die christliche Brille zu sehen vgl. L. Bruit Zaidman – P. Schmitt Pantel, Die Religion der Griechen. Kult und Mythos (1994) 79 f.

9 Eine Ausnahme bildet die Vorlage der Nekropolen von Olynth: D. M. Robinson, Olynthus XI, Necrolynthia (1942).

10 E. Dusenbery, Samothrace XI, The Necropoleis (1998).

11 Zu diesen traditionellen Positionen vgl. Graepler, Tonfiguren 149–152. Er neigt jedoch um der Polarisierung willen zu Überzeichnungen.

und aus ihrer Entstehungszeit heraus als Beiträge zur Diskussion zu verstehen. Die gleich zu besprechende Gegenbewegung, die seit den 70er Jahren des vergangenen Jahrhunderts im angelsächsischen Sprachraum und hauptsächlich im Bereich der Ur- und Frühgeschichte ihren Ausgang nahm, schien dafür bisweilen Methode und Theorie zum Selbstzweck zu entwickeln, anstatt diese am konkreten Kontext auf ihre Brauchbarkeit zu testen[12].

Kritik an den Positionen der traditionellen Grabforschung entzündete sich unter anderem an den vermuteten persönlichen Motiven und Vorlieben für die Auswahl der Grabbeigaben. Dieser Ansicht widersprechen nämlich die strengen Regeln, die sich sowohl bei der Anlage der Grabareale als auch bei der Zusammensetzung und Deponierung der Grabinventare an vielen Orten, man denke nur an Lipari oder Tarent[13], beobachten ließen und die über lange Zeiträume Gültigkeit behielten. Sie legen vielmehr die Ansicht nahe, daß die Individualität eine wesentlich geringere Rolle spielte als kollektive Vorstellungen einer Gemeinschaft, die diese Regeln entweder explizit verordnete oder als gültige Normen anerkannte[14]. Daß auch individuelle Motive der Trauernden und besondere Vorlieben der Verstorbenen bei der Auswahl der Beigaben beteiligt waren[15], ist unzweifelhaft, da sie einem zutiefst menschlichen Antrieb im Umgang mit Tod und Trauer entspringen, doch entziehen sich gerade diese Fälle unserer Erkenntnis.

Die neueren methodisch reflektierten und theoretisch fundierten Ansätze in der Nekropolenforschung nehmen eben diese Regelhaftigkeit ernst, auch wenn je nach Fragestellung und Erkenntnisinteresse starke Unterschiede bei ihrer Interpretation bestehen. Denn die Totenstädte werden gegenwärtig als Ausgangspunkt für viele Fragestellungen verwendet, die sich über die engen Grenzen dieser Kontexte hinaus auf die dahinterstehende Gesellschaft oder das Gemeinwesen beziehen. Man sucht aus der Stadt der Toten Rückschlüsse auf die dazu komplementäre der Lebenden zu ziehen und fragt nach der politischen und sozialen Ordnung bzw. deren Veränderungen im Laufe der Zeit, nach Hinweisen auf Bevölkerungszahl und -struktur, nach der ethnischen Zusammensetzung des Gemeinwesens, nach wirtschaftlicher Potenz und Handelsbeziehungen. Die direkt auf die Nekropole bezogenen Fragen – nach der Organisation und räumlichen Entwicklung des Grabareals sowie nach den Bestattungsgebräuchen, Totenriten und besonders nach der kultischen Seite des Grabrituals sind dagegen augenblicklich in den Hintergrund getreten[16]. Der überwiegenden Zahl der Arbeiten ist jedoch gemeinsam, daß die Friedhöfe als geschlossene Kontexte befragt und ausgewertet werden, also möglichst alle ergrabenen Gegenstände und Informationen in die Betrachtung einbezogen werden[17].

Nicht alle diese Ansätze sind in Zusammenhang mit der hier verfolgten Fragestellung von Interesse oder von Nutzen. Deshalb beschränkt sich der Überblick auf wenige große Linien.

Insbesondere über die New Archaeology (oder Processual Archaeology) und die daran geübte Kritik, die zur Entstehung des Postprozessualismus und des Kreises um Ian Hodder beitrug, gibt es neuerdings eine relativ umfangreiche, zusammenfassende und wertende Literatur[18], so daß auf eine Ausbreitung von Thesen und Gegenthesen hier verzichtet werden kann, zumal diese stark theoretisch orientierte Richtung in den USA und in Großbritannien

12 Dies trifft besonders auf die New Archaeology und ihre Reaktion zu, dazu s. u. Text zu Anm. 18–20.

13 Zu Lipari s. u. im Kapitel IV 2 a, zu Tarent vgl. Graepler, Tonfiguren 150. Man hat den Eindruck, daß die Beigabenzusammensetzung in Nekropolen fast immer auf ein bestimmtes Spektrum von Gegenständen beschränkt ist und demnach Regeln unterliegt.

14 Hierzu generell R. Jones, Rules for the Living and the Dead: Funerary Practices and Social Organisation, in: M. Struck (Hrsg.), Römerzeitliche Gräber als Quellen zu Religion, Bevölkerungsstruktur und Sozialgeschichte, Kolloquium Mainz 18.–20. Februar 1991 (1993) 249 f.

15 Dazu im Hinblick auf Beigaben in den Gräbern Roms: H. v. Hesberg in: P. Fasold u. a. (Hrsg.), Bestattungssitte und kulturelle Identität, Kolloquium Xanten 16.–18. Februar 1995 (1998) 27 f.

16 Vertreter der methodisch-theoretisch fundierten Herangehensweise wie beispielsweise I. Morris, Death-Ritual and Social Structure in Classical Antiquity (1992) 21. 201 bezweifeln, daß man die religiöse Seite am antiken Grabritual zu fassen bekommen kann. Die Ausnahme bildet der sehr fundierte Aufsatz von N. Valenza-Mele, Dialogues d'histoire ancienne 17/2, 1991, 149–174, in dem sie vor allem anhand der Schriftquellen die Veränderung der Jenseitsvorstellungen von der homerischen Zeit bis zum 4. Jh. und ihren Reflex in den Nekropolen betrachtet. Allerdings wird die Frage des Grabkultes dabei nicht beleuchtet.

17 Bei den französischen Forschern um Vernant spielen die Grabkontexte allerdings eine geringere Rolle als Bilder und Schriftquellen (hierzu s. u.). Vgl. z. B. den Aufsatz von J.-P. Vernant in: Humphreys – King a. O. 285–291 (Anm. 1).

18 z. B. A. Cazella, DialA 3, 1985, 11 ff.; H. Härke, AKorrBl 19, 1989, 185 ff.; T. Champion in: I. Hodder (Hrsg.), Archaeological Theory in Europe. The Last Three Decades (1991) 129 ff.; M. Cuozzo, AnnAStorAnt 3, 1996, 1 ff. (Der Artikel berücksichtigt besonders Theorie und Methode im Umgang mit Nekropolen); R. Bernbeck, Theorien in der Archäologie (1997) 35 ff. Zu Gräberanalysen übergreifend 251 ff.; M. Eggert – U. Veit (Hrsg.), Theorie in der Archäologie: Zur englischsprachigen Diskussion (1998).

vor allem auf prähistorischem Feld entwickelt, auf dessen Fragestellungen zugeschnitten und – wenn überhaupt – an dessen Materialbasis erprobt wurde. Auf klassisch-archäologischem Gebiet, wo man durch literarische, historische und epigraphische Quellen meist eine ungleich bessere Ausgangsbasis für das Verständnis der materiellen Kontexte besitzt, haben diese Methoden bisher kaum eine Rolle gespielt, auch wenn Anthony Snodgrass in mehreren Aufsätzen angemahnt hat, das darin enthaltene Erkenntnispotential gerade für die ägäische Frühgeschichte und die »dunklen Jahrhunderte« zu nutzen[19]. Die einzige Ausnahme bilden Ian Morris und James Whitley[20], die versucht haben, methodische Strategien aus der New Archaeology in modifizierter Form für die Auswertung von Nekropolen einzusetzen. Ihre Werke zeichnen sich durch die Reflexion über die theoretischen Grundlagen ihrer Arbeit, einen sozialanthropologischen Ansatz und die Anwendung statistischer Verfahren aus. Aber auch ihnen geht es letztlich nicht um die Nekropole und den Umgang mit dem Tod, sondern um Erkenntnismöglichkeiten für die antike Wirtschafts- und Sozialgeschichte. Die Ergebnisse dieser Forschungsrichtung, die in unserem Zusammenhang wichtig sind (die meisten betreffen die Welt der Lebenden), werden in der Einleitung zu den Kapiteln über die Grabkontexte zusammengefaßt.

Die modernen französischen Fragestellungen sind einerseits dem Strukturalismus und der Semiotik, andererseits der Tradition der Annales-Schule[21] und der Religionssoziologie verpflichtet[22]. Sie beziehen sich jedoch eher auf Bilder und Texte (und den Mythos) als auf Grabungskontexte. Allerdings haben sie durch die Zusammenarbeit mit dem Neapler Istituto Orientale doch Einfluß auf die Auswertung von Grabkontexten genommen. Der Neapler Kreis um Bruno d'Agostino am »Centro di Studi sull'Ideologia Funeraria nel Mondo Antico« hat sowohl diese aus der französischen Forschung stammenden methodischen Ansätze als auch die englischsprachige Auseinandersetzung um die New Archaeology und ihre Reaktion rezipiert und zu einem pragmatischen Konzept umzuformen versucht[23], das auch in der Praxis, das heißt bei der konkreten Analyse von Nekropolen und den aus ihnen stammenen Funden einsetzbar ist. Den Neapler Forschern geht es also nicht in erster Linie um die Erprobung und Bestätigung einer Theorie, sondern um die Erklärung des Kontextes. Dabei sind die Fragestellungen breit gestreut, neben einer sozialgeschichtlich und ethnographisch, zum Beispiel auf die Akkulturation der unteritalischen Stämme ausgerichteten Forschung[24], stehen auch Fragen zu den Totenriten (»ideologia funeraria«) und Todesvorstellungen[25].

In die Nachfolge der Neapler Schule hat sich Daniel Graepler bei seiner Auswertung der Gräber mit Terrakottenbeigaben aus Tarent gestellt[26]. Er brandmarkt die traditionellen Positionen der Grabforschung als unreflektierten Ausfluß christlicher Geisteshaltung, die mit den Er-

19 A. Snodgrass, AJA 89, 1985, 31 ff.; ders., An Archaeology of Greece (1987) 7 ff.; ders. in: A. H. Borbein – T. Hölscher – P. Zanker (Hrsg.), Klassische Archäologie. Eine Einführung (2000) 347 ff.

20 I. Morris, Burial and Ancient Society (1987) passim mit Rez. von B. d'Agostino – A. M. D'Onofrio, Gnomon 65, 1993, 41–51; C. Köberle – C. Rohweder, Boreas 14/15, 1991/92, 5–13; J. Bergemann, AM 114, 1999, 39 ff. – Vgl. auch die Kritik von E. Kistler, Die »Opferrinne-Zeremonie«. Bankettideologie am Grab, Orientalisierung und Formierung einer Adelsgesellschaft in Athen (1998) 13 ff.; I. Morris, Burial and Ancient Society After Ten Years, in: S. Marchegay – M.-T. Le Dinahet – J. F. Salles (Hrsg.), Nécropoles et pouvoir: Idéologies, pratiques et interprétations, Actes du Colloque Théories de la Nécropole Antique, Lyon 21–25 janvier 1995 (1998) 21–36; ders., Death-Ritual and Social Structure in Classical Antiquity (1992) mit Rez. von R. Garland, Gnomon 67, 1995, 245 ff.; J. Whitley, Style and Society in Dark Age Greece. The Changing Face of a Pre-Literate Society 1100–700 B.C. (1991). – Zu Wertung und Kritik an der Arbeitsweise von Morris und Whitley s. M. Cuozzo, AnnAStorAnt 3, 1996, 29 f.

21 Zusammenfassend zur Schule der Annales: P. Burke, Offene Geschichte. Die Schule der »Annales« (1990); J. Last in: I. Hodder – M. Shanks – A. Alexandri u. a. (Hrsg.), Interpreting Archaeology. Finding Meaning in the Past (1995) 141 ff.; A. Gurevich ebenda 158–161; T. Knopf in: Eggert – Veit a. O. 273 ff. (Anm. 18). – Zur Anwendung in der archäologischen Forschung R. Hodges in: R. Francovich – D. Manacorda (Hrsg.), Lo scavo archeologico: dalla diagnosi all'edizione (1990) 421 ff., bes. 423 f.

22 Zur französischen Wissenschaftstradition in der Archäologie bis zur Gegenwart: S. Cleuziou u. a. in: I. Hodder (Hrsg.), Archaeological Theory in Europe. The Last Three Decades (1991) 91 ff.; F. Lissarrague – A. Schnapp in: Borbein – Hölscher – Zanker a. O. 365 ff. (Anm. 19).

23 Zu den progressiven Tendenzen in der italienischen Archäologie seit den 70er Jahren s. B. d'Agostino in: Hodder, Archaeological Theory a. O. 61 ff. (Anm. 18); vgl. auch die Zusammenfassung bei Graepler, Tonfiguren 155 f.

24 z. B. A. Pontrandolfo in: Marchegay – Le Dinahet – Salles a. O. 125 ff. (Anm. 20)

25 z. B. Valenza-Mele a. O. 149 ff. (Anm. 16).

26 Graepler, Tonfiguren. Vgl. die Rez. von F. Rumscheid in: Göttinger Forum für Altertumswissenschaft 2, 1999, 1001 ff., bes. 1011–1026 und von H. Herdejürgen, BJb 199, 1999, 576 f. sowie die ausführliche und grundsätzliche Bewertung von N. Himmelmann, JdI 115, 2000, 280–292. Vgl. auch die Bemerkungen von M. Schmidt, AntK 43, 2000, 99 mit Anm. 68. 70; dies., Gnomon 72, 2000, 442 mit Anm. 4. – Zur Kritik an Graeplers Ansatz siehe auch unten im Kapitel VI, Text zu Anm. 1497–1507.

kenntnissen der Ethnologie und der Kulturanthropologie zur tiefergehenden Motivation des Bestattungsrituals nicht vereinbar seien. Anstelle einer Erklärung der Objekte im Grab als Gaben an die Toten mit eventueller Bedeutung für das Jenseits propagiert er eine Funktion der Gegenstände im Rahmen des Bestattungsrituals. Die Terrakotten seien Teil eines Zeichensystems, mit dem die gesellschaftliche Rolle der Grabinhaber innerhalb der Polis beschrieben worden sei. Bei einem Teil der Funde überzeugt diese Interpretation durchaus. Es scheint beispielsweise sehr plausibel, die nackten sitzenden Frauenstatuetten in den Gräbern von jungen Mädchen als Zeichen für die durch vorzeitigen Tod nicht erreichte Hochzeit anzusehen[27]. Dennoch wirkt dieses Erklärungssystem einseitig und starr[28] und bleibt gleichzeitig unkonkret, da der Ablauf der Zeremonien am Grab, in die die Terrakotten vermutlich eingebunden waren, nicht thematisiert wird. Graepler gesteht zwar zu, daß die Rituale auch religiöse Aspekte hatten – solche findet er möglicherweise in dem Set aus Kanne und zweihenkeliger Tasse, das geschlechtsunabhängig in sehr vielen Gräbern auftaucht[29] – aber sie bleiben durch die Überbetonung der Rollentheorie nur eine Randerscheinung. Er läßt also eine der wesentlichen Triebfedern für den Umgang mit dem Tod außer Acht. Zugleich ist auch seine vehemente Ablehnung des Jenseitsbezuges[30] mit anthropologischen Erkenntnissen nicht in Einklang zu bringen, denn die Auseinandersetzung mit der Angst vor dem Tod schließt logischerweise das Jenseits ausdrücklich ein. Der Glaube an eine Weiterexistenz nach dem Tod – in welcher Form auch immer – gehört zu den emotionalen Grundbedürfnissen menschlicher Natur[31]. Trotz dieser Einwände ist die Arbeit von Graepler ein höchst anregendes, klug reflektiertes und wichtiges Buch, das auf vielen Gebieten methodisch neue Wege gegangen ist. Daß sich der Autor zur Verdeutlichung seines Anliegens bisweilen schärfer als nötig von der bisherigen Forschung abzusetzen wünscht, ist verständlich.

Zusammenfassend läßt sich festhalten, daß die neue, methodisch-theoretisch fundiertere Forschungsrichtung die Nekropolen unter sozialen und wirtschaftlichen Aspekten betrachtet, während die eigentlich primäre Frage, diejenige nach dem Tod und dem Totenkult vernachlässigt wird. Dies hängt meines Erachtens mit einer zur Zeit vorherrschenden Scheu zusammen, sich religiösen Phänomenen anders als unter sozialem und wirtschaftlichem Blickwinkel zu nähern. Religion wird entweder als Zeichen wirtschaftlicher Gegebenheiten analysiert oder als ein innersoziales Phänomen angesehen, das das Funktionieren der Gesellschaft ermöglicht. Religion ist demnach »unverzichtbarer Teil ihrer Identität«[32].

In der Forschung wurde jedoch besonders von althistorischer Seite auch darauf hingewiesen, daß in der griechischen Antike nicht zwischen profan und sakral getrennt wurde[33]. Religiöse Akte wie Spenden an die Götter gehörten zu allen politischen und sozialen Handlungen, seien es Gerichtsverfahren, Vertragsabschlüsse oder ein

27 Graepler, Tonfiguren 212–218. 239.

28 Auch Rumscheid a. O. 1024 (Anm. 26) sieht bei der Deutung »eine Tendenz zur Vereinheitlichung der möglichen Inhalte«.

29 Graepler, Tonfiguren 178 ff. 189 (s. hierzu Kapitel VI). Auch die Unguentarien werden auf den Totenkult bezogen.

30 Die Existenz von Jenseitshoffnungen in Tarent leugnet er nicht (ebenda 160), aber er gesteht ihnen keinerlei Relevanz für die Erklärung der Gegenstände im Grab zu.

31 B. Malinowski, Magic, Science and Religion (1948) 33. Auch das Modell von Hertz, van Gennep, Turner und anderen, nach der die Bestattung als Rites de passage in drei Schritten ablaufe, impliziert diese »andere Welt«, vgl. Metcalf – Huntington a. O. 29 ff. 79 ff. (Anm. 1). Beispiel auf Madagaskar: ebenda 130; vgl. auch J. Ozols, Über die Jenseitsvorstellungen des vorgeschichtlichen Menschen, in: H. J. Klimkeit (Hrsg.), Tod und Jenseits im Glauben der Völker (1978) 14 ff., bes. 15. 35 f.; J. F. Thiel, Tod und Jenseitsglaube in Bantu-Afrika, ebenda 40 ff., bes. 40. 43.

32 s. Bruit Zaidman – Schmitt Pantel a. O. 17 (Anm. 8); in diesem Sinne werden auch Mythen auf ihre Funktion in konkreten gesellschaftlichen Zusammenhängen befragt, bevorzugtes Forschungsobjekt der französischen Strukturalisten um Vernant. Mythen gelten oft als Spiegelung, Überhöhung und Erklärung ritueller Vorgänge und damit als Quellen, aus denen sich die Riten der religiösen Feste wiedergewinnen lassen. Diesem Ansatz sind unter anderem die Arbeiten von W. Burkert, aber auch die neue französische Geschichte der griechischen Religion von Bruit Zaidman und Schmitt Pantel (Anm. 8) verpflichtet; vgl. H. Cancik – B. Gladigow – K. H. Kohl, Handbuch religionswissenschaftlicher Grundbegriffe IV (1998) 418 ff. s. v. Religion (Kehrer). Ebenda 422 zum funktionalistischen Religionsbegriff; zu den neueren Ansätzen in der Religionswissenschaft zusammenfassend: F. Stolz, Grundzüge der Religionswissenschaft[2] (1997). – Zu Religion als innersozialem Phänomen, das vor allem in Frankreich Thema neuerer religionssoziologischer Arbeiten ist: G. Baudy in: E. R. Schwinge (Hrsg.), Die Wissenschaften vom Altertum am Ende des 2. Jahrtausends n. Chr. (1995) 240 f. – Zu den Arbeiten von Burkert vgl. Kapitel VI Anm. 1423. 1442. 1444. Eine Wertung seines Ansatzes gibt Baudy a. O. 246. 252 f. (Anm. 32); R. Schlesier in: R. Faber – B. Kytzler, Antike heute (1992) 101–103. Vgl. auch die Rez. von B. Gladigow, GGA 235, 1983, 1–16 zu Burkert, Religion.

33 W. R. Connor, »Sacred« and »Secular«, in: Ancient Society 19, 1988, 161–185 am Beispiel des klassischen Athen; Bruit Zaidman – Schmitt Pantel a. O. 13 (Anm. 8); N. Himmelmann, Attische Grabreliefs (1999) 127.

Symposion im Privathaus[34]. So gesehen ist mit jeder religiösen Handlung eine soziale Komponente untrennbar verbunden. Die Sichtweise, die kultische Fragen ausblendet und sich auf die ›rational‹ zu beurteilenden Fragen von Wirtschaft und Gesellschaft zurückzieht, projiziert damit unser laizistisches Weltbild auf die Antike. Allerdings scheint dabei ein vom christlichen Religionsverständnis herrührendes Mißverständnis unterlaufen zu sein, denn man hat unter »Religion« in der griechischen Antike kein Dogma oder festes Gedankengebäude zu verstehen, sondern die Beachtung und richtige Durchführung der religiösen Riten: »Religion ist, was man tut«[35].

Nikolaus Himmelmann hat zurecht bemängelt, daß in der Arbeit von Johannes Bergemann über die attischen Grabreliefs der kultische Aspekt vollkommen vernachlässigt, ja bewußt negiert worden ist[36]. Himmelmann hat dagegen anhand der Grabepigramme, der sonstigen schriftlichen Überlieferung zum Totenkult und der archäologischen Befunde dargelegt, daß die Grabstelen selbst Objekte des Grabkultes waren und rituelle Pflege erhielten[37]. Die Motivation für ihre Aufstellung war also nicht nur eine soziale, die Selbstdarstellung der Familie, sondern auch eine religiöse. Die Errichtung eines Grabmonuments gehörte zu den Pflichten, die die Nachkommen gegenüber den Verstorbenen im Rahmen des Bestattungsrituals und der Grabpflege zu erfüllen hatten. Die Monumente – seien es Grabfiguren wie Kuros oder Kore, Reliefstelen oder Grabgefäße – sollten nicht nur die Familie, sondern auch Passanten zum Totengedächtnis (memoria) und zum Grabkult aufrufen, um ein Weiterleben der Verstorbenen in der Erinnerung der Lebenden zu gewährleisten. Dies galt natürlich besonders für Jungverstorbene, die keine direkte Nachkommenschaft hinterließen. Aus diesem Grunde haben Kinderlose häufig einen Erben adoptiert, wie wir aus Gerichtsreden über Erbstreitigkeiten wissen.

Jan Assmann hat das an die Toten geknüpfte Gedenken als die »Urform kultureller Erinnerung« herausgestellt[38]. Dadurch daß sich eine ganze Gruppe im Gedenken an die Ahnen eint, stiftet es Gemeinschaft und stellt zugleich ein soziales Phänomen dar[39]. Als Pietät der sich Erinnernden gegenüber der Leistung der verstorbenen Vorfahren ist es eigentlich in allen Gesellschaften wirksam und dürfte zu den »universalen Grundstrukturen der menschlichen Existenz« gehören, da es einen Weg darstellt, die Macht des Todes zu begrenzen.

Die Vorstellung, daß die Kontinuität des Oikos dem Tod seine Macht nimmt, läßt sich auch in Griechenland nachweisen. Bereits in der Ilias galt kinderloser Tod als ein großes Unglück. In der Odyssee ist der unglückliche Schatten des Achill erst dann milder gestimmt, als er von Odysseus erfährt, daß sein Sohn Neoptolemos sich nach dem Vorbild des Vaters verhält und kriegerischen Ruhm erwirbt, der auch auf den Vater zurückfällt[40]. Bei Pindar und in den »Choephoren« des Aischylos finden sich Aussagen, daß der Tote in seinen Kindern und deren Erinnerung weiterlebe[41]. In diesem Sinne dürfte auch die Darstellung der Verbundenheit zwischen den Familienmitgliedern auf den attischen Grabstelen zu verstehen sein.

Totengedächtnis und Grabpflege stellen demnach zwei der Möglichkeiten dar, wie in der griechischen Antike mit dem Tod umgegangen wurde. Auch wenn ein Großteil der Belege aus Athen stammt, spricht viel dafür, daß man

34 Zu sakralen Handlungen beim Symposion vgl. P. von der Mühll in: B. Wyss (Hrsg.), Ausgewählte kleine Schriften (1976) 488 f.

35 Bruit Zaidman – Schmitt Pantel a. O. 9–26. 29 (Anm. 8); Burkert, Religion 32; T. S. Scheer, Die Gottheit und ihr Bild. Untersuchungen zur Funktion griechischer Kultbilder in Religion und Politik (2000) 66.

36 Himmelmann a. O. 97 ff. (Anm. 33). Er konstatiert eine Tendenz, religiöse und emotionale Motive in der attischen Grabreliefforschung auszuschalten. Die gleiche Kritik äußert er ebenda 126 Anm. 156 über einen Aufsatz von B. E. A. Meyer.

37 N. Himmelmann, Attische Grabreliefs (1999) 33. 38; ders., »Aufruf zum Totengedächtnis«. Zur religiösen Motivation attischer Grabreliefs, in: AW 30, 1999, 21–30. Zur Funktion der Grabreliefs vgl. auch M. Meyer, Thetis 5/6, 1999, 115–132.

38 J. Assmann, Das kulturelle Gedächtnis[2] (1999) 33 f. 61–63; vgl. dazu D. Harth, Das Gedächtnis der Kulturwissenschaften (1998) 104 (Hinweis O. Dally). – Zum Problem von Erinnerung und Gedächtnis generell s. H. Cancik – B. Gladigow – M. Laubscher (Hrsg.), Handbuch religionswissenschaftlicher Grundbegriffe II (1990) 299–323, bes. 313 s. v. Erinnerung/Gedächtnis (Cancik – Mohr).

39 Vgl. P. Schmitt Pantel in: Gnoli – Vernant a. O. 177 ff. (Anm. 1). Sie betont die Wichtigkeit des Totengedenkens auch noch im Hellenismus, das in Form von Gedenkbanketten geschehen konnte. Die »memoria« war zugleich ein Zentralproblem mittelalterlicher Frömmigkeit und Gemeinschaft. Verbrüderungsbücher von Klöstern bezeugen das gegenseitige Totengedenken (für das Seelenheil) über den unmittelbaren Einzugsbereich des eigenen Klosters hinaus. Zum Begriff »memoria« im Mittelalter vgl. Lexikon des Mittelalters VI (1993) 510–513 s. v. Memoria, Memorialüberlieferung (Oexle); O. G. Oexle – D. Geuenich (Hrsg.), Memoria in der Gesellschaft des Mittelalters (1994); O. G. Oexle (Hrsg.), Memoria als Kultur (1995).

40 Vernant in: Humphreys – King a. O. 288 f. (Anm. 1).

41 Pind. frg. 104 c; Aischyl., Choeph. 503 ff.; vgl. W. Haedicke, Die Gedanken der Griechen über Familienherkunft und Vererbung (1937) 37. 39 f. Das Buch kann allerdings die Nähe seines Autors zu nationalsozialistischer Ideologie nicht verleugnen. – Diese Hinweise verdanke ich E. Böhle-Neugebauer.

nicht nur dort, sondern in ganz Griechenland und auch in Unteritalien so verfahren ist. An religiösen Riten, besonders solchen im Totenkult wurde im allgemeinen lange festgehalten. Wie dieser Grabkult dann konkret aussah, ist in jedem Einzelfall an den Kontexten zu prüfen. Dies soll hier für die Nekropolen in Lipari versucht werden.

2 Die Verhältnisse auf Lipari. Geschichte und archäologische Erforschung

Die Nekropolen lassen sich nicht aus dem leeren Raum heraus verstehen und erklären, sondern sie stehen in einer Wechselwirkung mit der Welt der Lebenden in der griechischen Polis Lipari. Deren Geschichte, gesellschaftliche Gliederung und wirtschaftliche Potenz hatte Einfluß auf Aussehen, Struktur und Entwicklung der Grabareale. Deshalb ist es notwendig, zunächst kurz unsere Kenntnis zu diesen Problemkreisen zu resümieren, soweit sie für die hier behandelte Fragestellung von Interesse sind. Aufgrund der Quellenlage wird das Bild dieser antiken Polis hauptsächlich durch die schriftliche Überlieferung gezeichnet. Wie weit es mit den archäologischen Daten übereinstimmt, wird zu prüfen sein. Denn die schriftlichen Nachrichten – vor allem bei Diodor – beziehen sich hauptsächlich auf kriegerische Ereignisse sowie Geographie und Bodenschätze der Inseln, während man über die Sozialstruktur, die politischen Institutionen oder die Kulte fast nichts erfährt[42].

a Zu Geschichte und den wirtschaftlichen Ressourcen Liparis

Die Geschichte der griechischen Besiedlung auf Lipari beginnt mit der Ankunft von Kolonisten aus Knidos und möglicherweise aus Rhodos, ein Ereignis, das Diodor in die Zeit der 50. Olympiade, also zwischen 580 und 576 v. Chr. datiert. Nach einer langen, auch archäologisch nachgewiesenen Abfolge von prähistorischen Hochkulturen mit weitverzweigten Handelsbeziehungen im ganzen Mittelmeerraum muß die Insel seit dem 9. Jahrhundert v. Chr. kaum noch bewohnt gewesen sein[43]. Danach scheint sich der Aufstieg der Siedlung allerdings relativ schnell vollzogen zu haben, wenn er auch mit großen Kraftanstrengungen, vor allem bei der Abwehr von Angriffen etruskischer Seeräuber, verbunden war. Dies zumindest ist einer Diodorstelle zu entnehmen, in der auch das einzige Mal ein Blitzlicht auf die Sozialstruktur fällt. Denn dort (V 9, 4) wird berichtet, daß man in einer Krisenzeit, in der tyrrhenische Piraten die Inseln bedrohten, für eine längere Periode dazu übergegangen sei, einen Teil der (männlichen) Bevölkerung zum Kampf abzustellen, während ein anderer das Land gemeinsam bewirtschaftete, das dazu wie aller Privatbesitz in Gemeineigentum überführt worden war. Folgerichtig speiste man auch in staatlicher Tischgemeinschaft. Später habe man auf Lipari das Land wieder verteilt. Die übrigen – geringer besiedelten – Inseln blieben gemeinsames Weideland, bevor auch sie wieder in Parzellen aufgeteilt wurden, die aber alle zwanzig Jahre durch Verlosung den Besitzer wechselten. Diese Passage wird von Historikern als Hinweis auf eine zumindest zeitweilige kommunistische Staatsform gewertet, in der alle Bewohner gleichen Anteil am Allgemeinvermögen gehabt hätten[44]. Wann nach der Koloniegründung diese Krisenphase eintrat, die eine solche Maßnahme notwendig machte, und wie lange sie anhielt, läßt sich nur vermuten[45], denn es fehlt jede Parallelüberlieferung.

Ebenfalls in Verbindung mit Angriffen tyrrhenischer Seeräuber oder feindlich gesinnter etruskischer Flottenverbände[46], die von den Liparern ihrerseits gekontert wurden, standen mehrere Weihungen in das Apollonheiligtum von Delphi, darunter eine große Statuengruppe, die an prominentester Stelle und weithin sichtbar auf der Stützmauer direkt neben dem Tempel aufgestellt war. Mit zwanzig Großbronzen eines argivischen Bildgießers und einer monumentalen Stifterinschrift gibt sie einen Hinweis auf erheblichen Reichtum und stolz zur Schau gestelltes Selbstbewußtsein der »Knidier aus Lipari«. Von

42 Dabei wissen wir – nicht zuletzt dank der Forschungen von Bernabò Brea und Cavalier – über die Geschichte Liparis noch vergleichsweise gut Bescheid; BTCGI, Lipari 81–83; RE XIII 1 (1926) s. v. Lipara 719 ff. (Ziegler).

43 Diod. V 9, 1–4. Diodor spricht von 500 alteingesessenen Einwohnern. Als einzige Quelle erwähnt er auch einige Rhodier unter den Siedlern. Nur Knidier: Thuk. III 88, 2; Strab. VI 2, 10; Paus. X 11, 3. Das bei Eusebius angegebene Gründungsdatum 628/27 v. Chr. ist mit den archäologischen Befunden weniger gut in Einklang zu bringen (dazu s. u. Text zu Anm. 77). Zu Gründung und Frühgeschichte der Kolonie vgl. M. Cavalier, La fondazione della Lipara Cnidia, in: La colonisation grecque en méditerranée occidentale, Kongreß für G. Vallet, Rom – Neapel, 15-18 novembre 1995 (1999) 293 ff; V. Merante, Kokalos 13, 1967, 88–104; Castello 75; ML IX 1 17. – Zur Gründungssage G. Colonna in: I. Berlingò u. a. (Hrsg.), Damarato. Studi di antichità classica offerti a Paola Pelagatti (2000) 265–269.

44 Vgl. die überzeugende Interpretation der Passage durch R. J. Buck, ClPhil 54, 1959, 35–39; M. Giuffrida, Kokalos 24, 1978, 186 mit Anm. 52. – Etwas anders akzentuiert durch M. Cavalier in: La colonisation grecque a. O. 294 f. (Anm. 43).

45 Buck a. O., bes. 38 f. argumentiert, daß das eigentliche kommunistische Krisenmanagement von etwa 535 bis zum Ende des 6. Jhs. dauerte (Anm. 44).

46 Hierzu vgl. Giuffrida a. O. 175–200 (Anm. 44).

diesem Votiv, das wohl in der 1. Hälfte des 5. Jahrhunderts geschaffen wurde, haben sich die Basis mit Inschrift und eine Beschreibung bei Pausanias erhalten[47].

Die Notwendigkeit, Lipari gegen äußere Feinde zur See zu verteidigen, bildete offenbar ein Grundproblem, das sich wie ein roter Faden durch die ganze Geschichte zog. Durch seine günstige Lage als sicherer Hafen auf dem Seeweg vom östlichen Mittelmeer und von Sizilien durch die Straße von Messina nach Kampanien bot es in einem Gebiet, das besonders im Winterhalbjahr von heimtückischen Stürmen heimgesucht wurde, einen begehrten Stützpunkt. So streckten erst die Athener auf ihrer sizilischen Expedition 427 und 426/25 v. Chr. die Hand nach der im syrakusanischen Einflußbereich liegenden Insel aus, dann ließen sich die Karthager mit Tributen friedlich stimmen[48]. Die Syrakusaner ihrerseits legten Wert darauf, den Inselstaat im 4. Jahrhundert unter ihrer Kontrolle zu behalten[49], zumal sein Reichtum zusätzliche Begehrlichkeiten weckte. Diodor (XX 101, 1–3) berichtet von einem Überfall des Agathokles von Syrakus im Jahre 304, bei dem er fünfzig Talente Silber erpreßte, die aus den Tempelschätzen für Hephaistos und Aiolos genommen werden mußten. Nach Agathokles' Tod 289 v. Chr. kam Lipari dagegen in die punische Einflußzone[50] und muß seit den 60er Jahren des 3. Jahrhunderts sogar eine karthagische Garnison beherbergt haben. Dies wurde der Stadt im Ersten punischen Krieg allerdings zum Verhängnis. Die Römer versuchten mehrfach, den Karthagern diese zum unteritalischen Festland günstig gelegene Flottenbasis abzujagen und eroberten und zerstörten die Stadt[51] schließlich nach einer Belagerung im Jahre 252/51 v. Chr. Nach einer Phase der Ruhe, die wohl auf Schwäche und relative Bedeutungslosigkeit der Insel zurückzuführen war, geriet Lipari noch einmal in den Blickpunkt, als es sich im römischen Bürgerkrieg zwischen Octavian und Sextus Pompeius auf dessen Seite schlug[52]. Welchen Status Lipari seit augusteischer Zeit besaß – Plinius d. Ä. spricht von »oppidum civium Romanorum« – ist in der Forschung umstritten. Luigi Bernabò Brea und Madeleine Cavalier vermuten, daß auf Lipari eine Veteranenkolonie angesiedelt wurde[53].

Der zweite Themenkomplex, zu dem die Schriftzeugnisse ausgiebig Auskunft geben, sind die wirtschaftlichen Ressourcen Liparis und seiner Nachbarinseln sowie die Rohstoffvorkommen, die dem Vulkanismus verdankt wurden. Der ältere Plinius erwähnt vor allem Alaun, Bimsstein und Schwefel[54], aber auch die warmen Quellen, die von Heilung suchenden Badegästen frequentiert wurden[55]. Dazu kommen noch der seit vorgeschichtlicher Zeit verhandelte Obsidian und die Kaolingruben, die nachweislich bereits in spätklassischer Zeit ausgebeutet wurden[56]. Als weitere Quellen des Reichtums werden die guten Häfen, der reiche Fischbestand der umliegenden Gewässer und die Fruchtbarkeit der Insel genannt[57].

47 Paus. X 11, 3; X 16, 7; M. F. Courby, FdD II (1927) 142 ff.; C. Vatin, Ostraka 2, 1993, 145 ff.; Giuffrida a. O. 187 f. mit Anm. 59 (Anm. 44); L. Rota, StEtr 41, 1973, 143 ff. geht von mehreren liparischen Weihungen in Delphi aus, ebenso Bernabò Brea – Cavalier in: BTCGI, Lipari 101 ff., bes. 106.

48 Zu den Angriffen im Peloponnesischen Krieg, s. Thuk. III 88, 1–4; III 115, 1; Diod. XII 54, 4. Zu den karthagischen Tributforderungen von 396 v. Chr., Diod. XIV 56, 2.

49 Es sieht so aus, als habe Lipari zusammen mit Tyndaris im späten 4. Jh. versucht, sich von der Syrakusaner Einmischung zu befreien. Jedenfalls gibt es eine gemeinsame Münzprägung von Lipari und Tyndaris aus den Jahren 309–304 v. Chr., L. Zagami, Le monete di Lipari (1959) 22. 30–32.

50 Bereits 269 v. Chr. scheint der karthagische Admiral Hannibal bei Lipari geankert zu haben (Diod. XXII 13, 7). L.-M. Hans, Karthago und Sizilien (1983) 91.

51 Diod. XXIII 20; Pol. I 39, 13; Polyain. VIII 20; Zonaras VIII 14. Die Zerstörung der Stadt muß ziemlich gründlich geschehen sein, denn die Wohnbebauung, sowohl auf der Akropolis als auch hinter der Mauer, wurde danach neu angelegt.

52 App. civ. V 97; V 105–122; Cass. Dio XLIX 1, 6; XLIX 2, 4. Diese Auseinandersetzungen fallen in die späten 40er und frühen 30er Jahre des 1. Jhs. v. Chr. und kulminierten in der Schlacht bei Mylai (heute Milazzo) im Jahre 36 v. Chr.

53 Plin. nat. III 93. – Zur Interpretation der Stelle: G. Manganaro in: ANRW 11, 1 (1988) 16–22, bes. 18 f.; R. J. A. Wilson, Sicily under the Roman Empire (1990) 40 f. Er lehnt die Meinung ab, Lipari habe seit augusteischer Zeit den Status eines municipiums besessen; vgl. auch E. F. Castignino Berlinghieri, The Aeolian Islands: Crossroads of the Mediterranean Maritime Routes. A Survey on Their Maritime Archaeology and Topography from the Prehistoric to the Roman Periods (2003) 31 f. 92. 123. – Zur möglichen Veteranenkolonie Bernabò Brea und Cavalier in: BTCGI, Lipari 153 f.

54 Alaun: Plin. nat. XXXV 184 (alumen); Diod. V 10; Strab. VI 1, 10 (στυπτηρία). Schwefel von den äolischen Inseln: Plin. nat. XXXV 175. Bimsstein: Plin. nat. XXXVI 154.

55 Plin. nat. XXXI 61; Diod. V 10, 1; Strab. VI 1, 10; vgl. die mit einer mykenischen Tholos gefaßte warme Quelle in San Calogero an der Westküste Liparis: L. Bernabò Brea in: L'eau, la santé et la maladie dans le monde grec, BCH Suppl. 28 (1994) 169–181. Zu den Grabungen in den 1980er Jahren und 1992 M. Cavalier ebenda 183–192.

56 Dazu s. u. Kapitel II 1 a Anm. 103.

57 Diod. V 10. – Zu Handel und Seefahrt in den Gewässern um die äolischen Inseln s. neuerdings Castignino Berlinghieri a. O. (Anm. 53) (Hinweis F. Rumscheid).

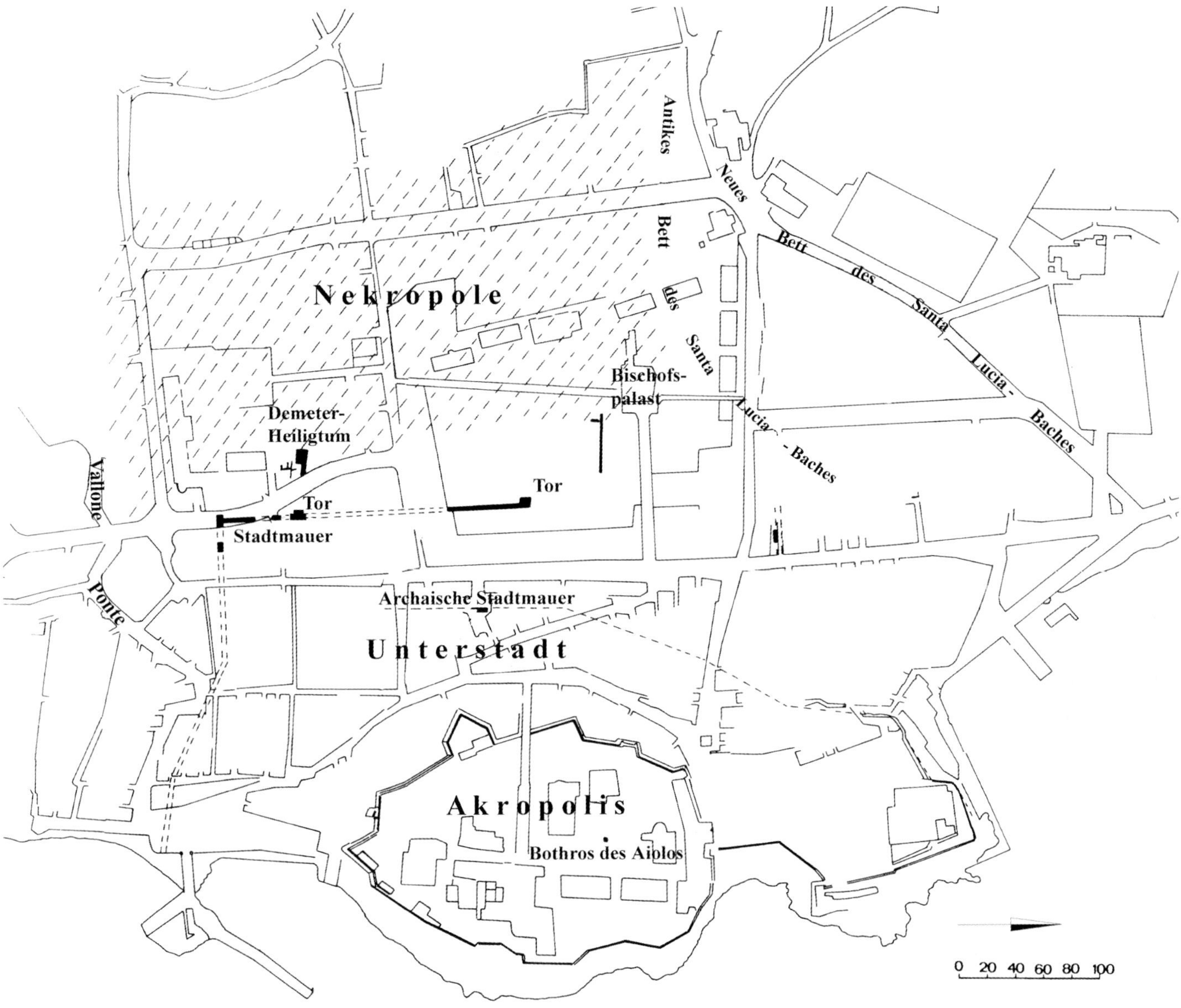

Abb. 1: Plan der Stadt Lipari

b Zur Grabungs- und Forschungssituation in Lipari

1948 begann in den liparischen Nekropolen (Abb. 1) die kontinuierliche Grabungstätigkeit durch den Prähistoriker Luigi Bernabò Brea und seine Mitarbeiterin Madeleine Cavalier, die in nunmehr über fünfzigjähriger Dauer zur Aufdeckung von mehr als 2600 Gräbern geführt hat[58]. Dabei konzentrierte sich die Arbeit zunächst auf das westlich der Stadt in einer Senke gelegene Gebiet der antiken Hauptnekropole, das bis in die 70er Jahre noch eine Gartenlandschaft war. Es wurde jedoch nicht systematisch ergraben, sondern nur bei konkreten Bauvorhaben in begrenzten Abschnitten erforscht, die bis heute keine zusammenhängende Fläche ergeben[59]. Auch die kleineren Begräbnisplätze in den Stadtteilen S. Anna und Portinenti kamen zufällig bei Bauarbeiten zutage. Für ein größer angelegtes Projekt fehlten sowohl ausgebildetes Personal als auch finanzielle Mittel. Es muß also nicht verwundern, daß

58 Zusammenfassend zur Grabungsgeschichte: BTCGI, Lipari 146 ff.

59 Das in den frühen 70er Jahren auf dem Gebiet des bischöflichen Palastes begonnene Projekt, das ohne Zeitdruck eine größere zusammenhängende Fläche erforschen sollte, ist zugunsten dringenderer Aufgaben abgebrochen worden. Dazu gehörten die Stadtmauergrabung (ML IX 2 71 ff.) und die Flächen 29–33 und 35 in der Nekropole (ebenda 73). Letztere sind nun in dem Band von L. Bernabò Brea † – M. Cavalier – F. Villard, Meligunìs Lipára XI, Gli scavi nella necropoli greca e romana di Lipari nell'area del terreno vescovile (2001) vorgelegt, der hier jedoch nicht mehr en détail berücksichtigt werden konnte.

die Grabungen bis in die jüngste Zeit von Improvisation und dem Zwang zum »Do-it-yourself«-Prinzip geprägt waren. Der Zeitdruck bei diesen Notgrabungen sowie die Unmengen von zu bergendem Fundmaterial wirkten sich vor allem auf die Qualität der Grabungsdokumentation und der Pläne aus. So wurde auf ein Vermessungsnetz für das Gebiet der Nekropole verzichtet[60]. Die durchweg unvollständigen Gesamtpläne haben denn auch eher den Anspruch von Lageskizzen.

So sehr die Dokumentation der Kontexte bei der Aufdeckung Wünsche offen läßt, so eindrucksvoll und vorbildlich wurde die Ordnung und Unterbringung der Fundmaterialien organisiert. Ein großer Teil der Funde wurde in ihrem Grabzusammenhang im großen Museumskomplex auf der einstigen Akropolis – auch didaktisch anschaulich aufbereitet – ausgestellt, und auch die in den Magazinen aufbewahrten Gegenstände lassen sich leicht finden, identifizieren und gegebenenfalls wieder zu Grabkontexten zusammenstellen[61].

Frühere Grabungen sind aus den Jahren vor 1864 und um 1879 aktenkundig geworden[62], als die Barone Mandralisca bzw. die Familie Scolarici auf ihren Territorien im Nekropolengelände der Contrada Diana nach Kunstgegenständen suchen ließen. Über die Fundumstände existieren nur kurze Notizen, die keine Rekonstruktion von Grabkontexten erlauben, doch sind die Funde wenigstens öffentlich zugänglich. Die Sammlung der Mandralisca füllt heute in Cefalù ein eigenes Museum[63], während die Objekte aus dem Besitz der Scolarici als Stiftung des schottischen »Bergbaubarons« Stevenson ins Kelvingrove Museum Glasgow gelangten[64]. Einige Stücke aus der Sammlung Stevenson gerieten über den Kunsthandel zudem ins Ashmolean Museum Oxford[65].

Die bei den Grabungen von Paolo Orsi 1928 geborgenen Grabinventare[66], die im Museum in Syrakus deponiert wurden, scheinen dagegen zumindest teilweise verschollen zu sein. Alle in Syrakus aufbewahrten Fundstücke aus Lipari wurden inzwischen an das Museo Eoliano auf der Insel zurückgegeben[67].

1976 wurde bei sehr begrenzten Grabungen im Ortsteil Ficogrande auf Stromboli von Cavalier ein kleiner Friedhof aufgedeckt, der sowohl nach den Charakteristika der Bestattung als auch den Beigaben nicht von den entsprechenden Kontexten in Lipari zu trennen ist[68]. Terrakotten und Keramik stammen aus der liparischen Produktion.

Während man durch die ausgedehnten Grabungen über das Aussehen der Nekropolen auf Lipari also vergleichsweise gut unterrichtet ist, bleibt die Kenntnis über die antike Stadt (Abb. 1) dürftig. Sie liegt noch fast vollständig unter der modernen Siedlung verborgen und konnte nur bei Bauarbeiten ergründet werden. Lediglich innerhalb der mittelalterlichen Zitadelle, die der antiken Akropolis entspricht, hat man größere Nachforschungen anstellen können und ist auf prähistorische Häuser sowie eine späthellenistische Wohnbebauung mit einem regelmäßigen Straßennetz gestoßen[69]. Zudem fand man mehrere Bothroi, darunter einen aufwendig gemauerten, den die Ausgräber mit dem vergöttlichten Inselheros Aiolos verbinden[70]. Diese als Votivdepots interpretierten Gruben reichen bis in die Gründungsphase der griechischen Kolonie in der 1. Hälfte des 6. Jahrhunderts v. Chr. zurück.

60 Erst für die Grabungen im Bereich der Stadtmauer wurde Anfang der 80er Jahre ein Vermessungsgitter gelegt, das jedoch nur für ein begrenztes Gebiet gültig war.

61 Das gilt leider nicht in gleichen Maße für sporadische Funde.

62 G. Libertini, Le isole Eolie nell'antichità greca e romana (1921) 182 Taf. 5 und andere berichten über Stücke in liparischem Privatbesitz, so daß es auch Zufallsfunde oder Grabungen in begrenztem Umfang gegeben haben muß, über die keine Aufzeichnungen vorliegen. – Zu den Grabungen der Mandralisca und Scolarici: A. Tullio in: Enrico di Mandralisca 17 f.; C. Cavedoni, BdI 1864, 54–56 (zur Sammlung Mandralisca); M. Cavalier in: Enrico di Mandralisca 25 f.; A. S. Murray, JHS 7, 1886, 51–56 (zur Sammlung Stevenson).

63 Tullio, Museo Mandralisca 13 f. 27. 29–31. 41–47 Taf. 6. 7. 12–16; Museo Mandralisca 68–86. 88; Enrico di Mandralisca 17 ff. mit Abb. 6–31.

64 A. D. Trendall – T. B. L. Webster, Scottish Art Review 12, 1, 1969, 1–7. 28 mit Abb.; CVA Glasgow 39 ff. Taf. 43–47, 1. 2.

65 D. Gill – M. Vickers, Antiquities from the Lipari Islands in the Ashmolean Museum, Oxford, in: V. Giustolisi (Hrsg.), Vulcano. Introduzione alla storia e all'archeologia nell'antica Hiera (1995) 223–234. Ich danke M. Vickers für die Zusendung des Artikels sowie seine Hilfe und Gastfreundschaft in Oxford.

66 P. Orsi, NSc 1929, 62 ff.

67 BTCGI, Lipari 147.

68 Cavalier, Stromboli.

69 ML IX 1 101 ff. zur späthellenistischen Bebauung. Gebäude aus der griechischen Koloniezeit fehlen bisher, obwohl Keramik- und Terrakottenfragmente von der Nutzung des Geländes zeugen (ebenda 24. 134). Die prähistorischen Grabungen sind in Meligunìs Lipára IV (1980) publiziert.

70 ML IX 1 41 ff.; F. Villard ebenda 221 ff. zur Keramik aus dem Bothros. Er hält (ebenda 245) den »Bothros des Aiolos« jedoch zumindest ab der Mitte des 5. Jhs. für eine Abfallgrube. Die (zweifelhafte) Zuschreibung des Bothros an den Inselheros beruht nur auf einer Kanne mit der Ritzinschrift AIO, die Bernabò Brea zu »Aiolou« ergänzt (ebenda 75). Vgl. dazu G. Manganaro, Chiron 22, 1992, 388. – Weitere Bothroi: ML IX 1 81–97.

So wird auch das kultische Zentrum der Siedlung auf der Akropolis vermutet[71], auch wenn Kultbauten im Stadtgebiet bisher nicht nachgewiesen werden konnten. Möglicherweise liegen ihre Reste unter einem der zahlreichen Kirchenkomplexe auf dem Felsplateau. Die Bauten aus der griechischen Phase der Stadt vor der Zerstörung von 252/51 v. Chr. sind gänzlich unbekannt, sieht man von der Stadtmauer ab. Ein kleines Stück der vorklassischen Mauer aus polygonalem Mauerwerk wurde unter dem Platz im Stadtzentrum östlich des Corso Vittorio Emanuele[72] entdeckt. Von der spätklassischen Befestigung und einer ihr vorgelagerten Verteidigungslinie aus spätrepublikanischer Zeit konnte dagegen nach und nach ein größeres Stück der Westflanke gegen das Inselinnere mit zwei Toren verfolgt werden[73].

Sonst wurden bei Sondagen nur späthellenistische oder römische Gebäude entdeckt: Auf der nördlich des Akropolisfelsens eine Stufe tiefer liegenden Terrasse der Piazza Mazzini wurde das Fundament eines großen römischen Gebäudes freigelegt, dessen Funktion unklar blieb[74]. Außerdem ergrub man eine römische Thermenanlage in der Nähe des Bischofspalastes, weiter südlich ein weiteres römisches Haus mit einem Privatbad, beides in der Vorstadt außerhalb des griechischen Mauerringes[75], sowie eine römische Häuserzeile, die innen an die Stadtmauer grenzte[76]. Eine archäologische Überlieferung aus der Stadt, die mit den griechischen Schichten der Nekropole gleichzeitig wäre, fehlt also völlig.

Vergleicht man die schriftliche Überlieferung mit den archäologischen Befunden der Grabungen, so ergeben sich nur wenige Überschneidungen. Das von Diodor überlieferte Gründungsdatum der Kolonie und die Herkunft der Siedler aus Kleinasien wurde durch die Funde bestätigt. Die älteste Keramik in der Nekropole stammt anscheinend aus dem 2. Viertel des 6. Jahrhunderts[77]. Einige Gegenstände ohne genau bekannten Fundort sind ägyptische Importe aus dieser Zeit, so der Aryballos mit der Kartusche des Pharao Apries (Regierungszeit 585–570 v. Chr.) und einige Ushabtis aus Fayence[78]. Die ältesten Keramikfragmente im »Bothros des Aiolos« sind nur wenig später zu datieren[79]. Für die Herkunft der Ankömmlinge aus dem südlichen Kleinasien spricht die frühe Gebrauchskeramik, die in Formen und Dekor der in der Umgebung von Knidos gefundenen einheimischen Ware entspricht[80].

Zudem bestätigen die archäologischen Befunde die Nachrichten über zwei kriegerische Ereignisse: Spuren der Kampfhandlungen bei Belagerung und Zerstörung der Stadt im Jahre 252/51 v. Chr. konnten vor der Stadtmauer ausgegraben werden, darunter viele Geschützkugeln und Lanzenspitzen[81]. Wie weit sich die Katastrophe als Zäsur unmittelbar in der Nekropole abzeichnet, ist schwerer zu beurteilen. Meines Erachtens spricht die Entwicklung der Grabinventare mehr für einen schleichenden, aber lang andauernden Niedergang, der schon im zweiten Viertel des 3. Jahrhunderts eingesetzt haben dürfte und erst mit der Gründung der römischen Kolonie überwunden wurde. Vergleicht man allerdings das Spektrum der kunsthandwerklichen Erzeugnisse aus dem 1. Viertel des 3. Jahrhunderts mit dem aus dem letzten Viertel, könnte der Kontrast nicht größer sein, da die ästhetisch und künstlerisch anspruchsvollen Gattungen nach der Mitte des 3. Jahrhunderts anscheinend nicht mehr hergestellt wurden.

Für die Beteiligung Liparis im römischen Bürgerkrieg ergaben die Grabungen ebenfalls Hinweise. Denn man entdeckte auf weite Strecken unmittelbar westlich der damals wohl nicht mehr sehr wirkungsvoll schützenden spätklassischen Mauer einen weiteren Steinwall auf höherem Niveau, der sehr schnell und mit Spolienmaterial aufgeworfen worden sein muß, als man sich im Seekrieg zwischen Sextus Pompeius und Octavian gefährdet fühlte[82].

71 ML IX 1 27–30 zu den Kulten der griechischen Kolonie Lipára. Bernabò Brea und Cavalier vermuten (ebenda 28) den Tempel des Stadtgottes Hephaistos unter der Kathedrale. Vgl. auch M. Cavalier in: La colonisation grecque en méditerranée occidentale, Kongreß für G. Vallet, Rom – Neapel 1995 (1999) 300 f.

72 Ehemals Piazza Monfalcone, inzwischen umbenannt. ML IX 2 17 f. mit Taf. 134.

73 ML IX 2 31 ff. 75 ff. 181 ff.; L. Bernabò Brea in: Saggi in onore di G. de Angelis d'Ossat (1987) 19–24.

74 ML IX 2 19 ff., bes. 24.

75 ML IX 2 47 ff.; ML X 213 ff. (Grabungsareal 47 von 1993–96).

76 ML IX 2 84 ff.; ML X 185 ff. (Grabungsareal 48, 1995/96).

77 F. Villard in: ML XI 2 781 ff. Vgl. auch Bernabò Brea in: Dieci anni 98 ff.; Cavalier, Lipari-Maler 15.

78 Bernabò Brea in: Dieci anni 95 ff. mit Abb. 1–6. Der Aryballos und vier der Ushabtis befinden sich heute im Ashmolean Museum Oxford, je ein weiteres Ushabti in den Museen von Cefalù und Lipari.

79 Cavalier in: La colonisation grecque a. O. 298 (Anm. 71); F. Villard in: ML IX 1 221 ff.

80 Cavalier a. O. 299 f. (Anm. 71) Sie schließt 296 f. aus den ägyptischen Funden auf die Existenz einer Kolonistengruppe aus Ägypten oder Naukratis, doch ist dies m. E. angesichts der frühgriechischen Handelsbeziehungen nicht zwingend. Zur ionischen und »ionisierenden« Keramik s. Villard a. O. 224. 228 ff. (Anm. 79).

81 ML IX 2 33 f. 191 f. Taf. 220–223.

82 ML IX 2 80–83. Datierung aufgrund von Keramik.

Was die Kulte angeht, sind die Informationen insgesamt dürftig[83]. Ob der schon erwähnte »Bothros des Aiolos« wirklich mit dem bei Diodor erwähnten Kult des vorzeitlichen Gründungsheros und Windgottes verbunden werden kann, ist fraglich. Archäologische Zeugnisse für den Stadtgott Hephaistos, dessen Schmiede in Vulcano[84] lokalisiert wurde, fehlen völlig, sieht man von seiner Darstellung auf einigen Münzserien ab. Sonst hat man meist aus den Votiven auf die verehrten Götter geschlossen. Es sind die geläufigen Gestalten des griechischen Pantheons, Demeter und Persephone, deren Heiligtum man im Nekropolengebiet anhand der zahlreichen Votivterrakotten mit Fackel und Schweinchen identifiziert hat[85], Dionysos, Artemis, Athena, Aphrodite und Hermes.

c Publikationslage

Die Ergebnisse der Ausgrabungen auf Lipari sind in den Bänden der Reihe »Meligunìs Lipára« vorgelegt. Auf die Nekropolen beziehen sich die Bände II (1965), V (1991) und VII (1994) sowie Teile von Band X (2000). Dort sind bisher insgesamt etwa 1200 Gräber in ihrem Kontext publiziert[86]. In den beiden Teilbänden von IX (1998) sind die Forschungen auf der Akropolis, die sehr partiellen Sondagen innerhalb der Stadt sowie die Grabungsabschnitte der Stadtmauer zusammengestellt. Band VIII 2 enthält eine Sammlung der antiken Schriftquellen zu den Äolischen Inseln[87], während die übrigen Bände der Prähistorie gewidmet sind. Ein Großteil der kunsthistorisch bedeutenden Fundgattungen aus dem Nekropolengelände, nämlich die zahlreiche, thematisch im weitesten Sinne mit dem Theaterwesen oder dem dionysischem Ambiente verbundene Koroplastik, sowie die figürlich verzierte Keramik vom späten 5. bis zum mittleren 3. Jahrhundert v. Chr. sind jedoch in umfänglichen Monographien[88] und zahlreichen Nachträgen in Aufsatzform behandelt und abgebildet. In unserem Zusammenhang sind vor allem Bernabò Breas monumentales Buch über die liparischen Masken und Theaterterrakotten von 1981 und seine kleinere Arbeit über die hellenistischen Tragödienmasken von 1998 von Belang[89]. Seine Vorgehensweise und Ergebnisse sollen jedoch erst unten in Zusammenhang mit dem Forschungsstand zum griechischen Theaterwesen zur Sprache kommen.

Von den übrigen Terrakotten wurde dagegen bisher erst der Komplex aus dem Demeter- und Kore-Heiligtum auf dem Nekropolenareal vor der Stadtmauer vorgelegt[90]. Dennoch hat man aufgrund der sehr umfangreichen Ausstellung im Museo Eoliano, die auch unpublizierte Funde enthält, den Eindruck, daß das bisher veröffentlichte Material für das gesamte Gebiet als repräsentativ gelten kann und die noch fehlenden Bände der Grabungspublikation das Bild nicht mehr nennenswert verschieben werden.

Angesichts der langjährigen Tätigkeit von Bernabò Brea und Cavalier auf der Insel und der bewundernswerten Energie, mit der sich beide aller Fragen zu Geschichte und Kultur der äolischen Inseln bis zur Neuzeit angenommen haben, ist es nicht verwunderlich, daß bisher niemand einen Grund gesehen hat, sich in die Forschungsdomäne dieser unbestrittenen Kenner zu begeben. Erst in den letzten Jahren haben sich beide zunehmend der Mitarbeit von Kollegen versichert[91], denen sie Materialgruppen zur wissenschaftlichen Bearbeitung abtraten, so die Numismatik, die archaische und frühklassische Keramik aus dem »Bothros des Aiolos« auf der Akropolis, zuletzt auch die Amphoren[92], einen Teil der Gebrauchskeramik und die Votivterrakotten des Koreions. Die Masken und Theaterterrakotten blieben jedoch bis zuletzt für Bernabò Brea reserviert[93], während Cavalier sich vor allem für die polychrome Keramik interessierte.

83 Zu den Kulten in Lipari s. BTCGI, Lipari 155 ff.; ML IX 1 27–30. Zu einem vermutlich der Artemis geweihten Altärchen vgl. ML X 41 f. Taf. 15, 1.

84 Der antike Name war Hiera Hephaistou (Strab. VI 2, 10). – M. Cavalier in: La colonisation grecque a. O. 300 f. (Anm. 71); ML IX 1 28 vermutet den Tempel des Hephaistos unter der barocken Kathedrale auf der Akropolis von Lipari.

85 ML X 21 ff. Hierzu s. u. im Kapitel IV 2 b, Text zu Anm. 1047.

86 Der zweiteilige Band XI (2001) (s. o. Anm. 59), der weitere 1220 Gräber enthält, konnte im Text nicht mehr berücksichtigt werden.

87 A. Pagliara, Meligunìs Lipára VIII 2, Μεταξὺ τῆς Ιταλίας καὶ τῆς Σικελίας. Fonti per la Storia dell'Archipelago Eoliano in età greca (1995).

88 MTL (1981), Ceramica liparese (1986) und Ceramica figurata (1997); Cavalier, Lipari-Maler (1976).

89 MTL, Maschere della tragedia. Der postum erschienene Band MPTG stellt im wesentlichen einen um wenige Neufunde erweiterten und in anderer Form präsentierten Neuaufguß von MTL dar.

90 A. Sardella – M. G. Vanaria in: ML X 91 ff. Taf. 1–38.

91 Anfangs hatten beide T. B. L. Webster zu den Theatermonumenten (vgl. den Anhang in ML II 319–328) und A. D. Trendall (ebenda 271–289) zur unteritalischen Keramik um Rat gefragt, doch wichen sie im Laufe der Zeit – teilweise zurecht – immer stärker von deren Ergebnissen ab.

92 Eine erste Bearbeitung der Amphoren hatte Cavalier 1985 noch selbst unternommen: M. Cavalier, Les amphores du VIe au IVe siècle dans les fouilles de Lipari (1985).

93 Er ist im Februar 1999 im Alter von 88 Jahren gestorben. Vgl. die Nachrufe von C. Malone und S. Stoddart, AJA 104, 2000, 123 f.; S. Tusa, Antiquity 73, 1999, 255–258. Ausführliche Würdigung in: M. Cavalier – M. Bernabò Brea (Hrsg.), In memoria di Luigi Bernabò Brea (2002). – Vgl. auch die Wertung

Die Erforschung der Numismatik und der Epigraphik auf der Insel stehen noch relativ am Anfang, was auch mit der archäologischen Fundlage zusammenhängt. Immerhin konnten in den letzten Jahren für die Münzgeschichte aufgrund von Hortfunden wichtige Fortschritte erzielt werden[94], auch wenn nach wie vor viele Fragen – gerade zur Abfolge der Münzserien – offen sind. Einen punktuellen Einblick in die schwierige Situation Liparis während der Belagerung im Ersten punischen Krieg gibt der größte Schatz, der unmittelbar an der Stadtmauer verborgen worden war und gleichzeitig liparische und karthagische Prägungen enthielt. Er spricht zusammen mit den schriftlichen Nachrichten über Flottenmanöver in den Gewässern vor Lipari[95] dafür, daß in dieser Periode in der Stadt – wie im nahen Tyndaris – eine karthagische Garnison lag[96], die den wichtigen Hafen für die Punier sichern sollte.

Die inschriftliche Überlieferung von der Insel[97] hilft bei historischen und gesellschaftlichen Fragen kaum weiter. Sie besteht hauptsächlich aus Grabcippi und Stelen, die nur den Namen des oder der Verstorbenen nennen und insofern noch nicht einmal eine Prosopographie der Inselgesellschaft ermöglichen, da sie keine Auskunft über Familienverhältnisse geben und zudem meist nicht an ihrem ursprünglichen Platz gefunden worden sind.

seines wissenschaftlichen Ansatzes durch B. d'Agostino in: I. Hodder (Hrsg.), Archeological Theory in Europe. The last three decades (1991) 60.

94 BTCGI, Lipari 109–121; M. A. Mastelloni in: M. Caccamo Caltabiano (Hrsg.), La Sicilia tra Egitto e Roma. La monetazione siracusana dell'età di Ierone II, Atti del Seminario di Studi Messina 2–4 dicembre 1993 (1995) 401–426 (mit weiteren Literaturhinweisen 403 Anm. 3).

95 L. Zagami, Le monete di Lipara (1959) 34 ff.; RE XIII 1 (1926) 721 s. v. Lipara (Ziegler); BTCGI, Lipari 82 f.

96 Mastelloni a. O. 426 (Anm. 94). Sie kann in dieser Phase eine Verschlechterung des Münzgewichts nachweisen (ebenda 418 f.). Zur Garnison in Tyndaris: L.-M. Hans, Karthago und Sizilien (1983) 139 mit Anm. 202 (zu Diod. XXIII 18, 5).

97 BTCGI, Lipari 84 ff., bes. 90 zu den wenigen vorrömischen Inschriften, die nicht auf Grabsteinen angebracht sind. – Der Band von L. Bernabò Brea – M. Cavalier – L. Campagna, Meligunìs Lipára XII, Le iscrizioni lapidarie greche e latine delle Isole Eolie (2003) konnte nicht mehr berücksichtigt werden.

II Die Masken aus Lipari

1 Vorbemerkung

a Zur Koroplastik in Lipari

Die Masken und die Schauspielerterrakotten stellen offenbar ein Charakteristikum der liparischen Kunst dar. Sie prägen zusammen mit weiteren Figurinen des dionysischen Ambientes allein durch die hohe Zahl der Funde und die große Vielfalt der Typen unser Bild von der klassischen und frühhellenistischen Koroplastik der Insel, ein Bild, das natürlich weitestgehend von den Grabbeigaben aus den Nekropolen bestimmt ist. Nur die Figurinen, die Frauen mit den Attributen Fackel und Schweinchen darstellen, kamen in ähnlicher Menge – vor allem im Demeter- und Koreheiligtum – zutage, doch verteilen sie sich auf eine relativ kleine Anzahl von Typen, die sich nur wenig voneinander unterscheiden und auch typologisch im Rahmen der sonst aus Sizilien und Unteritalien bekannten Votive an die beiden Göttinnen konventionell bleiben[98]. Die in ihren Mantel eingewickelten Mädchenfiguren oder ihre männlichen Gegenstücke, Darstellungen von Göttern wie Hermes oder Athena, selbst die mehrfigurigen Pinakes und die Wickelkinder aus dem Koreion spielen im Verhältnis eher eine geringe Rolle[99]. Die Vielfalt der Theaterfigurinen und Tonmasken aus Lipari scheint dagegen ein einzigartiges Phänomen zu sein, das im ganzen Mittelmeerraum seinesgleichen sucht.

Dabei muß das Kunsthandwerk auf der Insel wohl relativ eigenständig gewesen sein. Der Großteil der Terrakottafunde, spätestens seit dem beginnenden 4. Jahrhundert, wahrscheinlich aber schon früher, stammt aus lokaler Produktion[100] und wurde – wie in dieser Zeit allgemein üblich – mit Hilfe von Negativformen hergestellt. Die Werkstätten haben sich zwar bisher nicht lokalisieren lassen, dennoch kann aufgrund von Modelfunden[101], zahlreichen matrizengleichen Exemplaren und einer großen handwerklichen Einheitlichkeit an der Herstellung auf der Insel kein Zweifel bestehen.

Der Ton als Rohmaterial mußte allerdings importiert werden, vermutlich von der nahen nordsizilischen Küste[102]. Die Tonvorkommen auf der Insel selbst waren offenbar nicht sehr qualitätvoll und eigneten sich nur für rohe Gebrauchskeramik oder Tonsarkophage. Dafür war man in der glücklichen Lage, einen großen Teil der mineralischen Farben in der Nähe zu finden. Wichtigste Grundlage der leuchtenden Bemalung war das Kaolin, das auf Lipari im Gebiet südlich von Quattropani, beim Tal von Bagno Secco, nachweislich spätestens seit dem 4. Jahrhundert v. Chr. im Stollenbergbau abgebaut wurde[103]. Es hat eine kreidige, leicht fettige Konsistenz, die leicht zerbröckelt, und besitzt eine weiße Farbe. Daneben kommt es aber in Verbindungen mit anderen Elementen wie Eisen, Mangan und Schwefel vor und umfaßt ein Farbenspektrum von rosa bis purpurrot und gelb bis ocker, also genau jene Farbtöne, die bei der Bemalung der Terrakotten eine große Rolle spielen. Kaolin, das heute noch bei der Porzellanherstellung eingesetzt wird, diente als Beimischung zur Verfeinerung des Tons und bildete zudem die meist unter der eigentlichen Farbschicht aufgetragene weiße Grundierung, die die Leuchtkraft der Farben erhöhte. Das Kaolin und die Farben wurden übrigens auch bei der Herstellung jener frühhellenistischen polychromen Keramik eingesetzt[104], die als weitere Spezialität von der Insel in die Kunstgeschichte eingegangen ist. Sicherlich hat das Vorhandensein dieser besonderen Rohstoffe Entwicklung und Kreativität des heimischen Kunsthandwerks beeinflußt.

Die leuchtende, manchmal sogar glänzende Farbigkeit stellt eines der Charakteristika der liparischen Koroplastik

98 A. Sardella – M. G. Vanaria in: ML X 102 ff. Taf. 11–19.

99 Ebenda 91 ff. Taf. 1–38, zu den Votiven aus dem Koreion mit »sakralen« Themen, von denen die gesamten dionysischen allerdings ausgeschlossen sind. Pinakes: 94–102 Taf. 1–10; Wickelkinder: 122–124 Taf. 28–30. Die übrigen Terrakotten, die aus thematischen Gründen nicht in MTL Eingang fanden, sind nur sporadisch innerhalb der Grabungspublikation aufgelistet und abgebildet.

100 MTL 17 f.

101 Modelfunde z. B. MTL 186 Abb. 298; S. 199 Abb. 327; 239 f. Abb. 413. 414; 256 f. Abb. 434; ML XI 2 159 ff. Taf. 201–204.

102 Cavalier, Lipari-Maler 18–21; MTL 17. Naturwissenschaftliche Tonuntersuchungen wurden bisher allerdings nicht durchgeführt.

103 Man fand in den Gruben z. T. Gebrauchsgeschirr aus der zweiten Hälfte des 4. Jhs. und dem 3. Jh. v. Chr., das die Arbeiter vergessen hatten. Cavalier, Lipari-Maler 20; MTL 17 mit Anm. 4. Die Keramik ist in der vulkanologischen Sektion des Museums in Lipari ausgestellt. Zur Lage vgl. die Karte bei Cavalier, Lipari-Maler Plan 1; L. Bernabò Brea in: L'eau, la santé et la maladie dans le monde grec, BCH Suppl. 28 (1994) 177 Abb. 1.

104 Ceramica liparese 33 f.; M. Cavalier in: L'Italie Méridionale et les premières expériences de la peinture hellénistique. Actes de la table ronde, École Française de Rome, Rome, 18 février 1994 (1998) 193.

dar. Es gibt aber noch weitere Merkmale, an denen sich die Produkte von der Insel relativ leicht erkennen lassen: Sowohl die Masken[105] als auch die Figurinen wurden nur aus einer Matrizenschale genommen. Die Figürchen wurden so belassen und sind demnach hinten hohl statt rundplastisch, also nur für die Ansicht von vorne bestimmt[106]. Bei den Masken wurde in der Regel der Hinterkopf von Hand angeformt, doch wurde auf seine Gestaltung keine Sorgfalt verwendet. Er bleibt roh, meist ohne Frisurdetails und wird häufig nicht einmal mit Farbe überzogen. Komplizierte Frauenfrisuren enden abrupt mit der Kante des aus der Form genommenen Teils. Dies scheint bei Masken allerdings das gängige Verfahren gewesen zu sein. Von Hand angefügte Hinterköpfe besitzen zum Beispiel auch die Masken aus Centuripe, die ebenfalls vor Ort hergestellt wurden und sich in ihrem Typenspektrum von den liparischen Stücken stark unterscheiden[107]. Dies hat wiederum Auswirkungen für die Ansichtsseite. Ihre volle künstlerische Wirkung entfalten die Stücke sämtlich nur bei der Betrachtung von vorne sowie eher von unten als von oben. Nicht umsonst besitzen viele, vor allem der klassischen Stücke, Löcher im Oberkopf, die für einen Faden zum Aufhängen bestimmt gewesen sein dürften.

Eine weitere Eigenheit der Masken und Komödienterrakotten aus Lipari besteht in der engen Verwandtschaft der einzelnen Typen untereinander. Sie liegt zumindest zum Teil in der handwerklichen Vorgehensweise der Koroplasten begründet, wie in den Abschnitten zur Typologie deutlich werden wird. Dabei sind die Typen weitgehend eigenständig auf der Insel entwickelt worden[108]. Beeinflussung von außen wird nur selten sichtbar und wenn, dann erweist sich die liparische Fassung als durchaus schöpferische Umdeutung oder Weiterentwicklung[109].

Andererseits scheint das heimische Kunsthandwerk auch keine große Ausstrahlung nach außen gehabt zu haben. Die Produktion war für den lokalen Markt bestimmt und scheint nicht weit verhandelt worden zu sein. Lediglich auf der nahen Insel Stromboli, die nach Diodor zu urteilen[110] zum Gemeinwesen von Lipari dazugehörte, wurden Terrakotten und Keramik gefunden, die denen auf der Hauptinsel gleichen[111]. Die Masken und Terrakotten aus der Grablege in Ficogrande auf Stromboli stammen teilweise aus den gleichen Matrizen wie ihre Gegenstücke in Lipari. Alle übrigen, aufgrund ihrer handwerklichen Charakteristika mit Lipari zu verbindenden Terrakotten haben keine gesicherten Fundorte, so daß sie durchaus bei frühen, nicht dokumentierten Grabungen auf Lipari aufgetaucht und dann in den Kunsthandel geraten sein könnten[112].

b Masken und das griechische Theater. Zum Stand der Forschung

Bevor die Masken aus Lipari und ihre typologische Ordnung en détail in den Blick genommen werden, ist noch ein kurzer Exkurs zu den in den letzten Jahrzehnten vorherrschenden Tendenzen in der Theaterforschung notwendig, soweit sie auf die Beschäftigung mit den Masken Einfluß hatten[113]. Wie sich gleich zeigen wird, haben mehrere, zur communis opinio gewordene Forschungsmeinungen den Umgang mit den liparischen Masken vorgeprägt und den Blick von vorneherein in eine bestimmte Richtung gelenkt. Denn die Forscher haben von jeher versucht, die

105 Unter dem Begriff »Maske« verstehe ich die Abbildung des Gesichts vom Kinn oder der Bartspitze bis zum Ober- oder Hinterkopf. In der Seitenansicht endet sie meist auf Höhe der Ohren und ist an der Rückseite hohl. Damit unterscheide ich die Maske von Protomen oder Büsten, die auch Hals oder Schulteransatz umfassen können. Genauso trennt L. Summerer, Hellenistische Terrakotten aus Amisos (1999) 65. Übersteigerte Gesichtszüge oder durchbrochene Öffnungen an Mund und Augen sind nicht zwingend erforderlich. Dagegen werden unter die Begriffe mask, maschera und masque in der wissenschaftlichen Literatur oft sowohl Protomen als auch Masken subsumiert. In der antiken Terminologie wird πρόσωπον bzw. persona sowohl für das Gesicht als auch für die vor das Gesicht gesetzte Maske verwendet. Zum Begriff πρόσωπον vgl. F. Frontisi-Ducroux in: P. Ghiron-Bistagne (Hrsg.), Anthropologie et Théâtre antique. Actes du colloque international de Montpellier, Montpellier 6–8 mars 1986, Cahiers du Groupe Interdisciplinaire du Théâtre Antique 3, 1987, 83.

106 Ob die wenigen Ausnahmen wie z. B. die Frauenstatuette Inv. 3293 (MTL 103 E 94 Abb. 163) aber deshalb als Importe anzusehen sind, ist fraglich; vgl. auch MTL 17 mit Anm. 1.

107 s. u. im Kapitel III, Text zu Anm. 657. 658. 663.

108 Hierzu siehe genauer Kapitel III.

109 Vgl. z. B. die beiden Schauspielerstatuetten in Glasgow, MTL 12 Abb. 7; MPTG 88 Abb. 84, die die entsprechenden attischen Typen verändern oder – wie bei der Alten Abb. 7 l. – sogar stilistisch modernisieren. Ähnliches wird unten im Kapitel III, Text zu Anm. 654. 655, für zwei Masken gezeigt.

110 Diod. V 9, 4–5.

111 Cavalier, Stromboli 7–26.

112 z. B. die Stücke im British Museum aus der Sammlung William Temple, die angeblich aus Kampanien stammten, s. u. Kapitel III Anm. 649.

113 Ein Überblick über die unüberschaubare und stetig wachsende Sekundärliteratur zum griechischen Theater ist hier nicht möglich, für die hier verfolgte Fragestellung aber auch nicht notwendig. Vgl. hierzu die ausführlichen Forschungsberichte von J. R. Green, Theatre Production 1971–1986, Lustrum 31, 1989, 7–95; ders., Theatre Production 1987–1995, Lustrum 37, 1995 (1998) 7–202. 309–319.

archäologischen Zeugnisse für die Kenntnis des antiken, das heißt vor allem des klassischen Theaters aus der Blütezeit Athens auszuwerten. Vasenbilder und Terrakotten wurden nach dem Aussehen der Bühne, nach Theatermaschinen, Aufführungspraxis, Requisiten, Kostümen und Masken befragt und galten oft als Illustrationen der erhaltenen Dramentexte oder als Nachklänge von Stücken, von denen nur der Titel überliefert ist[114]. Bisweilen wurde sogar der Versuch unternommen, aus den Vasenbildern die Handlung der Stücke zu rekonstruieren[115]. Die Fragestellung an diese archäologischen Monumente war also eine antiquarische oder philologische, die durch die Kenntnis der literarischen Überlieferung zum griechischen Theaterwesen geprägt war. Zugleich liegt es in der Natur der Quellen, daß man das Theater aus attischem Blickwinkel sah, da eine vergleichbar ausführliche Schilderung der Zustände beispielsweise im theaterbegeisterten Sizilien fehlt[116]. Dennoch hatte man kaum Bedenken, die reichen Kunsterzeugnisse des 4. Jahrhunderts aus Unteritalien auf die attischen Verhältnisse zu beziehen[117]. Alle Theatermonumente wurden sogleich mit den drei dramatischen Gattungen Tragödie, Komödie und Satyrspiel in Verbindung gesetzt[118], obwohl gerade im Bereich der Masken bisweilen nur schwer stichhaltige Kriterien für die Zuordnung zur Tragödie oder zur Komödie erarbeitet werden können. Manchmal hat man sogar Schwierigkeiten, eine Entscheidung zu treffen, ob ein Kunstgegenstand – zum Beispiel ein Vasenbild oder eine Terrakotte – zu den Theatermonumenten gehört oder nicht[119].

Die Fragestellung nach der Aussage der archäologischen Zeugnisse für die Rekonstruktion des griechischen Theaters verwundert nicht, wenn man sich vergegenwärtigt, daß die Theaterforschung zu einem guten Teil von klassischen Philologen wie beispielsweise Thomas B. L. Webster, Oliver Taplin, Peter Arnott, Eric Csapo, Hans-Joachim Newiger oder in jüngster Zeit Egert Pöhlmann betrieben wurde, die sich weit auf archäologisches Gebiet vorwagten. Nur wenige Graezisten wie Heinz-Günther Nesselrath und Bernhard Zimmermann haben sich ganz auf die Textüberlieferung beschränkt[120], anstatt sich auf das archäologische Glatteis zu begeben.

John R. Green und Axel Seeberg, die die archäologische Überlieferung zum antiken Theater zur Zeit wohl am besten kennen, haben zurecht mehrfach angemahnt[121], daß man die Theatermonumente heute nicht mehr einfach als Illustrationen zu den literarischen Texten verwenden kann, sondern daß Entstehungszeit, -ort und wenn möglich auch der Fundkontext bei der Beurteilung der archäologischen

114 Auch die Fragestellung von Webster und seinen Nachfolgern zielt letztlich auf die Theateraufführungen: Webster, MNC³ I 53. 58; vgl. auch A. D. Trendall – T. B. L. Webster, Illustrations of Greek Drama (1971); Bieber, Theater; P. Ghiron-Bistagne, La messa in scena della commedia attica antica illustrata nelle arti figurative, Dioniso 45, 1971–74 (1976) 231–250; A. Kossatz-Deissmann, Dramen des Aischylos auf westgriechischen Vasen (1978); vgl. R. Förtsch, Hephaistos 15, 1997, 47–68 und die zusammenfassende und kritische Wertung zu dem ganzen hier angesprochenen Problemkreis von R. Krumeich in: ders. – N. Pechstein – B. Seidensticker (Hrsg.), Das griechische Satyrspiel (1999) 41–73.

115 Beispielsweise E. Simon, Menander in Centuripe, Sitzungsberichte der Universität Frankfurt a. M. 25, 2, 1989.

116 Wie problematisch die Rekonstruktion der Verhältnisse in Sizilien ist, zeigt der Aufsatz von C. W. Dearden in: J. P. Descoedres (Hrsg.), Greek Colonists and Native Populations (1990) 231 ff.

117 Vgl. z. B. die Arbeit von Kossatz-Deissmann a. O. (Anm. 114).

118 Vgl. die monumentalen Listenwerke von Webster und seinen Fortsetzern Green und Seeberg: Webster, MTS²; Webster, MMC³ und Webster, MNC³. Zum griechischen Satyrspiel mit einer Zusammenfassung der Forschungsgeschichte vgl. Krumeich a. O. (Anm. 114).

119 Vgl. z. B. Webster in: ML II 319 ff.

120 H.-G. Nesselrath, Die attische mittlere Komödie. Ihre Stellung in der antiken Literaturkritik und Literaturgeschichte (1990). – B. Zimmermann, Die griechische Komödie (1998); ders., Europa und die griechische Tragödie (2000). Die kurzen Abrisse zur Archäologie des Theaters bei Zimmermann sind allerdings fehlerhaft und entsprechen nicht dem neuesten Forschungsstand. z. B. scheint er, Europa und die griechische Tragödie 46. 51 f., bereits für die attische Tragödie des 5. Jhs. von einer erhöhten Spielfläche (Bühne) für die Schauspieler und deren Trennung vom Chor auszugehen, was dem archäologischen Befund noch für das Bühnenhaus des lykurgischen Dionysostheaters widerspricht, vgl. R. F. Townsend, Hesperia 55, 1986, 421–438. Das Aussehen des Vorgängerbaues ist nur schemenhaft bekannt. Nach den gleichzeitigen Theaterbauten in Attika ist es wahrscheinlich, daß er gerade Sitzreihen, eine rechteckige Orchestra und ein hölzernes Bühnenhaus besaß; anders H. Knell, Athen im 4. Jh. v. Chr. (2000) 126. Auch für Zimmermanns Meinung, Die griechische Komödie 26, daß die Komödien Menanders und seiner Kollegen bereits auf der Hochbühne aufgeführt wurden, gibt es in Athen keine Hinweise. Zum neuesten Forschungsstand zur Entwicklung der griechischen Theaterbauten vgl. H. R. Goette in: E. Pöhlmann (Hrsg.), Studien zur Bühnendichtung und zum Theaterbau der Antike (1995) 35 ff.; K. Junker, AntK 47, 2004, 10–32 Taf. 2.

121 Green – Seeberg in: Webster, MNC³ I 53; ebenso Green, Lustrum 31, 1989, 7. Leider sind sie in ihren eigenen Arbeiten bei der Anwendung dieser Grundsätze nicht immer konsequent vorgegangen. – Zu neueren Fragestellungen, die stärker die Rezeption der Aufführungen durch das Publikum einbeziehen vgl. die Sammelrezension von E. A. Hall, AJA 101, 1997, 154–158.

Zeugnisse berücksichtigt werden müssen. Gleichzeitig muß man beispielsweise Darstellungskonventionen in der Vasenmalerei in Rechnung ziehen[122], die eine ›naive‹ Lesung der Bilder in die Irre laufen lassen. Bei den Terrakotten sind auch handwerkliche Fragen in den Blick zu nehmen, sämtlich Forderungen, die heute eigentlich selbstverständlich sein sollten, sich aber noch nicht immer durchgesetzt haben. So gehört Green zu den Vorreitern einer neuen Forschungsrichtung, die das Theater eher in seinen sozialen Kontext einbettet und die Beziehung zwischen Publikum und der Aktion beziehungsweise den Akteuren auf der Bühne betrachtet[123], auch wenn die von der älteren Fragestellung geprägte Sichtweise noch in Hintergrund steht und bisweilen zu den neuen Erkenntnissen in ein Spannungsverhältnis tritt.

Der wohl wichtigste neue Beitrag zum Verständnis der Masken stammt von Stephen Halliwell[124], der am Beispiel der klassischen Tragödienmasken enthüllt, wie weitgehend unsere moderne Sichtweise das gegenwärtige Bild von Masken und Schauspiel bestimmt hat. Für das neuzeitliche beziehungsweise moderne Theater mit seinem Anspruch auf Wahrhaftigkeit und Naturalismus erscheinen Masken artifiziell und verfremdend, weil sie den Ausdruck von Gefühlsregungen im Gesicht verhindern. Da man jedoch davon ausging, daß im antiken Theater die Mimik essentieller Träger von Botschaft gewesen sein müsse, wurde postuliert, daß auch die Masken expressive Züge getragen hätten, die man sogar gegenüber dem »natürlichen« Gesicht habe überzeichnen können. Halliwell kann für die antiken Masken jedoch genau die gegenteilige Strategie wahrscheinlich machen[125]: Die Masken sollen gerade nicht momentane Emotionen ausdrücken und benötigen deshalb auch keine expressive Mimik, sondern sie unterstreichen die Charaktereigenschaften[126] der Figur. Dadurch erhält die Rolle etwas Statisches, Überzeitliches, was auch die Identifikation des Publikums mit ihr erleichtert, während der dramatische Augenblick durch Text, Sprache und körperliche Aktion gestaltet wurde. Zugleich spricht viel dafür, daß sich die klassischen Theatermasken an der Ästhetik der Zeit orientierten, also denselben künstlerischen und stilistischen Strömungen unterworfen waren wie die gleichzeitige Plastik oder Malerei, ja daß sich Künstler und Maskenbildner gegenseitig beeinflußt haben[127]. Demnach wäre für die hochklassischen Masken zu erwarten, daß sie idealisiert waren und vor allem heroische Würde ausstrahlten, eine These, die sich bei der Betrachtung der wenigen klassischen attischen Marmormasken, die man mit der Tragödie verbinden möchte, bewahrheitet[128].

Luigi Bernabò Brea, der Bearbeiter der liparischen Funde[129], war zwar ursprünglich ausgebildeter Prähistoriker, kam aber als solcher ganz aus der humanistischen Tradition. Sein Ziel war es immer, das archäologische Material mit den aus den Schriftquellen bekannten historischen Daten in Beziehung zu setzen und wenn möglich sogar in Einklang zu bringen[130]. So war sein Blick auf die liparischen Masken und Theaterterrakotten von seiner Quellenkenntnis zum griechischen Theater – der dramatischen Texte, aber auch der lexikalischen Literatur – geprägt. Sein Hauptaugenmerk galt deshalb weniger den Artefakten und ihrer Aussage für Kunst und Kultur auf der Insel oder ihrer Funktion in der Nekropole als vielmehr dem klassisch ge-

122 Ein besonders gutes Fallbeispiel hat L. Giuliani; BICS 41, 1996, 71–96, ausgeführt. Er geht davon aus, daß die Vasenmaler mehr von der Tradition ihres Berufes als vom Theater beeinflußt wurden, eine These, die er anhand der apulischen Vasenbilder zum Rhesos-Mythos belegen kann. Zum gleichen Problemkreis vgl. auch Förtsch a. O., bes. 55 ff. (Anm. 114).

123 Vgl. beispielsweise J. R. Green, Theatre in Ancient Greek Society (1994) mit Rez. von N. Himmelmann, Klio 79, 1997, 215 f.; auch Wiles, Masks passim, interessiert sich für die Wirkung der Masken auf das Publikum. Vgl. auch die Fragestellung von Chr. Meier, Die politische Kunst der griechischen Tragödie (1988); ders., Politik und Tragödie im 5. Jh. v. Chr., Philologus 135, 1991, 70–87.

124 S. Halliwell, The Function and Aesthetics of the Greek Tragic Mask, in: N. Slater – B. Zimmermann (Hrsg.), Intertextualität in der griechisch-römischen Komödie. Drama, Beiträge zum antiken Drama und seiner Rezeption 2 (1993) 195 ff. Den Hinweis auf diesen Aufsatz verdanke ich A. Seeberg.

125 Ebenda 201 ff. Er bezieht seine Argumente hauptsächlich aus philologischen Quellen, doch ließen sie sich anhand des archäologischen Materials mühelos untermauern. Eine starke typologische Beziehung der Masken zu großplastischen oder gemalten Schöpfungen der entsprechenden mythologischen Gestalten erscheint im Lichte der Typengebundenheit der griechischen Kunst mehr als wahrscheinlich. Vgl. beispielsweise den im Kapitel III im Text zu Anm. 589 zitierten Fall.

126 Dies ist in einem ganz umfassenden Sinn gemeint, bezieht sich also nicht nur auf die Psychologie der Rolle. Man könnte die Charakterisierung der Theaterrolle mit dem griechischen Porträt vergleichen, in dem es nicht auf die naturnahe Abbildung der porträtierten Person ankam, sondern auf die Darstellung von Status und inneren Werten.

127 Halliwell a. O. 204. (Anm. 124).

128 Vgl. die Beispiele bei Himmelmann, Realistische Themen 138 ff.; S. Zoumbaki, ADelt 42, 1994, Mel (1997) 35 ff. Taf. 3–6.

129 Er hat das Material in MTL und seither in vielen Aufsätzen vorgelegt, die das einmal eingeführte System fortsetzen. Auch der 2001 erschienene Band MPTG behält diese Ordnung bei.

130 Zu seinem Forschungsansatz vgl. Anm. 93 in Kapitel I 2.

wordenen attischen Theater. Damit entsprach sein Ansatz genau dem traditionellen Bild seiner Generation von der Theaterforschung. Es verwundert also wenig, daß er sofort an die tragischen Helden und Heroinen bei Sophokles und Euripides dachte, als bei der Nekropolengrabung in Lipari eine große Anzahl klassischer Masken zutage kam, die durch ihren bekümmerten oder leidenden Gesichtsausdruck in bisher nicht gekannter Weise den Betrachter ansprachen. Er verstand sie als verkleinerte Nachbildungen von auf der Bühne (in Athen) getragenen Theatermasken und meinte die Masken von Priamos, Hektor, Hekuba, Oidipous, Jokaste und vielen anderen Protagonisten aus heute verlorenen Stücken der beiden jüngeren attischen Tragiker zu erkennen. In den klassischen Komödienmasken sah er Charaktere des Aristophanes. Da sich die Maskensets aus manchen Gräbern dem ersten Anschein nach als die Personen eines Stückes erklären ließen, glaubte er seine These bestätigt. Kritik an dieser Vorgehensweise, die die postulierte Vorbildhaftigkeit Athens in Unteritalien nicht hinterfragte und den Kanon der überlieferten Texte überbewertete, wurde nur vereinzelt laut[131], zumal auch die Komödienfigurinen und die hellenistischen Masken aus Lipari enge Beziehungen zu Athen zu haben schienen. Die Komödienterrakotten gleichen in Kostüm und allgemeinem Charakter, bisweilen sogar typologisch den attischen Schauspielerfiguren, die mit der Mittleren Komödie verbunden werden[132]. Die hellenistischen Masken, die Bernabò Brea hauptsächlich als Komödienmasken interpretiert, stimmten allem Anschein nach mit dem Maskenkanon aus den Komödien Menanders, mithin der Neuen Komödie, überein, jenem Maskenschatz, den man in den Maskenlisten des attischen Lexikographen Julius Pollux aus dem 2. Jahrhundert n. Chr. überliefert sah[133]. So verwendete Bernabò Brea die Liste mit den 44 Komödienmaskentypen aus dem »Onomastikon« des Pollux als Klassifizierungsschema für die typologische Ordnung der hellenistischen Maskenfunde aus Lipari[134]. Bei dieser Vorgehensweise fühlte er sich wiederum dadurch bestätigt, daß er die (knappen und der Interpretation weite Spielräume lassenden) Beschreibungen der Quelle mit den koroplastischen Stücken in Einklang bringen konnte und die große Fülle des liparischen Materials sogar für fast alle Polluxtypen die passende Bebilderung bereitzuhalten schien.

Im übrigen entsprach Bernabò Breas Ansatz ganz der gängigen Praxis, denn die Verbindlichkeit des Pollux'schen Maskenkataloges als Instrument zur Ordnung und Benennung der hellenistischen Komödienmasken ist weithin anerkannt[135]. Erst in jüngster Zeit wurden von verschiedenen Seiten vorsichtige Zweifel am Wert des Textes laut[136].

Bei der Beschäftigung mit dem liparischen Material wurde mir klar, daß Bernabò Breas Ordnung[137] aufgrund der oben beschriebenen Prämissen mit Widersprüchen und Schwierigkeiten behaftet ist, die die Ordnungskriterien an sich in

131 Vgl. die grundsätzliche Kritik von P. G. McC. Brown, Liverpool Classical Monthly 9, 7, 1984, 110 f.; skeptisch auch die Rez. von G. Vallet, RA 1983, 123–126. – T. B. L. Webster äußert Bedenken zur Identifikation der beiden Masken aus Grab 406 mit Oidipous und Jokaste, aber nicht zur generellen Verbindung der Tonmasken mit attischen Tragödien, Webster, MTS² 70; ders. in: ML II 322. Gleiche Position bei E. Simon, Gnomon 60, 1988, 638 (Rez. zu MTL); dies. in: M. Cavalier – M. Bernabò Brea (Hrsg.), In memoria di Luigi Bernabò Brea (2002) 161 ff. – A. Corso, Atti e Memorie dell'Accademia Pataviana di Scienze, Lettere ed Arti 97, 1984/85, 151 ff. kritisiert die Verknüpfung der Komödienmasken mit der attischen Komödie und bringt statt dessen das unteritalische Theater ins Spiel.

132 T. B. L. Webster in: ML II 320, gibt jedoch mit Recht zu bedenken, daß das Vorbild für die liparischen Figurinen nicht das attische Theater, sondern importierte attische Terrakotten waren.

133 Zu diesem Themenkomplex vgl. die zusammenfassende Stellungnahme unten im Kapitel III.

134 Später hat er in seinem Buch »Le Maschere ellenistiche della tragedia greca« (1998) Tragödienmasken aus allen Kunstgattungen mit der ebenfalls im »Onomastikon« überlieferten Tragödienmaskenliste des Pollux zu verbinden versucht. In Lipari wurden aber nur wenige hellenistische Stücke gefunden, die er für Tragödienmasken in Anspruch nehmen zu können glaubte.

135 Vgl. die Listen von J. R. Green und A. Seeberg in: Webster, MNC³. Den Versuch, die Masken der Neuen Komödie mit Hilfe des Pollux-Kataloges zu identifizieren, unternahmen bereits C. Robert, Die Masken der neueren attischen Komödie, 25. HallWPr (1911) und G. Krien, ÖJh 42, 1955, 84 ff. G. Stefani, AnnPerugia 16, 1978/79, 239 ff. hat selbst die etruskischen Masken aus dem Hellenismus nach der Pollux'schen Liste klassifiziert.

136 Beispielsweise L. Summerer, Hellenistische Terrakotten aus Amisos (1999) 71 f. 79 f. Trotzdem versucht sie zunächst, ihre Masken aus Amisos mit Hilfe des Pollux-Kataloges zu benennen. Brown a. O. 111 f. (Anm. 131); E. A. Hall, AJA 101, 1997, 156. – J. R. Green und A. Seeberg in: Webster, MNC³ I 6 ff. relativieren zwar ebenfalls den Wert der Quelle, benutzen sie aber trotzdem als Grundlage der typologischen Ordnung. – Der Theaterwissenschaftler D. Wiles, Masks 68–80. 150 ff., wendet sich zwar stellenweise gegen Bernabò Breas Typologie der hellenistischen Masken, stellt die Relevanz des Pollux-Textes aber nicht grundsätzlich in Frage. Man müsse die Liste des Pollux nur anders verstehen. Es selbst konstruiert als Anhänger der französischen strukturalistischen Methode aus den Maskentypen Gegensatzpaare. Vgl. auch Anm. 715 im Kapitel III.

137 In MTL passim.

Frage stellen. Eine Unterscheidung der Masken nach den verschiedenen dramatischen Gattungen ergab sich nicht zwanglos aus der typologischen Gruppierung, sondern erschien als von außen aufgelegtes Schema, zumal stichhaltige Kriterien für die Scheidung von Tragödien- und Komödienmasken in manchen Fällen nicht zu entwickeln waren. Auch für seine Benennungen ließen sich keine sachlichen Begründungen finden[138], es ergaben sich vielmehr Indizien, die sie sogar sehr unwahrscheinlich werden lassen. All dies wird im Verlauf der folgenden Kapitel aus der Argumentation deutlich werden. Deshalb wurde das archäologische Fundmaterial zunächst nur in zwei große Gruppen geteilt, die sich durch äußere Charakteristika, also nach rein archäologischen Kriterien voneinander scheiden ließen, während innerhalb der Gruppen nur nach Männern und Frauen und wenn möglich verschiedenen Altersstufen getrennt wurde. Später zeigte sich, daß diese beiden Gruppen zu unterschiedlichen Zeiten hergestellt waren.

Die Masken der ersten Gruppe sind fast immer 8–10 cm groß und zeigen alte Männer und Frauen mit schmerzverzerrten Gesichtern, junge Mädchen und bartlose Jünglinge. Letztere tragen oftmals eine phrygische Mütze. Einige Gestalten sind aufgrund von Attributen als mythologische Figuren identifizierbar wie Herakles, Pan oder Satyrn. Daneben kommen aber auch eine grinsende Negerin mit Affengesicht oder Masken mit grotesk überzeichneten Gesichtszügen vor, die teilweise an ähnliche Köpfe attischer Komödienterrakotten erinnern.

Die zweite Gruppe, die bei weitem zahlreichere, wirkt stilistisch einheitlicher, variiert aber in den Formaten stärker. Besonders große und qualitätvolle Exemplare können vom Kinn bis zum Scheitel über 20 cm messen, kleinere etwa 6–8 cm. Die Gesichter erscheinen insgesamt realistischer, in ihrer Physiognomie genauer beobachtet und durch unterschiedliche Mimik charakterisiert. Vor allem fällt die Vielzahl verschiedener Typen auf, die junge Männer oder junge Frauen darstellen. Letztere besitzen Modefrisuren der Zeit. Daneben bleiben die Masken alter Männer und Frauen in der Minderzahl, ebenso die Kindermasken. Einige Stücke mit schaufelförmigen Bärten, großen hervorquellenden Augen, kurzer Stupsnase und extrem bewegter Stirn- und Brauenpartie entsprechen unserem Bild von den Sklavenmasken der hellenistischen Komödie. Aus dem mythischen Bereich finden sich fast nur Pan und Satyrn bzw. Silene.

Die erste Gruppe, die hier die »klassische« genannt wird, obwohl ihre Entstehungszeit über die traditionelle Epochengrenze zum Hellenismus, das Todesjahr Alexanders des Großen, hinausgeht, umfaßt – wie später dargelegt wird – etwa das 4. Jahrhundert v. Chr., die zweite, die »hellenistische« etwa das erste Drittel des 3. Jahrhunderts v. Chr.

2 Typologische Ordnung

a Klassische Masken (5. und 4. Jahrhundert v. Chr.)

Im folgenden wird eine typologische Ordnung vorgeschlagen, die erheblich abweicht von derjenigen, die Bernabò Brea in seiner grundlegenden Bearbeitung der liparischen Masken von 1981 vorgelegt hat[139]. Sie ist den Listen im Anhang zu entnehmen. Dennoch kann hier nicht für jedes Stück die typologische Zuordnung begründet werden. Vielmehr werden anhand weniger signifikanter Beispiele die Grundzüge der Ordnung und die aus ihr zu ziehenden Schlußfolgerungen dargelegt.

Als Auftakt der Betrachtung eignen sich einige Masken alter Männer besonders gut, da man an ihnen leicht nachvollziehen kann, wie die Arbeit der Koroplasten vonstatten ging:

Eines der ersten Gräber, das in den 50er Jahren nach Aufnahme der regulären Grabungstätigkeit in der Nekropole von Lipari gefunden wurde, Grab 74, barg fünf Masken, darunter die eines bärtigen Greises mit erschreckt aufgerissenen Augen, weit geöffnetem Mund und hageren Wangen (Taf. 1 a). Sie wurde aufgrund des »tragischen Gesichtsausdruckes« und der Vergesellschaftung mit zwei Jünglingsmasken, die phrygische Mützen tragen, als Trojanerkönig Priamos identifiziert[140], eine Benennung, für die die Maske selbst jedoch keine Hinweise bereithält. Der offenbar vegetabile Kranz über dem Haaransatz, von dem seitlich der Schläfen breite Bänder herabfallen, kann dafür nicht als Argument angeführt werden, da diese Art Kranz bei ganz unterschiedlichen Figuren vorkommt. Auch Frauen und Figuren mit grotesken Gesichtszügen, die wohl Sklaven darstellen, können ihn tragen. Vielmehr scheint es sich um einen weit verbreiteten Symposionsschmuck zu handeln[141]. Was die Details anlangt, ist die Maske wenig aussagekräftig. Sie wurde anscheinend aus einer viel benutzten Matrize genommen, denn der feine Schnurrbart über der Oberlippe und die Locken des Kinn- und Wangenbartes sind nur sehr ungenau aus der Form gekommen und wurden auch nicht nachgearbeitet.

138 So auch Summerer a. O. 71 Anm. 468 (Anm. 136).

139 MTL passim.

140 Inv. 3036, MTL 34 A 1 Abb. 9 Taf. 4, 1. 2; MPTG 41 Abb. 12 (hier Typenliste K 1 a).

141 Vgl. Kapitel II 4.

Immerhin sind noch mindestens zwei weitere Exemplare desselben Typus bekannt[142]. Das eine – leider nur ein Untergesichtfragment[143], dem die rechte Augen- und Stirnpartie weggebrochen ist – wirkt in den Proportionen breiter und flächiger als das eben betrachtete. Trotzdem könnten beide Stücke mit Hilfe derselben Matrize hergestellt sein. Die Ausformung des Alten aus Grab 74 wurde nach der Abnahme der Form lediglich stärker zusammengebogen, so daß Bart, Wangen und Stirn stärker zurückweichen, anstatt wie bei dem Fragment flächig ausgebreitet zu sein. Dafür wurde an diesem bei der Nachbearbeitung von Hand die Unterlippe weggenommen und damit die Mundöffnung vergrößert. Man braucht also nicht – wie Bernabò Brea das tut – eine zweite, überarbeitete Matrize nach derselben Patrize für das fragmentarische Stück anzunehmen. Die engen Übereinstimmungen beider werden an dem asymmetrisch abstehenden Ende des Schnurrbartes über dem rechten Mundwinkel oder der spitzen, tief über die Oberlippe herabhängenden Nasenspitze deutlich. Die Kinnbärte wirken gleichermaßen undifferenziert, doch lassen sich jeweils an den gleichen Stellen die Reste von kreisrunden Löckchen erahnen. Auch die vom Kranz herabhängenden Bandenden an der linken Wange entsprechen sich, so daß der Symposionskranz Teil der Matrize gewesen sein muß, ein Faktum, das insofern wichtig ist, als bei dem dritten Exemplar Kranz und herabhängende Bänder fehlen. Es handelt sich bei ihm um ein verschollenes Stück, das von Guido Libertini als aus Centuripe stammende Maske der Sammlung Serradifalco im Palermitaner Nationalmuseum publiziert ist (Taf. 1 b)[144]. Das Museum in Palermo konnte jedoch leider weder über seine Herkunft noch über den Verbleib Auskunft geben[145]. Da sowohl die bärtige Maske als auch eine zweite der gleichen Sammlung Repliken in Lipari besitzen, dagegen mit den centuripinischen Masken keinerlei Verbindung haben, dürften die beiden Stücke aus frühen, nicht dokumentierten Grabungen auf Lipari stammen, zumal die Barone Lo Faso (die Familie Serradifalcos) in Lipari einen Palast besaßen[146]. Die allein erhaltenen schlechten Photos bei Libertini – auch Maßangaben fehlen – erschweren natürlich die Zuordnung, dennoch sind die Ähnlichkeiten zwischen dem Alten aus der Sammlung Serradifalco und demjenigen aus Grab 74 unverkennbar: Die gleichen kugeligen Augen mit den deutlich hervortretenden Oberlidern, die schmale, gerade Nase, der weit geöffnete Mund mit dünnen, aber deutlich abgesetzten Lippen, über denen ein ebenso feiner Oberlippenbart liegt, der Bart aus kurzen, wirren Locken, die hageren Wangen mit deutlich hervortretenden Jochbeinen. Wenn das Photo nicht trügt, bestand bei der verschollenen Maske die Frisur aus kurzen, relativ ungeordneten Locken, so daß Haupthaar und Bart ineinander übergingen und eine Einheit bildeten. Eine sehr scharfe Matrize scheint aber auch diesem Ausdruck nicht zugrundegelegen zu haben, auch wenn die Details des Bartes klarer werden als bei seinem liparischen Gegenstück, dessen Frisur fast völlig vom Kranz verdeckt ist. Nur über den Augenbrauen werden jeweils zwei verwaschene waagerechte Strähnen sichtbar, die unter dem Kranz verschwinden – Strähnen, die auch an der Maske der Sammlung Serradifalco auszumachen sind. Man muß also vermuten, daß die ursprüngliche Matrize keinen Kranz enthielt, und daß ein Exemplar, dem von Hand Kranz und Bänder angefügt wurden, als »Zwischenpatrize« für eine weitere Matrize diente, von der der Alte aus Grab 74 und das Fragment abhängig sind.

Eine weitere Maske aus Lipari, die bei Grab 890 lag[147], ähnelt den eben besprochenen im Hinblick auf Gesicht und Bart (besonders dem Fragment), unterscheidet sich aber durch Tierohren, kurze Stierhörner und eine Frisur aus Buckellocken, über der ein Schmuck aus Perlgliedern – vielleicht eine Wollbinde – liegt. Hier könnte die vorgeschlagene Benennung als Flußgott Acheloos das richtige treffen, da der gehörnte Acheloos häufiger in Maskenform dargestellt wird und zu den Gestalten des dionysischen Thiasos in Beziehung treten kann[148]. Besonders der schräge Verlauf des schon erwähnten Schnurrbartzipfels seitlich

142 Zum Typusbegriff s. u Text zu Anm. 176. 177. – Das Verhältnis des nur in Zeichnung erhaltenen Exemplars MTL 36 A 5 Abb. 13 (MPTG 67 Abb. 61) ist nur schwer abzuschätzen, es wurde deshalb als eigener Typus, nämlich K 3) verstanden.

143 Inv. 5069, MTL 34 A 2 Abb. 10; MPTG 51 Abb. 36 (hier K 1 c).

144 Libertini, Centuripe 134 Taf. 36, 6 (hier K 1 b).

145 Domenico Lo Faso Pietrasanta, Duca di Serradifalco war um 1830 an den Grabungen in Selinunt beteiligt und publizierte zwischen 1834 und 1842 sein fünfbändiges Werk »Le Antichità della Sicilia«. Wann seine Sammlung entstand und wann sie in das Palermitaner Museum gelangte, war nicht zu ermitteln. Seine Tochter vermachte 1886 testamentarisch alle Manuskripte, Bücher und Druckschriften archäologischen Inhaltes dem damaligen Museumsdirektor A. Salinas, s. C. Marconi, Selinunte, le metope dell'Heraion (1994) 46 Anm. 51. Es ist anzunehmen, daß spätestens zu diesem Zeitpunkt auch die Sammlung an das Museum kam.

146 Das heutige Hotel Meligunis. Die Familie sammelte offenbar auch später noch Antiken von der Insel (BTCGI, Lipari 86).

147 Inv. 9536 a, MTL 35 A 3 Abb. 11 Taf. 8, 1 mit falscher Beschriftung; MPTG 39 Abb. 9 (hier K 2).

148 H. P. Isler, Acheloos (1970) 113 ff.; Acheloos kommt in Protomen- oder Maskenform auf attischen Weihreliefs an die Nymphen vor (z. B. aus der Vari-Grotte); ebenda 123 ff., z. B. 124 Nr. 10. Eine marmorne Kultmaske aus dem strengen Stil in den Berliner Museen stammt aus Marathon (ebenda 131 Nr. 51);

des rechten Mundwinkels, aber auch einige runde Bartlocken machen deutlich, daß hier nicht nur ein ähnliches physiognomisches Schema vorliegt, sondern daß wieder die Matrizen voneinander abhängig sein müssen, auch wenn die Haarpartie beim Acheloos stark verändert wurde und wohl auch aus einer Form stammt.

Ein weiterer Fall erlaubt noch genauere Rückschlüsse, wie die Koroplasten mit ihren Matrizen umgingen: Eine Maske aus Grab 2184 (Taf. 2 a)[149] zeigt einen jungen bartlosen Mann mit großen Augen, betonten Augenbrauen, die sich zur Nasenwurzel hin senken, einer zerfurchten Stirn und einem geöffnetem Mund. Die Frisur ist über der Stirnmitte gescheitelt und verläuft in relativ dicken, voneinander getrennten Strähnen von der Stirn zu den Seiten, wo sie unter einem Symposionskranz und den seitlich davon herabhängenden Schlaufen und Bändern verschwinden. Der Oberkopf und die Partien hinter den Bändern, die nur in der Seitenansicht sichtbar wären, sind wie üblich nicht differenziert ausgearbeitet. Eine fragmentarische und weniger gut erhaltene Replik der Maske[150] aus Grab 2316 (ihr fehlt die untere Gesichtshälfte von der Unterlippe ab) ist zwar etwas größer und in die Breite gezogen und kann deshalb nicht aus derselben Matrize kommen, überliefert aber bis in die Einzelheiten dieselbe Physiognomie und Frisur, wenn auch verwaschen und unscharf. Auch an der Männermaske aus Grab 198 (Taf. 2 b)[151] kann man das Haarschema Locke für Locke wiederfinden[152]. Daß der bewegte Gesichtsausdruck weniger stark in Erscheinung tritt, liegt an der dicken Farbschicht, die das lebhafte, von tiefen Falten durchzogene Stirnrelief ausgleicht und damit abmildert. Das Stück aus Grab 198 unterscheidet sich von den beiden vorigen jedoch in einem entscheidenden Detail: Über den Haaren sitzt ein Helm mit Stirnschirm und einer phrygischen Mütze ähnelndem Zipfel, der augenscheinlich freihand angeformt und zum Aufhängen der Maske mit einem rohen Loch versehen wurde. Bei genauem Hinsehen wird klar, daß die Rohform der Maske, so wie sie aus der Matrize kam, wie die beiden anderen Stücke Symposionskranz und herabhängende Bänder besaß. Die Rohmasse des Kranzes verwandelte der Koroplast mit Hilfe des Modellierholzes in den giebelförmigen Stirnschild des Helmes, während die seitlichen Binden ohne viel Zutun in die Wangenstücke der Kopfbedeckung umgedeutet wurden.

Haaranlage und Physiognomie treten noch bei einem weiteren Exemplar auf, einer Jünglingsmaske aus Grab 1987 (Taf. 2 c)[153]. Kranz und Bänder fehlen ihr, dafür steigen über den beiden Strähnen über der Stirnmitte zwei eigenartige, horizontal untergliederte »Fortsätze« auf, die oben Bruchkanten aufweisen. Bernabò Brea sah in der Maske einen jugendlichen Gott, Dionysos oder Apoll, und interpretierte die Ansätze mündlich als Teile der Frisur. Eine bisher unerkannte, leider verschollene Replik in der oben schon erwähnten Sammlung Serradifalco und nur in einer schlechten Abbildung bei Libertini überliefert (Taf. 2 d)[154], besitzt dieselben »Fortsätze« über der Stirnmitte, die – obwohl ebenfalls unvollständig – offenbar nicht zur Frisur gehören, sondern Hörnchen[155] meinen, so daß die Maske einen jugendlichen Pan darstellt.

Unglücklicherweise fehlen Angaben, die es erlauben würden, die Größenverhältnisse zwischen beiden Panmasken zu beurteilen. Matrizengleichheit scheint angesichts der platten und wohl mit dem Modellierstift nachgearbeiteten Haarsträhnen des verschollenen Exemplars eher unwahrscheinlich. Der Pan aus Grab 1987 übersteigt jedenfalls in seinem Format die verwandten Stücke aus den Gräbern 198, 2184 und 2316, so daß er möglicherweise von einer anderen Matrizengeneration abhängig ist als sie. Dann müßte man wieder mit einer Zwischenpatrize rechnen, der ein mit Bändern geschmückter Kranz zugefügt wurde, bevor erneut eine Matrize hergestellt wurde. Andererseits kann auch der Pan aus Grab 1987 nicht aus

Acheloosmasken: LIMC I (1981) s. v. Acheloos Nr. 80. 84. 85. 176. 204 (Isler).

149 Inv. 15420 f, ML V (1991) Taf. 137 Abb. 375; MPTG 47 Abb. 27 (hier K 12 a).

150 Inv. 16438, MPTG 47 Abb. 29 (hier K 12 b).

151 Inv. 317 e, MTL 37 A 7 Abb. 17 Taf. 6, 2 (mit vertauschter Beschriftung, sog. Hektor); MPTG 49 Abb. 31 (hier K 11).

152 So auch Bernabò Brea, ML V (1991) 163, ohne daraus Schlußfolgerungen zu ziehen.

153 Inv. 14593, ML V (1991) 46. 59 Taf. 29 Abb. 77; MPTG 63 Abb. 51 (hier K 13 a).

154 Libertini, Centuripe 134 Taf. 36, 4 (hier K 13 b). Die Deutung als weibliche Maske bei Webster, MNC^3 1 ST 45 ist verfehlt. Außerdem gehört der Typus noch ins 4. Jh. und hat mit der Neuen Komödie nichts zu tun. – Ein weiteres Exemplar des Typus wurde in einer Votivgrube im Nymphenheiligtum von Grotta Caruso in Locri gefunden (zum Kontext s. P. E. Arias, NSc 1946, 141) und befindet sich ohne Inv. im Museo Nazionale von Reggio Calabria: F. Tropea in: F. Costabile (Hrsg.), I ninfei di Locri Epizefiri (1991) 168 f. Abb. 270. Die dort vertretene Datierung ans Ende des 3. Jhs. v. Chr. dürfte damit zu korrigieren sein. – Aus demselben Heiligtum stammt übrigens auch die verwaschene Figur eines trunkenen Jünglings der Neuen Komödie (Reggio Calabria, Museo Nazionale Inv. 629, ebenda 173 Abb. 280), die zu einer liparischen in einem Replikenverhältnis steht (Inv. 2335, MTL 194 Abb. 318; MPTG 215 Abb. 301).

155 Vgl. die ebenfalls quergerippten Hörner einer jungen Panmaske aus Lipari in Cefalù (MPTG 54 Abb. 41) und Glasgow, MTL 46 B 3 Abb. 35. B 4, letztere abgebildet bei Wiles, Masks Abb. 7 oben links, aber dort als Frau mißverstanden (hier K 15 a. b).

einer frischen Form hervorgegangen sein, denn das Stirnrelief ist verflacht, den Augen fehlt der stechende Blick, der besonders der Männermaske aus Grab 2184 (Taf. 2 a) eigen ist. Dies ist allerdings nicht allein der matten Matrize geschuldet, sondern wird auch durch die dicke weiße Grundierung unter der rosaroten Farbschicht hervorgerufen, die über dem ganzen Gesicht liegt, während bei dem so pathetisch wirkenden Stück aus Grab 2184 keine Farbspuren erhalten sind.

Wie jener Helm sind auch die phrygischen Mützen einiger Masken in Lipari freihand angeformt worden. Das muß nicht verwundern, da bis auf wenige Ausnahmen[156] nur Gesicht und Haaransatz aus der Matrize stammten und die Hinterköpfe fast immer von Hand angefügt wurden. Die Koroplasten gaben sich dabei kaum Mühe, die Spuren des ursprünglichen Kopfschmuckes zu kaschieren. So wurde an der Knabenmaske[157] aus Grab 74 der in der Negativform angelegte wulstige, gedrehte Reifen, der nach einem jüngeren Vergleichsstück in Lipari[158] ebenfalls als Symposionschmuck zu verstehen ist, in den unteren Rand der Mütze verwandelt, die man als unförmigen Klumpen auf den Kopf setzte. Ihre Seiten und der Oberkopf wurden kaum geglättet und mit einem Loch als Aufhängevorrichtung versehen. Der matrizengleichen Replik aus Grab 2184 fehlt die Mütze[159], und der Oberkopf hinter der Wulstbinde wurde nur roh ausgearbeitet belassen. Beide Stücke tragen im Stirn- und Schläfenhaar blütenartige Schmuckscheiben, zwischen denen die Haare mit dem Modellierholz nachgezogen wurden, was besonders seitlich der linken Wange auffällt.

Eine dritte Maske kann dafür die Erklärung anbieten: Die Knabenmaske[160] aus Grab 1613 könnte trotz des unterschiedlichen Erscheinungsbildes aus derselben Matrize stammen[161]. Diese war zu diesem Zeitpunkt allerdings noch frischer, was die stärker akzentuierten Augenbrauen erklärt. Die ebenfalls durch das Model vorgegebene runde Gesichtsform wurde bei den beiden anderen Exemplaren durch nachträgliches Zusammenbiegen verändert. Denn auch bei der schärferen Knabenmaske aus Grab 1613 kehren unter dem Rand der ebenfalls freihand angeformten phrygischen Mütze die Reste des gedrehten Reifens und dazu die knopfartigen Schmuckscheiben im Haar wieder. Seitlich der Wangen kommen darunter zwei Bänder hervor, von denen nur das rechte vollständig erhalten und unten abgerundet ist. Diese ursprünglich zum Symposionskranz gehörenden Binden wurden hier also in die Laschen der phrygischen Kappe umgedeutet. Sie müssen demnach Teil der Matrize gewesen sein, wurden aber bei den beiden anderen Stücken entfernt und durch unsauber nachgravierte Haarsträhnen ersetzt.

Auch die Kopfbedeckung einer weiteren Männermaske aus Grab 74 (Taf. 3 a. b)[162] wurde aus einem Symposionsschmuck mit seitlich herabhängenden Stoffstreifen umgearbeitet. Denn über der Haarpartie an der rechten Stirnseite hat sich die mit eingedrückten Punkten charakterisierte vegetabile Struktur des Kranzes noch erhalten, während die Schlaufen wieder in die Laschen der Mütze verwandelt wurden.

Schließlich ist in diesem Zusammenhang noch ein besonders interessanter Fall zu betrachten: Im Grab 1725 fand sich eine bartlose Maske mit verfeinerten Gesichtszügen[163], die ebenfalls eine phrygische Mütze trägt (Taf. 3 c). Ihre Schlaufen sind über der Stirnmitte in einem Herakles-knoten verschlungen. Die aus dem Knoten seitlich herausstehenden Bandenden, die an eine Haarschleife gemahnen, und die schönlinig geringelten Löckchen, die unter dem Rand der Mütze hervorkommen und das Gesicht rahmen, geben dem Gesicht einen femininen Charakter. Bernabò Brea hielt die Maske ohne Zweifel für männlich und fühlte sich an den trojanischen Prinzen und Liebling der Aphrodite, Paris erinnert. Wie schon mehrfach erwähnt, existierte für die Maske nur eine Matrize, die bis zum Haaransatz reichte, während die Kalotte mit dem Hinterkopf und die Kopfbedeckung von Hand angeformt wurden. In den Seitenansichten ist hier trotz der starken Überarbeitung mit dem Modellierholz besonders gut die Kante zu erkennen, an der die Matrize aufhörte, nämlich über den Schlaufenenden des Knotens und von dort etwa parallel zum Haaransatz nach unten. Dabei erstaunt die sorglose handwerkliche Ausführung. In der Frontalansicht wirkt der Zipfel der phrygischen Mütze – auch durch das eingebohrte Aufhängeloch, dessen Rand nicht geglättet wurde – schief und voller Unebenheiten. An den Seitenansichten verraten die krakelig nachgearbeiteten Locken und die Falten der Mütze, die als parallele Kerben eingetieft sind, die flinke Arbeitsweise des Koroplasten. Entweder sollte die – nicht erhaltene – Farbschicht solche Unebenheiten

156 z. B. die Greisin Inv. 317 f aus Grab 198, MTL 42 A 16 Abb. 28; MPTG 49 f. Abb. 32–34 (hier K 36).

157 Inv. 3037, MTL 39 A 10 Abb. 20 Taf. 4, 3; ML II Taf. 141, 4. 142, 1. 2; MPTG 41 Abb. 13 (hier K 18).

158 Inv. 9734, sog. Melas neaniskos 29, MTL 168 Abb. 263 Taf. 26, 3.

159 Inv. 15420 h, ML V (1991) Taf. 138 Abb. 376; MPTG 47 Abb. 28 (hier K 19).

160 Inv. 11167 a, MTL 39 A 11 Abb. 21; ML V (1991) Taf. 75 Abb. 198; MPTG 42 Abb. 16 (hier K 20).

161 So auch Bernabò Brea, MTL 39 bei A 11; vgl. auch die Seitenansichten.

162 Inv. 3038, MTL 40 A 13 Abb. 23 (hier K 17).

163 Inv. 13556, MTL 313 Abb. 475 Taf. 6, 4; ML VII (1994) 42 Taf. 51; MPTG 35 Abb. 6 (hier K 23).

zudecken, oder man störte sich nicht an handwerklichen Ungenauigkeiten, zumal den Profilansichten der Masken – wie fast durchgängig festzustellen ist – gegenüber der Frontalansicht nur eine untergeordnete Rolle zukam.

Doch wenn der Zipfel der Mütze nicht zur Matrize gehört, war dann von Anfang an eine orientalische Kopfbedeckung geplant? Der Knoten mit den freiliegenden Bandenden ist als Teil einer phrygischen Mütze sehr ungewöhnlich, zumal der Zusammenhang von Knoten und Mütze an der Maske nicht nachzuvollziehen ist, taucht dagegen häufig bei Bändern oder Tüchern auf, mit denen Frauenfrisuren zusammengehalten werden[164]. Dazu würden auch die feinen Löckchen an Schläfen und Wangen, die eine genaue Parallele an der Maske einer jungen Frau aus Grab 74 (Taf. 3 d) finden[165], und das glatte Gesicht gut passen. Im Louvre wird eine Frauenmaske aufbewahrt[166], die eine verwandte Kopfbedeckung mit phallosähnlichem, zum Aufhängen durchbohrten Zipfel und einer Schleife über der Stirn trägt. Diese bisher nicht befriedigend gedeutete Maske, bei der der Zipfel anscheinend zum Typus gehört und Teil der Form war, würde auch für das liparische Stück eher an eine weibliche Person denken lassen. Allerdings stammt das ungewöhnliche Pariser Stück aus der an Fälschungen reichen Sammlung Lecuyer, was ihre Aussagekraft schmälert. Falls bei der liparischen Maske also wirklich ein Mann gemeint war, wurde die Matrize für eine Mädchenmaske durch Hinzufügung des Mützenzipfels in einen orientalischen (trojanischen) Jüngling verwandelt[167]. Aus dem Gesichtsausdruck ist oft nur schwer auf das Geschlecht der dargestellten Person zu schließen. Durch eine dunkelrote Bemalung des Gesichts wäre die Maske aber als Mann zweifelsfrei erkennbar gewesen – ein Mädchen hätte ein helles Inkarnat erhalten.

In diesem Zusammenhang ist noch ein kurzer Blick auf die zweite Maske aus Grab 890 zu werfen, die durch die Vergesellschaftung mit dem Acheloos von Bernabò Brea als weiblich interpretiert wird[168]. Sie wird durch ein lebloses, glattes Gesicht mit scharfer Nase, weit geöffnetem Mund, in dem die obere Zahnreihe sichtbar wird, unbewegter Stirn und langweilig strähnigem Stirnhaar charakterisiert, über dem ein Symposionskranz mit daran befestigten Bändern liegt. Der Hinterkopf ist besser geglättet als bei anderen Exemplaren, was Bernabò Brea zu der Vermutung veranlaßte, die Frisur sei vielleicht von einem Schleiertuch bedeckt, doch sieht man auch hier Fingerspuren und die nur schlecht kaschierte Kante, an der das aus der Matrize genommene Stück endete, so daß dem glatten Hinterkopf meines Erachtens keine ikonographische Bedeutung zukommt.

Im Vergleich zu den übrigen Frauenmasken des 4. Jahrhunderts wie der schon zitierten Mädchenmaske aus Grab 74 (Taf. 3 d) oder einer weiteren Frauenmaske mit Symposionskranz[169] fällt die Maske aus Grab 890 durch die schmucklose Kurzhaarfrisur aus senkrechten Strähnen aus dem Rahmen und erinnert eher an den Gramzerfurchten aus Grab 1725 (Taf. 5 d)[170] oder die ähnlichen Stücke aus Grab 1287 (Taf. 5 c) und 1558 bzw. in Cefalù und Glasgow (Taf. 5 a. b)[171], auch wenn ihr deren bewegte Stirn fehlt. Obwohl der herbe Gesichtsausdruck für sich genommen über das Geschlecht der dargestellten Person ebensowenig eine klare Entscheidung erlaubt wie die Überreste der farbigen Fassung – ein Rosaton auf der rechten Wange und braunrote Spuren in den Haaren über der rechten Schläfe und auf dem Kranz – sprechen die ikonographischen Indizien eher dafür, daß ein junger Mann gemeint ist.

Aus den bisher dargelegten Beobachtungen ergeben sich mehrere Schlußfolgerungen: Zum einen hat man wohl mit einem nur relativ kleinen Matrizenschatz gearbeitet und ganz unterschiedliche Personen durch nachträgliche Veränderungen von Hand aus derselben Form hergestellt. Zum anderen scheinen für die verschiedenen Altersstufen jeweils stereotype physiognomische Grundmuster verwendet worden zu sein. Beispielsweise erhielten die reifen Männer mit schmerzverzerrtem Gesicht wie die Stücke aus Grab 1725 (Taf. 5 d) und 1558 über der Nasenwurzel dachförmig hochgezogene Augenbrauen, die sich zu den Schläfen hin absenken (bei der Männermaske aus Grab 2486, Taf. 4 a, abgeschwächt[172]), was jeweils natürlich

164 Vgl. die Frauenmasken im Museo Faina in Orvieto, M. Bizarri, Orvieto Etrusca, Art and History (1972) Taf. 32.

165 Inv. 3039, MTL 44 A 20 Abb. 32; MPTG 41 Abb. 15 (hier K 39).

166 Paris, Louvre CA 89, Mollard-Besques III 5 D 18 Taf. 5 c; Mollard-Besques nennt die Kopfbedeckung Kekryphalos und sieht in der Maske eine junge Kurtisane. – F. Lenormant u. a., Collection Camille Lecuyer, Terres cuites antiques trouvées en Grèce et en Asie Mineure² (Paris 1882–1885) I 3 (Tänzerin).

167 Man könnte auch fragen, ob eine Amazone oder eine orientalische Prinzessin wie etwa Medea gemeint ist, aber auch für sie wäre der Knoten an der Mütze eine Merkwürdigkeit.

168 Inv. 9536 b, MTL 42 f. A 17 Abb. 29 Taf. 8, 2 mit vertauschter Beschriftung; MPTG 39 Abb. 10 (hier K 22).

169 Inv. 10829 c aus Grab 1315, MTL 43 f. A 19 Abb. 31 Taf. 7, 2; MPTG 46 Abb. 24 (hier K 40 c).

170 Inv. 13556 j, MTL 311 ff. Abb. 474; ML VII (1994) 42 f. Taf. 51; MPTG 34 Abb. 5 (hier K 7).

171 MTL 41 A 14. 15 Abb. 24–27; MPTG 43 Abb. 19 (Inv. 10774 b, seitenverkehrt). Glasgow, 03.70.dt.3, unpubliziert (hier K 5 a–d).

172 Inv. 18401 c, Museo Eoliano 103 Abb. 75; Ecuba e Taltibio 8 Abb. 3; M. Cavalier, MedA 8, 1995, 85 f. Taf. 6; MPTG 45 Abb. 22. 23 (hier K 8).

auf die Gestaltung der Stirn Auswirkungen hat. Es handelt sich um eine Formel, die bei den alten Frauen aus Grab 198 und 2486 (Taf. 1 c. d; 4 b) wiederbegegnet[173]. Die Männer mittleren Alters mit energischem Gesichtsausdruck haben dagegen weit geöffnete, fast runde Augen, über denen die Augenbrauen als plastisch abgesetzte Grate eine Zirkumflexform annehmen, wie aus der Gegenüberstellung des Herakles aus Grab 1287, des erwähnten Behelmten aus Grab 198 (Taf. 2 b) sowie der entsprechenden Männermasken aus den Gräbern 1315 und 1613 hervorgeht[174], bei denen sich trotz unterschiedlicher Matrizen das Gesicht in den Grundzügen gleicht.

Diese sehr variable Einsatzweise eines relativ kleinen Matrizenvorrates, dessen Produkte man mit wenigen Handgriffen Bestellerwünschen oder einem veränderten Geschmack bzw. neuen Erfordernissen anpassen konnte, entspricht dem Vorgehen bei figürlichen Terrakotten, stellt also ein genuin koroplastisches Arbeitsverfahren dar, das zudem auch in anderen kunsthandwerklichen Gattungen im 4. Jahrhundert v. Chr. seine Parallelen besitzt. Man muß nur daran denken, wie die Toreuten und die Hersteller von Reliefkeramik mit ihren Mustern umgingen, sie kombinierten oder leicht abwandelten, um sie neuen Verhältnissen, zum Beispiel anderen ikonographischen Zusammenhängen, aber auch neuen zeitstilistischen Strömungen anzupassen[175]. So muß man auch bei den Masken damit rechnen, daß die Tonbildner möglicherweise Stücke aus alten Matrizen durch nachträgliche Veränderungen einem neuen Zeitgeschmack anzugleichen versuchten.

Nach dem bisher Dargelegten scheint es mir sinnvoll, den Begriff ›Typus‹ sehr eng zu fassen[176]. Ich spreche im folgenden vom ›gleichen Typus‹, wenn bei zwei Masken – soweit erkennbar – die gleiche Person dargestellt ist[177] und sich die Merkmale der Physiognomie und Frisur bis in Details gleichen. Männer- und Frauenmasken, die aus derselben Form stammen und nur durch die Inkarnatfarbe unterschieden sind, fasse ich also als zwei verschiedene Typen auf. Lediglich der Symposionskranz als Attribut, das vorhanden sein oder fehlen kann und offenbar nicht für bestimmte Personen spezifisch ist, bleibt dabei ausgeklammert. Außerdem sind kleine Variationen zugelassen, wenn sie den Charakter des Stückes nicht verändern.

Demnach müssen Stücke, die den gleichen Typus vertreten, nicht unbedingt aus derselben Matrize und auch nicht aus voneinander abhängigen Negativformen stammen. Am Beispiel von vier Frauenmasken, die eine groteske ›Negerin‹ mit affenähnlichem Gesicht darstellen[178], läßt sich feststellen, daß Exemplare, die sowohl in der Größe als auch in der Anlage der Gesichter nur in Nuancen voneinander abweichen, aus verschiedenen Formen genommen wurden. Die beiden Stücke aus Grab 1314 wirken stärker symmetrisiert[179], außerdem fehlt ihnen die Zunge, die bei den Masken aus Grab 74 und 1613 zwischen den Lippen eingeklemmt sichtbar ist[180]. Andererseits können Stücke aus derselben Matrize – wie oben dargestellt – von Hand so weitreichend umgearbeitet sein, daß man sie als unterschiedliche Typen bezeichnen muß.

Nun gibt es Masken, bei denen man sich überlegen muß, ob sie trotz großer Unterschiede, die es nach der oben aufgestellten Definition verbieten, vom selben Typus zu sprechen, nicht doch typologisch voneinander abhängig sind, ob Typen beispielsweise eine zeitstilistische Entwicklung mitmachen können. Ein solcher Fall scheint bei den beiden Masken aus den Gräbern 198 und 2486 vorzuliegen (Taf. 1 c. d; 4 b), die jeweils eine Frau mit schmerzerfülltem Gesicht wiedergeben[181]. Als Zeichen von Gram und Alter sind tiefe Falten auf der Stirn, in den äußeren Augenwinkeln und unter den Augen eingegraben. Die Wangen- und Kinnpartie erscheint schlaff. Die Augenbrauen bilden einen Giebel, unter dem die Augen eingebettet sind. Die

173 siehe unten Text zu Anm. 181.

174 Herakles Inv. 10774 a, MTL 37 A 6 b Abb. 15; MPTG 43 Abb. 14 (mit falscher Beschriftung). 18 (hier K 9 b). – Inv. 10829 a aus Grab 1315, MTL 38 A 8 Abb. 18 Taf. 7, 4 (mit vertauschter Beschriftung); MPTG 46 Abb. 26 (hier K 10). – Inv. 11167 aus Grab 1613, MTL 38 A 9 b Taf. 7, 1; ML V Taf. 75 Abb. 199; MPTG 42 Abb. 17 (hier K 14 b). – Zum Behelmten s. o. Anm. 151.

175 Vgl. Verf., Griechische Klappspiegel, 18. Beih. AM (1997) 21–45. 55–57 und passim.

176 Zum Typenbegriff in der Archäologie Graepler, Tonfiguren 76 f. – Der sehr offene Typusbegriff von R. V. Nicholls, Type, Groupe and Series, BSA 47, 1952, 217 ff. (Typus ist für ihn die Obereinheit mit nicht mehr als generellen Ähnlichkeiten, die man verbal umschreiben kann.) ist bei der Klassifizierung des liparischen Materials nicht hilfreich, da die entstehenden größeren Gruppen die Beziehungen der Stücke verschleiern.

177 Dies ist natürlich schwer nachzuprüfen, da man die gleiche formale Ausgestaltung je nach Erfordernissen mit unterschiedlichen Namen belegen konnte.

178 MTL 56 f. C 8 Abb. 48–52; MPTG 57 Abb. 47. 69 f. Abb. 62–64 (hier K 51). Sie haben aber teilweise rötlichbraune Haare (z. B. die Exemplare aus Grab 74 und 1613).

179 MTL 56 f. C 8 c. d; MPTG 70 Abb. 63. 64 (hier K 51 c. d).

180 Bei dem Exemplar aus Grab 74 im linken Mundwinkel, bei Inv. 11167 aus Grab 1613 rechts der Mitte. Die vier Masken stammen also aus drei verschiedenen Matrizen.

181 Inv. 317 f, ML II Taf. 144, 1–3; MTL 42 A 16 Abb. 28 Taf. 4. 5; MPTG 49 Abb. 32–34 (hier K 36). – Inv. 18401 b, Museo Eoliano 103 Abb. 75; I Greci in Occidente 712 Cat. 236/I. S. 431 Abb.; Ecuba e Taltibio 3 ff. Abb. 1. 2; M. Cavalier, MedA 8, 1995, Taf. 6; MPTG 44 Abb. 20. 21 (hier K 38). – Das Fragment Inv. 15458, ML V 187 Taf. 179 Abb. 494 (hier K 37) nimmt eine Zwischenstellung ein. Ihm fehlt z. B. das Haarband.

Frisuren sind aber verschieden gestaltet. Bei der Greisin aus Grab 198 besteht sie aus aneinandergereihten, durch tiefe Linien konzentrisch unterteilten Halbkreisen, die aber eine einheitliche Reliefschicht bilden. Das darüberliegende Band soll offenbar die Frisur zusammenhalten. Diese Haaranordnung wirkt altmodisch und gekünstelt im Vergleich zu der des Gegenstückes, bei dem die Haarkappe nur noch oberflächlich durch eingeritzte Kerben in bogenförmig hängende, das Gesicht rahmende Strähnen gegliedert ist. Weitere Unterschiede betreffen die Proportionen und die gestalterischen Mittel. Die Alte aus Grab 198 besitzt ein sehr langgestrecktes Gesicht mit einem strengen Aufbau, in dem die Nase die Vertikalität noch zusätzlich betont. Harte Kanten trennen besonders an Wangen und Kinn die Vorder- von der Seitenansicht. Augen und Mund sind als klar umrissene Formen in das aus großen Wölbungen bestehende Gesicht eingesetzt. Dabei übernehmen eingravierte Linien – besonders die Falten auf der Stirn und um Augen und Kinn – die Gestaltung der Oberfläche. Bei der Alten aus Grab 2486 dagegen ordnen sich der runderen Gesichtsform alle Details unter, auch die als einheitliche Haarmasse verstandene Frisur. In dem sich kontinuierlich zu den Seiten hin abrundenden Gesicht sind Augen und Mund organisch eingebettet. Besonders unter dem Kinn und an den Wangen, wo sich die Hautfalten zu einem welligen Relief zusammenschieben, aber auch an der Stirn wird deutlich, daß plastische Wölbungen als gestalterisches Mittel die starke Linearität des anderen Stückes abgelöst haben. Die Maske aus Grab 198 ist also von ihrer ganzen plastischen Struktur her die ältere Schöpfung, so daß auch die Veränderungen an der Frisur des Stückes aus Grab 2486 als stilistische Weiterentwicklung zu verstehen sind.

Allerdings weisen beide Greisinnenmasken Eigenarten auf, die die eben so stark voneinander abgesetzte Plastizität für den antiken Betrachter relativiert haben könnten. Denn bei beiden fällt auf, daß die dicke weiße Grundierung und die darüberliegende Farbschicht offenbar einen großen Teil der durch die plastische Gestaltung – sei es mit plastischen Mitteln oder mit Linien – erzielten Expressivität wieder zudeckten und abmilderten[182]. An den Wangen der Alten aus Grab 2486 taucht dort, wo die Farbschicht heute fehlt, eine eigenartige ›Pickung‹ auf, so als sollte ein Dreitagebart angedeutet sein, was bei einer weiblichen Maske wohl aber nicht gemeint sein kann. Für eine Frau spricht unter anderem die hellrosa Farbe des Inkarnats. Da die Männermaske desselben Grabes (Taf. 4 a)[183] trotz seiner Bartlosigkeit auf den Wangen in gleichmäßigen Abständen radial zum Maskenrand verlaufende Einkerbungen besitzt[184], möchte man annehmen, daß sie als Aufrauhung der Oberfläche die bessere Haftung der Farbschichten gewährleisten sollten, also im vollendeten Zustand der Maske nicht sichtbar waren.

Ein zweites Beispiel für die Weiterentwicklung von Typen ist weniger eindeutig: Unter den Masken des 4. Jahrhunderts aus Lipari findet sich auch der Typus einer grinsenden Frau mit kurzer spitzer Stupsnase, Fettpölsterchen an Wangen und Kinn und einer Frisur, die über der Stirnmitte einen flammenartigen Haarzipfel bildet[185]. Ein davon abhängiger Typus aus Grab 1315, bei dem das breite Grinsen noch betont ist[186], weil das Gesicht frontalisiert und von einem massigeren Untergesicht bestimmt ist, verzichtet auf den ›Flammendutt‹, obwohl die das Gesicht rahmende Haarwelle mit den drei Scheiben als Schmuck beibehalten wurde. Ein Untergesichtfragment, das Bernabò Brea 1965 im zweiten Band der Grabungspublikation veröffentlichte[187], aber dann in der großen, 1981 erschienenen Maskentypologie wegließ[188], ist meiner Meinung nach der typologische Vorgänger des zuletzt betrachteten Stückes. Kaum hochgezogene Mundwinkel und ein weniger vorspringendes und akzentuiertes Kinn nehmen dem Fragment den grotesken Gesichtsausdruck des Stückes aus Grab 1315. Dazu stammt es im Gegensatz zu diesem aus einer sehr scharfen Matrize, so daß sich Unterlider und Umgrenzung der Lippen als klare Kanten abzeichnen. Die festen und weniger schwellenden Formen der Wangen- und Kinnpartie sind aber zugleich ein Zeichen, daß die Matrize früher zu datieren ist als die der Grinsenden aus Grab 1315.

In Grab 1987 lag eine Frauenmaske[189], die mit dem über der Stirnmitte aufsteigenden Haarturm an den Typus der Komischen mit ›Flammenfrisur‹ erinnert, auch wenn der leidende Gesichtsausdruck von einem anderen physiognomischen Schema abhängig ist. Meines Erachtens sollte die Maske, vielleicht weil die Matrize der komischen Grinsenden nicht mehr verfügbar war, an diesen Typus angeglichen

182 Zur Greisin aus Grab 198 vgl. bes. MTL Taf. 5; zur Alten aus Grab 2486 bes. I Greci in Occidente 431 Cat. 236/I; vgl. die dicke Farbschicht über den Wangenknochen.

183 Ecuba e Taltibio 8 Abb. 3; MPTG 45 Abb. 22. 23 (hier K 8).

184 Ähnlich, aber weniger regelmäßig bei der gramzerfurchten Maske aus Grab 1725.

185 MTL 53 ff. C 6 Abb. 42–45; MPTG 71 f. Abb. 65. 66 (hier K 47 a–d).

186 Inv. 10829 d, MTL 55 C 7 a Abb. 46; MPTG 72 Abb. 67 (hier K 50)

187 Inv. 3416, ML II 314 Taf. 195, 5, dort Typ C 30 (hier K 49).

188 In: MTL 53–55 C 6.

189 Inv. 14590, ML V (1991) Taf. 29 Abb. 79; I Greci in Occidente 712 Cat. 237; Gute Abb.: L. Bernabò Brea – M. Cavalier, Beni Culturali e Ambientali Sicilia 3, 1982, 146 Abb. 10 a; MPTG 62 f. Abb. 54 (hier K 46).

werden, weshalb man von Hand ein aus einer anderen Matrize stammendes Stück besonders im Bereich der Frisur abwandelte. Denn die Haare, die mit dem Modellierholz grob in einzelne Strähnen untergliedert wurden, rahmen genauso die dreieckige, glatte und kaum gewölbte Stirn und sind nach oben zu einem Haarknoten zusammengedreht. Auch die die Frisur verzierenden Schmuckscheiben und die Ohrgehänge wurden übernommen, während das Gesicht mit der langen Nase und dem geöffneten, asymmetrischen Mund nur mit einer dicken Farbschicht überzogen wurde. Da die Maske aus Grab 1987 aufgrund der größeren Massigkeit und stärkeren Abrundung die stilistisch fortschrittlichere Schöpfung darstellt, kann man erwägen, ob auch hier eine typologische Weiterentwicklung vorliegt, auch wenn durch den anderen Gesichtsausdruck der Charakter des Stückes völlig verändert wurde.

Bernabò Brea, der davon ausging, daß die bei einem Grab abgelegten Maskensets jeweils das Personal eines Theaterstückes darstellten, sah in den fünf Masken aus Grab 1987 wohl aufgrund eines breit lachenden bärtigen Alten mit Symposionskranz[190], von dem in Grab 1613 eine Replik lag, die Protagonisten einer attischen Komödie, zumal auch die Frau mit Flammenfrisur und die Maske eines jungen Mädchens in Grab 1613 Parallelen haben[191]. Das junge Mädchen mit Mittelscheitelfrisur aus Grab 1613[192] vertrete denselben Typus wie die eben schon erwähnte junge Frau aus Grab 1987[193], der man noch einen Symposionskranz zugefügt habe[194]. Eine solche Zuordnung ist nach der hier vertretenen strengen Typusdefinition schon aufgrund des unterschiedlich gestalteten Mundes unmöglich. Dagegen entspricht das Mädchen mit Symposionskranz aus Grab 1987 zusammen mit einer bisher unerkannten fragmentarischen Replik in Lipari[195] typologisch genau einem Frauenmaskentypus mit Symposionsschmuck[196], der von Bernabò Brea als Tragödienmaske klassifiziert ist. Die Typengleichheit aller vier Exemplare ist unter anderem am exakt übereinstimmenden Verlauf der Locken abzulesen. Sie haben aber unterschiedliches Format.

Über die typologische Verbindung des Pan aus Grab 1987 (Taf. 2 c) zu Stücken wie der Männermaske aus Grab 2184 (Taf. 2 a) oder dem Behelmten aus Grab 198 (Taf. 2 b) wurde oben schon gesprochen. Bernabò Breas Versuch, die Masken in Tragödien- und Komödientypen aufzuteilen, erweist sich also nicht als sinnvoll, da bei einer großen Anzahl von Stücken – besonders den eben erwähnten jungen Frauen – Kriterien fehlen, um zu entscheiden, welcher dramatischen Gattung sie zugehören. Folgerichtig wird hier auf ein solches Untergliederungsschema verzichtet, zumal es dem Postulat entspringt, die liparischen Masken müßten etwas mit den real auf der Bühne getragenen zu tun haben und deshalb die verschiedenen Gattungen des Dramas repräsentieren[197]. Aus dem liparischen Material selbst drängt sich – wie oben dargelegt – ein solches Gliederungsprinzip nicht auf.

Trotzdem gibt es in Lipari in der Tat einige Maskentypen mit grotesk überzeichneten Gesichtszügen, die man als von der Komödie angeregt ansehen möchte. Die Grinsende mit dem Flammenzopf kam schon zur Sprache, doch sind die weiblichen Typen gegenüber den Männern in der Minderzahl. Der spitzbärtige Alte mit Pilos und steil aufsteigenden Augenbrauen, vertreten in zwei Exemplaren aus Grab 1558 und 1725 (Taf. 6 c. d)[198] erinnert entfernt an ähnliche Kopftypen bei attischen Komödienterrakotten aus der berühmten New Yorker Gruppe[199] ohne jeweils in allen physiognomischen Einzelheiten übereinzustimmen. Ein attischer Typus scheint also nicht direkt kopiert zu sein. Die übrigen grotesken Männertypen wie der plattnasige Alte mit der eigenartigen, einem Hahnenkamm ähnlichen Mütze[200] sind von attischen Typen noch weiter entfernt, so daß schon von daher nur schwer nachvollziehbar ist,

190 Inv. 14591, ML V 46 Taf. 29 Abb. 78. Replik Inv. 11167 f aus Grab 1613: ebenda Taf. 77 Abb. 202; MPTG 62 f. Abb. 52 (Grab 1987). 55 f. Abb. 43 (Grab 1613) (hier K 30 a. b).

191 Dessen Maskeninventar hatte Bernabò Brea mit einer attischen Komödie, versuchsweise mit den Ekklesiazusen des Aristophanes verbunden (so auch MPTG 55 ff. Abb. 42–47), gesteht aber in ML V 131 f. den hypothetischen Charakter dieser Benennung ein.

192 Inv. 11167 b, MTL 57 C 9 Abb. 53 Taf. 12, 4; MPTG 56 Abb. 42 (hier K 42).

193 Inv. 14592, ML V Taf. 29 Abb. 80; MPTG 63 Abb. 53 (hier K 40 a).

194 Bernabò Brea in: Da Eschilo a Menandro 27, »anscheinend aus derselben Matrize«.

195 Inv. 3419, MTL 241 Abb. 356, sog. Ule 1 (MPTG 242 Abb. 336), als hellenistische Maske der Neuen Komödie eingeordnet (hier K 40 b).

196 Inv. 16438 aus Grab 2316, MPTG 47 Abb. 30 (hier K 40 d); aus Grab 1315: Inv. 10829 c, MTL 43 f. A 19 Abb. 31 Taf. 7, 2; MPTG 46 Abb. 24 (hier K 40 c).

197 Über die im Theater getragenen Masken besitzen wir mangels erhaltener Beispiele nur ungenaue Vorstellungen, die sich aus Darstellungen in anderen Medien ableiten.

198 Inv. 11114 a aus Grab 1558, MTL 51 C 2 Abb. 38; ML V 109 Taf. 82 Abb. 218; MPTG 65 Abb. 57. 58. Inv. 13556 f aus Grab 1725: MTL 311 ff. Taf. 12, 1; ML VII 42 f. Taf. 52; MPTG 64 Abb. 56 (hier K 28 b. a).

199 Bieber, Theater 46 Abb. 197.

200 Inv. 11167 g, MTL 52 f. C 5 Abb. 41 Taf. 11, 1. 2; MPTG 57 Abb. 45 (hier K 31). Ob es sich wirklich um eine Mütze handelt, ist fraglich.

weshalb Bernabò Brea in ihnen attische Komödientypen erkennt.

Unter die von Bernabò Brea für die hellenistische Komödie in Anspruch genommenen Masken haben sich auch einige Typen des 4. Jahrhunderts verirrt. Dies ist im einzelnen an den im Anhang beigegebenen typologischen Listen nachzuvollziehen. Ein Frauentypus, dessen Frisur über der Stirn mit einer Perlenschnur geschmückt ist (Taf. 22 b)[201], oder die beiden Mädchenmasken, bei denen die Frisur über der Stirnmitte durch eine doppelte Lockenzange dominiert wird (Taf. 22 a)[202], gehören beispielsweise sowohl hinsichtlich ihrer Stilformen als auch des Formates in die Nähe der klassischen Mädchenmasken aus den Gräbern 1613 und 1987.

Auch die beiden »Sikelikos« genannten Maskenfragmente[203] bilden keinen eigenen hellenistischen Typus, sondern sind schlechte, verdrückte und aus alten Matrizen genommene Ausformungen des bekränzten Jünglings aus Grab 1315[204] und eines schärferen und größeren Exemplars des gleichen Typus aus Grab 2196[205], das entgegen von Bernabò Breas Meinung[206] ebenfalls eine männliche Maske darstellt. Denn die von ihm übersehenen rosa Farbspuren auf der rechten Wange entsprechen vergleichbaren Partien bei der Männermaske aus Grab 2316, so daß es keinen Grund gibt, in dem Stück eine Frau zu sehen. Daß die beiden Fragmente diesem Typus zuzuordnen sind, läßt sich am augenfälligsten an der großen Schlaufe belegen, die bei dem nur in seiner linken Gesichtshälfte auf uns gekommenen Exemplar oberhalb der Schläfen über den Kranz herabhängt. Auch der Ansatz des ursprünglich seitlich der linken Wange herabfallenden Bandes ist noch sichtbar. Die Augenformen stimmen ebenfalls überein. Die beiden horizontalen Stirnfalten, die bei der Fassung aus Grab 2196 am stärksten akzentuiert sind, wurden bei dem nur die linke Gesichtshälfte überliefernden Stück mit weißer Farbe auf der dunkelrosa gehaltenen Haut aufgemalt. Da die Blätter, die bei den beiden vollständigen Exemplaren den Ansatz des Kranzes verdecken, angesichts der matten Matrize offenbar nicht mehr erkennbar oder verständlich waren, wurden sie übergangen und statt dessen eine dunkelrote Haarmasse dargestellt, aus der an den Schläfen kleine Löckchen ausbrechen.

Zum Schluß ist ein weiterer Problemfall zu besprechen: die beiden von Bernabò Brea »Oidipous« und »Jokaste« genannten Masken aus Grab 406 (Taf. 4 c. d)[207], die er der klassischen Gruppe zuweist[208]. Erstere zeigt einen alten Mann, in der Physiognomie den schon besprochenen Altmännermasken nicht unähnlich. Auffällig ist jedoch der sehr schlichte ovale Kopfumriß, der von Haar und Bart gebildet wird. Sie gehen bruchlos ineinander über und setzen sich nur durch die Binnengliederung voneinander ab, denn die Frisur, die sich wie eine große Welle über die Stirn- und Schläfenpartie wölbt, ist durch radial vom Gesicht ausgehende Linien in Strähnen unterteilt, während der Bart durch zwei Reihen unter der Unterlippe hängender konzentrischer Halbovale sehr ornamental gestaltet ist. Das Gesicht selbst wird dominiert von dem T aus den horizontalen Brauen und einer großen Nase, während die Augen eher zurücktreten. Die ebenfalls horizontal geführte Oberlippe verläuft parallel zur Brauenlinie. Mit diesem strengen Aufbau und der ganz geschlossenen Umrißform steht das Stück im Gegensatz zu den übrigen bärtigen Greisenmasken aus Lipari, die ja ihrerseits voneinander abhängen[209]. Gerade im Vergleich mit dem

201 MTL 230 Abb. 394. 395, sog. Diachrysos 1–3. Die Diachrysos 4 gehört nicht zu diesem Typus. Wiles, Masks Abb. 7 links unten (= Glasgow 03.70.dt.9); MPTG 260 Abb. 364 (hier K 43 a–c).

202 Inv. 3419, sog. Ule 1, MTL 214 f. Abb. 356; MPTG 242 Abb. 336. Glasgow Inv. 03.70.dt.11, sog. Ule 2, MTL 215 Abb. 357; MPTG 242 Abb. 337 (hier K 40 b. 41).

203 Inv. 3454 und 9753; MTL 195 Abb. 321; ML II Taf. 198, 5; MPTG 218 Abb. 303 (hier K 21 c. d).

204 Inv. 10829 b, MTL 40 A 12 Abb. 22 Taf. 7, 4 mit vertauschter Beschriftung; MPTG 46 Abb. 25 (hier K 21 b).

205 Inv. 15431 d, ML V 169 Taf. 150 Abb. 407 (hier K 21 a).

206 ML V 169; offen gelassen in MPTG 51 Abb. 35.

207 ML II 144 ff. Die Benennung beider Stücke beruht auf der dicken weißen Farbschicht der weiblichen Maske, die bei Bernabò Brea die Assoziation weckte, diese wirke leblos und wie eine Leiche, trage also ihr späteres Schicksal bereits ins Gesicht geschrieben. Die Kombination mit einem reifen, bärtigen Mann, dessen Augenhöhlen auf Blindheit hindeuteten, führte ihn zu der Gewißheit, daß hier die Protagonisten aus Sophokles' frühem Oidipusdrama dargestellt seien. Abgesehen davon, daß in keiner Weise belegt ist, daß die liparischen Miniaturmasken irgendeine Verbindung mit realen attischen Theatermasken besitzen, geben die beiden Stücke selbst keinerlei Hinweise auf Leichenblässe bzw. Blindheit, da die weiße Farbschicht bei den beiden Stücken nur die Grundierung bildet. Die blaßrosa Farbtöne für das weibliche Inkarnat waren nicht sehr haltbar und dürften vergangen sein, dasselbe ist für die Augenbemalung der männlichen Maske zu erwarten. Kritik an der Benennung der beiden Masken schon bei Webster, MTS² 70, was zur zögerlichen Abschwächung der Deutung in MTL 43. 314 führte. Trotzdem konnte sich Bernabò Brea auch in neueren Arbeiten (z. B. in MedA 5/6, 1992/93, 25 oder MPTG 36 f. Abb. 7. 8.) nicht von ihr lösen.

208 Inv. 2301 f, MTL 35 f. A 4 Abb. 12 Taf. 8, 3 mit vertauschter Beschriftung; MPTG 36 f. Abb. 7; Inv. 2301 g, MTL 43 A 18 Abb. 30 Taf. 8, 4; MPTG 36 f. Abb. 8 (hier K 4; H 78).

209 MTL 34 A 1–3, s. o. Text zu Anm. 140–147 (hier K 1–4).

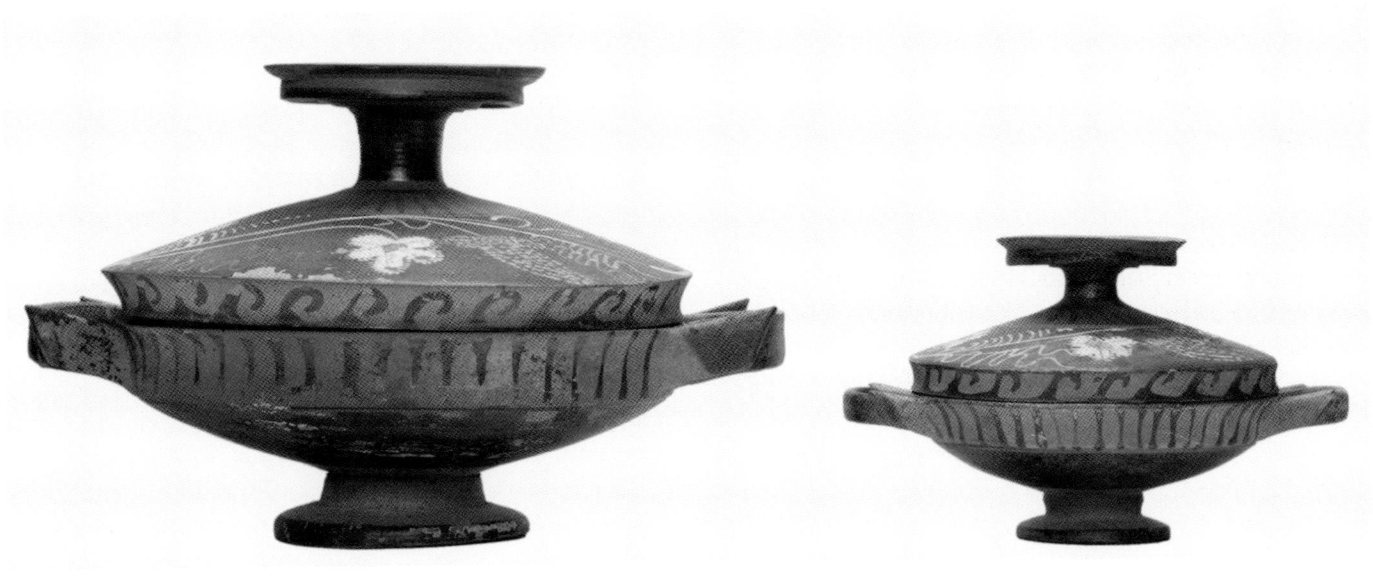

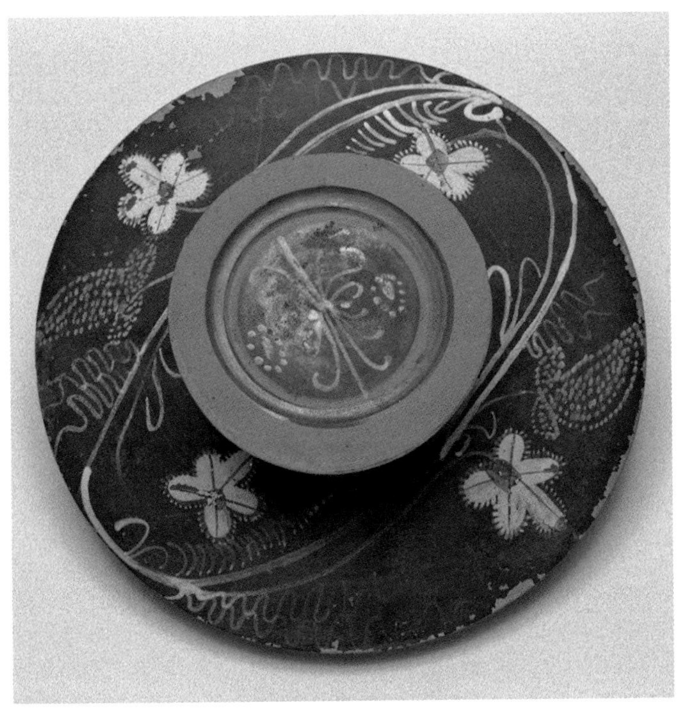

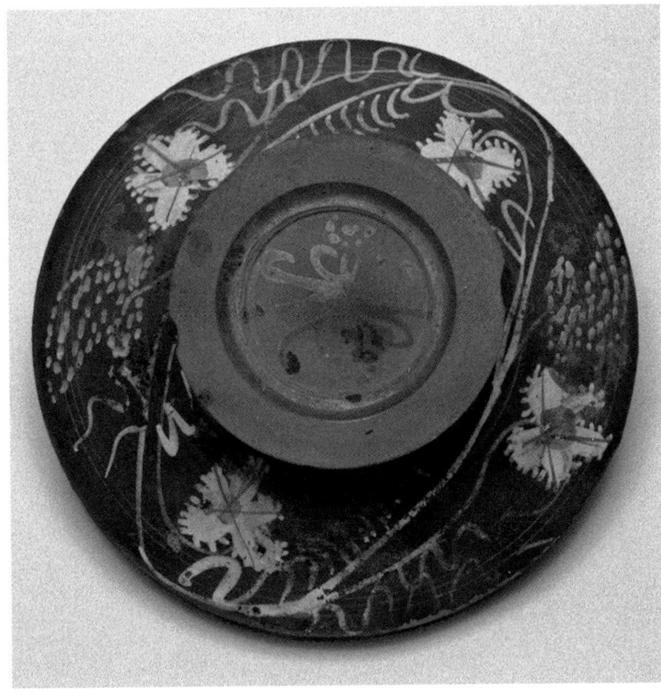

Abb. 2–4: Lekaniden aus Grab 406

Acheloos aus Grab 890[210] wird seine Geschlossenheit und Konzentration besonders augenscheinlich. Zugleich wird es aber trotzdem von starken Gegensätzen bestimmt. Beispielsweise ist der sehr voluminösen Frisur ein ganz flacher, unstofflicher Bart gegenübergestellt. Damit fällt die Männermaske aus Grab 406 unter den bisher betrachteten Masken des 4. Jahrhunderts aus dem Rahmen[211].

Bevor dafür aber eine Begründung gesucht wird, soll erst die zugehörige Frauenmaske zur Sprache kommen. Bei ihr wird das ovale Gesicht von einer flachen Stirn beherrscht, die dessen oberes Drittel einnimmt. Unter ganz flachen und kaum akzentuierten Brauenbögen kommen die Augen weit hervor. Die kurze, aber breite Stupsnase und das kurze Kinn können zu den vorherrschenden horizontalen Linien wie Augenachse und vor allem dem einen Spalt geöffneten Mund kein Gegengewicht abgeben. Dafür kontrastieren zur glatten, fast fleischlos erscheinenden Stirn die dicken Pölsterchen, die die Wangenknochen überlagern. Mund-, Lippen- und Kinnpartie sind allerdings nicht sorgfältig modelliert und zusätzlich wie weite Teile von Gesicht und Haar mit einer dicken weißlichen Farbschicht überzogen, die plastische Feinheiten verwischt. Die Frisur besteht aus mehreren Reihen wie Schuppen angeordneter plastischer Halbmonde, die die Stirn kunstvoll rahmen, während seitlich der Wangen je ein Büschel undifferenzierter Strähnen herabfällt, das etwa in Kinnhöhe endet. Im Haar liegt ein schmales, schnurartiges Band, das besonders über der Stirnmitte und ihrer rechten Gesichtsseite zu erkennen ist. Auf der linken Kopfseite fällt es offenbar dem ungenauen Ausdruck zum Opfer. Insgesamt paßt sie typologisch nicht zu den bisher betrachteten Frauenmasken, was an den Pausbacken und der kurzen, relativ breiten Nase liegen mag[212]. Mit diesen Charakteristika findet sie eher Parallelen unter den hellenistischen Frauenmasken, zum Beispiel dem in mehreren Exemplaren überlieferten Typus einer stupsnasigen Frau mit grinsendem Gesichtsausdruck und Melonenfrisur[213].

Wenn also beide Masken nur schwer unter die bisher betrachteten einzuordnen sind, stellt sich die Frage, woran das liegt, etwa an ihrer chronologischen Stellung? Werfen wir deshalb zunächst einen kurzen Blick auf den Grabkontext: Der Bestattung diente ein Steinsarkophag, in dem zwei Lekaniden mit Weinlaubdekor im Gnathiastil (Abb. 2), eine Strigilis und ein fragmentarischer, vergoldeter Bronzering lagen, während die üblichen Keramikbeigaben, ein Skyphos, eine Kylix, eine Flasche mit breiter Mündungsplatte, zwei Tellerchen, eine Lampe (Abb. 17) und die beiden Masken außen an der Südwestecke in einer kleinen Wanne aus ungebranntem Ton lagen. Zur Datierung von Keramik und Grab machen die Ausgräber in den verschiedenen Publikationen widersprüchliche Angaben, die zwischen dem letzten Drittel des 4. Jahrhunderts und dem ersten Drittel des 3. Jahrhunderts schwanken, wobei sie letztlich dem früheren Datum den Vorzug geben[214].

Betrachtet man die beiden Lekaniden mit den Weinblattranken (Abb. 2–4)[215], die sich ihres ornamentalen Dekors wegen am ehesten genauer stilistisch beurteilen lassen, fällt die flüchtige und abgekürzte Malweise der Spiralranken und wellenförmigen Triebe ins Auge. Im Vergleich mit der Lekanis aus Grab 2052[216], die durch die Vergesellschaftung mit einer rotfigurigen Lekanis des Cefalù-Malers mit sehr gegensätzlichen Sitzfiguren[217] auch schon in die Zeit um die Wende zum 3. Jahrhundert gehören wird, haben sie weniger Spannung und Dynamik. Damit folgen sie einer Tendenz, die sich in der Entwicklung der pflanzlichen Ornamentik vom späten 4. zum frühen 3. Jahrhundert allgemein nachweisen läßt[218], so daß die beiden Lekaniden aus Grab 406 sicherlich erst im frühen 3. Jahrhundert hergestellt wurden. Zu demselben Schluß führt die Gegenüberstellung mit den Lekaniden aus dem sehr reichen Grab 313[219], bei denen die Spiralranken noch in ihrer Räumlichkeit dargestellt werden. Die damit verge-

210 MTL 35A 3 Abb. 11; MPTG 39 Abb. 9 (hier K 2).

211 Die aus den Grabungen von Orsi des Jahres 1928 stammende und nur in Zeichnung bekannte Maske (MTL 36 A 5 Abb. 13 nach NSc 1929, 76 Abb. 39; MPTG 67 Abb. 61 [hier K 3]) ist nach der Zeichnung schwer zu beurteilen, unterscheidet sich aber von dem Stück aus Grab 406 in wichtigen Details.

212 Bernabò Breas Meinung (MTL 43 bei A 18), der Matrizentyp, von dem die Maske abhänge, könne bis auf die modifizierte Frisur derselbe sein wie bei der Maske A 17 aus Grab 890 (hier K 22), ist mir daher völlig unverständlich.

213 MTL 221 Abb. 372 Nr. 10. 11; MPTG 250 Abb. 346. 348 (hier H 80 a. b).

214 Nach der Keramik ordnen die Ausgräber die Bestattung in ihre dritte Gruppe ein, die etwa ins letzte Drittel des 4. Jhs. zu datieren ist, und dort noch vor Grab 1315 und 1558 (MTL 296). Der Skyphos aus Grab 406 wird aber – im Widerspruch dazu – in einer Formentafel mit Keramik aus der Zeit des Lipari-Malers, also dem 1. Drittel des 3. Jhs., aufgeführt (MTL 290 Abb. D, b). Schon in der Erstpublikation hatten sie sich nicht recht entscheiden können, ob nicht ein Teil der Keramik doch eher Verbindungen zur Phase nach 300 v. Chr. hat (ML II 231 f. 238 f.).

215 ML II Taf. 122, 2. 3.

216 Vgl. Ceramica liparese 28 Abb. 32; ML XI 2 603 Taf. 265, 5.

217 Vgl. Ceramica liparese 21 Abb. 23. 24; ML XI 2 603 Taf. 265, 4.

218 Vgl. D. Salzmann, Untersuchungen zu den antiken Kieselmosaiken, AF 10 (1982) 18 f.

219 ML II Taf. 96. 97, bes. Taf. 96, 2. 5.

sellschaftete Lekanis des Cefalù-Malers[220] zeigt einen Satyr mit ganz ausfahrenden Bewegungen, einen knieenden Apoll mit sehr massigem Unterkörper, dessen Oberkörper sich ebenfalls vor dem Betrachter ausbreitet, und eine ikonographisch ungewöhnliche Jägerin, wohl Artemis, im Profil. Besonders der Satyr mit seinen gespreizten Gliedmaßen und der massige Apoll sind Indizien dafür, daß das Gefäß um 300 v. Chr. hergestellt wurde[221].

Die übrige Keramik des Grabes 406 (Abb. 17)[222] – Schwarzfirnisware – widerspricht mit ihrer Form diesem Ansatz nicht, was hier jedoch nicht nachgewiesen werden soll, zumal die Spätdatierung der Keramik ja nicht unbedingt das Gleiche für die Masken nach sich ziehen muß. Versuchen wir also, die Datierung der beiden Masken auf stilistischem Wege zu begründen:

Die männliche Maske (Taf. 4 c) erinnert aufgrund ihres geschlossenen Umrisses und des strengen Gesichtsaufbaues an die große Tragödienmaske mit hohem Onkos in Cefalù (Taf. 9 a. b)[223], die schon des Onkos wegen nicht vorhellenistisch sein kann[224]. Das Motiv des Haarwulstes, der das Obergesicht rahmt, kommt, sehr ähnlich, in Lipari zuerst bei den Jünglingsmasken vor, die Bernabò Brea der Neuen Komödie zuweist, so beispielsweise bei einigen ernst blickenden jungen Männern (Taf. 8 a)[225]. Sucht man einen Vergleich außerhalb der Gattung, läßt sich der Sophoklestypus Farnese[226] gegenüberstellen, mit dem unsere Maske durch Züge wie den strengen Umriß, die Schlichtheit und den Gegensatz zwischen glatter Stirnhaarfrisur und ganz andersartig gestaltetem Bart verbunden ist. Die Entstehungszeit des Sophoklestypus Farnese ist in der Forschung umstritten, doch hat Himmelmann vor kurzem wieder meines Erachtens zurecht die frühhellenistische Datierung vertreten[227]. Haben die oben angeführten Parallelen irgendeine Relevanz, muß man wohl auch die Männermaske aus Grab 406 in diese Zeit einordnen, zumal sie sich ja – wie schon erwähnt – in ihrer plastischen Struktur, zum Beispiel der sich ganz stark zu den Seiten hin abrundenden Stirn, von den anderen Greisenmasken absetzt. Man muß allerdings fragen, ob hier nicht eine bewußte hellenistische Weiterentwicklung des klassischen Typus vorliegt, die vermutlich durch die Überarbeitung einer alten Patrize gewonnen und dann wohl mit einer neuen Matrize vervielfältigt wurde.

Auch das mitgefundene weibliche Gegenstück (Taf. 4 d), das unter den Frauenmasken des 4. Jahrhunderts ähnliche Schwierigkeiten bereitete, läßt sich gut als frühhellenistisches Werk verstehen. Der Gegensatz zwischen der Stirnpartie, an der das darunterliegende Knochengerüst deutlich spürbar ist, und dem Untergesicht, an dem dicke Fleischpartien die darunter zu vermutenden Wangenknochen verschleiern, so daß der organische Zusammenhang von Wangen, Mund und Kinnpartie verloren geht, ist ein Charakteristikum für die Plastik des 3. Jahrhunderts. Nicht umsonst bestehen die engsten Verbindungen zu den Frauenmasken der Neuen Komödie wie der oben angeführten verschmitzt Grinsenden mit Melonenfrisur[228].

Den Gegenbeweis erbringt der Vergleich mit der Maske einer komischen Alten mit hoch aufgetürmter Flammenfrisur[229], deren Typus wohl noch in die 1. Hälfte des 4. Jahrhunderts gehört. Auch ihr Gesicht ist durch eine glatte Stirn, kaum plastisch sich abhebende Augenbrauen, kaum eingetiefte Augenhöhlen, eine kurze Nase und kräftig sich herauswölbende Pausbacken gekennzeichnet, jedoch sind diese fundamental verschieden gestaltet: Denn anders als bei der Frauenmaske aus Grab 406 ist der Mund in seinem Verhältnis zum Knochengerüst klar bestimmt[230]. Das Gewebe der Pausbacken scheint an den Nasenwinkeln befestigt, während bei dem Problemstück aus Grab 406 die einzelnen Details verschwimmen. Auch das Kinn ist nicht mehr klar definiert. Der andere tiefgreifende Unterschied besteht in der räumlichen Tiefe. Bei der Komischen mit

220 ML II Taf. 97, 1. 2. 4.

221 Diese Stileigentümlichkeiten sind auch auf Klappspiegeln um 300 v. Chr. zu finden: Verf., Griechische Klappspiegel, 18. Beih. AM (1997) 91 f. – Vgl. auch M. Söldner, Untersuchungen zu liegenden Eroten in der hellenistischen und römischen Kunst (1986) 405 Anm. 151.

222 ML II Taf. 135, 3.

223 Inv. 130, MTL 121 G 3 Abb. 196. 197; MPTG 151 f. Abb. 204. 205 (hier H 105 a).

224 Eines der frühesten Beispiele für Masken mit Onkos findet sich in der großen Bronzemaske im Piräus, die N. Himmelmann, Realistische Themen 140, noch dem 4. Jh. zuordnet. Die Maske in Cefalù ist m. E. um 270 zu datieren, s. u. im Kapitel zur Chronologie (II 2 b).

225 MTL 158 ff. Abb. 244 ff., z. B. Panchrestos 4, ebenda 159 Abb. 247 Taf. 24; MPTG 188 Abb. 249 (hier H 29 b). – Zur Datierung dieser Typen ins frühe 3. Jh. s. u. im Kapitel II 2 b.

226 Beste Replik London, British Museum Cat. 1831, G. M. A. Richter – R. R. R. Smith, The Portraits of the Greeks (1984) 206 f. Abb. 169.

227 N. Himmelmann, BJb 195, 1995, 657 (Rez. zu P. Zanker, Die Maske des Sokrates); ders., Realistische Themen 76 Anm. 86. 151.

228 s. o. Anm. 213.

229 MTL 53 f. C 6 Abb. 43 ff., bes. Abb. 44 C 6 c Taf. 12, 3 aus Grab 1613, s. auch MPTG 57 Abb. 46. 71 f. Abb. 65. 66. – Für die Frühdatierung des Typus spricht das Exemplar aus Grab 449 (hier K 47 b), dessen Keramik (im Museo Eoliano ausgestellt) wohl ins frühere 4. Jh. gehört (MTL 295; ML II 163).

230 Vgl. auch die Negerin MTL 56 f. C 8 Abb. 48–52; MPTG 57 Abb. 47. 69 f. Abb. 62–64 (hier K 51), für die dasselbe zutrifft. Auch dieser Typus gehört schon aufgrund des Exemplares in Grab 74 ins frühere 4. Jh.

Flammenfrisur breitet sich das Gesicht im Wesentlichen in der Vorderfläche aus, was besonders an der Stirn- und Augenpartie auffällt. Dagegen wölbt sich bei dem anderen Stück die Stirn weit vor und biegt zu den Seiten hin um. Noch deutlicher bildet der Haarkranz einen schräg gestellten Bogen, der sich kontinuierlich von der Höhe des einen Ohres bis zur Stirn vorschiebt und zur anderen Seite wieder zurückweicht. Mit all diesen Stileigenschaften findet die Frauenmaske aus Grab 406 – genau wie ihr männliches Gegenstück – im 4. Jahrhundert meiner Meinung nach keinen Platz[231].

Nun bleibt noch zu fragen, welche Rolle die farbige Fassung im Rahmen der Typologie bei den klassischen Masken spielt. Oben ist gezeigt worden, daß die manchmal bis zu einem Millimeter dicke weiße Grundierung eingesetzt werden konnte, um das Oberflächenrelief der Stücke zu modifizieren und beispielsweise auffällige Alterszüge und Falten abzuschwächen. Die farbige Fassung scheint dagegen – soweit die geringen, mit bloßem Auge erkennbaren Spuren ein Urteil erlauben – ziemlich stereotyp gewesen zu sein und sich auf ein kleines Farbspektrum beschränkt zu haben. Meist waren die Haare bei beiden Geschlechtern und die Bärte rot bis braun. Auch bei der eingangs besprochenen Greisenmaske aus Grab 74 (Taf. 1 a) sind im Bart noch Spuren roter Farbe zu erkennen, die von Bernabò Brea offenbar übersehen wurden[232]. Blonde oder weiße Haare waren sehr selten, schwarze kamen anscheinend nie vor, noch nicht einmal bei der affengesichtigen Negerin mit Ringellöckchenfrisur[233]. Das Inkarnat war bei Frauenmasken in helleren, bei Männern in dunkleren Rosatönen gestaltet, Lippen und Augenbrauen konnten mit Rot bzw. Schwarz hervorgehoben sein.

Nachdem die Maske aus Grab 2196 entgegen der Meinung der Bearbeiter eine männliche Gestalt meint[234], fehlen im 4. Jahrhundert gesicherte Beispiele, daß matrizengleiche Stücke nur durch die Farbe als männlich oder weiblich charakterisiert werden konnten. Die Bemalung scheint also in typologischer Hinsicht keine besondere Bedeutung besessen zu haben. Verwandte Masken, deren Rohform vielleicht aus derselben Matrize stammte, wurden bereits einen Arbeitsgang früher mit dem Modellierholz oder durch Zufügen, Umarbeiten oder Weglassen von Attributen typologisch unterschieden.

231 Webster, MTS² 71 ST 5 klassifiziert sie dagegen ins dritte Viertel des 4. Jhs.

232 MTL 34 A 1 Abb. 9 Taf. 4, 1. 2; MPTG 40 f. Abb. 12 (hier K 1 a). Allein die Farbspuren widersprechen Bernabò Breas Benennung als Priamos.

233 s. o. Anm. 230.

234 s. o. Anm. 205. 206.

b Hellenistische Masken (1. Hälfte 3. Jahrhundert v. Chr.)

Die hellenistischen Masken aus Lipari lassen sich nach stilistischen Kriterien von den oben besprochenen klassischen trennen. Andererseits gibt es aber auch übergeordnete Charakteristika, die die hellenistischen Stücke zusammenschließen und von den klassischen Typen absetzen: So fällt auf, daß die Gesichter der hellenistischen Masken realistischer gestaltet sind. Besonders Alterszüge werden detail- und variantenreich dargestellt, was manchen Stücken geradezu etwas Individuelles verleiht – im Gegensatz zur klassischen Gruppe. Dies mag der Grund gewesen sein, weshalb Bernabò Brea einige Masken, vor allem von bartlosen älteren Männern, als Porträts interpretierte. Der Physiognomie wird besondere Bedeutung beigemessen, während die Frisuren insbesondere bei den Männern kaum Abwechselung und Gestaltungsspielraum zeigen. Männer mit vollem Haupthaar besitzen in der Regel eine Frisur mit aus Stirn und Schläfen zu einem Haarwulst (Speira) gestrichenen, strähnigen Haaren, während die Frauenfrisuren sich offenbar an der Mode der Zeit orientieren und unter anderem alle Variationen der Melonenfrisur vorführen. Zur Unterscheidung der männlichen Maskentypen eignet sich die Haargestaltung also wenig, die Typen werden durch einzelne physiognomische Charakteristika gekennzeichnet, die deshalb zur besseren Erkennbarkeit überzeichnet sein können – große Augen, hochgezogene Augenbrauen etc.

Auf zwei Gruppen innerhalb der hellenistischen Masken trifft der Begriff ›realistisch‹ allerdings nicht zu. Die eine umfaßt Männermasken mit schaufelförmigen Bärten oder trichterförmigen Mundöffnungen, oft kugeligen Augen, katzenähnlichen Stupsnasen und betonten Augenbrauen (Taf. 18. 19) – also Masken, bei denen die Gesichter aus ins Häßliche überzeichneten Details bestehen und damit einen lächerlichen (grotesken) Charakter bekommen, wozu die langweilige Stirnwulstfrisur oder eine hohe Stirnglatze noch beitragen.

Die andere Gruppe orientiert sich ebenfalls nicht an menschlichen Gesichtszügen. Hierher gehören einerseits ganz ideale Gesichter wie die große Männermaske aus Grab 1502[235] oder die hochqualitätvolle Frauenmaske mit Ährenkranz (Taf. 11 a)[236], die sich das klassische Götterbild zum Vorbild nehmen, andererseits die Silen-, Satyr- und Panmasken (Taf. 20. 21), die durch Tierohren und Hörner als Mischwesen gestaltet und als einzige unter den hellenistischen Masken zweifelsfrei benennbar sind.

235 Inv. 10979, MTL 120 G 1 Abb. 194 Taf. 29 »Apollo/Dionysos«; MPTG 149 f. Abb. 202; (hier H 17).

236 Inv. 9768, MTL 227 Nr. 12 Abb. 387 Taf. 39; Museo Eoliano 114 Abb. 86; MPTG 255 ff. Abb. 356. 357 (hier H 101 a).

Völlig aus dem Rahmen fällt die große Frauenmaske mit hohem Haaraufbau aus schöngewellten, herabfallenden Locken und eher idealen, wenn auch von Schmerz gezeichneten Gesichtszügen in Cefalù (Taf. 9 a. b)[237]. Sie scheint sich als einzige an der Formensprache von hellenistischen Tragödienmasken zu orientieren. Denn die artifizielle Frisur mit den aufgetürmten Stirnlocken, dem Onkos, blieb – wie zahlreiche Parallelen belegen – als reine Theaterfrisur auf die hellenistische (und später römische) Tragödie beschränkt.

Betrachten wir die typologische Ordnung innerhalb des hellenistischen Maskenschatzes im Detail: An den im Anhang beigegebenen typologischen Listen ist im Einzelfall abzulesen, welche Masken ich zum gleichen Typus zähle, welche ich voneinander trenne. Dabei habe ich – wie schon bei den klassischen Masken dargelegt – den Typusbegriff sehr eng gefaßt, anders als Bernabò Brea oder Webster und seine Fortsetzer, die unter ›Typus‹ den Maskentyp (πρόσωπον = persona), das heißt einen bestimmten Maskencharakter im Sinne der Komödienmaskenliste des Pollux verstehen. Deshalb subsummieren sie auch Masken mit Abweichungen in einzelnen Details unter einem Maskentyp. Bisher ist aber nicht bewiesen, daß die Pollux'sche Liste der Maskencharaktere sämtliche erhaltenen hellenistischen Exemplare erfassen bzw. einschließen muß, zumal aus den knappen und schwer verständlichen Beschreibungen des Pollux mit ihren zahlreichen hapax legomena nicht abzuschätzen ist, welche Variationsbreite ein solcher Maskentypus zuläßt. Der Ermessensspielraum bleibt also relativ groß. Deshalb halte ich eine Ordnung nach personae nicht für sinnvoll, sondern habe eine Unterteilung nach den einzelnen physiognomischen Merkmalen vorgenommen. Dabei war auch sehr genau zu prüfen, in wieweit Unterschiede nur auf schlechtere Qualität und kleineres Format etc. zurückzuführen sind oder eine andere Physiognomie meinen. Im Zweifel habe ich mich eher für eine Trennung in zwei Typen entschieden. Natürlich können hier nur an einigen Beispielen die Vorgehensweise und die Kriterien aufgezeigt werden, die zur Typenliste und den aus ihr gezogenen Schlußfolgerungen geführt haben.

Als Ausgangspunkt bieten sich wegen ihres großen Formates und ihrer hohen Qualität einige Masken bartloser junger Männer an, die durch erschreckt geweitete Augen und einen weit geöffnetem Mund charakterisiert sind: Ein Stück in Glasgow[238] und eine leider fragmentarische Replik in Lipari[239] besitzen eine außergewöhnliche, sehr artifizielle Frisur, bei der auf dem das Gesicht rahmenden Haarwulst senkrecht herabfallende, schönlinig gewellte Strähnen liegen, die wie aufgeklebt wirken[240]. Zwei ganz ähnliche Exemplare, wiederum in Glasgow[241] und Lipari (Taf. 8 a)[242] haben dagegen eine wulstige Haarmasse, die mit dem Modellierholz zum Oberkopf und zu den Seiten hin durch flache, gerade Striche nur oberflächlich aufgelockert wurde und der jede Gefälligkeit fehlt. Sie unterscheiden sich aber auch – und das wurde bisher nicht bemerkt – in der Führung der Augenbrauen und der Modellierung der Stirn[243]. Die beiden Stücke mit Wellenfrisur haben stärker hochgezogene Augenbrauen, die diagonal von der Nasenwurzel zu den Stirnecken führen. Die Stirnpartie über der Nasenwurzel schiebt sich wulstig nach vorne, was durch eine kurze, horizontale Falte hoch über der Stirnmitte noch betont wird[244]. Die Masken mit strähnigem Haar besitzen dagegen kaum ansteigende, sondern fast horizontale Augenbrauen, die zu den Seitenansichten abfallen. Eine senkrechte Furche teilt die Stirn über der Nasenwurzel und wird auch durch die beiden parallelen Stirnfalten kurz unter dem Haaransatz wieder aufgenommen. Die Veränderungen in der Haargestaltung und die physiognomischen Abweichungen, die den beiden Stücken mit Wellenfrisur einen wesentlich expressiveren Charakter geben, verlangen meines Erachtens eine Trennung der beiden Paare in zwei Typen.

Bei den Fragmenten fällt eine Zuordnung schwer. Inv. 9732[245], Inv. 9733[246] und Inv. 3455[247] könnten der bei-

237 Cefalù Inv. 130, MTL 121 G 3 Abb. 196. 197; MPTG 151 f. Abb. 204. 205 (Inv. fehlerhaft). Zum selben Typus gehört ein unpubliziertes Maskenfragment in Glasgow, dem die Haarpartie fehlt (Taf. 9 c. d); (hier H 105 a. b).

238 03.70.dt.6, MTL 159 Nr. 1 Abb. 244; Wiles, Masks Abb. 6 u.; MPTG 189 Abb. 250 (hier H 28 a).

239 Inv. 9731, MTL 159 Nr. 2 Abb. 245; MPTG 189 Abb. 251 (hier H 28 b).

240 Gerade wenn man sich die oben geschilderte »Normalhaartracht« für Männer vergegenwärtigt, wird ihre Andersartigkeit deutlich. Man fühlt sich an die Haargestaltung der großen Tragödienmaske in Cefalù (Inv. 130, s. o. Anm. 237) (Taf. 9 a. b) erinnert und muß sich fragen, ob hier eine Tragödienfrisur oder zumindest Anklänge daran gemeint sind.

241 03.70.dt.4, MTL 159 Nr. 3 Abb. 246; MPTG 189 Abb. 252 (hier H 29 a).

242 Inv. 9730, MTL 159 Nr. 4 Abb. 247 Taf. 24; Museo Eoliano 113 Abb. 84; MPTG 189 Abb. 249 (hier H 29 b).

243 Bernabò Brea, MTL 157 ff. hält sie für zwei Untergruppen desselben Typus. (Ebenso MPTG 186 ff. Die Anordnung der Abbildungen stimmt nicht mit den Verweisen im Text und der Aufzählung der Gruppen überein).

244 Vgl. die Seitenansichten bei Wiles, Masks Abb. 6.

245 Inv. 9732, MTL 160 Nr. 5. Abb 248 (hier H 29 c).

246 Inv. 9733, MTL 160 Nr. 6 Abb. 248 (hier H 29 d).

247 Inv. 3455, MTL 160 Nr. 8 Abb. 248 (hier H 29 e)

nahe horizontalen Augenbrauen wegen zum Typus mit der störrischen Frisur gehören. Ob ein Fragment, das eine Stirn mit dem Haarwulst und einem Teil des linken Auges zeigt[248], zum selben Typus gehört oder lieber als eigener Typ verstanden werden sollte, ist nicht ganz eindeutig. Hier wurde die zweite Lösung gewählt, da trotz des großen Formates die Stirn glatter und in ihrem Oberflächenrelief wesentlich undifferenzierter gestaltet ist. Man vergleiche nur die Stirnrunzeln.

Vier Jünglingsmasken[249] stehen dem Typus mit der Stirnwulstfrisur trotz ihres um die Hälfte verkleinerten Formates[250] sehr nahe[251]. Daß die Augen bei ihnen weniger ausdrucksvoll wirken und sich die Mimik auf der Stirn nicht entsprechend fortsetzt, wird auf die Verkleinerung und die durchschnittliche Qualität der Gruppe zurückzuführen sein. Die enge Verwandtschaft wird um so deutlicher, wenn man ein im Format ähnliches Maskenpaar danebenhält, das zwar wieder in den Grundzügen wie dem geöffneten Mund, den geweiteten kugeligen Augen, den nur leicht geschwungenen Augenbrauen, der glatten Stirn und der Haarwulstfrisur übereinstimmt, aber in der Proportionierung abweicht[252]. Das Untergesicht ist im Verhältnis zur Stirn wesentlich schmaler, die Nase wird zu einem stämmigen Balken, der zusammen mit riesenhaften Augen und Mund das Gesicht dominiert. Die Wulstfrisur ist zu einem gestauchten Reifen degradiert. Insgesamt erscheinen die beiden Gesichter jünger. Diese Unterschiede gehen nicht nur auf das Konto von Größe und handwerklicher Qualität, so daß man sie als eigenen Typus betrachten muß, während man die vier zuvor betrachteten Stücke noch dem vorigen mit Stirnwulstfrisur und horizontalen Brauen zurechnen kann.

Unter der großen Zahl von Jungmännermasken aus Lipari finden sich noch eine ganze Reihe von kleinformatigen Stücken, die auf den ersten Blick Ähnlichkeiten mit den eben besprochenen aufweisen. Drei Stücke, die man als Repliken auffassen kann, obwohl sie möglicherweise nicht aus derselben Matrize genommen sind[253], ähneln zwar durch die in hohem Bogen geführten Brauen in der Physiognomie dem Typus mit der Wellenfrisur[254], doch zeigt besonders das Exemplar in Cefalù[255] auch deutliche Abweichungen: Der Haaransatz weicht wesentlich stärker zurück, zwei senkrechte kurze Kerben zu Seiten der Nasenwurzel prägen die Stirnmitte. Eine stämmige, leicht gebogene Adlernase und die riesenhaft geöffneten, kugeligen Augen geben dem Gesicht etwas Grobschlächtiges. Gerade die extrem vorgeschobene Stirn mit den charakteristischen senkrechten Falten, die Nase und die fast aus ihren Höhlen fallenden Augen sind Überzeichnungen, die der großen Jünglingsmaske in Glasgow[256] fehlen. Sie kommen dagegen noch ausgeprägter bei drei Stücken vor, die einen anderen Typus[257] konstituieren. Bei ihnen ist das Gesicht insgesamt massiger, was sich auch auf die Einzelformen auswirkt. Besonders die Nase erscheint in der Vorderansicht klobig und nimmt die ganze Breite des Mundes ein. Die Stirn ragt wie ein Dach weit vor und verschattet mit wulstigen Brauen die großen kugeligen Augen, die – teils mit eingedrückter, teils mit nur aufgemalter Pupille – einen stechenden Blick evozieren. Über den Brauen sind parallel zu ihnen noch je eine Falte diagonal in die Stirn eingekerbt, die diesen dämonischen Eindruck zusätzlich steigern[258]. Man mag nun einwenden, daß die drei vorher beschriebenen Masken von diesem Gesamteindruck wie von den einzelnen Merkmalen höchstens noch einen bescheidenen Abglanz erkennen lassen, dennoch kann man dies befriedigend damit erklären, daß die fehlenden Einzelheiten, besonders an der Stirn, der Verkleinerung, der bereits verbrauchten Matrize[259] und der geringen Qualität zur Last zu legen sind, denn auf eine Nachbearbeitung von Hand wurde verzichtet. Die gut erhaltene Bemalung des Stückes in Cefalù[260] bestätigt diese Einschätzung, denn über der linken Augenbraue ist noch die mit weißer Farbe aufgemalte diagonale Stirnfalte zu erkennen, die die nicht vorhandene plastische Zeichnung ersetzte.

Gerade dieses Exempel kann aufzeigen, wie schwer es manchmal angesichts der Handwerklichkeit der Gattung fällt zu ermessen, ob ein qualitativ minderwertiges Exemp-

248 Inv. 14850, ML V 75 Taf. 39 Abb. 111 (hier H 30).

249 Lipari Inv. 6766; Cefalù Inv. 125; Glasgow 03.70.dt.5; Lipari Inv. 715, MTL 161 f. Nr. 14–17 Abb. 252–255 Taf. 25, 1; MPTG 191 Abb. 257. 258 (hier H 29 f–i).

250 Inv. 6766, MTL 161 f. Nr. 14 Taf. 25 mißt 8,5 cm, die Maske Inv. 9730, MTL 159 Nr. 4 Taf. 24 dagegen 16,5 cm.

251 Bernabò Brea, MTL 158 hebt dagegen den Realismus der kleineren Gruppe hervor, der sie von allen anderen Exemplaren absetze.

252 Inv. 12969; 3389, MTL 161 Nr. 12. 13 Abb. 251 Taf. 25, 4; MPTG 189 f. Abb. 256. 254 (hier H 31 a. b).

253 Inv. 3373; Cefalù Inv. 126; Inv. 3374, MTL 160 f. Nr. 9–11 Abb. 249 Taf. 25, 2. Abb. 250. 248 Nr. 11; MPTG 189 f. Abb. 253. 255 (hier H 40 b–d).

254 Hier H 28.

255 MTL 160 Abb. 250; Enrico di Mandralisca 43 Nr. 13 Abb. 25; Museo Mandralisca 84 Abb. 87; MPTG 190 Abb. 255.

256 03.70.dt.6, MTL 158 Abb. 244. Vgl. auch die Seitenansichten bei Wiles, Masks Abb. 6; MPTG 189 Abb. 250 (hier H 28 a).

257 Inv. 11289; 12972; 11187, MTL 193 f. Abb. 314–316 Taf. 32, 4. 33, 3; MPTG 215 Abb. 299. 300 (hier H 39 a–c).

258 Besonders gut sichtbar: MTL Taf. 33, 3 Abb. 316.

259 Vgl. auch die unscharfe Mundgestaltung bei Inv. 3373 und Cefalù Inv. 126.

260 Museo Mandralisca 84 Abb. 87.

lar noch einen bestimmten, besser überlieferten Typus vertritt oder sich nur allgemein an ihn anlehnt. Meist kann man eine Entscheidung zuverlässig nur bei einer größeren Materialbasis treffen, die ermöglicht, die Schwankungen und die Variationsbreite eines Typus abzuschätzen.

Die Tatsache, daß verschiedene Typen sich in einem Teil ihrer physiognomischen Züge ähnlicher Formeln bedienen und nur in wenigen anderen abweichen, macht es nicht einfacher, besonders wenn man nur Fragmente vor sich hat. Einige solche Fälle sind im folgenden zu besprechen: Zu einem in mehreren Repliken überlieferten Typus gehören zwei beinahe vollständige bzw. großenteils erhaltene Masken[261] sowie mehrere Fragmente[262]. Sie zeigen alle einen jungen bartlosen Mann mit erschreckten, weit geöffneten Augen, bei denen die Oberlider als Wülste hervortreten. Die gesenkten, fleischigen und leicht gewellten Augenbrauen bilden darüber eine Art Dach. Über dem Nasenrücken ist die Stirn leicht zusammengezogen. So ergibt sich zusammen mit den kurzen Kerben über der Brauenmitte und den beiden Faltentälern auf der Stirn ein bewegtes Relief. Die glatten Wangen und die schmale, gerade Nase treten diesen Merkmalen gegenüber in den Hintergrund. Unter dem dicken Symposionskranz mit den darübergeschlagenen kurzen Schlaufen und den seitlich herabfallenden Bändern sind nur an den Schläfen jeweils einige parallel geführte, vom Gesicht abstehende Haarsträhnen sichtbar. Der Kranz war hier übrigens bereits Teil der Matrize.

Ein Fragment aus Stromboli[263], das auf den ersten Blick sehr ähnlich aussieht, aber dennoch in wichtigen Details von den eben besprochenen Masken abweicht, macht deutlich, wie eng die einzelnen Typen beieinanderliegen. Denn unter der Nasenspitze sind noch die Reste eines Schnurrbartes zu erahnen[264]. Die Oberlider sind weniger betont, die Stirn erscheint wesentlich beruhigter, da sie nur von einer waagrechten Falte über der Stirnmitte durchzogen wird. An zwei weiteren Fragmenten desselben Typus[265] kann man den Oberlippenbart und die Physiognomie deutlicher erkennen. Diese beiden Bruchstücke zeigen ein reifes männliches Gesicht von der Oberlippe bis zur Stirn, die ebenfalls durch eine horizontale Mittelfalte und eingedrückte Linien über den Augenbrauen gestaltet ist. Beide Fragmente stammen aus derselben Form, denn es wurde eine kleine Unebenheit am rechten Nasenwinkel mitausgeformt und nicht überarbeitet. Dieser kleine Fehler beweist – zusätzlich zu den physiognomischen Charakteristika – daß auch das in Frage stehende Fragment aus Stromboli aus dieser Form kam. Die bei letzterem Bruch an Bruch anpassenden Fragmente der Frisur, ein hochgekämmter Haarwulst über der Stirnmitte und seitlich davon abgehende, parallele Lockensträhnen, über denen an der linken Seite gerade noch ein separat angesetztes Blatt sichtbar wird, ermöglichen auch die Ergänzung der Haarpartie bei den beiden bärtigen Männermaskenfragmenten[266] als Stirnwulstfrisur.

Das Prinzip, durch die Abänderung von wenigen Details neue Typen zu schaffen, läßt sich auch an einigen Sklavenmasken aufzeigen. Bei den beiden vollständigsten Exemplaren eines Typus (Taf. 18 a)[267] besteht das Gesicht aus einem strengen Rechteck, an das unten ein schaufelförmiger, zugespitzter Bart angesetzt ist. Die obere Kopfhälfte bis in Höhe der Augen wird von einem Haarwulst aus radial vom Gesicht wegführenden Strähnen gerahmt. Schnurrbart und breitgezogener geöffneter Mund bilden eine Horizontale, die das untere, vom Bart eingenommene Drittel des Gesichts abteilt. Die Gesichtsmitte wird von riesigen kugeligen Augen bestimmt, die herauszufallen scheinen, obwohl sie in tiefen Höhlen liegen und von wulstigen Oberlidern überwölbt sind. Die Nase, deren schmaler Rücken in der Augenhöhlung weit zurückweicht, ragt mit ihrer kurzen, kugelförmig verdickten Spitze kaum über den Schnurrbart hinaus. Das über die Augenhöhlen wieder deutlich hervortretende Stirnrelief dominieren ineinander übergehende, asymmetrische und sich plastisch abhebende Augenbrauen. Die rechte ist diagonal hochgezogen, die linke steigt nach einer haarnadelförmigen Biegung über dem Nasenansatz nur leicht gewellt an. Dementsprechend fällt die Kurve der Stirnfalten von der rechten Stirnecke steiler ab als von der linken.

Bernabò Brea verband auch das Fragment einer oberen Gesichtshälfte (Taf. 19 a. c)[268] mit diesem Typus, wobei die schnurartig aufgelegten, ebenfalls wellenförmigen und in beiden Gesichtshälften unterschiedlich verlaufenden

261 Inv. 9735, MTL 167 Nr. 23 Abb. 261 Taf. 26, 2; MPTG 193 Abb. 261 (hier H 26 a); Inv. 12516 aus Stromboli, MTL 167 Nr. 24 Abb. 262 Taf. 27; MPTG 192 f. Abb. 259. 260 (hier H 26 b).

262 Inv. 13631, ML VII 119 Taf. 77, 1; Inv. 3388, 9741, 12548, MTL 168 f. Nr. 25. 27. 38 Abb. 257 (hier H 26 c–f).

263 Inv. 12517, MTL 168 f. Nr. 37 Abb. 259 (hier H 27 c).

264 Nicht die schwellende Oberlippe des Stückes Inv. 12516 Abb. 262, was Bernabò Brea übersah.

265 Inv. 3455 a. b., MTL 122 G 5 a. b Abb. 200; MPTG 155 Abb. 210 oben (hier H 27 a. b).

266 Inv. 3455 a. b (s. o. Anm. 265). – Möglicherweise gehört hierher auch das Fragment Inv. 11271, MTL 168 Nr. 32 Abb. 264 (hier H 27 d).

267 Inv. 9755, MTL 200 f. Nr. 3 Abb. 329 Taf. 34, 3; MPTG 233 Abb. 310; Inv. 3358, MTL 202 Nr. 10 Abb. 333 Taf. 35; MPTG 223 Abb. 309. Letztere ist kleiner und hat einen weniger breiten und nicht durchbrochenen Mund (hier H 55 a. b).

268 Inv. 9756, MTL 201 Nr. 4 Abb. 330; MPTG 224 Abb. 311 (hier H 57 a).

Augenbrauen das Hauptkriterium für die Zusammengehörigkeit abgaben. Meiner Meinung nach wiegen die Unterschiede jedoch schwerer als die Gemeinsamkeiten: Dadurch daß der Nasenansatz nicht so stark eingetieft ist, wird ihr durchlaufender Schwung wesentlich deutlicher. Die Lider umrunden die Augen nicht als Kugel, sondern ziehen einen tropfenförmigen Umriß mit der Spitze zur Nase hin, deshalb erhält das Fragment einen wesentlich giftigeren Blick, zu dem auch die breitere und flachere Nase mit ihrer vorne überhängenden Spitze beiträgt. Am Bruch des Bartes ist gerade noch der Schwung der Oberlippe und der darüberliegenden Barthaare ablesbar.

Ein Untergesichtfragment (Taf. 19 b)[269] stimmt in der Nasenform, dem geschwungenen Oberlippenbart und den breiten, platten Unterlidern soweit überein[270], daß man es mit dem vorigen Stück verbinden kann. Damit kennt man die Bartform des Typus, die im Gegensatz zum vorigen unten abgerundet ist. So gravierende Unterschiede verlangen nach einer typologischen Trennung.

Im Folgenden müssen noch einige Einzelfälle zur Sprache kommen:

Eine fragmentarische Maske mit schwellenden, glatten Wangen, nur leicht geöffneten Lippen und Grübchen im Kinn wurde von Bernabò Brea als Porträt des Dichters Menander publiziert[271]. Er verweist dazu auf die beiden von ihm als Menanderbildnisse identifizierten Masken[272], die jedoch schon unter sich nicht völlig übereinstimmen. Beispielsweise ist der Mund der Maske Inv. 6921 (Taf. 14 a. 15 a. b) wesentlich breiter und leicht geöffnet, während an dem zweiten Stück Inv. 3450 ein kleiner Kußmund mit breiter Unterlippe auffällt. Die lange Nasolabialfalte und die tiefen Stirnrunzeln der ersteren sind bei der anderen abgemildert, so daß die typologische Zusammengehörigkeit der beiden Masken nicht gesichert ist. Und dem Untergesichtfragment Inv. 13584 ähneln sie ebenfalls nur oberflächlich. Vor allem die vollere Wangenpartie mit ihrem lebendig gewellten Relief aus Fettpölsterchen, das Kinn mit dem Grübchen und die fleischigeren Lippen weichen von den beiden Männermasken ab. Eigenartigerweise hat Bernabò Brea die in diesen Zügen am ehesten verwandte, von ihm ebenfalls »Menander« genannte Maske (Taf. 14 b. 15 c)[273] nicht zur Stützung seiner Benennung herangezogen, doch würde auch dieser Vergleich in die Irre führen, denn das fragliche Untergesichtfragment ist in Wirklichkeit die Replik einer Mädchenmaske mit gescheiteltem Haar[274], die zwar aus der stärker abgenutzten Matrize ausgeformt wurde, aber sonst völlig übereinstimmt. Man vergleiche nur die weichen Übergänge von den Lippen zu den Wangen oder den scharf eingezogenen Bogen, der die Nasenflügel von der Wange absetzt, auch wenn dieser an dem Fragment mit dem Modellierhölzchen nachgezogen wurde.

Ein männliches Maskenfragment[275] wurde bisher unter die Jünglingsmasken mit gelockten Haaren eingeordnet, doch gehört es in einen völlig anderen Zusammenhang, denn es stellt sich bei genauem Hinsehen als Replik der bartlosen Panmaske[276] aus Grab 409 heraus. Die Haare über Stirn und Schläfen sowie die Tierohren sind bei dem Fragment leider abgebrochen, doch stimmen der Verlauf der gewellten Locken, die die rechte Wange rahmen, Stirnrelief und Nase genau überein. Auch der Ansatz der geschwungenen Oberlippe hat sich bei dem Fragment erhalten. Daß das rechte Auge bei der Panmaske größer und weiter geöffnet wirkt, liegt an der gut erhaltenen Bemalung der Augäpfel, die auf das plastisch abgesetzte Unterlid keine Rücksicht nimmt.

Nun ist ein besonders interessantes Phänomen zu betrachten: In Grab 2050 fanden sich zusammen mit sehr qualitätvoller Keramik zwei Masken mit Symposionskränzen (Taf. 10 b–d; Farbtaf. 2 a. b)[277]. Beide Gesichter zeichnen sich durch gerade, kantige Augenbrauen aus, die die glatte Stirn horizontal vom übrigen Gesicht abtrennen und mit der schmalen, relativ langen Nase eine T-Form bilden. Unter den Brauen liegen weit geöffnete Augen mit gratigen Lidern. Das untere Drittel des Gesichts wird von dem offenen Mund mit hervorragender Unterlippe bestimmt, unter der das kurze Kinn fast verschwindet. Die in der Mitte gescheitelte Frisur verläuft in stark plastischen, schnurartigen Wellen zu den Seiten und fällt von dort bis in Höhe des Mundes herab. Am Verlauf der geschlängelten Strähnen läßt sich zweifelsfrei nachwei-

269 Inv. 3371, MTL 202 Nr. 5 Abb. 331 (hier H 57 b). Bernabò Brea, MTL 200 ff. hatte die kleinen Unterschiede dagegen nicht beachtet und alle vier besprochenen Stücke demselben Maskennamen »hegemon therapon« zugeordnet.

270 Nach Bernabò Brea, MTL 202 sogar matrizengleich.

271 Inv. 13584, ML VII 113 Taf. 70, 1. 2; Ritratti 31 Abb. 21 (hier H 99 f).

272 Inv. 6921, MTL 245 Nr. 1 Abb. 415 (seitenverkehrt); MPTG 167 Abb. 230 (seitenverkehrt); Ritratti 27 f. Abb. 18 und Inv. 3450, MTL 249 Nr. 5 Abb. 420 Taf. 52, 2; Ritratti 29 f. Abb. 19 (hier H 13. 14). – Zur Frage, ob die Masken überhaupt als Porträts aufzufassen sind, s. u. im Kapitel II Text zu Anm. 534–554.

273 Inv. 15153, ML VII 126 f. Taf. 86, 1. 2; Ritratti 31 Abb. 20 (hier H 16).

274 Inv. 9767, MTL 227 f. Nr. 14 Abb. 388; MPTG 257 Abb. 359 (hier H 99 e).

275 Inv. 3420, MTL 169 Nr. 40 Abb. 265 (hier H 67 b).

276 Inv. 2304, MTL 128 H 4 a Abb. 208 Taf. 20, 2; MPTG 158 Abb. 217 (hier H 67 a).

277 Inv. 14895 c, 14895 b (weiblich), MedA 5/6, 1992/93, 31 Taf. 30, 1. 2; Maschere della tragedia 62 Abb. 70; MPTG 153 Abb. 206. 207; ML XI 2 Taf. 269, 1. 2 (hier H 21 a; H 103 a).

sen, daß beide Masken aus derselben Matrize genommen wurden. Allerdings unterscheiden sich die beiden Stücke im Sitz des Symposionsschmuckes. Bei dem schlechter ausgeformten Stück ist der vegetabile Kranz über die dritte Lockenreihe zurückgeschoben und seitlich mit separat angesetzten, breiten Bändern verziert, die große Teile der Haarsträhnen längs der Wangen verdecken. Die zweite Maske trägt den Kranz, an dessen Enden nur pflanzliche Blätter befestigt sind, weiter in die Stirn gezogen, so daß die oberste Stirnlockenreihe verdeckt ist. Die Löckchen entlang von Schläfen und Wangen sind dagegen ablesbar. Der Koroplast fügte die beiden Kränze also den aus der Matrize kommenden Masken nachträglich an, was bei dem Stück mit den seitlichen Bändern nicht ohne eine Beschädigung der obersten Lockenreihe abging.

Aus derselben Form entstammten noch mindestens drei weitere Stücke, die sich in Lipari gefunden haben. Das eine Fragment, bei dem leider die Nasen- und Mundpartie verloren ist (Taf. 10 a; Farbtaf. 2 c)[278], gibt sich durch die Locke für Locke vergleichbare Anlage der Frisur als Replik zu erkennen. Da der Kranz diesmal fehlt, fällt die Kante besonders ins Auge, an der der Frisurverlauf unnatürlich abgeschnitten und der Oberkopf freihand angefügt ist. Die dunkelrot-braune Bemalung von Gesicht und Haaren hat sich ungewöhnlich gut erhalten. Das fehlende Stirnrelief wurde durch feine, weiß aufgemalte Falten ausgeglichen. Die beiden anderen sind eine Scherbe, auf der sich eine rechte Augen-Schläfenpartie erhalten hat[279], und ein Fragment einer linken Gesichtsseite[280], das aufgrund der Augenform, der geraden Brauen, der glatten Stirn und der schmalen Nase den anderen Stücken gleicht.

An allen fünf Stücken sind noch Reste der farbigen Fassung zu entdecken: Von den beiden Masken aus Grab 2050 besaß die mit Bändern geschmückte ein dunkelrot-braunes Inkarnat (Taf. 10 b; Farbtaf. 2 a) – ähnlich dem Fragment Inv. 9290 mit den aufgemalten Stirnfalten (Taf. 10 a; Farbtaf. 2 c). Die Farbreste liegen vor allem auf der rechten Wange unter dem Auge, aber auch am linken Auge und der Schläfe über einer hellen Grundierung. Der gelbe Kranz hob sich von den ebenfalls rotbraunen Haaren wirkungsvoll ab, die Bänder leuchteten weiß. Eine graubläuliche Linie trennte die Lider in den Augen von der rotbraunen Pupille. Bei der zweiten Maske (Taf. 10 c. d; Farbtaf. 2 b) waren die Haare ebenfalls rot, der Kranz gelb und die angesetzten Blätter weiß. Die Pupillen strahlten dunkelrot auf weißen Augäpfeln, bei denen ebenfalls eine graublaue Linie die Lider von innen umrandete. Auf der Unterlippe und der Unterseite der Oberlippe fanden sich dunkelrosa Spuren, doch sonst ist das Gesicht großenteils mit einer weißlichen Farbschicht überzogen, die meist als Grundierung aufgetragen wurde. Dunkelrote Inkarnatfarbe wie bei dem anderen Stück ist dagegen nirgends aufzuspüren. Da auch an der fragmentarischen linken Gesichtshälfte Inv. 9778 über der dicken weißen Farbschicht nur an wenigen Stellen ein feiner Ockerton liegt– der aber auch von Schmutz oder Sinter herrühren könnte – stellt sich die Frage, ob beide Masken überhaupt jemals ein rotes Inkarnat besaßen. Besonders an dem gut erhaltenen Exemplar aus Grab 2050 (Taf. 10 c. d; Farbtaf. 2 b) sollte man sonst eigentlich Anzeichen dafür finden, zumal das dunkle Rot gegenüber Verwitterung anscheinend sehr haltbar war.

Bei vielen Frauenmasken in Lipari täuscht dagegen der heutige Befund den Anschein vor, die Gesichtshaut sei weiß gewesen, da die dünne Lasur aus Pastellrosa oder einem hellen Ockerton offenbar leicht zerfiel und heute meist nur noch an geschützten Stellen nachzuweisen ist (z. B. Taf. 24; Farbtaf. 1 a)[281]. Deshalb muß man aus dem Befund den Schluß ziehen, daß die beiden Masken mit ganz heller Haut als Frauen charakterisiert waren[282], während die beiden anderen mit tiefrotem Gesicht Männer darstellten. Die hellenistischen Koroplasten zogen mithin weibliche und männliche Masken aus derselben Form und unterschieden sie nur durch die farbige Fassung[283].

Mit dieser Erfahrung im Hinterkopf ist eine Maske mit in der Mitte gescheitelten, in Wellen zu den Seiten verlaufenden Haaren und Symposionskranz zu betrachten (Taf. 11 b–d; Farbtaf. 2 d)[284], die der männlichen Maske

278 Inv. 9290, MTL 166 Nr. 5 Taf. 26, 1; MPTG 194 Abb. 262 (hier H 21 b).

279 Inv. 11256, MTL 166 Nr. 6 Abb. 256. Hier sichert der gerade noch erkennbare Haaransatz die Zugehörigkeit zu dem Typus (hier H 103 b).

280 Inv. 9778, MTL 124 G 10 a, 123 Abb. 201; MPTG 155 Abb. 211 (hier H 103 c).

281 Vgl. z. B. Inv. 11172, MTL 224 Nr. 5 Taf. 38; MPTG 252 f. Abb. 352. 354 b (hier H 86 b), bei der sich Reste der ursprünglichen Hautfarbe nur um die Augen herum erhalten haben, oder die Kinnpartie von Inv. 9762, MTL 218 Nr. 1 Taf. 37; MPTG 246 Abb. 341. 342 (hier H 93 a).

282 Möglicherweise gilt das auch für das kleine Augenfragment.

283 Als zweites Beispiel lassen sich dafür die Stücke Inv. 2535, MTL 180 Nr. 11 Abb. 382 Taf. 31, 1; MPTG 202 Abb. 276 mit roten Farbspuren auf Stirn, Nase und Wangen (hier H 50 d), und Inv. 3392, MTL 234 Abb. 403 (hier H 110) mit einer weißlich-ockernen Oberfläche anführen. Beide könnten aus derselben Form kommen, meinen aber einmal einen Jüngling, einmal eine Frau.

284 Inv. 12980, MTL 228 Nr. 17 Abb. 389 Taf. 40 (mit verdruckter Inv.): »etairikon teleion«; Die neue Welt der Griechen, Ausstellung Köln (1998) 193 Kat. 134 mit Farbabb.; MPTG 258 Abb. 360 (mit verdruckter Inv.; hier H 23).

aus Grab 2050 (Taf. 10 b; Farbtaf. 2 a) in den Grundzügen sehr ähnlich, aber in den Einzelheiten mit anderen Mitteln gestaltet ist. Eine Verwandtschaft besteht durch die glatten Flächen von Stirn und Wangen, die schmale, gerade Nase und den deutlich geöffneten Mund. Die erschreckt geweiteten Augen haben allerdings Mandelform. Das beinahe kinnlange Haar ist zwar wie bei dem Jüngling aus Grab 2050 frisiert, doch wirkt es durch die unterschiedlich dicken Strähnen, die wiederum zu größeren Einheiten zusammengefaßt sind, dynamischer und organischer. Gerade die unterschiedliche Gestaltung der Frisur – einmal ornamentale, von außen aufgelegt erscheinende Wellen, einmal eine einheitliche Haarmasse, die organisch am Kopf hervorzuwachsen scheint – lenkt den Blick auf die generell verschiedenen gestalterischen Konzepte beider Masken. Das Stück aus Grab 2050 meint ein ideales, am Formenkanon der Hochklassik orientiertes Gesicht, während sich die zweite Maske mit ihren asymmetrischen Gesichtshälften und der Realität näheren Formen als frühhellenistisches Werk zu erkennen gibt.

Aber stellt sie eine Frau dar, wie Bernabò Brea meint, der sie als Hetärenmaske publiziert hat, oder einen Mann wie die ideale Maske aus Grab 2050? Typologische Verbindungen führen meines Erachtens zu männlichen Masken[285] wie dem leider fragmentarischen, zum Symposion geschmückten Jüngling[286], dessen dunkle Hautfarbe jede Diskussion über das Geschlecht ausschließt. Seine in lockeren Wellen zu den Seiten geführten Haare sind ähnlich in unterschiedlich dicke und unruhige Strähnen unterteilt, auch wenn diese im Einzelnen etwas anders verlaufen. Sie werden von einem umwickelten Reifen bekrönt, von dem wie üblich seitlich breite Bänder herabhingen. Solche Kränze oder Ähnliches kommen bei den hellenistischen Frauenmasken in Lipari sehr selten vor: Außer dem Stück im Palermitaner Nationalmuseum (Taf. 23 d)[287], dessen Herkunft aus Lipari nicht gesichert ist, kenne ich nur die erwähnte Frauenmaske aus Grab 2050 (Taf. 10 c. d) und die eines Mädchens[288].

Schließlich geben die Überreste der farbigen Fassung das gewichtigste Argument ab. Auf der rechten Wange und Schläfe haben sich Reste oranger Farbe erhalten, die eventuell noch den ursprünglichen Farbwerten entsprechen könnten, denn die Spuren auf Nase, Kinn und in der Umgebung des Mundes haben sich wohl unter Hitzeeinwirkung ins Bräunliche (gebrannte Umbra) verfärbt. Im Vergleich zu der Farbskala, die sich bei den hellenistischen Frauenmasken aus Lipari erhalten hat, sind die Orange- bis Rosatöne auf der Wange der bekränzten Maske zu dunkel und satt, um die helle weibliche Haut zu charakterisieren, zumal wenn man berücksichtigt, daß die feinen ocker- und lachsrosa Schattierungen auf der hellen Grundierung gegen Beschädigung nicht sehr widerstandsfähig waren und sich im Laufe der Zeit abgeschwächt haben. Es sprechen also viele Argumente dafür, daß die Maske mit der Wellenfrisur einen Mann darstellen sollte.

In diesem Zusammenhang stellt sich die Frage, ob es für den jeweiligen Typus eine festgelegte Bemalung gab, und ob man mit Hilfe der farbigen Fassung Typen aneinander angleichen konnte bzw. fehlende plastische Werte noch nachträglich ergänzt hat. Diese Frage ist schwer zu beantworten, weil einerseits nicht klar ist, in wieweit die heute sichtbaren Farbwerte den antiken entsprechen, andererseits weil sich aufgrund des Erhaltungszustandes nur bei wenigen typengleichen Stücken die vollständige Bemalung rekonstruieren läßt. Überblickt man das liparische Material, wird man eher damit rechnen müssen, daß die Handwerker bei der farbigen Gestaltung einen gewissen Variationsspielraum nutzten[289] und nur auf wenige grundlegende Konventionen festgelegt waren. Gerade bei den Frauenmasken fällt auf, mit welcher Freude am Detail die qualitätvollsten Stücke bemalt sind[290]. Dabei wurde sogar auf Schatteneffekte wertgelegt. Bei einer Mädchenmaske mit vollen Wangen[291] sind zum Beispiel Nasenlöcher und Mundspalte dunkel ausgemalt, damit sie den Anschein von in die Tiefe führenden Körperöffnungen erwecken. Ähnliches gilt für die sehr qualitätvolle Frauenmaske mit Ährenkranz (Taf. 11 a; Farbtaf. 1 b)[292].

Daß man mittels Bemalung verschiedene Typen aneinander anglich und fehlende physiognomische Merkmale mit Farbe nachträglich aufsetzte, ist denkbar, aber am er-

285 Die auf den ersten Blick ähnliche Frauenmaske Inv. 12981, MTL 228 Nr. 16 Abb. 390; MPTG 258 Abb. 361 (hier H 100) hat ein schwellenderes, helles Inkarnat und Ohrgehänge.

286 Inv. 9734, MTL 168 Nr. 29 Abb. 263 Taf. 26, 3; MPTG 194 Abb. 263 (hier H 25). Zum Kopfschmuck s. u. im Kapitel II 4.

287 Palermo, Museo Archeologico Inv. 4000, MTL 215 Nr. 3 Abb. 358; MPTG 242 Abb. 338 (hier H 76).

288 Inv. 12552, MTL 222 Nr. 17 Abb. 373; MPTG 251 Abb. 350 (hier H 82).

289 Vgl. z. B. die unterschiedliche Gestaltung der Augäpfel bei den matrizengleichen Stücken Inv. 9735, MTL 167 Nr. 23 Abb. 261 Taf. 26, 2 und Inv. 12516 aus Stromboli, MTL 167 Nr. 24 Abb. 262 Taf. 26, 4. 27. Bei letzterem könnte auch das Inkarnat heller gewesen sein, heute erscheint es lachsrosa. – Bei Inv. 12969, MTL 161 Nr. 12 Abb. 251 ist das Inkarnat rosa, das matrizengleiche Fragment Inv. 3389, MTL 161 Nr. 13 Taf. 25, 4 hat dagegen um den Mund Reste tiefroter Farbe.

290 z. B. Inv. 9768, s. o. Anm. 236, oder Inv. 9762, MTL 217 f. Taf. 37; Museo Eoliano 115 Abb. 88; MPTG 246 Abb. 341.

291 Inv. 9767, MTL 227 f. Nr. 14 Abb. 388 (hier H 99 e).

292 Inv. 9768, s. o. Anm. 236 (hier H 101 a).

haltenen Material nicht schlüssig zu belegen. Zwar erhielt die Maske Inv. 9290 (Taf. 10 a; Farbtaf. 2 c)[293] Stirnfalten aus feinen weißen Linien, die dem plastisch eingetieften Stirnrelief zweier Jünglingsmasken[294] in der Lage entsprechen, doch läßt sich ein unmittelbarer Bezug des einen Typus auf den anderen nicht nachweisen.

Zur farbigen Fassung bei den hellenistischen Masken aus Lipari

Zusammenfassend lassen sich an den erhaltenen Farbresten der hellenistischen Masken in Lipari folgende Beobachtungen machen:

Auf die aus der Matrize genommene Maske wurde im Bereich des Gesichts eine weiße Grundierung aufgetragen, die meist noch etwas über den Haaransatz hinausreicht, aber in der Regel nicht die ganze Frisur bedeckt. Diese Grundierung ist bei den hellenistischen Stücken viel dünner als bei denen des 4. Jahrhunderts (s. o. Text zu Anm. 182–184), was damit zusammenhängen mag, daß die plastische Oberflächengestaltung des Typus mit allen Einzelheiten aus der Matrize kam und keine nachträgliche Überarbeitung stattfand. Die weiße Grundierungsschicht hatte also anders als in der klassischen Gruppe keine ausgleichende oder verdeckende Funktion bei der plastischen Formung des Oberflächenreliefs, sondern diente möglicherweise nur dazu, die Leuchtkraft der darüber aufgelegten Farben zu erhöhen. Dabei scheint man beim Inkarnat mehrere Lagen – von helleren zu dunkleren Farbwerten übereinander aufgetragen zu haben. Bei manchen Männermasken, deren Gesicht heute lachsrosa bis orange aussieht[295], sind Spuren einer darüberliegenden Schicht in einem dunklen Pinkton zu entdecken, so daß die ursprüngliche Hautfarbe höchstwahrscheinlich dunkler wirkte. Außerdem fällt auf, daß man die Farben offenbar sehr großflächig und zügig aufmalte – auch über Details hinweg, die eigentlich einen hellen Anstrich bekommen sollten. So wurden Augen nicht ausgespart, sondern lieber in einem späteren Arbeitsgang hell auf die dunklere Schicht aufgesetzt. Auch helle Augenbrauen oder Lidschatten[296] wurden nachträglich aufgelegt.

Besonders gut sind die verschiedenen Arbeitsschritte an einer qualitätvollen Silensmaske (Taf. 20 c; Farbtaf. 1 c)[297] abzulesen, auch wenn durch Brandeinwirkung, besonders auf der rechten Gesichtsseite, einige Farben schwarz geworden sind. Denn dort liegt über der weißen Grundierung auch auf den Flechten des Bartes die deckende rosa Farbschicht des Inkarnates. Die ursprüngliche Bartfarbe des Alten, das darüber befindliche Weißgrau, ist zum Beispiel links des Kinns und seitlich des rechten Mundwinkels (ins Schwarze umgeschlagen) zu identifizieren, wo sich auch die Kontur des Bartes zur Wange hin deutlich absetzt. Die Rekonstruktion der farbigen Fassung an Augen und Brauen gestaltet sich schwierig: Die Umrahmung der Lider und die Oberlidfalte am rechten Auge, dessen Umgebung von Hitze geschwärzt wurde, erscheint als pinkfarbene Linie, während sie am linken Auge als schwarzer Strich erhalten sind[298]. Ähnliches gilt für die Augenbrauen, die ursprünglich wohl als hellere Balken aufgesetzt waren. Über dem rechten Auge ist dies noch erkennbar, während die linke Augenbraue sich wieder in Schwarz umgewandelt hat[299].

Ziehen wir das Fazit aus der typologischen Ordnung der hellenistischen Masken:

Die einzelnen Typen werden von unterschiedlichen, charakteristischen physiognomischen Zügen bestimmt, während die Frisuren oft weniger Variationsmöglichkeiten erkennen lassen. All diese Merkmale sind schon in der Matrize angelegt. Nachträgliche Überarbeitung der Masken ist sehr selten zu beobachten, am ehesten in den Haaren. Nur die Kränze wurden meist getrennt gefertigt und vor der Bemalung angefügt. Einige Typen sind in einer großen Anzahl von Exemplaren überliefert, die nicht alle aus derselben Matrize stammen und auch nicht aus mechanisch voneinander abhängigen Formen. Es sieht vielmehr so aus, als sei jeweils eine neue Matrize mit entsprechenden physiognomischen Merkmalen geschaffen worden. Auch in den Formaten können große Schwankungen vorkommen. Besonders bei starker Verkleinerung und wenn die Stücke zusätzlich aus matten und unscharfen Matrizen genommen sind, verwischen sich die ursprünglichen Merkmale (z. B. bei Stirnfalten),

293 Inv. 9290, s. o. Anm. 278 (hier H 21 b).

294 Inv. 9735 und 12516, s. o. Anm. 261. 289 (hier H 26 a. b).

295 z. B. Inv. 6766, MTL 161 f. Nr. 14 Abb. 252 Taf. 25, 1; MPTG 191 Abb. 257 (hier H 29 f); oder Inv. 9752, MTL 195 Nr. 1 Abb. 319 Taf. 33, 4; MPTG 217 Abb. 302 (hier H 10).

296 z. B. bei Inv. 12965, MTL 170 ff. Nr. 1 Abb. 266 Taf. 28; MPTG 195 ff. Abb. 264–265 (hier H 32 a).

297 Inv. 9729, MTL 152 f. Nr. 1 Taf. 23; Museo Eoliano 112 Abb. 82; MPTG 181 f. Abb. 244. Zur Deutung als Silen s. u. Kapitel II 4, Text zu Anm. 529–530 (hier H 64).

298 Eine asymmetrische Bemalung wird man wohl nicht annehmen müssen.

299 Vgl. den weißhaarigen Silen Inv. 3072 (Taf. 21 c; Farbtaf. 1 d), MTL 127 H 1 a Abb. 207 Taf. 20, 1; MPTG 158 Abb. 215, bei dem die Oberlid-Brauenpartie ebenfalls durch einen breiten hellrosa Streifen betont ist.

so daß man oft nur schwer abschätzen kann, ob eine schlechte Version eines mehrfach überlieferten Typus oder ein anderer, neuer Typ vorliegt. Einige solcher Verkleinerungen minderer Qualität nehmen in ihren charakteristischen Zügen eine Zwischenstellung zwischen zwei jeweils mehrfach überlieferten Typen ein, so daß man von ›Mischtypen‹ sprechen möchte.

Es ist auffällig, daß eine Reihe von Typen in größeren Replikenreihen erhalten sind, während von anderen bisher jeweils nur ein Exemplar existiert. Letztere sind in ihren Einzelheiten oft weniger differenziert und prägnant gestaltet als die Typen mit reicherer Überlieferung. Außerdem verwundert die Typenvielfalt. Sehr viele Maskentypen stellen junge Männer und Frauen dar, wobei letztere Modefrisuren der Zeit tragen. Alte Männer und Greisinnen treten im Verhältnis dazu völlig in den Hintergrund. Auch die grotesk überzeichneten Sklavenmasken spielen eine untergeordnete Rolle.

Im Vergleich zur Handwerkspraxis der klassischen Koroplasten, die ganz verschiedene Typen aus einem relativ kleinen Matrizenschatz durch freihändiges Umarbeiten, Zufügen oder Weglassen herstellen konnten, wobei sie sich zur Oberflächenmodellierung auch einer dicken weißen Stuckschicht bedienten, ist die der hellenistischen Tonbildner viel stärker matrizenabhängig. Die weiße Grundierungsschicht verliert dementsprechend ihre plastische Funktion.

Trotzdem ist die Matrize für den Typus nicht allein ausschlaggebend. Wie oben gezeigt wurde, entschied manchmal bei Matrizengleichheit erst die farbige Fassung über das Geschlecht der dargestellten Figur. Eventuell waren durch differenzierte Bemalung auch Angleichungen an andere Typen möglich. Damit scheint die Bemalung die Rolle zu übernehmen, die in der klassischen Gruppe die nachträgliche Überarbeitung der aus der Form genommenen Maske spielte, während die Farbe dort stereotyp eingesetzt wurde.

Diese unterschiedliche Handwerkspraxis verlangt natürlich nach einer Interpretation, auch wenn sie nicht nur bei den liparischen Masken, sondern generell in der Koroplastik am Übergang von der Klassik zum Hellenismus zu beobachten ist. Sie mag mit einer stärkeren Standardisierung der Maskentypen (und Terrakotten) im Hellenismus zusammenhängen.

3 Chronologie

a Die klassischen Masken

Die hier verfolgte Fragestellung zu Funktion und Bedeutung der liparischen Masken im Grabkontext läßt eine genaue zeitliche Einordnung sämtlicher Masken verzichtbar erscheinen, dennoch sind einige chronologische Anhaltspunkte notwendig, um das Phänomen der Masken in den Gräbern in ihren möglichen historischen Kontext oder einen weiteren Rahmen einpassen zu können. Folgende Fragen stellen sich in diesem Zusammenhang:

(1) Seit wann sind tönerne Masken auf Lipari nachweisbar und wann tauchen sie erstmals im Grabkontext auf? Damit verbunden ist die Frage nach dem Beginn der Maskenproduktion auf der Insel, denn bis auf wenige Ausnahmen stammen die Stücke aus einheimischen Werkstätten.

(2) Lassen sich Aussagen über die Laufzeiten der Matrizen und das Alter der Masken machen zu dem Zeitpunkt, als sie in der Nekropole deponiert wurden? Denn könnte man nachweisen, daß dies erst lange nach der Herstellung geschah, wäre die Funktion als Grabbeigabe nicht die ausschließliche gewesen, sondern nur eine unter mehreren möglichen.

(3) Wann wurden die klassischen Maskentypen durch die hellenistischen abgelöst? In diesem Zusammenhang wäre auch zu prüfen, ob möglicherweise die Produktion klassischer und hellenistischer Typen noch eine Zeitlang nebeneinander herlief.

Leider ist die zeitliche Ordnung und absolute Datierung der Masken mit mehreren Schwierigkeiten behaftet, die im Folgenden zu schildern sind. Mit an Sicherheit grenzender Wahrscheinlichkeit kann man lediglich davon ausgehen, daß sämtliche Stücke vor 252/51 v. Chr. geschaffen sind, da spätestens zu diesem Zeitpunkt eine zunehmende Verarmung der Grabinventare wahrzunehmen ist, die sich weit ins 2. oder gar 1. Jahrhundert v. Chr. fortsetzt. Terrakotten verschwinden aus den Grabinventaren völlig, Edelmetallgegenstände weitgehend. Auch die polychrome Keramik wird nach der Katastrophe anscheinend nicht mehr hergestellt. Das keramische Formenspektrum beschränkt sich in der 2. Hälfte des 3. Jahrhunderts bis auf geringe Ausnahmen auf mittelmäßige Schwarzfirnisware und rohe achrome Gebrauchskeramik. Allerdings scheinen der Wandel in den Gefäßformen und der qualitative Niedergang schon vor der Mitte des 3. Jahrhunderts eingesetzt zu haben[300], vielleicht bedingt durch die zahlreichen kriegerischen Auseinandersetzungen in Sizilien, die 264/3 in den Ersten Punischen Krieg zwischen Römern und Karthagern mündeten. Dieser Konflikt dürfte Handel und Wohlstand in der gesamten Region beeinträchtigt haben, zumal der Hafen von Lipari der karthagischen Flotte als Stützpunkt diente. So wäre zu prüfen, ob die Terrakottenproduktion

300 So auch die Ausgräber in: ML V 66. – ML II 248: Die Zerstörung von 252/51 v. Chr. scheine keinen direkten Reflex in der Nekropole hinterlassen zu haben. Später haben Bernabò Brea und Cavalier diese Sicht allerdings revidiert, ohne dies im einzelnen zu begründen, vgl. Ceramica liparese 39, wo die Eroberung der Stadt als tiefe Zäsur beschrieben wird.

auf der Insel wirklich erst durch die römische Zerstörung ein Ende fand oder ob sie schon vorher abbrach.

Allerdings wird wohl niemand mit Zuversicht behaupten wollen, er könne die Gebrauchskeramik des 3. Jahrhunderts genau datieren und entscheiden, welche vor, welche nach der Katastrophe hergestellt wurde.

Damit stecken wir schon mitten in den Datierungsproblemen: Sofern figürlich oder mit floralen Ornamenten bemalte Keramik fehlt, ist es kaum möglich, die Gefäße nur aufgrund ihrer Form in einen engen Zeitrahmen einzuspannen. Auch die Vergesellschaftung verschiedener Gefäße hilft nicht recht weiter, da zunächst nicht davon ausgegangen werden kann, daß alle Stücke zeitgleich hergestellt waren. So könnte nur das jüngste Gefäß eine Aussage darüber machen, wann frühestens die Beigaben in der Nekropole abgelegt wurden. Wie lange nach der Herstellung dies geschah, ist im Regelfall nicht zu ermitteln, auch wenn einfache Keramik im Gegensatz zu Prunkgefäßen wahrscheinlich eher nicht lange im Haushalt aufbewahrt wurde, bevor sie in die Nekropole kam. Bei einer ganzen Reihe von Gefäßen, unter anderem einigen figürlich bemalten Vasen, die dem weiblichen Bereich zugerechnet werden, lassen die nicht passenden Deckel vermuten, daß die ursprünglich zugehörigen kaputt gegangen und ersetzt worden waren. Dies wird wohl eher bei der Benutzung im Haushalt als noch in der Werkstatt vor dem Verkauf geschehen sein[301].

Wenn schon der Zeitpunkt der Grablegung nicht genau zu bestimmen ist, dann gewinnen die Masken aus den Daten der Keramik wieder nur einen ungefähren Terminus ante quem. Man muß zumindest mit der Möglichkeit rechnen, daß die Masken nicht fabrikneu ins Grab gelangten. Die so wünschenswerte, von den Gräbern unabhängige Datierung der Masken auf stilistischem Wege gestaltet sich jedoch schwierig, weil man so höchstens die Entstehungszeit des Archetyps ermitteln kann, von dem die Tradition abhängig ist, aber nicht den Zeitpunkt der Ausformung aus der Matrize und wohl nur in sehr seltenen Glücksfällen denjenigen einer starken Überarbeitung von Hand. Leider sind viele Kriterien der Stilanalyse wie zum Beispiel das Verhältnis der Vorder- zu den Seitenansichten nur mit äußerster Vorsicht zu verwenden, da sich durch Zusammen- oder Auseinanderbiegen der aus der Matrize kommenden Maske starke Veränderungen vornehmen lassen, die das Bild verfälschen. Auch mit Proportionen sollte man nur sehr vorsichtig argumentieren, nachdem Elisabeth Jastrow[302] nachgewiesen hat, daß beim Trocknungsprozeß der Terrakotten eine Schrumpfung in der Vertikalen eintritt, die bei Abnahme einer neuen Matrize von einem Positiv aus der vorigen Matrizengeneration zu gestauchteren Proportionen der nachfolgenden Terrakottengeneration führt. Deshalb bekommen stilistische Kriterien meines Erachtens nur Aussagekraft, wenn sich ganz unterschiedliche Argumente bündeln lassen. So kann hier nur der Versuch gemacht werden, die Indizien zusammenzustellen und auszuwerten, die sich großenteils aus der Vergesellschaftung der Masken und ihrer handwerklichen Stellung innerhalb eines Typus bzw. aus ihrem handwerklichen Verhältnis zueinander ergeben. Daß die daraus gewonnenen Informationen kein dichtes chronologisches Netz abgeben, sondern eher lockere Anhaltspunkte, liegt in der Natur des leicht formbaren Materials Ton und der Gattung Maske, in der es selbst weder den liparischen Stücken ähnliche, noch zeitlich fixierte Vergleichsstücke gibt. Um die oben geschilderten Unsicherheiten bei der Datierung der Gräber nach der Keramik zu berücksichtigen, werden die Gräber nur in größere Zeitabschnitte, etwa Jahrhundertviertel eingeordnet.

Es ist auffällig, daß sich unter den liparischen Masken der klassischen Gruppe keine regelrechten Schrumpfungsreihen nachweisen lassen. Zwar kommen Exemplare des gleichen Typus in unterschiedlichen Formaten vor, doch ist nicht zu sichern, daß sie als mechanische Abformungen letztlich von derselben Patrize abhängig sind[303]. Es gibt im Gegenteil eher Hinweise dafür, daß neue Patrizen zur Vervielfältigung älterer Typen geschaffen wurden, die man einem veränderten Zeitgeschmack anpaßte. Ein gutes Beispiel hierfür findet sich in den beiden affengesichtigen ›Negerinnenmasken‹ aus Grab 1314, die aus derselben Form stammen[304] und offenbar als stilistische Weiterentwicklung einer älteren Fassung zu verstehen sind, die bei Grab 74 lag[305]. Hierfür sprechen an dem Maskenpaar die Ausrichtung von Mund und Augenachse an Horizontalen und die stärkere Zusammenfassung des Gesichts, das sich einem runden Umriß annähert und durch eine tiefe Linie

301 Vgl. z. B. die Skyphospyxis aus Grab 403, Ceramica liparese 73 Abb. 78, oder die Skyphospyxis aus Grab 892, ML XI 1 334 Taf. 148, 1–3.

302 E. Jastrow, OpArch 2, 1941, 6. – Allgemein zur Herstellungstechnik von Terrakotten: A. Muller, Les terres cuites votives du Thesmophorion de l'atelier au sanctuaire, Études Thasiennes 17, 1 (1996) 27–47 (Hinweis F. Rumscheid).

303 Die einzige Ausnahme stellen vielleicht die beiden Masken eines grinsenden Bärtigen mit Symposionskranz aus Grab 1987 und 1613 dar (hier K 30 a. b).

304 Einer der ganz wenigen eindeutigen Fälle: Inv. 10827 a. b, MTL 56 f. C 8 c. d Abb. 49. 50. 52; MPTG 68 Abb. 63. 64; ML XI 2 543 f. Taf. 239, 1 (hier K 51 c. d).

305 Inv. 3040, MTL 56 f. C 8 a Abb. 48; MPTG 69 f. Abb. 62 (hier K 51 a).

von den Haaren abgetrennt ist. Zudem sind die Wölbungen von Stirn, Wangen, Lippen und Kinn den Einsenkungen um die Augen und die Mundpartie herum deutlich entgegengesetzt. Bei dem älteren Stück aus Grab 74 herrschen dagegen noch Asymmetrien vor, wie an der im linken Mundwinkel hervorschauenden Zunge deutlich wird. Die Übergänge zwischen den einzelnen Gesichtsteilen sind weicher gestaltet, Lider, Wangen und Lippen wirken massiger und weniger hager. Ein viertes Exemplar aus Grab 1613, das wieder aus einer anderen Form stammt, nimmt eine Zwischenstellung ein[306].

Auch bei einer Frauenmaske mit Symposionskranz stammen die bisher bekannten vier Exemplare aus verschiedenen und voneinander unabhängigen Modeln und unterscheiden sich sowohl hinsichtlich ihrer Plastizität als auch ihrer Größe[307].

Weitere Beispiele für stilistische Fortentwicklungen wurden bereits in Zusammenhang mit der Typologie besprochen, so die Altfrauenmasken aus Grab 198 und 2486 (Taf. 1 c. d)[308] oder der Typus einer grinsenden Frau mit ›Flammendutt‹[309]. Das Stück aus Grab 1315, dem die hochgetürmte Frisur fehlt[310], stellt wiederum eine massigere, gegensätzlichere und nur auf die Vorderansicht ausgerichtete Version des älteren Typus dar, der beispielsweise zu Grab 1613 gehörte[311].

Eine ganze Reihe von Stücken zeigt einen reifen Mann mit von Schmerz zerfurchtem, leidendem Gesicht und einer Stirnfransenfrisur. Das frischeste und massigste Exemplar in Glasgow (Taf. 5 a. b)[312] besitzt bedauerlicherweise keinen Fundkontext, ein anderes mit weniger weit aufgerissenen Augen lag in Grab 1287, einer Bestattung aus dem dritten Viertel des 4. Jahrhunderts (Taf. 5 c)[313]. Es war leider schlecht gebrannt und zerfällt deshalb, läßt aber noch die differenzierte Gestaltung der Lider und Tränensäcke erkennen. Vom selben Grundmuster ist die Männermaske aus Grab 1725 abhängig (Taf. 5 d)[314], doch wurde ihr eine ausgiebige Nacharbeit mit dem Modellierhölzchen zuteil, einerseits um die von der vielbenutzten Matrize herrührenden, etwas verwaschenen Konturen nachzuziehen, andererseits aber auch, um das Gesicht mit Alterszügen zu versehen. Die feine, teils attische Keramik aus Grab 1725 (Abb. 16) läßt sich relativ zuversichtlich spätestens ins 1. Viertel des 4. Jahrhunderts v. Chr. datieren[315]. Damit ist diese Bestattung das bisher früheste Zeugnis in Lipari für die Sitte, Masken bei den Gräbern abzulegen. Wenn dieser Zeitansatz als Anhaltspunkt für die mitgefundenen Masken gelten darf, müßte der Prototyp der leidenden Maske zu dieser Zeit schon existiert haben. Ein weiteres Argument für eine frühe Entstehung dieses Typus liefert eine ähnliche Männermaske aus Grab 2486 (Taf. 4 a)[316], die ebenfalls nach dem Grabkontext noch in die 1. Hälfte des 4. Jahrhunderts gehören muß, aber bereits stilistisch weiterentwickelt ist, da die einzelnen Gesichtsformen nicht mehr so scharf und linear umgrenzt sind, sondern weicher ineinander übergehen. Wie bereits oben an der Frauenmaske (Taf. 1 d. 4 b) aus der gleichen Bestattung gezeigt wurde, treten auch bei ihrem männlichen Konterpart anstelle graphischer Mittel zur Gestaltung des Gesichts plastische Werte.

Aufgrund dieses Befundes fällt es schwer, die Laufzeit der einzelnen Model zu beurteilen. Die miserable Qualität einzelner Ausformungen und ihr Auftauchen in rein hellenistischen Kontexten[317] bieten kaum mehr als erste Anhaltspunkte dafür. Immerhin erfreuten sich die einzelnen Typen langer Beliebtheit, sonst hätte man sie nicht dem Zeitgeschmack angepaßt.

Betrachten wir nun einige Grabkontexte, um aus der Vergesellschaftung der Stücke Informationen zu sammeln und zu prüfen, ob die Maskensets der klassischen Gräber aus zeitgleichen Stücken bestehen[318].

306 Inv. 11167, MTL 56 f. C 8 e Abb. 51; MPTG 57 Abb. 47 (hier K 51 e).

307 Inv. 14592, MPTG 63 Abb. 53; Inv. 3419, MPTG 242 Abb. 336; Inv. 10829 c, MPTG 46 Abb. 24; Inv. 16438, MPTG 47 Abb. 30 (hier K 40).

308 s. o. Text zu Anm. 181.

309 s. o. Text zu Anm. 185–189.

310 Inv. 10829 d, MTL 55 C 7 a Abb. 46; MPTG 72 Abb. 67; ML XI 2 544 Taf. 243, 4 (hier K 50).

311 MTL 53 ff. C 6 Abb. 42–45 (hier K 51). Die Exemplare b und c aus Grab 449 und 1613 stammen m. E. jedoch gegen die Auffassung von Bernabò Brea nicht aus derselben Matrize.

312 Inv. 03.70.dt.3 (hier K 5 b).

313 Inv. 10774 b, MTL 41 A 14 a Abb. 24; MPTG 43 Abb. 19 (seitenverkehrt) (hier K 5 a).

314 Inv. 13556j, MTL 313 Abb. 474 Taf. 6, 3 mit vertauschter Beschriftung; ML VII Taf. 51; MPTG 34 Abb. 5 (hier K 7).

315 MTL 311 f. mit Abb. 472. 473; ML VII 42 f.

316 Inv. 18401 c, Museo Eoliano 103 Abb. 75; I Greci in Occidente 712 Nr. 236/II; Ecuba e Taltibio 3 ff. Abb. 1. 3; MPTG 45 Abb. 22. 23 (hier K 8). Zum Grabkontext ML XI 2 710 f. Taf. 295.

317 z. B. Inv. 3454, MTL 195 Nr. 1 Abb. 321; Inv. 9753, MTL 195 Nr. 2 Abb. 321; MPTG 218 Abb. 303 (hier K 21 c. d).

318 Die Masken folgender Gräber dürften aufgrund von Ton und handwerklicher Arbeit gleichzeitig und gemeinsam hergestellt sein, wenn auch möglicherweise aus ungleichzeitigen Matrizen: Grab 1986 (Taf. 7, freihand geformte Gegenstücke); Grab 2486 (Taf. 4 a. b); Gräber 1314; 1725 (Taf. 5 d. 3 c. 6 c. d) (der Leidende und die Maske mit der phrygischen Mütze, während

Von den fünf Masken aus Grab 74 wurden vier zusammen mit der Keramik im außen abgelegten Beigabenpaket gefunden[319], während die Fragmente einer Jünglingsmaske mit Mütze ungewöhnlicherweise im Sarkophag lagen. Trotzdem gleichen sich die Tonfarbe und die der elfenbeinfarbenen Grundierung bei jener zerbrochenen Jünglingsmaske (Taf. 3 a. b), dem bärtigen Alten und dem Mädchen (Taf. 1 a. 3 d), während sich die affengesichtige ›Negerin‹ und eine weitere Knabenmaske mit phrygischer Mütze davon absetzen. Letztere besteht aus einem hellrosa Ton, die Negerin aus sandgrauem, die vom rötlichbraunen der drei anderen Stücke leicht zu unterscheiden sind. Demnach sind die drei Masken aus dem gleichen Ton gleichzeitig ausgeformte und bemalte Produkte, was allerdings über Alter und Zusammengehörigkeit der Matrizen noch nichts aussagt. Diese scheinen zu diesem Zeitpunkt unterschiedlich häufig oder auch unterschiedlich lange in Benutzung gewesen zu sein, denn die Maske des Alten mit Symposionskranz stammt aus einer sehr verwaschenen Form, so daß die Einzelheiten wie zum Beispiel die Löckchen des Bartes nur noch zu erahnen sind. Die Jünglings- und die Mädchenmaske sind frischere Ausdrucke, auch wenn die Haarsträhnen des Mädchens teilweise nachziseliert wurden. Vom stilistischen Befund her – dem Verhältnis von Einzelformen zum gesamten Gesicht, den klar umgrenzten Detailformen von Augen, Lippen, den scharfkantigen Brauen, der flachen Haaranlage etc. – ähneln sich beide Stücke, auch wenn der Jüngling durch die stärkere Konzentration und Abrundung des Gesichts noch fortschrittlicher wirkt. Die Maske des Alten ist dagegen deutlich abzusetzen. Für seine frühere Entstehung sprechen die klarer durch Linien von der Umgebung abgesetzten, schmalen Lippen und die ebenfalls deutlich voneinander getrennten kugeligen Augen und wulstigen Oberlider. Bei der Jünglingsmaske besitzen diese Formen einerseits mehr Masse, andererseits passen sie sich organischer in ihre Umgebung ein, was der im 4. Jahrhundert allgemein zu beobachtenden stilistischen Entwicklung entspricht.

Auch die Negativformen für die beiden anderen Masken des Grabes waren nicht mehr sehr scharf. Die Knabenmaske mit der phrygischen Kappe beispielsweise zeichnet sich durch eine unakzentuierte Stirn- und Brauenpartie aus, die genauso bei einem Gegenstück (jedoch ohne Mützenzipfel) aus Grab 2184 wiederkehrt[320]. Beide stehen sich auch hinsichtlich des Formates, der übrigen Einzelformen und der Farbe des Tons nahe, was besonders deutlich wird, wenn man sie einem dritten verwandten Exemplar aus Grab 1613[321] gegenüberstellt, an dem die herabfallenden Bänder des Symposionsschmuckes nicht nachträglich entfernt wurden. Es spricht also einiges dafür, daß die beiden erstgenannten Stücke aus derselben Matrize genommen und etwa gleichzeitig produziert wurden. Wenn dies stimmt, gelangte die Maske aus Grab 2184 wesentlich später in die Nekropole als ihr Gegenstück, denn Grab 74 ist nach der Keramik ins zweite Viertel des 4. Jahrhunderts zu datieren, während Grab 2184 als Urne einen großen Kelchkrater des Maron-Malers barg, der um 340/30 entstanden sein dürfte[322]. Demnach müßte die Maske des jüngeren Grabes mindestens 15 bis 20 Jahre in einem anderen Zusammenhang Verwendung gefunden haben, bevor sie ins Grab gelangte.

Auch bei anderen Gräbern lassen sich Hinweise finden, daß die zusammen deponierten Masken keineswegs ein Set bildeten, das bereits bei der Herstellung als zusammengehörig gedacht war: Bei keinem anderen Grab wurden so viele Masken gefunden wie bei Nr. 1613. Zwei der acht Stücke, die Komische mit Flammenzopf und der Knabe mit Mütze, entpuppten sich bereits als Exemplare langlebiger Typen, die in den Grabinventaren mit ganz unterschiedlichen Maskentypen kombiniert wurden. Außerdem lag ein weiteres Exemplar der Affengesichtigen mit Afrofrisur[323] in diesem Komplex, nach der geringeren Größe und der knapp rechts der Mitte zwischen den Lippen hervorgestreckten Zunge aber aus einem anderen Model als dasjenige aus Grab 74. Die Maske eines jungen Mädchens mit geschlossenem Mund und einer Frisur aus von der Stirnmitte zu den Seiten verlaufenden Strähnen[324] ist vom selben Archetypus abhängig wie eine fragmentarische Maske in Glasgow (Taf. 22 a)[325], wurde aber in den Frisurpartien seitlich von Schläfen und Wangen stark überarbeitet und dem beispielsweise aus Grab 1987 bekannten Pantypus (Taf. 2 c) angeglichen[326]. Dabei entfiel auch die bekrönende Haarschleife. Die große Haargabel über der Stirn, sowie die Brauen- und Augenpartie sind jedoch unverändert geblieben. Stilistisch scheint das Mädchen mit

der Alte mit dem Pilos zwar zur gleichen Bestattung gehörte, aber getrennt in einem benachbarten Dinos lag).

319 ML II 30 f. Taf. 6, 3. 5; 141–143; 145, 3. 4.

320 Inv. 15420 h, ML V 163 Taf. 138 Abb. 376; MPTG 47 Abb. 28 (hier K 19).

321 Inv. 11167 a, MTL 39 A 11 Abb. 21; MPTG 42 Abb. 16 (hier K 20). Es stammte möglicherweise aus derselben Matrize, siehe oben Text zu Anm. 157–161.

322 ML V 161 ff. Taf. 132–135 K.

323 Inv. 11167, MTL 56 f. C 8 e Abb. 51; MPTG 57 Abb. 47 (hier K 51 e).

324 Inv. 11167 b, MTL 57 C 9 Abb. 53 Taf. 12, 4; MPTG 56 Abb. 42 (hier K 42).

325 Inv. 03.70.dt.11, MTL 215 Nr. 2 Abb. 357. Das Stück wurde inzwischen gegenüber der Abb. stark restauriert und ergänzt, s. Anhang (hier K 41).

326 Inv. 14593, ML V Taf. 29 Abb. 77; MPTG 63 Abb. 51 (hier K 13 a).

den drei zuvor erwähnten Masken nichts zu tun zu haben. Gegenüber der Grinsenden mit dem hochgebundenen Zopf wirkt sie wesentlich massiger und runder.

Selbst die drei bärtigen Männer mit grotesk überzeichneten Gesichtszügen[327], die thematisch aufeinander bezogen sein könnten, sind schon nach ihren Formaten zu trennen. Der Spitzbärtige mit Symposionskranz ist größer und weicht auch vom Stil her von den beiden anderen ab. Bei ihm sind auffälligerweise Vorder- und Seitenansichten streng getrennt und biegen im rechten Winkel um, während sich das Gesicht des Alten mit der eigenartigen, einem Hahnenkamm ähnlichen Kopfbedeckung kontinuierlich zu den Seiten hin rundet, so daß selbst die zurückgesetzten Ohren in der Vorderansicht ablesbar sind. Das Gesicht des lachenden, bekränzten Alten ist sogar völlig flach und auf die Vorderansicht ausgerichtet. Der kantigen Anlage des Kopfes entspricht bei dem Spitzbärtigen die pralle Plastizität der sich gegeneinander wölbenden Einzelformen, deren Konturen zusätzlich durch Linien betont sind. Das ganze Gesicht wirkt dadurch fest und übersichtlich aufgebaut.

Bei dem Plattnasigen mit der eigenartigen Mütze[328] bilden gerade die Fleischpartien über dem Bart und an der Stirn ein welliges Relief. Sie sind nicht so hart von einander abgesetzt, sondern gehen durch sanfte Einsenkungen weicher ineinander über.

Der Grinsende mit den schlitzförmigen Augen nimmt eine Zwischenstellung ein, kommt dem Spitzbärtigen aber trotz seiner Frontalisierung in der Oberflächengestaltung näher, auch wenn man berücksichtigen muß, daß die Matrize schon sehr abgenutzt war. Glücklicherweise läßt sich dieser Typus besser in einem schärferen und größeren Exemplar aus der vorigen Matrizengeneration beurteilen, das bei Grab 1987 gefunden wurde[329].

Schließlich gehörte zu dem Komplex die Maske eines bartlosen Mannes mit stark angespannten Brauen und voluminösem Symposionskranz, von dem breite Bänder herabfallen. Unter dem Kranz wird eine Frisur aus Buckellocken sichtbar[330]. Eine dicke Farbschicht bedeckt die ohnehin schon flauen Formen des Gesichts und gleicht das ursprünglich bewegte Gesichtsrelief aus, das an einem anderen Exemplar in Cefalù[331] besser erhalten ist. Leider haben auch das Stück in Cefalù und eine weitere Replik in Glasgow[332] keinen genauen Fundkontext mehr, so daß über das Alter dieses Typus keine genauen Anhaltspunkte zu gewinnen sind.

Es ist aber auffällig, daß das physiognomische Schema des Gesichts mit den weit geöffneten und von wulstigen Lidern umrandeten, fast kreisrunden Augen, der Stirn mit horizontaler Falte und den in der Mitte zusammengezogenen und dann zirkumflexartig geschwungenen, gratigen Brauen, den glatten Wangen und dem geöffneten, von gleichmäßigen Wülsten umrahmten Mund bei einer ganzen Reihe von Typen vorkommt, aber mit unterschiedlichen Frisuren kombiniert ist, so bei dem behelmten Heros (Taf. 2 b)[333], dem bekränzten Mann aus Grab 2184 (Taf. 2 a) und 2316[334], dem Pan aus Grab 1987 (Taf. 2 c)[335] und in etwas gestauchteren Proportionen sogar bei Herakles[336] und einer davon abhängigen Maske aus Grab 1315[337], deren Frisur von Hand völlig neu gestaltet wurde, wobei die Stirn ebenfalls höher wurde. In Verbindung mit einer Buckellockenfrisur und bekrönendem Kranz – also unserer Maske aus Grab 1613 am ähnlichsten – taucht das physiognomische Schema bei einem Pantypus[338] auf. Die beiden Exemplare in Cefalù und Glasgow sind jedoch größer und besitzen gestrecktere Proportionen. Auch bei diesen beiden Masken fehlen uns Fundangaben, was umso schmerzlicher ins Gewicht fällt, als sie, vor allem diejenige in Glasgow, von der Qualität der Ausformung her dem Prototyp offenbar näherstehen als die meisten anderen aufgezählten Stücke. So kann man aus den Grabkontexten nur erschließen, daß der Prototyp für dieses physiognomische Schema spätestens in der 1. Hälfte des 4. Jahrhunderts v. Chr. geschaffen wurde, denn das früheste

327 ML V 129 ff. Taf. 76 f. Abb. 200–202; MTL 51 f. C 3–5 Taf. 11; MPTG 56 f. Abb. 43–45 (hier K 29. 31. 30 b).

328 G. Libertini, Le isole Eolie nell'antichità greca e romana (1921) 192 (mit vertauschter Beschreibung) bildet auf Taf. 5, 3 in einer schlechten Zeichnung eine verschollene Maske ab, die höchstwahrscheinlich eine Replik zu dem Stück aus Grab 1613 ist. Allerdings fehlte diesem Exemplar der ›Hahnenkamm‹. Für die Verbindung sprechen die Anlage von Frisur und rechtem Ohr sowie der eigenartige Fortsatz unter dem Kinn, aber auch die breite Mundöffnung und die platte Nase.

329 Inv. 14591, ML V 46 Taf. 29 Abb. 78; MPTG 63 Abb. 52 (hier K 30 a). Die Plastizität wird besser sichtbar auf dem Photo in: L. Bernabò Brea – M. Cavalier, Beni Culturali e Ambientali, Sicilia 3, 1982, 146 Abb. 10 c.

330 Inv. 11167, ML V Taf. 75 Abb. 199; MTL 38 A 9 b Taf. 7, 1 mit falscher Beschriftung; MPTG 42 Abb. 17 (hier K 14 b).

331 Inv. 122, MTL 38 A 9 a Abb. 18 (hier K 14 a).

332 Inv. 03.70.dt.1, MTL 38 A 9 c ohne Abb (hier K 14 c).

333 Inv. 317 e, MTL 37 A 17 Abb. 17 Taf. 6, 2 (mit vertauschter Beschriftung); MPTG 48 f. Abb. 31 (hier K 11).

334 Inv. 15420 f, Inv. 16438, MPTG 47 Abb. 27. 29 (hier K 12).

335 s. o. Anm. 326.

336 z. B. Inv. 10774 a, MPTG 43 Abb. 18 (hier K 9).

337 Inv. 10829 a, MTL 38 A 8 Abb. 18 Taf. 7, 4; MPTG 46 Abb. 26 (hier K 10).

338 Cefalù Inv. 123, MTL 46 B 3 Abb. 35; MPTG 54 Abb. 41. – Glasgow 03.70.dt.10, MTL 46 B 4; Abb. bei Wiles, Masks Abb. 7 links oben (dort fälschlich als Frau klassifiziert) (hier K 15 a. b).

Grab (Nr. 198), das eine Maske dieser Art – den behelmten Krieger (Taf. 2 b) – barg, wurde wohl im 2. Viertel des 4. Jahrhunderts angelegt.

Damit bestätigt Grab 1613 den Befund von Grab 74, nämlich daß keineswegs zusammengehörige und zeitgleich geschaffene Maskentypen beieinander im Grabkontext liegen müssen. Vielmehr machen die Stücke aus Grab 1613 aufgrund unterschiedlicher Formate, Qualität und stilistischer Eigenarten einen sehr zusammengewürfelten Eindruck[339]. Eine Betrachtung weiterer Grabinventare wie zum Beispiel Nr. 1987, 1558 oder 1315 würde die bisherigen Ergebnisse noch untermauern.

Fassen wir zusammen:

(1) Es ist wahrscheinlich, daß zum Teil alte Stücke ins Grab kamen, die vorher bereits einem anderen Verwendungszweck gedient haben müssen. Denn daß die Stücke über mehrere Jahrzehnte ein Dasein als Ladenhüter in den Werkstätten fristeten, wird man ausschließen können.

(2) Die Typen besaßen anscheinend lange Laufzeiten[340], auch wenn die Qualität der Stücke immer weiter verfiel. Beredtes Zeugnis können davon die vier Exemplare eines Jünglingstypus mit Symposionskranz, darüberliegenden Schlaufen und herabhängenden Bändern ablegen: Bei Grab 2196[341] lag ein guter Ausdruck, ein kleinerer und verwaschener hingegen bei Grab 1315[342], während zwei fragmentarische Stücke aus dem Nekropolengelände[343] völlig verdrückt und kaum noch als Vertreter desselben Typus zu erkennen sind. Eines der beiden wurde in der Grabungsfläche XXXII in einer Grube gefunden, die sonst nur hellenistisches Material enthielt[344].

(3) Eine ganze Reihe von Jünglingstypen mit dem gleichen physiognomischen Schema geht offenbar auf einen Prototyp zurück, der spätestens in der 1. Hälfte des 4. Jahrhunderts erfunden wurde. Der Typus des Mannes mit schmerzverzerrtem Gesicht, der bei Grab 1725 im 1. Viertel des 4. Jahrhunderts erstmals auftaucht, könnte sogar noch älter sein.

Kann man nun den Beginn der Maskenherstellung auf Lipari noch genauer fassen?

Aufgrund seiner Keramik (Abb. 16), die teilweise aus Attika importiert war und sich deshalb relativ zuversichtlich ins späte 5. oder frühe 4. Jahrhundert datieren läßt[345], kommt nach unserer bisherigen Kenntnis Grab 1725 der Rang zu, als früheste Bestattung mit Masken vergesellschaftet gewesen zu sein. Eine der Masken, diejenige des Mannes mit von Gram zerfurchtem Gesicht (Taf. 5 d), war oben schon im Verhältnis zu ihren typologischen Verwandten untersucht worden. Sie eignet sich ihrer starken nachträglichen Bearbeitung wegen weniger zur stilistischen Einordnung. Betrachten wir deshalb die Maske mit der phrygischen Mütze (Taf. 3 c)[346]: Vorder- und Seitenansicht sind – am deutlichsten an der Stirn abzulesen – klar voneinander abgesetzt, auch wenn die leicht abgerundeten Wangen zu den Seiten hin zu vermitteln suchen. Das Gesicht besitzt einen festen Aufbau, in dem die Details genau umrissen sind und in Beziehung zur Nase als Mittelachse des Gesichts stehen. Diese Phänomene sind für das späte 5. Jahrhundert charakteristisch. Zugleich erinnern die schönlinigen, unter der Mütze hervorkommenden Löckchen an den Reichen Stil, was ebenfalls ein Datum im späten 5. Jahrhundert unterstützen würde[347]. Die Gegenüberstellung mit der bereits betrachteten, typologisch verwandten Maske eines Jünglings mit Mütze aus Grab 74 (Taf. 3 a. b)[348] verdeutlicht den stilistischen Wandel zwischen dem 5. und dem 4. Jahrhundert v. Chr. Anders als bei der Maske aus Grab 1725 schließt die rundere, einer Kugel angenäherte Kopfform das Gesicht stärker zusammen. Die im Verhältnis kürzere Nase und die Augenbrauen verlieren ihre Betonung als Achsen, dafür erhalten Augen und Mund stärkeres Gewicht. Wangen und Kinn sind fleischiger und leiten kontinuierlich zu den Seitenansichten über. Vor allem aber wurden die Augen und Lippen, die bei der Maske aus Grab 1725 mit scharfen Kanten von ihrer Umgebung abgegrenzt sind, mit weicheren Übergängen in das sie umgebende Fleisch eingebettet. In abgeschwächter

339 Bezeichnenderweise glaubte Bernabò Brea, die Gruppe in sechs Komödien- und zwei Tragödienmasken trennen zu müssen, hatte aber kein Problem, die komischen Masken hypothetisch mit den Ekklesiazusen des Aristophanes zu verbinden (ML V 132; MPTG 55 ff.).

340 Das war wohl nicht ungewöhnlich. In Korinth wurde eine Terrakottenmanufaktur ausgegraben, in der klassische und sogar archaische Model wohl bis ins dritte Viertel des 4. Jhs. verwendet wurden; s. A. N. Stillwell, Corinth XV 1, The Potters Quarter (1948) 86 f.

341 Inv. 15431 d, ML V 69 Taf. 150 Abb. 407; MPTG 51 Abb. 35 (Fehler bei der Grabnummer) (hier K 21 a). Das Grab wurde noch vor der Mitte des 4. Jhs. angelegt.

342 Inv. 10829 b, MTL 40 A 12 Abb. 22 Taf. 7, 3; MPTG 46 Abb. 25 (hier K 21 b). Die Bestattung gehört m. E. erst ins frühe 3. Jh., s. u. Text zu Anm. 370.

343 Inv. 3454, MTL 195 Nr. 1 Abb. 321; Inv. 9753, MTL 195 Nr. 2 Abb. 321; MPTG 218 Abb. 303 (hier K 21 c. d).

344 MTL 307.

345 s. o. Anm. 315.

346 Inv. 13556 i, MTL 313 Abb. 475; MPTG 35 Abb. 6 (hier K 23).

347 Die Datierung gilt für den Typus, nicht unbedingt für die von Hand überarbeitete Ausformung, die aber schon des Grabkontextes wegen nicht viel später angefertigt worden sein kann.

348 Inv. 3038, MTL 40 A 13 Abb. 23 (hier K 17).

Form gelten dieselben Merkmale auch für die Beziehung zwischen der Mädchenmaske aus Grab 74 (Taf. 3 d)[349] und unserem Stück. Nicht nur aufgrund ihrer ovaleren, weniger gedrungenen Kopfform nimmt das Mädchen eine Position zwischen den beiden Mützenträgern ein. Aufgrund des Grabkontextes müssen die beiden Masken aus Grab 74 spätestens im 2. Viertel des 4. Jahrhunderts geschaffen sein, auch dies ein Indiz, daß man den stilistisch älteren Typus aus Grab 1725 nach oben noch ins 5. Jahrhundert abrücken muß.

Unter den Beigaben von Grab 1725 lag noch eine dritte Maske, die eines weißbärtigen Alten mit Pilos (Taf. 6 c. d)[350]. Die platte Nase, große nach vorne quellende Augen und steil aufsteigende, gratige Augenbrauen sowie der vorgeschobene Schnurrbart, über dem sich die Wangen stauen, geben dem Gesicht einen ins Groteske überzeichneten Ausdruck. Es erinnert in groben Zügen an die Köpfe attischer Komödienterrakotten, ohne daß ein bestimmter Typus zitiert wäre. Ähnlichkeiten bestehen hinsichtlich des Untergesichts mit der Form von Nase und Bart zu dem Sitzenden mit Geldbeutel aus der New Yorker Terrakottengruppe, dessen Augenbrauen aber asymmetrisch gestaltet sind[351]. Nur die rechte ist steil hochgezogen. Der Pilos begegnet dagegen bei einer anderen Figur der New Yorker Gruppe, einem weinenden Alten mit gesenkten Augenbrauen und geöffnetem Mund[352]. Während der Alte mit Pilos in Lipari zu einer ganzen Gruppe ähnlicher Typen gehörte[353], sind außerhalb Liparis vergleichbare Masken außerordentlich selten[354]. Nur die Köpfe der oben schon zitierten attischen Komödienterrakotten können von ihrem Charakter her als die nächsten Verwandten gelten. Diese attischen Komödienfiguren besaßen offenbar große Beliebtheit, was aus ihrer weiten Verbreitung über das ganze Mittelmeergebiet vom Schwarzen Meer bis zur Kyrenaika[355] und ihren zahlreichen lokalen Nachahmungen zu erschließen ist. Auch auf Lipari ließen sich sogar sehr qualitätvolle lokale Weiterentwicklungen solcher attischer Typen nachweisen[356]. So wäre zu erwägen, ob sich die liparischen Koroplasten nicht durch die Köpfe von attischen Komödienfiguren zur Erfindung dieser Maskentypen anregen ließen. Was den stilistischen Habitus angeht, läßt sich die Maske mit dem Pilos durchaus in die Nähe der New Yorker Terrakottenserie setzen. Vergleichbar sind zum Beispiel die schnurartig aufgelegten Augenbrauen oder die wulstig sich herauswölbenden Fleischpartien über dem Schnurrbart, die durch tiefe Linien abgesetzt sind. Zwar sind bisher auch die Typen der New Yorker Terrakottengruppe nicht fest datiert, doch scheint es neuerdings auf der Athener Agora einen noch unpublizierten Kontext aus der Zeit um 400 v. Chr. zu geben, in dem eine der Gruppe anzuschließende Komödienfigur gefunden wurde, so daß die Typen noch ins späte 5. Jahrhundert gehören könnten[357]. Auch unabhängig von der vermuteten Anregung durch die attischen Theaterfiguren zeigt die Maske des Alten mit Pilos aus Grab 1725 Merkmale, die eine Datierung des Typus ins späte 5. Jahrhundert nahelegen. Es fällt wiederum die kantige Anlage des Kopfes auf, durch die Vorderansicht und Profile getrennt sind. Das Gesicht ist sehr übersichtlich aufgebaut, die einzelnen Inskriptionen sind mit Linien umgrenzt, wie überhaupt graphische Mittel dominieren.

Sowohl der Typus der jugendlichen Maske mit phrygischer Kopfbedeckung als auch des Alten mit Pilos sind also im späten 5. Jahrhundert entstanden. Eine kleinere und schlechter erhaltene Replik des Pilosträgers[358] fand sich übrigens in Grab 1558, das erst im letzten Drittel des 4. Jahrhunderts angelegt sein dürfte – ein weiteres Beispiel für die lange Laufzeit der Typen.

Zu den Maskentypen, die meiner Meinung nach in ihrer Formensprache von den attischen Komödienterrakotten beeinflußt sind[359], zählt außer dem schon betrachteten

349 Inv. 3039, MTL 44 A 20 Abb. 32; MPTG 41 Abb. 15 (hier K 39).

350 Inv. 13556 f, MTL 312 f. Taf. 12, 1; ML VII Taf. 52; MPTG 64 Abb. 56 (hier K 28 a).

351 Bieber, Theater 47 Abb. 196; Himmelmann, Realistische Themen 125 Abb. 56 vorne links.

352 Inv. 13.225.13, Bieber, Theater 46 Abb. 188; Himmelmann, Realistische Themen 125 Abb. 56 hinten links.

353 Dazu s. u. Text zu Anm. 359–361.

354 Die einzige mir bekannte Ausnahme bildet ein Maskenfragment im Magazin der Athener Agora von der Pnyx (Taf. 6 a. b), s. u. Kapitel III, Text zu Anm. 592.

355 Vgl. die südrussischen Beispiele z. B. aus der Großen Blisniza, A. Peredolskaja, Attische Tonfiguren aus einem südrussischen Grab, AntK Beih. 2 (1964) passim; aus der Kyrenaika z. B. die Stücke bei L. Heuzey, Les figurines antiques de terre cuite du Musée du Louvre (1883) Taf. 51, 3. 4.

356 MTL 12 Abb. 7; ML V Taf. 31 Abb. 85; MPTG 88 Abb. 84.

357 Webster, MMC[3] 45. 59 AT 23 d; Himmelmann, Realistische Themen 125 f. mit Anm. 6; S. 128; B. Vierneisel-Schlörb, Kerameikos XV, Die figürlichen Terrakotten I (1997) 91.

358 Inv. 11114 a, MTL 51 C 2 Abb. 38; ML V Taf. 82 Abb. 218; MPTG 65 Abb. 57. 58 (hier K 28 b).

359 Wie direkt die attischen Komödienterrakotten ihrerseits von der Alten Komödie und ihren Masken abhängig sind, ist mangels Denkmälern nicht abzuschätzen.

Spitzbart[360] aus Grab 1613 noch ein Gesichtsfragment[361] aus Schnitt 33, das aus einer noch frischen Form genommen war. Noch deutlicher als bei der komischen Maske aus Grab 1725 ist hier die Zusammensetzung des Gesichts aus prallen, sich gegeneinander rundenden Formen abzulesen, die zusätzlich durch scharfe Konturen umrandet sind.

Die wohl wenig jüngeren Typen des Grinsenden mit Symposionskranz und des Plattnasigen mit der eigentümlichen Kopfbedeckung aus Grab 1613 scheinen von den attischen Komödienfiguren bereits unabhängiger und weiter entfernt zu sein.

Ein anderes frühes Grab mit Masken, Nr. 198, wurde nach der Keramik zu urteilen, vor allem dem als Urne benutzten Krater des Revel-Malers aus der Zeit um 380/70 v. Chr., wohl im 2. Viertel des 4. Jahrhunderts, in nicht allzu großem Abstand von Grab 1725 angelegt[362]. Von den beiden der Bestattung beigegebenen Masken eignet sich diejenige einer alten Frau mit schmerzerfülltem Gesicht (Taf. 1 c) besser zur stilistischen Einordnung, während die andere, der behelmte Jüngling (Taf. 2 b), aufgrund seiner konventionellen Jungmännerphysiognomie und der Nacharbeit schwer zu beurteilen bleibt.

Die stilistischen Charakteristika der alten Heroine wurden bereits oben im Vergleich mit ihrer typologischen Weiterentwicklung aus Grab 2486 (Taf. 1 d) hervorgehoben[363]. Alle angeführten Eigenheiten wie klarer Aufbau, getrennte Ansichten, Gestaltung mittels Linien etc. wurden schon mehrfach als Merkmale für die Plastik des 5. Jahrhunderts v. Chr. herausgestellt. Gegenüber den Masken aus Grab 1725 könnte der Typus der alten Frau sogar noch früher erfunden sein. Von der plastischen Struktur her und der schonungslosen Charakterisierung als alte Frau wegen kann man trotz des Gattungsunterschiedes und des anderen Formates den großplastischen und nur in römischen Kopien überlieferten Kopf einer alten Frau im Londoner Britischen Museum[364] gegenüberstellen, die oft als Priesterin oder Amme gedeutet wird. Der Kopf wird noch ins mittlere 5. Jahrhundert datiert.

Das eigenartige Maskenpaar aus dem Kindergrab 1986 (Taf. 7)[365] fällt unter den liparischen Stücken völlig aus dem Rahmen. Beide sind wesentlich größer als die übrigen Masken der klassischen Gruppe und verraten nirgends die Herkunft aus einer Matrize, sind also wohl von Hand geschaffen worden. Die Seitenansichten und die Ober- und Hinterköpfe sind genauso sorgfältig modelliert und bemalt wie die Gesichter und erstaunen zusätzlich durch scharf geschnittene Kanten, die dadurch entstehen, daß die Seitenflächen im rechten Winkel an die Vorderansicht stossen. Beide Köpfe erhalten dadurch etwas Vierschrötiges. Zugleich gewinnen die Profilansichten einen Eigenwert, da sie dem Betrachter Informationen geben können, die die Vorderansicht nicht bereithält. Die Gesichter selbst sind durch feste plastische Formen gekennzeichnet, die klar umrissen und durch tiefe Linien voneinander abgegrenzt sind. Scharfe Kerben bestimmen beispielsweise das Stirnrelief. Die beiden Stücke bilden Pendants, bei denen der Modelleur mit unterschiedlicher physiognomischer Charakterisierung gespielt hat. Der Löwenkappe des wohl Herakles zu nennenden Stückes entspricht bei dem anderen eine schwer bestimmbare Luchs- oder Wolfsfellmütze, deren Kopf in die Stirn ragt. Während die lange Nase des Herakles mit ihrer knolligen Spitze über die Oberlippe herabhängt, weist die kurze, breite ›Himmelfahrtsnase‹ seines Gegenstückes nach oben. Ein weit geöffneter Mund mit breiten Lippen und großer oberer Zahnreihe, große kugelige Augen und dicke verformte Fleischpölsterchen über den Wangenknochen sowie eine zerfurchte Stirn tragen – wenn auch jedesmal unterschiedlich gestaltet – das ihre zum grotesken Charakter der beiden Stücke bei. Die sorgfältige Bemalung ohne dicke Grundierungsschicht, von der sich Spuren auf den Augäpfeln und Zähnen erhalten haben, steigerte diese Wirkung noch. Die eben geschilderten stilistischen Charakteristika weisen in das 5. Jahrhundert v. Chr., obwohl das Grab, dem sie beigegeben waren, nach der Keramik frühestens um 340 v. Chr. angelegt sein kann. Aus Mangel an besser datierten Vergleichen ist eine genaue Einordnung in die 2. Hälfte des 5. Jahrhunderts jedoch schwierig. Selbst für die grotesken Gesichtszüge mit ›Himmelfahrtsnase‹, wulstigen Lippen und kugeligen Augen gibt es kaum Parallelen, sieht man von einer attisch rotfigurigen Kanne des Nikias-Malers im Louvre ab, auf der Herakles auf einem von Kentauren gezogenen Gespann fährt und von Nike bekränzt wird[366].

360 Inv. 11167 e, MTL 51 f. C 3 Abb. 39 Taf. 11, 4; MPTG 56 Abb. 44. Hängt diese Maske mit einem korinthischen Komödienfigurentypus zusammen (KH–45; KH–46)? A. N. Stillwell, Corinth XV 1 (1948) 103 Taf. 36 Nr. 47. 48.

361 Inv. 11296, MTL 203 Nr. 17 Abb. 337; MPTG 224 Abb. 313, von Bernabò Brea irrtümlich unter die hellenistischen Sklaventypen gerechnet (hier K 32).

362 MTL 295; ML II 65 f. Taf. 144. 145, 1. 2.

363 s. o. Kapitel II 2 a, Text zu Anm. 181.

364 British Museum 2001, S. Pfisterer-Haas, Darstellung alter Frauen in der griechischen Kunst (1989) 101 ff. Abb. 164. 165; LIMC I (1981) s. v. Aithra I Nr. 76 mit Abb. (Kron), U. Kron datiert den Kopf m. E. zutreffend um 460/50 v. Chr.

365 Inv. 14584. 14585, ML V 45. 55 ff. Taf. G. H; MPTG 59 ff. Abb. 49. 50 (hier K 34. 35). Die Datierung des Grabes beruht auf dem kleinen Glockenkrater des NYN-Malers ebenda Abb. 65–67.

366 Paris, Louvre N 3408, aus Kyrene, A. Pickard-Cambridge, The Dramatic Festivals of Athens[2] (1968) Abb. 77 a–c;

Die Figuren haben verzerrte Gesichtszüge, der Fackelträger vor dem Kentaurengespann trägt zudem das Komödienkostüm mit Trikot und langem Phallos. Deshalb gilt die um 420/10 zu datierende Kanne als attischer Vorläufer der sogenannten Phlyakenvasen, die nach bisheriger Fundlage am Ende des 5. Jahrhunderts in Unteritalien einsetzen, aber nicht auf dieses Gebiet beschränkt sind[367]. Auch in Korinth wurden inzwischen einheimische Fragmente mit Darstellungen komischer Figuren gefunden, die den Phlyakenvasen vergleichbar sind[368].

Aufgrund seiner Besonderheiten – Größe, Bemalung ohne Grundierung, freie Modellierung und nicht zuletzt der Formensprache – muß dieses Maskenpaar als Import nach Lipari gekommen sein. Angesichts der Ähnlichkeiten mit den Köpfen der sogenannten Phlyaken auf unteritalischen Vasen stammen sie trotz der Verwandtschaft mit der Kanne des Nikias-Malers am ehesten aus Unteritalien, da die aus Athen bekannten Masken und die Köpfe der Komödienterrakotten anders aussehen.

Obwohl sich mangels gattungsimmanenter datierter Vergleiche viele Stücke nur ungenau zeitlich bestimmen lassen, sprechen eine ganze Reihe von Indizien dafür, daß man in der 2. Hälfte des 5. Jahrhunderts v. Chr. begann, auf Lipari tönerne Masken herzustellen. Seit dem frühen 4. Jahrhundert gelangten sie nach unserer bisherigen Kenntnis dann auch in die Gräber.

Der verwendete Matrizenvorrat war offenbar sehr klein, so daß eine große Zahl von Typen auf wenige Prototypen zurückgeht, deren Gros wohl in der 1. Hälfte des 4. Jahrhunderts entstand. Nach den Grabkontexten zu urteilen waren zumindest die fertigen Ausformungen lange Zeit in Benutzung[369].

Eines der spätesten Gräber, das klassische Maskentypen enthielt, war Nr. 1315, eine sehr reiche Bestattung[370]. Die übliche Symposionskeramik befand sich außen in einem Stamnos, während im Grab Toilettengegenstände wie Bronzespiegel, Messerchen, Spatel, Parfümfläschchen (Amphoriskos), ein Goldring und Gnathiakeramik gefunden wurden, letztere teilweise im Miniaturformat. Am ehesten zu datieren sind zwei Lekaniden. Die eine, ungewöhnlich klein, zeigt eine gleichmäßig fließende weiße Ranke mit sehr abgekürzt gezeichneten Spiralranken, die man nach der Entwicklung der Rankenornamentik etwa um 300 v. Chr. ansetzen würde. In eine ähnliche Zeit mag die andere rotfigurige Lekanis mit einem Dekor aus Haubenköpfen gehören, zwischen die stark schematisierte und geometrisierte, zu Dreiecken deformierte Palmetten gesetzt sind. So hat die Bestattung wohl frühestens um die Wende zum 3. Jahrhundert stattgefunden. Von den fünf Masken sind vier klassischen Typen zuzuordnen. Die Frau mit Symposionskranz und der Jüngling mit Kranz und darübergeschlagenen Schlaufen sind schlechte Ausformungen aus ausgelaugten Matrizen[371], die zudem erst einer späten Matrizengeneration angehören. Die Männermaske[372] wurde oben als Umarbeitung aus einem Heraklestypus interpretiert. Die Maske der grinsenden Frau[373] ist im Verhältnis trotz des fehlenden Flammenzopfes größer, aber auch in der Seitenansicht flacher als der verwandte Typus, von dem in Grab 449 und 1613 Exemplare auftauchten. Sie war oben bereits aufgrund ihrer Gegensätzlichkeit und der massigeren Einzelformen als jüngere Fassung gedeutet worden[374].

Die Silensmaske[375] aus dem Komplex spricht dagegen eine völlig andere Sprache. Der Kopf hat einen fast kreisförmigen Umriß mit der breitesten Ausdehnung auf Höhe des Bartes und verjüngt sich nach oben zu zur Stirnglatze, auf der, nach den breiten, seitlich vor den Ohren herabfallenden Bändern zu urteilen, ursprünglich ein Kranz zu denken war. Das Gesicht selbst richtet sich an einem strengen Achsensystem aus, das vor allem aus Horizontalen besteht. Die Nase bildet die senkrechte Mittelachse, auf die die Brauen und die schlitzförmigen Augen als Diagonalen zuführen. Durch die vielen als Linien eingetieften Falten

J. Boardman, Athenian Red Figure Vases. Classical Period (1989) 166 Abb. 321; A. D. Trendall, Phlyax Vases² (1967) 21 Nr. 3; Webster, MMC³ 32 AV 6; A. D. Trendall – T. B. L. Webster, Illustrations of Greek Drama (1971) 117 f. IV 2 mit Abb.

367 Trendall, Phlyax Vases a. O. 10 (Anm. 366); O. Taplin in: A. Sommerstein (Hrsg.), Tragedy, Comedy and the Polis, Papers from the Greek Drama Conference, Nottingham 1990 (1993) 527.

368 z. B. das Fragment CP 2710, S. Herbert, Corinth VII 4 (1977) 34. 46 f. Nr. 73 Taf. 14 oder Athen, NM 1391, ebenda 34 Taf. 29.

369 s. Beispiel aus Kapitel II 2 a Anm. 203 bzw. Anm. 341–344.

370 ML XI 2 544 Taf. 240, 1–3. 241, 1–3.5. 242. 243 (mit z. T. unzutreffender Trennung zwischen inneren und äußeren Beigaben). Die Aufzählung in MTL 296 ist ungenau. Es fehlt u. a. die Silensmaske Inv. 10829 e, MTL 47 B 5 a Abb. 36 Taf. 9, 4; MPTG 53 Abb. 37 (hier H 66 a). Das Inventar ist im Museo Eoliano ausgestellt. Die Ausgräber datierten die Bestattung in Ceramica figurata 156 »nicht später als ins dritte Viertel des 4. Jhs.«, in ML XI 2 544 dagegen: »nicht vor 340/30 v. Chr.«.

371 Inv. 10829 c, MTL 43 f. A 19 Abb. 31 Taf. 6, 2; Inv. 10829 b, MTL 40 A 12 Abb. 22 Taf. 6, 3; MPTG 46 Abb. 24. 25 (hier K 40 c. 21 b).

372 Inv. 10829 a, MTL 38 A 8 Abb. 18 Taf. 6, 4; MPTG 46 Abb. 26 (hier K 10).

373 MTL 55 C 7 a Abb. 46; MPTG 72 Abb. 67 (hier K 50).

374 s. o. Text zu Anm. 310.

375 Inv. 10829 e, s. o Anm. 370.

und die fächerförmige Bartmasse aus geraden Borsten erhält das Gesicht einen spröden und strengen Charakter, der zunächst an die oben betrachteten frühen Stücke (z. B. aus Grab 1725) erinnert. Die Gegenüberstellung mit der Silensmaske aus dem relativ frühen Grab 449[376] macht aber die tiefgreifenden Unterschiede deutlich. Bei dem Stück aus Grab 1315 ist der Bart als stoffliche Masse aufgefaßt, über der der Schnurrbart eine eigene Reliefschicht bildet. Die Fleischpartien über den Wangenknochen wölben sich stark heraus und lösen sich dadurch aus dem Zusammenhang. Weder das Verhältnis zu den Augen noch zur Mundpartie ist klar definiert. Ähnlich kann man die Brauen und ihre Beziehung zur Stirn- und Augenpartie charakterisieren. Das Gesicht wirkt aus von außen angebrachten Teilen zusammengesetzt, also ein grundsätzlich anderes Bauprinzip als bei den frühen Stücken, an denen man einen klaren Aufbau und ebenfalls genau umrissene Einzelformen beobachten konnte. Diese besitzen jedoch einen logischen, von innen kommenden Zusammenhalt, der vom gedachten Knochengerüst herrührt. Bei der Maske aus Grab 449 sind die Übergänge trotz der klaren Definition der Details organischer gestaltet. Die andere, so spröde Silensmaske ist also meiner Meinung nach eine Schöpfung des Frühhellenismus, das heißt des beginnenden 3. Jahrhunderts.

Grab 1315 ist demnach ein weiteres Beispiel für die Uneinheitlichkeit der zusammengefundenen Masken, bei denen Typen ganz unterschiedlicher Entstehungszeit miteinander vergesellschaftet sind.

Bereits im Kapitel über die Typologie der klassischen Masken wurde begründet, daß Grab 406 Keramik aus dem frühen 3. Jahrhundert enthielt (Abb. 2–4. 17) und folgerichtig entgegen der bisherigen Ansicht erst im 3. Jahrhundert angelegt wurde. Die beiden Masken (Taf. 4 c. d) sind meines Erachtens ebenfalls als Arbeiten dieser Zeit zu erkennen, wobei die weibliche Maske einen frühhellenistischen Typus vertritt, während bei dem bärtigen Alten eine Ausformung aus einer klassischen Matrize durch nachträgliche Bearbeitung in eine hellenistische Maske umgeformt und dann durch eine davon abgenommene Form vervielfältigt wurde.

Die Model der klassischen Maskentypen sind folglich bis zum spätesten 4. oder frühen 3. Jahrhundert in Gebrauch gewesen, und die Ausformungen wurden bis in diese Zeit auch noch in der Nekropole niedergelegt. Seit wann wurden in Lipari aber dann die hellenistischen Typen geschaffen, die nach landläufiger Meinung mit der Neuen Komödie Menanders verbunden werden?

376 Inv. 2343 a, MTL 45 f. B 1 a Abb. 33 Taf. 9, 3; MPTG 52 f. Abb. 38 (hier K 25 a).

b Die hellenistischen Maskentypen

Von der großen Menge hellenistischer Masken aus Lipari stammt leider nur ein sehr kleiner Teil (zwölf Stücke aus neun Gräbern) aus Grabkontexten, während die überwiegende Zahl, vor allem viele Fragmente, aus Streuschichten der Nekropole oder den sogenannten fossae, möglicherweise Votivdepots oder Abfallhaufen, kam. Nur vier Gräber enthielten auch figürlich verzierte Keramik, die man mit einiger Zuversicht genauer datieren kann[377].

Dafür lassen sich die hellenistischen Masken leichter mit der Großplastik vergleichen und in die Entwicklung des Frühhellenismus einpassen, denn im Gegensatz zu den klassischen Stücken wurden für jeden Typus neue Model angefertigt. Eine Überarbeitung von Hand unterblieb in der Regel. Einige Stücke sind fast lebensgroß und von hoher Qualität. Nach den erhaltenen Ausformungen zu urteilen scheinen diese Matrizen außerdem wesentlich kürzer in Benutzung gewesen zu sein als die der klassischen Masken. Mechanische Nachschöpfungen von Modeln sind fast nie nachzuweisen. Sie wären aus Schrumpfungsreihen innerhalb der Typen zu erschließen. Zudem haben sich die Typen in ihrem Charakter verändert. Bei einem Teil der Masken, vor allem den alten Männern und den Frauen, treten die überzeichneten, bisweilen grotesken Züge in den Hintergrund. Dafür orientieren sie sich am zeitgenössischen Porträt oder der Idealplastik, teilweise sogar am Götterbild[378]. Die Frauen tragen großenteils Modefrisuren der Zeit. So ist es relativ wahrscheinlich, daß sich diese Maskentypen auch an der allgemeinen stilistischen Entwicklung der Zeit beteiligen und nach denselben Kriterien zu beurteilen sind. Schwierigkeiten bereiten allerdings die Sklavenmasken mit ihren ausgeprägten physiognomischen Formeln bei der Gestaltung von Stirn und Augenpartie, den oft ins Häßliche überzeichneten Nasen und dem Trompetenmund. Für diese Gruppe fehlen meist die großplastischen Vergleiche.

Betrachten wir wieder zunächst die Gräber:

Im Sarkophag des Grabes 576 lag ein Set aus polychromen Gefäßen, die dem Lipari-Maler zugeschrieben

377 Gräber 576; 2050; 409; 441.

378 Zum selben Schluß kam Halliwell durch eine Schriftquellenanalyse im Hinblick auf die im Theater verwendeten Tragödienmasken. Er argumentiert, daß sich Maskenbildner und Künstler gegenseitig beeinflußt haben und daß sich die Theatermasken an den ästhetischen Strömungen der Zeit orientierten. S. Halliwell in: N. Slater – B. Zimmermann (Hrsg.), Intertextualität in der griechisch-römischen Komödie. Drama, Beiträge zum antiken Drama und seiner Rezeption 2 (1993) 204 mit Anm. 27. 28.

werden. Es besteht aus einer Lekanis, einem kleinen Lebes Gamikos mit einem Alabastron als Deckelknauf und einer Skyphospyxis[379]. Die drei Gefäße gehören offenbar zusammen, denn sie zeigen gleichermaßen den stereotypen Dekor, der die Hauptmasse der Gefäße aus der Werkstatt des Lipari-Malers ziert, nämlich sitzende Frauen mit Kästen oder Schalen, auf denen Eier aufgereiht sind, auf dem Lekanisdeckel zusätzlich eine sitzende Nike, die an einem Altar opfert. Auf der Rückseite der Pyxis und dem Deckel des Lebes finden sich weibliche Köpfe, die eine Haube tragen. An dem Lekanisdeckel kann man die Charakteristika des Dekors am besten aufzeigen: Die beiden Frauen sitzen jeweils auf einem rechteckigen Klotz, wobei der überdimensionierte Unterkörper im Profil zu sehen ist. Der Übergang zum frontal sich dem Betrachter darbietenden nackten Oberkörper bleibt eigentümlich unklar. Die Arme sind zentrifugal ausgebreitet, während der im Verhältnis viel zu kleine Kopf wieder in strenger Seitenansicht abgebildet ist. Insgesamt gesehen prägen mehrere Prinzipien die Darstellung: Es wird auf jegliche perspektivische Verkürzung verzichtet. Deshalb sind die hintereinander in den Raum gestaffelt zu denkenden Beine bzw. Flügel bei Nike übereinander angeordnet. Um die volle Ausdehnung der Körperteile verständlich zu machen, kommen nur Frontalansicht oder Profil in Frage, deren abrupte Aneinanderpassung zu gewaltsamen Brüchen, vor allem in der Hüftpartie führt. Grundprinzip ist also eine Zerlegung der Ansicht, die sehr eckige und gespreizte Bewegungen hervorruft. All dies sind Stileigenschaften, die auch in anderen Gattungen in der Zeit um 300 v. Chr. oder kurz danach anzutreffen sind[380]. Diesem Zeitansatz entsprechen auch der entspannte Gesichtsausdruck des Haubenkopfes auf der Pyxis und die spannungslosen Palmetten auf Pyxis und Lebes. Die Keramik aus Grab 576 stammt demnach aus der Wende zum 3. Jahrhundert. Die außerhalb des Sarkophages deponierte Keramik – eine halbkugelige Kylix im Gnathiastil, zwei Tellerchen, eine schwarzgefirnißte Olpe und ein Guttus lassen sich nicht so genau einordnen, widersprechen diesem Zeitansatz aber nicht.

Die beiden Masken[381] vertreten zwei hellenistische Jünglingstypen, die in mehreren Exemplaren aus unterschiedlichen Matrizen und in verschiedenen Größen aus Lipari bekannt sind. Da die Matrizen offenbar von jeweils neu geschaffenen Patrizen abgenommen wurden, also nicht Stufen innerhalb einer Serie repräsentieren, muß die geringe Größe nicht unbedingt auch eine späte Herstellung bedeuten. Man kann sich durchaus vorstellen, daß in der Werkstatt von besonders beliebten Typen unterschiedlich große und aufwendige Exemplare – je nach Wunsch und Geldbeutel des Käufers – vorrätig waren. So entspricht die kleinere Maske des Grabes typologisch dem hochqualitätvollen Stück Inv. 9730 aus der fossa der Grabungsfläche 31 (Taf. 8 a)[382]. Die zweite Maske (Inv. 6766 b) stellt einen flauen Ausdruck aus einer Form dar, aus der auch eine wesentlich schärfere, leider fragmentierte Replik stammt[383]. Die zeitliche Ordnung der Masken soll aber unten in größerem Zusammenhang erfolgen.

Deshalb zunächst zurück zu den Grabinventaren: Die im Sarkophag abgelegten Beigaben von Grab 2050 bestanden neben einer Strigilis, den Resten eines Alabasteralabastrons und eines ungefirnißten Aryballos aus zwei Lekaniden mit weißem Kymationdekor, einer eiförmigen polychromen Lekythos, einer zugehörigen kleinen Flasche mit Stöpsel sowie einer Skyphospyxis[384]. Die drei polychromen Gefäße werden dem Maler der weißen Sphendone zugeschrieben und ins zweite Viertel des 3. Jahrhunderts datiert. Die regelmäßig beigegebene Symposionskeramik befand sich zusammen mit zwei Lopadia und den Masken in einem außerhalb des Grabes abgestellten Stamnos. Die beiden Masken (Taf. 10 b–d)[385] zeigen eine männliche und eine weibliche jugendliche Gestalt, stammen aber aus derselben Matrize.

Das qualitätvollste Stück der Keramik, die Skyphospyxis, trägt auf der Vorderseite statt der sonst vorherrschenden, stereotypen weiblichen Sitzfigur eine dreifigurige Szene. Im Zentrum thront eine Frau, die durch einen Polos herausgehoben wird. Sie wendet sich mit einer sprechenden Geste der stehenden Frau zu ihrer Linken zu, die ihr mit dem ausgestreckten rechten Arm ins Haar faßt. Auf der anderen Seite des Thrones, im Rücken der Sitzenden steht Nike, die einen geöffneten Klappspiegel in der Rechten hält.

379 Cavalier, Lipari-Maler Abb. 18. 20 a–c. 28. 35 b; ML XI 1 43 f. Taf. 15. 16.

380 M. Söldner, Untersuchungen zu liegenden Eroten in der hellenistischen und römischen Kunst (1986) 37 ff. 405 f. Anm. 151; Verf., Griechische Klappspiegel, 18. Beih. AM (1997) 90 ff.

381 Inv. 6766, MTL 161 f. Nr. 14 Abb. 252 Taf. 25, 1; MPTG 191 Abb. 257. – Inv. 6766 b, MTL 171 Nr. 3 Abb. 267 Taf. 29, 2; MPTG 198 Abb. 266 (hier H 29 f. H 33 a).

382 Inv. 9730, MTL 159 Nr. 4 Abb. 247 Taf. 24; MPTG 188 Abb. 249 (hier H 29 b).

383 Inv. 3390, MTL 171 Nr. 4 Abb. 268 Taf. 29, 3; MPTG 198 Abb. 267 (Fehler bei Inv.; hier H 33 b).

384 Ceramica liparese 73 Abb. 79; 92 Abb. 99; 69 Abb. 74 rechts; 71 Abb. 75. 76; 106. Zur Datierung: Maschere della tragedia 62; ML XI 2 602 f. Taf. 266, 1. 267–269, 2.

385 Inv. 14895 c. b, MedA 5/6, 1992/93, 31 Taf. 30, 1. 2; Maschere della tragedia 62 Abb. 70; MPTG 153 Abb. 206. 207 (hier H 21 a; H 103 a); s. o. Kapitel II 2 b, Text zu Anm. 277–283.

Vergleicht man die Figuren mit den zugegebenermaßen konventionelleren auf der Lekanis aus Grab 576, werden Unterschiede deutlich. Die Gespreiztheit und gesuchte Ausbreitung der Figuren ist abgemildert. Bei der Sitzenden der Pyxis weist zwar nach wie vor der Unterkörper nach links, die Füße schauen im Profil unter dem Mantel hervor, während der Oberkörper von vorne zu sehen ist. Dennoch wirken die Übergänge weniger unvermittelt. Daß auf Verkürzungen möglichst verzichtet wird, macht der ausgestreckte Arm der stehenden Frau deutlich, der ebenso wie die Arme der beiden anderen eine gummiartige Biegsamkeit besitzt. Auch die Stoffe der Gewänder sind unterschiedlich charakterisiert. Während sie auf der Lekanis Falten bilden, unter denen sich die Beinkonturen abzeichnen, verbergen die dicken, locker fallenden Stoffe auf der Pyxis wie Vorhänge die Körperformen. Zugleich bilden die Mantelsäume ornamentale Wülste um die Hüften. Gerade die üppigen Gewänder und die wie Gummi biegsamen Gliedmaßen kommen im Frühhellenismus auch in anderen Gattungen vor. Vergleichbar sind in diesen Zügen einige Klappspiegel, zum Beispiel ein reliefgeschmücktes Stück in der Berliner Antikensammlung[386]: Das dem Pan gegenübersitzende Mädchen trägt einen feinen Chiton, der aber mit einem metallisch scharfen Saum die nackte linke Brust rahmt. Auch der locker um den Körper geschlungene Mantel wirft dicke, störrisch abstehende Säume. Eine ähnlich steife Mantelkante wie hinter der Schulter des Mädchens findet sich beim Mantel der Stehenden auf der Pyxis. Der unnatürlich in durchlaufendem Schwung gebogene untere Saum ihres Mantels, der sich vom Standmotiv völlig unabhängig gemacht hat, entspricht der gerade abgeschnittenen Saumkante des sitzenden Mädchens auf dem Spiegelrelief. Vergleichbar sind schließlich die weichen und biegsamen Arme, von denen besonders die auf den Sitz gestützten kraftlos erscheinen. Aufgrund dieser Stileigentümlichkeiten ist die Pyxis aus Grab 2050 nicht erst ins zweite, sondern schon ins 1. Viertel des 3. Jahrhunderts, vielleicht gegen 280 v. Chr., zu datieren – und mit ihr die übrigen polychromen Gefäße. Wie die Masken dazu stehen, werden wir später sehen.

Auch im Sarkophag Nr. 409 lag eine Garnitur von polychromen Gefäßen, Lekanis, Skyphospyxis und Lekythos (Abb. 19. 20)[387], außerhalb des Sarges nur relativ einfache monochrome Symposionskeramik ohne Dekor (Abb. 18). Ähnlich wie bei den zuvor besprochenen Gefäßen aus Grab 576 und 2050 sind die Lekythos und die Pyxis, die dem Kreis des Lipari-Malers zugeschrieben werden[388], mit sitzenden Frauen, die Pyxis auf der Rückseite zusätzlich mit einem Haubenkopf bemalt. Die Lekanis, ein Werk des Drei-Niken-Malers, trägt auf ihrem Deckel dagegen Szenen von nackten Frauen bei der Körperpflege (Abb. 5–8). Eine gebückte Figur vor einem Waschbecken, eine gehende und mit den Armen gestikulierende Figur sowie eine Kauernde, die ein Alabastron hält, sind jeweils im Profil gezeigt. Die interessanteste Gestalt, eine andere Kauernde, ist als Rückenakt von schräg hinten dargestellt. Den Kopf wendet sie jedoch dem Betrachter zu. In ihm gipfelt die kompakte Dreiecksform des Körpers, deren Seiten von Rückenkontur und Schenkeln gebildet werden. Der Rückenkontur, der als Gerade vom rechten Glutaeus zum Hinterkopf führt, faßt die Figur zwar zusammen, verliert aber seine räumliche Aussage, so als würde er zwischen verschiedenen Raumschichten wandern, da die Begrenzung des rechten Glutaeus tiefer im Hintergrund zu denken ist als der Hinterkopf, der eigentümlich unorganisch ohne eine klar akzentuierte Schulterpartie in den Rücken übergeht. Auch bei den anderen Frauen machen sich an den Ansätzen der Arme, besonders derjenigen im Hintergrund, Unstimmigkeiten bemerkbar, die meines Erachtens nicht auf das Unvermögen des Malers zurückzuführen sind, sondern auf eine gewollte Darstellung ohne Verkürzungen, weshalb zum Beispiel bei der Knienden der Arm mit dem Alabastron oberhalb der rechten Brust wie angeklebt wirkt. Auch bei ihr schwingt der Rückenkontur von einer vorderen Raumschicht am linken Oberschenkel und Glutaeus in eine tiefere in der Schulter- und Halspartie zurück[389].

386 Misc. Inv. 8184, Verf., Griechische Klappspiegel, 18. Beih. AM (1997) 96. 258 Kat. 59. Dort S. 91 mit Anm. 504 und S. 96 ausführlicher zu diesen Phänomenen.

387 ML II Taf. 113. 114. Symposionskeramik Taf. 133, 2.

388 MTL 297; Ceramica liparese 73 Abb. 78. S. 106: Pyxis vom Maler der weißen Sphendone.

389 Vgl. dagegen die Lekaniden des Cefalù-Malers aus Grab 313 (Ceramica liparese 16 f. Abb. 12–17), die in die Zeit um 300 gehören. Der vor dem Grund ausgebreitete Satyr mit ausfahrenden Bewegungen und der Apoll mit massivem Unterkörper im Profil und frontalem Oberkörper erinnern an die oben betrachtete Lekanis aus Grab 576. Die zweite Lekanis zeigt Frauen bei der Schönheitspflege. Die auf einem Klappstuhl Sitzende ist unnatürlich gedreht und hat im Verhältnis zum Kopf einen extrem gelängten Körper. Damit läßt sie sich wieder mit den Gestalten der Lekanis aus Grab 576 verbinden. Die der Sitzenden gegenüber vor einem Luterion kauernde Frau ist als Rückenakt dagegen mit der motivisch verwandten Figur auf der Lekanis aus Grab 409 vergleichbar und kann verdeutlichen, wie sich die Rolle des Konturs verändert hat. Denn trotz der extremen Begradigung liegt der Rückenkontur in einer Ebene und begrenzt den Rücken an der linken Körperseite vom Glutaeus bis zum Ansatz des linken Armes. Damit ist die Lekanis aus Grab 313 ein früheres Erzeugnis als diejenige aus Grab 409.

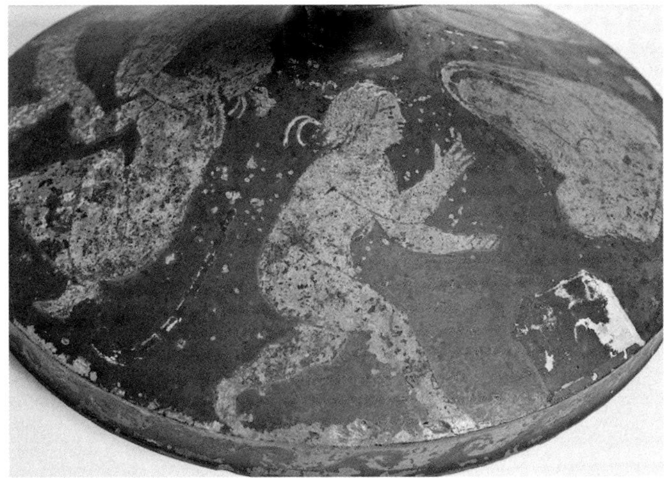

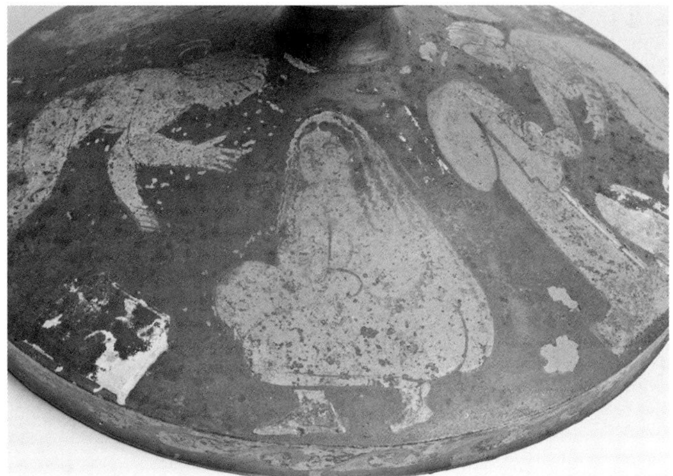

Mehrere dieser Phänomene, der in seiner räumlichen Aussage entwertete Kontur, die strenge Profilansicht, bei der die Figuren nach hinten in den Raum hineinzuragen scheinen, so daß der Bildträger zurückzuweichen scheint, und der Verzicht auf Verkürzungen, der oft mit einer Zerlegung der Ansicht einhergeht, kommen bei auch motivisch vergleichbaren gravierten Zeichnungen auf den Innenseiten griechischer Klappspiegeldeckel vor[390], die im 1. Viertel des 3. Jahrhunderts geschaffen wurden. In diese Zeit gehört deshalb wohl auch die Lekanis aus Grab 409.

Die Pyxis desselben Grabes (Abb. 19)[391] bestätigt dies, denn sie muß etwas jünger sein als diejenige des Grabes 576. Einerseits lastet die Frau mit ihrem Gesäß stärker auf dem Sitz. Andererseits scheint der auf den Pfeiler aufgestützte linke Arm, der eine Schale mit Eiern hält, unvermittelt aus der Tiefe zu kommen, auch wenn der kritische Ansatz des Oberarmes durch die Schale verdeckt ist. Betrachtet man dagegen den in seiner ganzen Länge ausgebreiteten, aufgestützten Arm der Frau auf der anderen Pyxis[392], wird das geänderte Raumverständnis deutlich[393].

Nach dem sehr skizzenhaft gemalten Haubenkopf auf der Skyphospyxis[394] zu urteilen, dürfte die Keramik aus Grab 441, dem ebenfalls eine hellenistische Maske zugeordnet wird, aus derselben Zeit stammen. Gerade im Vergleich mit dem Kopf auf der Pyxis des Grabes 576[395] wird die flüchtige und abgekürzte Zeichenweise deutlich. Die Konturen des Kopfes sind begradigt. Beides ist kein Merkmal geringerer Qualität, sondern beinhaltet eine andere künstlerische Absicht, die nach stärkerer Zusammenfassung strebt.

Soweit sich die Grabinventare, zu denen hellenistische Masken gehören, durch figürlich oder mit Rankenornamenten verzierte Gefäße genauer datieren lassen, verteilen sie sich über das 1. Viertel des 3. Jahrhunderts[396]. Die übrigen Gräber, die nur einfache Gnathiaware oder unverzierte Keramik enthielten[397], passen nach ihrem Formenspektrum und Dekor zumindest in die 1. Hälfte des 3. Jahrhunderts.

Wenden wir uns nun den Masken zu: Lassen sich an ihnen stilistische Grundzüge aufzeigen, die es erlauben, ihre Entstehungszeit mit Hilfe von Vergleichen einzugrenzen? Dabei soll hier angesichts der Fülle von Typen nicht das gesamte Material einer stilistischen Untersuchung unter-

390 Verf., Griechische Klappspiegel, 18. Beih. AM (1997) 158, z. B. Kat. 59 in Berlin, Kat. 254 in Privatbesitz Taf. 83; Kat. 136 in London Taf. 85, 2.

391 Ceramica liparese 73 Abb. 78 Mitte.

392 Cavalier, Lipari-Maler Abb. 18.

393 Zu dem Phänomen vgl. Verf., Klappspiegel a. O. 93. 158 (Anm. 390).

394 ML II 159 f. Taf. 118, 3.

395 Cavalier, Lipari-Maler Abb. 20 a; ML XI 1 Taf. 15.

396 Die ganze Produktion der polychromen Gefäße des Lipari-Malers und seines Kreises beschränkt sich meiner Meinung nach auf dieses Jahrhundertviertel, wobei die letzten rotfigurigen Gefäße des Cefalù-Malers und die ersten polychromen nebeneinander herlaufen. Die große Lekanis aus Grab 1883 (Ceramica liparese 35 Abb. 37; 42 f. Abb. 41. 42) gehört schon aufgrund ihrer Rankenornamentik mit den entspannten Helicestrieben, die noch Reste von perspektivischer Darstellung erkennen lassen, an die Wende zum 3. Jh. Die massiven Frauenkörper sind vor dem Betrachter ausgebreitet. Besonders die Sitzende auf Abb. 42 ist in ihrer eckigen Anlage der weniger qualitätvollen Sitzenden der Lekanis aus Grab 576 vergleichbar. Für die von Bernabò Brea und Cavalier vertretene lange Laufzeit der polychromen Ware bis zum Fall Liparis 252/51 v. Chr. (M. Cavalier in: L'Italie Méridionale et les premières expériences de la peinture hellénistique, Actes de la table ronde organisée par l'Ecole Française de Rome, Rome 18 février 1994 [1998] 200 f.) und die Schülerschaft des Falcone-Malers (Ceramica liparese 88) sehe ich keine Anhaltspunkte.

397 Gräber 11; 276; 501; 1502; 1618.

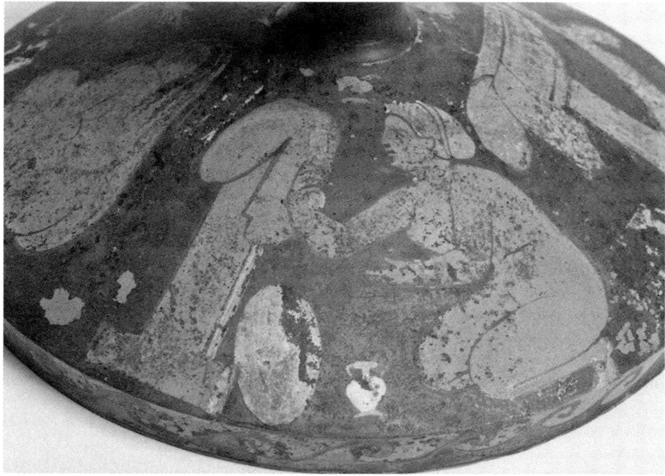

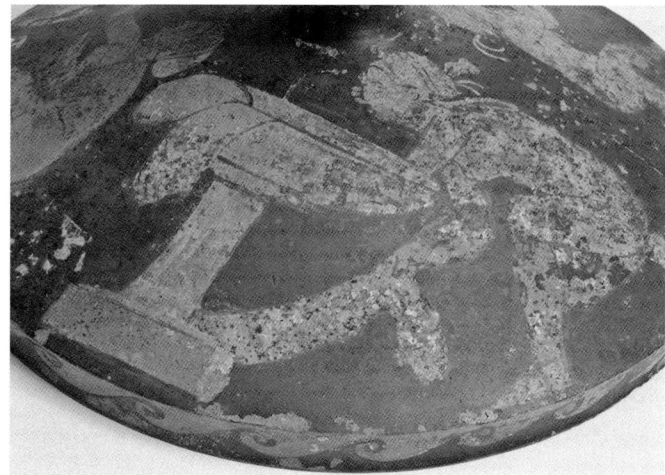

Abb. 5–8: Lekanisdeckel aus Grab 409

zogen werden. Einige besonders qualitätvolle Stücke, die sich aufgrund der eingangs genannten Charakteristika besonders eignen, stehen exemplarisch für die gesamte Gruppe.

Zunächst ist zu begründen, daß die Masken innerhalb der hellenistischen Gruppe eine stilistische Entwicklung durchlaufen, die sowohl bei den Frauenmasken als auch bei jungen und alten Männern jeweils parallel verläuft. Diese relative Reihenfolge läßt sich dann mit Hilfe von gattungsfremden, jedoch gut datierten Vergleichen in absolute Jahreszahlen umsetzen, die natürlich nur als annäherndes, schematisches Gerüst und Hilfsmittel zu verstehen sind[398].

Beginnen wir mit einigen Masken junger Frauen, die sich durch ihre typologische Verwandtschaft leicht vergleichen lassen: Die große, leider nicht ganz vollständige Frauenmaske mit zusammengebundenem Ährenkranz (Taf. 11 a; Farbtaf. 1 b)[399] zeichnet sich durch eine in lockeren Wellen vom Mittelscheitel zu den Seiten geführte Frisur und ein gleichmäßiges, jugendlich ideales Gesicht aus. Die Stirn bildet einen glatten Streifen, der über den äußeren Augenwinkeln zu den Seiten hin umbiegt. Zusammen mit der geraden Nase, die ohne Absatz in die Stirn übergeht, ergibt sich eine T-Form, die die Aufteilung des Gesichts beherrscht, da sich auch die Augen und die leicht geöffneten Lippen an Horizontalen orientieren. Zu der Ruhe und Entspannung der Gesichtszüge passen auch die locker und gleichmäßig fließenden Strähnen der Frisur.

Im Vergleich dazu wirkt das Gesicht der großen Melonenfrisurmaske (Taf. 24; Farbtaf. 1 a)[400] wesentlich zusammengefaßter und konzentrierter, aber auch gelängter und stärker an der vertikalen, durch die Nase führenden Mittelachse ausgerichtet. Augen, Nase und Mund sind näher zusammengerückt, während Kinn und Stirn mehr Gewicht erhalten haben. Da der Mund weiter nach vorne verlagert ist, schieben sich auch Stirn und Wangen nach vorne und fliehen dann stärker zu den Seiten hin. Sowohl das Gesicht als auch die Maske insgesamt bekommen dadurch einen schlichten ovalen Umriß, dessen Geschlossenheit durch den über die Melonenstreifen gelegten Zopf noch betont wird. Auch gegenüber zwei anderen Melonenfrisurmasken[401] wird diese Geschlossenheit und Zuspitzung des Gesichts nach vorne deutlich. Die beiden Masken, bei denen sich am Oberkopf ein hoher Aufbau über die Melonenstreifen türmte, stellen sich im Hinblick auf Gliederung und Proportionierung neben die zuerst besprochene Maske mit Ährenkranz (Taf. 11 a). Die Stirn dominiert als horizontaler Balken das Gesicht, dessen breiteste Stelle auf Augenhöhe liegt. Dagegen ist der Schwerpunkt der großen Melonenfrisurmaske auf die Mitte zwischen Augenachse und Mund gefallen. Die Profilansichten[402] machen deutlich, daß an der großen Melonenfrisurmaske die Details nach vorne gerückt und auf die Vorderfläche ausgerichtet sind. Besonders das Auge vollzieht nicht dieselbe kontinuierliche Biegung wie Stirn und Wange, sondern wölbt sich fast gewaltsam vor.

398 Vgl. zu den methodischen Problemen Verf., Klappspiegel a. O. 59 (Anm. 390).

399 Inv. 9768, Museo Eoliano 114 Abb. 86; MTL 227 Nr. 12 Abb. 387 Taf. 39; MPTG 256 f. Abb. 356. 357 (hier H 101 a).

400 Inv. 9762, MTL 217 f. Nr. 1 Abb. 364 Taf. 37; Museo Eoliano 115 Abb. 88; MPTG 246 f. Abb. 341. 342 (hier H 93 a).

401 Inv. 3399, MTL 218 Nr. 5 Abb. 366 Taf. 36, 2; MPTG 247 Abb. 343 (hier H 95 a). – Inv. 11172, MTL 224 Nr. 5 Abb. 377 Taf. 38; ML V Taf. 100 Abb. 270; MPTG 252 f. Abb. 352. 354 b (hier H 86 b).

402 MTL 217 Abb. 364; ML V Taf. 100 Abb. 270.

Aber diese Maske steht mit ihren Stilcharakteristika nicht allein: Die große Tragödienmaske in Cefalù[403] besitzt trotz anderer Frisur und des weit geöffneten Mundes eine ähnliche plastische Grundstruktur: Das schlichte langovale Gesicht wird von der Nase als vertikaler Mittelachse geprägt. Noch stärker als bei der Melonenfrisurmaske spitzt sich das Gesicht nach vorne hin zu. Die Stirnmitte mit der Nasenwurzel bildet die höchste Erhebung. Augen und der darunter anschließende Teil der Wangen liegen in der Vorderebene, während seitlich davon die Wangen abrupt umbiegen. Augen, Nase und Mund werden dadurch, wie auch schon bei der Melonenfrisurmaske, zu einem relativ kleinen, auf die Mitte des Gesichts zentrierten Dreieck zusammengefaßt.

Eine Position zwischen der Maske mit Ährenkranz und der Tragödienmaske in Cefalù nimmt eine Jünglingsmaske ein, deren rundes Gesicht von einer vom Scheitel zu den Seiten führenden Haarmasse und einem Symposionskranz bekrönt wird (Taf. 11 b–d; Farbtaf. 2 d)[404]. Gegenüber der Maske mit Ährenkranz (Taf. 11 a) haben die Haarwellen an Dynamik gewonnen. Sie fließen nicht so gleichmäßig und parallel, sondern scheinen durch das Lichtspiel in den Zwischenräumen zu flimmern. Die glatte Stirn mit den kantigen, fast horizontalen Augenbrauen, die in den schmalen Nasenrücken übergehen, steht dazu in starkem Gegensatz. Zusätzliche Unruhe wird durch Asymmetrien hervorgerufen, denn beispielsweise flieht die linke Gesichtshälfte stärker als die rechte. Gegenüber der ruhigen und ausgeglichenen Frauenmaske mit dem Ährenkranz ist also eine deutliche Bewegung und Anspannung zu spüren. Die Tragödienmaske in Cefalù (Taf. 9 a. b) besitzt dagegen wieder ein konzentrierteres und zusammengefaßteres Gesicht, zu dem die in lockeren Wellen herabfallende Frisur einen starken Kontrast bildet. Während die Haare bei der bekränzten Maske das Gesicht horizontal in die Breite zu ziehen scheinen, unterstreicht die Frisur an der Tragödienmaske die vertikale Ausrichtung des Gesichts. Die Zuspitzung nach vorne und die Abrundung zu den Seiten sind weiter vorangetrieben.

Bei den beiden Masken aus Grab 2050 (Taf. 10 b–d; Farbtaf. 2 a. b)[405] sind die Tendenzen weiterentwickelt, die an der Frauenmaske mit Ährenkranz zu beobachten waren. Bei ihnen fällt die Betonung der Brauen als scharfe Horizontale auf, die die Stirnpartie vom darunterliegenden Teil des Gesichts abzutrennen scheint, zumal die Stirn als glatte Fläche deutlich über das Untergesicht hervorragt und viel später und eckiger zu den Seiten umbiegt als die Wangenpartie. Die Augen heben sich durch ihre klare Umgrenzung deutlich aus dem Gesicht heraus und erhalten stärkeres Eigenleben. Dasselbe gilt für die Frisur, die keine einheitliche Masse bildet, sondern vielmehr in einzelne ornamental geschlängelte, unstoffliche Wellen zerfällt. Damit dürften die beiden Stücke auch fortschrittlicher als die Jünglingsmaske mit Symposionskranz sein, ohne jedoch die Zusammenfassung der Melonenfrisur- und der Tragödienmaske zu erreichen.

Die große ideale Männermaske, von der sich leider nur die linke Gesichtshälfte erhalten hat[406], ist mit ihren fließenden Haarwellen der Maske mit Ährenkranz ähnlich, dürfte jedoch etwas jünger sein, da Kinn und Stirn größeres Gewicht erhalten haben und die Inskriptionen näher zusammengerückt sind. Die Frisur scheint dynamischer und straffer zu den Seiten geführt und ist darin der Jünglingsmaske mit dem Symposionskranz (Taf. 11 b–d) verwandt, doch fehlt dem Gesicht dessen Unruhe und Anspannung. Bei der Jünglingsmaske ist das Gesicht zudem stärker auf die Vorderansicht ausgerichtet, der Mund liegt weiter vorne und greift nicht so weit in die Profilansicht ein wie bei der Göttermaske. Dasselbe gilt für das Auge. An der idealen Göttermaske schwingt das Oberlid fast parallel zur Braue bis zu den Schläfen aus und vermittelt damit noch zwischen den Ansichten.

Bei den Masken jüngerer Männer mit einer nach oben gekämmten Stirnwulstfrisur läßt sich eine parallel verlaufende Entwicklung nachweisen: Am Anfang der Reihe – ungefähr auf der Stufe der ebenmäßigen Frauenmaske mit Ährenkranz – stehen eine große Jünglingsmaske mit fast horizontalen Brauen und weit aufgerissenen Augen (Taf. 8 a)[407] sowie ihre stark verkleinerte Replik aus Grab 576[408]. Die durch das kleinere Format hervorgerufene Vergröberung läßt die grundsätzliche Struktur des Gesichts noch deutlicher hervortreten. So gibt die beherrschende T-Form von Brauenlinie und Nase einen festen Bezugspunkt für die übrigen Inskriptionen ab und gliedert das Gesicht innerhalb des gleichmäßigen ovalen

403 Inv. 130, MTL 121 G 3 Abb. 196. 197; MPTG 152 Abb. 204. 205 (hier H 105 a).

404 Inv. 12980, MTL 228 Nr. 17 (mit falscher Inv.) Abb. 389 Taf. 40; Die neue Welt der Griechen, Ausstellung Köln (1998) 193 Abb. 134; MPTG 258 Abb. 360 (hier H 23). Zur Deutung als Jünglingsmaske vgl. oben Kapitel II 2 b, Text zu Anm. 284.

405 s. o. Anm. 385.

406 Inv. 10979, MTL 120 G 1 Abb. 194 Taf. 19 aus Grab 1502; MPTG 149 f. Abb. 201. 202 (hier H 17).

407 Inv. 9730, Museo Eoliano 113 Abb. 84; MTL 159 Nr. 4 Abb. 247 Taf. 24; MPTG 188 Abb. 249 (hier H 29 b). – In ihre zeitliche Nähe dürfte auch die große Maske Inv. 12965 gehören, MTL 170 f. Nr. 1 Abb. 266 Taf. 28; Neue Welt der Griechen 194 Abb. 135 mit falscher Inv. und zu geringer Größenangabe (Anm. 404); MPTG 195 ff. Abb. 264. 265 (hier H 32 a).

408 Inv. 6766, MTL 161 f. Nr. 14 Abb. 252 Taf. 25, 1; MPTG 191 Abb. 257 (hier H 29 f).

Umrisses in ausgewogene Teile. Die auch bei dem größeren Exemplar nur leicht bewegte Stirn biegt erst über den äußeren Augenwinkeln zu den Seiten hin um. Stellt man nun die beiden eben schon betrachteten Stücke aus Grab 2050 (Taf. 10 b–d) gegenüber, die sich ja auch durch eine flache und erst spät zu den Seiten umbrechende Stirn auszeichnen, machen letztere aufgrund ihrer Gegensätzlichkeit einen jüngeren Eindruck. Die Einzelformen, Augen und Mund, nehmen im Verhältnis mehr Raum ein und heben sich dadurch stärker aus ihrer Umgebung heraus. Zudem verbindet sich die Stirn an den Schläfen nur schlecht mit dem Untergesicht.

Die hochqualitätsvolle Schöpfung, die in der Maske eines jungen Mannes aus Stromboli[409] und ihrer in Lipari gefundenen, modelgleichen, aber fragmentarischen Replik[410] zu bewundern ist, wirkt im Vergleich zu den beiden eben besprochenen Jünglingsmasken (Inv. 9730, 6766) (Taf. 8 a) dagegen wieder deutlich konzentriert. Die Horizontale der Brauenlinie ist aufgebrochen und ebenso wie die kontrahierte Stirn bewegt. Augen, Nase und Mund sind zusammengezogen und – wie die Seitenansicht verdeutlicht – weiter nach vorne gerückt, während die Wangen viel steiler zu den Seiten hin abfallen. Die vorgeschobene Stirn trägt viel zu diesem zusammengeballten Eindruck bei, ein Phänomen, das unter den weiblichen Masken bei dem großen Stück mit Melonenfrisur zu finden war.

409 Inv. 12516, MTL 167 Nr. 24 Abb. 262 Taf. 26, 4. 27; MPTG 192 f. Abb. 259. 261 (hier H 26 b). – Das Fragment einer bärtigen Maske, Inv. 3070, ML II 299 A 4. 321 Taf. 149, 3; Webster, MTS² 124 ST 13 (hier H 1), ist stilistisch eng mit der Maske aus Stromboli verbunden, was vor allem an dem stark bewegten Stirnrelief, den breit umrandeten Augen und dem klar vom Gesicht abgesetzten Haarkranz deutlich wird. Die plastischen Formen sind in einzelne Wölbungen und Senkungen zerlegt, so daß das Fragment nichts mit den bärtigen Altmännertypen des 4. Jhs. zu tun hat. Gegen eine solche Einordnung spricht schon das größere Format. Auch die Deutung als Herakles ist m. E. unbegründet. Die eigenartigen Spuren im Haar über der Stirn waren bei Autopsie nicht eindeutig als Löwenfellkappe zu identifizieren. Vermutlich sind eher Haare gemeint, die jedoch nicht sauber ausgeformt wurden. Ein weiteres Indiz läßt sich aus den Resten der Polychromie gewinnen: Auf dem Gesicht liegt eine dunkelrosa bis lachsfarbene Schicht, unter der keine weiße Grundierung erkennbar ist. Dagegen finden sich weiße Spuren in den Haaren und am Schnurrbart. Demnach war ein alter, weißhaariger Mann dargestellt, eine Deutung, mit der die starken Krähenfüße seitlich der Unterlider, das weiche Fleisch über den Wangenknochen und der Bart gut harmonieren. – Herakles dagegen wird unter den liparischen Maskentypen des 4. Jhs. bartlos charakterisiert. Damit überliefert das Fragment einen der wenigen hellenistischen Altmännertypen in Lipari.

410 Inv. 9735, MTL 167 Nr. 23 Abb. 261 Taf. 26, 2; MPTG 193 Abb. 261 (hier H 26 a).

Die Panmaske aus Grab 409[411] ist den zuletzt besprochenen beiden Stücken von der Grundauffassung her sehr ähnlich. Fehlten Hörnchen und Tierohren, könnte man sie ohne weiteres für eine ›normale‹, das heißt anonyme Jünglingsmaske halten. Das erklärt auch, warum eine unerkannte, fragmentarische Replik des Pan[412] bisher dem Typus des dunkelhaarigen Jünglings zugeschrieben wurde. Trotz der vorgeschobenen und bewegten Stirn sind Konzentration und Abrundung des Gesichts bei Pan aber weniger fortgeschritten als bei der Maske aus Stromboli, bei der insbesondere die großen, näher an die Nase gerückten Augen den Ausdruck bestimmen. Diese kann deshalb ihrerseits nicht weit von der großen Tragödienmaske in Cefalù (Taf. 9 a. b) entfernt sein.

Betrachten wir noch die zweite Maske aus Grab 576[413]: Im Vergleich mit der zuletzt beschriebenen Jünglingsmaske aus Stromboli wirkt sie entspannter und flächiger. Die Profilansichten[414] zeigen, daß sich die Stirn nicht so stark vorwölbt und auch die Wangen nicht so weit abfallen[415]. Stirnpartie und Wangen gehen organischer ineinander über, das ganze Gesicht wird von einem beinahe runden Umriß zusammengefaßt, dem sich alle Details unterordnen, während bei der anderen Maske die unruhig geschwungenen und wulstig vorgeschobenen Brauen den Umriß beinahe sprengen. Gerade die von Furchen durchzogene Stirn, aber auch die leichten Wölbungen und Senkungen zwischen Nasenflügeln und Mundwinkeln sind Anzeichen eines bewegteren Gesichtsreliefs, in dem die festen Beziehungen der Einzelteile zueinander, die sich bei dem Stück aus Grab 576 in einheitlichen, großflächigen Wölbungen äußern, gelockert sind.

Andererseits herrscht bei dem Stück aus Grab 576 noch die starre Gliederung in Horizontalen und Vertikalen vor, auch wenn die Brauenlinie dabei keine Rolle spielt. Sie werden diesmal vor allem hervorgerufen durch die horizontale Stirnfalte und die breite Mundöffnung, auf die die Nasenachse im rechten Winkel trifft. Auch die Augachse und der Haaransatz über der Stirn bilden Waagerechten.

Das Verhältnis zu dem Pan aus Grab 409 ließe sich prinzipiell mit denselben Worten beschreiben, auch wenn die Unterschiede um eine Stufe schwächer ausgeprägt erscheinen.

411 Inv. 2304, MTL 128 H 4 Abb. 208 Taf. 20, 2; Museo Eoliano 117 Abb. 89; MPTG 158 Abb. 217 (hier H 67 a).

412 Inv. 3420, MTL 169 Nr. 40 Abb. 265 (hier H 67 b).

413 Inv. 6766 b, MTL 171 Nr. 3 Abb. 267 Taf. 29, 2. Museo Eoliano 113 Abb. 83; MPTG 198 Abb. 266 (hier H 33 a).

414 MTL Abb. 262 Taf. 26, 4; Abb. 267.

415 Das gilt besonders auch für das fragmentarische, aber frischere Stück Inv. 3390, MTL 171 Nr. 4 Abb. 268 Taf. 29, 3; MPTG 198 Abb. 267, Fehler bei Inv. (hier H 33 b).

Die Maske Inv. 10777[416], Vertreter desselben Typus wie das zuletzt besprochene Stück aus Grab 576, ist ebenfalls deutlich von Horizontalen bestimmt, zeigt aber noch kantigere und schärfere, das Gesicht zerlegende Formen, was nicht nur auf ein besseres und weniger benutztes Model zurückzuführen ist. Hier ist das Gesicht auf Höhe der Wangenknochen noch stärker in die Breite gezogen. Die Haare bilden über der Stirnmitte eine Anastolé und schwingen energisch zu den Seiten. Beides zusammen bewirkt einen verfließenden, zentrifugalen Charakter, der in der schon früher beschriebenen Jünglingsmaske mit Symposionskranz[417] seine Parallele findet.

Demnach müßte das Stück aus Grab 576 früher sein und eher an den Anfang der Reihe gehören. Das läßt sich auch gut mit der Stellung der zweiten Maske aus dem Grab in Einklang bringen, auch wenn die beiden Masken in unmittelbarer Gegenüberstellung nicht so ähnlich wirken. Offenbar waren gleichzeitig verschiedene Bauprinzipien möglich, die je nach typologischen Begebenheiten zum Tragen kamen.

Bei den Masken reifer und sehr alter Männer ist eine ähnliche Entwicklung festzustellen: Obwohl dem Maskenfragment Inv. 3450 die Alterszüge fehlen, paßt es typologisch eher in diese Gruppe[418]. Es zeigt ein gleichmäßiges Gesicht mit vollen Wangen und einer hohen, von zwei fast horizontalen Wellen durchzogenen Stirn, die zusammen mit der Nase wieder ein großes T bildet. Die Augen liegen parallel zur Brauenlinie. Dabei sind die inneren Augenwinkel relativ weit von der Nasenwurzel entfernt. Kinn und Stirnpartie nehmen ähnlich viel Raum ein, so daß das Gesicht ausgeglichen proportioniert erscheint. Das verwandete Männergesicht, das bisher unter dem Namen ›Menander‹ lief (Taf. 14 a. 15 a. b)[419], könnte etwas fortschrittlicher sein, da es durch Licht- und Schattenkontraste sowie stärkere Alterszüge mehr Leben erhält, während die Horizontal- und Vertikalgliederung weniger betont erscheint. Doch kann ansonsten der Zeitunterschied nicht groß sein.

Auch das Fragment Inv. 15153 (Taf. 14 b. 15 c)[420], das in der Anlage der Stirn- und Augenpartie, vor allem in der Profilansicht auffällige Ähnlichkeiten mit der großen Jünglingsmaske Inv. 9730 (Taf. 8 a)[421] zeigt, dürfte nicht weit entfernt sein. Diesen Stücken gegenüber ist die Maske eines Mannes mit glatter Stirnfransenfrisur und Blätterkranz in Glasgow (Taf. 14 c. 15 d)[422] gegensätzlicher aufgebaut. Die nach der linken Gesichtsseite leicht abfallende Brauenlinie, an der sich die Augen orientieren und der leicht schiefe Mund bewirken eine gestauchte linke Gesichtsseite und im Vergleich mit dem zuerst betrachteten ausgeglichenen Gesichtsfragment einen unruhigen, flackernden Ausdruck. Obwohl die Stirn über den äußeren Augenwinkeln steil zu den Seiten hin umbiegt, ist die anschließende Schläfenpartie auseinandergezogen, um den Übergang zur breiteren Wangenpartie zu gewährleisten. Der Mund ist auffällig weit nach vorne gerückt und kaum in die seitlich anschließenden, fleischigen Wangen eingebunden, die ihrerseits eine enge Beziehung zum modellierenden Knochenkern vermissen lassen, während die Stirn und die tiefliegenden Augen den knochigen Schädel verraten. Ein ähnlicher Gegensatz findet sich noch gesteigert bei den beiden fragmentarischen, aber matrizengleichen Masken in Lipari (Taf. 16 a–c)[423] und London (Taf. 16 d)[424], deren sehr lebendig gestaltetes Inkarnat in den unteren beiden Dritteln des Gesichts mit dicken schlaffen Tränensäcken und faltigen Wangen die glatte Stirn um so stärker heraushebt. Ein anderes Männergesicht, bei dem die reiche, schöngelockte Haarmasse seitlich der Wangen auffällt[425], ist hinsichtlich seiner realistischen Züge, zum Beispiel der als hängend charakterisierten Haut zwischen Nasenflügeln und Kinn unmittelbar vergleichbar.

Auch einige Masken alter, weißhaariger und -bärtiger Männer sind sehr realistisch gestaltet. Die drei erhaltenen Stücke vertreten zwar denselben Typus, stammen aber aus unterschiedlichen Matrizen, die nicht zeitgleich hergestellt wurden. Die leider fragmentarische Altmännermaske, bei der sich die tiefrote Bemalung konserviert hat (Taf. 13 a. c. d)[426], vertritt ein früheres Stadium als das

416 Inv. 10777, MTL 172 Nr. 21 Abb. 269 Taf. 30, 2; MPTG 198 Abb. 268 (hier H 33 m).

417 Inv. 12980, MTL 228 Nr. 17 Abb. 389, mit verdruckter Inv. (hier H 21).

418 Inv. 3450, MTL 249 Nr. 5 Abb. 420 Taf. 42, 2; ML II Taf. 198, 1; Ritratti 29 f. Abb. 19 (hier H 14).

419 Inv. 6921, MTL 245 f. Abb. 415 (seitenverkehrt) Taf. 1; MedA 5/6, 1992/93 Taf. 23, 5; Ritratti 27 f. Abb. 18 (ergänzt, s. u.). Zur Benennung s. u. im Kapitel II 4 (hier H 13). Auf neuen Photos ist ein restaurierter Zustand zu sehen: Die Bruchstellen unter dem rechten Auge und auf der Stirn wurden inzwischen gefüllt.

420 Inv. 15153, ML VII 126 Taf. 86, 1. 2; Ritratti 31 Abb. 20 (hier H 16).

421 Inv. 9730, MTL 159 Abb. 247 (hier H 29 b).

422 Inv. 03.70.dt.14, unpubliziert (hier H 15).

423 Inv. 3438, ML II Taf. 198, 4. 6; MTL 247 Abb. 416 Taf. 42, 3; Ritratti 39 Abb. 29. 41 Taf. (hier H 8 a).

424 British Museum 1856.12–26.289, H. B. Walters, Catalogue of the Terracottas in the Department of Greek and Roman Antiquities (1903) 325 D 165 (hier H 8 b).

425 Inv. 15476, ML V 186 Taf. 178 Abb. 489; Ritratti 34 Abb. 25 (hier H 9 b).

426 Inv. 9294, MTL 146 Nr. 2 Taf. 22, 1. 2; MPTG 174 Abb. 231 (hier H 2 a).

etwas kleinere Stück Inv. 9721 (Taf. 12 d. 13 b)[427], dessen Inkarnat heute lachsrosa aussieht. In der Gegenüberstellung erscheint letzteres deutlich konzentrierter. Der Oberkopf mit der eng anliegenden Haarkappe ist stärker zusammengefaßt und abgerundet. Der knochige Schädel des Alten wird dabei besonders betont. Ein imaginärer Bogen von der gedachten Position des einen Ohres zum anderen – beide sind nicht dargestellt – würde über der Nasenwurzel seinen Scheitelpunkt finden. Im Gegensatz dazu ist der Bart schildartig nach vorne geklappt. Er rahmt wie ein sichelförmiger Streifen die untere Gesichtshälfte, steht damit aber unverbunden neben dem Inkarnat, das seitlich der Augen diagonal zu Brauen und Nasenachse fleischige Polster bildet. Sie werden von zwei anderen diagonalen Streifen von der Nase parallel zur Nasolabialfalte überschnitten. Die relativ kleinen Augen verschwinden beinahe im Schatten unter den vorkragenden Brauen. Der Schnurrbart verdeckt als unstoffliche Schnur die Oberlippe. Das Gesicht wird also trotz der Zuspitzung und Konzentration zugleich in Einzelformen zerlegt, die relativ unverbunden nebeneinanderstehen. Die Tendenzen dazu sind zwar auch bei dem dunkelroten Altmännergesicht schon angelegt, zum Beispiel beim wie ein Rundstab aufgelegten Oberlippenbart oder der nach außen geklappten Bart- und Haarpartie der rechten Seite, doch wirkt der Bruch zwischen Stirn und Oberkopf einerseits und Untergesicht mit Bart andererseits nicht so gravierend. Auch ist das Fleisch der Wangen zwischen Unterlidern und Nasolabialfalte, das schwer nach unten zu hängen scheint und sich über dem Bart staut, eher als Einheit verstanden.

Ein nur in einem stark verschatteten Photo bekannt gemachtes Fragment[428] ist schwerer zu beurteilen, gehört aber trotz des stärker abfallenden Schnurrbartes demselben Typus an. Wenn die Abbildung nicht täuscht, stößt die Stirn weniger nach vorne als bei dem dunkelhäutigen Alten. Die Stirnfalten sind nicht nur oberflächlich eingeritzt, sondern bilden in einem bewegten Relief tiefe Täler. Die Haut über den Wangenknochen scheint weniger aufgeblasen, obwohl auch hier tiefe Runzeln in den äußeren Augenwinkeln und unter den Tränensäcken sowie eine tiefe Furche oberhalb des Oberlippenbartes die schlaffe und alte Haut charakterisieren. Damit dürfte das letzte Fragment das früheste der drei Stücke sein. Zugleich steht es seinem typologischen Vorläufer, einem Fragment von der Agora in Athen (Taf. 12 a)[429] am nächsten. Man vergleiche nur das bewegte und doch organisch zusammenhängende Stirnrelief, die extrem schmale Nase, den abfallenden und dennoch organischer mit den Wangen verbundenen Oberlippenbart oder die knochigen und relativ mageren Wangen. Wie in Kapitel III dargelegt wird, handelt es sich hier um einen der wenigen Fälle, in denen sich Stücke aus Lipari auf frühere Typen aus anderen Orten zurückführen lassen – in diesem Falle wohl auf eine attische Schöpfung. Das Stück aus den Grabungen auf der Athener Agora muß nach Meinung der Ausgräber nach seinem Fundkontext spätestens aus dem letzten Viertel des 4. Jahrhunderts stammen. Leider fehlt ihm sowohl die gesamte Haarpartie als auch der größte Teil des Untergesichtes mit Unterlippe und Kinn. Dennoch genügt der Bartrest an der rechten Seite, um eine grundlegend andere Konzeption als bei den beiden farbigen Altmännermasken aus Lipari erkennen zu lassen. Denn der Bart steht nicht wie bei diesen als glatter Streifen schildförmig nach vorne ab, sondern ist als einheitliche Masse aus kurzen Löckchen verstanden, die sich dem Umriß des Untergesichts unterordnen, aber durchaus Volumen besitzen. Gerade beim Vergleich der Profile zwischen dem dunkelrot gefärbten Alten (Taf. 13 c. d) und dem Athener Fragment wird die größere räumliche Tiefe des liparischen Stückes deutlich. Die Strecke zwischen Ohransatz und Nase ist weiter auseinandergezogen, die Stirn weiter vorgeschoben. Dadurch liegen die äußeren Augenwinkel tiefer im Raum, ein Umstand, der durch die extrem vorgewölbten Unter- und Oberlider ausgeglichen wird. Während sich bei dem Athener Fragment durch die Kontraktion der Brauen auf der Stirn die Hautfalten zusammenschieben, bleibt die Mimik trotz der angedeuteten Furchen bei dem liparischen Alten an der Oberfläche und greift nicht in die Substanz des Kopfes ein. Im Gegenzug machen sich jedoch die Fleischschichten über den Wangen selbständig, die bei der Athener Maske ebenso einheitlich und auf den Knochenkern bezogen sind wie die Stirn. Der Kontrast zu dem lachsfarbenen Alten aus Lipari (Taf. 12 d. 13 b) wäre noch drastischer zu beschreiben. So wird zwischen dem Athener Stück einerseits und den beiden polychromen Alten in Lipari andererseits ein grundsätzlicher struktureller Unterschied deutlich, der auf der einen Seite die Spätklassik, auf der anderen den Frühhellenismus charakterisiert, zusammen mit der aus dem Fundkontext gewonnenen ungefähren Datierung der Athener Maske ins späte 4. Jahrhundert ein untrügliches

427 Inv. 9721, MTL 146 Nr. 1 Abb. 227 Taf. 22, 3; MPTG 174 Abb. 232 (hier H 2 g).

428 Inv. 13590, MTL 251 Nr. 9 b Abb. 424 r. (mit vertauschter Beschriftung); ML VII Taf. 70, 6; Ritratti 44 Abb. 33 (hier H 2 e).

429 T 88, D. Burr Thompson, Hesperia 28, 1959, 141 Taf. 29; Webster, MTS^2 40 A 7 Taf. 2 a. Das Stück stammt aus der Zisternenfüllung H 6:9. – Zum Kontext s. R. H. Howland, Greek Lamps and Their Survivals, Agora IV (1958) 240.

Zeichen, daß die beiden liparischen Nachfahren erst ins 3. Jahrhundert gehören.

Eine andere frühhellenistische Spielart ist in der Maske in der Athener Privatsammlung Kanellopoulos (Taf. 12 b. c)[430] zu erkennen, die ohne Provenienz leider weder eine Datierungshilfe geben, noch eine Aussage über die Wanderung oder Herkunft des Typus machen kann. Bei ihr fällt der Kontrast zwischen dem flächigen Bart und der zweigeteilten, in ihrem unteren Teil vorgeschobenen Stirn auf. Der hohe Oberkopf wirkt schmaler und wie beim lachsfarbenen Alten abgerundet, doch sind die Ohren etwas nach außen geklappt, um in der Vorderansicht in Erscheinung zu treten. Die sehr eckigen Begrenzungen der Stirn stehen im Widerspruch zur räumlichen Abrundung. Auch sonst sind in Stirnfalten, Lippen und Bart noch Geraden erkennbar, die jedoch nicht parallel, sondern leicht gegeneinander verschoben erscheinen und die strenge Horizontalgliederung des Gesichts aufgebrochen haben. Damit könnte die Maske der Sammlung Kanellopoulos sogar noch älter sein als der lachsfarbene Alte aus Lipari (Taf. 12 d. 13 b).

Wegen ihres ähnlichen birnenförmigen Umrisses eignet sich eine Silensmaske in Lipari (Taf. 20 c; Farbtaf. 1 c)[431] zur Gegenüberstellung mit dem lachsfarbenen Alten. Auch bei dem Silen steht der knappe, hier fast kahle Schädel in Widerspruch zum breiteren Untergesicht mit einem fließenden, ausladenden Bart, der sich dem Gesicht jedoch harmonischer anfügt. Besonders eklatant macht sich eine Verschiebung der Proportionen bemerkbar. Die lange Nase führt bei dem Alten zusammen mit der schmaleren Kopfform zu dem Eindruck, daß die vertikalen Linien das Gesicht dominieren, während das des Silens eher horizontal aufgebaut ist, auch wenn sich die gedachten Achsen – der nur noch in Resten erhaltene Symposionsschmuck, der vertikal über die Stirn lief, Brauen und Augenachse sowie die breite Mundöffnung – leicht gegeneinander verschoben haben. Dieses Verschwimmen der Einzelformen korrespondiert mit dem lockeren Fluß der Bartsträhnen, vor allem der beiden dicksten, die seitlich der Mundwinkel beginnen. Die flächigere und weniger gegensätzliche, das heißt weniger additiv aufgebaute Silensmaske dürfte demnach die frühere Schöpfung sein.

Möglicherweise läßt sich auch für sie ein typengleicher Vorläufer aus dem 4. Jahrhundert nachweisen. Das Fragment einer etwas kleineren Silensmaske aus den Grabungen von 1984 ist im Museum in Lipari ausgestellt (Taf. 20 a. b)[432]. Nach den Resten der Bemalung hatte sie allerdings rotbraune statt der weißen Haar- und Bartfarbe. Das Fragment, das in der Hauptsache die rechte Gesichtsseite von der Stirn bis zum Bartansatz sowie die Nase umfaßt, besteht aus wesentlich festeren plastischen Formen, die deutlich voneinander abgesetzt sind. An Stirn, Schläfen und Wangen sind Vorder- und Seitenansicht klarer getrennt, anstatt fließend ineinander überzugehen und einen auseinandergezogenen Bogen zu bilden, der sich zur Gesichtsmitte hin zuspitzt. Die klare, feste Struktur des Fragments steht in scharfem Kontrast zu den verfließenden Formen der anderen Silensmaske und spricht für einen Zeitabstand, der über die Epochengrenze vom 4. zum 3. Jahrhundert hinwegreicht.

Betrachten wir nun noch eine Silensmaske von gänzlich anderem Charakter. Das beste und vollständigste Exemplar des Typus (Taf. 21 a; Farbtaf. 1 d)[433] stellt einen verschmitzt lachenden Papposilen mit dicker, flockiger Haarmasse und langem weißem Bart dar, der die untere Hälfte der Maske völlig einnimmt. Die horizontal geführten Bartsträhnen zwischen Nase und Oberlippe bilden eine horizontale Trennlinie und setzen sich seitlich der ebenfalls breiten, spaltförmigen Mundöffnung nach unten hin fort. Zwei der das Gesicht bestimmenden Waagerechten sind damit bereits beschrieben. Andere liegen in den zu Schlitzen verengten Augen mit den weit heruntergezogenen Oberlidern und dem die Stirn nach oben abgrenzenden Haaransatz[434].

Es fällt auf, daß auf einen harmonischen und einheitlichen Übergang von der Vorder- zur Seitenansicht offenbar kein Wert gelegt wurde. Während sich die Stirn zu den Seiten hin leicht abrundet und dem räumlichen Bogen folgt, den der Haaransatz beschreibt, sind an Wangen und Bart die Seitenansichten aus der Vorderansicht gleichsam ausgeschlossen. Der Kontur bildet einen Abschluß, hinter dem keine räumliche Tiefe mehr zu erahnen ist, wie denn auch die Seitenansichten die Flachheit und das völlige Bezogensein der Inskriptionen auf die Vorderfläche offen-

430 Inv. 1877, unpubliziert, Photo in der École Française d'Athènes.

431 Inv. 9729, MTL 152 f. Nr. 1 Taf. 23; Museo Eoliano 112 Abb. 82; MedA 5/6, 1992/93 Taf. 23, 4; MPTG 181 Abb. 244 (hier H 64). Zur Benennung vgl. das Kapitel II 4, Text zu Anm. 529.

432 Inv. 15152, MPTG 182 Abb. 245 (hier K 24).

433 Inv. 3072, MTL 127 H 1 a Abb. 207 Taf. 20, 1; ML II 299 f. Taf. 148, 3. 4; MPTG 157 f. Abb. 215 (hier H 63 a).

434 Dies wird noch deutlicher bei der Replik in London, British Museum 1856.12–26.286, Walters a. O. 326 D 173 (Anm. 424) (hier H 63 b; Taf. 21 b) aus der in Kampanien erworbenen Sammlung Temple, die jedoch mit dem liparischen Stück eng übereinstimmt. Ergänzungen: linke obere Kopfhälfte vom Auge und der linken Hälfte der Nasenwurzel über die Stirn ab dem Schläfenansatz mit dem Haar bis zum Hinterkopf, das rechte Bartstück von der Mitte der Bartspitze diagonal bis einschließlich zur den Umriß verlassenden Locke.

baren[435]. Trotzdem gehört das Stück in die hellenistische Gruppe, da es ähnlich wie einige vorhin beschriebene Masken mit dem Gegensatz spielt zwischen straffer, fleischloser Stirn und sackartig hängenden Wangen, die seitlich der Augen an Schläfen und Lidern aufgehängt sind und auf den Bart aufstoßen. Das bewirkt eine Stauung, die von den Wangenknochen unabhängig ist.

Letzte Zweifel, ob es sich wirklich um ein hellenistisches Stück handelt, zerstreut die Gegenüberstellung mit einem typologischen Vorläufer aus dem 4. Jahrhundert (Taf. 21 a), der im Demeter- und Kore-Heiligtum in Korinth gefunden wurde[436]. Das Korinther Stück besaß einen blätter- und korymbengeschmückten Symposionskranz, der den Haaransatz verdeckte. Dennoch wird an Stirn und Wangen der kontinuierliche Übergang zu den Seiten sichtbar. Die auch hier fleischigen Wangen bleiben aber auf den Gesamtzusammenhang bezogen und erhalten kein Eigenleben. Am stärksten fällt jedoch das unterschiedliche Verständnis des Bartes auf, der bei dem liparischen Stück aus einzelnen, in Schichten übereinander liegenden massigen und teigigen Locken zu bestehen scheint, die zu den Seiten hin ausbrechen und auch eher ornamentale, sogar entgegen der Schwerkraft horizontal liegende Schnörkel bilden. Dagegen besteht der Bart des Korinther Stückes aus schwer nach unten strebenden langen Strähnen, die sich einem einheitlichen Umriß unterordnen und auch in ihrer Stofflichkeit als Haare erkennbar sind.

Diese Ausführungen sollen genügen, um das Spektrum der Stileigentümlichkeiten in der hellenistischen Gruppe zu umreißen. Im Folgenden gilt es zu versuchen, die gefundenen Stilmerkmale auch in der besser datierten Großplastik wiederzufinden und damit die relative Abfolge durch diese Parallelisierung bei aller gebotenen Vorsicht mit absoluten Daten zu verbinden. Denn nur dann läßt sich die Frage nach Anfangs- und Endpunkt der hellenistischen Maskenproduktion auf Lipari beantworten und abschätzen, ob sich die klassische und die hellenistische Gruppe überschnitten bzw. ob die Zerstörung der Stadt 252/51 v. Chr. möglicherweise wirklich alles Kunsthandwerk zum Erliegen brachte.

Aufgrund der typologischen Eigenständigkeit der Masken ist es schwierig, für alle Stücke gute großplastische Vergleiche zu finden. Insbesondere die Jünglingsmasken mit ihren oft großen Augen und der nach hinten gekämmten Frisur, die bei Porträts und Grabreliefköpfen des späten 4. und frühen 3. Jahrhunderts überhaupt nicht vorkommt, also wohl eine Theaterfrisur darstellt, sind nur nach strukturellen Gesichtspunkten wie Aufbau des Gesichts etc. zu beurteilen. Bessere Vergleichsmöglichkeiten bieten sich dagegen bei den Frauenmasken und den alten Männern. Letztere lassen sich am ehesten frühhellenistischen Porträts gegenüberstellen, denn diese Gattung liefert nach dem Ende der attischen Grabreliefs die meisten Monumente, die als annäherend sicher datiert gelten können, besonders nachdem Ralf von den Hoff in seinem Buch über die Philosophenporträts des Früh- und Hochhellenismus die landläufigen Datierungen einer kritischen Überprüfung unterzogen hat[437].

Dennoch bleibt natürlich ein Rest von Unsicherheit, so daß mit einem Anfangs- und Endpunkt eher ein ungefährer Rahmen bestimmt werden soll, in den sich die ganze Produktion einfügt, anstatt mit Gewalt jedem Stück ein genaues Entstehungsdatum zuzuordnen.

Die große Frauenmaske, die mit zusammengebundenen Halmen bekränzt ist (Taf. 11 a), entpuppte sich oben als eines der frühesten Stücke der hellenistischen Gruppe. Ihre idealen Gesichtszüge, die eine Deutung als Göttin nahelegen[438], prädestinieren sie zur Konfrontation mit Idealplastik des späten 4. und frühen 3. Jahrhunderts wie dem berühmten Dionysoskopf aus dem exedraförmigen Weihgeschenk im thasischen Dionysion[439], der mit seinen femininen Zügen die engste Parallele zu der Tonmaske bildet. Sowohl die Frisur aus locker gewellten, langen Strähnen, als auch das glatte jugendliche Gesicht mit den mandelförmigen Augen und den schwellenden, leicht geöffneten Lippen sind unmittelbar vergleichbar. Bei genauem Hinsehen allerdings erscheint die Maske um weniges fortschrittlicher. Die vom Mittelscheitel zu den Seiten und zum Ohr strebenden Strähnen wirken dynamischer und plastisch differenzierter, wodurch Licht- und Schatteneffekte entstehen, die einen Kontrast zum ganz

435 In MTL Abb. 207 sind deshalb nicht die reinen Profile abgebildet, sondern jeweils eine leichte Schrägstellung, die die geringe räumliche Tiefe verschleiern soll.

436 Korinth MF 11779, R. S. Stroud, Hesperia 37, 1968, 323 Taf. 95 a; Webster, MNC[3] 1 AT 38 a. Stroud datiert das Stück nicht, so daß der Kontext wohl nicht aussagekräftig war. Die Maske fehlt in der Publikation der klassischen, hellenistischen und römischen Terrakottafiguren aus dem Demeter- und Kore-Heiligtum durch G. S. Merker, Corinth XVIII 4 (2000). S. Besques (Mollard-Besques III 4 bei D 12) setzt eine Replik im Louvre (ebenda Taf. 3 a) ins späte 4. Jh.

437 R. von den Hoff, Philosophenstatuen des Früh- und Hochhellenismus (1994) passim.

438 Inv. 9768, s. o. Anm. 399. s. auch Kapitel II 4, Text zu Anm. 513–524.

439 Thasos, Museum Inv. 16, P. Devambez, MonPiot 38, 1941, 93 ff. Abb. 69; Guide de Thasos (1967) 130 ff. Nr. 29 Abb. 69 a. b; G. Neumann, AM 108, 1993, 215 ff. Taf. 47 (mit Diskussion der verschiedenen Datierungsansätze).

glatten Gesicht ergeben. Dagegen fällt die Haarpartie seitlich und unterhalb des Ohres völlig unbewegt herab und ist nur oberflächlich gegliedert, während die Frisur des Dionysos als einheitliche und überall gleichmäßig leicht gewellte Masse verstanden ist. Daß bei der Maske bewußt mit Gegensätzen gespielt wird, ist auch am Gesicht ablesbar, dessen Züge im Verhältnis zur bewegten Frisur noch entspannter sind – sichtbar zum Beispiel an den Lippen oder den Brauenbögen, die, stärker abgerundet, weiter in der Tiefe führen. Wilfried Geominy hat den Dionysoskopf mit guten Argumenten ins späteste 4. Jahrhundert, etwa um 310 datiert, was jüngst von den Hoff auch für die zur selben Statuengruppe gehörende Altmännermaske wahrscheinlich machen konnte[440]. Demnach kann die liparische Frauenmaske nicht sehr lange vor der Wende zum 3. Jahrhundert entstanden sein. Da der Mädchenkopf aus Chios in Boston und der Marmorkopf eines Mädchens in Basel, beide traditionell um 300 v. Chr. datiert[441], der Maske in puncto plastische Abrundung und Entspannung des Gesichts noch näher stehen, könnte man sich auch für die Maske ein Datum um 300 v. Chr. vorstellen, zumal die sogenannte Aphrodite Leconfield aus dem frühesten 3. Jahrhundert[442] mit ihren verfließenden Gesichtsformen, den wiederum bewegteren Haaren, aber auch ihrer stärkeren Abrundung und Konzentration später anzusetzen ist.

Die Melonenfrisur kam offenbar im späten 4. Jahrhundert in Mode und taucht bei großplastischen Köpfen dieser Zeit häufig auf. Eines der prominentesten Beispiele, der sogenannte Brunn'sche Kopf in München[443] gilt ebenfalls als Schöpfung der Jahrhundertwende zum 3. Jahrhundert. Mit ihm sollen im Folgenden die oben schon eingeführten Melonenfrisurmasken verglichen werden. Das große, hoch qualitätvolle Exemplar (Taf. 24)[444] zeigt sich gegenüber dem Marmorkopf wieder als viel konzentrierter und geschlossener in seinem Umriß. Besonders in der Seitenansicht[445] wird erkennbar, wie sehr das Gesicht der Tonmaske auf die Vorderansicht bezogen ist und wie viel räumliche Tiefe dadurch verlorengegangen ist. Der Mund ist geradezu aus seiner räumlichen Umgebung heraus an die Oberfläche getreten, auch die Wangenpartie hat sich nach vorne geschoben und knickt hinter der Linie, die vom äußeren Augenwinkel zum Kinn führt, abrupt um, während am Brunn'schen Kopf die Wangen von der Nase bis zum Ohr in kontinuierlichem Bogen modelliert sind. Der Münchner Kopf dürfte also deutlich früher geschaffen sein als die qualitativ ebenbürtige Tonmaske. Die etwas ältere Frauenmaske aus Grab 1618[446] kommt dem Brunn'schen Kopf dagegen näher, auch wenn ihr die extreme Tiefe zwischen Nase und Ohr fehlt. Möglicherweise ist dies darauf zurückzuführen, daß die Masken generell auf die Ansicht von vorne berechnet waren und die Profile, wenn überhaupt, nur eine untergeordnete Rolle spielten. Trotzdem sind sich die Stirn- und Augenpartie der beiden Gesichter aber so ähnlich, daß sie ungefähr in die gleiche Zeit gehören dürften. Die kleine Melonenfrisurmaske ohne farbige Fassung[447] ist dann vielleicht wenig später zu datieren. Gegenüber dem Münchner Mädchenkopf sind die Proportionen gestaucht, das Gesicht ist dafür in Augenhöhe weiter auseinandergezogen, die Stirn stärker abgerundet.

Auch zu der Jünglingsmaske mit fließenden Haarwellen und bekrönendem Symposionskranz (Taf. 11 b–d)[448] läßt sich eine gute großplastische Parallele anführen – die sogenannte Aphrodite Leconfield aus Petworth House, die sowohl im Hinblick auf Stirn- und Augenform als auch auf die fließenden, kleinteilig gegeneinander bewegten Haarsträhnen übereinstimmt. Auch Gesichtsform und Proportionierung sind beiden Stücken ähnlich. Der Ansatz ins frühe 3. Jahrhundert, der für die sogenannte Aphrodite vorgeschlagen wurde[449], paßt auch bestens zur Stellung der Jünglingsmaske innerhalb der relativen Reihe.

Die große Tragödienmaske in Cefalù (Taf. 9 a. b)[450] schien unter den liparischen Frauenmasken eher eine

440 W. Geominy, Die Florentiner Niobiden (1984) 247 f. – von den Hoff a. O. 182 mit Anm. 29–31 (Anm. 437). Zur Maske Thasos Inv. 17 ebenda mit Taf. 56 Abb. 222–223.

441 Boston, Museum of Fine Arts 10.70, M. B. Comstock – C. C. Vermeule, Sculpture in Stone (1976) 40 Nr. 56 mit Abb.; Basel, Antikenmuseum Inv. 214, K. Schefold, Meisterwerke griechischer Kunst (1960) 259. 262 Nr. 340 mit Abb.; Geominy a. O. 242 Abb. 259 (Boston). 261. 263 (Basel) (Anm. 440).

442 Petworth House, H. Oehler, Photo und Skulptur, Ausstellung Köln (1980) 81 f. Nr. 82 Taf. 12–15; J. Raeder, Die antiken Skulpturen in Petworth House (2000) 34 ff. Kat. Nr. 1 Taf. 1. 2; Geominy a. O. 245 f. Abb. 276 mit Begründung der Datierung (Anm. 440).

443 Gly 210, G. Schmidt, AntPl 10 (1970) 29 ff. Abb. 1–5 Taf. 31–33. Frontalansicht mit ergänzter Nase 36 Abb. 5 (= Geominy a. O. Abb. 270 [Anm. 440]); B. Vierneisel-Schlörb, Glyptothek München, Katalog der Skulpturen II, Klassische Skulpturen (1979) 438 ff. Nr. 40 Abb. 216–218; zur Datierung Geominy a. O. 244 (Anm. 440).

444 Inv. 9762, s. o. Anm. 400.

445 Inv. 9762, MTL 217 Abb. 364; Brunn'scher Kopf: Schmidt a. O. Taf. 32 a (Anm. 443); Vierneisel-Schlörb a. O. 444 Abb. 217 (Anm. 443).

446 Inv. 11172, s. o. Anm. 401.

447 Inv. 3399, s. o. Anm. 401.

448 Inv. 12980, s. o. Anm. 404.

449 Geominy a. O. 245 f. (Anm. 440); zustimmend R. von den Hoff, MüJb 48, 1997, 12 mit Anm. 34.

450 Inv. 130, s. o. Anm. 403.

späte Schöpfung darzustellen. Deshalb wäre es besonders wünschenswert, wenn sich ihre Entstehungszeit einigermaßen genau festlegen ließe. Leider fehlen für sie gute typologische Vergleichsstücke, so daß man auf Umwege angewiesen ist. Man kann die große Melonenfrisurmaske aufgrund des schlichten Gesichtsumrisses, der starken Zusammenfassung und Zentrierung der Inskriptionen sowie der Zuspitzung des Kopfes nach vorne vielleicht auf die Stufe des Demosthenes[451] stellen und damit um 280 datieren. Die Tragödienmaske, die noch stärker vorgewölbt und vertikalisiert ist, kommt dagegen mit ihrem langovalen Gesicht dem Epikurporträt[452] näher, auch wenn sonst zwischen dem runzeligen Männerbildnis mit langem Bart und der jugendlichen Maske mit langer Theaterfrisur keine motivischen Übereinstimmungen bestehen. Das Bildnis des Zenon[453], das im Umriß wieder kastenförmiger erscheint, ist mit seinem hängenden Bart noch stärker an der Senkrechten ausgerichtet und dürfte auch wegen des schwereren Inkarnates bereits jünger sein als die Tragödienmaske, die demnach im Zeitraum zwischen 280 und 260 ihren Platz finden sollte.

Der motivisch ähnlichste Vergleich, ein leider sehr fragmentarisches Spiegelrelief im Magazin in Olympia[454], das jedoch in seiner Ergänzung weitgehend gesichert ist, konnte innerhalb seiner Gattung um 280 v. Chr. angesetzt werden. Es ist mit der Maske durch das einfache Oval des Gesichts, die sehr hohe Stirn und die locker fallenden Haarsträhnen verbunden, auch wenn die Maske wiederum vertikalisierter erscheint.

Die beiden Masken aus Grab 2050 (Taf. 10 b–d)[455] möchte man unter strukturellen Gesichtspunkten am ehesten mit dem Porträt des Feldherrn Olympiodor[456] vergleichen, das unter anderem aus historischen Erwägungen in die achtziger Jahre des 3. Jahrhunderts, kurz vor das Demosthenesbildnis gesetzt wird. Enge Übereinstimmungen zwischen den Masken und dem Porträt bestehen durch die kantigen Brauen, die die Stirnpartie vom übrigen Gesicht trennen. Die obere Kopfhälfte und das Untergesicht werden an den Schläfen bei allen drei Stücken nur unvollkommen miteinander verbunden, da Stirn und Wangen an dieser Nahtstelle gegeneinander verkantet erscheinen. Auch die locker gewellten, teigigen Haarsträhnen der Masken finden beim Olympiodor Entsprechungen: Hinter den Ohren und am Hinterkopf machen sich ebenfalls einzelne, großzügig gebogene Locken selbständig, die in ihrem Verlauf nicht auf eine Gesamtordnung bezogen sind und zudem nicht zum schütteren Stirnhaar passen. Demnach dürften die beiden Masken in das Jahrzehnt 290/80 gehören.

Wenden wir uns nun den alten Männern zu, die am ehesten nach den gleichen Prinzipien aufgebaut sein müßten wie die frühhellenistischen Porträts. Das Bildnis des sogenannten Kolotes[457] aus der Zeit um 300 v. Chr. stimmt mit seinen entspannten, ruhigen Gesichtszügen, in denen die nur leicht gewölbten Brauenbögen und die mandelförmigen Augen auffallen, gut mit dem bartlosen Maskenfragment Inv. 3450[458] überein. Die strenge Ausrichtung an horizontalen Linien findet sich bei beiden Gesichtern wieder. Auch die Proportionierung und die flache Anlage verbinden beide Stücke. Sollte das Maskenfragment also wirklich ganz an den Beginn der hellenistischen Maskenproduktion in Lipari und damit an die Wende zum 3. Jahrhundert gehören, ergäbe sich damit ein Argument, um seine von Bernabò Brea vorgeschlagene Benennung als Menander abzulehnen[459]. Denn dann dürfte die Maske sogar älter sein als die berühmte Sitzstatue, die nach dem Tod des Dichters etwa um 290 im Athener Dionysostheater aufgestellt wurde. Die ähnliche, aber wenig fortschrittlichere Maske Inv. 6921 (Taf. 14 a. 15 a. b)[460] weist in der Tat große Übereinstimmungen mit den besten Kopien des Menanderbildnisses[461] auf, sowohl in der Aufteilung des Gesichts als auch was die plastische

451 Beste Replik in Kopenhagen, Ny Carlsberg Gly. Inv. 2782, G. M. A. Richter, Portraits of the Greeks II (1965) 215 ff. Abb. 1398–1402; A. Michaelis in: K. Fittschen (Hrsg.), Griechische Porträts (1988) 78 ff. Taf. 110. Datierung in das Jahr des Archonten Gorgias 280/79 v. Chr., Ps.-Plut. Vita X orat. Demosth. 847 d; B. Hebert, Schriftquellen zur hellenistischen Kunst (1989) 8 ff.

452 Kopie Rom, Musei Capitolini Inv. 576, von den Hoff a. O. Taf. 6 Abb. 22. 23 (Anm. 437). Zur Datierung des Epikur um 270 v. Chr. ebenda 72 ff.; Richter a. O. II 194 ff. Abb. 1151–1153 (Anm. 451).

453 Neapel, Museo Nazionale 6128, Fittschen a. O. Taf. 126, 1–3 (Anm. 451); von den Hoff a. O. 89 ff. Taf. 20 Abb. 75–77 (Anm. 437). Zur Datierung 270–60/50 v. Chr. ebenda 94 ff.; Richter a. O. II 186 ff. Abb. 1084. 1085. 1089 (Anm. 451).

454 M 1310, Verf., Griechische Klappspiegel, 18. Beih. AM (1997) 313 f. Kat. 196 Taf. 73, 2.

455 s. o. Anm. 385.

456 Oslo, Nationalmuseum Inv. Sk 1292, Richter a. O. II 162 Abb. 894–896 (Anm. 451); F. Poulsen in: K. Fittschen (Hrsg.), Griechische Porträts (1988) 222 ff. Taf. 106. 107; von den Hoff a. O. 55 (Anm. 437) zur Datierung.

457 Richter a. O. II 206 f. Abb. 1325–1339 (Anm. 451). Die Datierung begründet von den Hoff a. O. 66 mit Anm. 43. 44 Taf. 9 Abb. 33. 34 (Replik in Tirana, Nationalmuseum Inv. 1362) (Anm. 437).

458 s. o. Anm. 418.

459 Vgl. hierzu die Ausführungen im Kapitel zur Ikonographie (II 4).

460 s. o. Anm. 419.

461 z. B. die Büste in Venedig, Seminario Patriarcale, K. Fittschen, AM 106, 1991, 243 ff. Nr. 65 Taf. 52, 1. 2; 68–70; zur Datierung ebenda 273 ff.; ders., Griechische Porträts a. O. Taf. 97

Durchgestaltung der Oberfläche, zum Beispiel an Wangen und Stirn angeht. Dies ist jedoch kein Zeichen dafür, daß beide Male Menander gemeint ist, sondern deutet vielmehr auf eine ähnliche Entstehungszeit. Die Tonmaske orientiert sich also offenbar an einem Zeitgesicht.

Die wiederum verwandte bartlose Maske in Glasgow (Taf. 14 c. 15 d) sei dem Porträt des sogenannten Diphilos[462] gegenübergestellt, das etwa zeitgleich zum Menanderbildnis sein dürfte. Die Ähnlichkeiten liegen in der breiten, streifenförmigen Stirn und den weit auseinandergezogenen Augen, die zugleich die breiteste Stelle des Gesichts markieren. Allerdings verjüngt sich der Kopf des ›Diphilos‹ zum Kinn hin stärker, während die Maske mit einer schwereren Wangen- und Kinnpartie ausgestattet ist. In der Profilansicht erkennt man, daß der Kopf des Diphilos weniger von Gegensätzen bestimmt ist und die Übergänge zum Beispiel zwischen dem weit vorne liegenden Mund und den Wangen kontinuierlicher gestaltet sind. Demnach würde man die Maske für jünger halten wollen.

Die schon mehrfach betrachtete lachsfarbene Altmännermaske (Taf. 12 d. 13 b)[463] in Lipari machte innerhalb der relativen Abfolge einen späten Eindruck. Deshalb gehört sie wie die große Tragödienmaske in Cefalù (Taf. 9 a. b) zu den Schlüsselstücken, wenn es um die Frage geht, wie lange in Lipari Masken produziert wurden. Ihre extreme Sprödigkeit, die sich vor allem am hageren Schädel mit der eng anliegenden Haarkappe manifestiert, verlangt geradezu nach einer Gegenüberstellung mit dem Bildnis des Demosthenes. Auch bei ihm unterstreicht das sich eng anschmiegende und vor allem über der Stirn schüttere Haar die abgerundete Kopfform. Stirn und Oberkopf nehmen ähnlich viel Raum ein, während sich die Partie zwischen Augen und Mund gegenüber früheren Köpfen wie zum Beispiel dem Bronzekopf in Neapel[464] auf die Mitte des Gesichts zusammengezogen hat. Auch die starke räumliche Abrundung, die an Stirn und Wangen besonders fühlbar ist, sowie die hängenden, in einzelne Streifen zerlegten Fleischschichten an den Wangen verbinden beide Werke. Allerdings erhält die Tonmaske durch die Nasenlinie, die sich – nicht von Runzeln unterbrochen – als höchste plastische Erhebung nach oben auf die Stirn fortsetzt, eine neue vertikale Betonung, die dem Demosthenes fehlt. Damit steht sie dem Epikur[465] näher, an dem auch die Pölsterchen über den Wangenknochen ähnlich herausgetrieben scheinen, auch wenn sonst mangels motivischer Übereinstimmungen wenig Ähnlichkeiten auszumachen sind. Der noch stärker vertikalisierte Zenon[466], dessen Inkarnat und Bart wiederum schwerer nach unten ziehen, bildet in jedem Fall die untere Grenze für die Altmännermaske, die demnach wie die große Tragödienmaske vielleicht um 270 v. Chr. entstanden sein mag. Der Alte mit dunkelroter Hautfarbe und die in ihren Alterszügen so realistisch chararakterisierten bartlosen Männer in Lipari (Inv. 3438; 15476) (Taf. 16 a–c) und London (Taf. 16 d)[467] dürften dann etwas früher, vielleicht gegen 280 v. Chr. geschaffen sein.

Die Durchsicht der übrigen hellenistischen Masken, auf deren stilistische Einordnung hier verzichtet werden muß, bestätigt das bisher gewonnene Ergebnis. Demnach scheinen die frühesten Stücke der hellenistischen Gruppe wie die Frauenmaske mit Ährenkranz (Taf. 11 a), die große Jünglingsmaske Inv. 9730 mit weit geöffneten Augen (Taf. 8 a) und ihre Verkleinerung aus Grab 576 um 300 v. Chr. erfunden worden zu sein. Dieser Befund läßt sich gut mit der Keramik des Grabes in Einklang bringen, die ungefähr gleichzeitig sein dürfte. Und auch die Masken aus den Gräbern 2050 (Taf. 10 b–d) und 409, jeweils etwa in das zweite Jahrzehnt des 3. Jahrhunderts einzuordnen, geraten damit zumindest nicht in Widerspruch zum Grabinventar.

Das ganze 1. Viertel des 3. Jahrhunderts über erlebte die Koroplastik in Lipari also eine Blütezeit, in der eine Fülle von Maskentypen kreiert und in zahlreichen Repliken aus unterschiedlichen Modeln in variierenden Größen hergestellt wurde. Die spätesten Schöpfungen wie der Alte mit lachsfarbenem Inkarnat und die große Tragödienmaske markieren um 270 einen Endpunkt. Stücke, die man noch weiter herunter, etwa in die Nähe des Katastrophendatums von 252/51 datieren sollte, konnte ich bisher nicht entdekken. Vielmehr drängt sich der Verdacht auf, daß nicht erst die römische Zerstörung dem blühenden Kunsthandwerk ein Ende bereitete, sondern daß – wie oben auch für die polychrome Keramik aus dem Kreis des Lipari-Malers vermutet – vielleicht durch die wirtschaftliche Unsicherheit in Kriegszeiten die Produktion bereits zu Beginn des zweiten Jahrhundertviertels auslief[468].

(Anm. 451); Richter, Portraits a. O. II 224 ff. Abb. 1573–1576 (Replik Venedig) (Anm. 451).

462 Wien, Kunsthistorisches Museum Inv. I 1282, Richter, Portraits a. O. II 237 Abb. 1644–1646 (Anm. 451); von den Hoff a. O. 51 mit Anm. 99. 58 Taf. 3 Abb. 9. 10 (Anm. 437).

463 Inv. 9721, s. o. Anm. 427.

464 Neapel, Museo Nazionale Inv. 5602, von den Hoff a. O. 58 Taf. 5 Abb. 17–20 (Anm. 437).

465 s. o. Anm. 452.

466 s. o. Anm. 453.

467 Zu diesen vier Stücken s. o. Anm. 423–426.

468 Vgl. Bernabò Brea – Cavalier, ML V 66. Sie führen die Armut der Grabinventare aus der letzten Periode vor der Katastrophe von 252/51 v. Chr. auf den schon länger andauernden Kriegszustand zurück, der eine bewaffnete Wache notwendiger

4 Probleme der Ikonographie

Die Ergebnisse der typologischen Untersuchung ziehen Folgerungen für die Deutung bzw. Benennung der einzelnen Maskentypen nach sich. Bei den klassischen Masken entstand ein Großteil der Maskentypen erst durch Überarbeiten bzw. Abwandeln der wenigen physiognomischen Grundschemata, die also ikonographisch nicht streng festgelegt waren. Dadurch wird für uns heute die Maske nur durch bestimmte Attribute eindeutig benennbar, das heißt Pan durch seine Hörnchen, Satyrn und Silene durch ihre Tierohren, Herakles durch den Löwenkopfhelm. Andere Zufügungen wie phrygische Mützen oder Helm sind dagegen Kennzeichen ganzer Gruppen und damit ebenso wie die Kränze mit herabfallenden Bändern unspezifisch.

Die von Bernabò Brea vorgenommenen Benennungen Priamos, Hekuba, Hektor, Paris etc. könnten also nur Geltung beanspruchen, wenn die jeweiligen Masken sich an für diese Personen aus anderen Zusammenhängen bekannten und dort benannten Typen orientierten, was aber nicht der Fall ist, oder wenn sich aus der Vergesellschaftung der Stükke zweifelsfrei eine Beziehung untereinander konstatieren ließe, die zu ihrer Benennung führt. Dazu müßten die Masken aus denselben Kontexten erkennbar ein Set ergeben, also entweder zusammengehörige Schöpfungen oder mindestens zusammengehörige Ausformungen sein. Denn zumindest bei den nicht so streng typologisch festgelegten klassischen Stücken ist mit der Möglichkeit zu rechnen, daß sie je nach Zusammenhang für unterschiedliche Personen ähnlichen Charakters benutzbar waren. Wie sich bei der Betrachtung der Grabkontexte unter chronologischen Gesichtspunkten herausstellte, bilden die Gräber, in denen möglicherweise zusammenpassende Masken gefunden wurden, aber die Ausnahme. Ein System der Benennung, das sich ohne aus den Stücken selbst gewonnene Indizien auf ihre Vergesellschaftung stützt, ist deshalb meiner Meinung nach nicht tragfähig, zumal da Bernabò Breas Namensgebung auf der These beruht, man habe sich in Lipari hauptsächlich für die ›klassischen‹ Dramen des Sophokles und des Euripides interessiert – eine Sichtweise, die durch die Kenntnis der antiken Schriftquellen und ein deshalb einseitig auf Athen zugeschnittenes Bild des antiken Theaters vorgeprägt ist.

Bei den hellenistischen Masken wurde oben die Ordnung nach der Komödienmaskenliste aus dem »Onomastikon« des Pollux abgelehnt[469]. Denn einerseits ist der Text nur schwer und nicht eindeutig verständlich, andererseits lassen sich die Beschreibungen nicht ohne Widersprüche mit dem archäologischen Material aus Lipari vereinbaren. Die Zahl der Typen, die sich aus der unvoreingenommenen typologischen Ordnung nach rein archäologischen Kriterien ergab, ist höher als die der von Pollux verzeichneten. Für manche – wie zum Beispiel die Kindermasken – fehlen Entsprechungen in der Liste des Pollux, dafür wären für zahlreiche Beschreibungen gerade alter Männer und Sklaven keine Kandidaten in Lipari zu finden. Denn eigenartigerweise haben sich in Lipari eine Fülle von Jünglings- und Mädchentypen erhalten – mehr als bei Pollux vorgesehen – während alte Frauen, alte Männer und Sklaven nur eine untergeordnete Rolle spielen. Da also die Liste des Pollux dem erhaltenen Bestand nicht gerecht zu werden scheint, kann sie auch nicht zur Benennung der einzelnen Typen herangezogen werden. Zudem ist weder befriedigend geklärt, ob die Liste auf frühhellenistische Quellen zurückgeht, noch ob der sehr verkürzte und schematisierte Maskenkanon, den sie wiedergibt, bereits dem frühhellenistischen Zustand entspricht. Möglicherweise ergab sich die Schematisierung erst mit der Zeit bzw. stellt überhaupt nur ein Konstrukt der systematisierenden Hand des Lexikographen dar.

In einem zweiten Schritt hat Bernabò Brea auch die Ausführungen des Pollux zu den Tragödienmasken als Klassifizierungsschema für hellenistische Tragödienmasken nutzbar zu machen versucht[470], von denen er allerdings in Lipari nur sehr wenige gefunden zu haben glaubte, ein Unterfangen, dessen Schwierigkeiten schon dadurch deutlich werden, daß er aufgrund des nicht übereinstimmenden archäologischen Materials Fehler in der Textüberlieferung konstatieren muß[471].

So muß auch bei den hellenistischen Masken in den meisten Fällen die Benennung der Stücke offen bleiben, es sei denn, ikonographische Indizien erlauben eine eindeutige Entscheidung wie bei Pan oder Satyrn.

gemacht habe als ein florierendes Kunsthandwerk. Ein Zeichen für die wirtschaftliche Krise in dieser Periode ist auch die Verschlechterung des Münzgewichts, die M. A. Mastelloni anhand von drei liparischen Münzhortfunden nachweisen konnte, M. A. Mastelloni in: M. Caccamo Caltabiano (Hrsg.), La Sicilia tra Egitto e Roma. La monetazione siracusana dell'età di Ierone II, Atti del Seminario di Studi, Messina 2 – 4 dicembre 1993 (1995) 419 ff.

469 s. Text nach Anm. 237. Zum Problem des Polluxtextes zusammenfassend s. u. im Kapitel III, bes. Text zu Anm. 696–723. Dort in Anm. 696 f. Literaturangaben zu Pollux.

470 Maschere della tragedia passim.

471 Maschere della tragedia 22 (auf die Komödienliste bezogen). 42 f. in Zusammenhang mit Leukos aner und Priamos, die bei den von ihm identifizierten Exemplaren einen hohen Onkos statt des im Text genannten kurzen besitzen.

Im folgenden muß nun einigen Attributen bzw. ikonographischen Sonderfällen nachgegangen werden, um zu prüfen, ob sie weitere Hinweise auf die Bedeutung oder Funktion der Masken und ihren etwaigen Zusammenhang mit dem Theater geben können.
Beginnen wir mit den Kränzen:

Das am häufigsten vorkommende Attribut bei den liparischen Masken – sowohl in der klassischen, als auch in der hellenistischen Gruppe – sind wulstige Reifen, die über dem Vorderkopf oder der Stirn liegen. Ob sie ringförmig um den ganzen Kopf liefen, ist nicht sicher zu sagen, da ja nur die Vorderansicht voll ausgearbeitet ist, während die Seiten eine Nebenrolle spielen und die Hinterköpfe in der Regel nur roh geglättet sind.

Obwohl die Masken ganz verschiedene Formate besitzen, die unterschiedlich genaue Ausarbeitung erlauben, ist klar erkennbar, daß dieser Kopfschmuck in den Grundzügen immer gleich gestaltet ist. Der wulstige Reifen scheint nicht ganz starr zu sein, sondern paßt sich dem Kopfumriß an. Er ist durch eingedrückte Punkte charakterisiert. An den Seiten über den Schläfen sitzen oft kleine Blätter in mehreren Reihen übereinander. Außerdem können dort breite Bänder befestigt sein, die entlang den Wangen herabfallen, oftmals bilden sie zusätzlich Schlaufen, die über den Kranz geschlagen sind oder in Schläfenhöhe enden[472]. Ab und zu wie bei dem großen Maskenfragment Inv. 3383[473], an dem die Struktur des Kopfschmuckes sehr detailliert angegeben ist, können die Bänder auch um den Wulst gewickelt sein[474]. Leider sind Farbspuren auf den Reifen selten. Lediglich an den beiden Masken aus Grab 2050 (Taf. 10 b–d; Farbtaf. 2 a. b)[475] haben sich gelbe Spuren auf dem gepunkteten Wulst erhalten. Die Bänder waren in der Regel weiß.

Nun stellt sich die Frage, aus welchem Material dieser Kopfschmuck bestand. Angesichts der angefügten Blätter und der kugelförmigen Früchte bei der großen Jünglingsmaske Inv. 12965 möchte man auch von einer vegetabilen Struktur des Wulstkörpers ausgehen und ihn dann als Kranz bezeichen[476].

Schriftliche Berichte von Blütenkränzen[477], besonders aus Rosen und Veilchen, die bei griechischen Festen und vor allem beim Symposion getragen wurden[478], werden bestätigt durch den Fund eines Kranzes aus kleinen Blüten in einem römischen Grab im ägyptischen Hawara[479], so daß die Vermutung von Michael Blech und Dorothy Burr Thompson plausibel erscheint, der Zylinder des Kranzes sei aus Blumen gebunden, deren Blütenkelche durch die eingedrückten Punkte abgekürzt seien[480]. Angesichts der summarischen Zeichenweise ist eine genaue botanische Bestimmung der Blumen natürlich illusorisch. Burr Thompson[481] favorisiert Immortellen (Heliochrysum) aufgrund der erhaltenen ägyptischen Beispiele, doch sprechen die schriftlichen Belege[482] dafür, daß je nach Jahreszeit ganz unterschiedliche Blumen und Blätterzweige zu Kränzen geflochten wurden. Aus denselben Bestandteilen wurden übrigens auch Girlanden (Hypothymides) hergestellt, die bei Festen um den Hals getragen oder zum Schmuck des Festortes verwendet wurden[483].

Nun muß man fragen, bei welchen Gelegenheiten diese Kränze getragen wurden und ob sich daraus etwas für ihre Bedeutung bei den Masken ableiten läßt. Betrachten wir zunächst, bei welchen Gegenständen diese Kränze ebenfalls vorkommen. In Lipari sind zahlreiche, vorwiegend klassische Terrakotten mit diesen Kränzen geschmückt, darunter auffällig viele Liegende, die Trinkgefäße halten[484]. Ein vollständiges Exemplar[485] zeigt einen bärtigen Alten, der es sich auf einer dicken Matraze bequem gemacht hat und sich mit dem linken Arm auf einen dicken Stoß Kissen

472 z. B. Inv. 11167, MTL 38 A 9 Abb. 19 Taf. 7, 1; MPTG 42 Abb. 17. – Inv. 10829 c, MTL 43 f. A 19 Abb. 31 Taf. 7, 2; MPTG 46 Abb. 25.

473 MTL 184 Nr. 1 Abb. 293; MPTG 206 Abb. 284.

474 z. B. auch bei Inv. 12965, MTL 170 Nr. 1 Abb. 266 Taf. 28; MPTG 195 ff. Abb. 264. 265. Dort sind Efeublätter zu unterscheiden. Die kleinen Kugeln auf der Stirnmitte und seitlich neben den Blättern werden die Früchte des Efeus meinen.

475 Inv. 14895 b. c, MedA. 5/6, 1992/93, Taf. 30, 1. 2; Maschere della tragedia 62 Abb. 70; MPTG 153 Abb. 206. 207.

476 Gegen A. Krug, Binden in der griechischen Kunst (1968) 117, die oft von Wulstbinde spricht und eine Struktur aus groben Wollflocken vermutet (ihr Typ 4, ›Wulstbinde‹).

477 Zu Kranz- und Girlandenherstellung M. Carroll-Spillecke, Κηπος. Der antike griechische Garten (1989) 24 mit Anm. 30.

478 Demosth. 53, 16; Theophr., Hist. Plant. 6, 8, 1–4; M. Blech, Studien zum Kranz bei den Griechen (1982) 71 Anm. 43.

479 London, British Museum 1890.5–19.7; R. A. Higgins, Tanagra and the Figurines (o. J., ca. 1986) 123 Abb. 144; D. Burr Thompson, The Terracotta Figurines of the Hellenistic Period (1963) 46 Taf. 60 a: »thick wreath«.

480 Blech a. O. 45 ff. (Anm. 478).

481 Burr Thompson a. O. 46 (Anm. 479).

482 Blech a. O. 70 f. (Anm. 478).

483 Vgl. die Satyrterrakotten aus Lipari, MTL 64 D 2 Abb. 60 mit zwei kreuzweise diagonal über den Oberkörper gelegten Girlanden und geschultertem Weinschlauch. Die Girlanden sind wie die Kränze mit eingedrückten Punkten charakterisiert.

484 MTL 83 f. E 33. E 34 Abb. 102. 103; 86 f. E 43. E 44 Abb. 112. 113 Taf. 16, 1; 94 E 61. E 62 Abb. 135. 136; 111 F 6 Abb. 185.

485 Inv. 2302, MTL 86 E 43 a Abb. 112 Taf. 16, 1; MPTG 90 Abb. 89 a.

stützt. Vor sich hat er einen überdimensionalen Skyphos. Er ist also eindeutig als Symposiast dargestellt. Nach dem gleichen Schema ruht eine bekleidete junge Frau auf einer Kline[486]. Die Doppelflöte in ihrer linken Hand weist sie als Auletin und damit als Hetäre aus, die einzigen Frauen, die an einem Symposion teilnehmen konnten. Bei Fragmenten eines ähnlichen Typus[487], der vor allem in der Gestaltung der Köpfe der Flötenspielerin gleicht, umfaßt die Hetäre statt der Flöte ebenfalls ein Trinkgefäß. In den Bereich des Gelages gehört auch ein weiteres Fragment[488], das einen singenden Alten mit Kranz und Lyra zeigt.

Einige Figürchen bärtiger Männer, die stehen oder auf einem Würfel sitzen, und einige Frauen, die sämtlich Blütenkränze mit seitlich herabfallenden Bändern auf dem Kopf haben[489], geben als Einzelfiguren ohne aussagekräftige Attribute leider keine Auskunft über eine konkrete Situation. Die beiden Frauen, eine Alte mit Affengesicht[490] und eine Resolute mit eingestütztem linkem Arm und schräg gelegtem Kopf[491] könnte man aber ohne Probleme ebenfalls als Hetäre oder Hetärenmutter bzw. Kupplerin verstehen. Ihre Kränze sind übrigens detaillierter ausgearbeitet, so daß man besonders bei der Affengesichtigen die einzelnen Blüten gut unterscheiden kann.

Auch außerhalb Liparis sind diese Wulstkränze, teils mit, teils ohne herabhängende Bänder bei Terrakotten weit verbreitet. Beispielsweise trägt der bekannte tarentinische Typus des liegenden Heros oder Gottes diese Kranzform über einer breiten, um den Kopf gelegten Binde. Selbst im hellenistischen Ägypten waren sie geläufig, wie späthellenistische Terrakotten musizierender und tanzender Kinder oder Zwerge zeigen[492], die als belustigende Teilnehmer an Symposien zu verstehen sind.

Soweit die Terrakotten also eine Aussage zulassen über den gedanklichen Zusammenhang, in dem sie stehen, führen die Indizien zum Symposion[493]. Allerdings gibt es eine große Anzahl von Mädchenfiguren, die wie Tanagräerinnen in ihren Mantel gehüllt sind und einen Blumenkranz ohne Bänder tragen[494]. Ob die Verbindung zum Symposion bei ihnen ebenfalls zutrifft und sie dann als Hetären zu verstehen sind, erscheint mir fraglich. Man möchte eher annehmen, daß die Kranzform ohne herabhängende Bänder bei anderen Gelegenheiten aufgesetzt wurde und insofern auf einen anderen Zusammenhang hinweisen sollte[495].

Suchen wir nun vergleichbare Kränze wie die von den Masken getragenen in der Vasenmalerei, denn Vasenbilder liefern in der Regel als vielfigurige Szenen einen erzählerischen Zusammenhang, aus dem leichter Rückschlüsse auf Form und Verwendung bzw. Funktion von Gegenständen und Attributen zu ziehen sind. Allerdings kommen auf Vasenbildern eine Fülle von Kranz- und Bindenformen vor, die aufgrund ihrer summarischen und abgekürzten Zeichenweise wie des Formates nicht immer eindeutig zu unterscheiden sind. Meist bestehen sie aus einem Streifen, an dem oben oder auch zusätzlich unten Punkte oder kleine Blätter gemalt sind. Sicher identifizierbare kompakte Wulstkränze sind in der Minderzahl gegenüber anderen Kranzformen aus Blattzweigen, die offenbar in denselben Zusammenhängen Verwendung fanden.

Zwei Beispiele für den Terrakotten vergleichbare Wulstkränze, die auch zeitlich und geographisch den liparischen Stücken nahestehen, können die oben bereits gezogenen Beziehungen zum Symposion unterstreichen. Ein kampanischer Krater in Würzburg aus dem 3. Viertel des 4. Jahrhunderts zeigt in einem Innenraum zwei Jünglinge in Umarmung mit ihren Hetären auf Klinen[496]. Musikinstrumente und Efeuzweige an den Wänden sowie das Kottabosspiel sind gängige Ausstattung von Speiseräumen, so daß auch die Kränze mit flatternden Bindebändern und die Girlanden, die beide Männer um den Hals tragen, als

486 Inv. 3033 b, MTL 111 F 6 Abb. 185 Taf. 16, 1; MPTG 98 Abb. 96.

487 MTL 94 E 62 Abb. 136.

488 Inv. 9810, MTL 88 E 48 Abb. 118.

489 MTL 80 f. E 26–28 Abb. 94–97; 90 E 54 Abb. 125. 126 Taf. 14, 1; MPTG 97 ff. Abb. 94 b. 95 b. 97 b. 98 a.

490 MTL 90 E 54 a Abb. 125. 126 Taf. 14, 1; MPTG 99 Abb. 97 b.

491 MTL 98 E 76 Abb. 149. 150 Taf. 16, 2; MPTG 93 Abb. 90 a.

492 Vgl. J. Fischer, Griechisch-römische Terrakotten aus Ägypten (1994) 204 ff. Nr. 372; 374; 375 Taf. 34.

493 Vgl. auch die Figur eines trunkenen Knaben mit Askos und Hündchen aus Tarent, um dessen Kopf anscheinend gleich mehrere Wulstkränze oder Girlanden geschlungen sind, Graepler, Tonfiguren 234 Abb. 287.

494 Vgl. z. B. eine Mädchenfigur in München aus Tanagra, F. W. Hamdorf (Hrsg.), Hauch des Prometheus, Ausstellung München (1996) 107 Abb. 136. – Die anmutige Tänzerin aus einem Tarentiner Grab (Graepler, Tonfiguren 222 Abb. 248 Tänzerin 183.1), von deren Kranz noch der Rest eines Bandes herabhängt, scheint mir dagegen durchaus in einem dionysischen Zusammenhang vorstellbar. Unter den fest in ihren Mantel gewickelten Frauenstatuetten aus Tarent tragen einige auch einen Wulstkranz mit Efeublättern und -korymben, Graepler ebenda 123 Abb. 93; dasselbe gilt für die Tänzerin, ebenda 125 Abb. 99. Vgl. auch die als Mänade bezeichnete Figur, ebenda 209 Abb. 210.

495 Graepler a. O. 222 f. (Anm. 494) bezieht den Tanz auf den Zusammenhang mit einem Hochzeitsfest.

496 Martin von Wagner-Museum Nr. 875, G. Beckel – H. Froning – E. Simon, Werke der Antike im Martin von Wagner-Museum der Universität Würzburg (1983) 150 f. Nr. 68 mit Farbabb.; LCS 485 Nr. 328 Taf. 187, 5.

Teil dieses Ambientes erwiesen sind. Die Struktur aus kleinen Blüten oder Blättchen kann man an dem Kranz ablesen, den einer der Liebhaber in der Hand hält.

Die zweite Szene findet sich auf einer etwa zeitgleichen Olpe aus Adrano auf Sizilien, heute in der St. Petersburger Ermitage[497]. Dort lagert der offenbar trunkene und ausfahrend gestikulierende Herakles, an Keule und Löwenfell erkennbar, im Freien vor einer großen zweiflügeligen Tür. Über seinen muskulösen Rumpf verläuft diagonal eine dicke Girlande, sein Kopf ist mit einem Wulstkranz geschmückt, von dem seitlich Bänder herabfallen. Ähnlich wie bei einigen liparischen Masken sind daran über den Schläfen zusätzlich Zweige mit kleinen Blättern befestigt. Seine Begleiter, zwei Mänaden mit Kithara und Thyrsos bzw. Doppelflöte und Fackel, sowie zwei junge Satyrn mit Speisetablett und Weinkrater bringen alle Utensilien zu einem nächtlichen Gelage. Die Mänaden tragen Blattkränze mit Bändern. Einen humoristischen Zug erhält die Szene durch eine alte Frau, die über der Tür auftaucht und auf Herakles den Inhalt einer zweihenkeligen Kanne ausgießt, um dem krakeelenden Ruhestörer vor ihrer Haustüre eine Abkühlung zu verpassen. Man hat diese Episode um den unmäßigen Trinker und Prasser Herakles der witzigen Note wegen auf eine Theaterszene aus einem Satyrspiel bezogen, doch ändert dies nichts daran, daß der Heros in der Pose und mit dem Schmuck eines Symposiasten dargestellt ist.

Mit dem Theater – etwa als geläufiger Teil der Kostümierung – scheinen diese Kränze nichts zu tun zu haben. Sonst müßte man erwarten, daß die sogenannten Phlyaken, mit attischem Komödienkostüm und Masken bekleidete Schauspieler, in erzählenden Komödienszenen auf der nach ihnen benannten Vasengattung unabhängig von der Erzählsituation solche Wulstkränze tragen. Sie kommen aber nur bei jenen Phlyaken vor, die entweder bei einem Gelage zugegen sind[498] oder als Trabanten des Dionysos, etwa zusammen mit Satyrn und Mänaden, im Komos mitschwärmen. Diese Kränze fehlen dagegen bei allen Masken auf attischen Weihreliefs, die in Zusammenhang mit Theateraufführungen zu sehen sind. Auch die in Athen gefundenen Marmormasken sind sämtlich unbekränzt[499]. Demnach sind die Kränze aus der Bildsituation heraus als dionysischer Schmuck, den auch der Gott selbst trägt[500] und nicht als Zeichen für Theater zu verstehen.

Die schriftliche Überlieferung nennt vielerlei Anlässe, zu denen Kränze, darunter auch Blütenkränze, Verwendung fanden[501], doch wird terminologisch nicht so scharf getrennt, daß man die Wulstkränze herausfiltern könnte. Offenbar hingen die Bestandteile der Blütenkränze vor allem von der Jahreszeit ab und waren nicht streng festgelegt auf einen bestimmten Verwendungszweck bzw. Bedeutungsaspekt. Sie wurden generell bei Festen getragen, hauptsächlich bei Banketten, die ja auch Bestandteil von Kultfesten zu Ehren der Götter, von Hochzeiten und als Totenmahl (περίδειπνον) von Begräbnissen waren. Beim Gastmahl gehörten sie zur unabdingbaren Grundausstattung, die vom Gastgeber gestellt werden mußte, und die Zecher behielten sie oft auch beim Komos oder auf dem Nachhauseweg auf dem Kopf[502]. Bei Trauerfeierlichkeiten nach einem Todesfall war Bekränzung nur für den Leichnam, nicht aber für die Hinterbliebenen erlaubt. Erst zum περίδειπνον, das den Abschluß der eigentlichen Bestattungszeremonie bildete, durften die Angehörigen sich wieder schmücken[503].

Die bildlichen Darstellungen stimmen hierin mit den schriftlichen Nachrichten überein: In der Regel scheinen den Verstorbenen Blattkränze aufgesetzt worden zu sein, während die Trauernden barhäuptig sind[504]. Schwierig bleibt allerdings die Interpretation der bekränzten Gabenbringer, die sich auf apulischen Grabvasen den Naiskoi oder Grabmälern nähern, zumal aufgrund der summarischen Zeichenweise dieses Detail meistens nur

497 Inv. 2079, LCS 604 Nr. 104 Taf. 237; F. Messerschmidt, RM 47, 1932, 127 Abb. 2 (Abrollung); R. Vollkommer, Herakles in the Art of Classical Greece (1988) 72 Abb. 92 Nr. 501, der die über der Türe hervorkommende Figur einmal (S. 70) fälschlich als Satyr deutet, auf S. 67 aber richtig von einer alten Frau spricht.

498 z. B. Herakles beim Gelage auf dem Glockenkrater im Victoria and Albert Museum, London 1776–1919, A. D. Trendall, Phlyax Vases² (1967) 37 Nr. 41 Taf. 1 c.

499 S. Zoumbaki, ADelt 42, 1987 (1994) Mel 35 ff. Taf. 3–14.

500 z. B. auf einem lukanischen Gefäß des Brooklyn-Budapest-Malers im British Museum F 179, LCS 113 Nr. 582 Taf. 58. Vgl. auch M. Blech, Studien zum Kranz bei den Griechen (1982) 45 mit Abb. 6 c. d; 192 Abb. 28 n; 193.

501 Blech a. O. (Anm. 500).

502 Blech a. O. 62 ff. (Anm. 500).

503 Blech a. O. 81 ff. (Anm. 500); die Form der Kränze, die man dem Toten aufsetzte, scheint nicht festgelegt gewesen zu sein (ebenda 89). Aufgrund einer Stelle in der Alkmaionis des Athenaios vermutet Blech, daß die Bekränzung von toten Helden, die auf einer stibas aufgebahrt und mit Speisen und Getränken zu einem Totenbankett versehen waren, diese als Symposiasten kennzeichnen sollte (ebenda 101).

504 Vgl. die Prothesis des Archemoros auf dem Krater des Dareios-Malers im Neapler Nationalmuseum Inv. 81934 (H 3255), LIMC II (1984) 474 s. v. Archemoros Nr. 10 mit Abb. (Pülhorn); E. Simon, AA 1979, 36 f. 34 Abb. 3; RVAp II 496 Nr. 42.

als heller Streifen angegeben ist. Weshalb sollten Besucher am Grab bekränzt sein? Kommen sie zu einer Kulthandlung? Da zumindest ein Teil der Opferbringer mit Pateren, Thyrsoi, Weintrauben und Situlen durchaus Speisegerät und Attribute des dionysischen Milieus mit sich führt, ist meines Erachtens eine dionysische Interpretation des Kopfschmuckes wahrscheinlich[505].

Auf Hochzeitsszenen trägt die Braut unter dem Schleier oft eine Stephané, die offenbar keine rituelle Brautkrone, sondern einen besonders reichen Festschmuck darstellt[506], während der Bräutigam einen Blattkranz auf dem Kopf hat. Eine Ausnahme bildet die späthellenistische Terrakottagruppe aus Myrina im Louvre, bei der der Bräutigam auf dem Brautbett seine Braut entschleiert[507]. Seinen wulstigen Blütenkranz mit in den Nacken fallenden Bändern kann man aber vielleicht noch auf das vorausgegangene Festmahl beziehen.

Welche Schlüsse kann man nun aus dem Dargelegten für unsere Fragestellung nach der Bedeutung der Wulstkränze bei den Masken ziehen? Man wird die kranzgeschmückten Tonmasken am ehesten mit den bekränzten Schauspielerfiguren der ›Phlyakenvasen‹ oder den zechenden und musizierenden Terrakottafiguren auf Klinen in Zusammenhang bringen wollen, zumal auf unteritalischen Vasenbildern ebenfalls bekränzte Masken in Gelage- oder Thiasosszenen aufgehängt sind bzw. am Boden liegen[508]. Auch wenn nach Aussage der Schriftquellen Blumenkränze bei einer Vielzahl von Festen Verwendung fanden, also wohl in ihrer Bedeutung und Funktion nicht eng festgelegt waren, scheinen sie in der Bildkunst in dieser speziellen Form als wulstige Reifen mit Bänderschmuck in der Regel dem dionysischen Milieu und in Alltagsszenen dem Symposion vorbehalten gewesen zu sein. Deshalb werden sie hier abkürzend als ›Symposionskränze‹ bezeichnet. Mit dieser Interpretation ist die geringe Anzahl von Frauenmasken mit Symposionskränzen gut zu vereinen, denn das Symposion war eine Männerdomäne, an der die Frauen der Familie nicht teilnahmen. Lediglich Hetären, die als ›Bedienstete‹ für die Unterhaltung der Gäste sorgten, konnten zugegen sein[509].

Es gibt unter den liparischen Masken noch eine zweite, ähnliche Kranzform, die aber nur bei zwei Typen auftaucht. Es handelt sich bei ihr um einen dünnen Reifen, der ganz mit einem textilen Band umwickelt zu sein scheint. Bei den Jünglingsmasken aus Grab 74, 1613 und 2184[510] ist die Struktur durch die Umarbeitung, die den Reifen zum Rand der phrygischen Mütze machte, nicht mehr klar zu erkennen, doch sind im Haar darunter scheibenförmige Schmuckelemente verteilt, die man am ehesten als Blüten interpretieren möchte.

Das jüngere Maskenfragment Inv. 9734[511] gibt detailliertere Hinweise: An dem diagonal umwickelten Reifen sind seitlich in Schläfenhöhe wieder kleine Blätter befestigt, außerdem liegt eine doppelt genommene Schlaufe über dem Wulst, die sich in dem breiten Band fortzusetzen scheint, das neben der linken Wange herunterhängt. Ein großer Knopf sitzt zentral über der Stirnmitte auf dem Reifen. Die gegenüber dem als vegetabil angedeuteten Kranz der großen Jünglingsmaske Inv. 12965[512] bestehenden Ähnlichkeiten – seitliche Blätter, kugelförmige Früchte über der Stirnmitte – lassen vermuten, daß auch der Knopf am Kranz des Fragmentes ein pflanzliches Element meint und der mit einer Tänie umwundene Kranz als austauschbare Alternative zu den Blütenkränzen gedacht war.

Eine fragmentarische frühhellenistische Frauenmaske mit ganz idealen Gesichtszügen (Taf. 11 a; Farbtaf. 1 b)[513] trägt einen sehr eigenartigen Kranz über einer schönlinigen Frisur, deren Wellen vom Mittelscheitel aus zu den Seiten führen. Dieser Kranz scheint aus einzelnen, sich zur Stirnmitte hin vermehrenden und durch parallele Linien unterteilten Strängen zu bestehen, die wie eine Fackel oder ein Rutenbündel in kurzen Abständen zusammengebunden sind. Zwar existiert ein kleines Fragment aus derselben Matrize[514], das ebenfalls ein Stück des Kranzes mit dem Haaransatz wiedergibt, doch ist auch daran seine Konsistenz nicht eindeutig bestimmbar. Man möchte an zusammengebundene Halme oder Ähren denken, doch sind Ährenkränze in der Regel anders dargestellt, da die

505 K. Schauenburg, RM 64, 1957, 203 mit Anm. 54 hält dagegen Weintrauben nicht für ein eindeutig dionysisches Attribut. H. Lohmann, Grabmäler auf unteritalischen Vasen (1979) 122 mit Anm. 977 äußert sich zur Bedeutung der Kränze bei den Gabenträgern nicht.

506 Blech a. O. 76 f. (Anm. 500).

507 Paris, Louvre MYR 268, Mollard-Besques II (1963) 127 MYR 268 Taf. 153.

508 J. R. Green, Theatre in Ancient Greek Society (1994) 92 Abb. 4.3; 98 f. Abb. 4.6; 4.7; 117 Abb. 5.9.

509 Zur Bekränzung von Frauen beim Symposion vgl. Blech a. O. 73 (Anm. 500).

510 Inv. 3037, MTL 39 A 10 Abb. 20 Taf. 4, 3; MPTG 41 Abb. 13. – Inv. 11167 a, MTL 39 A 11 Abb. 21; MPTG 42 Abb. 16. – Inv. 15420 h, ML V 163 Taf. 138 Abb. 376; MPTG 47 Abb. 28.

511 MTL 168 Nr. 29 Abb. 263 Taf. 26, 3; MPTG 193 f. Abb. 263.

512 s. o. Anm. 474.

513 Inv. 9768, MTL 227 Nr. 12 Abb. 387 Taf. 39; Museo Eoliano 114 Abb. 86; MPTG 255 ff. Abb. 356. 357.

514 Inv. 11549, MTL 227 Nr. 13 Abb. 386.

einzelnen korntragenden Hülsen übereinandergestaffelt angeordnet sind und sich dadurch stärker auffächern[515], oder man erkennt über den beiden Stirnhälften jeweils eine Ähre wie bei den hellenistischen Tonbüsten aus Ariccia[516]. Aber auch Kränze aus Fichtenzweigen[517] oder ähnlichem sind niemals so kompakt zusammengefaßt. Eine gute Parallele zu dem Kranzfragment ist mir bisher nicht bekannt. Es wäre jedoch denkbar, daß aus technischen Gründen eine solche eng am Kopf anliegende Form für einen Ährenkranz gewählt wurde, um die Herstellung aus der Matrize zu ermöglichen und ein Abbrechen abstehender Teile zu vermeiden.

Die Maske gilt bisher[518] als Darstellung einer »vollendeten Hetäre« aus der Neuen Komödie, wobei die ungewöhnliche Bekränzung unerklärt blieb. Durch ihre idealen Gesichtszüge und die Frisur aus gleichmäßigen Wellen sowie den Lunula-Ohrring setzt sie sich aber von den anderen Frauenmasken mit verwandter Haaranlage ab[519], deren Gesichter fülliger oder von Asymmetrien geprägt sind[520]. Dagegen gleicht die Maske den Gesichtern von weiblichen Votivterrakottabüsten mit Poloi oder Diademen[521], die in Demeter- und Kore-Heiligtümern in Sizilien zutagetraten und deshalb mit einer der beiden Göttinnen identifiziert werden. Deshalb liegt es näher, auch in der liparischen Maske aufgrund der typologischen Verwandtschaft eine Göttin zu sehen und dann am ehesten Demeter oder Persephone[522], für die der erschlossene Ährenkranz als Attribut belegt ist. Die kaum geöffneten Lippen passen eher zu einer Göttin denn zur Funktion als Komödienmaske – auch wenn ein geschlossener Mund unter den liparischen Frauenmasken häufig vorkommt[523], es sei denn, man behilft sich mit der Annahme von stummen Rollen. Eine Demeter- oder Koremaske wäre in Lipari durchaus verständlich, lag doch mitten in der Nekropole ein Heiligtum für diese beiden Göttinnen mit einem Altar, bei dem eine große Menge an Theaterterrakotten- und Maskenfragmenten zutage kam[524].

Ähnlich liegt der Fall bei einer großen fragmentarischen Männermaske aus Grab 1502[525]. Das jugendlich bartlose Gesicht mit geschlossenen Lippen und einer Mittelscheitelfrisur aus locker zu den Seiten geführten Wellen würde man für das einer Frau halten, würde man nicht durch die dunkelrote Gesichtsfarbe eines anderen belehrt. Die Frisur wäre für sterbliche Männer im frühen 3. Jahrhundert völlig unüblich, so daß Bernabò Brea zurecht an einen jugendlichen Gott – Dionysos oder Apollon – dachte, die seit dem 4. Jahrhundert bartlos und mit Frauenfrisuren dargestellt wurden. Leider fehlt ein Attribut wie Kranz oder Binde, das eine Entscheidung zwischen beiden Göttern erlauben würde[526]. Und wenn sich im Bestand der liparischen Masken die einer männlichen Gottheit nachweisen läßt, gewinnt auch die Annahme einer Demeter- oder Koremaske an Wahrscheinlichkeit. Für Bernabò Brea ist eine Göttermaske nur als ein Theatergesicht für den deus ex machina denkbar[527], der am Ende der Tragödie den Knoten entwirrt. Zu dieser Interpretation steht aber der geschlossene Mund im Widerspruch. Wie später begründet wird, lassen sich die Göttermasken wesentlich zwangloser erklären, wenn man sie von Theateraufführungen loslöst. Immerhin gibt es aus dem 5. und frühen 4. Jahrhundert bärtige Dionysosmasken, zum Beispiel aus Boiotien oder in Korinth[528].

Eine weitere großformatige und hochqualitätvolle Maske (Taf. 20 c; Farbtaf. 1 c)[529] aus dem Frühhellenismus gehört nicht zu den Maskentypen der Neuen Komödie wie

515 Vgl. z. B. den Terrakottakopf aus Rom in der Züricher Universitätssammlung L 380, LIMC IV (1988) s. v. Demeter/Ceres Nr. 24 (de Angeli).

516 Rom, Thermenmuseum Inv. 112375. 112376, M. F. Kilmer, The Shoulder Bust in Sicily and South and Central Italy (1977) 203 ff. Abb. 147–152; LIMC IV (1988) s. v. Demeter/Ceres Nr. 23 (de Angeli).

517 Blech a. O. 212 (Anm. 500): Da die Fichte als dem Dionysos geweihter Baum gilt, können Fichtenkränze zu Attributen der Teilnehmer im Thiasos, vor allem von Satyrn und Panen werden. Sie sind aber selten dargestellt.

518 MTL 227 Nr. 12; MPTG 255.

519 Die Ausnahme bildet vielleicht das Fragment Inv. 12981, MTL 228 Nr. 16 Abb. 390; MPTG 258 Abb. 361, ebenfalls mit aufwendigem Ohrring.

520 MTL 225–228.

521 z. B. die Stücke aus Morgantina, M. Bell, Morgantina Studies I, The Terracottas (1981) 146 f. Nr. 145. 146. 149 Taf. 39 ff. Zur Forschungslage und zur Deutung der Büsten s. Hinz, Kult 40 f. mit Anm. 217. – Vgl. auch die Gesichter der oben erwähnten Tonbüsten aus Ariccia.

522 Persephone mit Ährenkranz z. B. auf einer Münze aus Syrakus, LIMC VIII (1997) s. v. Persephone Nr. 36 (Güntner).

523 Vgl. z. B. die große Maske mit Melonenfrisur und geschlossenem Mund Inv. 9762, MTL 217 Nr. 1 Abb. 364 Taf. 37; MPTG 245 ff. Abb. 341. 342.

524 Castello 134 f.; ML X 21 ff.

525 Inv. 10979, MTL 120 G 1 Abb. 194 Taf. 19; MPTG 149 f. Abb. 201. 202.

526 Vgl. M. Flashar, Apollon Kitharodos (1992) 68 f. zum Problem der ikonographischen Ähnlichkeit von Apoll- und Dionysosköpfen.

527 MTL 120.

528 W. Wrede, AM 53, 1928, 90 f.; – Korinth MF–73–3, N. Bookidis – R. Stroud, Demeter and Persephone in Ancient Corinth (1987) 27 Abb. 27; N. Bookidis – J. E. Fisher, Hesperia 43, 1974, 290 f. Taf. 59.

529 Inv. 9729, MTL 152 f. Nr. 1 Taf. 23; Museo Eoliano 112 Abb. 82; MPTG 180 f. Abb. 244. Die Maske gilt bisher als Bor-

bisher angenommen, sondern in den mythischen Bereich. Der Kopf verjüngt sich nach oben, da der voluminöse Bart stärker auslád als der kahle Schädel, auf dem nur von der Spitze her ein Haarbüschel in Richtung Stirn fällt. Über die Stirn lief ursprünglich ein wulstiger Symposionskranz. Ein Rest davon, unter dem auch noch ein herabhängendes Band hervortritt, ist über der rechten Schläfe erhalten. Das eher in die Breite gezogene Gesicht wird beherrscht von einer kurzen, aber dafür breiten und spitzen Nase, über der sich die kaum ansteigenden Brauenwülste wie ein Dach treffen. Die schmalen, mandelförmigen Augen und der breitgezogene Mund bilden weitere Horizontalen. Hängende Fleischpartien über den Wangenknochen, Glatze und weißer Bart charakterisieren die Maske als alten Mann. Auf der rechten Seite ist unterhalb des Kranzrestes eine fast waagrecht nach vorne führende Erhebung erkennbar, die genau an der Stelle des Ohres liegt. Die zunächst ungewöhnlich erscheinende Form läßt sich als umgeklapptes Tierohr verstehen, das zusammen mit Glatze, langem Bart und Stupsnase zur gängigen Ikonographie eines Silens gehört[530], zu dem ja auch der dionysische Wulstkranz vortrefflich paßt. An einem etwas kleineren Fragment desselben Typus (Taf. 20 a. b)[531], wenn auch aus anderer Matrize und mit brauner Haarfarbe, sind die quergelegten Tierohren noch besser zu identifizieren.

Ein ikonographisches Problem stellt eine Gruppe von hellenistischen Männermasken dar, die aufgrund von ganz realistischen Altersmerkmalen, die jedoch mit Bartlosigkeit gepaart sind, aus dem Rahmen fallen. Dazu kommen ein paar bärtige Altmännermasken mit geschlossenem Mund. Ihnen allen fehlen die übersteigerten Züge wie weit aufgerissene Augen, angespannte Augenbrauen oder sonstige Pathosformeln, wie sie bei den an der Formensprache der Neuen Komödie orientierten Masken vorkommen.

Ein gutes Beispiel bietet die in zahlreichen Repliken unterschiedlichen Formates erhaltene Maske eines reifen Mannes mit üppigem Haupthaar[532], das die Stirn als einheitliche, oberflächlich kaum unterteilte Masse rahmt und sich seitlich der Wangen in sichelförmigen Locken fortsetzt. Um den Kopf scheint ein breites Band geschlungen gewesen zu sein. Das Gesicht verrät an den faltigen und hängenden Tränensäcken, ausgeprägten Nasolabialfalten, und hängenden Wangen sein fortgeschrittenes Alter.

Noch expressiver wirkt der Realismus eines verwandten, in zwei Exemplaren erhaltenen Männermaskentypus[533] mit eingefallenen Wangen und Krähenfüßen in den äußeren Augenwinkeln (Taf. 16). Beiden fehlt leider die Haarpartie.

Vier andere Masken (Taf. 14. 15)[534] zeigen jeweils ein unbärtiges Gesicht mittleren Alters mit geschlossenen Lippen und in Falten gelegter Stirn, an dem kein physiognomischer Zug besonders hervorsticht. Trotz ihrer Ähnlichkeiten möchte man die vier Stücke jedoch nicht zu einem Typus zusammenfassen. Denn die Maske in Glasgow besitzt eine sehr summarische ›Stirnfransenfrisur‹, während die Haare bei den drei anderen über der Stirn ein dickeres Büschel bilden, vom dem die Haarpartien zuseiten der Stirn abgesetzt sind. Dagegen scheint das Fragment Inv. 15153 mit seinem schwellenden Inkarnat einen jüngeren Mann darzustellen als Inv. 6921.

Das verbindende und zugleich ungewöhnliche Element bei diesen Stücken, das glatt rasierte Gesicht bei Männern, die das Jünglingsalter überschritten haben, scheint einer frühhellenistischen Mode zu entsprechen, die offenbar von Alexander dem Großen kreiert wurde und sich seitdem allmählich durchsetzte, wie die Diadochenbildnisse, aber auch hellenistische Grabreliefs bezeugen[535]. Eines der frühesten erhaltenen rasierten Bildnisse stellt den um 290 gestorbenen attischen Komödiendichter Menander dar, dessen im Athener Dionysostheater aufgestellte Sitzstatue[536] stilbildend für weitere Komödiendichterporträts wie den Poseidipp oder den Pseudo-Menander[537] gewesen zu sein scheint.

So lag es nahe, die so realistisch wirkenden Gesichter der bartlosen Tonmasken als Porträts von Dichtern der

dellwirt (Pornoboskos). Die richtige Deutung als Silen bereits bei Green – Seeberg in: Webster, MNC³ II 14.

530 Vgl. Verf., AA 1997, 89 f.

531 MPTG 182 Abb. 245.

532 MTL 247 f. Ritratto 3 Abb. 417 f.; Inv. 15476, ML V Taf. 178 Abb. 489; Ritratti 33 ff. »Filemone« (hier H 9 a–f).

533 Inv. 3438, MTL 247 Nr. 2 Abb. 416 Taf. 42, 3; Ritratti 39 Abb. 29. 41 »Difilo«. – London, British Museum 1856.12–26.289, H. B. Walters, Catalogue of the Terracottas in the Department of Greek and Roman Antiquities (1903) 325 D 165. Sie stammen aus demselben Model.

534 Inv. 6921, MTL 245 f. sog. Menander, Abb. 415 (seitenverkehrt) Taf. 1; Museo Eoliano 110 Abb. 79; MedA 5/6, 1992/93 Taf. 23, 5; MPTG 167 Abb. 230 (seitenverkehrt); Ritratti 27 f. Abb. 18 (ergänzt, s. Anm. 419). – Inv. 3450, MTL 249 Nr. 5 Abb. 420 Taf. 42, 2; in ML VII 113 Anm. 1 inzwischen auch als Menander gedeutet, ebenso Ritratti 29 f. Abb. 19. – Inv. 15153, ML VII 126 f. Taf. 86, 1–2; Ritratti 31 Abb. 20. – Glasgow 03.70. dt.14, unpubliziert.

535 R. von den Hoff, Philosophenporträts des Früh- und Hochhellenismus (1994) 43–45; K. Fittschen, Griechische Porträts (1988) 25; P. Zanker, Die Maske des Sokrates (1995) 82. 108 f.

536 K. Fittschen, AM 106, 1991, 243 ff.

537 Ders., AM 107, 1992, 229 ff.

Neuen Komödie zu deuten[538], ja in den drei verwandten liparischen Bildnissen mittleren Alters sogar Menander selbst zu sehen, ein Vorschlag, der in der Forschung weitgehend akzeptiert wurde[539]. Allerdings bringt diese Identifizierung eine Reihe von Problemen mit sich, die bisher nicht berücksichtigt wurden. Denn als Porträtmasken[540] stünden die Stücke aus Lipari völlig allein, und die von Gisela M. A. Richter[541] zusammengestellten kleinformatigen Tonporträts sind bis auf einen späthellenistischen Alexanderkopf aus Alexandria[542] und wenige Fayenceköpfchen[543], die Ptolemäer darstellen könnten, nicht benannt. Einige Tonköpfchen aus Morgantina in Aidone[544] stammen zwar wohl aus dem 3. Jahrhundert v. Chr., doch bleibt ihre Identifikation als syrakusanische Herrscherbildnisse hypothetisch. Die als Schalenmedaillons auftretenden Profilbilder des Euripides oder des Demosthenes scheinen erst ab dem 1. Jahrhundert v. Chr. vorzukommen[545]. Sollten die Tonmasken in Lipari also wirklich Menander meinen, wären sie die frühesten Nachklänge eines großplastischen und beinahe zeitgenössischen Bildnisses.

Nach der von der Porträtforschung allgemein anerkannten Prämisse, daß eine genau übereinstimmende Haarordnung die Zugehörigkeit zum selben Typus sichert[546], ist zunächst zu überprüfen, ob die drei als Menander publizierten Stücke in Lipari dieselbe Person darstellen können. Ihre Frisuren sind jedoch so summarisch angelegt und ähneln sich höchstens in den Grundzügen (ein dickes Haarbüschel über der Stirn wird durch Geheimratsecken von den Schläfenhaaren getrennt), daß eine Zusammengehörigkeit nicht zu beweisen ist, zumal diese Frisur auch bei weiteren, teilweise bärtigen Masken auftaucht[547]. Stellen wir nun das noch am detailliertesten ausgearbeitete Exemplar Inv. 6921 (Taf. 14 a. 15 a. b) dem berühmten, in zahlreichen Repliken überlieferten Bildnis des Dichters gegenüber, das im frühesten 3. Jahrhundert von den Praxitelessöhnen Kephisodot und Timarchos in Athen geschaffen wurde. Zu den Charakteristika des Bildnisses[548], die selbst ungenaue Repliken wiedergeben, gehört eine aus mehreren Strähnen bestehende Haarpartie, die sich auf der hohen Stirn von der linken oberen Ecke in dynamischem Schwung bis über das rechte Auge zieht. Seitlich wird die Stirn von in großem Bogen sichelförmig geschwungenen Strähnen gerahmt[549]. Auch das inschriftlich benannte Bronzebüstchen in Malibu[550], das im Format der liparischen Tonmaske näherkommt, stimmt in diesen Zügen mit der großplastischen Überlieferung überein, während bei dem tönernen Stück zwar die zentrale Haarpartie klar vom seitlich die Stirn und Schläfen rahmenden Haar abgesetzt ist, den charakteristischen geschwungenen Lockenwirbel aber vermissen läßt. Daß dies keine ›Ungenauigkeit‹ aufgrund des Formates oder des Materials Ton ist, beweist ein kleiner Tontondo in Boston[551], der aus einem kaiserzeitlichen Grab in Hadrianotherae in Mysien stammt und mit weiteren Maskentondi vergesellschaftet war. Denn dort trägt Menander die übliche Frisur mit geschwungenem Stirnhaar. Selbst das wohl erst auf eine späthellenistische Erfindung zurückgehende Menanderrelief im Vatikan[552] wiederholt die charakteristische Frisuranlage in groben Zügen[553].

538 MTL 245 ff.

539 K. Schefold, Bildnisse der antiken Dichter, Redner und Denker (1997) 216 zu Abb. 112; Himmelmann, Realistische Themen 151; F. Canciani, Xenia 7, 1984, 43 f.; E. Simon, Gnomon 60, 1988, 640; dies. in: M. Cavalier – M. Bernabò Brea, In memoria di Luigi Bernabò Brea (2002) 167; M. Gigante ebenda 180 f.; Wiles, Masks 80; P. McC. Brown, Liverpool Classical Monthly 9, 7, 1984, 112; M. E. Micheli, BdA 103/104, 1998, 29 Anm. 111.

540 Zur Frage, ob Porträtmasken auf der Theaterbühne (bei Aristophanes) überhaupt denkbar sind: K. Dover in: R. E. Westendorp Boerma (Hrsg.), Komoidotragemata, Studia Aristophanea für W. J. W. Koster (1967) 16 ff. Dover verneint dies entschieden.

541 G. M. A. Richter, Greek Portraits III (1960).

542 Alexandria, Museum Inv. 23168, Richter a. O. 18 Taf. 2 (Anm. 541); G. Grimm, Alexandria (1998) 24 Abb. 19 a–c.

543 Richter a. O. 19 Taf. 5 (Anm. 541).

544 M. Bell, Morgantina Studies I, Terracottas (1981) 210 f. Nr. 714 –717 Taf. 114.

545 Richter a. O. 44 ff. Taf. 44 (Anm. 541).

546 Vgl. beispielsweise V. Kruse-Berdolt, Kopienkritische Untersuchungen zu den Porträts des Epikur, Metrodor und Hermarch (1975) 1. 2 a.

547 z. B. Inv. 3437, MTL 249 Ritratto 7 a mit Abb. 421 Taf. 42, 1.

548 K. Fittschen, AM 106, 1991, 243 ff. Die frühesten Kopien stammen aus dem 1. Jh. v. Chr., ebenda 254 Anm. 20.

549 Vgl. die guten Repliken in Venedig, K. Fittschen, Griechische Porträts (1988) Taf. 97, 1–2, oder in Boston, Fittschen ebenda Taf. 93, 3. 103, 1.

550 B. Asmole in: K. Fittschen, Griechische Porträts (1988) 373 f. Taf. 99, 1–2. 100, 1–2; Fittschen a. O. Nr. 68 Taf. 52, 3 (Anm. 548), H der Büste mit Sockel: 17 cm.

551 Museum of Fine Art 64.701, Durchmesser 14,5 cm, C. C. Vermeule, ProcAmPhSoc 109, 1965, 363 Abb. 4. 5; zur Benennung H. Wrede, Die spätantike Hermengalerie von Welschbillig (1972) 53 Taf. 11, 3. 4; Fittschen a. O. Taf. 91, 3 (Anm. 549). Zur ganzen Tondogruppe s. A. Seeberg in: Studies in Honour of T. B. L. Webster II (1988) 121–130.

552 Inv. 9985, Fittschen a. O 276 f. (Anm. 548); ders., Griechische Porträts (1988) Taf. 104, 1. 105; Bieber, Theater 89 Abb. 317 a–c.

553 Die Replik des Reliefs aus der Sammlung Stroganoff, heute in Princeton ist im Bereich des Kopfes stark ergänzt, Bie-

Demnach fehlen bei den drei liparischen Tonmasken gerade die Merkmale, die sie als Menanderbildnisse zu erkennen geben würden[554], so daß man sich von dieser verführerischen Benennung trennen muß. Die Ähnlichkeiten mit dem Menanderporträt sind lediglich in der Entstehungszeit begründet: Als Schöpfungen des frühen 3. Jahrhunderts sind ihnen die stilistischen Strömungen ihrer Zeit »ins Gesicht geschrieben«.

Dann stellt sich die Frage, ob die ganze Gruppe der bartlosen Altmännermasken (und auch einige bärtige) aufgrund der realistischen Züge überhaupt als Porträts zu verstehen ist. Skeptisch machen vor allem die sehr schematischen Frisuren, bei denen oft die Partien über der Stirnmitte von Geheimratsecken begrenzt werden. Der oben schon zitierte Typus mit Binde (H 9), der in zahlreichen Repliken unterschiedlichen Formates erhalten ist, trägt mit den aus der Stirn gekämmten Haaren eine Theaterfrisur. Aus diesen Erwägungen heraus ist es unwahrscheinlich, daß in den Masken konkrete Personen abgebildet werden sollten, seien es nun Dichter, Schauspieler oder Persönlichkeiten des öffentlichen Lebens. Vielmehr scheinen auch diese Masken bürgerliche Charaktertypen in zeitgenössischer Gestalt darzustellen, bei denen man Freude an realistischen Formen hatte, wie die weißbärtigen Altmännermasken, die zahnlosen Greisinnen, die Frauen mit Modefrisuren oder die Kindermasken.

Ein weiteres Problem bilden die beiden grotesken Masken, die bei Grab 1986 gefunden wurden (Taf. 7)[555], zwei relativ große Masken, die offenbar ohne Zuhilfenahme von Matrizen freihand und als Pendants herstellt wurden. Nach ihrer ganzen Formensprache stehen sie unter den liparischen Stücken allein und sind meines Erachtens nicht auf der Insel hergestellt, sondern importiert worden. Sie zeigen jeweils bartlose, zu Grimassen verzogene Gesichter mit weit geöffnetem und von wulstigen Lippen umgebenem Mund, in dem die obere Zahnreihe sichtbar ist. Unter asymmetrisch gewellten Brauen liegen große kugelige Augen mit breiten Lidern. Beide tragen eng am Kopf anliegende Kappen aus Tierfell, unter denen nirgendswo Haar hervorschaut. Eine der beiden Mützen ist an Lefzen, seitlichen Stoßzähnen, Augen und kleinen halbrunden Ohren als Kopf eines katzenartigen Tieres zu identifizieren, nach der gelben Bemalung könnte ein stark schematisiertes Löwenfell gemeint sein. Die andere Kappe besteht aus einem Fell mit spitzen Ohren und kleinem Gesicht, das in die Stirn ihres Trägers hineinragt. Man fühlt sich am ehesten an einen Luchs oder Marder, vielleicht auch einen Wolf erinnert, doch macht die starke Vereinfachung eine zoologische Bestimmung schwierig. Gegensätzlich gestaltet sind auch die Nasen. Bei der Maske mit Löwenkopfmütze ragt die Spitze weit über die Oberlippe vor, während die Nasenlöcher zurückgesetzt sind. Die andere Maske ziert dagegen eine kurze, relativ breite und nach oben abgeknickte Himmelfahrtsnase. Die beiden Masken erinnern an die Gesichter, die man sonst nur zweidimensional bei den Komödiencharakteren der sogenannten Phlyakenvasen findet, ohne dort im einzelnen schlagende Parallelen nachweisen zu können. Die spitznasige Maske wird man wegen ihrer Löwenkappe am ehesten Herakles nennen wollen[556].

Dem Gegenstück gab Bernabò Brea den Namen »Hades« aufgrund der bereits bei Homer[557] mit seinem Namen verbundenen Kynée, einer Wolfskappe. Das so benannte Maskenpaar Herakles und Hades bezieht er auf eine Komödie, die eine Episode aus dem fünften Buch der Ilias zum Inhalt gehabt habe, in der der Held in die Unterwelt hinabsteigt, um Kerberos zu rauben, und dort auf den Gott trifft[558]. Dieser Deutung widerspricht aber die Ikonographie des Hades, der im griechischen Kulturraum niemals die Wolfskopfmütze trägt[559]. Mit dieser Kopfbedeckung ist er nur in Etrurien abgebildet[560], doch dann immer als bärtiger, reifer Gott[561]. Die Benennung Hades scheidet also

ber, Theater 89 Abb. 316; B. S. Ridgway (Hrsg.), Greek Sculpture in the Art Museum Princeton University (1994) 100 ff. Nr. 32.

554 So auch K. Fittschen mündlich, dem ich für ein Gespräch zu diesem Problem danke. – Die oben schon erwähnte, unpublizierte Maske in Glasgow Inv. 03.70.dt.14 trägt über der langweiligen Frisur aus parallel geführten, summarisch eingeritzten Haarsträhnen einen ungewöhnlichen Kranz aus von Hand angefügten, einzelnen länglichen Blättern und einer Frucht in der Mitte, doch hilft auch dieses Detail bei der Deutung nicht weiter. Als spezifisches Dichterattribut läßt er sich nicht in Anspruch nehmen, da Dichterkränze erst eine Erfindung der Renaissance darstellen, M. Blech, Studien zum Kranz bei den Griechen (1982) 316.

555 Inv. 14584. 14585, ML V 45. 55 ff. Taf. G. H; Museo Eoliano 107 Abb. 77; MPTG 59 ff. Abb. 49. 50. H 13,5 und 15 cm.

556 Vgl. die Heraklesmasken aus Lipari, MTL 36 f. A 6 Abb. 14. 15 Taf. 6 mit falscher Beschriftung, oder das Stück aus der Cavalupo-Nekropole in Vulci, M. T. Falconi Amorelli, StEtr 39, 1971, 195 f. Taf. 37 b, die ebenfalls einen unbärtigen, jugendlichen Herakles darstellen.

557 Ilias V 844 f. Zur Hadeskappe ausführlich A. Krug in: Festschrift F. Brommer (1977) 209 ff.

558 ML V 56.

559 Krug a. O. 210 (Anm. 557).

560 z. B. in der Tomba Golini I in Orvieto oder der Tomba del Orco in Tarquinia, beide Male mit Beischrift, LIMC IV (1988) s. v. Aita, Calu Nr. 5. 6 mit Abb. (Krauskopf).

561 Krug a. O. 211 (Anm. 557).

aus, zumal die beiden Masken keinen stilistischen Bezug zu etruskischen Stücken haben[562].

Dafür käme Perseus in Frage, der die unsichtbar machende Hadeskappe als Leihgabe beim Gorgonenabenteuer trägt, auch wenn diese in der Bildkunst meist als Flügelhut oder normaler Helm und nur sehr selten als Tierfellmütze dargestellt ist. Die wenigen Beispiele für Perseus mit der Wolfskappe, wie zum Beispiel ein Bronzeköpfchen in der Kasseler Antikensammlung, dessen Tierkopfhelm dem unserer liparischen Maske am ähnlichsten ist[563], scheinen samt und sonders aus Italien, hauptsächlich aus Etrurien zu stammen[564]. Daß diese Ikonographie aber auch außerhalb Etruriens vorkam, beweist ein kampanischer Glockenkrater im Vatikan[565] aus dem dritten Viertel des 4. Jahrhunderts. Dort sitzt der mit der Wolfskappe bekleidete Perseus auf einem Stein, im Begriff sich die Flügelstiefel anzuziehen. Die ihm gegenüberstehende Athena reicht ihm die Sichel, mit der Perseus später die Medusa enthaupten wird. Wie seit der Klassik üblich, ist der Held als jugendlich und unbärtig charakterisiert, was zur Bartlosigkeit der liparischen Maske passen würde. Auch als Gegenstück zu Herakles wäre Perseus denkbar. Beide sind als Zeussöhne machtvolle Helden, die mit Götterhilfe Abenteuer bestehen und Ungeheuer überwältigen. Das macht sich offenbar auch bei ihrer Ikonographie bemerkbar. Antje Krug verweist bei dem vatikanischen Glockenkrater darauf, daß das typologische Schema der Szene von Bildern entlehnt ist, in denen Herakles und seine Schutzgöttin Athena dargestellt sind[566]. Selbst als Bühnencharaktere wären beide Figuren möglich[567], will man die Ähnlichkeit der Masken mit den sogenannten Phlyaken auf die Formensprache von Komödienmasken beziehen. Allerdings kennen wir aus der mythologischen Überlieferung kein Zusammentreffen der beiden Heroen, da sie unterschiedlichen Generationen angehören.

Unter den sonstigen Trägern von Tierfellmützen im griechischen Kulturbereich[568] käme noch der trojanische Spion Dolon in Betracht, der zur Tarnung meist ein ganzes Wolfsfell umgelegt hat, wobei dessen Kopf als Mütze dient. Bei einer Maske wäre davon natürlich nur der Wolfskopf zu sehen. Die Dolonepisode[569] scheint im 4. Jahrhundert in Unteritalien eine gewisse Beliebtheit besessen zu haben. Auf Vasenbildern wird der spannendste Moment, die Entdeckung des meist jugendlichen Dolon durch Odysseus und Diomedes dargestellt[570]. Auch eine Verwendung als Bühnenstoff ist belegt[571]. Da aber nur schwer erklärbar wäre, warum man eine Dolonmaske als Pendant zu einem Herakles gestaltet hätte, ist die Deutung auf Perseus vorzuziehen.

Aus der Untersuchung der ikonographischen Problemfälle kann man folgende Schlüsse ziehen:

(1) Die Kränze, die ein Großteil der liparischen Masken trägt, sind kein an das Theater gebundenes Attribut oder Requisit, sondern charakterisieren die in den Masken dargestellten Personen. Die wulstigen vegetabilen Reifen mit herabhängenden Bändern gehörten zur notwendigen Ausstattung von Symposien und damit verbundenen Festen und kennzeichnen ihre Träger als Festteilnehmer im dionysischen Milieu.

(2) Zwei Masken mit idealen Gesichtszügen und geschlossenem oder nur wenig geöffnetem Mund dürften Götter darstellen. Da sie sich gar nicht an der Formensprache von Theatermasken, sondern am klassischen Götterbild orientieren, ist es auch nicht zwingend, in ihnen Nachbildungen der Masken zu sehen, die in den Dramen für den deus ex machina verwendet wurden.

(3) Einige Masken bartloser Männer mit auffälligen Alterszügen und teilweise sogar mit geschlossenem Mund fallen ebenfalls aus dem Rahmen. Ihr Realismus steht im Gegensatz zu den überzeichneten Zügen hellenistischer Theatermasken, ohne deshalb auf Porträts hinzudeuten. Vielmehr scheinen sie zeitgenössische bürgerliche Charaktertypen darzustellen wie die bärtigen Altmännermasken oder die Frauen mit Modefrisuren.

562 Auch die oben zitierte Heraklesmaske in Vulci dürfte ein Import aus Süditalien sein, so C. Weber-Lehmann mündlich.

563 Inv. Br. 49, Krug a. O. 207 ff. Taf. 57 (Anm. 557).

564 Krug a. O. 211 f. (Anm. 557); auch in Unteritalien scheint die Kopfbedeckung des Perseus variabel zu sein. Auf einer apulischen Lutrophore im Getty Museum Malibu (84. AE.996) trägt er bei der Befreiung Andromedas einen geflügelten Greifenkopfhelm, LIMC VII (1994) s. v. Perseus Nr. 189 mit Abb. (Jones Roccos).

565 LIMC VII (1994) s. v. Perseus Nr. 95 mit Abb. (Jones Roccos); K. Schauenburg, Perseus in der Kunst des Altertums (1960) 18. 118 Taf. 3, 2; Krug a. O. 212 (Anm. 557).

566 Krug a. O. 212 (Anm. 557).

567 LIMC VII 1 (1994) 332 s. v. Perseus (Jones Roccos) zur dramatischen Bearbeitung des Perseus-Stoffes.

568 Zur Bedeutung von Tierfellmützen Schauenburg a. O. 110 ff. (Anm. 565). Die übrigen von Schauenburg aufgezählten männlichen Figuren mit Fellmützen sind auszuschließen, da sie als Einzelstücke offenbar keine verbreitete Ikonographie besitzen oder als Gegenstücke zu Herakles nicht verständlich wären.

569 Ilias X 314 ff.

570 LIMC III (1986) s. v. Dolon (Williams); Schauenburg a. O. 111 (Anm. 565); Krug a. O. 208 (Anm. 557).

571 LIMC a. O. 661 (Anm. 570).

Es sind also in Lipari eine ganze Reihe von Masken ausgegraben worden, die man von vornherein nicht mit realen Theatermasken in Verbindung bringen würde. Sonst müßte man alle Typen mit geschlossenem Mund für Masken stummer Rollen erklären[572]. Da diese Stücke aber aus denselben Kontexten stammen wie die übrigen Masken, muß man zunächst einmal eine für alle gemeinsame Bedeutung und Funktion im Grabzusammenhang postulieren. So ist zu überlegen, ob nicht der enge Bezug zum Theater für alle Masken in Frage zu stellen ist, also auch für die jenigen, die in ihrer Formenspache von Theatermasken angeregt sein mögen. Die Symposionskränze bieten dafür ein weiteres Indiz, da sie häufiger vorkommen als dies nach der Zahl der Festmahlszenen in den Dramen zu erwarten wäre.

5 Zwischenergebnis

Der erste Teil der Arbeit galt der isolierten Betrachtung der liparischen Masken. Sie wurden typologisch geordnet, zeitlich eingegrenzt und auf einige ikonographische Besonderheiten hin beleuchtet. Im Hintergrund stand dabei die Frage, ob sich bereits aus der Zusammenschau der Stücke Indizien für ihr immer postuliertes enges Verhältnis zu den realen Theatermasken und letztendlich auch für das übergeordnete Problem, ihre Funktion im Grabkontext finden lassen.

Als Folge der typologischen Ordnung war es möglich, Einblick in die Arbeit der Koroplasten in den liparischen Werkstätten zu nehmen. Die Koroplasten des 4. Jahrhunderts benötigten offenbar nur einen sehr begrenzten Modelschatz, aus dem sie trotzdem eine Fülle von Typen durch nachträgliche Überarbeitung der Ausformung gewannen. Attribute konnten von Hand zugefügt oder entfernt bzw. umgearbeitet werden, ein auch sonst in der Koroplastik, der Toreutik und der Reliefkeramik gängiges handwerkliches Verfahren, das große Variationsmöglichkeiten gestattete. Wenn eine Matrize nicht mehr frisch oder gar nicht mehr vorhanden war, wurden die gewünschten Typen offenbar auch ohne neue Model aus anderen Typen hergestellt. Eine große Hilfe war dabei die weiße Grundierung unter der eigentlichen Farbschicht, mit der man wie mit Stuck modellieren und plastische Werte der Ausformung abmildern oder betonen konnte. Ein solches Spielen mit Formen und deren Abwandlung führt naturgemäß dazu, daß ein Vorbild, das den ursprünglichen Prototyp als Beginn der koroplastischen Tradition angeregt haben könnte, in den abgewandelten und überarbeiteten Versionen – je weiter sie vom Prototyp entfernt sind – immer weniger zu erkennen ist. Selbst wenn also am Beginn der Traditionskette die Anregung durch eine ›reale‹ Theatermaske gestanden haben sollte, so wäre sie aus den mit den oben beschriebenen koroplastischen Methoden entstandenen Stücken kaum zuverlässig wiederzuerkennen, vor allem wenn nicht abzuschätzen ist, wie weit eine Ausformung vom ursprünglichen Prototyp entfernt ist.

Die hellenistischen Masken sind zwar in ihren Typen jeweils an eigene Matrizen gebunden, spielen dafür aber mit der farbigen Fassung, die manchmal erst über männlich oder weiblich entscheidet. Schrumpfungsreihen kommen nur selten vor, während sich gleichzeitig Matrizen für unterschiedliche Fassungen desselben Typs nachweisen lassen.

Die Häufung bestimmter Typen mit ausgeprägten und gut zu unterscheidenden physiognomischen Merkmalen läßt zwar vermuten, daß sie weit verbreitete und beliebte Vorlagen reflektieren, doch gibt es daneben auch Einzelstücke ohne einprägsame Physiognomie (zum Beispiel unter den Kindermasken), die man eher als freie Erfindungen des Tonbildners interpretieren möchte. Nur wenn sich diese Typen als ›international‹ bzw. überregional erweisen ließen oder in erzählenden Zusammenhängen vorkämen, die eindeutig als Theaterszenen zu interpretieren sind, könnte man mit gewissem Recht ihre Herkunft von im Theater getragenen Maskentypen, ja vielleicht sogar festliegenden Charakteren annehmen.

Eine weitere Merkwürdigkeit, die eher gegen eine enge Verbindung mit den realen Theatermasken spricht, liegt in der extrem langen Laufzeit der klassischen Typen und der langen Verwendung der Stücke. Es ist wahrscheinlicher, daß die auf der Bühne getragenen Masken sich nach dem jeweiligen Zeitgeschmack richteten und sich neuen Moden anpaßten. Zumindest scheinen die attischen Komödienterrakotten im 4. Jahrhundert einen allmählichen Wechsel von Kostümen und Masken (von der Alten zur Neuen Komödie) nahezulegen.

Schließlich gibt es Hinweise, daß manche Maskentypen, gerade des 4. Jahrhunderts, von den Köpfen von etwas älteren attischen Komödienterrakotten abhängig sein könnten[573], weil sie außerhalb Liparis als Masken bisher nicht bekannt sind, was wieder für eine koroplastische Überlieferungstradition spräche. Solange eindeutig zuzuordnende Attribute fehlen, ist die Benennung bzw. Identifizierung der Typen schwierig. Die Ausnahme bilden wieder Silene bzw. Satyrn und Pan, die aber häufiger vorkommen als man das erwarten würde, da das hellenistische Theater keinen Chor mehr kennt. Selbst für eine

572 Green und Seeberg in: Webster, MNC[3] I 2 schließen allerdings aus Bildern mit Komödienszenen wie z. B. den Dioskurides-Mosaiken, daß die Schauspieler von stummen Rollen gar keine Masken trugen.

573 s. o. Kapitel II 2 a, Text zu Anm. 198. 199.

Trennung von Tragödien- und Komödienmasken fehlen meines Erachtens bisher stichhaltige Kriterien, sieht man einmal vom Onkos, dem hohen Haaraufbau ab, der aber erst im Frühhellenismus aufkommt und nicht für alle Tragödientypen kanonisch wird. Deshalb bleibt für mich fraglich, ob bei den Masken immer scharf zwischen den einzelnen Gattungen unterschieden wurde.

Die ikonographischen Problemfälle sprechen ebenfalls gegen eine enge Verbindung mit realen Theatermasken: Die vegetabilen Kränze sind offenbar kein allgemeines Theaterrequisit, sondern bezeichnen die Träger als Teilnehmer an Symposien und anderen Festen. Dem häufigen Auftreten der Kränze bei den Masken stehen aber relativ wenige Gastmahlszenen in den erhaltenen Dramen gegenüber, so daß eine Abhängigkeit von realen Theatermasken diesen Schmuck nicht hinreichend erklären würde. Göttermasken und Masken mit geschlossenem Mund sind zudem nur schwer als Bühnenrequisiten verständlich. Die dafür immer vorgeschlagenen Erklärungen als deus ex machina bzw. stumme Rollen wirken gesucht. Die Kindermasken und die bartlosen Masken mit ausgeprägten Alterszügen lassen sich noch weniger in dieses Erklärungsmuster einpassen.

Alle vorgetragenen Argumente legen nahe, die liparischen Masken in ihrer Gesamtheit zunächst einmal von den auf der Bühne getragenen Masken zu trennen, auch wenn sich die tönernen Stücke deren Formensprache bedienen. Daß bisweilen von den Theatermasken Anregungen für die Tonmasken ausgegangen sind, die sich in ihnen einmal mehr, einmal weniger spiegeln, ist unbestreitbar. Doch ist dies für jeden Einzelfall neu zu entscheiden.

Um das genaue Abhängigkeitsverhältnis zu erkunden und Bernabò Breas These vom Vorbild des attischen Theaters für die liparischen Stücke zu überprüfen, muß man ihnen die attischen Theatermonumente gegenüberstellen. Ob sich dann attische Vorbilder für die liparischen Masken herauskristallisieren lassen, wird im nächsten Kapitel zu untersuchen sein.

III Die Beziehung der liparischen Masken zum griechischen Theater

Nachdem in den vorigen Kapiteln das liparische Material isoliert betrachtet und sein mögliches Verhältnis zum Theater aus der Gattung heraus kritisch beleuchtet wurde, soll im folgenden zur Kontrolle der bisherigen Ergebnisse Material aus anderen Landschaften, vor allem aus Athen, der Wiege des griechischen Dramas, und aus Unteritalien und Sizilien als dem geographischen Umfeld Liparis gegenübergestellt werden. Eine vollständige Behandlung sämtlicher, etwa zeitgleicher Tonmasken und Theatermonumente ist im Rahmen der hier verfolgten Fragestellung jedoch verzichtbar – sie böte im übrigen Stoff für ein weiteres Großprojekt. Es genügt bereits eine exemplarische Behandlung, wenn es gelingt zu zeigen, daß nur einige Maskentypen in eindeutig auf das Theater zu beziehenden Zusammenhängen nachzuweisen sind, andere aber nicht. Denn dann relativiert sich der Wert der liparischen Masken in ihrer Gesamtheit als Quellen für das Aussehen griechischer Theatermasken. Zugleich muß ihre Funktion im Grabkontext dann nicht so eng an das Theater geknüpft sein, wie dies die Forschung bisher vermutete. Leider hat man in jedem Falle mit einer Fülle von Problemen zu kämpfen:

(1) Tonmasken dürften überall, das heißt auch außerhalb Liparis, vorrangig Produkte des Kunsthandwerks sein, deren Herstellung den Handwerkstraditionen und Verfahrensweisen der Koroplasten unterlag. Deshalb sind sie in ihrem Verhältnis zum Theater selbst erst zu überprüfen.

(2) Das gleiche gilt für tönerne Komödienfigurinen, zumal seit durch die Modelfunde in Korinth klar ist, daß die Köpfe teilweise separat gefertigt wurden und auswechselbar waren[574].

(3) Masken auf Vasenbildern sind für das Aussehen der Theatermasken ebenfalls nicht auswertbar, da auch sie möglicherweise zuerst den Konventionen der Vasenmaler verpflichtet sind[575]. Beispielsweise entsprechen auf dem Krater des Pronomos-Malers im Neapler Nationalmuseum[576] die Masken des Satyrchores auf der Vorderseite typologisch den Köpfen der den Gott im Thiasos begleitenden Satyrn der Rückseite. Bezeichnenderweise ist der tanzende Satyrschauspieler des Hauptbildes, der die Maske als einziger aufgesetzt hat, nur durch das Fellhöschen von den ›echten‹ Satyrn der Rückseite zu unterscheiden. Daß das Satyrgesicht eigentlich eine Maske meint, ist an der Figur nicht abzulesen und nur aus dem Zusammenhang und der Namensbeschrift ersichtlich. Dazu erschwert die oft summarische Zeichenweise eine Zuordnung zu Typen, was in Websters Maskenlisten zur Komödie und Tragödie schmerzlich fühlbar wird.

(4) Außerdem stellt sich die Frage, seit wann sich für die Masken überhaupt festliegende Typen herausgebildet haben. Denn nach der großen Vielfalt zu urteilen, die die wenigen Maskendarstellungen im 5. Jahrhundert auszeichnet, scheinen typologische Bindungen erst allmählich, im Laufe des 4. Jahrhunderts entstanden zu sein. Und selbst wenn solche Typen in verschiedenen Kunstgattungen auftauchen, wäre zu belegen, daß sie nicht nur durch ein wichtiges Kunstwerk von Gattung zu Gattung tradiert wurden, sondern von einem Bühnentypus abhängig sind.

Zusätzliche Schwierigkeiten entstehen bei dem Versuch, die Herkunft der Typen zu lokalisieren. Die Tonmasken und Komödienfiguren in den Museen stammen großenteils aus dem Kunsthandel und haben keine gesicherte Provenienz, von der Fälschungsproblematik einmal ganz abgesehen. Und selbst die Herkunft aus einer gut dokumentierten Grabung muß für den Ursprung des Typus oder den Produktionsort des betreffenden Stückes noch nichts bedeuten, da viele Typen durch Handel weit verbreitet waren und offenbar auch von den lokalen Werkstätten kopiert wurden[577]. So hat es zum Beispiel nach neueren Grabungsfunden in Korinth den Anschein, daß auch dort Komödienfiguren geschaffen wurden, die fremde, möglicherweise attische Typen nachahmten oder abwandelten[578]. Wo das Urbild des Typus entstand, läßt

574 Vgl. die Model KH 42–46, Corinth XV 1 (1948) 103 Taf. 35. 36 Nr. 44–48 und den Kopf KT 24–11, Corinth XV 2 (1952) 144 Taf. 29 XIX, 12; vgl. auch Himmelmann, Realistische Themen 130 f. zu den Komödienfiguren der New Yorker Gruppe.

575 Zu diesem Problem vgl. auch L. Giuliani, BICS 41, 1996, 74; Green – Seeberg in: Webster, MNC³ I 56 f. II 89 zu Masken auf Gnathiavasen.

576 Inv. 81673, Heydemann Nr. 3240, E. Simon – M. Hirmer – A. Hirmer, Die griechischen Vasen² (1981) 153 f. Abb. 228. 229; J. R. Green, Theatre in Ancient Greek Society (1994) 44 Abb. 2.19; R. Krumeich in: ders. – N. Pechstein – B. Seidensticker, Das griechische Satyrspiel (1999) 562 ff. Taf. 9.

577 Vgl. Himmelmann, Realistische Themen 128 mit Anm. 11 zu den attischen Komödienfiguren der New Yorker Gruppe.

578 z. B. Webster, MMC³ 78 AT 45 mit Taf. 1 a. Dasselbe Phänomen ist auch bei einigen liparischen Terrakotten zu belegen. z. B. verarbeiten die beiden Statuetten in Glasgow attische Komödienfigurentypen (MTL 12 Abb. 7; Webster, Glasgow 6 f. Abb. 9. 10; MPTG 88 Abb. 84). Beispiele der entsprechenden

sich leider nur selten nachweisen, zumal Tonanalysen weitgehend fehlen. Die Sicherheit, mit der Webster und seine Mitarbeiter bzw. Fortsetzer in ihren Büchern die Artefakte nach Landschaften einteilen und zum Beispiel attische Typen von denen anderer Produktionsorte trennen können, ist für mich nicht nachvollziehbar. Man fragt sich, ob das Übergewicht attischer Typen für das 4. Jahrhundert in den Sammelwerken Websters[579] wirklich auf einer künstlerischen Vormachtstellung Athens oder aber nicht mindestens teilweise auf einem athenozentrischen Weltbild der bisherigen Forschung beruht.

Am ehesten auf den jeweiligen Fundort zu beziehen sind Weihreliefs oder choregische Monumente etc., doch haben sich außerhalb Athens fast keine Beispiele erhalten, die zuverlässig mit dem Theaterspiel zu verbinden sind. Vor allem für Unteritalien und Sizilien fehlen relativ sicher lokalisierbare Bildquellen dieser Art. Daran scheiterten auch die bisherigen Bemühungen, die Eigenarten des unteritalischen Theaters herauszuarbeiten und es vom attischen abzusetzen, zumal seit sich die Erkenntnis durchgesetzt hat, daß die sogenannten Phlyakenvasen nicht, wie immer angenommen, die unteritalische Posse, sondern attische Komödienszenen darstellen[580].

Trotz dieser Einschränkungen können bei der Suche nach typologischen Vergleichen die Tonmasken und Komödienfigurinen natürlich nicht ausgeschlossen bleiben, auch wenn das Vorkommen gleicher Typen noch nicht automatisch auf einen Theatermaskentypus schließen läßt.

Beginnen wir wieder bei den Masken der klassischen Gruppe. Lassen sich für sie typologische Vergleiche oder gar Vorläufer finden, die die von Bernabò Brea postulierte enge Verbindung mit Athen bestätigen würden[581]? Eine Durchsicht sämtlicher Listen in den Bänden über Theatermonumente von Webster und seinen Fortsetzern sowie des Theaterarchivs aus dem Nachlaß Websters im Institute of Classical Studies in London als auch der Bestände im Kerameikos und in den amerikanischen Grabungen in Athen ergab, daß bisher keine genauen typologischen Parallelen für die liparischen Maskentypen des 4. Jahrhunderts bekannt sind. Die gesamte Gruppe scheint unabhängig von genauen Vorlagen auf Lipari entstanden zu sein. Daher könnte auch die vereinzelte Replik einer Panmaske aus der Grotta Caruso in Locri stammen. Für die beiden einzigen Stücke ohne gesicherten Fundort aus der Sammlung Serradifalco ließ sich oben ebenfalls eine liparische Herkunft wahrscheinlich machen[582].

Wenige frühe Masken wie der Alte mit dem Pilos aus Grab 1725 (Taf. 6 c. d) oder der Spitzbärtige mit dem Symposionskranz aus Grab 1613 ähneln in ihrer allgemeinen Formensprache den Köpfen einiger attischer Komödienterrakotten aus der New Yorker Gruppe[583], ohne jedoch einen bestimmten Typus zu übernehmen, so daß man eher von liparischen Neuschöpfungen im Stile attischer Komödientypen des späten 5. Jahrhunderts sprechen möchte, so wie sich auch die Figuren der sogenannten Phlyakenvasen an dem Typenspektrum zu orientieren scheinen, das für uns durch die attischen Komödienfigurinen reflektiert wird[584], ohne daß man bei den Kopftypen jedoch genaue Entsprechungen fände.

Nikolaus Himmelmann[585] sah in einigen liparischen Altmännermasken mit tragischem Gesichtsausdruck (Taf. 1 a)[586] aus dem 4. Jahrhundert die »nächsten Verwandten« zu der attischen Marmormaske Inv. 1753 im Athener Nationalmuseum, die einen älteren Mann mit gepflegtem Bart und schön gelocktem Haupthaar zeigt[587]. In der Tat bestimmen die gramzerfurchte Stirn und die schmerzliche Miene mit dem weit geöffneten Mund, der vom Oberlippenbart halb gerahmt wird, bei all diesen Stücken den Charakter des Gesichts und kehren auch bei den beiden oben auf dem attischen Weihrelief in Cagliari[588] aufgehängten bärtigen Masken wieder, doch verbietet schon die kleinteilige Haar- und Bartanlage der Tonmasken, eine direkte typologische Beeinflussung anzunehmen, zumal deren koroplastisches Urbild meines Erachtens älter ist als die hier angeführten attischen Parallelen. Auch der von Himmelmann im gleichen Zusammenhang zitierte

attischen Typen bei R. A. Higgins, Catalogue of the Terracottas in the British Museum I (1954) Taf. 99 Nr. 747 (alte Amme); Taf. 97 Nr. 737 (Sklave). Die Alte aus Lipari ist gegenüber dem attischen Typus stilistisch weiterentwickelt, also jünger.

579 So sehen es Green und Seeberg in: Webster, MNC³ I 55 f.

580 Himmelmann, Realistische Themen 152 f; J. R. Green, Notes on Phlyax Vases, NumAntCl 20, 1991, 54 f; O. Taplin, Comic Angels (1993) 37 ff.; ders. in: A. Sommerstein u. a. (Hrsg.), Tragedy, Comedy and the Polis (1993) 527 ff.

581 Attische Archetypen für die liparischen Masken und Schauspielerterrakotten fordert auch M. Bell in: The Coroplast's Art. Greek Terracottas of the Hellenistic World, Ausstellung Princeton (1990) 69.

582 Zu dem Stück aus Locri im Museum von Reggio Calabria s. o. Anm. 154; zur Sammlung Serradifalco s. o. im Kapitel II 2 a, Text zu Anm. 144–146.

583 s. o. im Kapitel II 2 a, Text zu Anm. 198–200.

584 Himmelmann, Realistische Themen 153.

585 Himmelmann, Realistische Themen 139 f.

586 Inv. 3036. 5069, MTL 34 A 1. 2. Abb. 9. 10. Taf. 4, 1. 2; sowie das Stück ehemals in der Slg. Serradifalco (Taf. 1 b), Libertini, Centuripe 134 Taf. 36, 6; Webster, MTS² 71 ST 3.

587 Himmelmann, Realistische Themen 138 ff. Abb. 70; S. Zoumbaki, ADelt 42, 1994, Mel (1997) 40 Nr. 1 Taf. 3 a, dort in die 2. Hälfte des 4. Jhs. datiert.

588 Webster, MTS² 34 AS 6; Himmelmann, Realistische Themen 140 Abb. 72.

Kopf des Priamos aus dem Giebel von Epidauros[589], der mit Masken und Theater mit Sicherheit nichts zu tun hat, macht deutlich, daß die Übereinstimmungen vor allem in einem leidenden Gesichtsausdruck bestehen, der mit Hilfe von mehr oder minder gleichen physiognomischen Formeln hervorgebracht wird[590]. Konkrete attische Vorbilder dürften demnach nur schwer nachzuweisen sein.

Es ist auffällig, wie sehr in Athen im späten 5. und mindestens noch im 1. Viertel des 4. Jahrhunderts v. Chr. die Tonmasken (ebenso wie Vasenbilder mit Theaterszenen und Reliefs) ihrer Zahl nach hinter den Komödienfigurinen zurücktreten. Webster führt aus diesem Zeitraum nur ein einziges, wenig aussagekräftiges Maskenfragment auf[591] – ein bärtiges Untergesicht von schlechter Qualität. Ein bisher aufgrund schlechter Photos unterbewertetes Stück von der Pnyx, das ebenfalls ein bärtiges Gesicht zeigt (Taf. 6 a. b)[592], erhält durch seinen Fundkontext einen Terminus ante quem von etwa 325 v. Chr. und wird von Webster und Green ins zweite Viertel des 4. Jahrhunderts eingeordnet. Meiner Meinung nach gehört es jedoch wegen seiner klar begrenzten und plastisch stark voneinander abgesetzten Einzelformen in frühere Zeit, wohl noch an die Wende vom 5. zum 4. Jahrhundert, zumal es typologisch und stilistisch große Ähnlichkeit mit dem Kopf einer Figurine aus der New Yorker Gruppe besitzt, dem Sitzenden, der das Kinn auf die rechte Hand stützt[593]. Ob die Maske von der Pnyx und der Kopf der Terrakotte denselben Typus meinen, läßt sich bei dem unvollständigen Zustand der Maske kaum entscheiden. Augenbrauen, Stirn und Frisur scheinen übereinzustimmen, doch wirkt der Blick bei der Figurine grimmiger und weniger lebendig. Zudem scheint ihr Gesicht breiter proportioniert zu sein. Ob sich der Bart bei der Maske ebenfalls nach unten zuspitzte, muß leider offen bleiben.

Trifft diese zeitliche Einordnung der Maske das richtige, wäre das Stück zwar immer noch keine typologische Parallele zu den liparischen Exemplaren, auch wenn es vom Stilcharakter her dem Spitzbärtigen verwandt ist, aber es böte immerhin ein Indiz, daß es auch in Athen etwa gleichzeitig mit den Komödienfiguren vergleichbare Tonmasken gegeben haben muß. So ist immerhin mit der Möglichkeit zu rechnen, daß der bisher für die 1. Hälfte des 4. Jahrhunderts zu konstatierende Mangel an tönernen Masken aus Athen auf die schlechte Fund- und Überlieferungssituation in der Geburtsstätte des klassischen Dramas zurückzuführen ist, gerade auch im Vergleich zu den außergewöhnlich guten Erhaltungsbedingungen in Lipari. Denn anders als dort stammen die attischen Masken nicht aus der Nekropole, sondern sind Siedlungsfunde, teilweise Abfall aus Werkstätten. Andererseits spricht aber auch vieles dafür, daß das Theater innerhalb der dionysischen Ikonographie in Athen – anders als in Unteritalien – einen sehr viel geringeren Stellenwert einnahm. Monumente, die Theaterszenen oder einzelne Requisiten zeigen, sind in Athen, soweit dies nachprüfbar ist, viel konkreter mit dem Theater (Aufführungen oder Mitwirkenden) verbunden[594], als dies in Unteritalien der Fall ist, wo bisher choregische Weihungen nicht bekannt sind.

Wenn auch die attischen Masken eher von ähnlichen physiognomischen Formeln bestimmt scheinen als von konkret zu benennenden vorbildhaften Typen, man denke nur an die bärtigen Männermasken mit schmerzverzerrtem Gesichtsausdruck, ist dann überhaupt mit einer typologischen Bindung der Theatermasken im späten 5. und frühen 4. Jahrhundert zu rechnen, oder wenn nicht, wann beginnt eine solche Festlegung?

Steht man der oben geschilderten Beziehung zwischen dem Maskenbruchstück von der Pnyx (T 79) (Taf. 6 a. b) und dem Kopf des Terrakottentypus aus der New Yor-

589 Himmelmann, Realistische Themen 139; J. F. Crome, Die Skulpturen des Asklepiostempels von Epidauros (1951) Taf. 40. 41; N. Yalouris, Die Skulpturen des Asklepiostempels in Epidauros, AntPl 21 (1992) 26 f. Kat.-Nr. 16 Taf. 16 d–17 b.

590 S. Halliwell, The Function and Aesthetics of the Greek Tragic Mask, in: N. Slater – B. Zimmermann (Hrsg.), Intertextualität in der griechisch-römischen Komödie. Drama, Beiträge zum antiken Drama und seiner Rezeption 2 (1993) 195 ff., bes. 204 ff. argumentiert, daß sich die klassischen Tragödienmasken an den gültigen ästhetischen Normen und dem Stil der anderen Kunstgattungen orientierten und daß deshalb der Ausdruck individueller Leidenschaften gar nicht zu erwarten ist. Die Masken hätten eher heroische Würde u. a. ausgedrückt, Eigenschaften, die dem Charakter der Figur innewohnten. Die Vorstellung, daß sich die Emotionen im Gesicht spiegeln müßten, sei von unseren modernen Sehgewohnheiten beeinflußt. (Den Hinweis auf diesen Aufsatz verdanke ich A. Seeberg).

591 Agora T 1098, T. B. L. Webster, Hesperia 29, 1960, 266. 280 B 10: frühes 4. Jh.; Webster, MMC[3] AT 4: vor 400 v. Chr.

592 Pnyx T 79, Webster, Hesperia 29, 1960, 281 B 23: vor 325 v. Chr.; Webster, MMC[2] 30 AT 28 Taf. 4 a; Webster, MMC[3] 72 AT 31: 2. Viertel 4. Jh.

593 New York, Metropolitan Museum of Art 13.225.19; Webster, MMC[3] 58 AT 22 a; Bieber, Theater 47 Abb. 198; Himmelmann, Realistische Themen 125 Abb. 56 (dritte Figur von links); Repliken im Kanellopoulos-Museum Inv. 1958 (= Webster, MMC[3] AT 22 c) und von der Pnyx T 76 (AT 22 b).

594 z. B. choregische Weihungen, Weihungen von Schauspielern oder Musikern wie das Weihrelief in München, Grabreliefs von Dichtern (Lyme Park) oder Schauspielern (Grabrelieffragment im Piräus, Kopenhagen), Ehrendekret von Aixone. Die jüngste Behandlung dieses Materials geschah durch M. E. Micheli, BdA 103/104, 1998, 1–32 mit einer Zusammenfassung des jeweiligen Forschungsstandes.

ker Serie eher skeptisch gegenüber, führen die ersten – seltenen – Beispiele dafür, daß ein Maskentypus in verschiedenen Zusammenhängen wiederholt wird, ins 2. Viertel des 4. Jahrhunderts: Der Typus eines grimmig blickenden Mannes hat sich sowohl in einer Marmormaske des Athener Nationalmuseums[595], auf einem kürzlich publizierten attischen Weihrelief in der Münchner Glyptothek[596] aus der Zeit um 360 v. Chr., als auch bei einer Terrakotte in Oxford[597] erhalten. Himmelmann bezieht zusätzlich eine der beiden Masken auf dem Grabrelief in Lyme Park[598] auf diesen Typus. Der zweite Maskentypus auf dem Grabrelief, den Himmelmann in einer weiteren Marmormaske in Athen[599] erkannt hat, ist ebenfalls auf dem Münchner Weihrelief vertreten und kommt in der Kleinkunst in einer Maske aus Olynth[600] vor. Zu demselben Terrakottatypus gehört aufgrund der Augenform mit eingedrückter Pupille und der differenzierten Gestaltung des Oberlippenbartes meines Erachtens ein weiteres Maskenfragment aus Olynth[601]. Dann allerdings wäre der Typus mit einem Spitzbart zu ergänzen, wofür auch die Terrakotte im Pariser Cabinet des Médailles[602] spräche, die möglicherweise trotz des massigeren Haarwulstes und des vordachartigen, horizontalen Schnurrbartes diesem Typus angehört[603]. Bei den drei zitierten Marmorversionen ist die Kinnpartie jeweils beschädigt. Trifft die Ergänzung mit Spitzbart das richtige, wäre ein in mindestens zwei vollständigen Exemplaren überlieferter liparischer Sklaventypus (Taf. 18 a)[604] mit Spitzbart der direkte, stilistisch weiterentwickelte Nachfolger der Neuen Komödie.

Demnach sollte man angesichts unseres lückenhaften Materials aus Athen zumindest ab dem 2. Viertel des 4. Jahrhunderts die Existenz fester Typen erwarten. Eigenartigerweise sind in Athen – wie eben dargelegt – am ehesten Typen nachweisbar, die man als Sklaven interpretieren möchte, während in Lipari sowohl im 4. Jahrhundert als auch in der hellenistischen Gruppe solche Sklaventypen ihrer Anzahl nach völlig in den Hintergrund treten.

Auch aus Unteritalien und Sizilien fehlen frühe Masken fast völlig. Eines der wenigen Beispiele, ein jugendlich bartloses Gesichtfragment aus Rosarno, das von Webster ins späte 5. oder frühe 4. Jahrhundert datiert wird, wohl weil das damit vergesellschaftete Material auch überwiegend dieser Epoche entstammte[605], gibt keine klare Vorstellung und hat mit den liparischen Stücken wohl nichts zu tun.

Dennoch tauchen ikonographische Elemente, die man im weitesten Sinne mit dem Theater verbinden würde, seit dem späten 5. Jahrhundert auch in Unteritalien auf, so die sogenannten Phlyakenvasen[606], die oft Komödienszenen auf einer Bretterbühne zeigen. Aber auch dionysische Bilder, auf denen Dionysos oder ein Schauspieler eine Maske halten, beginnen in dieser Zeit[607]. Je nachdem, wie früh man die ältesten Masken in Lipari ansetzt, könnte ihr Beginn mit einem allgemeinen Wechsel in der dionysischen Ikonographie in Unteritalien zusammenfallen, in dem Theaterelemente eine zunehmend größere Rolle spielen. Dennoch scheint sich die Formensprache in Lipari weitgehend selbständig entwickelt zu haben. Ähnliche und wohl gleichzeitige Entwicklungen im Mutterland können höchstens Anregungen gegeben haben. Eine zeitliche Priorität Athens ist zwar wahrscheinlich, da Figuren mit Masken und Bühnenkostümen schon in der 1. Hälfte des 5. Jahrhunderts auf attischen Vasen vereinzelt vorkommen[608], doch mangels gut datierbarer Monumente nicht

595 Inv. 1752, Himmelmann, Realistische Themen 135 f. Abb. 68; Zoumbaki a. O. 50 Nr. 19 Taf. 7 c (Anm. 587).

596 Vgl. München, Glyptothek Inv. 552. K. Vierneisel – A. Scholl, MüJb 53, 2002, 7–55. Die Maskenreihe ist abgebildet bei F. W. Hamdorf (Hrsg.), Hauch des Prometheus, Meisterwerke in Ton, Ausstellung München (1996) 152 Abb. 177; A. Schmölder-Veit in: S. Moraw – E. Nölle (Hrsg.), Die Geburt des Theaters in der griechischen Antike (2002) 101 Abb. 137.

597 Ashmolean Museum 1939.350, Himmelmann, Realistische Themen 131 f. mit Anm. 26 Abb. 67; C. E. Vafopoulou-Richardson, Ancient Greek Terracottas, Ashmolean Museum Oxford (1991) 38 f. Nr. 43.

598 Himmelmann, Realistische Themen 135 f. Abb. 73, Detail Abb. 76; A. Scholl, JdI 110, 1995, 213 ff. Abb. 1. 3.

599 Athen, Nationalmuseum 1754, Himmelmann, Realistische Themen 136 ff. Abb. 69; Zoumbaki a. O. 51 Nr. 20 Taf. 7 d (Anm. 587).

600 D. M. Robinson, Olynthus VII (1933) Nr. 288 Taf. 37. Zu diesem Typus gibt es übrigens ein Gegenstück mit seitenverkehrter Anspannung der Augenbrauen auf der Athener Agora, T 2065, T. B. L. Webster, Hesperia 29, 1960, 270 f. 281 B 22 Taf. 67; Himmelmann, Realistische Themen 133 mit Anm. 32 datiert es früher als Webster und Green (Webster, MMC^3 AT 107) noch vor die Mitte des 4. Jhs.

601 D. M. Robinson, Olynthus IV (1931) Nr. 392 Taf. 43.

602 Himmelmann, Realistische Themen 131. 133 Abb. 66. 137.

603 So auch Himmelmann, Realistische Themen 137.

604 Inv. 9755, MTL 200 f. Nr. 3 Abb. 329 Taf. 34, 3; Inv. 3358, MTL 202 Nr. 10 Abb. 333 Taf. 35; MPTG 222 f. Abb. 310. 309; (hier H 55 a. b).

605 P. Orsi, NSc 1917, 54 ff. Abb. 29, 7 (Zeichnung); Webster, MTS^2 81 LT 1.

606 A. D. Trendall, Phlyax Vases^2 (1967) (= BICS Suppl. 19); O. Taplin in: A. Sommerstein (Hrsg.), Tragedy, Comedy and the Polis (1993) 527.

607 Trendall a. O. 91 Nr. VII. 93 Nr. XIII (Anm. 606).

608 Vgl. z. B. der Glockenkrater in Ferrara Inv. 20299, Webster, MTS^2 46 AV 10 Taf. 1a; F. Berti – C. Gasparri (Hrsg.), Dionysos. Mito e mistero (Ausstellung Comacchio) (1989) 134 f. Nr. 64 mit Abb. oder – bereits aus der zweiten Hälfte des 5. Jahrhunderts – die Pelike des Phiale-Malers in Boston 98.883,

schlüssig nachzuweisen. Himmelmann hat zurecht darauf aufmerksam gemacht, daß für die Typen des New Yorker Komödienfigurensets bisher keine Vorläufer bekannt sind[609].

Der Wandel am Übergang von der Spätklassik zum Hellenismus, der zu einer stärkeren Standardisierung im Bereich der Koroplastik und zu einer wachsenden Bedeutung der Matrize für den Typus führte, läßt im Hellenismus eine stärkere Bindung an feste Typen erwarten. Außerdem ist in vielen Gattungen eine »Internationalisierung« der Kunst zu beobachten, bei der landschaftliche Eigenheiten zugunsten einer gemeinsamen Formensprache zurückgetreten sind und berühmte Schöpfungen schnell in weit entfernten Orten rezipiert wurden. Demnach sollte es leichter fallen, die Maskentypen der hellenistischen Gruppe auch außerhalb Liparis zu fassen.

Eine große Hilfe stellt die monumentale dritte Auflage von Websters Sammelwerk »Monuments Illustrating New Comedy« dar, die von Green und Seeberg gegenüber der vorigen Ausgabe weitestgehend neu bearbeitet wurde. In ihr sind die liparischen Funde teils als Vertreter attischer Typen, teils als sizilische Werke aufgenommen, wobei bei der Zusammenstellung der Typen einige Abweichungen zu Bernabò Breas Ordnung (in MTL) auffallen. Auch zu der hier in den typologischen Listen im Anhang vorgeschlagenen Gruppierung ergeben sich oft Unterschiede. Beispielsweise ist eine ganze Reihe von Exemplaren aufgezählt, die nach meiner Einteilung noch zur Gruppe des 4. Jahrhunderts gehören[610]. Andere Stücke dürften zum Beispiel aufgrund ihrer Inkarnatfarbe männliche statt weibliche Masken darstellen[611]. In einigen Fällen beruhen die Zuordnungen zum gleichen Typus eher auf nur allgemeinen Ähnlichkeiten. Eine erschöpfende Auseinandersetzung und detaillierte Begründung, warum hier abweichende Meinungen vertreten werden, würde für die Argumentation keinen großen Nutzen bringen. Deshalb soll es bei wenigen beispielhaften Bemerkungen bleiben.

Auch Webster, Green und Seeberg gehen vom archäologischen Material aus, das sie nach »inneren Kriterien« kategorisieren, wie sie in ihrer Einleitung ausdrücklich betonen[612]. Die Zuordnung zu den Charakteren aus der Komödienmaskenliste des Pollux erfolgt erst in einem weiteren Schritt, wobei oftmals mehrere »archäologische« Typen denselben Maskennamen erhalten. Zugleich weisen sie auf die Schwierigkeiten hin abzuschätzen, welche Variationsbreite ein Typus erreichen kann, der in unterschiedlichen Landschaften aufgenommen und tradiert wird[613]. Denn der überwiegenden Masse des Materials fehlt ein gesicherter Fundkontext. Sie wird von den Autoren deshalb nur hypothetisch zum Beispiel aufgrund von Herkunftsangaben aus dem Kunsthandel mit Landschaften verbunden.

So bietet ein geschlossener Fundkomplex wie derjenige aus Lipari natürlich den großen Vorzug, die Bandbreite einzelner Typen innerhalb eines Produktionsortes beobachten zu können. Auf dieser Grundlage ist dann vielleicht der Blick geschärft, um das Spektrum andernorts besser abschätzen zu können. Auf jeden Fall ist es gerechtfertigt, bei der Suche nach Vergleichen und möglichen typologischen Vorläufern für die liparischen Maskentypen die hier vertretenen strengen Maßstäbe anzulegen.

Betrachten wir beispielsweise die Masken, die Green und Seeberg unter 1 AT 37 zusammengestellt haben[614]. Sämtliche Stücke sind des mehr oder weniger trichterförmig den Mund rahmenden Bartes wegen als Sklaven zu deuten[615], so daß die Stücke in der Auflistung eigentlich in die Nähe von 1 AT 58 gehören sollten. Die Autoren schreiben dem Typus einen dreieckigen Bart mit abgerundeten Seiten zu, ein Kriterium, das sich aber mit zunehmend ausgeprägterer Trichterform des Bartes abschwächt[616]. Es hat sich deshalb mehr bewährt, die Form der Augenbrauen als Hauptunterscheidungsmerkmal zu benutzen, zumal sie sich auch auf die Gestaltung der Stirn und der Augenpartie auswirkt. Unter diesem Gesichtspunkt kann man die unter dieser Nummer subsumierten Masken in mehrere Gruppen einordnen. Bei dem sehr qualitätvollen Londoner Stück aus Naukratis (k) (Taf. 18 b) sind die Brauen schönlinig und symmetrisch nach oben geschwungen, so daß sich darüber zwei wulstige, quer über die Stirn laufende Falten bilden, die sich über der Stirnmitte nur leicht senken. Die großen, nach vorne aus ihren Höhlen fallenden Augäpfel geben dem Gesicht einen stechenden Blick. Darin ähnelt ihm das zweite Londoner Exemplar (h) (Taf. 18 b), bei dem die Brauen und Oberlider jedoch stärker hochgezogen erscheinen, so daß sie fast bis zum Haaransatz reichen.

Bieber, Theater 26 Abb. 90; Webster, MTS² 47 AV 20; Himmelmann, Realistische Themen 142. 146 Abb. 78; J. Boardman, Attic Red Figure Vases (1989) Abb. 124.

609 Himmelmann, Realistische Themen 131.

610 So beispielsweise 1 ST 37; 1 ST 44 d; 1 ST 45; 1 ST 46 a–d, letzter ist in mehrere Typen zu teilen.

611 So 1 ST 43 und 1 ST 45.

612 Webster, MNC³ I 6.

613 Webster, MNC³ I 55 f.

614 Webster, MNC³ II 17 f. Die Exemplare b) und j) in Kairo und Tel Aviv, von denen offenbar keine Photos publiziert sind, waren mir nicht zugänglich.

615 Zur Frage, ob Sklaven einen Spitzbart haben können, s. Himmelmann, Realistische Themen 132 mit Anm. 28. 133 ff.

616 z. B. an dem Stück aus Naukratis in London (1 AT 37 k).

Im Gegensatz zu den sehr scharfgratigen und linearen Formen der Maske aus Naukratis herrscht allerdings eher eine teigige Plastizität vor, was besonders an der Stirn zu beobachten ist. Das liparische Fragment[617] (i) zeichnet sich zwar durch einen ähnlich expressiven Blick aus wie dasjenige aus Naukratis (k), doch werden wiederum ganz andere plastische Mittel eingesetzt. Die Brauen sind nicht als zwei zirkumflexförmige Grate aufgelegt, vielmehr hat man den Eindruck, ein Teil der Stirn bilde eine Ausbuchtung, die sich keilförmig über die Nasenwurzel schiebt. Zwei diagonale Kerben über den Augen und zwei breitere horizontale Eintiefungen markieren Stirnfalten. Eine Trennung der Brauen über der Nasenwurzel wie bei dem Londoner Stück (k) fehlt also. Ob man die Abweichungen bei den drei Masken noch als verschiedene lokale Spielarten desselben Typus interpretieren kann, ist schwer zu entscheiden[618].

Die aus dem Model in Budapest (a) genommene Ausformung besitzt anders als die eben betrachteten Sklavenmasken nur wenig angehobene Augenbrauen, so daß die horizontalen Stirnfalten in der Mitte kaum durchhängen. Die kreisrunden Augenhöhlen liegen relativ nahe beieinander. All dies bewirkt einen ruhigen Gesichtsausdruck, der sich von dem der beiden Londoner Stücke (h und k) und dem liparischen Exemplar (i) abhebt. Eine typologische Verbindung erscheint deshalb sehr fraglich.

Mit Sicherheit sind aufgrund der asymmetrischen Brauenführung die Nummern c–f von den obigen abzutrennen. Eng zusammen gehören die beiden Stücke Inv. 1861 und 1862 (c und f) in der Sammlung Kanellopoulos (Taf. 18 c. d), auch wenn letzteres sehr flau wirkt und die ursprünglich den Typus auszeichnende Führung der linken Braue kaum noch zu erahnen ist. Die charakteristische Brauenform begegnet nämlich bei zwei Masken aus Lipari (Taf. 18 a)[619] wieder, die offensichtlich denselben Typus überliefern. Bei ihnen steigt die rechte Braue in steiler Diagonale zur Stirnecke hin auf, während die linke zunächst parallel zu ihr wulstig aus der Nasenwurzel hervorkommt, um auf Höhe des Oberlides in einer Haarnadelkurve in die Horizontale umzubiegen und dann gewellt zur Schläfe zu verlaufen. Auch die weit auseinandergezogenen, kugeligen, aber tief in ihren Höhlen liegenden Augen, der breitgezogene Mund und die kleine Nase entsprechen sich. Der bei den liparischen Stücken deutlich artikulierte Spitzbart ist bei dem schärferen Stück in der Sammlung Kanellopoulos noch zu erraten.

Dieser Sklaventypus muß sehr bekannt und weit verbreitet gewesen sein, denn er begegnet auch stark vereinfacht und sehr verkleinert rechts oben auf der kleinen Maskenplakette aus einem Grab in Amphipolis[620].

Das dritte Stück aus der Sammlung Kanellopoulos (Inv. 1866) bleibt in seiner Qualität hinter den beiden anderen zurück und erinnert mit seinen schnurhaft dicken Brauen nur noch entfernt an das ursprüngliche Schema. Hier ist die rechte Braue weniger steil erhoben als die linke, die Augen sind fast rundplastisch als Kugeln erfahrbar, die Unterlippe in weitem Bogen heruntergezogen.

Das Stück in München[621] (e) schließlich spielt wieder eine Sonderrolle, da die Brauen zwar asymmetrisch, aber wieder anders als bei der eben betrachteten Gruppe geschwungen sind. Die rechte Braue verläuft über dem inneren Augenwinkel zunächst waagerecht, um dann in scharfem Winkel in Richtung Stirnecke aufzusteigen. Die linke dagegen schlängelt sich parallel zum Oberlid nur flach ansteigend bis zur Schläfe. Unter ihnen wirken die Augen wie zusammengepreßt und scheinen deshalb seitlich aus ihren Höhlen zu quellen. Die Frisur, deren mittlere Partie weiter in die Stirn hineinreicht, erinnert an das Londoner Stück (h) (Taf. 18 b), bei dem aber die symmetrisch hochgezogenen Brauen und die Augenpartie abweichen.

Die asymmetrische Anordnung der Augenbrauen kommt noch bei einem weiteren, Athen zugeordneten Typus vor[622], nämlich 1 AT 58. Er unterscheidet sich von dem oben erwähnten Typus Kanellopoulos-Lipari (Taf. 18 a. c. d) dadurch, daß der die Brauen bildende Wulst ohne Unterbrechung von der rechten zur linken Augenbraue übergeht, anstatt eine Verbindung mit der tief eingezogenen Nasenwurzel einzugehen. Zugleich bewirkt die zusammengekniffene Augenpartie einen grimmigen Charakter, zu dem auch die platte, breit auf dem Schnurrbart aufliegende Nase paßt. Die beiden qualitätvollen Exemplare aus Korinth (a) (Taf. 19 d) und in Budapest (d) verbinden diese

617 Inv. 3369, MTL 205 Nr. 1 Abb. 339; MPTG 226 f. Abb. 316 (hier H 61 a).

618 Das Fragment in Nicosia (g) ist seines schlechten Zustandes wegen schwieriger zu beurteilen.

619 Inv. 9755, MTL 201 Nr. 3 Abb. 329 Taf. 34, 3; Inv. 3358, MTL 202 Nr. 10 Abb. 333 Taf. 35. – MPTG 222 f. Abb. 310. 309 (hier H 55 a. b).

620 Kavalla, Museum E 489, 10 x 10 cm; D. Lazaridis, Amphipolis (1997) 67. 107 Abb. 75 (gut); MTL 138 Abb. 226; J. R. Green, Theatre in Ancient Greek Society (1994) 113 Abb. 5. 6 (weniger stark von oben gesehen); H. Froning in: Moraw – Nölle a. O. 95 Abb. 133 (Anm. 596); Webster, MNC^3 I 56; II 34 f. 1 BT 5 Taf. 11; Green und Seeberg erwägen eine attische Herkunft des Pinax. Die Maske unten rechts kann der dunklen Hautfarbe wegen nicht weiblich sein, was schon Bernabò Brea, MTL 195 gesehen hat.

621 Gute neue Abb. in: F. W. Hamdorf (Hrsg.), Hauch des Prometheus, Ausstellung München (1996) 164 Abb. 198 (Kat. 17.16).

622 Webster, MNC^3 II 25 f.

Eigenschaften mit üppiger Haar- und Bartpracht[623]. Auch dieser Typus ist in Lipari in zwei Fragmenten vertreten (Taf. 19 a–c)[624], von denen letzteres die zugehörige runde Bartform überliefert. Daß bei ihnen beiden Haar und Bart in einem wesentlich ausgeglicheneren proportionalen Verhältnis zum Gesicht stehen, kann man wohl eher als ein stilistisches denn typologisches Kriterium werten und ihrem früheren Entstehungsdatum zuschreiben. Von den drei anderen liparischen Masken, die Green und Seeberg unter 1 AT 58 subsumieren[625], gehört das Fragment (g) ebenso wie das Stück in Thasos (j) wegen des milderen Gesichtsausdruckes eher zum anderen Typus, während (i) durch die gesenkte linke Braue leicht abweicht.

Gänzlich unklar bleibt mir, nach welchen Kriterien die Masken als attisch erkannt wurden, da die Fundorte, falls bekannt, – Salamis auf Zypern, Naukratis, Korinth, Thasos etc. – oft weit entfernt liegen. Und weshalb ein Teil der liparischen Stücke Athen, andere aber als lokale Ausformungen Sizilien zugeordnet wurden, wie zum Beispiel die oben zitierten Sklavenmasken, die das Brauenmotiv der beiden Masken der Sammlung Kanellopoulos exakter überliefern[626], ist ebenfalls schwer verständlich.

Aus den eben dargestellten Vergleichen läßt sich die Schlußfolgerung ziehen, daß es mindestens zwei weit verbreitete Sklavenmaskentypen mit asymmetrischer Brauengestaltung gegeben hat, die sich in ihrem Gesichtsausdruck und der Bartform unterschieden[627]. Von beiden sind in Lipari frühe Vertreter erhalten.

Auch die vier unter 1 AT 57 versammelten Masken bilden meines Erachtens keinen gemeinsamen Typus. Wie schon früher dargelegt, sind die Stücke aus Lipari und London (b und c)(Taf. 16) Repliken aus derselben Matrize und damit liparische Erzeugnisse. Die Masken in Dresden[628] (a) und Nauplion[629] (d) weichen dagegen erheblich von ihnen ab: Bei dem Dresdener Stück ist die Stirn wesentlich bewegter gestaltet, der Mund oval geöffnet, dasjenige in Nauplion besitzt ebenfalls ein reicheres Stirnrelief und große, kugelige »Froschaugen«. Eine Verbindung mit dem attischen Koroplastenhandwerk oder dem dortigen Typenspektrum ist wieder nicht ersichtlich. Es muß aber auch hier wieder eine ganze Reihe verwandter Typen gegeben haben, die, wenn die Indizien nicht trügen, ›international‹ waren. So kommen die eingefallenen, rasierten Wangen bei einem leider nur fragmentarischen Männertypus aus Lipari (Taf. 17 a)[630] vor, der durch eine wulstige Unterlippe, eine knotenförmige, weit vorgeschobene Nasenspitze, weit aufgerissene Augen und dicke Haarmasse in Ohrhöhe charakterisiert ist. Es spricht viel dafür, daß die gleiche Maske unten rechts auf dem tönernen Pinax aus Amphipolis[631] gemeint ist, die dort eine gekrauste Frisur trägt. Beide sind aufgrund ihrer dunkelorangenen bis rötlichen Inkarnatfarbe mit Sicherheit als männlich zu verstehen. Ob auch das liparische Stück statt des sonst üblichen langweiligen, strähnigen Haarkranzes eine solche Löckchenfrisur besaß, ist nicht mehr mit Sicherheit zu entscheiden. Wenn ja, dann gäbe es einen verwandtenTypus, der ungefähr dieselbe Physiognomie mit der stereotypen Haarwulstfrisur verband. Seine beiden Vertreter ehemals in der Sammlung Lecuyer (Taf. 17 b) und in Schweizer Privatbesitz[632] lassen allerdings die hageren Wangen vermissen, während Nasen-, Augen- und Mundform weitgehend übereinstimmen.

Überhaupt ist häufig festzustellen, daß die Typen eng beieinanderliegen und sich nur in Nuancen unterscheiden, die aber dennoch den Charakter stark verändern können. Dies ist unter anderem an einer verschollenen Maske aus Ponticelli (Taf. 23 b)[633] zu beobachten, die von Green und

623 Korinth, MF 10501; Budapest T 301, Webster, MNC³ Taf. 8. Ganz ähnlich ist auch das Stück in der Sammlung von Schoen 1 AT 58 e.

624 Inv. 9756, MTL 201 Nr. 4 Abb. 330; MPTG 224 Abb. 311. – Inv. 3371, MTL 202 Nr. 5 Abb. 331 (hier H 57).

625 (f), (g) und (i), Inv. 3362, MTL 203 Abb. 336; Inv. 3368, MTL 203 Abb. 335 r. (hier H 55 f); Inv. 9295, MTL 202 Abb. 332; MPTG 224 Abb. 312 (hier H 56).

626 1 ST 40 a. b; Sie sehen in den beiden Stücken die lokale Version zu 1 AT 58, dessen Exemplare aber durch die grimmigere Augen- und Stirnpartie und die abgerundete Bartform abweichen.

627 Die Fassung mit rundem Bart und grimmigem Blick taucht zusammen mit anderen Komödienmaskentypen links unten in der Ranke eines späthellenistischen Mosaiks aus Pompeji im Neapler Nationalmuseum Inv. 114281 auf: Pompei, Pitture e Mosaici VIII (1998) 279 Abb. 23.

628 Zu den Stücken in Lipari und London s. Kapitel II 4 Anm. 533. – Dresden, Inv. 2600, J. Fischer, Griechisch-römische Terrakotten aus Ägypten (1994) 196 Nr. 345 Taf. 29. Datierung dort späthellenistisch-frühkaiserzeitlich, außerdem versehentlich als alte Frau gedeutet. Die Haarkranzfrisur spricht aber für einen Mann.

629 Unpubliziert, Photo im Theaterarchiv im Institute of Classical Studies London.

630 Inv. 9752, MTL 195 Nr. 1 Abb. 319 Taf. 34, 5; MPTG 216 f. Abb. 302 (hier H 10).

631 s. o. Anm. 620.

632 Die beiden Exemplare Webster, MNC³ 1 AT 48. Das Stück in der Sammlung Lecuyer ist verschollen und nur in einer verzerrten Abb. in Aufsicht bekannt. Ob die Stirn- und Brauenpartie in der »gelockten« Fassung übereinstimmte, ist anhand der winzigen Maske auf dem Pinax kaum zu beurteilen.

633 NSc 1922, 275 Abb. 15; Webster, MNC³ 1 AT 41 b. Das Neapler Nationalmuseum besitzt nach Auskunft von S. de Caro nur das weibliche Gegenstück (Taf. 23 a–c). Zu dem Grab, dessen

Seeberg mit einer Jünglingsmaske in Brüssel[634] zusammengestellt wird. Die beiden auf den ersten Blick durchaus ähnlichen Stücke setzen sich voneinander ab, wenn man erkannt hat, daß die nur in einem schlechten Photo publizierte Maske aus Ponticelli einem Typus in Lipari genau entspricht[635]. Dieser besitzt eine extrem hohe, sich keilförmig nach vorne schiebende Stirn, die von kantigen, in hohem Bogen geschwungenen Brauen begrenzt wird. Die kugelförmigen Augen sind aufgerissen und liegen weit auseinander, getrennt von einer unförmig dicken, nach unten zu über die ganze Breite des Mundes ausladenden Nase. Im Vergleich dazu wirken bei der Brüsseler Maske die Augen mit ihren wesentlich flacheren Augäpfeln zur Nasenwurzel hin konzentrierter, die Brauen schwingen sich sanfter zu den Seiten, die Stirn ist mit ihren zwei Horizontalfalten kurz unter dem Haaransatz weniger betont und drängt auch nicht so stark nach vorne. Damit vereint sie Eigenschaften zweier Jünglingstypen aus Lipari, deren Unterschiede im Kapitel zur Typologie dargelegt wurden[636]. Während sie die weit geöffneten Augen und die hochgezogenen Brauen vom einen liparischen Typus übernimmt, stammen die doppelten Stirnfalten sowie die einfachere Haarwulstfrisur vom anderen (Taf. 8 a). Die Adlernase des Brüsseler Stückes dürfte einer modernen Ergänzung geschuldet sein.

Doch in welchem Verhältnis steht dazu die kleine Jünglingsmaske unten links auf dem Tonpinax aus Amphipolis? Für Green und Seeberg[637] stimmt sie mit dem eben beschriebenen Brüsseler Stück überein, Bernabò Brea verbindet sie mit seinem »Panchrestos«, der jedoch in mehrere Typen zu zerlegen ist. Unter diesen käme der geschwungenen Brauen wegen nur derjenige mit dem artifiziellen Haarwulst aus gewellten Locken (H 28) in Frage, der dann auf dem Pinax stark vereinfacht wäre[638].

Wenn dies zutrifft, wäre ein weiterer Maskentypus auch außerhalb Liparis vertreten.

Für die Jünglingsmaske mit weit geöffneten Augen, aber fast horizontalen Brauen (H 29) gibt es zumindest einen engen Vergleich aus Sizilien, eine bisher unpublizierte Maske aus der Nekropole von Termini Imerese, die im Archäologischen Museum von Palermo (Taf. 8 b) ausgestellt ist[639].

Eine Bestätigung dafür, daß die beiden in Lipari herausgearbeiteten Jünglingstypen wirklich als getrennte Maskencharaktere nebeneinander existierten und universelle Verbreitung fanden, bietet ein späthellenistisches Mosaik im Neapler Nationalmuseum, das aus einem Speiseraum in der »Casa delle Colombe a mosaico« stammt[640]. Dort sind in die das Emblem rahmende Granatapfelranke zahlreiche Komödienmasken eingestreut, darunter in der Mitte der seitlichen Bordüren als Pendants einander gegenüber die beiden Jünglingsmasken, die auch deutlich in der Gestaltung der Brauen und der Haarwulstfrisur unterschieden sind. Dasselbe Mosaik zeigt übrigens in der linken unteren Ecke auch den grimmigen Sklaventypus mit asymmetrisch geschwungenen Augenbrauen, platter, über den Schnurrbart vorkragender Nase und abgerundetem Kinnbart, von dem oben schon die Rede war.

Eine Marmormaske im Kerameikos (Taf. 8 c. d) schließlich belegt den Jünglingstypus mit fast horizontalen Brauen und den beiden Stirnfalten für Athen[641]. Sie gilt nach der

Inventar im Museum unter der Grabnummer 48, der älteren Nummer im Grabungstagebuch, geführt wird: D. Giampaola in: Napoli antica, Ausstellung Neapel (1985) 302. Sie datiert das Grab, m. E. zu früh, in die zweite Hälfte des 4. Jhs.

634 A 302, Webster, MNC[3] 1 AT 41 a Taf. 6, 1. 2. Auf die Ergänzung der Nase wies mich dankenswerterweise R. Green hin.

635 z. B. Inv. 11289, MTL 192 Nr. 2 Abb. 314 Taf. 32, 4; MPTG 215 Abb. 299; Inv. 12972, MTL 194 Nr. 3 Abb. 315; Inv. 11187, MTL 194 Nr. 4 Abb. 316 Taf. 33, 3; MPTG 215 Abb. 300; Webster, MNC[3] 1 ST 27 (hier H 39).

636 Hier H 28 und 29; vgl. den Text zu Anm. 238–244; Webster, MNC[3] 1 ST 17. 1 ST 12.

637 Webster, MNC[3] II 35 1 BT 5.

638 Vgl. Wiles, Masks Abb. 6 unten links, die in einem ähnlichen Blickwinkel photographiert ist wie der Pinax bei D. Lazaridis, Amphipolis (1997) 107 Abb. 75.

639 Aus der Nekropole Pieno S. Antonio, Inv.-Nr. 1468. Das Stück erwähnt Bernabò Brea, MTL 158. Von den anderen dort erwähnten Parallelen liegt in Anm. 2 eine Verwechselung vor, das richtige Zitat müßte lauten: Webster, MNC[3] 3 TT 3 a–c; G. Krien, ÖJh 42, 1955, 108 Abb. 48. – Der Jüngling auf dem Gemälde im Haus des Casca Longus in Pompeji trägt die Maskenfassung mit erhobenen Augenbrauen, aber ohne gewellten Haarwulst, K. Neiiendam, AnalRom 12, 1983, 75 Abb. 3 (beste Abb.); Pompei, Pitture e Mosaici I (1990) 375 Abb. 25. 380 Abb. 33 (Farbabb.). Die Stücke Bieber, Theater Abb. 339 und Abb. 548 a könnten aber in der Tat wesentlich spätere Fassungen des Maskentypus Lipari (H 29) – Termini Imerese darstellen.

640 Inv. 114281, aus Haus VIII 2, 34; E. Pernice, Hellenistische Kunst in Pompeji VI, Pavimente und figürliche Mosaiken (1938) 164 Taf. 64; Pompei, Pitture e Mosaici VIII (1998) 278 f. Abb. 23. Zur Datierung ins mittlere 1. Jh. v. Chr. ebenda 264; vgl. auch G. Krien-Kummrow in: Festschrift T. B. L. Webster II (1988) 72 Abb. 7. 6. – Diesen Maskentypus hält übrigens Menander auf dem Relief im Vatikan in der Hand, Bieber, Theater 89 Abb. 317.

641 Kerameikos-Museum P 766, Krien-Kummrow a. O. 69 ff. (Anm. 640); J. Stroszeck in: K. Hallof – dies., AM 117, 2002, 127 mit Anm. 38. 39 Taf. 21, 1 (mit Zahlendreher bei der Inv.). Sie vermutet die Verwendung an einem Schauspieler- oder Komödiendichtergrab, s. ebenda 126 f. mit Anm. 40.

Schicht, in der sie vor dem Dipylon gefunden wurde[642], als fest im 4. Jahrhundert verankert, was den bisherigen Bearbeitern sichtlich Probleme bereitete, da die typologisch gebotene Verbindung mit der Neuen Komödie im Widerspruch zur Datierung ins mittlere 4. Jahrhundert steht[643]. Der genaue Fundkontext ist bis heute nicht veröffentlicht und anscheinend nicht mehr nachprüfbar[644], doch hat die Maske aus typologischen und stilistischen Gründen im 4. Jahrhundert keinen Platz. Das schlichte Gesicht mit den glatten, spannungslosen Wangen ist stark von horizontalen und vertikalen Linien bestimmt, was für ein Datum um 300 oder im frühesten 3. Jahrhundert spricht[645].

Falls dies zutrifft, hätten wir eine der frühesten Masken vor uns, die einen der neuen, frühhellenistischen Maskentypen wiedergibt, welche die ältere – von der Forschung immer mit der Mittleren Komödie verbundene – Maskentradition abgelöst haben. Diese neuen Typen hatten eine lange Lebensdauer, wie die oben zitierten Beispiele auf dem Mosaik und dem Theaterbild aus Pompeji zeigen. Da sie dort mit Komödienmaskentypen, vor allem Sklaven, gekoppelt sind, ist es doch sehr wahrscheinlich, daß sie Masken der Neuen Komödie repräsentieren.

Zugleich muß man auch fragen, ob die Marmormaske aus dem Kerameikos, die dann ungefähr gleichzeitig mit den liparischen Stücken entstanden wäre, nicht als wichtiges Indiz zu werten ist, daß dieser Modewechsel im Theater in Athen stattfand und die neuen Maskentypen von dort ihren Ausgang nahmen. Damit wären aber noch lange nicht alle hellenistischen Masken attische Erfindungen, im Gegenteil. Bisher kristallisiert sich erst ein relativ kleiner Schatz von Typen heraus, die ›internationale‹ Verbreitung besaßen und noch lange tradiert wurden. Daneben existierte anscheinend eine Fülle von lokalen Typen, die auf den gleichen physiognomischen Formeln beruhten, sie aber ganz unterschiedlich kombinierten[646].

Doch zurück zu den liparischen Maskentypen und ihren Parallelen: Zusammen mit der oben bereits besprochenen, verschollenen Männermaske aus Ponticelli wurde 1922 ein weibliches Gegenstück bekannt gemacht (Taf. 23 a–c). Es liegt heute im Neapler Nationalmuseum[647] und zeigt eine Frau mit fülligen Wangen und tiefen Grübchen seitlich der Mundwinkel. Ihre Melonenfrisur bedeckt ein Kopftuch. Dessen Enden sind so zusammengefügt, daß auf dem Scheitel eine Öffnung entstanden ist, durch die die mittleren Streifen der Frisur zu sehen sind. Gerade diese Trageweise des Kopftuches mit den Saumkanten auf dem Oberkopf, die die Melonenfrisur durchscheinen lassen, begegnet bei einem Maskenfragment in Lipari[648], das auch die leicht vorgewölbte Stirn besitzt. Damit bilden die beiden Masken aus Ponticelli die engsten Parallelen aus Italien zu den liparischen Stücken, zumal sie auch zeitlich nahe verwandt sein dürften[649]. Man muß sich deshalb fragen,

642 K. Gebauer, AA 1942, 252. 255; J. Stroszeck, die Referentin am DAI Athen für den Kerameikos, hat mir freundlicherweise brieflich mitgeteilt, daß sich in den Tagebüchern Gebauers keine weiteren Hinweise auf die Maske finden. Sie sieht aufgrund der kurzen publizierten Angaben keine Möglichkeit, die genaue Fundschicht zu rekonstruieren. Da im fraglichen Bereich aber auch sullanische Schichten angetroffen wurden, müsse man die Maske nach dem augenblicklichen Stand der Kenntnisse aus sich heraus datieren, s. Stroszeck a. O. 127 Anm. 39 (Anm. 641). Die von Stroszeck ebenda erwähnten Umarbeitungen an Schläfen, Ohren und Stirnfalten können die Grundanlage des Gesicht nicht stark verändert haben, vgl. die sehr guten Photos (KER 5634–5637) im Kerameikosarchiv des DAI Athen.

643 Vgl. die unentschiedene Haltung von Krien-Kummrow a. O. 70–72 (Anm. 640). Sie datiert die Maske um 350 v. Chr.; Green und Seeberg in: Webster, MNC^3 II 1. 3 1 AS 4 setzen das Stück in die Übergangszeit zwischen Mittlerer und Neuer Komödie und datieren es wegen der vermuteten Verbindung mit einem Grabrelief kurz vor das Grabluxusgesetz des Demetrios um 317 v. Chr.; Himmelmann, Realistische Themen 141 Anm. 57 verbindet es mit der frühen Neuen Komödie, ohne zur Datierungsproblematik Stellung zu nehmen.

644 Krien-Kummrow a. O. 73 Anm. 5 (Anm. 640); vgl. hier Anm. 645.

645 Damit läßt sich die Maske natürlich nicht mehr mit einem Grabmonument verbinden. Angesichts des überlebensgroßen Formates und der Tatsache, daß Masken auf Grabreliefs in Athen nur sehr spärlich vertreten sind, möchte man eher an ein Votiv für Dionysos denken.

646 Vgl. P. G. McC. Brown, Liverpool Classical Monthly 9, 7, 1984, 112 (Rez. zu MTL).

647 Inv. 20513, NSc 1922, 274. 275 Abb. 14 »Grab Nr. 50«, nach der abweichenden Nummerierung im Grabungstagebuch Grab 48: Giampaola a. O. (Anm. 633); Webster, MNC^3 II 57 1 NT 17. Die dort zitierten Vergleiche haben m. E. wenig Ähnlichkeiten.

648 Inv. 9775, MTL 232 Nr. 3 Abb. 397 (seitenverkehrt); MPTG 261 f. Abb. 368.

649 Die beiden Stücke aus der Sammlung Temple im British Museum London (Walters D 165 aus Capua, D 173 aus Italien?) (s. o. Kapitel II 3 Anm. 424. 434), die Repliken in Lipari besitzen und wohl in Kampanien erworben wurden (Sir William Temple war Botschafter in Neapel), sind m. E. auf Lipari hergestellt. Sie dürften entweder in der Antike oder erst im 19. Jh. aus Lipari exportiert worden sein. Ein drittes Stück aus der Slg. Temple (British Museum 1856.12–26.310 = Walters D 99, angeblich aus Canosa), ein Mädchenmaskenfragment mit Melonenfrisur, hat kein direktes typologisches Vergleichsstück in Lipari, ist aber in Machart, Zeitstil und Typus dem liparischen Material sehr ähnlich.

ob sie nicht als liparische Exporte in den Golf von Neapel gelangten. Lipari lag an der gängigen Seeroute zwischen Sizilien und Kampanien und besaß mit Sicherheit Handelsbeziehungen dorthin, wie die Importe rotfiguriger Keramik aus Kampanien und Paestum belegen[650].

Der Typus einer sehr alten Frau mit Doppelkinn, zahnlosem Mund, dicken Fettpölsterchen über den Wangenknochen, schweren Tränensäcken und steil ansteigenden Brauen (Taf. 17 c) ist allein in drei Exemplaren in Lipari vertreten[651], was sehr erstaunt, weil dort insgesamt nur sechs hellenistische Altfrauenmasken zutage gekommen sind. Zwei weitere Vertreter des Typus gelangten leider aus dem Kunsthandel in Privatbesitz, mindestens eines – heute im Vatikan – soll zudem aus Ägypten stammen[652]. Gerne hätte man gewußt, ob man der für das verschollene Stück der Sammlung Lecuyer (Taf. 17 d) überlieferten Fundortnotiz »aus Tanagra« trauen kann. Green und Seeberg nahmen sie anscheinend ernst und verbanden den Typus mit Athen, trennten das ägyptische Stück jedoch als lokale Version ab. Vergleicht man allerdings die fünf Athen zugeordneten Repliken, so schließt sich gerade die verschollene Maske mit den liparischen eng zusammen, während das Stück in Schweizer Privatbesitz leicht abweicht[653]. Dem Gesicht fehlt die hagere Kantigkeit der anderen Exemplare, es wirkt runder, die Einzelformen sind fester und stärker plastisch voneinander abgesetzt. So sind die Haare in klar verfolgbare Strähnen unterteilt, die über ein Haarband nach oben geschlagen sind. Manche Züge wie die dicke Unterlippe, die wulstigen Unterlider und die prallen Wangen lassen das Gesicht jünger erscheinen, während die vier anderen Beispiele in ihrem drastischen Realismus eine faszinierende Charakterstudie einer sehr alten Frau abgeben. Deshalb verdient die veristische Fassung gegenüber dem Einzelstück in der Sammlung Hoek in puncto Überlieferungstreue den Vorzug, zumal auch die Maske in der ägyptischen Sammlung des Vatikan mit ihren hageren und kantigen Formen eher zu dieser Gruppe paßt. Die Herkunft des Typus ist schwer zu bestimmen. Nach der Fundstatistik müßte Lipari den Vorzug haben, doch ist zu berücksichtigen, daß die guten Erhaltungsbedingungen auf der Insel statistische Argumente relativieren.

In zwei Fällen, die oben im Kapitel zur Chronologie schon behandelt wurden, ist allerdings eindeutig nachweisbar, daß die typologische Tradition nicht von Lipari ausging, sondern dort erst aufgenommen und weiterentwickelt, nämlich in hellenistische Formensprache umgesetzt wurde. Denn beide Male sind die mutterländischen Vorbilder noch im 4. Jahrhundert entstanden. Es handelt sich einerseits um die Maske eines sehr alten Mannes, deren spätklassische Fassung auf der Athener Agora zutage kam (Taf. 12)[654], und andererseits um einen bekränzten Silenstypus (Taf. 21), dessen einziger klassischer Vertreter mit gesichertem Fundkontext aus dem Demeter- und Kore-Heiligtum in Akrokorinth stammte[655]. Ob man mit dieser geringen Materialbasis die beiden Typen in Athen bzw. Korinth beheimaten kann, bleibt mir fraglich.

Insgesamt hat man also nur wenig Anhaltspunkte an der Hand, um die ursprüngliche Herkunft der Typen zu bestimmen. Nur bei den beiden Beispielen, die Vorläufer aus dem Mutterland besitzen, ist die rezipierende Rolle der liparischen Koroplastik eindeutig erwiesen. Fast alle anderen Typen, die auch außerhalb Liparis vorkommen, scheinen, soweit man den Fundorten trauen kann, geographisch weit gestreut zu sein. Allerdings stammt fast immer die früheste und reichste Überlieferung aus Lipari, was zunächst einmal ein starkes Argument sein sollte, den offensichtlich hochqualifizierten und begabten Koroplasten auf der Insel eine Vorreiterrolle zuzutrauen. Andererseits muß man dann die Frage beantworten, warum gerade dort ein neuer hellenistischer Maskenschatz erfunden worden sein soll, der mindestens teilweise in Verbindung mit dem Theater auftaucht (s. u. Text zu Anm. 678–681), wo doch in Athen gerade in dieser Zeit nachweisbar mit Menander und seinen Kollegen die Komödie einen fundamentalen

650 Ceramica figurata passim.

651 MTL 212 f. Nr. 1–3 Abb. 351–353 Taf. 36, 1; MPTG 238 f. Abb. 330–333 (hier H 72).

652 Ehem. Slg. Lecuyer, angeblich aus Tanagra, F. Lenormant u. a., Collection Camille Lecuyer, Terres cuites antiques trouvées en Grèce et en Asie Mineure (Paris 1882–85) Taf. I, 1; C. Robert, Die Masken der neueren attischen Komödie, 25. HallWPr (1911) 46 Abb. 81; Webster, MNC³ 1 AT 64 b. – Slg. H. Hoek, Riehen, 120 antike Terrakotten, MuM Sonderliste E (1962) 6 Nr. 14 mit Abb.; R. Lullies, Griechische Plastik, Vasen und Kleinkunst, Leihgaben aus Privatbesitz, Ausstellung Kassel (1964) Nr. 29; Webster, MNC³ 1 AT 64 a. – Von den Stücken aus Ägypten befindet sich eines im Museo Egiziano des Vatikan (Inv. 37535, ehemals Sammlung Carlo Grassi), C. Faccenna, RendPontAcc 29, 1956–57 (1958) 197 Taf. VIII, 45; Webster, MNC³ 1 ET 7 a. Das andere in Marseille (Inv. 1225, ebenda 1 ET 7 b) ist mir nicht in Abb. bekannt. Die Maske im Museo Egiziano besitzt ein sehr kantiges und im Umriß einem Rechteck angenähertes Gesicht, in dem horizontale und vertikale Binnenkonturen dominieren. Die Frisur wirkt zudem wie ein abstehender, planer Rahmen, der die obere Gesichtshälfte umgibt.

653 Es wird deshalb von Green und Seeberg in: Webster, MNC³ 1 AT 64 a zur besten Überlieferung erklärt.

654 T 88, s. o. im Kapitel II 3, Text zu Anm. 429.

655 MF 11779, R. S. Stroud, Hesperia 37, 1968, 323 Taf. 95 a; Webster, MNC³ 1 AT 38 a. Das Stück stammt aus dem Demeter- und Kore-Heiligtum in Akrokorinth, fehlt aber im Katalog der Terrakotten aus dem Heiligtum von G. Merker, Corinth XVIII 4 (2000).

Wandel erfuhr, der eine Kostüm- und Maskenänderung eigentlich unumgänglich machte[656]. Vor diesem Hintergrund gewinnt dann doch die Marmormaske des ernsten Jünglings aus dem Kerameikos eine aussschlaggebende Bedeutung, unabhängig davon, ob man sie noch ins 4. Jahrhundert oder schon ins frühe 3. Jahrhundert datiert. Demnach dürften zumindest einige Maskencharaktere von Athen ausgegangen sein.

Unteritalien scheint dagegen nach dem bisherigen Bild keine große Rolle gespielt zu haben. Die wenigen Orte, die überhaupt Anzeichen für einen Austausch mit Lipari erbracht haben, möchte man eher als Rezipienten, denn als Ideengeber interpretieren, zumal die chronologische Priorität wieder bei Lipari liegt. Andererseits scheinen auch die aus Lipari bekannten Typen keine bedeutenden Nachwirkungen hinterlassen zu haben. Blickt man nach Centuripe und Morgantina, wo vor allem hoch- und späthellenistische Masken gefunden wurden[657], zeigen sich nur wenige Verbindungslinien. Am ehesten stellt sich eine Mädchenmaske aus Centuripe[658], bei der die Haare über der Stirn ein doppelstöckiges Zangenmotiv bilden, in die Nachfolge von liparischen Arbeiten. Damit folgt sie einigen Mädchentypen aus dem 4. Jahrhundert, ohne einen von ihnen Locke für Locke zu zitieren, wie zum Beispiel der Mädchenmaske aus Grab 74 (Taf. 3 d)[659] oder verwandten Stücken, die jedoch einen Symposionskranz tragen[660].

Eine andere Frauenmaske aus Centuripe[661] ähnelt dem von Bernabó Brea verglichenen liparischen Typus[662] nur durch die in der Mitte gescheitelte Frisur, bei der über den Schläfen jeweils eine dicke Strähne über das die Stirn rahmende Haar geschlagen ist. Die kurzen Haarpartien vor und hinter den Ohren fehlen allerdings bei den liparischen Beispielen.

Die Maske eines pausbäckigen, lachenden Knaben mit fülligem Kinn und Symposionsschmuck[663] erinnert an zwei verschiedene liparische Knabentypen, ohne daß sie einem von ihnen völlig entspräche. Die Knabenmaske Inv. 11239[664] hat schmalere, mandelförmige Augen, während die besten Stücke des anderen Typus[665] sich durch große kugelförmige Augen mit breiten, bandartigen Lidern auszeichnen.

Eine direkte Abhängigkeit zwischen den Stücken aus Lipari und den mindestens hundert Jahre jüngeren aus Centuripe ist demnach eher unwahrscheinlich. Andere Zwischenstufen aus Unteritalien oder Sizilien sind mir bisher nicht bekannt.

Unter den meist sehr bruchstückhaften Masken aus Morgantina könnte nur ein Fragment einen Nachfahren eines aus Lipari überlieferten Typus darstellen. Eine weibliche Tragödienmaske mit hohem Onkos[666], in weitem Bogen gesenkten Brauenlinien, faltenloser Stirn, großen nußförmigen Augen und weit geöffnetem Mund könnte trotz der wesentlich stilisierteren Lockenfrisur und dem darüber gelegten Blattkranz auf dasselbe typologische Vorbild zurückgehen wie die große hellenistische Tragödienmaske in Cefalù[667] und ihre bisher unpublizierte Replik in Glasgow (Taf. 9)[668], denn die zunehmende Stilisierung der Onkoi scheint generell ein Kennzeichen der späthellenistischen und römischen Tragödienmasken zu sein. Demnach hilft uns das disparate Material aus Unteritalien weder in der Frage nach den Quellen für die liparischen Masken noch bei der Suche nach allgemein verbreiteten Typen weiter.

Ziehen wir Bilanz aus den obigen Ausführungen, in denen es um die typologischen Vorläufer der liparischen Masken und deren Herkunft ging: Für die Masken aus dem 4. Jahrhundert finden sich gar keine typologischen Vergleiche, obwohl in Athen seit dem frühen 4. Jahrhundert – spätestens seit dem 2. Viertel – allmählich feste Typen erkennbar werden, die auch reproduziert wurden. Die Verwandtschaft einiger liparischer Stücke mit attischen

656 Wiles, Masks 6. 154 verweist auf den Einfluß der euripideischen Tragödiencharaktere auf Menanders Protagonisten.

657 Die Stücke aus Centuripe, großenteils im Museum von Syrakus, sind neuerdings publiziert in: Terracotte teatrali passim.

658 Inv. 29579, L. Bernabò Brea, Dioniso 45, 1971, 177 Taf. 8 Abb. 15; Terracotte teatrali 160 f. Abb. 143.

659 Inv. 3039, MTL 44 A 20 Abb. 32; MPTG 41 Abb. 15.

660 z. B. das Stück aus Grab 1987, ML V Taf. 29 Abb. 80; MPTG 62 f. Abb. 53. – Bernabò Brea a. O. 177 Taf. 7 Abb. 14 (Anm. 658) zitiert das zum gleichen Typus gehörende Gesichtsfragment Inv. 3419, MTL 214 Nr. 1 Abb. 356 (MPTG 242 Abb. 336), das er aber mit der Neuen Komödie verbindet.

661 Inv. 29580, Bernabò Brea a. O. 179 Taf. 9 Abb. 18 (Anm. 658); Terracotte teatrali 168 f. Abb. 152.

662 z. B. Glasgow 03.70.dt.13, MTL 225 f. Nr. 1 Abb. 381 oder Inv. 9767, MTL 227 Nr. 14 Abb. 388. – MPTG 257 Abb. 358. 359 (hier H 99 a. e).

663 Syrakus, Museo Archeologico Paolo Orsi Inv. 32460; Bernabò Brea a. O. 173 Taf. 2 Abb. 3 (Anm. 658); Terracotte teatrali 138 Abb. 124; Webster, MNC^3 3 ST 7 a.

664 MTL 177 Abb. 279; MPTG 201 Abb. 273; weitere Fragmente ML VII Taf. 77, 2–4. Diese Verbindung zieht Bernabò Brea, MTL 177 (hier H 48).

665 z. B. Inv. 2535, MTL 180 Nr. 11 Abb. 282 Taf. 31, 1; MPTG 203 Abb. 276 (hier H 50 f).

666 60–1421, M. Bell, Morgantina Studies I, Terracottas (1981) 217 Nr. 773 Taf. 121.

667 Inv. 130, MTL 121 G 3 Abb. 196. 197; MPTG 151 f. Abb. 204. 205 (hier H 105 a).

668 Inv. 03.70.dt.7 (hier H 105 b).

Komödienterrakotten oder tragisch blickenden Männermasken auf Weihreliefs bzw. in der Marmorrundplastik beruht eher auf allgemeinen physiognomischen Formeln und deutet nicht auf eine direkte Beeinflussung durch bestimmte Typen.

In der frühhellenistischen Gruppe, in der schon aus arbeitstechnischen Gründen feste Typen eine viel größere Rolle spielen, ließen sich für einige wenige Masken auswärtige Parallelen aufzeigen, die aber nur schwer auszuwerten sind. Denn einerseits scheint die chronologische Priorität vielfach bei den liparischen Exemplaren zu liegen, was aber dem Überlieferungszufall geschuldet sein könnte, andererseits verschleiern weit auseinanderliegende Fundorte oder fehlende Provenienzen die Herkunft der Prototypen. Nur zweimal wurden in Lipari eindeutig ältere Typen aus dem Mutterland aufgegriffen und modernisiert. Der in der Forschung so ganz ohne den Anflug eines Zweifels postulierte attische Einfluß hat dann zwar in einigen Fällen am ehesten die Wahrscheinlichkeit für sich, ist aber nirgends einwandfrei nachgewiesen[669]. Unteritalische Strömungen sind noch weniger erkennbar, denn die liparischen Funde sind durchweg älter oder zumindest nicht jünger als die spärlichen italischen Vergleichsstücke. So scheint die überwiegende Masse der liparischen Typen doch weitgehend selbständig und unabhängig entwickelt worden zu sein. Dabei fällt auf, wie eng viele Typen in ihren Merkmalen beieinanderliegen, ja, daß offenbar physiognomische Einzelheiten unterschiedlich kombiniert wurden. Besonders bei den Frauen wurden die vielfältigen Möglichkeiten ausgenutzt, Frisur (hauptsächlich die Melonenfrisur) und Gesichtszüge zu verändern. Die dadurch entstehenden Typen haben aber bezeichnenderweise keine weitere Verbreitung gefunden, obwohl junge Frauen zusammen mit den jungen Männern nicht nur in Lipari zu den bevorzugten Sujets frühhellenistischer Masken gehörten[670].

Bei der Durchsicht der Webster'schen Listen zur Neuen Komödie drängt sich zudem der Verdacht auf, daß dieses Phänomen nicht auf Lipari beschränkt war, sondern generell von den Koroplasten zur Schaffung hellenistischer Maskentypen angewendet wurde. Die dadurch ermöglichte Variationsbreite böte auch eine Erklärung dafür, warum sich eben nicht alles Material unter die 44 Komödienmaskentypen aus der Liste des Pollux subsummieren läßt[671], warum aber trotzdem ein Teil der sehr knapp gehaltenen Beschreibungen mit der archäologischen Überlieferung aus dem Hellenismus zusammenzupassen scheint.

Zur Absicherung der bisherigen Ergebnisse werden im folgenden die Bilder gegenübergestellt, die höchstwahrscheinlich Szenen aus Theateraufführungen meinen, Bilder also, auf denen Figuren mit Masken und Kostüm in einem Handlungszusammenhang dargestellt sind, der einerseits eine halbwegs zuverlässige Aussage über die dramatische Gattung – Tragödie oder Komödie – zuläßt, andererseits erwarten läßt, daß sich die Künstler mehr an den Realitäten auf der Bühne als an darstellerischen Konventionen ihrer Kunstgattung orientierten.

Leider fehlen solche Bilder für das 5. und 4. Jahrhundert v. Chr. fast völlig. Die rotfigurigen Vasen wie der Krater des Pronomos-Malers oder das verwandte Stück in Ferrara gehören meines Erachtens nicht in die eben beschriebene Kategorie, da ihre Erzählweise mit der eines Bühnenstückes nicht vereinbar ist[672].

So bleibt einzig ein Gemälde auf einer Marmorplatte aus Herculaneum[673], das mit guten Gründen als späthellenistische Kopie eines griechischen Originals aus der Zeit kurz nach der Mitte des 4. Jahrhunderts gilt. Nachdem Volkmar von Graeve mit Hilfe neuer photographischer Methoden die weitgehend verblaßte Zeichnung in großen Zügen wiedergewinnen konnte, läßt sie die optische Wirkung von Schauspielern dieser Zeit wenigstens erahnen. Besonders der Kopf der alten Dienerin stellt eine beeindruckende Charakterstudie dar. Die beiden jüngeren Frauen, vor allem die auch durch ihre Größe hervorgehobene Heroine links, haben lange, aufgelöste Haare, zu den Schläfen hin abfallende Brauen und einen geöffneten Mund. Dieser, die durchgezogene Kinnlinie sowie die enganliegenden langen Ärmel der Untergewänder bilden die Indizien dafür, daß sich hinter diesen Frauengestalten maskierte und kostümierte Schauspieler verbergen. Die hoheitsvolle und reiche Erscheinung des Protagonisten und das Fehlen jeglicher grotesker Züge bei den Nebenfiguren passen besser zur Tragödie. Demnach sollten die Masken für die zeitgenössischen Tragödienmasken, das heißt für die um die Mitte des 4. Jahrhunderts auf der Bühne getragenen Stücke auswertbar sein. Ihnen fehlt eindeutig noch der Onkos, jener von Pollux (IV 133) beschriebene bogenförmige, bisweilen hoch aufgetürmte Haaraufbau über der

669 Bei den Terrakottafiguren könnte der Anteil an attischen Vorbildern etwas höher sein.

670 Green – Seeberg in: Webster, MNC³ I 78 f.

671 So auch P. Brown, Liverpool Classical Monthly 9, 7, 1984, 112.

672 Vgl. Himmelmann, Realistische Themen 143 ff. mit Anm. 62; vgl. auch R. Krumeich in: ders. – N. Pechstein – B. Seidensticker, Das griechische Satyrspiel (1999) 47 ff., bes. 50 f. zur Auswertung der Vasenbilder für unsere Kenntnis von verlorengegangenen Theaterstücken. – Die beiden Gefäße sind abgebildet bei H. Froning in: Moraw – Nölle a. O. 74 Abb. 92 (Ferrara). 81 Abb. 105. 106 (Pronomos-Vase) (Anm. 596).

673 Neapel, Nationalmuseum 9563, V. von Graeve, DialA 2, 1984, 90 f. Abb. 1–4. 109 Abb. 26. 113; Bieber, Theater 164 Abb. 591.

Stirn, der zum Hauptcharakteristikum hellenistischer Tragödienmasken wurde. Deshalb sollten sie zeitlich und von ihrer Formensprache her nicht so weit von den klassischen Stücken aus Lipari entfernt sein. Dennoch lassen sich keine direkten Verbindungslinien ziehen. Die beiden großartigen Altfrauenmasken aus den Gräbern 198 und 2486 aus Lipari (Taf. 1 c. d)[674] bedienen sich mit den dachartig abfallenden Brauen und auch in der Gestaltung von Alterszügen ähnlicher physiognomischer Muster, die aber offenbar allgemein gültig und ›international‹ waren.

Gemälde, die man auf hellenistische Theateraufführungen zurückführen möchte, haben sich etwas zahlreicher erhalten. Die meisten stammen aus den Vesuvstädten, wo sie Wände oder – in Mosaiken umgesetzt wie die beiden von Dioskurides aus Samos signierten Stücke – die Fußböden verzierten. Eine ganze Reihe von Darstellungen sind in mehreren, kaum voneinander abweichenden Fassungen überliefert, die Vorlagen waren demnach wohl berühmt, denn nach der Entwicklungsstufe der Kostüme und Masken zu urteilen, geben sie nicht erst die Theaterpraxis der Zeit wieder, in der sie in den Häusern angebracht wurden[675]. Die beiden Mosaiken des Dioskurides zeigen Episoden aus zwei Komödien von Menander und gehen wohl auf frühhellenistische Tafelbilder zurück[676]. Auch die Bilder aus der »Casa dei Quadretti teatrali« (I 6, 11) in Pompeji scheinen, soweit ihr Erhaltungszustand eine Aussage zuläßt, eher auf frühhellenistische Quellen zurückzugreifen.

674 Inv. 317 f, MTL 42 A 16 Abb. 28 Taf. 4, 4; MPTG 49 f. Abb. 32–34; Inv. 18401 b, Museo Eoliano 103 Abb. 75; I Greci in Occidente 431. 712 Cat. 236/I; MPTG 44 Abb. 20. 21.

675 Green – Seeberg in: Webster, MNC³ I 85 sind weniger zuversichtlich und nehmen an, daß die Kopisten der Bilder manchmal Kostüme und Masken modernisierten. In den Dioskurides-Mosaiken sehen aber auch sie getreue Kopien nach Vorbildern des 3. Jhs. Green äußert sich ausführlicher und differenzierter in: P. Ghiron-Bistagne (Hrsg.), Realia. Mélanges sur les réalités du théâtre antique, Archéologie, Epigraphie, Anthropologie, Littérature, Cahiers du Groupe Interdisciplinaire du Théâtre Antique 6, 1990/91, 34 ff., wo manche der pompejanischen Bilder doch auf hellenistische Vorlagen zurückgeführt werden. – Die Bilder, die aufgrund hoher Kothurne und ganz stilisierter Onkosmasken erst in den Hoch- oder Späthellenismus gehören, wie z. B. das Tragödienbild aus der »Casa dei Dioscuri« (Bieber, Theater Abb. 773; Webster, MTS² 87 NP 9) oder die tragische Szene in Palermo Inv. 2303 (Bieber, Theater Abb. 772; Webster, MTS² 89 NP 22) werden hier ausgeklammert.

676 Neapel, Nationalmuseum 9987, 9985, Webster, MNC³ 3 DM 1. 2; Bieber, Theater 95 Abb. 346. 347; MTL 134 ff. Abb. 222–224; S. Charitonides – L. Kahil – S. Ginouvès, Les mosaïques de la Maison du Ménandre à Mytilène, AntK Beih. 6 (1970) 48 f. Taf. 5, 2. 6, 2.

Bedauerlicherweise sind die zahlreichen Komödien- und Tragödienszenen aus der »Casa del Centenario«, unter denen sich auch eine Replik zu einem der Bilder aus der »Casa dei Quadretti teatrali« befand, heute nur noch in Zeichnungen aus dem 19. Jahrhundert erhalten, die offenbar nicht alle Details getreu wiedergeben. Sie sind deshalb nur teilweise und mit großer Vorsicht auswertbar.

Der einzige größere Komplex außerhalb des Neapler Golfes, der Theaterfries in der »Maison des comédiens« auf Delos[677], ist ebenfalls nur noch in wenigen Szenen so weit lesbar, daß er für einen Maskenvergleich in Frage kommt.

Sind nun liparische Maskentypen auf den hellenistischen Theaterbildern wiederzuerkennen? Da aus Lipari nur eine (weibliche) Onkosmaske erhalten ist, stehen die Chancen bei den Tragödienszenen relativ schlecht, auch wenn Nebenfiguren, besonders Diener, offenbar nicht immer einen Onkos tragen. Auf einem Tragödienbild aus der »Casa dei Quadretti teatrali« in Pompeji[678] steht links, halb verdeckt von einer großen Frauengestalt, ein Greis mit eng am Kopf anliegenden Haaren und kurzem, weißem Bart. Die weit geöffneten Augen, die gesenkten Augenbrauen sowie die große, hakenförmige Nase dominieren ein emotionsgeladenes, verängstigt schauendes Altersgesicht[679]. In Rundplastik umgesetzt entspräche es – abgesehen von dem schildförmig abstehenden Bart, der bei frühhellenistischen Tonmasken offenbar als stilistisches Phänomen zu werten ist – genau dem spröden Alten mit lachsfarbenem Inkarnat aus Lipari (Taf. 13 b)[680], der bisher als Großvater der Neuen Komödie gilt. So wird einmal mehr deutlich, wie subjektiv bisher bei der Zuordnung der einzelnen Masken zu den dramatischen Gattungen verfahren wurde.

677 U. Bezzera de Meneses in: L'îlot de la Maison des comédiens, Délos XXVII (1970) 168 ff. Taf. 21–25; Webster, MNC³ 3 DP 2. – Die Bilder scheinen aber zu den liparischen Masken keine Parallelen aufzuweisen.

678 I 6, 11; K. Neiiendam, The Art of Acting in Antiquity (1992) 88 Abb. 33; ders., AnalRom 12, 1983, 74 Abb. 2 (altes Neg. von 1927); ders., AnalRom 16, 1987, 57 Abb. 2; Webster, MTS² 87 NP 6; Pompei, Pitture e Mosaici I (1990) 376 Nr. 26; M. de Vos, StItFilCl 10, 2, 1992, 1074 ff. Abb. 1. Sie mißversteht die linke Figur als Amme.

679 Die Replik des Bildes aus der »Casa del Centenario« in Pompeji, bei der die Figuren weiter auseinandergezogen und um einen stehenden Herakles links ergänzt waren, ist nur in zeichnerischer Wiedergabe erhalten, die vom Ausdruck der Masken nichts mehr spüren läßt. Daß die Heroine mit der linken Hand einen Schwertknauf umfaßt, hat der Zeichner übersehen, Bieber, Theater 229 Abb. 766.

680 Inv. 9721, MTL 146 Nr. 1 Abb. 227 Taf. 22, 3; MPTG 174 Abb. 232.

Auch unter den Komödienbildern sucht man nach typologischen Verwandten für die liparischen Masken beinahe vergebens. Lediglich eine Szene aus der »Casa dei Quadretti teatrali«[681], auf der ein Sklave mit einem jugendlichen Liebespaar verhandelt, läßt uns fündig werden, denn der Liebhaber trägt die bekannte Jünglingsmaske mit großen Augen und hochgezogenen Augenbrauen. Anders als bei den oben bereits zitierten liparischen Exemplaren ist seine Frisur jedoch nicht in kunstvolle Locken untergliedert, sondern nur zu einem einfachen Haarwulst zurückgekämmt. Die Maske wäre demnach als Mischung aus den beiden Jünglingstypen zu verstehen. Eine qualitativ geringere Replik des Bildes aus Herculaneum[682] modifiziert einige Details wie zum Beispiel die Geste, die der Sklave mit seiner Linken ausführt, oder die Handhaltung der jungen Frau, die sich nun Mund und Nase zuzuhalten scheint. Das Maskengesicht des Jünglings leidet unter einigen Fehlstellen, doch scheint die linke Brauenlinie flacher zu verlaufen als auf der pompejanischen Replik, was die Interpretation nicht gerade vereinfacht. Die Sklavenmaske der besseren Fassung ist durch die eng anliegende Frisur mit Speira, die beiden in hohem Bogen geschwungenen Brauen und vor allem den schalltrichterförmigen runden Bart mit großer Mundöffnung gekennzeichnet. Letzterer kommt bei frühhellenistischen Masken noch nicht vor, sondern kennzeichnet ein Entwicklungsstadium ab dem späten 3. Jahrhundert. Eine typologische Vorstufe dieser Sklavenmaske hat sich jedoch im liparischen Material nicht erhalten, was angesichts der geringen Zahl von Sklavenmasken auch nicht verwundert.

Eigenartigerweise passen die so zahlreichen Frauenmaskentypen aus Lipari überhaupt nicht mit den Frauengesichtern der hellenistischen Theaterbilder zusammen. Die jungen Frauen sollten in der Regel in ihrer ganzen jugendlichen Schönheit gezeigt werden. Deshalb blieb für eine charakteristische Physiognomie kaum Spielraum. So lag die Möglichkeit zu Abwechslungsreichtum nur bei Frisuren und Haarschmuck. Die liparischen Tonmasken bevorzugten die Melonenfrisur, die in allen Spielarten durchdekliniert erscheint. Auf den gemalten Theaterszenen kommt die Melonenfrisur dagegen überhaupt nie vor. Zwei Erklärungen wären für diesen Sachverhalt möglich: Entweder kam die Melonenfrisur als typische frühhellenistische Haartracht schon nach kurzer Zeit wieder außer Gebrauch, dann wären die Originale der wenigen hellenistischen Komödienszenen erst nach dieser kurzen Periode entstanden, oder die Melonenfrisur wurde zwar im täglichen Leben, aber nicht als Theaterfrisur auf der Bühne getragen. Dann wären diese Typen sämtlich Erfindungen von liparischen Koroplasten. Eine Entscheidung ist nach augenblicklichem Kenntnisstand nicht zu treffen, die erste Möglichkeit hat aber mehr Wahrscheinlichkeit für sich, da Tonmasken mit Melonenfrisur auch in anderen Landschaften vor allem im Frühhellenismus verbreitet sind.

Auch die Figuren auf den beiden Mosaiken des Dioskurides, die Szenen aus Komödien von Menander zeigen und durch ihre frühhellenistischen Vorlagen der Bühnenpraxis der Menanderzeit von allen Theaterbildern am nächsten kommen dürften, tragen Masken, die sich im Bestand der liparischen Tonmasken nicht nachweisen lassen. Selbst die so charakteristische schielende Alte auf dem Mosaik der frühstückenden Frauen unterscheidet sich von dem geläufigsten liparischen Altfrauentypus (Taf. 17 c) durch die bogenförmigen Augenbrauen und den stechenden Blick.

Komische Altmännertypen mit elaborierten Bärten aus langen Locken, wie sie beispielsweise auf dem Komödienrelief in Neapel bei den beiden Alten links dargestellt sind[683], fehlen in Lipari ebenfalls, obwohl sie nach Ausweis von römischen Maskenreliefs später zu den beliebtesten Typen gehörten. Auch auf den beiden Menanderreliefs im Vatikan und in Princeton[684] sind sie vertreten. Demnach hat man diese Typen zumindest in römischer Zeit mit den Stücken Menanders und seiner Epoche verbunden.

Die Untersuchung weiterer Theaterbilder würde keine positiven Ergebnisse erbringen. Es bleibt dabei, daß nur eine ganz kleine Auswahl der liparischen Maskentypen außerhalb der Insel tönerne Parallelen besitzt oder auf anderen Bildträgern vorkommt. Besonders der Umstand, daß sie fast nie auf den Bildern zitiert werden, die Szenen aus Theateraufführungen zu erzählen scheinen, bestätigt die schon früher geäußerten Zweifel, ob die liparischen Masken in ihrer Gesamtheit als Theatertypen zu interpretieren sind. Nur eine kleine Zahl von Typen wie die beiden ernsten Jünglinge oder die beiden Sklaven mit

681 K. Neiiendam, AnalRom 12, 1983, 75 Abb. 3; Pompei, Pitture e Mosaici I (1990) 380 Nr. 33 (Farbabb.); Webster, MNC[3] 5 NP 5 a; de Vos a. O. 1076 f. Abb. 3 (Anm. 678).

682 Neapel, Nationalmuseum 9037, Webster, MNC[3] 5 NP 5 b; Pompeji, Leben und Kunst in den Vesuvstädten, Ausstellung Villa Hügel, Essen (1973) 170 f. Nr. 229 mit Abb. (Der Jüngling wird dort fälschlich als alte Frau interpretiert); Robert a. O. 42 Abb. 72 (Anm. 652).

683 Neapel, Nationalmuseum 6687, J. R. Green, AJA 89, 1985, 465 ff. Taf. 52; Wiles, Masks Abb. 3; Bieber, Theater 92 Abb. 324; Robert a. O. 62 Abb. 85 (Anm. 652).

684 Maskenreliefs: Bieber, Theater 155 Abb. 562–564; Menanderreliefs ebenda 89 Abb. 316. 317; K. Fittschen, Griechische Porträts (1988) Taf. 105 (Vatikan); B. S. Ridgway, Greek Sculpture in the Art Museum Princeton University. Greek Originals, Roman Copies and Variants (1994) 100 Nr. 32 mit Abb. und ausführlicher Bibliographie. s. auch M. E. Micheli, BdA 103/104, 1998, 12 ff.

asymmetrischen Augenbrauen kann meines Erachtens auf berühmte Theatervorbilder zurückgeführt werden, während die große Masse der Maskentypen durch Variation von Frisuren oder physiognomischen Formeln in den Werkstätten der Handwerker entstand.

Zum Schluß dieses Kapitels ist zu noch einigen grundsätzlichen Problemen zusammenfassend Stellung zu beziehen:

(1) Nachdem die Untersuchung der Tonmasken aus Lipari gezeigt hat, wie sehr handwerkliche Verfahrensweisen auf die formale Ausgestaltung der Typen und der einzelnen Exemplare einwirken, stellt sich natürlich die Frage, welche Elemente überhaupt durch das Theater bzw. die Theaterpraxis beeinflußt sind. Für die Masken des 5. und 4. Jahrhunderts sind dies hauptsächlich die grotesken Züge, durch die die Gesichter ins Lächerliche und Häßliche überzeichnet werden. Wie sich die klassischen Tragödienmasken in ihrer Formensprache von anderen trauernden oder schmerzverzerrten Gesichtern zum Beispiel in mythologischen Darstellungen unterschieden, ist angesichts der Materiallage schwer zu entscheiden. Es hat eher den Anschein, als hätten sich die Maskenbildner hier an allgemein gültigen physiognomischen Mustern orientiert, die Trauer, Schmerz oder sonstige Emotionen ausdrückten. Eine Formensprache, die die Maskengesichter sofort als Theaterrequisiten erkennbar machte und heraushob, scheint sich dagegen erst im Hellenismus herausgebildet zu haben. Die Tragödienmasken bekamen offenbar den Onkos, einen Haaraufbau, der – wenn man dem entsprechenden Abschnitt im Lexikon des Pollux als unserer einzigen schriftlichen Quelle trauen darf – je nach sozialer Stellung der Figur unterschiedlich hoch sein konnte. Er dürfte seit dem hohen Hellenismus zusammen mit den immer dicker werdenden Plateausohlen der Kothurne[685] die hoheitsvolle Erscheinung der Hauptakteure sinnfällig gemacht haben. Überprüft man die archäologische Überlieferung, lassen sich sichere Belege für den Onkos erst um 300 v. Chr. finden. Eines der frühesten Stücke ist die große Bronzemaske aus dem Piräus[686], die meiner Meinung nach bisher zu früh datiert wird und erst an die Wende zum 3. Jahrhundert gehören sollte. Auch auf Gnathiavasen erscheinen gemalte Masken mit hohem Haaraufbau erst im frühen 3. Jahrhundert[687].

Bei den Komödienmasken entwickelten sich im Hellenismus ebenfalls Eigenheiten, die sie als Theatertypen erkennbar machten. Dies wurde wohl notwendig, weil sich die Komödie, vor allem die Nea, als Hauptfiguren zunehmend bürgerliche Charaktere suchte, die in den Grundzügen den zeitgenössischen Theaterbesuchern ähnlich waren. Zu diesen Elementen zählen hauptsächlich die Haarwulstfrisuren bei Männern und Sklaven sowie die trompetenförmige Mundöffnung bzw. Bartform bei Sklavenmasken. Für die Frisur werden bei Pollux die Namen Stephané (Haarkranz) und bei Sklaven Speira verwendet, auch wenn es bisher schwer gefallen ist, anhand der Denkmäler die Unterschiede zwischen beiden Begriffen herauszuarbeiten[688]. Diese Frisuren, bei denen das Haar vom Gesicht weg zu einem Wulst gekämmt wurde, über den es dann zum Hinterkopf lief, ist als bürgerliche Frisur auf Grabreliefs oder bei Porträts etc. bisher nicht belegt. Man muß sie demnach als reine Theaterfrisur verstehen.

Das andere, sofort auf die Komödie verweisende Element, der Sklavenbart, der die Mundöffnung rahmt, entwickelt sich im Laufe des Hellenismus zunehmend zu einer stilisierten Trichterform. Sie ist den Masken der Mittleren Komödie noch fremd und kommt erst mit der Neuen Komödie auf, auch in Lipari finden sich in den Fragmenten Inv. 3371 (Taf. 19 b) oder 3369 erst Vorformen

685 Hellenistische Tragödienbilder, z. B. die Szene in Palermo zeigen, daß auch die hohen Kothurne nur Heroen und Heroinen zukamen. Boten oder Diener behielten flaches Schuhwerk, Bieber, Theater 231 Abb. 772.

686 Webster, MTS² 31 AB 1: letztes Viertel 4. Jh.; Himmelmann, Realistische Themen 139 f.

687 T. B. L. Webster, Notes on Pollux' List of Tragic Masks, Festschrift A. Rumpf (1952) 142. Die von Webster ebenda Anm. 6 (ders., MTS² 13 f. 33) als Indizien herangezogenen Statuen, daß die Einführung des Onkos mit dem Theaterneubau des Lykurg zusammenhänge, sind nicht aussagekräftig, da die Masken bei ihnen höchstwahrscheinlich von den römischen Kopisten eine zeitgemäße Gestalt erhielten. Im übrigen ist nicht gesichert, daß der sog. Aischylos (MTS² 35 AS 9) zur Tragikerweihung des Lykurg gehört. Das Euripides-Relief in Istanbul (MTS² 35 AS 10) gilt heute als römische Schöpfung. Vgl. dazu N. Hackländer, Der archaistische Dionysos (1996) 44 f. Anm. 130. 227 Abb. 1. Die Muse in Mantua (MTS² 34 AS 3) schließlich ist eine klassizistische Umbildung einer Erechtheionkore, vgl. E. E. Schmidt, Die Kopien der Erechtheionkoren, AntPl 13 (1973) 34 f. Taf. 46–49. – Die Meinung von M. Bieber, RE XIV 2 s. v. Maske 2077 passim, daß Tragödienmasken schon seit Aischylos einen Onkos besessen hätten, kann als überholt gelten. Die Tragödienmaske, die ein Schauspieler auf einem Relieffragment in Kopenhagen in der Hand hält, läßt den Onkos noch vermissen. Das Relief gehört nach A. Scholl, Attische Bildfeldstelen des 4. Jhs. v. Chr., 17. Beih. AM (1996) 335 Nr. 420 Taf. 21, 4; ders., JdI 110, 1995, 231 ff. Abb. 16, zu den spätesten attischen Grabreliefs und ist um 330/20 zu datieren.

688 Vgl. die Herleitung und Unterscheidung von Robert a. O. 3 f. 110 (Anm. 652), er sieht in der Speira ein Toupet.

dazu. Später scheint die stilisierte Mund- und Bartpartie aber nicht mehr nur den Sklaven vorbehalten gewesen zu sein. Auch alte Männer wie die oben erwähnten auf dem Neapler Komödienrelief, die lange, in Locken unterteilte Bärte tragen, bekommen dann eine trichterförmige, vorgeschobene »Schnauze«.

(2) Es stellt sich die Frage, ob die Veränderungen, die zwischen der klassischen und der hellenistischen Maskengruppe in Lipari zu beobachten sind, wirklich parallel verlaufen mit einem Wechsel zwischen klassischen und hellenistischen Masken an anderen Orten. Die geschilderten Veränderungen sind auf Lipari etwa um 300 v. Chr. eingetreten. Wann dieser Umbruch im Mutterland, beispielsweise in Athen geschah, ist mangels Denkmälern schwieriger festzulegen. Er scheint aber auch hier frühestens im letzten Viertel des 4. Jahrhunderts stattgefunden zu haben, wenn man der Marmormaske im Kerameikos (Taf. 8 c. d) vertrauen kann. Das Urkundenrelief aus Aixone, das nach neuerer Forschung auf 313/12 v. Chr. datiert wird[689], trägt auf dem Streifen unter dem Giebel Darstellungen von fünf komischen Masken in flachem Relief. Sie sind sehr flüchtig gearbeitet und nur von mäßiger Qualität, dennoch wird deutlich, daß sie mit den gängigen hellenistischen Typen nicht viel gemeinsam haben.

In Athen wird der Maskenwechsel immer mit dem Aufkommen der Neuen Komödie in Verbindung gebracht[690], als deren herausragendster Vertreter Menander genannt wird. Seine Dichterlaufbahn umspannte das letzte Viertel des 4. Jahrhunderts und das erste Jahrzehnt des folgenden. Ihm, der erst posthum seine Dichterkollegen Philemon, Diphilos, Alexis, Antiphanes und andere an Ruhm weit überflügelte und zum berühmtesten Theaterdichter der Antike überhaupt wurde, schreibt denn auch Bernabò Brea die Schaffung des neuen Maskenkanons zu[691], angeregt durch eine Anekdote bei Alkiphron in den Hetärenbriefen, daß Glykera, die Geliebte des Dichters, diesem seine Masken geformt habe[692].

Es mag schon aus Gründen der antiken Theaterpraxis unwahrscheinlich erscheinen, die neuen Masken als Kanon oder zusammengehöriges Set zu betrachten und einem Dichter oder Maskenbildner zuzuschreiben, zumal zumindest auf Lipari anscheinend nicht alle hellenistischen Typen gleichzeitig entstanden. Schwerer wiegt aber, daß eine solche Vorstellung sich nur mit Schwierigkeiten mit den neuen Forschungsergebnissen zur Genese der Neuen Komödie vereinbaren läßt. Denn Heinz-Günther Nesselrath[693] konnte in seiner grundlegenden Studie über die Mittlere Komödie zeigen, daß der Übergang von der Mese zur Nea kontinuierlich durch das ganze dritte Viertel des 4. Jahrhunderts hin vonstatten ging, daß viele Charaktere wie die Sklaven, der Parasit, der prahlerische Soldat, der Bordellwirt, Hetären und Köche schon in der Mittleren Komödie zum Personal der Stücke gehörten und daß auch die Veränderungen in Aufbau und Sprache der Komödien – der Chor tritt zurück und lyrische Passagen nehmen ab – eine längerfristige Entwicklung darstellten. Zudem scheint Menander unter den Dichtern der Neuen Komödie eine Sonderrolle eingenommen zu haben, was auch seinen geringeren Erfolg zu Lebzeiten erklärt. Anders als seine Kollegen, die den einzelnen Charakteren ihre stereotypen – und dem Publikum vertrauten – Verhaltensregeln ließen und eher auf burleske Situationskomik bauten, gestaltete Menander die Figurentypen individueller und gab ihnen menschlichere Züge. Ihre Rollen blieben also nicht auf die alten, aus der Mittleren Komödie kommenden, typischen Verhaltensmuster beschränkt, sondern sie entwickelten sich zu wandelbaren, lebensnäheren Charakteren, die innerhalb der Handlung eine über die Klischees hinausgehende Funktion übernehmen konnten[694].

Diese Erkenntnis einer kontinuierlichen Entwicklung der Komödie und der Sonderstellung Menanders läßt

689 Athen, Epigraphisches Museum 13262, M. Meyer, Die griechischen Urkundenreliefs, 13. Beih. AM (1989) 305 A 141 Taf. 44, 2. Zur Datierung 61 f.; – Webster, MNC^2 46 AS 2 bevorzugte wegen des Stils das vom Archontennamen her ebenfalls denkbare Datum 340/39 v. Chr. – Vgl. auch A. Pickard-Cambridge, The Dramatic Festivals of $Athens^2$ (1968) 215 f., der sich für das spätere Datum entscheidet. Die Masken, die der Mittleren Komödie näher stünden als der Neuen, zeigten, daß die neuen Maskentypen nicht schnell standardisiert wurden.

690 Green und Seeberg in: Webster, MNC^3 I 56 sind sich nicht sicher, ob Charakterisierung und Stil der neuen Masken den geänderten Stil auf der Bühne reflektieren. Dagegen spräche das Fehlen ähnlicher Typen in anderen Medien als aus Ton und Marmor. Andererseits seien die Popularität und weite Verbreitung der Maskentypen doch ein Indiz dafür, daß sie letztlich die neue Theaterpraxis widerspiegelten.

691 MTL 139.

692 Alki. IV 19, 5; J. J. Bungarten, Menanders und Glykeras Brief bei Alkiphron, Diss. Bonn (1967) 173 f., hält die Episode für unwahrscheinlich. Er zieht (176–178) die historische Existenz einer Menandergeliebten Glykera überhaupt in Zweifel. Glykera sei eine Komödienfigur des Dichters.

693 H.-G. Nesselrath, Die attische mittlere Komödie (1990) 333 ff. und passim. Zu den einzelnen Charakteren 280 ff.; vgl. auch die Rez. von H. J. Newiger, Gnomon 69, 1997, 289–297.

694 Nesselrath a. O. 332 f. (Anm. 693); E. Pöhlmann, Die Komödie und die Klassik in: ders., Studien zur Bühnendichtung und zum Theaterbau der Antike (1995) 221 f. betont ebenfalls die Sonderstellung Menanders innerhalb der hellenistischen Komödie. Er sei offenbar von der Poetik des Aristoteles und als Theophrastschüler von dessen »Charakteren« beeinflußt gewesen.

sich mit der These einer plötzlichen Erfindung eines neuen Maskenkanons nur schwer in Einklang bringen. Die nur sehr spärlichen Maskenfunde aus der 2. Hälfte des 4. Jahrhunderts machen eine Entscheidung nicht leicht. Immerhin ließ sich bei einem der Sklavenmaskentypen mit asymmetrischen Brauen und schaufelförmigem Bart eine Kontinuität wahrscheinlich machen. So möchte man eher annehmen, daß die Masken für die einzelnen Typen nach und nach im Laufe der 2. Hälfte des 4. Jahrhunderts entstanden entsprechend zur Entwicklung der einzelnen Charaktere und daß sich, wenn überhaupt, erst allmählich feste Maskentypen für die einzelnen Rollen wie Parasit, Bordellwirt etc. herausbildeten. Gerade die Jünglings- und Mädchenrollen, die der bürgerlichen Welt am nächsten stehen und bei Menander häufig den der Handlung zugrundeliegenden Konflikt auslösen, scheinen die jüngsten Entwicklungen zu sein. Möglicherweise bildeten sich deshalb für sie zuletzt vorbildhafte Typen heraus.

In Lipari dagegen hat man Hinweise dafür, daß die neuen hellenistischen Typen erst um die Wende zum 3. Jahrhundert einsetzen und die klassischen weitgehend verdrängen[695]. Das Themenspektrum, das sich erhalten hat, scheint aber nicht auf einen Schlag, sondern im Laufe von etwa 20 Jahren entstanden zu sein. Wenn die Schaffung der neuen Maskentypen also wirklich mit den veränderten Begebenheiten der Neuen Komödie zusammenhängt, dann hinkte das Kunsthandwerk in Lipari, was die Veränderung der Typen angeht, Athen bzw. der geänderten Theaterpraxis dort um mindestens ein Vierteljahrhundert hinterher, obwohl die Masken von ihrer formalen Gestaltung her auf der Höhe der Zeit zu sein scheinen.

(3) Aufgrund der Erfahrungen mit den liparischen Masken und den Webster'schen Listen ist grundsätzlich und zusammenfassend Stellung zu nehmen zu den Maskenkatalogen im »Onomastikon« des Julius Pollux[696], zumal sie in der Theaterforschung eine beherrschende Rolle einnehmen, die ihren Wert als Quelle weit übersteigt.

Pollux, ein Attizist und Rhetoriklehrer in Athen unter Kaiser Commodus, schrieb sein Werk als Wörterbuch klassisch attischer Termini, die jeweils nach Sachthemen geordnet waren. So widmet er sich darin unter anderem dem Theater, seinen Bühnenmaschinen, dem Chor, Kostümen und Masken[697]. Der lexikalische Charakter zieht eine sehr verkürzte und oft mit Gegensätzen arbeitende Darstellung nach sich[698], die eher ein mit groben Strichen gemaltes, denn differenziertes Bild ergibt. Die Forschung ist sich weitgehend einig, daß Pollux einerseits ältere Lexika als Quelle benutzte[699], andererseits gerade für das vierte Buch auch aus heute verlorener hellenistischer Theaterliteratur, möglicherweise den Schriften von Aristophanes von Byzanz und König Juba von Mauretanien schöpfte, ohne daß dies im Einzelnen nachweisbar wäre. Die erhaltenen Handschriften (in vier verschiedenen Handschriftenfamilien) überliefern jedoch nur einen stark verkürzten Auszug aus dem ursprünglichen »Onomastikon«, der auf eine mit Randnotizen versehene Redaktion im Besitz des Arethas von Kaisareia aus dem 10. Jahrhundert zurückgeht[700]. Aus dieser Handschriftenüberlieferung, die offenbar auch das Arethas-Exemplar wieder verkürzt oder verändert hat[701], hat Erich Bethe die heute gültige Textfassung erarbeitet. So verwundert es nicht, daß Renzo Tosi bei den Zitaten antiker Schriftsteller, die durch Parallelüberlieferung eine Kontrolle ermöglichen, eine Fülle von Fehlern und Fehlerquellen nachweisen konnte[702]. Sein zusammenfassendes Urteil, daß man mit dem erhaltenen Polluxtext als Quelle extrem vorsichtig umgehen müsse[703], wird demnach noch mehr auf die Theaterkapitel im vierten Buch zutreffen, die sich nicht durch andere Texte kontrollieren lassen.

Der griechische Text der Maskenlisten bringt zusätzlich philologische Probleme mit sich, die sein Verständnis erschweren. Er enthält zahlreiche hapax legomena, daneben abweichende Schreibungen in den einzelnen Codices und Widersprüche, die man unterschiedlich, meist von der

695 Die Zahl von Stücken, die in der Art, Formensprache und auf Grundlage von Modeln der klassischen Gruppe im 3. Jh. hergestellt wurden, ist im Verhältnis zu den »modernen« sehr gering.

696 Zu Pollux vgl. Der Neue Pauly, Enzyklopädie der Antike 6 (1999) 51–53 (Tosi); RE X 1 (1917) 773 ff. s. v. Iulius (Pollux) Nr. 398 (Bethe).

697 Poll. IV, 99–154; E. Bethe, Pollucis Onomasticon I (Libri I–V) Lexicographi Graeci IX 1 (1900) (Nachdruck 1967); Englische Übersetzung: E. Csapo – W. J. Slater, The Context of Ancient Drama (1995) 393–402.

698 Vgl. Robert a. O. 51 ff. (Anm. 652).

699 Zu den Quellen s. Bethe, RE X 1 (1917) s. v. Julius (Pollux) 777 f.; Csapo – Slater a. O. 393 (Anm. 697).

700 E. Bethe, Pollucis Onomasticon I (1900) Einleitung zur Textausgabe VI ff.

701 Bethe ebenda VII: Die Randnotizen im Arethas-Codex fanden in späteren Abschriften teilweise Eingang in den Haupttext.

702 R. Tosi, Studi sulla tradizione indiretta dei classici greci (1988) 87–113.

703 Tosi ebenda 111, er wehrt sich jedoch 112 f. dagegen, Pollux damit als Schriftsteller und Gelehrten abzuwerten. An der kümmerlichen Überlieferung seines Onomastikon trage er keine Schuld. Bethe hatte in seinem RE-Artikel (a. O.) 778 f. (Anm. 699) das Onomastikon wegen der Fülle an Zitaten aus verlorenen Schriftstellern sogar für eine Quelle von unschätzbarem Wert erklärt.

archäologischen Überlieferung herkommend, aufzulösen versucht hat[704]. Außerdem beschränken sich die Beschreibungen auf wenige Charakeristika wie Bart, Haartracht und deren Farbe, Brauenform oder einen allgemeinen Gesichtsausdruck oder Eindruck, manchmal folgen auch Angaben zum Kostüm, die in einer Maskenliste eigentlich nichts zu suchen haben. Beide Listen, sowohl die der Tragödien- als auch der Komödienmasken sind nach strengen Schemata symmetrisch aufgebaut, nach jeweils absteigendem Alter, sozialem Status (Freie vor Sklaven) und Geschlecht (Männer vor Frauen). Nur einige zusätzliche Tragödienmasken – Sonderanfertigungen für ungewöhnliche Rollen (IV 141–142) – und die Satyrmasken passen nicht in dieses strenge Gerüst und werden mehr oder weniger wahllos aufgezählt[705].

Trotz dieser schwierigen Textsituation hat man in den Listen zu den Maskencharakteren der Tragödie und der Komödie die Praxis des hellenistischen Theaters zu erkennen geglaubt, ja sogar aus ihnen geschlossen, daß es seit dem Frühhellenismus einen ganz eng begrenzten Maskenkanon für bestimmte typische Charaktere gegeben habe, nach dem die gesamte archäologische Überlieferung zu benennen sei. Zwar sah man immer wieder die Schwierigkeiten, die erhaltenen Masken mit den sehr kurzen und schematisierten Beschreibungen bei Pollux in Einklang zu bringen[706], was Margarete Bieber[707] zu der Vermutung veranlaßte, die Polluxlisten spiegelten nicht mehr als den Maskenvorrat einer wandernden Theatertruppe wider, andererseits schien es doch auch Übereinstimmungen zwischen dem Polluxtext und einigen Bildern zu geben, so daß seit Carl Robert[708] der Versuch unternommen wurde, die einzelnen Typen in den erhaltenen Artefakten zu identifizieren, auch wenn dabei sehr kontroverse Ergebnisse erzielt wurden. Gisela Krien und Bernabò Brea[709] nahmen zur Ergänzung des sehr ausschnitthaften Polluxtextes die pseudoaristotelische Physiognomik zur Hilfe, deren ähnliches Gedankenkonzept für sie zugleich den Wert der Maskenlisten als hellenistische Quelle bestätigte.

Andere Forscher wie Thomas B. L. Webster[710] versuchten, die Maskennamen mit den Charakteren in den überlieferten Tragödien und Komödien zu verbinden, das heißt den Figuren die entsprechende Maske aus den Listen des Pollux zuzuordnen, ein Unterfangen, das je nach dem Rollenverständnis der Bearbeiter zu sehr subjektiven und unterschiedlichen Ergebnissen führte, zumal man sich vorher grundsätzlich hätte Gedanken machen müssen, inwieweit die Maske für den Zuschauer den Charakter der Figur vorprägte bzw. wie weit sich die Rolle durch die Schilderung im Text vom Maskentypus unabhängig entwickeln konnte[711]. Da jedoch nur von Menanders Komödien größere Textpassagen auf uns gekommen sind, die Charakterstudien für die einzelnen Rollen erlauben, aber andererseits Menanders Figuren – wie Nesselrath gezeigt hat[712] – gerade nicht charakteristisch für die ganze Neue Komödie sind, möchte man eher annehmen, daß Menander vielleicht mehr als seine Kollegen mit dem Überraschungsmoment gespielt und sich nicht an feste Rollenklischees gehalten hat[713].

Stellt man den Pollux'schen Maskenlisten die erhaltenen Artefakte gegenüber, so stimmen die Farbangaben fast nie mit der archäologischen Überlieferung überein. Denn die Texte sprechen häufig von blonden oder schwarzen Haaren, während die erhaltenen Masken fast immer rot- oder braunhaarig sind. Selbst weiß und grau spielen eine untergeordnete Rolle. Auch die Angaben in der Komödienmaskenliste zu den Frauenfrisuren sind sehr vage und nur mit viel Phantasie und Wohlwollen mit den reichen Frisuren der liparischen Exemplare zu verbinden. Die in Lipari sehr häufig vorkommende Melonenfrisur zum Beispiel ist in diesen Beschreibungen nicht eindeutig zu identifizieren. Mit wieviel Spitzfindigkeiten versucht Robert, die Termini diakrisis und perikomos zu verstehen[714], indem er Frau-

704 Vgl. z. B. das Vorgehen von Robert a. O. (Anm. 652) – s. auch unten Anm. 716.

705 D. F. Sutton, AntCl 53, 1984, 175 f. hat deshalb für diese Partie eine andere Quelle angenommen.

706 Vgl. Green – Seeberg in: Webster, MNC³ I 6 f.; vgl. auch die sehr skeptische Ansicht von P. G. McC. Brown, Hermes 115, 1987, 184 f.

707 Bieber, Theater 92. 105; Green – Seeberg in: Webster, MNC³ I 6.

708 C. Robert, Die Masken der neueren attischen Komödie, 25. HallWPr (1911) passim.

709 G. Krien, ÖJh 42, 1955, 84 ff.; MTL 139 ff.

710 Webster, Festschrift Rumpf a. O. 141 ff. (Anm. 687); ders., Masks of Greek Comedy, Bulletin of the John Rylands Library 32, 1, 1949, 97 ff.; ders., Greek Theatre Production (1956) 73 ff. (auch Webster verwendet die Physiognomonika); T. MacCary, Transactions and Proceedings of the American Philological Association 101, 1970, 277 ff.; gegen dessen sehr schematische Sichtweise wendet sich m. E. zurecht P. Brown, Masks, Names and Characters in the New Comedy, Hermes 115, 1987, 181 ff.

711 Hierzu Brown ebenda 183 f.

712 s. o. Anm. 694.

713 Zu einer ähnlichen Einschätzung gelangt Brown a. O (Anm. 710).

714 Robert a. O. 36 ff. (Anm. 708); diakrisis übersetzt er mit »Unterteilung, Scheitel«, perikomos mit »ringsum behaart« in Analogie zu »ringsum belaubt« bei einem Baum in der »Botanik« des Theophrast. – Die Maske ebenda 39 mit Anm. 4, Abb. 68 dürfte allerdings männlich sein.

enmasken und Komödienterrakotten unterschiedlichster Entstehungszeit und Herkunft befragt. Insgesamt gesehen scheint das Spektrum der liparischen Masken breiter und variantenreicher zu sein als das die Polluxliste gestatten würde[715]. Bernabò Brea läßt sich deshalb bei seiner Interpretation des Textes von der am liparischen Material gewonnenen Vorstellung leiten, er bevorzugt schlechter überlieferte Lesungen oder meint, Pollux Fehler nachweisen zu können, wenn die Beschreibungen nicht genau mit den liparischen Typen korrespondieren[716]. Häufig setzt er sich über die Farbangaben hinweg[717]. All dies macht deutlich, daß der Maskenkatalog des Pollux für die Klassifizierung und Benennung der hellenistischen Typen aus Lipari keine Relevanz beanspruchen kann[718]. Und auch sein Nutzen für die archäologische Überlieferung zum Theater insgesamt scheint mir sehr begrenzt zu sein. Hugo Brandenburg[719] hat zurecht darauf hingewiesen, daß die diamitros hetaira nicht als Charaktertyp zu verstehen ist, sondern daß eine ganze Reihe von Hetären in der Neuen Komödie eine Mitra als Kopfbedeckung tragen, so daß eine solche Maske nichts Spezifisches besäße.

Andererseits stellt sich dann die Frage, warum man immer das Gefühl hatte, daß einige Tonmaskentypen gut mit den Angaben im Polluxtext harmonieren, wie zum Beispiel der ernste Jüngling Panchrestos oder der Eikonikos (der Porträthafte mit den rasierten Wangen), die man in den beiden männlichen Masken der unteren Reihe auf dem Tonpinax aus Amphipolis identifizierte[720]. Unter den liparischen Exemplaren ließe sich die Beschreibung des Panchrestos am ehesten auf die hellenistischen Typen Nr. 28 und 29 (Taf. 8 a) beziehen, wie dies Bernabò Brea[721] getan hat, doch hat Typus H 28 nur eine statt der geforderten wenigen Stirnfalten, H 29 dagegen keine erhobenen Augenbrauen. Beim Eikonikos scheitert die Verbindung von Text und Maske an der graugesprenkelten Haarfarbe (so die überwiegende Zahl der Codices), denn die Maske auf dem Pinax ist brünett, während beim entsprechenden liparischen Fragment die Haarpartie fast völlig fehlt[722].

Man möchte deshalb vermuten, daß Pollux über seine hellenistischen Quellen wirklich eine Kenntnis vom Aussehen zeitgenössischer Theatermasken und den gebräuchlichsten Charakteren besaß, ohne daß es in der hellenistischen Theaterpraxis aber einen so eng begrenzten und schematischen Maskenkanon gegeben hätte, wie es uns der Text heute suggeriert. Vielmehr scheinen auch jene hellenistischen Tonmaskentypen, die sich in ihrer Formensprache an Theatermasken orientiert haben, durch Verändern einzelner physiognomischer Züge abwandelbar gewesen zu sein. Deshalb scheinen manche Angaben bei Pollux – falls wir sie richtig verstehen – in groben Zügen mit den Bildern übereinzustimmen, während andere abweichen. Ob und wie weit sich im Laufe des Hellenismus das Spektrum der Maskentypen im Theater immer weiter eingeengt hat, ist nach der archäologischen Materiallage schwer einzuschätzen. Als Fazit aus den vorangegangenen Bemerkungen, besonders auch zur Überlieferungslage der Pollux'schen Textpassagen über das Theater, sollte man jedoch davon Abschied nehmen, dieser Quelle bei der Ordnung und Benennung der archäologischen Überlieferung zum Theater die immense Bedeutung zuzumessen, die sie in der bisherigen Forschung gehabt hat. Wie Peter Brown in seiner Rezension zu Bernabò Breas Buch für das liparische Material richtig vermutet hat[723], kommt man

715 Vgl. Wiles, Masks 81 ff. Er kritisiert Bernabò Breas Vorgehensweise, allerdings ohne die Relevanz des Polluxkataloges deshalb in Frage zu stellen. Die Masken stellten ein System von Zeichen dar, das man entschlüsseln müsse. Die Masken seien als Gegensatzpaare komponiert. Seine eigenen Versuche, dieses Zeichensystem aufzudecken, sind allerdings sehr subjektiv, da sie jeweils von herausgegriffenen Einzelexemplaren ausgehen, anstatt das ganze Spektrum eines Typus zu berücksichtigen. Vgl. auch die Rez. von H.-D. Blume, Gnomon 66, 1994, 667 ff., die dem Buch »zahlreiche unbewiesene Spekulationen« (669) vorwirft. Eine Rez. aus archäologischer Sicht fehlt bisher, P. G. McC. Brown, ClR 42, 1992, 273 f.; T. J. Moore, AmJPh 114, 1993, 448 ff. und E. Csapo, Phoenix 48, 1994, 259 ff. sparen jedoch nicht mit Kritik am Umgang mit den philologischen Quellen.

716 Bernabò Brea, MTL 204 findet z. B. im Text des Pollux beim Therapon oulos, der rote Locken haben, aber gleichzeitig glatzköpfig sein soll, einen Widerspruch. Daß die liparischen Masken seine Interpretation des Textes beeinflußt haben, wird auch bei der Beschreibung des Eikonikos (Onomastikon IV 148; MTL 154) deutlich. Bernabò Brea bevorzugt die nur vom Codex Parisinus 2670 überlieferte Form empeparmenas, während sich E. Bethe in seiner Teubner-Ausgabe: Pollucis Onomasticon (Lexicographi Graeci IX 1, 1900, Nachdruck 1967) für die Lesung enesparmenas entschieden hat. Webster, MNC[3] I 25 bei Mask 19 folgt dem Text von Bethe.

717 z. B. bei seiner Identifikation der Spartopolios lektike, MTL 220 ff., die nach dem Polluxtext grauhaarig sein sollte. Die diesem Maskennamen zugeschriebenen liparischen Stücke waren aber – soweit Farbspuren erhalten sind – rothaarig (z. B. Nr. 13).

718 So auch Brown, Hermes 115, 1987, 185. – Zu einem ähnlichen Ergebnis kommt L. Summerer, Hellenistische Terrakotten aus Amisos. Ein Beitrag zur Kunstgeschichte des Pontosgebietes (1999) 71 ff. für die Maskenfunde aus Amisos.

719 H. Brandenburg, Studien zur Mitra (1966) 102.

720 MTL 138 Abb. 226.

721 MTL 157 ff. Nr. 1–4; auf S. 154 übersetzt er seine Version der entsprechenden Polluxstelle.

722 MTL 195 Nr. 1 Abb. 319 Taf. 33, 4 (hier H 10).

723 s. o. Anm. 671.

nicht nur dort, sondern auch in anderen Landschaften zu ganz neuen Ergebnissen, wenn man eine typologische Ordnung vornimmt, ohne den Katalog des Pollux im Hinterkopf zu haben.

IV Die Masken im Grabkontext

1 Methodische Vorbemerkung: Zu Problemen bei der Auswertung von Nekropolenkontexten

Die methodische Reflexion und die theoretische Diskussion der letzten Zeit, die von den Vertretern der New Archaeology angestoßen wurde, hat zunehmend zu dem Bewußtsein beigetragen, daß bei der Auswertung von Nekropolen eine ganze Reihe von Problemen zu berücksichtigen sind[724]. Sie betreffen einerseits die Zusammensetzung der Gegenstände, die die Ausgräber zutagefördern, andererseits ihre Interpretation:

(1) Von den Gegenständen, die im Grab deponiert wurden, hat sich in der Regel nur ein Teil erhalten. Vor allem organische Materialien wie Holz, Leder, aber auch Speisen und manchmal sogar die Skelette sind durch die lange Lagerung im Boden vergangen.

(2) Die Objekte, die sich im Grab und seiner unmittelbaren Umgebung gefunden haben, können aus unterschiedlichen Gründen in den Kontext geraten sein[725]: Sie können Grabbeigaben sein, die die Hinterbliebenen bewußt am oder im Grab deponiert haben (intentional), sie können zufällig ins Grab gelangt sein, weil sie beispielsweise an Gegenständen befestigt waren, die bei der Bestattungszeremonie verwendet wurden (zum Beispiel Knöpfe von Kleidungsstücken), oder sie können bereits als Streufunde in der Erde gelegen haben, die bei der Zuschüttung des Grabes verwendet wurde. Gleiches gilt natürlich für nachträgliche Störungen.

(3) Die materielle Grabausstattung bzw. das von ihr übrig Gebliebene gibt nur einen geringen Ausschnitt des gesamten Grabrituals wieder. Der weitaus größere Teil bestand aus Handlungen, die keine oder nur schwer identifizierbare materielle Spuren hinterlassen haben, von denen wir aber aus schriftlichen Quellen wissen, wie Totenklage, Prothesis und Ekphora, Opfer, das Totenmahl und Trauerreden.

(4) Die Nekropole zeigt ein von der Gesellschaft gewolltes und konstruiertes Bild. Sie spiegelt also eine Ideologie wider, die mit der sozialen Wirklichkeit in dem zugehörigen Gemeinwesen nicht übereinstimmen muß[726]. So kann beispielsweise durch eine Reglementierung – wie etwa die Grabluxusgesetzgebung oder auch moralische und gesellschaftliche Normen – der Eindruck erweckt werden, die Gesellschaft sei sehr einheitlich gewesen und habe keine großen sozialen oder ökonomischen Spannungen bzw. Gegensätze gehabt. So wie der thukydideische Epitaphios des Perikles ein Idealbild des klassischen Athen entwirft[727], gibt auch die gleichzeitige Nekropole im Grabinventar keine realistische Vorstellung von der gesellschaftlichen Schichtung und ihren wirtschaftlichen Ressourcen.

Dem Versuch, die wirtschaftliche Potenz der Grabinhaber aus den beigegebenen Gegenständen und den Grabmonumenten zu erschließen, sind zudem enge Grenzen gesetzt, da der Wert, den ihre antiken Besitzer den Gegenständen zumaßen, nur schwer abzuschätzen ist. Er muß nicht mit unseren modernen Maßstäben übereinstimmen[728].

Auch die demographische Entwicklung einer Gesellschaft läßt sich nicht einfach aus den zugehörigen Grabarealen ablesen. Das Verdienst, diese eigentlich logische Erkenntnis in das Bewußtsein gerückt zu haben, gebührt Ian Morris[729]. Er stellte fest, daß man Kindern und sozial niederen oder geächteten Personen (zum Beispiel Sklaven) nicht grundsätzlich ein formelles Begräbnis (formal burial) zukommen ließ und daß diese Gruppen mithin

724 Zum folgenden zusammenfassend: B. d'Agostino, DialA 3, 1985, 47 ff.; ders. in: R. Francovich – D. Manacorda (Hrsg.), Lo scavo archeologico: dalla diagnosi all'edizione (1990) 401 ff.; ders. in: A. H. Borbein – T. Hölscher – P. Zanker (Hrsg.), Klassische Archäologie. Eine Einführung (2000) 313 ff. – Grundlegend und für alle archäologischen Fächer wichtig ist M. Parker Pearson, The Archaeology of Death and Burial (1999).

725 R. Bernbeck, Theorien in der Archäologie (1997) 256.

726 J.-P. Vernant in: G. Gnoli – J.-P. Vernant (Hrsg.), La mort, les morts dans les sociétés anciennes (1982) 6 f.; B. d'Agostino – A. Schnapp in: ebenda 20 f.; Bernbeck a. O. 264–268 (Anm. 725).

727 Thuk. II 35–46; I. Morris, Burial and Ancient Society (1987) 32; N. Himmelmann, Attische Grabreliefs (1999) 40 ff.

728 Dies läßt sich z. B. an jemenitischen Silberarbeiten verdeutlichen. Das Kunstgewerbe aus Metall wird dort auch heute noch nach dem Metallgewicht bewertet, während die kunstfertige Arbeit und das Alter, die bei uns den Wert ausmachen würden, beim Preis keine Rolle spielen. Vgl. I. Morris, Death-Ritual and Social Structure in Classical Antiquity (1992) 106 ff.; Bernbeck a. O. 262 ff. (Anm. 725); N. Valenza-Mele, Dialogues d'histoire ancienne 17/2, 1991, 152 Anm. 5.

729 I. Morris, Burial and Ancient Society (1987). Zur Kritik an Morris vgl. Kapitel I 1 Anm. 20.

in einem Friedhof auch nicht auftauchen müssen[730]. Kinder aus höheren Gesellschaftsschichten konnten dagegen durchaus eine reiche Bestattung erhalten wie ein Erwachsener. Aufgrund dieser Beobachtung kam Morris zu dem Ergebnis, daß es auf das Konstrukt einer sozialen Person (social persona) ankam, ob jemand ein formelles Begräbnis erhielt oder nicht und wie dieses aussah[731]. Zu diesem Konstrukt, das zugleich die soziale Rolle dieser Person innerhalb der Gesellschaft betraf, gehörten auch Geschlecht und Alter, die durchaus nicht mit dem biologischen übereinstimmen mußten[732]. Diese Ideologie ist natürlich regional unterschiedlich, da sie von vielen Faktoren abhängt, beispielsweise von der ethnischen Zusammensetzung des Gemeinwesens und vor allem vom kollektiven Selbstverständnis seiner Bürger.

Die Auswahl der materiellen Hinterlassenschaften in der Nekropole wird deshalb in der theoretisch fundierten Grabforschung, wie sie in Auseinandersetzung mit der New Archaeology vor allem in Großbritannien, Frankreich und Italien entstanden ist, als ein Zeichensystem verstanden, das auf eine Ideologie hindeutet[733]. Es ist eben jenes Selbstverständnis, das die Gesellschaft von sich selbst hat oder in der Totenstadt abgebildet sehen will, sei es bewußt oder unbewußt. Die Zeichen und ihre Bedeutung ergeben sich dabei aus dem konkreten Kontext, was bedeutet, daß derselbe Gegenstand in unterschiedlichen Kontexten verschiedene Bedeutungen transportieren kann[734]. Demnach kann es problematisch sein, mittels Analogie von einem Kontext auf den anderen zu schließen, wenn man nicht die verschiedenen Prämissen aus dem jeweiligen Kontext berücksichtigt[735].

Um dieser Ideologie, also den in der Nekropole abgebildeten kollektiven Vorstellungen und Identitäten der zugrundeliegenden Gemeinschaft näher zu kommen, ist es notwendig, eine unabhängige, aber die gleiche Periode betreffende Parallelüberlieferung, zum Beispiel aus der Wohnsiedlung bzw. in Form von epigraphischen, prosopographischen oder historischen Daten zu Rate zu ziehen und mit den aus der Nekropole ermittelten Indizien zu kontrastieren. Insofern wären jedem Ansinnen, aufgrund der immens reichen Überlieferung aus den Friedhöfen Liparis auf Gesellschaftsordnung, Bevölkerungszahl oder politische und wirtschaftliche Potenz zu schließen, enge Grenzen gesetzt. Archäologische Befunde aus der Siedlung für die hier interessierenden Phasen der Nekropole fehlen vollständig. Deshalb mangelt es meines Erachtens an den Grundlagen, um die Grabkontexte und -inventare in den liparischen Friedhöfen im Hinblick auf soziale, demographische oder wirtschaftliche Fragen zum Sprechen zu bringen. Da hier jedoch Bestattungsriten und Totenkult Ziel der Untersuchung sind, fällt dies nicht so schwer ins Gewicht. Es geht also darum, was am Grab bei der Begräbniszeremonie und später bei der Grabpflege geschah. Welche Rolle spielten dabei die Gegenstände, die man im oder am Grab ablegte? Welche Vorstellungen, Ängste und Hoffnungen der Hinterbliebenen für den Toten standen möglicherweise dahinter, denn die Rituale waren multikausal. Gräber und Beigaben sagen zudem mehr über die Trauernden aus als über die Person der oder des Toten[736].

Zum Teil helfen bei der Beantwortung dieser Fragen die Ritualtheorien[737] der Kulturanthropologie weiter, die bei der Feldforschung entwickelt wurden: Danach haben Rituale generell eine wichtige Funktion bei der Krisenbewältigung innerhalb einer Gemeinschaft, so auch im Falle

730 Zum Problem des »formal burial« Morris, Burial a. O. 93 f. (Anm. 729). – Dieselbe Beobachtung publizierte Hertz schon 1907 anhand von ethnologischem Material: R. Hertz, L'année sociologique 10, 1905/06, 132; vgl. auch J. Bremmer, The Early Greek Concept of the Soul (1983) 96 ff.

731 Morris, Burial a. O. 37. 40. 110–117 (Anm. 729). Der Begriff der »social persona« war aber nicht Morris' Erfindung. Er übernahm ihn von den Ethnologen Saxe und Binford, die der Processual Archeology zugerechnet werden. J. Whitley, Style and Society in Dark Age Greece. The Changing Face of a Pre-Literate Society 1100–700 B.C. (1991) 24 ff.; vgl. auch Bernbeck a. O. 252 f. (Anm. 725). – Beispiele aus der griechischen Antike bei R. Parker, Miasma. Pollution and Purification in Early Greek Religion (1983) 41.

732 L. Cerchiai in: Gnoli – Vernant a. O. 294 f. (Anm. 726); Graepler, Tonfiguren 157.

733 Deutlich ausgesprochen vor allem von I. Hodder, Theory and Practice in Archaeology (1992) 11 ff.; ähnlich B. d'Agostino in vielen seiner Arbeiten, z. B. DialA 3, 1985, 49 ff.; M. Cuozzo, AnnAStorAnt 3, 1996, 1 f. 13 f.

734 d'Agostino – Schnapp in: Gnoli – Vernant a. O. 21 (Anm. 726); Hodder a. O. 84 (Anm. 733). Zusammenfassend zu Hodders Theorie der konzeptuellen Archäologie T. Champion in: I. Hodder (Hrsg.), Archaeological Theory in Europe. The Last Three Decades (1991) 139; T. Kerig in: M. Eggert – U. Veit (Hrsg.), Theorie in der Archäologie. Zur englischsprachigen Diskussion (1998) 217 ff., bes. 223 f. – Den konkreten Beleg dafür liefert die Arbeit von J. Fabricius, Die hellenistischen Totenmahlreliefs (1999). Die Autorin kann 342 f. aufgrund von inschriftlicher Parallelüberlieferung deutlich machen, daß dieselben Elemente auf den Totenmahlreliefs in den verschiedenen von ihr behandelten Städten unterschiedliche Bedeutung hatten.

735 Bernbeck a. O. 252 (Anm. 725).

736 d'Agostino in: Borbein – Hölscher – Zanker a. O. 316 (Anm. 724); Cuozzo a. O. 27 (Anm. 733). Sie beruft sich dabei auf den britischen Prähistoriker J. Thomas.

737 Zum Ritualbegriff: A. Michels in: C. Caduff – J. Pfaff-Czarnecka (Hrsg.), Rituale heute. Theorien – Kontroversen – Entwürfe (1999) 23 ff., bes. 29–39.

des Todes[738]. Einerseits helfen sie den Hinterbliebenen, mit den Emotionen wie Aggression, Wut, Trauer und Angst umzugehen und die Trennung zu bewältigen[739], anderseits vergewissert sich die trauernde Familie bzw. bestätigt die Gemeinschaft durch die Teilnahme am Ritual, daß das gesellschaftliche Gefüge auch nach dem Tod eines Mitgliedes stabil bleibt und die entstandene Lücke gefüllt wird[740]. Demnach haben die Rituale auch eine starke sozial-integrative Bedeutung.

In der Anthropologie hat sich die Vorstellung durchgesetzt, daß der Übergang vom Leben zum Tod in drei Schritten abläuft, die sich in den Bestattungszeremonien spiegeln. Die Ethnologen Hertz und van Gennep beschreiben diese Zeremonien zusammen mit anderen Übergangsriten, zum Beispiel bei der Hochzeit oder einer Initiation beim Eintritt ins Erwachsenenleben, als »rites de passage«[741]. Auf die Trennung von einem Status folgt nach einer Übergangsphase der Eintritt in einen neuen Status. Danach bedeutet das Sterben die Lösung aus der Gesellschaft der Lebenden. Das darauf folgende Stadium bildet eine Zeit des Überganges, in der die Seele des Verstorbenen noch umherirrt und Schaden unter den Hinterbliebenen anrichten kann. Der dritte Schritt markiert mit dem Abschluß der Bestattungsriten den Übergang in die Welt der Toten und in die Gemeinschaft der Ahnen. Parallel dazu stellt sich der Tod eines Menschen für die Trauernden ebenfalls als eine dreiphasige Veränderung dar, in der die mittlere, die eigentliche Trauerzeit zwischen Tod und Beendigung der Begräbnisriten als Grenzerfahrung und Übergangsperiode gilt, in der die Trauernden nicht am geregelten Leben der Gemeinschaft teilnehmen. Ein entsprechendes Gedankengebäude läßt sich auch bei den Griechen nachweisen[742]: Dort verläßt die Seele nach dem Tod den Körper, schweift zur Sorge der Familie noch eine zeitlang – bis zur Bestattung – durch die Gegend und überschreitet nach dem Vollzug der geforderten Begräbnisriten den Styx, um ins Totenreich einzugehen.

2 Die Vergesellschaftung der liparischen Masken in ihren Kontexten

a Die Auswertung der Grabkontexte

Im ersten Teil der Arbeit wurden die liparischen Masken als kunsthandwerkliche Erzeugnisse und Exponenten ihrer Gattung betrachtet. Die Grabungsbefunde und ihre Vergesellschaftung mit anderen Materialien traten dabei in den Hintergrund und spielten nur für chronologische Fragen eine Rolle. Im folgenden muß sich nun das Augenmerk auf die Kontexte richten: Ergeben sich aus einer genauen Beobachtung der Fundsituation und Vergesellschaftung Anhaltspunkte, vielleicht sogar detaillierte Regeln, die Aufschlüsse über den Zusammenhang und dann möglicherweise über Verwendung, Funktion und Bedeutung der Masken bringen könnten?

Ein solcher Ansatz geht von der Hypothese aus, daß die Hinterbliebenen keine individuellen Geschenke oder besonders auf die Person des Verstorbenen bezogenen Gaben am oder im Grab deponierten, sondern daß es feste gemeinsame Vorstellungen gab, welche Gegenstände zur Totenausstattung oder zum Grabritus gehören mußten oder konnten[743]. Solche Regeln scheint es tatsächlich gegeben zu haben, denn wie sich im Laufe der Untersuchung zeigen wird, besaßen offenbar fast alle Gräber eine standardisierte Grundausstattung, die sich auch über lange Zeiträume hinweg und trotz einer schweren Krise nicht wesentlich veränderte. Und auch für die darüber hinausgehenden Beigaben in reicheren Bestattungen scheint es zumindest Grundregeln gegeben zu haben, da das Repertoire an Gefäßformen und auf ihnen dargestellten Themen, aber auch an Geräten relativ beschränkt und

738 B. Lang, Kleine Soziologie religiöser Rituale, in: H. Zinser (Hrsg.), Religionswissenschaft. Eine Einführung (1988) 80 ff.; Caduff – Pfaff-Czarnecka in: dies. a. O. 8 (Anm. 737); s. auch die folgenden Anm. 739 und 740. – Zum Einsatz anthropologischer Denkkategorien in der Altertumswissenschaft vgl. R. Schlesier, Ritual und Mythos. Zur Anthropologie der Antike heute, in: R. Faber – B. Kytzler (Hrsg.), Antike heute (1992) 93–109.

739 P. Metcalf – R. Huntington, Celebrations of Death. The Anthropology of Mortual Ritual² (1991) 4 f. 43 ff.; M. S. Cipolletti, Langsamer Abschied, Tod und Jenseits im Kulturvergleich (1989) 7.

740 Metcalf – Huntington a. O. 133 ff., bes. 140 ff. (Tod eines Königs) (Anm. 739); M. Bloch in: S. C. Humphreys – H. King (Hrsg.), Mortality and Immortality: The Anthropology and Archaeology of Death (1981) 137 ff.

741 Metcalf – Huntington a. O. 29 ff. (Anm. 739); Morris a. O. 9 f. (Anm. 728). – R. Hertz, L'année sociologique 10, 1905/06 (1907) 48 ff., bes. 129 ff. (der Begriff selbst taucht bei Hertz noch nicht auf); A. van Gennep, Les Rites de passage (1909) 209–211. – Wie sich dieser theoretische Ansatz mit dem konkreten Beispiel, dem Grabritual im modernen Griechenland verbinden läßt, zeigen L. M. Danforth – A. Tsiaras, The Death Ritual of Rural Greece (1982), zu den »rites de passage« 33 ff.

742 Parker a. O. 59 ff. (Anm. 731); R. Garland, The Greek Way of Death (1985) 1 ff. 13 ff. 38 ff. und passim; B. d'Agostino in: S. Settis (Hrsg.), I Greci II 1 (1996) 441 f.; zu den Jenseitsvorstellungen der Griechen allgemein vgl. Burkert, Religion 300 ff.; Giuliani, Tragik 148 f.

743 s. o. Kapitel I 1 und VI 1; vgl. außerdem die zusammenfassenden Überlegungen von Graepler, Tonfiguren 149 ff.

einförmig bleibt. Demnach sollte diese Arbeitshypothese tragfähig sein.

Erfahrungen aus anderen Nekropolen, zum Beispiel Tarent, lassen vermuten, daß sich die Grabausstattung je nach Geschlecht des Toten unterschied, daß es also geschlechtsspezifische Beigaben gab, und daß auch Kinder anders behandelt werden konnten als Erwachsene. Leider fehlen in Lipari anthropologische Befunde fast völlig, da die Skelettreste nach Aussagen der Ausgräber zu gering und nicht aussagekräftig waren[744]. Demnach bleibt nur die Möglichkeit, aus dem Grabinventar etc. vorsichtig Kriterien abzuleiten, um den Toten als Mann, Frau oder Kind zu klassifizieren, ein Verfahren, das mit Unsicherheiten behaftet ist und nicht in jedem Fall zu einer eindeutigen Lösung führen wird[745]. Da der Brauch der Maskenbeigabe jedoch an das Geschlecht gekoppelt sein könnte, kann man nicht von dem Versuch absehen, das Geschlecht der Grabinhaber zu bestimmen.

Ausgangspunkt sind die Kontexte und Grabungsbefunde. Aus ihnen sind Gemeinsamkeiten und, wenn möglich, Regeln der Vergesellschaftung abzuleiten, die erst in einem späteren Schritt ausgewertet und interpretiert werden, und dies um so mehr, als die Ausgräber in ihren Ausgrabungsberichten bei der rein deskriptiven Auflistung der Grabformen und Inventare stehen geblieben sind[746] und eine interpretative Zusammenschau nur in kurzen Bemerkungen in den Monographien zu den Masken und der polychromen Keramik gewagt haben[747]. Fragen wie diejenigen, ob sich die Grabinventare in ihrer Zusammensetzung im Laufe der Zeit verändert haben, ob bestimmte Gattungen von Gegenständen nur zu bestimmten Zeiten auftauchen und welche Schlüsse man daraus ziehen kann, ob die Funktion der Gegenstände sich möglicherweise für den Grabritus auswerten läßt, wurden entweder nicht gestellt oder nicht systematisch behandelt. Entsprechende Beobachtungen und Ansichten sind aber gelegentlich in die Arbeiten eingeflossen.

Aus mehreren Gründen kann eine solche zusammenfassende Betrachtung aber zum augenblicklichen Zeitpunkt nur provisorischen Charakter für sich beanspruchen:

(1) Die Nekropolen wurden nicht flächendeckend erforscht, sondern nur punktuell bei anstehenden Bauvorhaben ergraben (Abb. 9) – Graepler[748] spricht in Bezug auf den Friedhof vor der Stadtmauer treffend von »Fenstern«, die auf dem Gelände geöffnet wurden – mit allen Nachteilen, die solche Notgrabungen mit sich bringen. Die manchmal kleinen und verstreuten Schnitte[749] ergeben nur schwer ein zusammenhängendes Bild von der Ausdehnung und Organisation der Grabareale. Unter den bisher publizierten Grabungsschnitten bieten deshalb am ehesten die Flächen 17, 21 und 22, 34 und 36 (Abb. 28. 29. 10) in der Contrada Diana Aufschluß über die Anlage einer größeren Gräbergruppe.

Nach dem derzeitigen Stand der Kenntnisse lagen die Nekropolen offenbar wie ein Gürtel im Süden und Westen der Stadt (Abb. 1). Die bei weitem größte von ihnen, wohl die Hauptnekropole, erstreckte sich vor der Stadtmauer des 4. Jahrhunderts etwa zwischen dem Tal des Ponte im Süden und dem antiken Bachbett von S. Lucia im Norden[750], während die westliche Grenze noch im Dunkeln liegt. Bei den von Ende 1997 bis 1999 in dem Geviert zwischen der Via Prof. Isabella Conti, der Via Marconi und der Provinzstraße nach Pianoconte durchgeführten Sondagen stieß man allerdings nicht auf antike Reste, so daß der Friedhof in diesem Bereich wohl schon weiter östlich endete[751]. Die Nekropolenschnitte 15 und 16 nördlich der Via Marconi

744 ML V, XXXVI. Die wenigen Untersuchungen, die vorgenommen wurden, sind publiziert von G. Capitano in: Archivio Storico Messinese 49, 1987, 69 ff. Die meisten Skelette entstammten aber erst der Kaiserzeit, so daß für den uns interessierenden Zeitraum vom späten 5. bis zum mittleren 3. Jh. v. Chr. nur Einzelergebnisse (drei Schädel) vorliegen, die sich nicht verallgemeinern lassen und statistisch irrelevant sind.

745 Vgl. die Ausführungen bei Graepler, Tonfiguren 161 ff.; L. Summerer, Gnomon 71, 1999, 690 f. (Rez. zu U. Mrogenda, Die Terrakottafiguren aus Myrina [1996]); I. Morris, BiOr 51, 1994, 708 f. betont allerdings in einer Rez. zu A. Strömberg, Male or Female (1993), daß es nicht auf das biologische Geschlecht des Verstorbenen, sondern auf »gender« als soziale Konstruktion ankomme. Zur Frage des biologischen und »kulturellen« Geschlechts auch R. Bernbeck, Theorien in der Archäologie (1997) 327 ff.

746 ML II, V, VII. Die übergeordneten Kapitel in ML II 197 ff. zu den Gräbern aus den einzelnen chronologischen Phasen beinhalten hauptsächlich kunsthistorische Fragen zu den einzelnen Materialgattungen wie Formtypologie und Herkunft (Importe). Dem Doppelband ML XI fehlt eine zusammenfassende Auswertung, sieht man von den Kapiteln von G. Vallet über die Keramik des 6. und 5. Jhs. v. Chr. und von A. M. Mastelloni über die Münzfunde ab.

747 MTL 19–25; Ceramica liparese 41–48; MPTG 19–22.

748 D. Graepler, Gnomon 70, 1998, 437 (Rez. zu ML V).

749 Vgl. die Pläne in ML II Taf. A; MTL 4 Abb. 2. Die größeren und nicht unter dem Zeitdruck von Notgrabungen erforschten Nekropolenabschnitte 29–33 und 35 sind neuerdings in ML XI publiziert, konnten hier aber nicht mehr ausführlich berücksichtigt werden; vgl. auch ML IX 2 73.

750 Cavalier, Lipari-Maler Taf. II.

751 Nach freundlicher Auskunft des Restaurators F. Famularo.

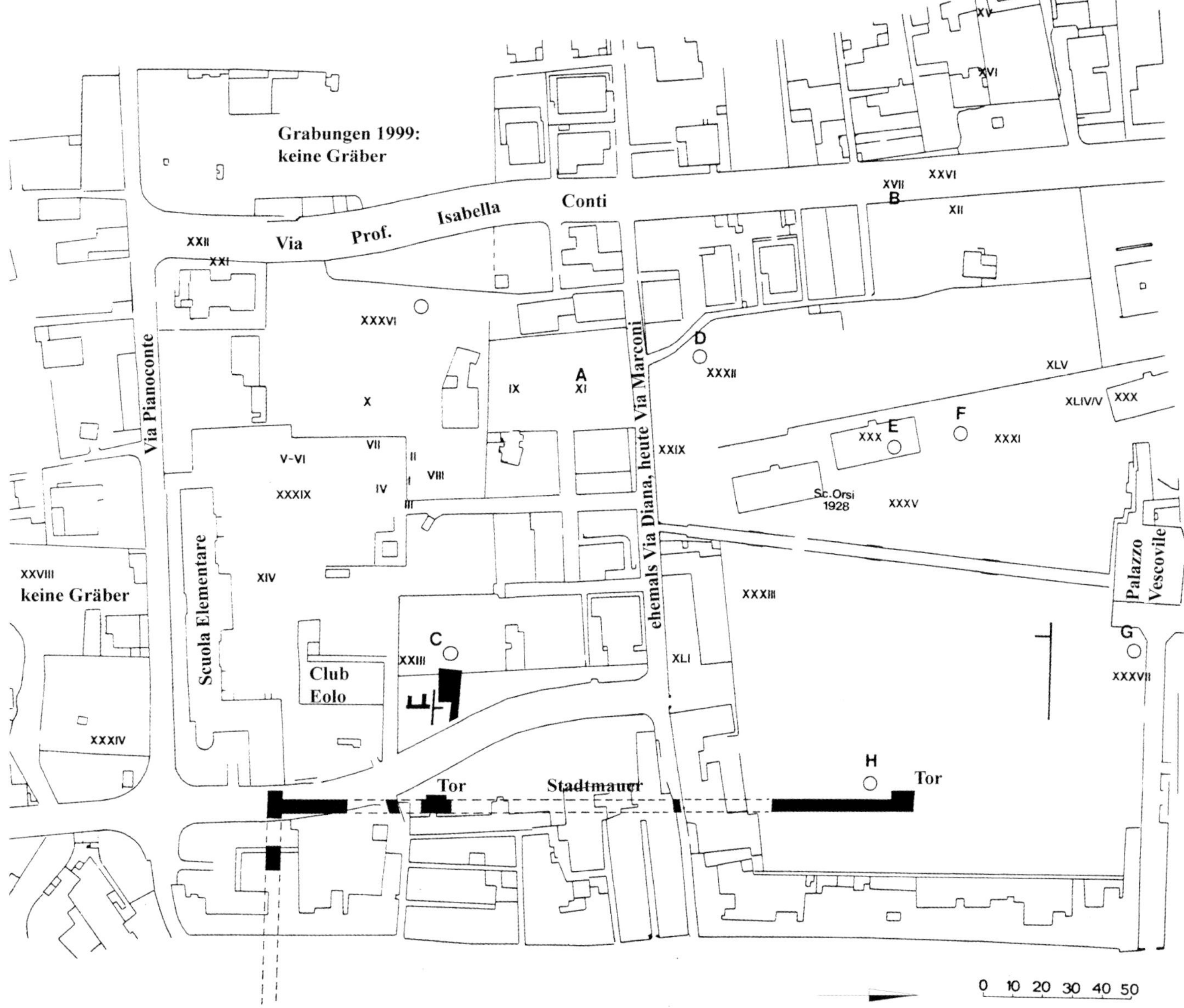

Abb. 9: Grabungsgebiet in der Contrada Diana vor der spätklassischen Stadtmauer

lagen aber jenseits (westlich) der Via Isabella Conti[752]. Die übrigen, bisher entdeckten Nekropolen befinden sich südlich der antiken Stadt in den Ortsteilen Portinenti und S. Anna[753]. Zwei Grabbezirke umfassen jeweils nur vier Bestattungen und sind vielleicht als Familiengrablegen zu verstehen, während die beiden Gräberfelder in Portinenti[754] unweit des Strandes mit 21 bzw. 145 Gräbern größere Gemeinschaften beherbergten. Das letztgenannte wurde wegen der ärmlichen Ausstattung von den Ausgräbern als »Sklavenfriedhof« angesprochen.

Doch auch die erwähnte große Nekropole vor der Stadtmauer in der Contrada Diana scheint nicht flächendeckend belegt gewesen zu sein, sondern könnte zunächst aus verschiedenen Ansammlungen von Gräbern bestanden haben, die vielleicht nach und nach zusammenwuchsen. Leider bleibt die archaische Keimzelle des Friedhofes weitgehend im Dunkeln. Archaische Bestattungen wurden in nennenswerter Zahl nur in den Schnitten 21/22, 36 und 31

752 ML II 82 ff., Gräber 239 bis 268.

753 Grabungsfläche 38, ML V 1 ff.; Schnitt 47, 1993–96 auf dem Besitz Biviano, ML X 213 ff. mit Taf. 8–11.

754 Zu dem kleineren Gräberareal s. ML X 255–261. Zu dem sog. Sklavenfriedhof: L. Bernabò Brea – M. Cavalier, Kokalos 39/40, 1993/94, 996; Museo Eoliano 68. Die Nekropole mit Gräbern vom mittleren 4. bis ins mittlere 3. Jh. v. Chr. lag unter einer römischen Amphorentöpferei (ML X 264 ff.) Zu diesen beiden Bestattungsplätzen s. u. Text zu Anm. 944–988.

(letzterer[755] hier noch nicht berücksichtigt) (Abb. 11. 28) aufgedeckt, während die sonstigen Funde aus der ersten Phase der griechischen Kolonie aus nicht genau dokumentierten Grabungen des letzten Jahrhunderts stammen[756]. Sie lagen jedoch mindestens 100 m vor der spätklassischen Stadtmauer (Abb. 9). Bernabò Brea nimmt in Analogie zu anderen Nekropolen an, daß sich die Grabanlagen zunächst entlang den Straßen ins Landesinnere der Insel ausbreiteten[757]. Leider ist über die Tore der vorklassischen Stadtmauer und über den Straßenverlauf nichts bekannt, doch dürfte die Mauer des 4. Jahrhunderts mit ihren Ausgängen auf ältere Wege Rücksicht genommen haben. Die frühesten Grabareale befinden sich in der Tat etwa in gerader Linie westlich von zwei ergrabenen spätklassischen Toren. Ein Problem bleibt auch, wie die frühen Gräber oberirdisch gekennzeichnet waren. Kann man von der späteren Praxis aus Hellenismus und Kaiserzeit zurückschließen[758], dann lagen auf den Gräbern einfache Cippi, die nur den Namen des Inhabers trugen. Für aufwendige oberirdische Monumente fehlen bisher jedenfalls alle Anzeichen.

(2) Ein weiteres Problem betrifft die Publikationslage. Unter den mehr als 2600 aufgedeckten Bestattungen waren vor dem Erscheinen von Meligunìs Lipára XI, der hier nicht mehr zur Gänze eingearbeitet werden konnte, erst etwa 1200 in ihrem Zusammenhang publiziert. Von weiteren Gräbern waren zwar die spektakulärsten Beigaben veröffentlicht (vor allem Keramik, Terrakotten und Masken), anderes im Museum ausgestellt (wenn auch nicht immer vollständig), doch entzogen sie sich mangels detaillierter Fundangaben der genauen Einordnung. Vor allem eine statistische Auswertung ruht damit noch auf tönernen Füßen, doch kann man in Zukunft auf der Grundlage des neuen Doppelbandes die Zahlenverhältnisse genauer abschätzen. Man wüßte zum Beispiel gern, wieviel Prozent der Gräber dem 4. Jahrhundert, wieviele der 1. Hälfte des 3. Jahrhunderts angehören, um die Gesamtzahl der Bestattungen aus den einzelnen Perioden mit der Zahl der Gräber mit Maskenbeigaben in Beziehung setzen zu können. Versucht man die Zahlen zu überschlagen, scheinen die »Maskengräber« im fraglichen Zeitraum nur ungefähr fünf Prozent auszumachen. Die Prozentzahl der Gräber mit Terrakottafigurinen scheint ein wenig höher, vielleicht bei sieben Prozent gelegen zu haben[759]. Dennoch hat man nach den im Museum ausgestellten, teils immer noch unpublizierten Grabinventaren den Eindruck, daß das bis jetzt berücksichtigte Material als repräsentativ gelten kann und sich die Endergebnisse hinsichtlich der Gräber nicht mehr wesentlich verschieben werden.

(3) Mit Recht wurde immer betont, daß die liparische Nekropole für die Forschung einen besonderen Glücksfall darstellt[760], denn die kontinuierlichen Ablagerungen von Flugasche und anderen vulkanischen Sanden führten einerseits zu einer klaren und gut ablesbaren Horizontalstratigraphie, andererseits verhinderten sie neuzeitliche Störungen durch Landwirtschaft und Grabräuberei. Dennoch waren beileibe nicht alle Gräber unberührt, als sie bei den Ausgrabungen wieder ans Licht kamen. Schon Bernabò Brea und Cavalier konnten für eine ganze Anzahl von Sarkophagen römische Wiederbelegungen nachweisen[761], bei denen im Sarg nur römische Beigaben lagen. Der Sarkophag wurde also in der Regel vor der zweiten Nutzung geleert, während außen oftmals noch das zur ursprünglichen Bestattung gehörende Keramikpaket angetroffen wurde. Manche Mehrfachbelegungen – man fand bisweilen Reste von mehreren Skeletten übereinander – sind mangels Beifunden nicht zeitlich zu fixieren. Eine Reihe von Indizien deutet jedoch darauf hin, daß nicht erst die Römer alte Sarkophage ausräumten und wiederverwendeten. So fanden sich auch in Grabungsschnitten wiederverwendete Gräber, in denen die Bestattungen nicht über den Hellenismus hinabreichten[762]. In einem Fall lag in einem Tonsarkophag, der nach seiner Form ins 6. oder frühe 5. Jahrhundert v. Chr gehört, eine hellenistische Kanne[763]. In Grab 233, das offenbar schon in der Antike durcheinanderkam, entdeckte man eine attisch rotfigurige Lekythos des Strengen Stils, während außen – eigenartigerweise im Nordwesten statt im Süden – das standardisierte Keramikpaket deponiert war, das seit dem

755 Cavalier, Lipari-Maler 15 Abb. 34; Bernabò Brea in: Dieci anni 100; BTCGI, Lipari 150 (mit Druckfehler: statt trincea XXXV (1970) lies: XXXI); ML XI 1 327 ff. (z. B. 344 Grab 966). 381 ff. Zur frühen Keramik vgl. G. Vallet, ML XI 2 781–818.

756 Bernabò Brea in: Dieci anni 95 ff.

757 Bernabò Brea in: Dieci anni 99 f. – Zu Nekropolen entlang von Straßen in Unteritalien vgl. S. Steingräber, Arpi – Apulien – Makedonien. Studien zum unteritalischen Grabwesen in hellenistischer Zeit (2000) 129.

758 BTCGI, Lipari 85: Cippi sind seit dem späten 4. Jh. v. Chr. belegt. – Eine wichtige Gräbergruppe (auf dem Grundstück Biviano), bei der die Cippi noch in situ lagen und deshalb den zugehörigen Bestattungen zugeordnet werden können, ist in ML X 213 ff. bes. 230 ff. Taf. 8–11 publiziert.

759 Graepler, Tonfiguren 238 kommt in Tarent auf ein ähnliches Verhältnis bei seinen Gräbern mit Terrakottenbeigaben. Ähnlich ohne Angaben von Prozentzahlen U. Mrogenda, Die Terrakottafiguren aus Myrina (1996) 4 für die myrinäische Nekropole.

760 Bernabò Brea in: Agli albori della ricerca 14; D. Graepler, Gnomon 70, 1998, 436.

761 Vgl. die Tabelle in ML II 369–380.

762 z. B. Grab 451, ML II 164.

763 Grab 332, ML II 122.

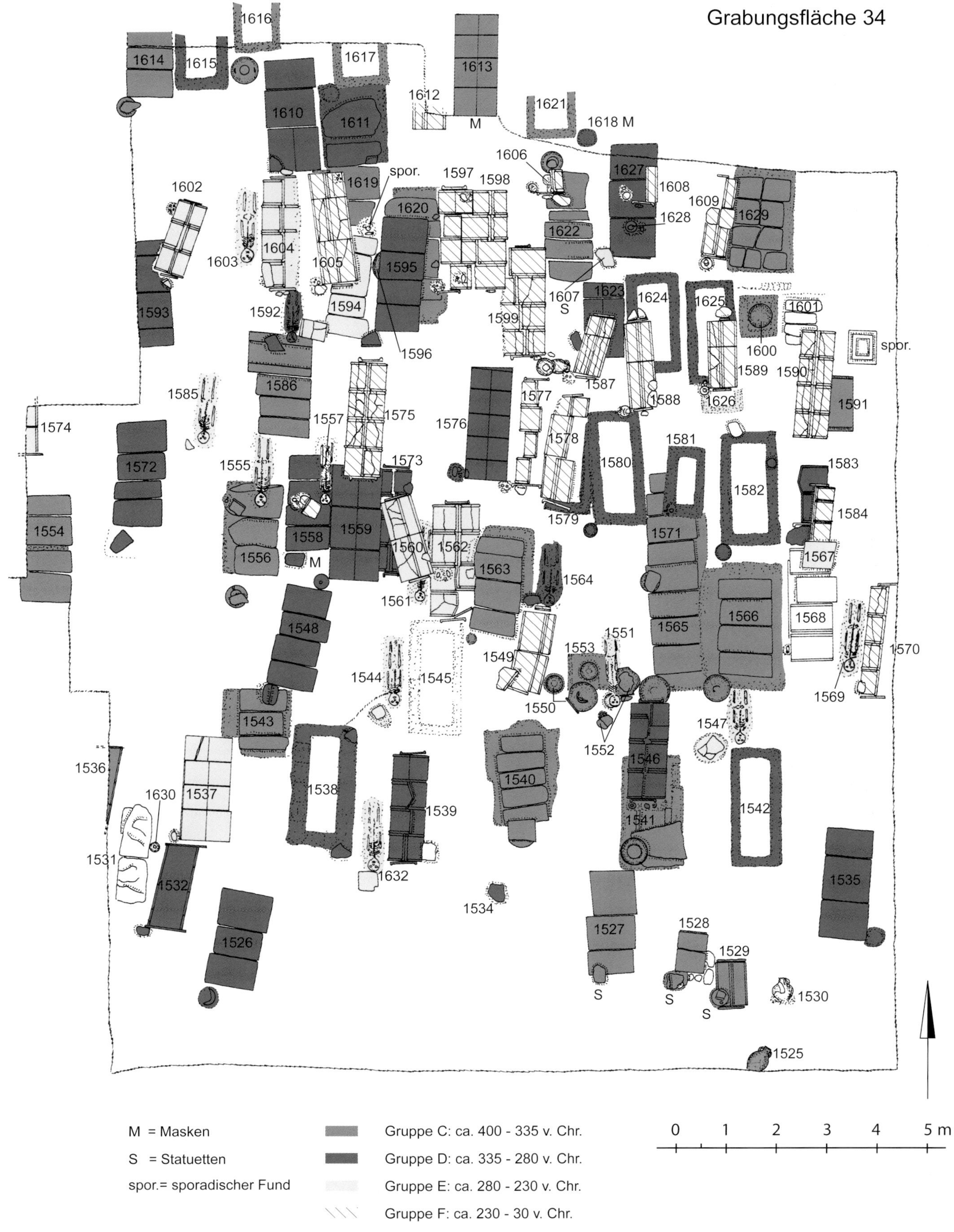

Abb. 10: Plan des Grabungsareals 34 südlich der Straße nach Pianoconte

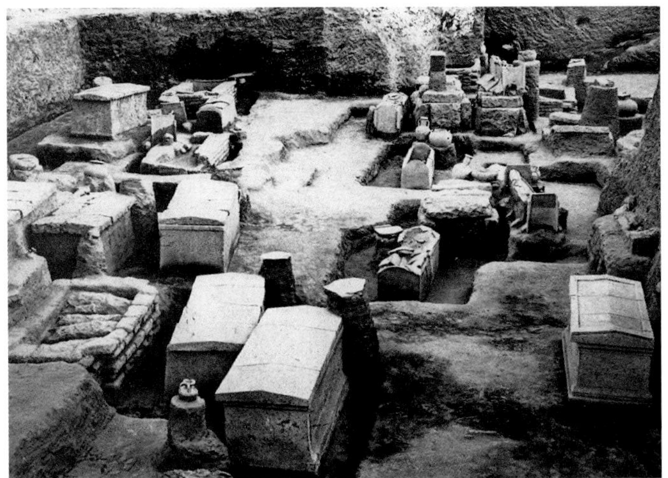

Abb. 11: Ansicht der Grabungsflächen 21 und 22 in der Contrada Diana von Norden gesehen

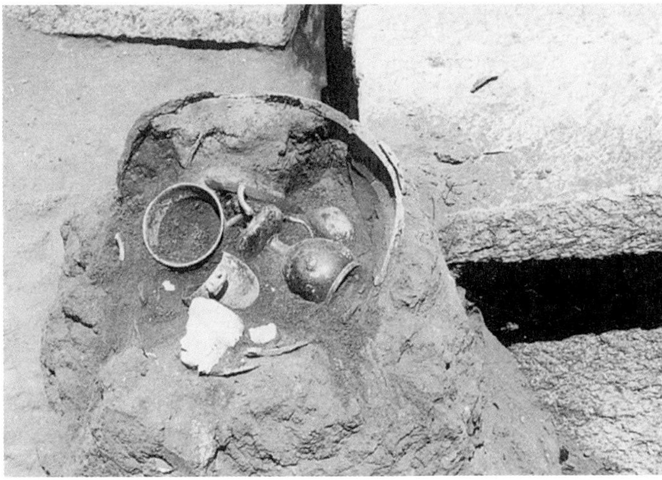

Abb. 12: Sarkophag 406 mit dem außen abgelegten Symposionskeramikset und Masken

4. Jahrhundert offenbar fester Bestandteil fast jeder Bestattung war (s. u. Text zu Anm. 775–787). Es enthielt Gefäße, die nach ihrer Form erst im frühen 3. Jahrhundert entstanden sein dürften[764]. Vielen Sarkophagen fehlen heute leider sowohl innere als auch äußere Beigaben, so daß man sie nur typologisch einzuordnen versuchen kann. Rechnet man noch die Gräber dazu, die bei der Ausgrabung verletzt waren[765], erhöht sich die Zahl der gestörten Gräber weiter. Denn oftmals wurden Gräber angeschnitten, wenn man eine Grube für einen neuen Sarkophag anlegte[766]. Dies könnte einer der Gründe sein, warum so viele Terrakotten und andere Gegenstände, die sonst in den Sarkophagen liegen, als Streufunde im Nekropolengebiet zutage kamen. Man wird demnach sorgfältig prüfen und abwägen müssen, welche Befunde unberührt und damit aussagekräftig für die Frage nach Beigabensitten und Grabritus sind, und welche man zur Ausschaltung von Fehlerquellen eher außer Acht lassen sollte.

(4) Schließlich bereitet bei einigen Gräbern die von den Ausgräbern vorgeschlagene Datierung Probleme. Bernabò Brea und Cavalier richten sich bei der zeitlichen Einordnung der Bestattungen in der Regel nach der bemalten Keramik[767]. Sie berücksichtigen dabei zu wenig, daß die Keramik nur einen terminus post quem darstellt, der auch erheblich vor dem Zeitpunkt des Begräbnisses liegen könnte. Beispielsweise scheint schwer verständlich, warum in Schnitt 23 das Grab 443 bis, ein Ziegelgrab für ein Kind, und der als Urne verwendete Krater Nr. 446 einer früheren Periode angehören sollen als die darunter befindlichen Sarkophage 452 und 455[768]. Diese problematische Situation wird ebensowenig eines Kommentares gewürdigt wie der Fall der chiotischen Amphore Grab 427, die als archaische Kinderbestattung klassifiziert wird, aber auf einem Sarkophag des 5. Jahrhunderts liegt[769]. Zwei Interpretationen wären grundsätzlich möglich: Entweder wurden die älteren Gräber umgesetzt, als man die darunterliegenden anlegte – was vor allem bei den Bestattungen in Gefäßen denkbar wäre – oder die Keramik, auf der die frühere Datierung der Gräber 443 bis, 446, und 427 beruht, gelangte erst mit zeitlicher Verzögerung in die Nekropole. Angesichts der Tatsache, daß eine ganze Reihe von bemalten Gefäßen, aber auch einige unverzierte Vorratsgefäße Reparaturen mittels Bleiklammern aufweisen[770], möchte man in der Regel eher der zweiten Möglichkeit zuneigen. Bei der Amphore 427 könnte allerdings die Lage, die der sonst peinlich

764 Daß die Lekythos als uraltes Erbstück in eine frühhellenistische Bestattung gelangte, scheint eher unwahrscheinlich. Lekythen dieser Form verschwinden bereits im späten 5. Jh. aus den Grabinventaren. Zudem läßt sich in Lipari kein Fall nachweisen, daß ein Stück erst nach 200 Jahren ins Grab kam.

765 z. B. Gräber 251; 252; 287; 441.

766 So geschehen offenbar mit Grab 402, als man Nr. 403 anlegte, ML II 142.

767 So zuletzt wieder in ihrem Buch Ceramica figurata, z. B. 119. 156.

768 ML II Taf. P, Liste S. 378 f.

769 Grab 428, ML II Taf. M, Liste S. 378. Bei zwei ähnlichen Fällen, darunter Grab 354, nimmt M. Cavalier, Les amphores du VIe au IVe siècle dans les fouilles de Lipari (1985) 25 eine Umbettung der Amphoren an. Die von ihr außerdem zitierte Amphore Grab 360 dürfte eine Verschreibung aus Nr. 352 sein; vgl. ML II 127.

770 z. B. der Krater Grab 229 bis, ML II Taf. 80–83; der Krater Grab 1552, ML V Taf. 47–50 Abb. 134–136; Grab 2083, Museo Eoliano 73 Abb. 50. 51 mit verdruckter Grabnr.; ML VII Taf. 39–41 (ebenfalls mit Druckfehler bei der Grabnr.); schwarzgefirnißter Stamnos Grab 333, ML II 122; Stamnos Grab 400, ML II 141 Taf. 51; Pithos Grab 1929, ML VII 98 Taf. 48, 3; Pithos Grab 2102, ML VII Taf. 49, 4 unten links.

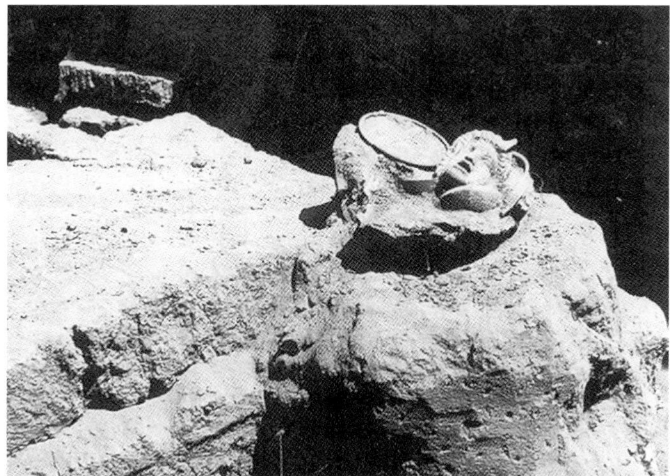

Abb. 13: Sarkophag 409 mit der am Kopfende deponierten Keramik und der Panmaske

eingehaltenen Nordsüd-Ausrichtung widerspricht, doch auf eine Umbettung hindeuten[771].

Dennoch kann im Rahmen der hier vorgelegten Studie natürlich nicht die gesamte Chronologie der Nekropole neu aufgerollt werden. Es galt darzulegen, daß man vielleicht in stärkerem Maße als bisher angenommen mit antiken Störungen und Wiederbelegungen rechnen muß, ein Gesichtspunkt, der Bedeutung gewinnen könnte, wenn später die sogenannten fossae zur Sprache kommen, Ansammlungen von fragmentarischen und teils verbrannten Vasen, Terrakotten und Masken, deren Deutung noch unklar und verschwommen scheint.

Gehen wir nun in die Details und suchen nach Regeln für die Anlage der Gräber und die Zusammensetzung der Grabinventare, wobei der Blick zunächst nur auf die große Nekropole vor der Stadtmauer und die kleinen Grabbezirke in S. Anna gerichtet wird, während die beiden Grabareale in Portinenti unten getrennt abgehandelt werden.

Die Hauptnekropole in der Contrada Diana

Schon beim ersten Blick auf die Grabungspläne der Hauptnekropole in der Contrada Diana (Abb. 10. 11. 28. 29)[772]

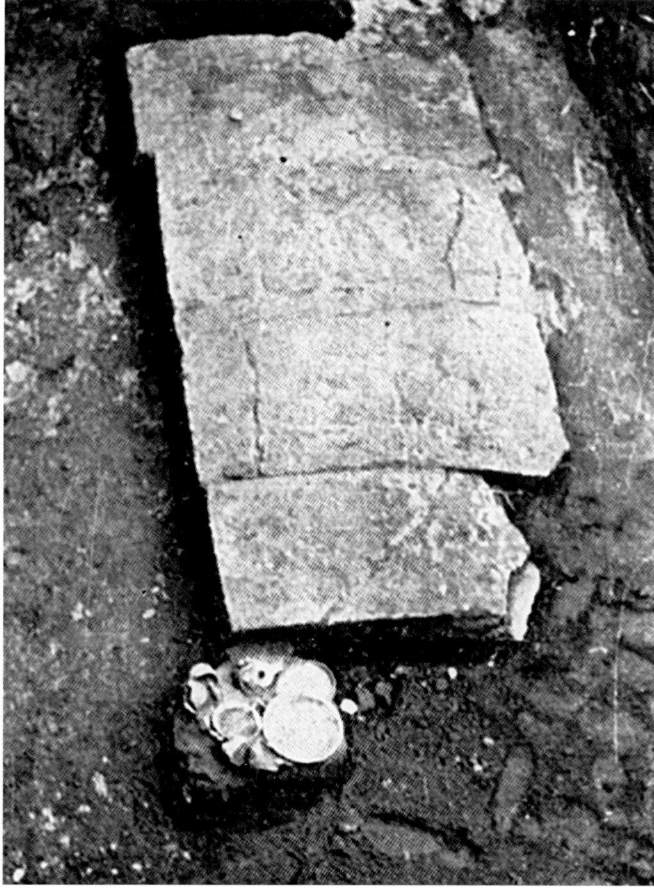

Abb. 14: Sarkophag 74 und das an der Südwestecke abgelegte Keramikset

fällt auf, daß es übergeordnete und allgemein gültige Ordnungsschemata gegeben haben muß: Die Inhumationen in verschiedenen Typen von Sarkophagen, die gegenüber den Leichenverbrennungen stark überwiegen, sind durch die ganze griechisch-römische Laufzeit der Nekropole in Nordsüd-Richtung angelegt, wobei das Kopfende nach Süden zeigt[773]. Außen an der Südseite, in der Regel an der Südwestecke, seltener im Südosten[774], lag ein Paket aus Beigaben, das entweder in einem großen Gefäß (zum Beispiel Stamnos oder Pithos) oder später in einer Hülle aus rohem Ton geschützt war (Abb. 12). Ein äußerer Anlaß für die Verlagerung dieser Beigaben nach Südosten statt Südwesten ist zunächst nicht erkennbar. Platzmangel kann

771 Mit solchen rechnet Cavalier a. O. generell (Anm. 769). – Sollten die oft beigabenlosen Kinderbestattungen in Gefäßen – wie die neue Nekropole auf dem Grundstück Leone nahelegt (s. u. Text zu Anm. 955–988) – oberirdisch nicht gekennzeichnet gewesen sein, würde ihr Fund bei der Neuanlage von Gräbern nicht verwundern.

772 z. B. Grabungsareal 36, ML VII Taf. B. Die Pläne stimmen allerdings oft nicht mit den Beschreibungen im Text überein, auch die Nordpfeile sind nicht immer zuverlässig. z. B. divergiert er in den sich überlappenden Zeichnungen ML II Taf. G (Schnitt 12) K (Schnitt 17) und R (Schnitt 26) um mehrere Grad.

773 D. Graepler, Gnomon 70, 1998, 436 schließt daraus auf einen »hohen Grad kommunaler Disziplinierung der einzelnen Gruppen und Individuen innerhalb der Polis Lipari«. Bernabò Brea und Cavalier, BTCGI, Lipari 150 gehen von Begräbnisvereinen oder Bruderschaften aus, die sich auch um die Grabpflege kümmerten. – Eine der ganz wenigen Ausnahmen von der Nordsüd-Orientierung bildet Grab 2525.

774 z. B. Gräber 332; 333; 396 aus dem 5. Jh., Gräber 452; 453; 305; 311; 247 aus dem 4. oder frühen 3. Jh.

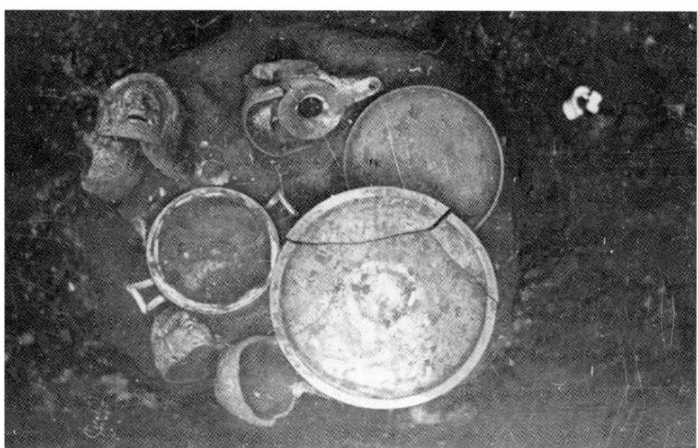

Abb. 15: Geöffnetes Keramikpaket mit Masken zu Grab 74

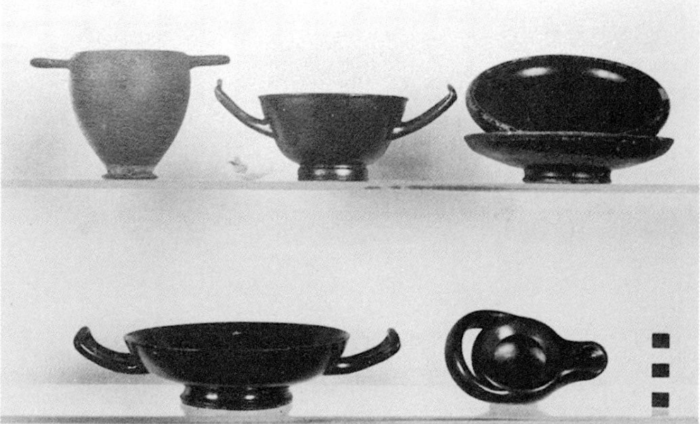

Abb. 16: Symposionskeramik zu Grab 1725

jedenfalls nicht der Grund gewesen sein. Dieses äußere Beigabenpaket muß abgestellt worden sein, nachdem das Grab schon geschlossen und die Grube großenteils wieder zugeschüttet war, denn es befindet sich meist auf Höhe des Sarkophagdeckels und kann sogar dessen Abdeckplatten überschneiden (Abb. 13. 14)[775]. Nur bei Ziegel-Gräbern steht es meist auf Bodenniveau oder nur wenig darüber[776], was wohl damit zusammenhing, daß die zu einem Dach gegeneinandergestellten Ziegel den Erddruck nicht aushielten und nach der Zuschüttung in der Regel zerbrachen[777].

Die Sitte, Gegenstände außen abzulegen, ist seit dem 5. Jahrhundert v. Chr. die Regel[778]. Fehlen äußere Beigaben, war der Sarkophag fast immer gestört oder wiederverwendet. Im Laufe des 4. Jahrhunderts scheint das als schützender Behälter dienende Tongefäß von einem Mantel aus grobem Ton abgelöst worden zu sein, doch sollte man mit Schlußfolgerungen daraus für die Chronologie vorsichtig sein, denn die Gräber 74 und 198, deren Masken und Keramik eher einen frühen Eindruck machen, gehören zur vermeintlich späteren Gruppe mit Tonummantelung, während die äußeren Gaben zu Grab 1315, das meines Erachtens nach einem Teil seines Inventars erst im frühen 3. Jahrhundert angelegt worden sein kann, in einem großen Stamnos aufbewahrt waren[779].

Auch die Beigaben in dem großen Gefäß oder der Tonhülle waren offensichtlich strengen Regeln unterworfen. Man möchte direkt von einem standardisierten Set von Keramik sprechen, das aus bis zu vier kleinen und häufig einem großen Teller, einem Trinkgefäß – meist Skyphos oder Kylix – einer Lampe und meist einer Weinkanne bestand (Abb. 16–18). Letztere blieb oft wegen ihrer Größe außerhalb des schützenden Behälters und stand neben oder unter ihm[780]. Erweiterungen über diese Standardausstattung hinaus geschahen offenbar nicht ganz willkürlich,

775 z. B. Grab 74, ML II Taf. 6, 5; Grab 378 und 379, ML II Taf. 35, 4. 5; Grab 268, ML II Taf. 17, 2; Gräber 2124–2126, ML VII Taf. 34, 1. 2. 5; Grab 1885, ML V Taf. 3; Grab 1988, ML V Taf. 23 Abb. 60. 61; Grab 2197, ML V Taf. 131 Abb. 357. Dasselbe gilt für Brandbestattungen, bei denen die Urne in einer Kiste geborgen war, vgl. Grab 2184, ML V Taf. 128 Abb. 341. 342. Es gibt jedoch auch Ausnahmen, bei denen das Gefäß für die äußeren Beigaben kaum über dem Bodenniveau des Sarkophages steht, z. B. Grab 2204, ML V Taf. 130 Abb. 352.

776 Beispiele: Grab 33, ML II Taf. 3, 7; Grab 97, ML II Taf. 8, 4. Auf halber Höhe stehen die äußeren Gaben z. B. bei Grab 18 (ML II Taf. 2, 2), Grab 370 (ML II Taf. 26, 1) und Grab 2199 (ML V Taf. 131 Abb. 355).

777 Deshalb wurden die Seiten und die Ziegelplatten am Kopf- und Fußende manchmal mit Kieseln oder ähnlichem stabilisiert, vgl. ML V Taf. 126. 131 Abb. 354. 355.

778 ML II 199. Im 6. Jh. gilt dies noch nicht immer.

779 Bernabò Brea und Cavalier, Ceramica figurata 156 glauben aber, wegen des Stamnos statt des Tonmantels mit der Datierung nicht über das 3. Viertel des 4. Jhs. hinabgehen zu können. In ML XI 2 544 f. Taf. 240, 1–3; 241, 1–3, 5; 242. 243 (teils mit fehlerhaften Bildunterschriften) wurde die Datierung dann allerdings modifiziert: »non anteriore a 340/330 a. C.«. Gegen ein frühes Datum sprechen jedoch die kleinen Lekaniden mit Weinlaubdekor und die größere Lekanis, deren Deckel mit zwei Frauenköpfen und sehr schematischen, dreieckigen Palmetten dekoriert ist. Sie gehören wohl erst an die Wende zum 3. Jh. Auch die Silensmaske MTL 47 B 5 Abb. 36 Taf. 9, 4 wurde m. E. erst am Anfang des 3. Jh. geschaffen. Ein weiteres Beispiel für eine Bestattung aus dem frühen 3. Jh., deren äußere Beigaben in einem Gefäß lagen, bildet Grab 1907, denn der Sarkophag barg u. a. eine polychrome Flasche, ML VII 70 Taf. 64, 2. 63, 2–5, auf den Tafeln 62 und 64 wurden die Abb. 2 vertauscht. Die Keramik Taf. 62, 2 gehört zu Grab 1788. – Vgl. auch die Sarkophaggräber aus der 1. Hälfte des 3. Jhs. in der kleinen Nekropole von Stromboli, bei denen die äußeren Beigaben sämtlich in einem Gefäß lagen, Cavalier, Stromboli 13 ff.

780 z. B. ML II Taf. 35, 5 Grab 379; Taf. 23, 3 Grab 296; Taf. 7, 6 Grab 91 (die Beigaben auf Taf. 139, 2); Taf. 7, 9 Grab 94.

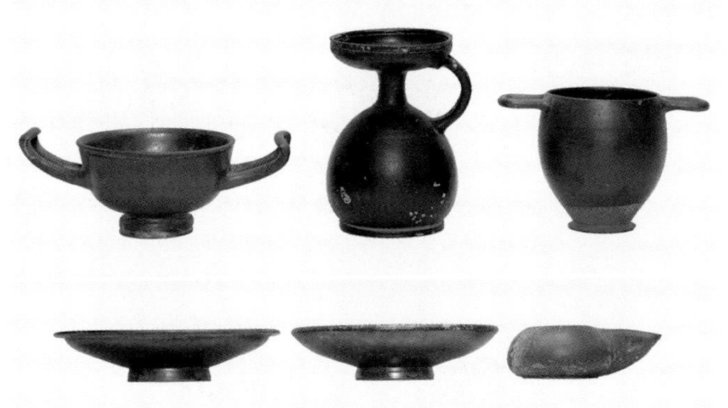

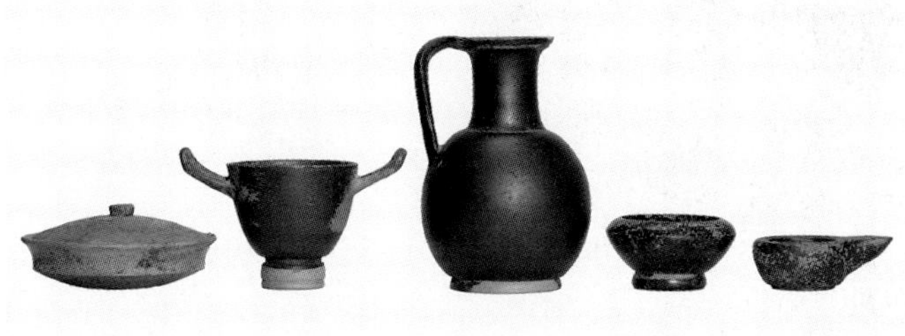

Abb. 17 (li.): Symposionskeramik zu Grab 406
Abb. 18 (oben): Symposionskeramik zu Grab 409

sondern blieben im Bereich von Speisegeschirr[781], wie zum Beispiel ein weiteres Trinkgefäß[782], ungefirnißte Schüsselchen mit oder ohne Deckel[783] oder ein kleiner Krater[784]. Bei Grab 413 fanden sich auch Lekaniden, die im Gnathiastil mit Weinranken dekoriert waren[785]. Dazu erhielten sich in den Gefäßen ab und zu Eierschalen[786].

Gehörten zu der Bestattung Masken oder Theaterterrakotten, lagen diese immer außen im Beigabenpaket (Abb. 12. 13. 15)[787]. Bei Gräbern des 4. Jahrhunderts konnten mindestens zwei und höchstens acht Masken (Grab 1613) abgelegt sein, bei denen des 3. Jahrhunderts beschränkte man sich auf eine oder zwei[788]. Im Hinblick auf die Figurinen ließ sich kein Unterschied zwischen den Phasen feststellen. Bisher wurden Sammlungen mit bis zu fünf Stücken beobachtet[789]. Masken und Figurinen kamen jedoch fast nie gemeinsam vor[790], weshalb sie meines Erachtens als parallele Phänomene zu verstehen sind[791].

Strenggenommen führt auch die Bezeichnung »Theaterterrakotten« in die Irre[792]. Überblickt man ihr Themenspektrum, fällt auf, daß beileibe nicht alle Figurentypen Masken und Theaterkostüm tragen und also nicht mit dem Theater in strengem Sinne zu verbinden sind. Eine ganze Abteilung zeigt Tänzerinnen, Flötenspielerinnen und Akrobatinnen, ja sogar eine weitgehend nackte, gelagerte Hetäre. Einige Exemplare in persischer Gewandung sind auf den Oklasmatanz zu beziehen[793]. Eine Anzahl von Figuren trägt zudem Symposionskränze oder ist auf Klinen liegend beim Bankett zu sehen[794]. Andere stellen

781 z. B. das Kännchen mit Ausgußtülle bei Grab 407, ML II Taf. 90, 4. Statt der Oinochoe lag im Norden eine zweihenkelige Kanne (Myke), die offenbar die Weinkanne ersetzen konnte. Myken liegen in der Regel außen an der Nordseite, konnten aber durch eine Olpe ausgetauscht werden.

782 Gräber 1725; 313.

783 z. B. Grab 524.

784 Grab 1986.

785 ML II Taf. 34, 2.

786 z. B. bei den Gräbern 288; 412; 466; 2196.

787 Von den Masken ist nur bei Grab 74 ein fragmentarisches Stück in den Sarkophag geraten (ML II 30). Sarkophag 313 enthielt innen zwei Akrobatenstatuetten (ML II 116). Grab 441 war gestört, so daß die Statuette im Inneren auf die römische Wiederverwendung zurückzuführen sein könnte (ML II 159 f.). Das dem Grab zugeordnete Maskenfragment Inv. 2335 (Lage im Norden des Grabes) ist als Streufund zu werten, da sich weitere Scherben erst bei späteren Grabungen im Grabungsschnitt 23 fanden, s. MTL 180 Nr. 11 mit Druckfehler bei der Inv.; ML II 314 C 24.

788 In dieser Hinsicht paßt Grab 1315, zu dem vier Masken nach klassischen Modeln und nur eine hellenistische gehörten, eher zur früheren Gruppe, ML XI 2 544 f. Taf. 243; s. o. Kapitel III 3 a, Text zu Anm. 370–376.

789 z. B. in den Gräbern 1817 und 1607.

790 Vgl. MTL 295–298, die Auflistungen sind jedoch nicht immer vollständig. Die wenigen Ausnahmen, die Gräber 409 und 501, stammen erst aus dem 3. Jh. Dabei war Grab 501 eine Brandbestattung, bei der Asche und Beigaben ohne festes Behältnis abgelegt wurden. Grab 441 war gestört. Die Terrakottafigurine fand sich in der Cista, während das Maskenfragment als Streufund zu werten ist.

791 Dazu s. u. im Kapitel V.

792 Bernabò Brea, MTL 71–115 hat einen Großteil der in Lipari gefundenen Terrakotten als Theaterfigurinen klassifiziert. Ein Teil ist in der Tat durch das attische Komödienkostüm der Alten und Mittleren Komödie als Schauspieler gekennzeichnet, z. B. MTL 73 f. E 1 Abb. 71; 81 f. E 28. 29 Abb. 96. 97; 85 E 41. 42 Abb. 110. 111 Taf. 13, 2. Einige Typen verarbeiten zudem als Vorbilder attische Komödienfigurinen (s. Kapitel III Anm. 578).

793 MTL 109–115, die Oklasmatänzerfiguren ebenda 114 f. F 15 Abb. 191; die gelagerte Hetäre zu Grab 246 ebenda 103 f. E 95 Abb. 164; vermummte Manteltänzerin: 102 E 90 Abb. 161 Taf. 17, 2.

794 MTL 83 f. E 33. 34 Abb. 102. 103; 86 f. E 43. 44 Abb. 112. 113; 88 E 47 Abb. 116; 94 E 61. 62 Abb. 135. 136; 111 F 6 Abb. 185. Nicht alle diese Beispiele – wie die zuletzt aufgeführte Flötenspielerin – sind mit Köpfen versehen, die zu Komödienfigurentypen gehören.

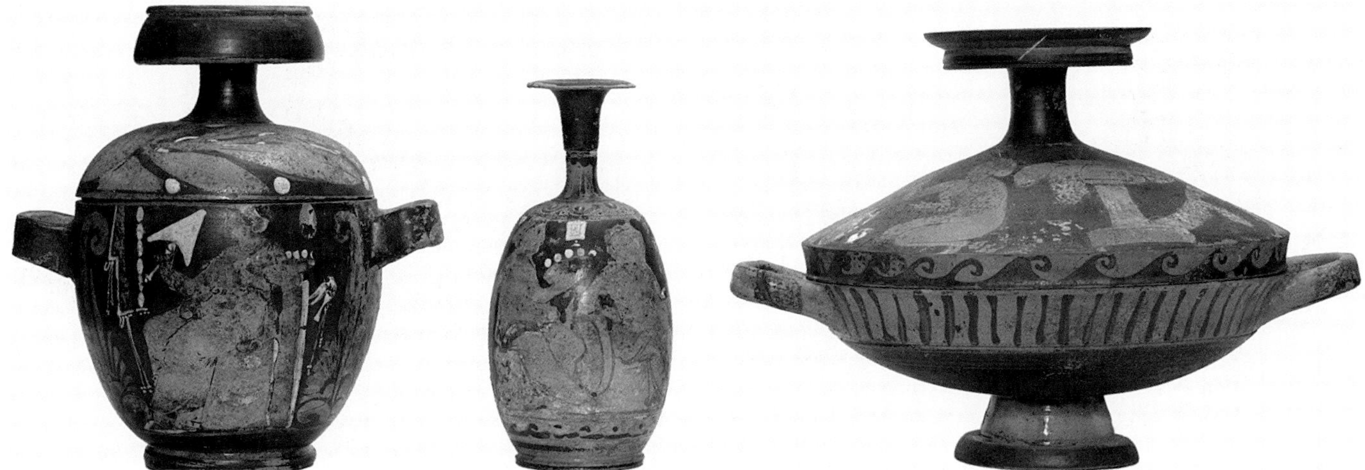

Abb. 19. 20: Polychrome Keramik aus Sarkophag 409 (Vorder- und Rückseiten)

Satyrn dar, doch ist nur ein Teil mit dem Felltrikot der Bühnensatyrn bekleidet[795], so daß sich der Gedanke an das Satyrspiel als Erklärung für die ganze Gruppe verbietet. Man möchte eher annehmen, daß hier mythische Satyrn und Bühnensatyrn zwei ähnlich einsetzbare Varianten darstellten[796]. Komödienfiguren, Tänzerinnen, Flötenspielerinnen[797], auf Klinen gelagerte Figurinen[798] sowie Satyr- und Panfiguren[799] fanden sich jeweils in wechselnden Kombinationen. Die vier Statuetten bei Grab 407 könnten als Theaterfiguren durchgehen, will man auch den liegenden Zecher diesem Genre zuordnen[800]. Bei Nr. 466 zum Beispiel war die Statuette eines Oklasmatänzers mit derjenigen einer komischen Negerin mit Wasserkrug und einer weiblichen Komödienstatuette vergesellschaftet, die als Kopfschmuck einen Kranz mit breiten Bändern trägt[801]. Zur äußeren Ausstattung von Grab 1186 gehörte eine Tänzerinnenfigur mit Tamburin[802], eine andere weitgehend nackte Tänzerin war Grab 1529 zugeordnet[803] und mit einer Panfigur verbunden. Regeln dafür, welche Themen miteinander kombiniert wurden, scheint es nicht zu geben. Dasselbe gilt für die Masken, bei denen ebenfalls keine Kriterien für die Auswahl der vergesellschafteten Typen erkennbar waren[804]. Eine Auswahl nach den dramatischen Gattungen oder dem Personal bestimmter Theaterstücke war oben ausgeschlossen worden, da mehrere Gräber sogar zwei Repliken aus derselben Matrize enthielten[805]. Es kam also sowohl bei den Tonfiguren, die man beim äußeren Geschirrset deponierte als auch bei den Masken nicht auf ihre Beziehung zum Theater an.

Die Zusammensetzung der äußeren Beigaben blieb durch das ganze 4. Jahrhundert hindurch so festgelegt, denn betrachtet man eines der frühesten Gräber mit Masken, Grab 1725 (Abb. 16), so unterscheidet sich sein Inventar prinzipiell nicht wesentlich von dem des annähernd hundert Jahre jüngeren Grabes 406 (Abb. 17): An der Südwestecke des eleganten Sarkophages 1725 barg ein Dinos einen Skyphos, eine flache und eine hohe Kylix, eine Lampe und eine komische Maske. Zwischen zwei Tellern, die man nach Westen zu neben dem Kessel abgestellt hatte, fanden sich zwei weitere Masken und Eierschalen[806]. Bei Grab 406 waren die Speisegefäße außen an der Südwestecke in einer Tonhülle geborgen[807]. Das Set bestand wieder aus zwei Trinkgefäßen (Skyphos und Kylix), zwei Tellerchen, einer Lampe, einer bauchigen Kanne mit sehr schmalem Hals,

795 MTL 63–69; das Felltrikot bei D 9. 10 Abb. 63. 64 Taf. 13, 1.

796 Vgl. Kapitel V, Text zu Anm. 1365.

797 z. B. MTL 111 F 6 Abb. 185 von Grab 524.

798 z. B. MTL 86 E 43 a Abb. 112 von Grab 407; 103 E 95 Abb. 164 von Grab 246.

799 Satyr: z. B. MTL 64 D 2 a Abb. 60 von Grab 524.

800 MTL 295, der Zecher ebenda 86 E 43 a Abb. 112.

801 MTL 114 F 15 Abb. 191; 92 f. E 58 a Abb. 131 Taf. 15, 3; 98 E 76 a Abb. 149 Taf. 16, 2.

802 MTL 296. 112 F 10 Abb. 187.

803 MTL 114 F 13; ML V 97 Taf. 56 Abb. 176. Pan: Abb. 175.

804 Die Ausnahme bildet das offensichtlich zusammengehörige komische Maskenpaar bei Grab 1986 (s. o. Kapitel II 4, Text zu Anm. 555 ff.).

805 s. o. Kapitel II 1 b, Text zu Anm. 137. 138. II 2 a, Text zu Anm. 190–197. Repliken desselben Typus lagen z. B. bei den Gräbern 1314 (affengesichtige ›Negerin‹, MTL 56 C 8 c. d Abb. 49. 50. 52; ML XI 2 543 f. Taf. 239, 1) und 1618 (Frauenmaske mit elaborierter Melonenfrisur, MTL 224 Nr. 4. 5 Abb. 376. 377 Taf. 38).

806 MTL 311 ff. Abb. 472–475; ML VII 42 f. (hier fehlen in der Aufzählung die Eierschalen) Taf. 50, 2. 3; 51; 52.

807 ML II 144 Taf. 33, 3. 35, 1. 135, 3.

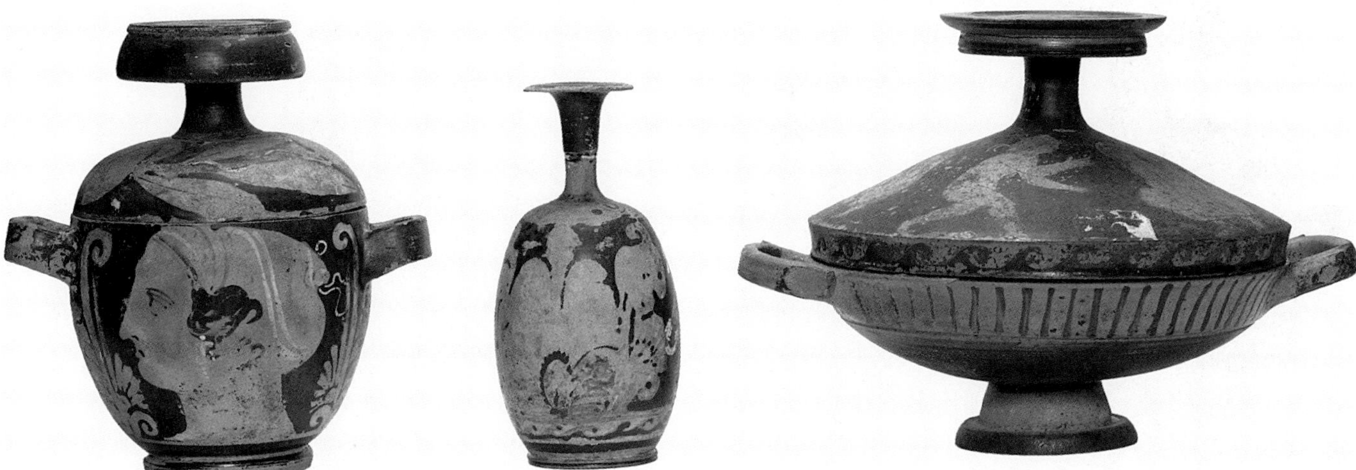

aber breiter Mündung sowie wiederum zwei Masken. Die etwa gleichzeitigen äußeren Beigaben von Grab 409 (Abb. 18)[808] mit einem Skyphos, zwei Tellerchen, einem großen Teller, einem Schälchen, einer tieferen Schale, einer Lampe, einer kleinen Deckelschüssel mit rundem Boden, einer Panmaske und einer Statuette (das schlangenwürgende Herakleskind) bieten ein ähnliches Bild.

Werfen wir bei den beiden letztgenannten Gräbern einen Blick in den Sarkphag, fällt eine ganz andere Beigabenauswahl auf: In Grab 409 kam polychrome Keramik des Lipari- und des Drei-Niken-Malers zutage (Abb. 19. 20), die am Fußende deponiert war: eine Skyphospyxis, eine Lekanis und eine eiförmige Lekythos. Entlang der linken Flanke fanden sich eine Eisenstrigilis, ein Alabastron aus Alabaster, beides fragmentarisch, während beim Durchsieben der Erde noch ein feiner Goldring auftauchte. Sarkophag 406 barg zwei Lekaniden, die mit Weinranken dekoriert sind (Abb. 2–4), ebenfalls eine Strigilis und einen vergoldeten Bronzefingerring.

Überblickt man generell die Inventare der Sarkophage aus dem 4. und frühen 3. Jahrhundert, kann man wiederum Leitlinien erkennen, die offenbar weithin anerkannt waren. Denn von verschwindend geringen Ausnahmen abgesehen[809], liegt die polychrom bemalte Keramik des Lipari-Malers und seiner Mitarbeiter immer im Sarkophag (Abb. 21. 22). Oft handelt es sich um ein ganzes Set aus Pyxis mit Skyphoskörper, Lekanis, Lebes Gamikos, einer eiförmigen Lekythos und einer Flasche mit Stöpsel oder einem Alabastron, also Gefäßformen, die in der Regel mit Frauengemach und Hochzeit in Verbindung gebracht wurden, was angesichts der Ikonographie auch überzeugt. Man findet auf ihnen fast ausnahmslos Frauengestalten mit und ohne Flügel[810], daneben gelegentlich Eroten.

808 ML II 146 ff. Taf. 34, 1. 133, 2.

809 z. B. Grab 1885.

810 Graepler, Tonfiguren 162 f.

Daneben kommen oft Strigiles[811], Alabastra aus Stein, weiteres Toilettengerät wie Messerchen, Löffelchen, Bronzespiegel[812], Nadeln[813], kleine Tiegelchen[814] und Parfümfläschchen[815] sowie Schmuckstücke vor. Von letzteren bildeten Fingerringe die größte Anzahl – viele sind aus so dünnem Blech, daß sie nur als Totenschmuck gedient haben können, doch gibt es vereinzelt auch Ohrringe oder ein Armband[816]. Die Gegenstände im Sarkophag gehören also hauptsächlich in den Bereich von Körperpflege und Frauengemach, während Kannen oder Speisegeschirr innen nur vereinzelt auftreten[817]. Handwerksgeräte oder Waffen sind bislang nicht zutage getreten, sieht man von dem Webgewicht in Grab 96 ab[818]. Dafür erscheinen gele-

811 Ausnahmen Gräber 440 und 2207. Dort liegt die Strigilis bei den äußeren Beigaben (ML II 158; ML V 173).

812 z. B. Grab 1315, MTL 296; ML XI 2 545 Taf. 241, 5 c.

813 z. B. Grab 2190, ML V 166.

814 z. B. Grab 1781, ML VII 51 (kleiner Stamnos).

815 z. B. der Amphoriskos aus Grab 1315, ML XI 2 545 Taf. 241, 1 c. Möglicherweise sind auch die Pagenstecher-Lekythen so zu interpretieren. R. Hurschmann, Pagerstecher-Lekythoi, 29. Ergh. JdI (1997) 7 erwägt, ob sie zur Aufbewahrung von Rosenöl dienten.

816 Vgl. z. B. die Löwenkopfohrringe aus den Gräbern 1884 (ML V Taf. 11 Abb. 28); 1330; 1595; 1788 (ML VII 55. 240 Nr. 18 Taf. 154, 8). Das Armband aus Grab 923: ML XI 1 339 Taf. 155, 5. In Grab 1330 lag außerdem ein Teil einer Kette aus Goldblechperlen und zwei länglichen Endstücken (ML XI 2 548. Kette nicht abgebildet). Ein Torques aus Bronze fand sich in Grab 279, ML II 96 f. Abb. 13.

817 z. B. Oinochoen Gräber 246; 1315.

818 ML II 37. – Für das eigenartige Metallgerät in Grab 227 (ML II 77 Abb. 12) schlug A. Krug, der ich auch die Literaturhinweise verdanke, eine Deutung als Bruchband vor, wozu das Material Eisen mit Textilresten und seine Lage in Beckenhöhe des Skeletts passen würden. Daß bisher erst Bruchbänder aus merowingischen Gräbern identifiziert wurden, muß kein

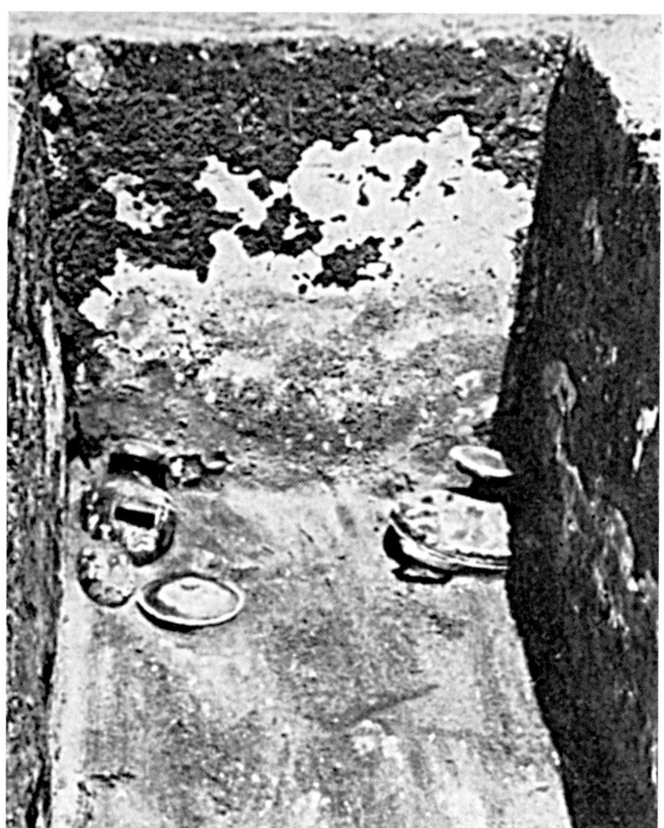

Abb. 21: Blick in den geöffneten Sarkophag 409

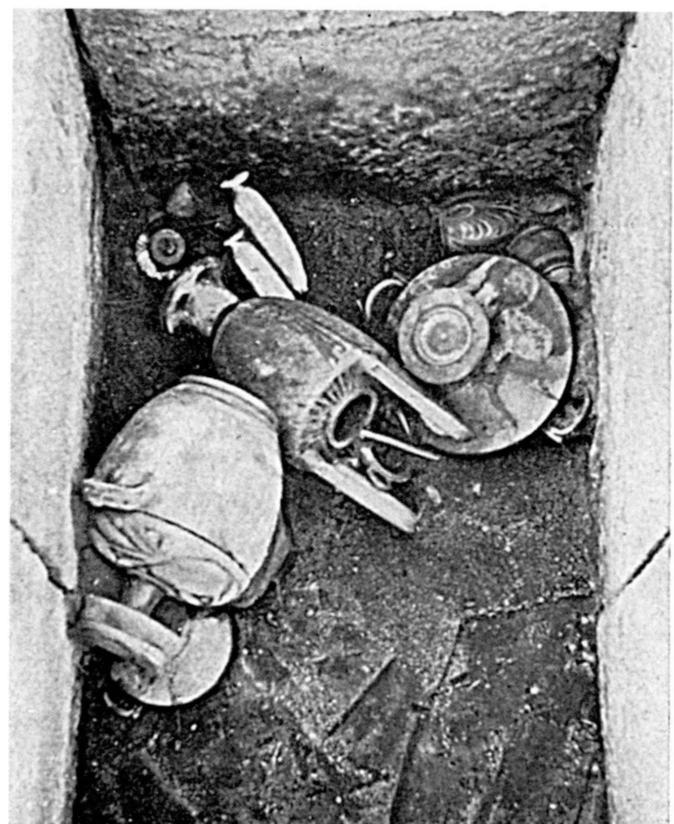

Abb. 22: Blick in den Sarkophag 309 mit den Hochzeitsgefäßen

gentlich Funde, die man naiv als Lieblingsgegenstände der Verstorbenen interpretieren möchte, vor allem Spielzeug wie Astragale[819] oder ein tönernes Hundchen[820]. Die beiden letztgenannten Gräber gehörten Kindern, worauf später nochmals zurückzukommen sein wird, da für Kinderbestattungen offenbar Sonderbedingungen galten.

Man kann also beobachten, daß eine relativ strikte Trennung vorgenommen wurde zwischen der Art von Gegenständen, die man dem Verstorbenen mit in den Sarkophag gab, und denjenigen, die man außen deponierte. Erstere dienten vor allen zur Toilette, letztere verweisen in den Bereich von Speise und Trank. Übrigens geschah diese Trennung bisweilen auch bei Brandbestattungen, sofern eine eigene Urne vorhanden war. Dies soll jedoch unten in größerem Zusammenhang zur Sprache kommen.

Im folgenden ist nun zu prüfen, ob die Zusammensetzung der Grabinventare schon im 5. Jahrhundert bzw. auch noch nach der Katastrophe von 252/51 v. Chr. so normiert war. Sind das Auftreten der Masken und Theaterstatuetten[821] im frühen 4. Jahrhundert und ihr Verschwinden im mittleren 3. Jahrhundert nur ein Teil einer weitergehenden Veränderung, die sich auch an anderen Indizien festmachen läßt? In der Tat scheint sich die im 4. Jahrhundert übliche Zusammenstellung der Beigaben erst allmählich herausgebildet zu haben. Die Lampen fehlen bei den meisten Gräbern aus dem 5. Jahrhundert noch[822]. Auch flache Teller waren offenbar noch unüblich. In der Regel beschränken sich die außen abgelegten Gaben auf ein Trinkgefäß und ein Schälchen[823], daneben möglicherweise eine Kanne. Sofern der Sarkophag im 6. und 5. Jahrhundert

Gegenargument bedeuten. Vergleichbare Bruchbänder aus dem 6. und 7. Jh. n. Chr. bei G. G. König, Helvetia Archaeologica 51/52, 1992, 124–130 mit Abb.; zu Bruchbändern in Antike und Frühmittelalter außerdem: K. W. Alt, Medizinhistorisches Journal 27, 1992, 363–371; inzwischen auch so gedeutet von A. und M. Langella in: U. Spigo – M. C. Martinelli (Hrsg.), Nuovi studi di archeologia eoliana, Quaderni del Museo Archeologico Regionale Eoliano »Luigi Bernabò Brea« 3 (2000) 153–156.

819 Grab 2233? oder 2333 (s. u. Anm. 913): A. Sardella in: Dieci anni 139 Anm. 62.

820 Grab 516: ML II 187 Abb. 22.

821 Die Theaterstatuetten scheinen seit dem 2. Viertel des 4. Jhs. unter den äußeren Beigaben aufzutauchen, damit wohl etwas später als die Masken. Beispiele: Gräber 407; 466; 1223.

822 Beispiele für Gräber aus dem 5. Jh., die bereits eine Lampe enthalten: Gräber 306; 336, ML II 213 Taf. 60, 8. 61, 1.

823 z. B. Gräber 362; 333; 417; 262, ML II Taf. 51. 52, 2.; vgl. auch die Inventare der Gräber 1930; 1934; 1899 und 1978, die

überhaupt Gegenstände enthält, sind dies hauptsächlich attische Lekythen und ab und zu Fingerringe[824].

Eine besonders reiche Ausstattung besaß Grab 418 mit einer Amphore, zwei Kylikes, einem Skyphos, einem Guttus und einem kleinen Schöpfgefäß sowie einer Olpe, die außen an den als Beigabenbehälter dienenden Stamnos gelehnt war[825]. Im Sarkophag selbst fanden sich eine Lekythos, ein feiner Goldring sowie acht Bronzenieten mit konvexen Köpfen, die vermutlich zu einem Gegenstand aus organischem Material gehört haben. Bei der ebenfalls wohlhabenden Bestattung Nr. 424 lagen im Tonsarkophag zwei schwarzfigurige Lekythen, ein Handspiegel, eine bauchige Kanne sowie ein feiner Goldring, während an der Südseite des Sarkophages außen eine massiliotische Amphore und ein Stamnos abgestellt waren. Letzterer barg einen Skyphos und eine Kylix.

Auch im 6. und 5. Jahrhundert scheint man demnach schon getrennt zu haben zwischen den wenigen Gegenständen aus dem Bereich der Körperpflege[826], die man im Sarkophag deponierte – eben vor allem Lekythen als Salbölgefäße und Schmuck – und dem Trink- und Eßgeschirr, das außen in einem großen Gefäß abgelegt wurde.

Die Grabinventare aus der 2. Hälfte des 3. und dem 2. Jahrhundert v. Chr. sind im Vergleich zu denen des 4. Jahrhunderts wesentlich ärmer und lassen einen zunehmenden Verfall der Qualität erkennen[827]. Gefirnißte Keramik wird seltener, das Gros besteht aus sehr roher gräulicher Gebrauchsware. Zugleich wird das Spektrum der Gefäßformen eingeschränkt. Die Uniformität betont das Regelhafte der äußeren Beigaben noch stärker als im 4. und früheren 3. Jahrhundert, auch wenn sich grundsätzlich an der Zusammensetzung der Keramiktypen wenig ändert. Das äußere Geschirrset besteht nun oft aus zwei Kannen, einer größeren, bauchigen und einer kleineren, eher langgestreckten, einem Trinkgefäß, das seit dem späten 3. Jahrhundert sehr oft einem Kalathos mit zwei hoch angesetzten Henkeln ähnelt, meist vier kleinen Tellern und einer Lampe. Das kleine Format, der fehlende Firnis und die schlechte Qualität legen nahe, daß sie nicht mehr bei Tisch verwendet werden sollten, sondern für die Benutzung am Grab als Surrogate für »echtes« Speisegeschirr hergestellt waren[828]. Manchmal treten noch Unguentarien hinzu, die seit dem frühen 3. Jahrhundert zunächst vereinzelt in den Inventaren vorkommen[829]. Dafür kann eine der Kannen auch fehlen. Die Gaben im Sarkophag, der in dieser Periode hauptsächlich aus dachförmig gegeneinander gestellten Ziegeln besteht, haben sich dagegen sehr gewandelt. Toilettengeräte wie Strigiles, Alabastra aus Alabaster und Spiegel sind fast völlig verschwunden[830]. Nur Unguentarien sind noch diesem Bereich zuzurechnen. Der Goldschmuck besteht meist aus so dünnem Blech, daß er keine praktische Funktion gehabt haben kann, sondern für das Grab angefertigt wurde. Statt der Fingerringe, die spätestens seit dem frühen 5. Jahrhundert in Bestattungen vertreten waren[831], tauchen außer vereinzelten Ohrringpaaren nun aber dünne, runde oder sich zu den Seiten hin verschmälernde Goldplättchen auf, die manchmal neben Brust oder Kopf des Skeletts gefunden wurden. Ein Stück aus Grab 1575 wird als Verschluß der Mundöffnung interpretiert[832].

ebenfalls aus Trinkgefäßen und Kanne (bei 1978 zusätzlich ein Guttus) bestehen, ML VII Taf. 47.

824 z. B. Grab 426 (archaisch), ML II 153 Taf. 45, 1. 2; Grab 433 (archaisch), ML II 156 Taf. 45, 4. Es enthielt außer der Lekythos noch einen Amphoriskos; Grab 233 (5. Jh.), ML II 81 Taf. 49, 2; Grab 135 (5. Jh.), ML II 47 Taf. 49, 3. Zu Lekythen und Ringen vgl. ML II 203 f. 217.

825 ML II 151 Taf. 52, 4. 53, 4. 56, 5.

826 ML II 217: In den Gräbern 264 und 398 lagen Strigiles, in 265 und 424 Spiegel, bei dem aus Lehmziegeln gemauerten Grab 306 fand sich die Strigilis allerdings zusammen mit Lampe und Kylix außen im Krater.

827 Es ist problematisch, die Zerstörung von 252/51 v. Chr. als einen Bruch in der Nekropole zu verifizieren, vgl. ML II 248. Die Veränderungen nahmen m. E. einen längeren Zeitraum, etwa seit dem 2. Viertel des 3. Jhs. ein (s. o. im Kapitel II 3). Indizien dafür sind die beiden Gräber 2191 und 2172, in ML V 175 der zweiten Hälfte des 3. Jhs. zugeschrieben. Deren Lekanis bzw. eiförmige Flasche (Taf. 171. 172 Abb. 464–466) orientieren sich in ihrer Form noch an den polychromen Vorläufern aus der Werkstatt des Lipari-Malers, auch wenn der Dekor nur noch aus Streifen besteht (auf dem Lekanisdeckel außerdem ein Lorbeerfries). – Zudem scheint es, daß Bernabò Brea und Cavalier ihre Datierungen seit dem Erscheinen von ML II etwas nach unten korrigiert haben. Danach muß man die Gruppe V in ML II vielleicht noch etwas weiter herabrücken.

828 Zu dieser Phase vgl. ML II 251 ff.; ML VII 129 f. Bernabò Brea und Cavalier betonen die Uniformität der keramischen Beigaben, die schon in der Mitte des 4. Jhs. begonnen habe, und interpretieren sie als das Gedeck für den Verstorbenen aus dem vollständigen Tafelservice. Der Qualitätsverfall, vor allem die schlechte Brennung, und das weitgehende Fehlen von Keramik der Gruppen Campana A und C in der Nekropole zeige, daß es sich um eine nur noch symbolische, aber rituell festgelegte Grabkeramik handele, die ihren Bezug zur benutzten Tafel- oder Küchenware verloren habe, ML II 254.

829 ML II 238. 246.

830 Eine Strigilis in den Sarkophagen 301 und 310, eine weitere außen bei Grab 66.

831 ML II 355 f., z. B. die Gräber 234; 426; 428.

832 ML II 253. 355. 360 f. mit Abb. 44; ML V 114 Taf. 112 Abb. 307 a aus Grab 1575. Die Goldscheiben aus den Gräbern 443 und 496 lagen jeweils nahe am Kopf.

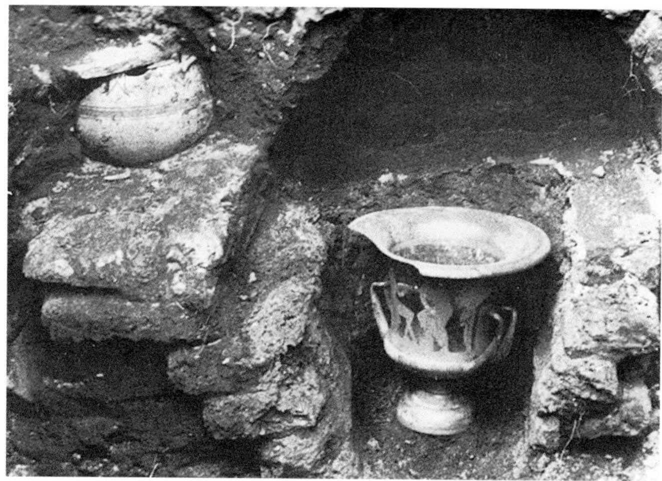

Abb. 23: Brandgrab 2184 mit dem als Urne verwendeten Krater in einer Ziegelkiste und dem darauf abgestellten Beigabenbehälter

Als charakteristisches Beispiel aus der 2. Hälfte des 3. Jahrhunderts sei Grab 1604 zitiert, das im Tonpaket im Südwesten des typischen Ziegelgrabes »a cappuccina« einen Kantharos, drei Tellerchen und eine Lampe enthielt, während eine Kanne daneben stand[833]. Stellvertretend für die vielen gleichförmigen und langweiligen Inventare aus dem 2. Jahrhundert mögen die Gräber 1578 und 1606 stehen, bei denen nur noch kleinformatige und rohe Keramik ohne Firnis lag, jeweils eine Kanne, ein Trinkgefäß, vier bzw. drei Tellerchen und eine unförmige kleine Lampe[834].

Die Brandbestattungen lassen über die Jahrhunderte einen Wandel erkennen, der mit der Entwicklung der Sarkophagbestattungen parallel verläuft. Allerdings scheint eine größere Bandbreite an Möglichkeiten über längere Zeiträume nebeneinander her bestanden zu haben. Bereits die frühesten Brandbestattungen waren Sekundärverbrennungen. Der Scheiterhaufen befand sich also nicht an der Stelle des späteren Grabes[835], sondern man sammelte die Überreste der Knochen und der Asche in ein Gefäß, das man zusammen mit unverbrannten Beigaben deponierte. In der Archaik und im 5. Jahrhundert dienten als Urne oft Transportamphoren oder ungefirnißte große Vorratsgefäße wie Pithoi und Stamnoi, die man ohne schützende Hülle in der Nekropole ablegte. Die wenigen Beigaben konnten in dieser Phase entweder mit dem Leichenbrand in das Gefäß geschoben werden[836], oder sie lagen außen vor der Mündung. Oft sind die Bestattungen jedoch beigabenlos[837], was die Datierung schwierig macht. Die Ausgräber nahmen in diesem Fall das Alter der Urne als Anhaltspunkt, doch geben die daraus folgenden Unstimmigkeiten zu der Vermutung Anlaß, daß diese Gefäße häufig erst nach langer Benutzung im Haushalt ihre letzte Verwendung in der Nekropole fanden[838].

Die Beigaben unterscheiden sich nicht von denen der gleichzeitigen Sarkophaggräber und tragen auch keine Spuren, die von der Verbrennung herrühren könnten. Es sind Lekythen, Kylikes oder Skyphoi, Schälchen, manchmal auch Aryballoi oder ein Kothon[839]. Sie lagen in der Regel in der Urne, sofern dort für sie Platz war, doch kommen auch Einzelfälle vor, in denen sich für die Verteilung der Beigaben auf innen und außen keine Regel oder Erklärung anbietet[840]. Für die später zu beobachtende Trennung zwischen Toilettengeräten in der Urne und dem Symposiongeschirr – oft in einem getrennten Behälter – außen gibt es jedenfalls keine Anzeichen.

Seit dem späten 5. oder frühen 4. Jahrhundert beobachtet man, daß große rotfigurige Kratere als Urnen eingesetzt wurden, die zu ihrem Schutz öfters mit einer Kiste umgeben sind (Abb. 23)[841]. Erst seit dieser Zeit ist auch eine Aufteilung der Beigaben zu erkennen. Als Beispiel dafür kann man Grab 2184 betrachten[842]: Der hochqualitätvolle rotfigurige Krater, der zusammen mit einer Strigilis den Leichenbrand enthielt, war in einer innen stuckierten Kiste aus ungebrannten Lehmziegeln geschützt, während die restlichen Beigaben in einem südwestlich davon aufge-

833 ML V 125 f. Taf 45 Abb. 125. Taf. 110 Abb. 299. Auf Abb. 125 befindet sich der Kantharos nicht – wie S. 125 beschrieben – bei den Tellern im Tonpaket, sondern steht neben der Oinochoe. Entweder stimmt die Fundbeschreibung nicht, oder das Photo gibt nicht die originale Fundlage des Gefäßes wieder.

834 ML V 114 f. 126 Taf. 111 Abb. 304. 305. Vgl. auch ML VII Taf. 91. 92.

835 Eine eindeutig als Ustrinum zu interpretierende Brandstelle wurde bisher allerdings nicht gefunden.

836 z. B. Gräber 4; 350; 355; 361 bis; 372; 391; 395, 427 (wohl alle archaisch); 376; 386; 394; 415; 1911 (5. Jh.).

837 z. B. Gräber 3; 225; 356–361; 390; 392; 1890.

838 s. o. in Zusammenhang mit Anm. 770.

839 Gräber 350; 391.

840 z. B. Grab 371: eine Lekythos außen; Grab 384: außen einhenkelige Tasse und Unterteil einer Lekane; Grab 331: außen ein Skyphos. Grab 1911: außen ein kleines Tellerchen. Bei Grab 1890 war der Aschenbehälter sehr klein.

841 Die gleiche Funktion hat wohl der ca. 20 cm dicke Tonmantel, der innen zur Stabilisierung in den Krater aus Grab 446 eingestrichen wurde.

842 ML V 161 ff. Taf. 132–139 Abb. 359–377. Farbtaf. K; Fundsituation Taf. 128 Abb. 341–343 (hier Druckfehler bei der Grabnr.). – Nach dem gleichen System waren die Beigaben auch bei Grab 24 geteilt, Fragmente einer Strigilis und eines Lekanisdeckels lagen im Krater, eine Olpe und das Trinkgeschirr in einem Dinos daneben, ML II 14 Taf. 2, 5.

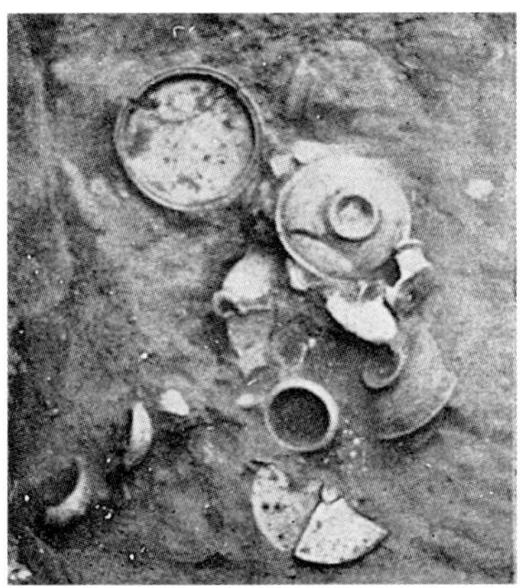
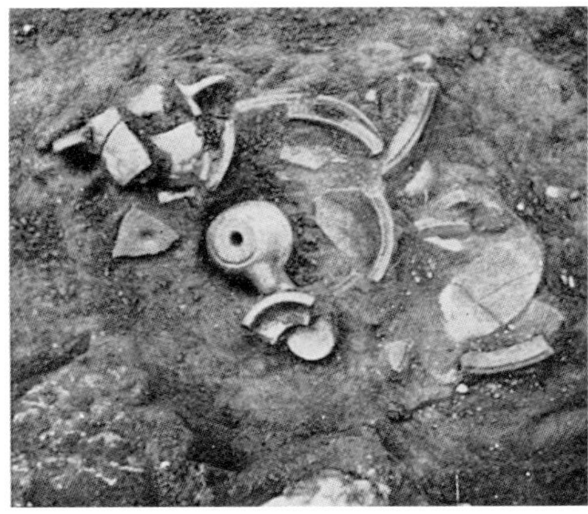
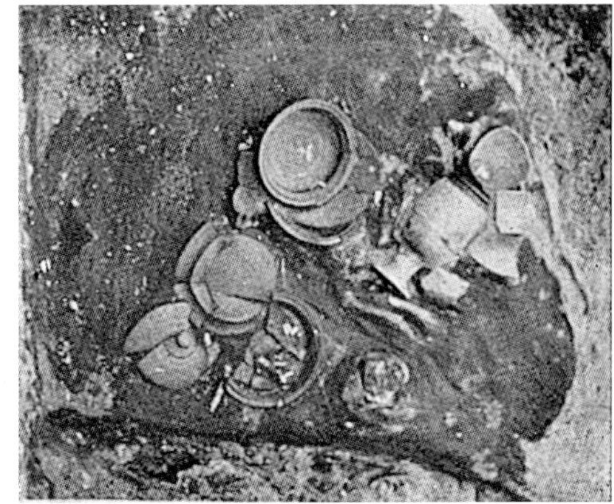

Abb. 24: Brandgräber von Kindern Nr. 273, 278, 275, bei denen Kochenreste und Beigaben ohne erkennbare Hülle deponiert wurden

stellten Pithos lagen, das übliche Speisegeschirr aus Kylix, einem Teller mit drei Eierschalen, einer Lampe sowie drei Masken. Bei der Brandbestattung Nr. 144, bei der die Asche in einer kleinen Kiste aus Steinplatten auf einem Kiesbett ausgestreut war[843], fanden sich innen sogar polychrome Keramik des Lipari-Malers, wiederum Strigilis und Alabasteralabastron, außen das in dieser Zeit übliche Tonpaket aus Skyphos, drei Tellern, Olpe und Lampe[844]. Weitere Beispiele ließen sich anfügen[845]. Die ältere, bescheidenere Sitte, alle Beigaben zur Asche in die Urne zu legen, wurde jedoch daneben bis zum Späthellenismus beibehalten[846].

Nachdem die Produktion der großen rotfigurigen Gefäße im späten 4. Jahrhundert ausgelaufen war, scheint man im frühen 3. Jahrhundert dazu übergegangen zu sein, auf ein aufwendiges Behältnis für den Leichenbrand zu verzichten. Von dem erwähnten Grab 144 abgesehen, ist vom 3. bis zum späten 1. Jahrhundert vor Chr. bisher keine Brandbestattung bekannt, zu der eine wertvolle Urne oder Aschenkiste gehörte. Die Ausgräber gehen davon aus, daß man die sterblichen Überreste vom Scheiterhaufen zusammen mit allen Gaben in einem vergänglichen Behälter ablegte[847], etwa einem Korb oder einem textilen Beutel. Nach der Lage der Beigaben und Knochenreste müßten die Behältnisse jedoch sehr groß gewesen sein[848]. Deshalb erscheint es mir plausibler anzunehmen, daß Aschenreste und Gaben ohne Behältnis auf dem Kiesbett in einer kleinen Grube deponiert wurden, als Entsprechung zu den etwa gleichzeitigen Inhumationen von Leichnamen, die man ohne Sarkophag in die nackte Erde bettete. Werfen wir beispielhaft einen Blick auf die Bestattungen Nr. 269 bis 278 (Abb. 24), die offenbar alle nach demselben Ritus stattfanden, obwohl Nr. 270 und 272 erst römisch sind, während die anderen der 1. Hälfte des 3. Jahrhunderts angehören. Eigenartigerweise beschränken sie sich auf einen eigenen kleinen Sektor der Nekropole und scheinen samt und sonders Kindern gehört zu haben. Die Ausgräber beobachteten jeweils eine kleine runde Grube, deren Boden mit einem 5–8 cm dicken Bett aus Kieseln ausgelegt war. Darauf habe man eine Schicht gefunden, in der verkohlte Knochen, Asche und Kohle mit Vasenfragmenten vermischt waren, die deutliche Brandspuren aufwiesen. Einige Gefäße kamen auch vollständig oder beinahe unversehrt zum Vorschein. Bernabò Brea und Cavalier gehen davon aus, daß man die Reste des Scheiterhaufens eingesammelt und auf dem Kiesbett deponiert hat. Schwierigkeiten machen dabei jedoch die Gräber 274 und 277, bei denen die Keramikfragmente auf einem Gebiet von etwa 1,50 m Durchmesser verteilt waren. Spätere Störungen sind auf den ersten Blick nicht zu erkennen, aber natürlich ohne genauere Fundbeobachtung auch nicht völlig auszuschließen, zumal diese Gräber nur etwa 80 cm unter dem Boden lagen, also wesentlich näher an der Oberfläche als alle Sarkophagbestattungen. Die alternative Erklärungsmöglichkeit, die die Streuung der Vasenfragmente besser verständlich machen würde, Primärverbrennungen direkt über den Gruben, scheitert allerdings daran, daß die Ausgräber an keiner Stelle Feuerspuren an dem Kiesbett auf dem Boden der Grube erwähnen.

843 Ebenso wurde bei den Gräbern 184 und 231 verfahren.

844 ML II 49 ff. Taf. 10, 3.

845 z. B. Gräber 184; 198; 231; 367; 437.

846 z. B. Gräber 127; 477; 480; 1534; 1630; 1987.

847 Beispiele Gräber 1618; 1607; 269–278 (Kindergräber); 311 bis; 501. Zu den vermuteten Behältnissen ML II 91; vgl. Taf. 23, 4–6. Bei den Gräbern 385 und 388 ist die Beschreibung nicht eindeutig: Sie wurden zwar im Elenco riassuntivo ML II 377 unter den Brandbestattungen mit vergänglichem Behältnis aufgeführt, doch wird in der ausführlichen Auflistung der Grabinventare ebenda S. 138–139 vermutet, daß in Grab 385 eine kleine Pentola die Asche enthalten haben müsse, während bei Nr. 388 die Urne nicht mehr vorhanden sei.

848 z. B. Grab 501: ovales Ausmaß von 52 x 45 cm (ML II 183), sonst 50–80 cm Durchmesser (ebenda 91).

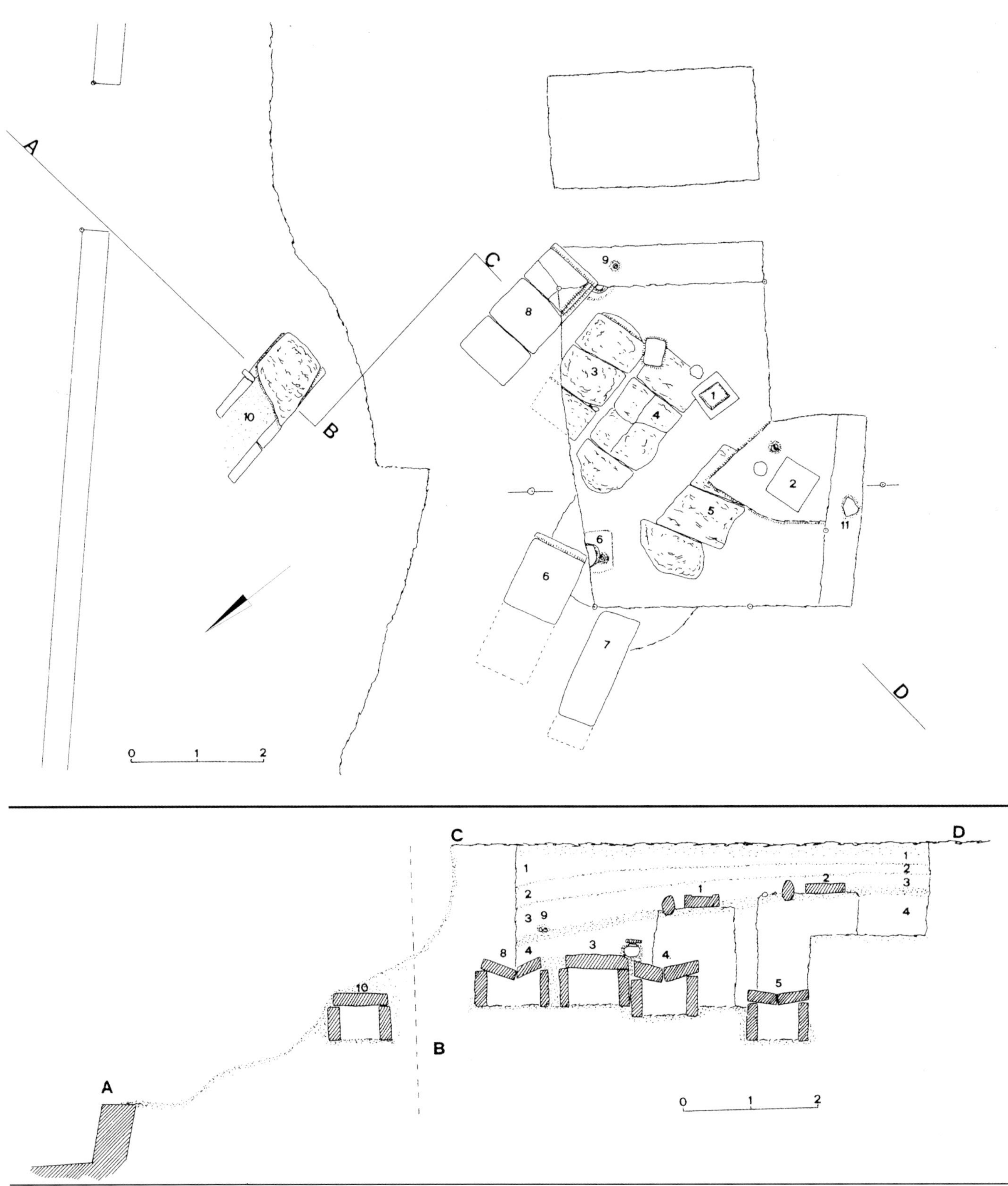

Abb. 25: Lageplan des kleinen Grabareals in Ficogrande auf Stromboli

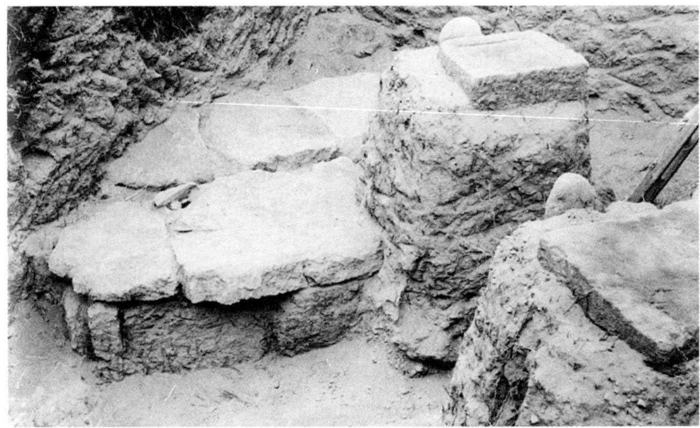

Abb. 26 (oben): Stromboli: Brandgräber 1 und 2 mit den Cippusbasen (?), Kieseln und den Sarkophagen 3 und 4 von Westen gesehen

Abb. 27 (rechts): Stromboli: Brandgräber 1 und 2 mit den Cippusbasen (?) von Osten, neben den Kieseln die kleinen Urnen

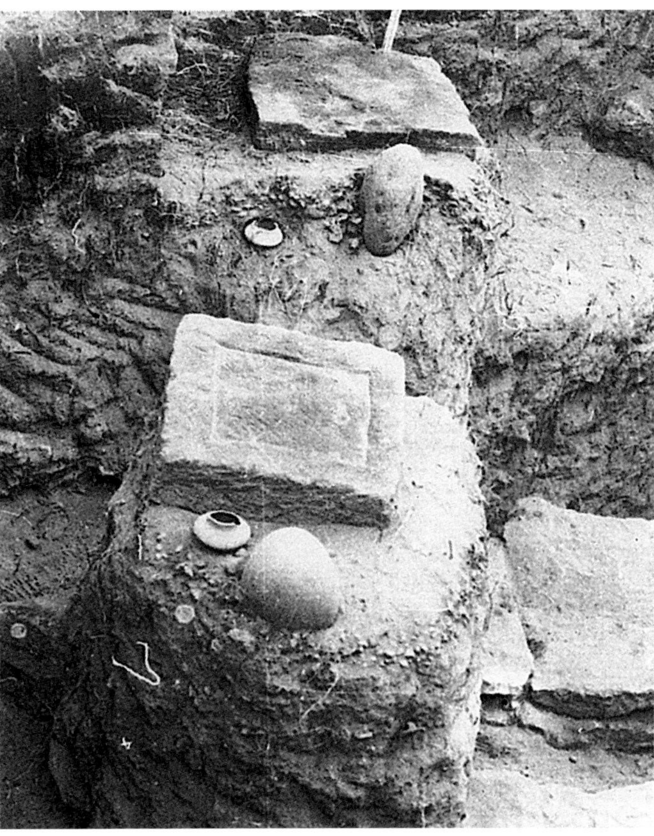

Noch schwieriger wird die Interpretation dadurch, daß offenbar auch durch die Lagerung im vulkanischen Boden ähnliche Phänomene hervorgerufen werden können, die aber nicht immer mit Sicherheit von den rituellen Brandspuren zu unterscheiden sind: Bei Nr. 1618 bildeten die Reste der verbrannten Knochen, der Kohlen und der Keramik eine ziemlich harte Masse. Daraus ließen sich der Unterteil eines ungefirnißten Schüsselchens, Deckel und Fragmente des Körpers einer Lekanis mit Gnathiadekor, Fragmente einer halbkugeligen Kylix, zwei Lampen, ein Teil einer Olpe, ein Unguentarium, ein Alabasteralabastron und zwei matrizengleiche hellenistische Frauenmasken, teilweise mit Brandspuren, wiedergewinnen[849]. Man hatte also vermutlich nicht nur die sterblichen Überreste, sondern auch die Beigaben, zumindest zeitweise, dem Feuer überantwortet. Nach der Beschreibung der Ausgräber wären die Überreste des Scheiterhaufens dann eingesammelt und in einem vergänglichen Behältnis deponiert worden, für das es wiederum keine Anhaltspunkte gibt[850]. Zumindest die besser erhaltene Maske[851] kann aber nicht lange und direkt mit dem Brand in Berührung gekommen sein, da ihre Polychromie fast unbeschädigt blieb. Lediglich die linke Wange weist einen leichten Grauschimmer auf, eine Farbveränderung, die durch die Hitze bewirkt sein könnte. Die andere Maske hat jedoch völlig schwarze Stellen und bläuliche Ausblühungen, was von den Ausgräbern auf die Einwirkungen von Fumarolen bei der Lagerung im Boden zurückgeführt wird. Damit wären diese Schwärzungen und möglicherweise auch die Verfärbungen der anderen Maske von den Vorgängen bei der Brandbestattung unabhängig. Grab 1607, bei dem unter anderem fünf Terrakottafigurinen und Fragmente einer weiteren gefunden wurden, bildet von der Fundsituation her offenbar die engste Parallele[852]. Hier sind die Statuetten ebenfalls geschwärzt, und auch der rohe Skyphos und zwei Unguentarien weisen Rußspuren und bläulich-schwarze Ausblühungen auf, wie sie auch an den Masken aus Grab 1558 vorkommen. Da es bei letzterem als Sarkophagbestattung zunächst einmal keinen ersichtlichen Grund gibt, warum man die äußeren Beigaben gegen sonstige Gepflogenheiten dem Feuer

849 ML V 133 f. Abb. 268–271. Der Lopadionboden enthielt verkohlte Feigen und Kohlereste. Das Alabastron aus Alabaster hatte keine Brandspuren. Die beiden Lampen, die nach der Grabung nicht gewaschen worden waren, haben keine Schmauchspuren, waren also nicht gebraucht. – Organische Reste (z. B. auch bei Grab 276), die im Museum bei den entsprechenden Gräbern ausgestellt sind, werden in den Publikationen oft nicht erwähnt.

850 Meine Bitte, die Grabungsdokumentation zu diesem Grab einsehen zu dürfen, wurde mit der Begründung abgelehnt, die Materialien seien veröffentlicht. Aus den Aussagen von M. Cavalier und F. Famularo ging aber hervor, daß die Gräber nur in geschlossenem Zustand gezeichnet und auch nicht alle Gräber photographiert wurden. Am wichtigsten, so Cavalier, seien die Beschreibungen der Fundlage im Grabungstagebuch, und die seien publiziert.

851 MTL 223 f. Nr. 5 Abb. 377 Taf. 38. – Die andere Maske: ML V 134 Taf. 100 Abb. 271.

852 ML V 126 Abb. 287–291.

überantwortet haben sollte, hat auch hier die Theorie, die Schwärzung rühre von den Fumarolen im vulkanischen Boden her, die größere Wahrscheinlichkeit für sich.

Wie auch immer die vorhandenen Spuren zu interpretieren sind, es bleibt festzuhalten, daß sich die Zusammensetzung der Beigaben gegenüber den älteren Brandgräbern und den Sarkophagbestattungen prinzipiell nicht geändert hat, auch wenn man auf die Trennung der Bereiche und damit zwischen Innen und Außen verzichtete. Daß aber auch hier zwischen verschiedenen Kategorien von Gaben unterschieden wurde, läßt sich daran ablesen, daß offenbar nicht alle Gegenstände auf den Scheiterhaufen gelangten. Bei den Gräbern, bei denen zwischen inneren und äußeren Beigaben getrennt wurde, haben die außen abgelegten niemals Brandspuren. Im Falle der zuletzt besprochenen Brandbestattungen ohne erkennbare Urne ist ein solcher Schluß nicht auf den ersten Blick ersichtlich, weil die Keramik, die nicht durch einen Tonmantel oder ein Gefäß geschützt, sondern dem Erddruck ausgesetzt war, generell schlechter erhalten ist, doch sind in der Regel die Trinkgefäße in besserem Zustand und weniger geschwärzt als die Lopadia, die Lekaniden und Skyphospyxiden[853]. Auch die Lampen scheinen öfter nicht im Feuer gelegen zu haben.

Betrachten wir noch einen Sonderfall in einem Friedhof im Ortsteil Ficogrande auf Stromboli (Abb. 25)[854]. Stromboli besitzt ja nicht nur nach den dort gefundenen kunsthandwerklichen Erzeugnissen enge Beziehungen zu Lipari, sondern es haben sich auch für diese besondere Form der Brandbestattung auf Lipari in den Gräbern 2137 und 2572 Parallelen gefunden: In dem kleinen und nach seinen Grabriten offenbar sehr einheitlichen Friedhof wurden sieben Sarkophagbestattungen und vier Verbrennungen ausgegraben, die sich auf den nur sehr kurzen Zeitraum von ca. 340/330 bis etwa ins zweite Viertel des 3. Jahrhunderts erstrecken. Obwohl zu den meisten Sarkophagbestattungen kaum ein Zeitunterschied bestehen kann, liegen die Brandgräber auf höherem Niveau und waren in der Antike sicherlich nur knapp unter der Oberfläche verborgen (Abb. 26. 27), da neben den ungewöhnlich kleinen Aschengefäßen in zwei Fällen je ein aufrecht stehender Kieselstein als Markierung und eine fast quadratische Platte, die eine mit einer ebenfalls quadratischen Eintiefung in der Mitte, gefunden wurden, die von Cavalier in Parallele zu Funden im Bereich des Koreions als Altar verstanden wird[855]. Dort haben einige dieser niedrigen Platten eine ganz entsprechende Eintiefung, die zusätzlich mit einem Abfluß verbunden ist, so daß sie möglicherweise für Libationen verwendet wurden. Eine ähnliche Funktion muß man demnach auch für die Opfertischchen in Stromboli annehmen, auch wenn sie nur wenig aus dem Boden ragten.

Die schon erwähnten Urnen, einfache ungefirnißte Gebrauchsgefäße, bargen außer dem Leichenbrand jeweils nur eine Münze, ein Gegenstand, der sonst in der liparischen Nekropole fast nie vorkommt[856]. Weitere Beigaben fanden sich nicht, vor allem fehlte das sonst übliche Symposionsgeschirrset, das bei den Sarkophagen des kleinen Friedhofes regelmäßig außen in einem Stamnos aufbewahrt war, doch lagen diese Brandgräber in einer Schicht[857], in der Kiesel mit Brandspuren, Asche und Kohlereste, Keramikfragmente, darunter zwei Fischteller, Reste von Terrakotten und tönernen Masken vermischt waren, Spuren, die die Ausgräberin mit den Opfern auf diesen Altären in Verbindung brachte. Eigenartigerweise erwähnt sie keinerlei organische Reste, die man bei Totenopfern eigentlich erwarten sollte. Auch erstaunt, daß sich unter den Keramikfragmenten keine Scherben von Trinkgefäßen nachweisen ließen. Eine Interpretation als Überreste von ustrina erscheint noch weniger wahrscheinlich, denn tönerne Blüten, Masken und Theaterterrakotten wären nach den oben geschilderten Beobachtungen zu den liparischen Brandgräbern im Schutt eines Scheiterhaufens ungewöhnlich. Dort hatten die Masken in der Regel ja keine Brandspuren, Blüten fehlten zudem völlig. Überhaupt ist die Schicht nicht zwingend nur mit den Brandgräbern

853 Vgl. z. B. die polychrome Skyphospyxis aus Grab 741, bei der die Brüche eine ganz eigenartige, kleinteilig ausgezackte Form besitzen. Der schwarze Firnis ist an manchen Stellen abgeplatzt, ML XI 1 120 f. Taf. 45, 1. 2. Vgl. auch die unvollständige Lekanis von Grab 278, bei der aneinanderpassende Scherben unterschiedlich verfärbt sind, ML II Taf. 120, 1. 2. Bei dem oben zitierten Grab 1618 waren die Lampen unbeschädigt. Die fragmentarische Kylix mit Gnathiadekor war leicht angeschwärzt, aber nicht durchgebrannt, was auf die Bodenlagerung zurückzuführen sein könnte, lag m. E. also nicht im Feuer, ML V Taf. 99 Abb. 268. 269. – Die Masken der Brandgräber 276 und 501 haben dagegen keine Brandspuren.

854 Cavalier, Stromboli 7 ff., bes. 9–11 mit Abb. 1–3. 6. 7.

855 ML X 32 Taf. 2 in der Grabungsfläche 23 von 1955/56. – Ob zumindest für die Platte ohne Eintiefung alternativ eine Deutung als Cippusbasis in Frage kommt, wie sie in der Grabungsfläche 23/1985 angetroffen wurden (ML V 150 ff. Abb. 311, z. B. Nr. 2166 mit daneben gestelltem Kieselstein), ist ohne Autopsie nicht zu entscheiden.

856 Die Ausnahmen bilden die oben schon zitierten Gräber 2137 (ML V 198 Taf. 184 Abb. 509) aus dem späten 4. Jh. in der Hauptnekropole und Nr. 2572 in Portinenti (ML X 388. 401), die ebenfalls keine äußeren Beigaben hatten. Eine weitere Münze lag zusammen mit Keramik in der Urne 2575 (ML X 389). Der Leichnam 2623 führte als einzige Beigabe sogar sechs karthagische Bronzemünzen mit sich (ebenda 394).

857 Die genaue Ausdehnung der Schicht wurde leider nicht erforscht, in etwas entfernten Suchschnitten war sie allerdings nicht anzutreffen, Cavalier, Stromboli 10.

zu verbinden. Nach ihrer Zusammensetzung scheinen eher Parallelen zu den etwa gleichzeitigen sogenannten fossae, zum Beispiel in den Grabungsschnitten 36 und 37 der liparischen Nekropole zu bestehen, die weiter unten noch zur Sprache kommen werden. Doch sind die publizierten Beobachtungen zu der Brandschicht so wenig detailliert, daß man auch eine Vermischung verschiedener Phänomene, etwa von Opfern und ustrina nicht ausschließen kann.

Überblickt man die Grabinventare vom 6. bis zum mittleren 1. Jahrhundert v. Chr. in der großen Nekropole, fallen Kontinuitäten und Diskontinuitäten auf: Offenbar hat man spätestens seit dem 5. Jahrhundert getrennt zwischen Gegenständen, die man dem Verstorbenen als persönlichen Besitz in sein Grab mitgab wie Geräte zur Körperpflege und Schmuck, und jenen Gefäßen aus dem Tafelgeschirr, die man außen deponierte, auch wenn sich die jeweiligen Gegenstände entsprechend der Mode im Laufe der Zeit veränderten. So dürften die attischen schwarz- und rotfigurigen Lekythen des 6. und 5. Jahrhunderts in ihrer Funktion später von den Pagerstecherlekythen und den eiförmigen Lekythen abgelöst worden sein. Auch was das außen deponierte Speisegeschirr angeht, möchte man von einer kontinuierlichen Entwicklung ausgehen, bei der sich aus »Tasse«, Schälchen und Kanne allmählich ein größeres Set herausbildete, zu dem dann auch mehrere Platten und Teller hinzutraten. Mit der Einführung der Lampen im späteren 5. Jahrhundert kam ein neues Element hinzu, das möglicherweise ein Indiz für weitergehende Veränderungen darstellt. Ähnliches gilt für die etwas später einsetzenden Masken und Theaterterrakotten, die ungefähr gleichzeitig, wohl im 2. Viertel des 3. Jahrhunderts, wieder aus den Grabinventaren verschwinden. Die Grundanlage des außen abgestellten Sets bleibt aber auch im Späthellenismus unverändert erhalten, sie wird durch den Verzicht auf zusätzliche Gefäße sogar noch betont. Erst im späten 1. Jahrhundert v. Chr., als Lipari unter Augustus römische Kolonie wird, wandeln sich die Grabsitten grundlegend, indem die Sitte der äußeren Beigaben aufgegeben wird. Die Keramik liegt seither im Sarkophag[858].

Auch bei den Gegenständen im Sarkophag sind im späten 5. oder frühen 4. Jahrhundert Neuerungen erkennbar: Zunächst treffen wir nur auf einige schwarzgefirnißte oder rotfigurige Lekaniden und Pyxiden[859]. Ab der 2. Hälfte des 4. Jahrhunderts können sie Teil eines ganzen Sets von Vasen sein, die nach landläufiger Meinung mit dem Frauengemach verbunden sind, darunter Lebetes Gamikoi und kleine Fläschchen[860]. Sie finden in den polychromen Gefäßen aus dem frühen 3. Jahrhundert ihre direkten Nachfolger. Mit dem Auslaufen der polychromen Produktion[861] verschwinden auch diese Gefäßformen wieder aus den Grabinventaren.

Ein Zeichen für eine Veränderung im Hoch- und Späthellenismus scheint die andere Schmuckausstattung im Grab zu sein. Die Fingerringe waren anfangs[862] (seit dem späten 6. oder frühen 5. Jahrhundert) massiv und tragbar, wurden aber seit dem späten 4. Jahrhundert zunehmend durch fragile Reifen aus dünnem Goldblech ersetzt, die nur noch als Totenschmuck zu verstehen sind. An ihre Stelle traten seit dem späten 3. Jahrhundert dünne Goldplättchen, die oft mit eingedrückten oder geritzten Mustern verziert sind und ebenfalls nur als Grabschmuck gedient haben können. Wie diese Änderungen zu interpretieren sind und ob aus ihnen wirklich Rückschlüsse auf den Grabritus oder ähnliches zu ziehen sind, soll aber erst unten in größerem Zusammenhang zur Sprache kommen.

Im Folgenden ist zu fragen, ob sich aus den Kontexten, genauer aus der Zusammensetzung der Grabinventare Kriterien für eine Unterscheidung zwischen Männer-, Frauen- und Kindergräbern herausarbeiten lassen, nachdem – wie bereits erwähnt – die Skelettreste für anthropologische Untersuchungen nur von geringem Wert sind. Das außen abgelegte Trinkgeschirrset war ja sehr stark schematisiert und gehörte zudem zu jeder Bestattung, war also nicht auf das Geschlecht des Verstorbenen bezogen. Demnach sind Indizien eher in den Artefakten zu suchen,

858 ML II 256; Castello 116. – Ein ähnliches Phänomen ist in Tarent zu beobachten, wo mit dem Ende der Unabhängigkeit und der zunehmenden römischen Dominanz ebenfalls ein entscheidender Wandel in den Beigabensitten eintrat, vgl. E. Lippolis (Hrsg.), Taranto, la necropoli. Aspetti e problemi della documentazione archeologica tra VII e I sec. a. C., Catalogo del Museo Nazionale di Taranto III 1 (1994) 162 f.

859 Pyxiden kommen vereinzelt schon in archaischen Gräbern vor, z. B. Gräber 213; 219; 398; 426 oder 430. Eine der frühesten Lekaniden gehört zu den Beigaben von Grab 190.

860 z. B. Grab 2287, Ceramica figurata 124 Abb. 137; Museo Eoliano 90 Abb. 65; I Greci in Occidente 749 Nr. 389. Ein kleiner schwarzgefirnißter Lebes Gamikos und mehrere Lekaniden lagen schon in Grab 24 aus der 1. Hälfte des 4. Jhs.

861 Zu den beiden Nachzüglern aus den Gräbern 2191 und 2172 s. o. Anm. 827. Vgl. auch die Beigaben aus Grab 2248, die im Museo Eoliano unter den Inventaren der zweiten Hälfte des 3. Jhs. ausgestellt sind: eine kleine Spiegelscheibe, eine Muschel, eine Lekanis mit rosarotem Streifendekor, ähnlich dem Stück aus Grab 2191, sowie drei eiförmige Flaschen, von denen zwei ebenfalls mit rosafarbenen Bändern bemalt sind, Museo Eoliano 131 Abb. 96.

862 Frühe Ringe aus dem späten 6. oder frühen 5. Jh. lagen z. B. in den Gräbern 234 und 426, ML II 355 Nr. 1. 2 Abb. 36. 37.

die man zusätzlich zu diesem Set außen ablegte oder in den Gegenständen, die man dem Toten mit in das Grab gab, sei dieses nun ein Sarkophag oder eine Urne. Die dort abgelegten Toilettengeräte und Schmuckstücke schienen ja enger an die Person des Grabinhabers gebunden zu sein[863]. Gibt es also unter den Gegenständen im Grab solche, die man aufgrund ihrer Funktion als eindeutig geschlechtsspezifisch ansehen kann? Als typisch weibliche Beigabe gelten in der Grabforschung der Spiegel und Schmuckstücke wie Ohrringe und Halsketten[864], während die Strigilis als Palästritengerät dem Mann zugeordnet sei[865]. Waffen, wie sie beispielsweise in Poseidonia in Männergräbern des 4. Jahrhunderts vorkommen[866], oder Handwerksgeräte sind in Lipari völlig unüblich.

Leider sind Spiegel und Goldschmuck eher Ausnahmen in den Grabinventaren des 4. und 3. Jahrhunderts. Man ist also darauf angewiesen, aus der Kombination bestimmter Gegenstände weitere Rückschlüsse zu ziehen. Wenn die Gefäßformen im Grab und deren Dekor irgendetwas mit dem Toten zu tun haben, dann sollten die landläufig als Hochzeitsgefäße bezeichneten Vasen, zumindest aber der Lebes Gamikos bzw. ein größeres Set aus Lekaniden, Pyxis und Fläschchen auf weibliche Bestattungen hinweisen. Es gibt zudem eine ganze Reihe von Beispielen, in denen die typischen, mit Niken oder sitzenden Frauen verzierten polychromen Vasen aus dem Umkreis des Lipari-Malers gemeinsam mit Spiegeln[867] oder Ohrringen auftraten. Auch Alabastra aus Alabaster sind häufiger damit vergesellschaftet[868]. Allerdings wird die Sache in dem Moment problematisch, in dem die polychrome Keramik mit einer Strigilis kombiniert ist, da letztere sowohl für Graepler[869] als auch für Bernabò Brea und Cavalier als typisch männliches Attribut gilt[870]. Die beiden letztgenannten müssen deshalb annehmen, daß die polychrome Keramik trotz ihrer rein weiblichen Ikonographie und an Hochzeit bzw. Frauengemach gebundenen Funktion auch für Männergräber angemessen war[871] und eine übertragene Bedeutung im Sinne einer mystischen Hochzeit des Grabinhabers in einem dionysischen Geheimkult gehabt habe.

Mir scheint eine andere Lösungsmöglichkeit plausibler, nämlich daß die Strigilis eben nicht nur von Männern beim Sport verwendet wurde, sondern auch in der weiblichen Körperpflege eingesetzt werden konnte, also in die Kategorie »Toilettengerät« wie Spiegel und Löffelchen fällt und demnach nicht geschlechtsspezifisch zu verstehen ist. Es gibt in Lipari eine ganze Reihe von Argumenten für diese Annahme. Zum einen lagen in Grab 1164 sowohl Spiegel als auch Strigilis[872], zum anderen sind die Strigiles oft mit Alabastra aus Alabaster und anderen Parfümfläschchen verbunden, in Grab 309 zusätzlich mit zwei Goldringen und dem vollständigen Hochzeitsgefäßset[873]. In Grab 1535 lag sie zusammen mit einem Alabastron, zwei polychromen Lekaniden, einem Bronzering und einem knapp 11 cm langen Stilett aus Bronze, das wohl am ehesten ebenfalls den weiblichen Toilettenutensilien zuzurechnen ist[874]. Zudem ist auch außerhalb Liparis die Konnotation der Strigilis als männliches Athletengerät nicht so eindeutig wie Graepler glauben machen möchte, auch wenn sicherlich lokale Traditionen und Sonderfälle nicht auszuschließen sind[875]. In der Arbeit von Ellen Kotera-Feyer[876] sind eine ganze Reihe von Beispielen aufgezählt, in denen Schabeisen eindeutig zum Inventar von Frauengräbern gehören wie in dem Mädchengrab aus Velestino, heute im Museum

863 Bernabò Brea und Cavalier, ML II 231 fanden innen »solo gli oggetti più intimi del defunto«.

864 Vgl. Graepler, Tonfiguren 167.

865 Graepler, Tonfiguren 170 mit Anm. 157.

866 Zu den Gräbern von Paestum und der Auswertung der Grabinventare zuletzt A. Pontrandolfo in: S. Marchegay – M. Th. Le Dinahet – J. F. Salles, Nécropoles et pouvoir: idéologies, pratiques et interprétations; Actes du Colloque Théorie de la Nécropole Antique, Lyon 1995 (1998) 125 ff.

867 Grab 2528, Dieci anni 114 ff. Abb. 1–3; Grab 1907, ML VII 70 Taf. 63, 2–5. 64, 2 (mit falscher Bildunterschrift); Grab 1884, ML V 6 Abb. 21–28.

868 Gräber 1884; 1532; 1595 (letzteres mit Ohrringen und Alabastron).

869 s. o. Anm. 865.

870 Ceramica policroma 44 f.

871 Ceramica liparese 44 f.; MTL 26 f. Anm. 28.

872 Da die Spiegelscheibe relativ klein ist und zudem zwei Lekaniden zu der Bestattung gehören, die ein spielendes Kleinkind bzw. Eroskind mit ihrem Lieblingstier zeigen (ML XI 1 257 Taf. 98–100, 1–2; Ceramica figurata 91 f. Nr. 1. 2 Abb. 101. 102), dazu eine Pagenstecherlekythos mit einem Vögelchen (ebenda 98 Nr. 13 Abb. 114), könnte es sich allerdings um ein Kindergrab handeln. Dies würde das Argument möglicherweise entkräften, da für Kindergräber offenbar andere Regeln gelten. Spiegel und Strigilis kommen gemeinsam in Kindergräbern in Tarent vor, ohne daß damit eine Aussage über das Geschlecht verbunden zu sein scheint, vgl. H. Cassimatis, Nikephoros 4, 1991, 195. Sie zitiert M. Torelli, Necropoli dell'Italia antica (1982) 99 ff., der erwägt, ob es sich nicht um Knabengräber handele, in denen die Strigilis dann möglicherweise für die zukünftige Athletenrolle stehe, während der Spiegel als Toilettengerät zu verstehen sei.

873 ML II 110–113 Taf. 104–107 Abb. 41. 43, 3.

874 ML V 100. Auch Graepler, Tonfiguren 163 Anm. 90 hält die Beigabenausstattung eher für weiblich.

875 Graepler, Tonfiguren 170. Er wäre aber (163 Anm. 90) bereit, Lipari als Sonderfall gelten zu lassen.

876 E. Kotera-Feyer, Die Strigilis (1993). Das Buch bietet zwar eine große Materialfülle, ist aber wenig prägnant formuliert, so daß die Ergebnisse nicht klar ersichtlich sind.

von Volos[877], oder auch in Unteritalien[878]. Demnach sollte man differenzieren zwischen den Gräbern, in denen die Strigilis zusammen mit höchstwahrscheinlich weiblichen Gegenständen auftritt, und solchen, in denen sie isoliert oder nur mit einem einfachen Fingerring vergesellschaftet ist[879]. Denn letztere scheinen nicht an das Geschlecht gebunden zu sein. Bernabò Brea und Cavalier haben sie als Ehering (fede) interpretiert.

Alabastra aus Alabaster scheinen als Fläschchen für Parfüm oder andere kosmetische Essenzen in den weiblichen Bereich zu weisen, kommen sie doch unter anderem zusammen mit Ohrringen[880] und Hochzeitskeramik[881] vor. Am häufigsten sind sie jedoch mit Strigiles verbunden und zwar fast grundsätzlich in Kontexten, die durch polychrome Keramik, deren direkte rotfigurige Vorläufer oder Schmuck nach Frauenbestattungen aussehen[882]. Wenn es zutrifft, daß die Strigilis eben nicht nur als ein rein männliches Attribut zu werten ist, sondern ebenso für die weibliche Toilette Verwendung fand, dann lösen sich auch die Schwierigkeiten, die Graepler mit der Zuweisung des eigentlich »weiblichen« Alabastron aus Alabaster hatte[883]. Das Auftauchen in für ihn »sicher männlichen« Gräbern mit Strigilis widersprach der sonst vorherrschenden weiblichen Konnotation des Gefäßes und relativierte seine bisherige Deutung im Grabzusammenhang.

Andere, von Graepler[884] als typisch weibliche Grabbeigaben herausgearbeitete Gegenstände sind in Lipari selten. Ein Webgewicht[885] kommt unter dem publizierten Material bisher nur einmal, in Grab 96 vor[886] – in einer sonst ärmlichen Bestattung, Muscheln lagen in den Gräbern 451, 748 und 1572[887]. In Nr. 748 aus dem späten 4. Jahrhundert war ein Mädchen bestattet[888], das eine sitzende, nackte Mädchenterrakotte und Miniaturkeramik, nämlich ein winziges Schälchen und zwei kleine Skyphospyxiden mitbekam. Die Muschel enthielt rote Farbreste, könnte also als Schminktöpfchen gedient haben. Daß Muscheln auch sonst als Behältnisse für Kosmetik dienten, bestätigt eine kunstvolle silberne Muschelpyxis aus der Tomba degli Ori in Canosa[889], die offenbar mit einem Silberspiegel ein Set bildete. Eine tönerne Nachbildung einer ähnlichen Büchse, die jedoch keinen praktischen Gebrauchswert gehabt haben kann, fand sich auf Lipari zusammen mit anderen Tonnachahmungen von hellenistischem Silbergeschirr in der sogenannten fossa der Grabungsfläche 37[890]. In dem frühhellenistischen Grab 729 lag eine der wenigen zylinderförmigen Pyxiden aus Blei[891].

Die Lekanis allein muß wohl nicht unbedingt Frauen vorbehalten gewesen sein, wenn man einem Grab aus der 2. Hälfte des 3. Jahrhunderts vertrauen kann, das sich dem ursprünglich zugehörigen Grabcippus mit dem Namen Hieron zuordnen ließ[892]. Die Lekanis mit einem einfachen Streifendekor und einem umlaufend gemalten

877 Grab Nr. 17, Kotera-Feyer a. O. 84 (Anm. 876); B. Adryni-Sismani, AAA 16, 1983, 23 ff. – Vgl. auch D. M. Robinson, Olynthus XI, Necrolynthia (1942) 182 für Olynth.

878 Kotera-Feyer a. O. 118 (Anm. 876). Auch im Athener Kerameikos kommen Strigilen in Frauengräbern vor. Ein Beispiel: W. K. Kovacsovics, Kerameikos XIV, Die Eckterrasse an der Gräberstraße des Kerameikos (1990) 116 Grab Nr. 116 aus dem späten 4. Jh. Vgl. dazu auch S. Houby-Nielsen in: P. Bilde u. a. (Hrsg.), Conventional Values of the Hellenistic Greeks (1997) 222 ff. 242; B. Kratzmüller – R. Lindner – N. Sojc in: B. Heiniger (Hrsg.), Geschlechterdifferenz in religiösen Symbolsystemen (2003) 91–134 (den Hinweis auf diesen Aufsatz verdanke ich A. Schmölder-Veit).

879 z. B. Gräber 50; 74; 91; 149; 157; 227; 247; 264; 322; 339; 348; 408; 412; 1558; 1573; 1611; 1615; 1627; 1886; 1984; 2184.

880 Gräber 1884; 1595.

881 Gräber 1532; 2187; 2125 (ML VII Taf. 54 f., der sehr qualitätvolle Goldring ebenda Taf. 154, 6. 7). Für diese Verbindung spricht auch die Tatsache, daß die Deckelknäufe der polychromen Lebetes Gamikoi oft in Form von Alabastra gestaltet und weiß bemalt sind.

882 Beispiele: Gräber 144; 309; 398; 409; 1781; 1885; 1982.

883 Graepler, Tonfiguren 171 f.

884 Graepler, Tonfiguren 167 zu Webgewichten, 167 Anm. 125 zu Muscheln.

885 Allerdings kennt man aus dem Athener Kerameikos eine ganze Reihe von Gräbern, in denen Webgewichte bei männlichen Skeletten lagen, z. B. Kovacsovics a. O. 117 Grab 118; S. 118 Grab 122 (Anm. 878).

886 Bei Grab 96 liegen eigenartigerweise alle Beigaben im Sarkophag.

887 Außerdem in den Inventaren von Nr. 989, ML XI 1 388 Taf. 169, 5. 184, 3–5, und Nr. 1544, ML V 102 f. Abb. 282. 283, sowie Nr. 2248 (noch unpubliziert). Grab 451 war gestört, in 1572 lagen außerdem ein Alabastron und eine Lekanis mit Frauenkopfdekor.

888 A. Sardella in: Dieci anni 132 f. Abb. 6 zu der nackten sitzenden Mädchenterrakotte aus dem Grab. Das restliche Inventar ist im Museum ausgestellt, ML XI 1 122 Taf. 44.

889 E. M. De Juliis (Hrsg.), Gli Ori di Taranto in Età Ellenistica, Ausstellung Mailand (1984) 58 ff. Nr. 8. Eine weitere Muschelbüchse aus einem Tarentiner Grab ebenda 355 f. Nr. 318 mit Abb.

890 ML XI 2 625 ff. Abb. 99–104. Die Muschelpyxis Inv. 13000 ebenda 626. 630 Abb. 102, 2. Die Stücke sind im Museum ausgestellt, zudem erwähnt in: Museo Eoliano 127, wo die fossa allerdings fälschlicherweise mehrfach der Grabung 27 zugeordnet wird. Vgl. dagegen L. Bernabò Brea – M. Cavalier, Beni Culturali e Ambientali Sicilia 3, 1982, 141; ders., Kokalos 26/27, 1980/81, 751 f.

891 ML XI 1 117. Die Bleipyxis ist nicht abgebildet.

892 Grab 2191, ML V 170 f. Abb. 465 und Sema 2145, ML V 149. 177. 179.

Lorbeerzweig sowie die übrigen Gefäße – sämtlich Speisegeschirr – weisen auch sonst keine Elemente auf, die nach den oben herausgearbeiteten Kriterien einem Männergrab widersprechen würden. Allerdings sind Trinkgefäße und Kannen im Grab auch nicht ausschließlich männliche Domäne[893].

Überblickt man die Grabinventare, scheint es sehr viele Gegenstände zu geben, die in den weiblichen Bereich gehören, aber nur verschwindend wenige, die eindeutig mit Männern zu verbinden sind, zumal wenn die Strigilis nicht als reines Athletengerät, sondern allgemein als Mittel zur Körperpflege zu verstehen ist und erst aus ihrer Kombination mit anderen Gegenständen auf das Geschlecht des Besitzers zurückgeschlossen werden kann. Da man aber annehmen sollte, daß zumindest ein Teil der Bestattungen Männern gehört haben muß, bleibt nur der Schluß übrig, daß sie keine den Frauen vergleichbar signifikante Ausstattung erhielten[894]. Die in Unteritalien teilweise übliche Deponierung von militärischer Ausrüstung und Waffen[895] unterblieb auf Lipari. Möglicherweise sind also diejenigen Bestattungen Männern zuzuschreiben, die im Innern gar keine oder nur wenige Gegenstände bargen wie Strigilis, Ring[896] oder wenig Trink- und Speisekeramik[897]. Wenn man die Unsicherheiten durch Störungen und Wiederbelegungen in Rechnung stellt, könnten die Zahlenverhältnisse zwischen den Gräbern mit vermutlich weiblichen Beigaben und solchen ›ärmlicheren‹ Bestattungen, die dann Männern zuzuordnen wären, ungefähr ausgeglichen sein. Allerdings fällt generell auf, daß im 4. und in der 1. Hälfte des 3. Jahrhunderts die Zahl von Sarkophagen ohne innere Beigaben wesentlich geringer ist als noch im 6. und 5. Jahrhundert und dann wieder seit dem späten 3. Jahrhundert v. Chr.[898]. In dieser Periode scheinen innere Beigaben im Gegensatz zu denjenigen vorher und nachher nicht die Ausnahme, sondern die Regel zu sein.

Wie steht es aber nun mit den Kindergräbern? Angesichts einer relativ hohen Kindersterblichkeitsrate in der Antike[899] ist mit einer größeren Anzahl von Kinderbestattungen zu rechnen, die, geht man beispielsweise von der Nekropole in Tarent aus, auch durch besondere Beigaben zu erkennen sein sollten. Kann man also auch aus den Gräbern in Lipari und ihrem Inventar Kriterien erschließen, die für Kindergräber sprechen? Dabei soll das Hauptaugenmerk auf den Gräbern aus dem 4. und frühen 3. Jahrhundert v. Chr. liegen, zumal etwa seit der Mitte des 4. Jahrhunderts die größte Typenvielfalt bei den Gaben zu beobachten ist[900]. Leider kristallisieren sich wieder nur sehr wenige Elemente heraus, an denen man mit Zuversicht eine Kinderbestattung erkennen kann.

Oft sind die kleineren Sarkophage[901] das erste Indiz für ein Kindergrab. Sie unterscheiden sich in der Form meist nicht von den Typen der Erwachsenen und sind nur entsprechend kürzer. Trotzdem kann aus der Länge des Sarkophages nicht zweifelsfrei auf Größe und Alter des Grabinhabers geschlossen werden, da bisweilen Kinder offenbar auch in Gräber gelegt wurden, die nach den Maßen für Erwachsene gedacht waren[902]. Außerdem wurden manchmal Steinkisten, die im Format auf den ersten Blick nicht von Kindersarkophagen zu unterscheiden sind, als Behältnis für eine Urne oder auch als Aschenkiste selbst benutzt[903]. In letzterem Fall wurde die Asche auf eine Kieselschicht gebettet. Die Sitte, Kinderleichname in Gefäßen, zum Beispiel Amphoren abzulegen (Enchytrismos), wurde in der Nekropole der Contrada Diana anscheinend nur gelegentlich praktiziert[904]. Amphoren und Pithoi dienten in der Archaik und im 5. Jahrhundert dagegen häufig als

893 Graepler, Tonfiguren 167. 179.

894 So auch Graepler mündlich. Vgl. für Tarent: Graepler, Tonfiguren 169. 177. – Ob beinahe 50 % der Erwachsenenbestattungen Männern gehören müssen, ist allerdings fraglich, da gerade in einer Seefahrerstadt die Männer höhere Mobilität besaßen als die Frauen.

895 z. B. in Paestum und Lukanien (Laos). Es scheint sich bei den Waffenbeigaben um eine italische Sitte gehandelt zu haben, die erst durch die Vermischung der Bevölkerung in die Griechenstädte wie Poseidonia einzog, vgl. A. Pontrandolfo in: Marchegay – Dinahet – Salles a. O. 126 (Anm. 866). – Zur einzigen Ausnahme im Friedhof in der Contrada Portinenti in Lipari (Grab 2626) s. u. Text zu Anm. 980 im Abschnitt über Portinenti.

896 s. o. Anm. 879. – Dasselbe Phänomen konnte A. Greco Pontrandolfo, DialA 1, 1979, H 2, 44, in Gräbern des 4. und 3. Jhs. v. Chr. in Poseidonia nachweisen.

897 z. B. Gräber 231; 446 mit Krater, Tellerchen und Strigilis; Grab 525 mit Lepaste.

898 ML II 251.

899 Kurtz – Boardman, Thanatos 82.

900 Das gleiche Phänomen beobachtet Graepler, Tonfiguren 175 in Tarent für seine Periode B, die grob das letzte Viertel des 4. und das 1. Viertel des 3. Jhs. umfaßt.

901 Leider fehlen in den Grabungspublikationen für die meisten Gräber und Sarkophage Maßangaben. Man kann sie in der Regel nur mit Hilfe des Maßstabs aus den Plänen erschließen. Beispiele für kleine Sarkophage: Gräber 408; 443 bis; 1528; 1529; 1986; 1988.

902 Vgl. Grab 2192, ML V 166 f. Abb. 312, Inventar Taf. 145 Abb. 393. 394. Zur Deutung als Mädchengrab: A. Sardella in: Dieci anni 130. 138 Anm. 57, s. auch unten Anm. 911.

903 Behälter für Urne: Grab 312, Aschenkiste: Gräber 144; 231.

904 Beispiele: Gräber 1550 und 1552 aus dem späten 5. Jh., ML V 104 ff. und Gräber 1759; 1890; 1901; 2082; 2526; 2527, Ca-

Urnen. Da zu den Resten der frühen Brandbestattungen kaum Beigaben in die Aschengefäße gelegt wurden, sind Kindergräber schwierig zu unterscheiden. Dies gilt aber auch für solche, bei denen sich kein Aschenbehälter erhalten hat, falls er überhaupt je vorhanden war, eine Bestattungsform, die vor allem im frühen 3. Jahrhundert zu beobachten ist[905].

So macht in der Regel erst eine Kumulation verschiedener Argumente eine Kinderbestattung wahrscheinlich, zumal sich nachweisen läßt, daß Kindern auch Gegenstände mitgegeben wurden, die sonst zur Welt der Erwachsenen gehörten. Betrachten wir zunächst ein Grab aus dem späten 5. Jahrhundert v. Chr., bei dem an der kindlichen Besitzerin kein Zweifel besteht, da sie eine Gliederpuppe mit beweglichen Extremitäten und das im Format dazu passende Geschirr ins Grab gelegt bekam[906]. Angesichts der Winzigkeit von Schälchen, Täßchen, Tellerchen und Kännchen drängt sich trotz aller Zweifel, ob eine solche Interpretation nicht unserer subjektiven neuzeitlichen Vorstellungswelt entspringt, der Gedanke an Puppengeschirr geradezu auf[907], zumal auch noch eine Pyxis mit Skyphoskörper und eine eigenartige Deckelschüssel auf hohem Fuß zum Grabinventar gehören, die zwar größer als das eben erwähnte winzige Geschirr, aber im Vergleich zu anderen Exemplaren dieser Form immer noch relativ klein sind. Die groteske Terrakotte einer grinsenden Frau mit nacktem Hängebusen, die einen Säugling im Schoß hat, paßt ebenfalls zu einem Kindergrab[908]. Der außen abgelegte Skyphos unterscheidet sich dagegen nicht von gängigem Speisegeschirr[909]. Das Grab enthält also eine ganze Reihe von Gegenständen, die offenbar auf die kindliche Grabinhaberin bezogen sind und als charakteristisch für Kindergräber gelten können:

Gliederpüppchen aus Bein oder Ton sind eines der am leichtesten erkennbaren Spielgeräte, die mit ihren kleinen Besitzerinnen ins Grab gelangten[910]. In Lipari spielen sie jedoch im Vergleich zu anderen Gegenständen keine Rolle. Wesentlich häufiger treten sitzende nackte Mädchenstatuetten auf, deren Unterarme meist an den Unterschenkeln anliegen. Die Arme können aber auch in Stümpfen unterhalb der Schulter oder am Unterarmansatz enden. Ob diese Figuren ebenfalls zum Spielen gedacht waren, muß fraglich bleiben, da die meisten nur aus einer Halbschale hergestellt und nicht vollplastisch, sondern hinten hohl sind. Auch kann man sie nicht aufstellen, ohne die Oberschenkel mit einem Klötzchen als Sitz zu unterlegen. Assunta Sardella konnte zeigen, daß die liparischen Stücke eine eng zusammengehörige Gruppe mit einer Entstehungszeit von der 2. Hälfte des 4. Jahrhunderts bis zum Anfang des 3. Jahrhunderts bilden, die, soweit sie einen Grabkontext besitzen, sämtlich aus Mädchengräbern kamen[911]. Man wüßte natürlich gerne, wie alt die Mädchen waren, die mit diesen Figuren bestattet waren. Einen Anhaltspunkt geben die seltenen Skelettreste in Grab 2206. Sie wurden auf eine Vier- bis Fünfjährige bezogen. Aus Beigaben und den kleinen Sarkophagen kann man sonst in der Regel lediglich erschließen, daß die Besitzerinnen noch nicht ausgewachsen waren[912].

In die Kategorie Spielgeräte dürften auch einige Terrakottafiguren fallen, beispielsweise ein Hundchen aus Ton, das in dem kleinen Sarkophag Nr. 516 lag, daneben Astragale und andere Spielsteine[913]. Besonders häufig

valier in: Dieci anni 113. Vgl. dagegen die zahlreichen Beispiele in der Contrada Portinenti (s. u. Text zu Anm. 959–962; 973).

905 ML II 91 ff. Gräber 269; 271; 273–278.

906 Grab 1107 Inv. 10540, M. Cavalier, La tomba della bambola, SizA 16, 1971, 9–12 mit Abb. und Frontispiz; Castello 120 Abb. 102–104; ML XI 2 467. 469 f. Abb. 72 a. b. Taf. 214. Bis auf den Skyphos, der sich als einziges Gefäß in dem außen abgestellten Pithos befand, lagen alle Beigaben im Sarkophag. Eine dritte Terrakotte – sie zeigte eine thronende Göttin – ist ihres schlechten Erhaltungszustandes wegen nie abgebildet oder ausgestellt worden. – Miniaturgeschirr aus dem 4. Jh. fand sich in dem Mädchengrab 2330 (im Museo Eoliano ausgestellt).

907 Vgl. die Kritik von Graepler, Tonfiguren 175 mit Anm. 211.

908 Vgl. Himmelmann, Realistische Themen 113 ff.

909 Skyphos: H 8,6 cm, Dm 10,3 cm; Pyxis: H 11,5 cm, Dm 9,8 cm; Deckelschale: H 11,3 cm, Dm 11 cm.

910 Vgl. z. B. ein Mädchengrab aus der 1. Hälfte des 4. Jhs. in Delphi, M. Maass (Hrsg.), Delphi, Orakel am Nabel der Welt, Ausstellung Karlsruhe (1996) 143 mit Abb. 16. 17; 179 ff. Kat.-Nr. 91–125; P. Perdrizet, FdD V 1 (1908) 163 ff. Das Grab enthielt neben dem Gliederpüppchen zahlreiche Terrakottafiguren, elfenbeinerne Spindeln, ein Schminkdöschen, zwei Strigilen und Keramik, darunter einige Gefäße in Miniaturformat. Ein anderes Grab mit Gliederpüppchen, reicher Terrakottenausstattung, Miniaturgeschirr, einem kleinen Spiegel, aber der Schmuckgarnitur für eine Erwachsene fand sich in dem südrussischen Kurgan Bolschaja Blisniza, vgl. Verf., JdI 111, 1996, 132 ff. – Vgl. auch das oben Anm. 877 zitierte Grab im Museum in Volos. – Zu Puppen generell und Gliederpüppchen aus dem Kerameikos zuletzt B. Vierneisel-Schlörb, Kerameikos XV, Die figürlichen Terrakotten I (1997) 50 ff. 53 Nr. 148 Taf. 30, 3.

911 A. Sardella in: Dieci anni 123 ff., bes. 124. Sie katalogisiert 38 Stücke. Die meisten kamen aus den Gräbern 2206; 2192; 923; 2330 (statt der Verschreibung 2230); 314; 2124; 2233 (?, s. Anm. 913), 748, der Rest waren Streufunde.

912 Nach dem Maßstab des Planes ML VII Taf. C kann der Kindersarkophag 2124 innen keinesfalls länger als 1,20 m gewesen sein. Zu Grab 2206: Sardella a. O. 138 Anm. 56 (Anm. 911).

913 z. B. fanden sich unter den Beigaben von Grab 2233? (nach der hohen Inv.-Nr. 16459 d der nackten Statuette wäre eine Grabnummer 2333 wahrscheinlicher) 7 Astragale und 35

findet man kleinformatiges Geschirr, das sich in Form und Dekor an den zum Gebrauch bei Tisch oder im Frauengemach bestimmten Vorbildern orientiert. Da es häufig – wie oben beschrieben – mit Püppchen oder den nackten Sitzstatuetten vergesellschaftet oder kleinen Sarkophagen zugeordnet ist, scheint der Schluß auf kindliche Verkleinerungen nahe zuliegen, zumal manchmal auch Spiegel, Strigiles und Schmuckstücke in ihrem Format an die kindlichen Besitzer angeglichen waren[914].

Dagegen fehlen in Lipari Hinweise darauf, daß Miniaturgeschirr als Surrogat für Tafelgeschirr hergestellt und in der Nekropole abgestellt wurde, wie Graepler dies für die Tarentiner Nekropole wahrscheinlich machen konnte[915]. Zwar wird seit dem spätesten 3. und dann im 2. und 1. Jahrhundert v. Chr. die Keramik qualitativ zunehmend schlechter. Sie ist von bescheidener Größe, ungefirnißt und nachlässig gebrannt, was Zweifel an ihrer Brauchbarkeit aufkommen läßt, aber nie ersetzt Miniaturkeramik das standardisierte Tafelgeschirrset, das zu beinahe jeder Bestattung gehörte.

Schwierigkeiten bereitet die Beurteilung der kleinen Kännchen mit Ausgußtülle, die meist als Saugfläschen für Kleinkinder interpretiert werden[916]. Anders als in Tarent, wo sie häufig mit »kindlicher Miniaturkeramik« verbunden sind, findet man in Lipari nur bei Grab 70, 1579 und 1788 auch andere Indizien für eine Kinderbestattung[917]. In der weitaus größten Zahl der Fälle[918] lassen – sieht man von diesen Kännchen ab – weder Grabgröße noch Keramik oder andere Gegenstände vermuten, daß der oder die Tote vielleicht noch nicht erwachsen war. Dies muß verwundern, scheinen sich doch sonst die Kindergräber durch besondere Vielfalt und Variationsbreite des Inventars auszuzeichnen. So möchte ich vorsichtigerweise diesen Gefäßen mit Ausgußtülle keine entscheidende Aussage zutrauen[919], auch wenn es bei Grab 407 von großem Interesse wäre zu wissen, ob es einem Erwachsenen oder einem Kind gehörte, da vier Statuetten, drei Komödienfiguren und ein liegender Zecher, zum äußeren Beigabenpaket zählten.

Schließlich ist zu prüfen, ob nicht Gefäße, die mit Kinderszenen oder kindgerechten Themen bemalt sind, auf kindliche Grabinhaber hinweisen. Als Beispiele wären hier die Gräber 1164, 1495 und 1499 zu betrachten. Zu ihrem Inventar gehörten jeweils rotfigurig dekorierte Lekaniden, die auf den Deckeln einen Erosknaben bzw. kniende oder krabbelnde Kinder gegenüber von einem überdimensionalen Tier zeigen. Auf den beiden Stücken aus Grab 1164 sind dies Vögel, bei den beiden anderen jeweils ein Hase[920]. Zumindest bei Grab 1164 war bereits oben aufgrund der kleinen Strigilis und des Spiegels die Vermutung geäußert worden, es handele sich um eine Kinderbestattung. Auch das schwarzfigurige Vögelchen auf der zugehörigen Pagenstecherlekythos könnte in dieses Umfeld passen.

runde Spielsteine aus Kalkstein, vgl. Sardella a. O. 134 Nr. 13. 139 Anm. 62 (Anm. 911). Astragale auch bei Grab 1506 (ML XI 1 220 Taf. 85, 1–5) aus dem 4. Jh. und in Grab 1722 (unpubliziert) zusammen mit Steinkugeln. Grab 1788 (ML VII 54 f.) wird wegen seines kleinen Steinsarkophages und des Miniaturgeschirrs schon von den Ausgräbern als Kinderbestattung identifiziert. Das Astragal, das auf Taf. 62, 2 abgebildet und im Museum ausgestellt ist, fehlt in der Aufzählung des Grabinventars. Zu einem Mädchengrab passen aber auch die kleinformatigen goldenen Löwenkopfohrringe. – Zu Astragalen als Spielgeräten R. Schmidt, Die Darstellung von Kinderspielzeug und Kinderspiel in der griechischen Kunst (1977) 44 ff.

914 Ein kleiner Spiegel z. B. in den Gräbern 314; 1907; 1284; kleine Strigilis: Gräber 1164; 1623; 2207; kleine Schmuckstücke: Ohr- und Fingerringe Grab 1788; Ohrringe Grab 1595 (sonst jedoch keine Hinweise auf ein Kindergrab); Fingerring mit Karneol Grab 309; Skarabäusring Grab 2206.

915 Graepler, Tonfiguren 174 f.

916 «Baby Feeder«, vgl. Graepler, Tonfiguren 175 f.

917 Grab 70: ML II 29 Taf. 93, 2; Grab 1579: ML V 115 Taf. 91 Abb. 246–248; Grab 1788: ML VII 54 f. Taf. 62, 2; 63, 6. 7. 8 (Abb. 8 seitenverkehrt, zu weiteren Vertauschungen s. o. Anm. 779).

918 Gräber 135; 268; 283; 382; 407; 418; 475; 576; 1534; 1537; 1560; 2010; 2172. Diese Kännchen liegen in der Regel beim äußeren Beigabenpaket.

919 Sowohl aus Lilybaeum als auch aus Athen sind eindeutige Fälle bekannt, in denen diese Gefäße mit Ausgußtüllen in Erwachsenengräbern vorkamen: B. Bechtold, La necropoli di Lilybaeum (1999) 228; W. Kovacsovics, Die Eckterrasse an der Gräberstraße, Kerameikos XIV (1990) 13 Grab 8 (junge Frau).

920 Ceramica figurata 91 f. Nr. 1. 2 Abb. 101. 102, beide aus Grab 1164 (Druckfehler in der Bildunterschrift und im Text, die Lekanis aus Grab 1184 ebenda S. 89 Abb. 95. 96); S. 92 Nr. 3. 4 Abb. 103. 104 aus Grab 1495 und 1499. Grab 1164: ML XI 1 257 Taf. 98–100, 2; Grab 1495: ebenda 218 Taf. 84, 1. 2; Grab 1499: ebenda 218 Taf. 83. Vgl. auch den motivisch unmittelbar damit verbundenen Lekanisdeckel ebenda 92 Nr. 5 Abb. 105. 106. Der Deckel lag in dem großen und ungewöhnlich qualitätvollen, zur Urne umfunktionierten Kelchkrater aus Grab 658, auf dessen Vorderseite Herakles im Kreise von Deianeira, einer Dienerin, Nike, Acheloos und Oineus zu sehen ist, während auf der qualitativ gleichwertigen Rückseite der Silen Simos im Beisein eines weiteren Satyrn zu Thalias Flötenspiel tanzt, Ceramica figurata 61 ff. Abb. 53–60. Das zugehörige Grab ist in ML XI 1 78 ff. Taf. 30. 31, 1–3. 5 publiziert. Man wüßte gerne, ob der einsame Lekanisdeckel auch hier auf eine Kinderbestattung in diesem prachtvollen Krater hinweist. Die weiteren Beigaben in der Urne, eine Strigilis und eine Lampe, erlauben keine Entscheidung. Wenn ja, müßte man sich darüber nicht wundern, da gerade an der Ausstattung der Kindergräber mit wertvollen Gaben offenbar nicht gespart wurde. Auch Goldschmuck scheint häufiger in Kinder- als Frauengräbern zu liegen.

Die Ikonographie der Lekanisbilder – pummelige Kleinkinder mit ihrem Lieblingstier – erinnert an ähnliche Szenen auf den attischen Choenkännchen, die oft als Geschenke für Kinder anläßlich des Choenfestes interpretiert werden. Dies wurde zuletzt von Hamilton bestritten[921], doch steht außer Zweifel, daß diese kleinen Krüge für Kinder gedacht waren. Das geht schon aus einigen Bildern hervor, auf denen ein Kleinkind die vor ihm stehende Chous zu erreichen sucht. Zudem fanden sie sich in Eleusis in Gräbern von Kleinkindern aus dem späten 5. Jahrhundert[922]. In Lipari gibt es zwar keine Choenkännchen, dafür kamen in Grab 2468 zwei bauchige rotfigurige Lekythen zutage, die ikonographisch eng mit ihnen in Verbindung stehen[923]. Die gestauchtere von beiden eignete sich besser für ein in die Breite gezogenes Bild: Ein auf dem Boden kriechendes Kleinkind hebt Kopf und rechte Hand, als wolle es den ovalen Gegenstand vorzeigen, den es hält. Auf der anderen, eher eiförmigen Lekythos steht dagegen ein nackter Knabe, der in beiden Händen Steine oder Kugeln hat. Die Beobachtungen der Ausgräberin für das Grab selbst, das im späten 5. oder frühen 4. Jahrhundert angelegt wurde, sind wenig aussagekräftig. Der Leichnam, von dem sich keine Reste konserviert haben, lag einfach auf einem Kiesbett. Ein Stück eines Ziegels habe die Stelle des Grabes markiert. Wie und in welchem Verhältnis dazu die Beigaben – außer den beiden Lekythoi ein Krug und eine schwarzgefirnißte Schale auf profiliertem Fuß – aufgestellt waren, wird nicht berichtet. Dennoch werden die Bearbeiterinnen mit ihrer Deutung auf eine Knabenbestattung richtig liegen, da Lekythen mit solch außergewöhnlicher Ikonographie in gesicherten Erwachsenengräbern nicht vorkommen. Demnach spricht viel dafür, auch die oben beschriebenen Lekanisdeckel mit Kindern in Beziehung zu setzen und die entsprechenden Gräber als Kinderbestattungen zu interpretieren.

Werfen wir noch einen kurzen Blick auf die Pagenstecherlekythen, die ja – nach dem Exemplar in Grab 1164 zu urteilen – möglicherweise auch von Kindern benutzt wurden oder zumindest als kinderspezifische Gaben angesehen worden sein könnten. Rolf Hurschmann hat sich in seiner rein kunsthistorischen Studie zu diesem Gefäßtyp überhaupt nicht mit den Kontexten auseinandergesetzt, in denen die Stücke gefunden wurden, und kann deshalb über die Funktion nur Vermutungen anstellen[924]. Aus seiner Zusammenstellung der auf ihnen dargestellten Motive geht jedoch hervor, daß sitzende oder stehende Frauen bzw. Frauenköpfe und Tiere, vor allem Vögel, Hunde und Hasen, am häufigsten vorkommen, was sich genau mit dem Themenspektrum auf den liparischen Exemplaren deckt[925]. Da diese Gefäßgattung offenbar nur in Unteritalien und Sizilien hergestellt wurde, bietet sich der Vergleich mit der dortigen Keramikproduktion des 4. Jahrhunderts an. Auffälligerweise gehören Frauenköpfe, aber auch sitzende, stehende oder laufende Frauengestalten zum gängigen Figurenrepertoire auf denjenigen Gefäßformen, die man mit dem Frauengemach in Verbindung bringt, also auf den rotfigurigen, später auch polychrom dekorierten Lekaniden, Pyxiden, Lebetes Gamikoi, Flaschen, Lekythen etc.[926]. Auch Vögel scheinen beliebt gewesen zu sein, sowohl als Gegenüber von Sitzfiguren und Haubenköpfen, als auch als einziges Motiv auf eiförmigen Aryballoi[927]. Demnach ist zumindest wahrscheinlich zu machen, daß auch die Pagenstecherlekythen der weiblichen Sphäre zuzuordnen sind.

Ein Überblick über die Kontexte, in denen die liparischen Stücke gefunden wurden[928], bringt ein überraschendes Ergebnis: Von den zwölf Stücken kommen mindestens sechs, möglicherweise noch weitere, aus Kinderbestattungen[929]. Eine Überprüfung einiger sizilischer

921 R. Hamilton, Choes and Anthesteria. Athenian iconography and ritual (1992) 64 ff. 113 ff.; vgl. die Rez. von M. Bentz, Gnomon 71, 1999, 49–52; zu Choenkännchen und auch Lekythen mit ähnlicher Ikonographie, Hamilton ebenda 69 ff. 92 ff. Je ein Kind mit Hundchen bzw. Vögelchen auf den Choenkännchen in der St. Petersburger Ermitage T 1872, 37 und in den Museés Royaux in Brüssel A 1904; G. van Hoorn, Choes and Anthesteria (1951) Nr. 587 Abb. 536. Nr. 401 Abb. 447.

922 Hamilton a. O. 69 ff. (Anm. 921) zu den Grabkontexten. Beispiele in Eleusis: G. E. Mylonas, Τὸ δυτικὸ νεκροταφεῖον Ἐλευσῖνος (1975) z. B. I 61 f. Grab B 27 Taf. 213 γ Nr. 89; II 63 f. Grab Θ 2 Taf. 345 α Nr. 687; II 73 f. Grab Θ 11 Taf. 354 β Nr. 708.

923 Zu dem Grab s. G. Ancona in: Dieci anni 103 ff.; ML XI 2 707 Taf. 296: »letztes Viertel 5. Jh. v. Chr.«. Maße werden für das Grab nicht angegeben. Die Lekythen Inv. 18381 a. b ebenda Abb. 1. 2. – Eine ähnliche attische Lekythos im British Museum London E 677, die ein krabbelndes Kind zeigt, bei Hamilton a. O. Abb. 7 (Anm. 921).

924 R. Hurschmann, Pagerstecher-Lekythoi, 29. Ergh. JdI (1997) 3 f. zu den vorkommenden Motiven und ihrer Häufigkeit, 7 zur Funktion.

925 Ceramica figurata 93 ff. Abb. 107–115. Die Ausnahme bildet ein sehr qualitätvolles Fragment (Abb. 107), auf dem Dionysos als Reiter auf einem hirschähnlichen Tier abgebildet ist.

926 Vgl. die zahlreichen Beispiele aus Lipari in: Ceramica figurata passim, z. B. Abb. 29; 86; 87; 96; 99; 100; 134; 137; 149; 150; 152; 160–201; 215.

927 Vgl. die liparischen Beispiele: Ceramica figurata Abb. 78; 96; 98; 99; 172; 183; 184.

928 Gräber 69; 70; 443 bis; 809; 1164; 1499 (zwei Stücke); 2125; 2187; 2208; 2287; 2330.

929 Gräber 70; 443 bis; 1164; 1499; 2330. Bei den Gräbern 2187; 2125; 2208 erscheint eine solche Interpretation möglich,

Nekropolen, in denen ebenfalls Pagenstecherlekythen ausgegraben wurden, untermauert dies. So war je ein Stück in Assoro und in Leontini Gräbern beigegeben, die nach den Skeletten oder der Grabgröße nur Kindern gehört haben können[930]. Andererseits geht aus den Grabungen in Leontini auch hervor, daß Kinder kein Exklusivrecht an dieser Gefäßform besaßen, sondern daß das Gefäß auch für Erwachsene als passende Gabe angesehen wurde[931].

Fassen wir zusammen: Was kann man aus diesen Ausführungen für die Kinderbestattungen und ihre Erkennbarkeit schließen? Zum einen wurde deutlich, daß sich die Identifizierungsversuche nie nur auf ein Kriterium stützen sollten, sondern daß in der Regel nur eine Kumulation von Argumenten eine ausreichende Grundlage schaffen kann, um Kinder- von Erwachsenenbestattungen zu unterscheiden. Eine weitere Aufgliederung nach Knaben oder Mädchen ist noch seltener möglich. Man hat den Eindruck, daß erst bei Erwachsenen das Geschlecht eine Rolle spielte, während Jungen und Mädchen Gegenstände aus männlichen wie weiblichen Lebensbereichen erhalten konnten. Deshalb konnten Knaben wie Mädchen mit Spiegel und Strigilis oder Miniaturgeschirr bestattet sein[932]. Die Schwierigkeiten, die Gräber nur mittels der Beigaben nach dem Alter der Verstorbenen zu differenzieren, rühren auch daher, daß selbst Kleinkindern Gegenstände mitgegeben werden konnten, die ebenso für Erwachsene üblich wären. Dies trifft sowohl auf Keramik als auch auf Schmuckstücke zu. In einem Fall sieht es sogar so aus, als ob ein Kindergrab ein vollständiges Set an polychromen »Hochzeitsvasen« enthalten hätte[933]. Gerade beim Schmuck ist auffällig, daß von den im Verhältnis zur Gesamtzahl der Gräber eher seltenen Schmuckstücken eine relativ große Zahl in Kindergräbern lag. Sie wurden offenbar besonders reich ausgestattet. Schließlich bleibt festzuhalten, daß die »kindhaften« Elemente nicht nur auf die Gaben im Sarkophag beschränkt sind[934], sondern auch bei den außen abgelegten Gegenständen vertreten waren[935].

Leider läßt sich nicht bei jedem Grab mit Sicherheit eine Entscheidung treffen, ob darin ein Mann, eine Frau oder ein Kind bestattet war – und das nicht nur der erwähnten antiken Störungen und Wiederbelegungen wegen. Vor zu großer Zuversicht in dieser Hinsicht sollten auch die Ergebnisse der anthropologischen Untersuchungen in anderen Nekropolen warnen, die bisweilen dem aus den Beigaben erschlossenen Geschlecht widersprachen[936]. Für die hier verfolgte Fragestellung wäre jedoch schon viel gewonnen, wenn man die Gräber, bei denen Masken und Theaterterrakotten gefunden wurden, mit Hilfe der bisher erarbeiteten Kriterien in die drei eben erwähnten Kategorien einsortieren könnte.

Die Gräber, deren äußere Beigabenpakete Masken aus der klassischen Gruppe enthalten, bieten außer den Masken wenig Auffälliges. Das äußere Speisegeschirr beschränkt sich auf die dafür üblichen Gefäßformen und ist auch von seiner Anzahl her nicht reicher als bei anderen Bestattungen derselben Zeit. Ab und zu lagen in den Gefäßen Eierschalen. Sieht man von dem gestörten Sarkophag 1725 ab, der sich dadurch einer Beurteilung entzieht, sind Beigaben im Sarkophag sehr selten, höchstens einmal eine Strigilis oder ein Ring[937]. Das gleiche gilt für die Brandbestattungen, die aber im Verhältnis viel seltener auftreten. Auch hier liegt in der Urne höchstens eine Strigilis[938]. Eigenartigerweise warten die Gräber, bei denen statt der Masken Theaterterrakotten abgelegt waren, mit

aber unsicher. Grab 809 erlaubt keine Aussage, ML XI 1 147 f. Taf. 58, 3–4.

930 Assoro: J. P. Morel, NSc 1966, 247 Grab 21 Abb. 24 (Bestattung eines Neugeborenen, zweite Hälfte 4. Jh.); zu Leontini, Nekropole Valle San Mauro: G. Rizza, NSc 1955, 321 Grab 105 Abb. 33: Ziegelgrab »a cappuccina« über einer 90 cm langen fossa, die das Skelett eines Kindes (»fanciullo«) enthielt.

931 Rizza a. O. 320 Grab 97 Abb. 32 (Anm. 930). Ebenso in dem reichen Frauengrab in Castellazzo di Marianopoli, G. Fiorentini, Kokalos 26/27, 1980/81, 588 ff. Taf. 73. 74. Das benachbarte Grab 5, das wegen seiner inneren Länge von 1,30 m einem Mädchen zugeschrieben wird, barg allerdings auch eine Pagenstecherlekythos.

932 Dies wurde bisher – z. B. von Graepler oder Kotera-Feyer – zu wenig beachtet. Es wäre zu prüfen, ob einige der Gräber in Tarent (Graepler, Tonfiguren 170 f. Anm. 162), in denen typisch weibliche und männliche Beigaben gemischt waren, nicht Kinderbestattungen sein können, zu Miniaturgeschirr auch bei Knaben, ebenda 175.

933 Grab 576, Beigaben in ML XI 1 43 f. Taf. 15. 16 publiziert, darunter war ein Saugfläschchen: ebenda Taf. 15, 5; MTL 297; die Hochzeitsvasen: Cavalier, Lipari-Maler 24 Abb. 18. 20 a–c. 28. 35 b. d. In Grab 1582, das innen weniger als 1 m lang war, fand sich eine polychrome Lekanis mit einem Durchmesser von 15 cm, ML V 115 f. Taf. 92 Abb. 249–251 Plan Abb. 115. Zu der Lekanis: Ceramica liparese 105.

934 z. B. Grab 292, bei dem innen kleines, außen Geschirr normaler Größe lag, ML II 102 Taf. 132, 2.

935 z. B. Grab 2124, ML VII 94 f. Taf. 56.

936 Vgl. die generellen Bemerkungen von J. Foster, The Identification of Male and Female Graves using Grave Goods, in: M. Struck (Hrsg.), Römerzeitliche Gräber als Quellen zu Religion, Bevölkerungsstruktur und Sozialgeschichte, Kongreß Mainz 1991 (1993) 207 ff., bes. 209.

937 Grab 74 (Strigilis), 1986 (Ring). Grab 2196 enthielt das Unterteil einer ungefirnißten Deckelschüssel mit rundem Boden; Grab 2316 ist unpubliziert.

938 Grab 2184.

demselben Befund auf[939]. Sicher als Kinderbestattungen identifiziert sind nur die Gräber 1986 und 1988, das eine mit zwei grotesken Masken (Taf. 7), die Herakles und eine weitere mythologische Figur, vielleicht Perseus, wiedergeben, letzteres mit drei Terrakotten, einer Sklavenfigur der Komödie, einer Flötenspielerin und einer Stillenden mit Baby. Man wüßte gerne, ob es von Bedeutung ist, daß die Komödienfigur zusammen mit einem Teller und einem Skyphos in einer Pentola, also dem Behältnis für das Symposionsgeschirr lag, während die beiden Frauenstatuetten und eine Kanne ohne schützendes Behältnis daneben abgestellt waren.

Trifft die oben aufgestellte Vermutung zu, daß diejenigen Sarkophage, die beigabenleer oder mit einer Strigilis oder einem Ring nur wenig spektakulär ausgestattet waren, Männern zuzuordnen sind, dann müßten die Masken und Theaterterrakotten bei den klassischen Gräbern sämtlich männlichen Verstorbenen zuzuordnen sein. Bei den beiden Kindern fällt ein solcher Schluß schwerer, doch ist zumindest zu bedenken, daß sämtliche Elemente fehlen, die ein Mädchen charakterisieren könnten[940].

Bei den hellenistischen Gräbern sieht die Situation dagegen anders aus: Hier gibt es eine ganze Reihe von Sarkophagen, in denen Toilettengegenstände oder polychrome Vasen, ja sogar das ganze Hochzeitsgefäßset zum Vorschein kam[941]. Sie sollten also eher als Frauenbestattungen interpretiert werden. Bei Grab 1315 spräche die Miniaturkeramik für eine Halbwüchsige. Unter den Brandbestattungen sind nach Aussagen der Ausgräber einige Kinder[942], die Brandgräber 1502 und 1618, bei denen ein Behälter für den Leichenbrand fehlte, passen nach den über das übliche Trinkset hinausgehenden Gefäßen eher zu Frauen. Trifft unsere Analyse das Richtige, wäre auch hier an der Wende zum Hellenismus ein Wandel eingetreten, weil die Masken und Terrakotten, die vorher offenbar nur mit Männer- und Kindergräbern (möglicherweise nur Knabengräbern) verbunden waren, danach auch für Frauen und Mädchen angemessen schienen.

Zum Schluß sei der Fokus nochmals auf die Masken und die beim äußeren Beigabenpaket abgelegten Terrakottafiguren gerichtet. Für sie erbrachte die Analyse der Grabkontexte folgende Ergebnisse: Beide Gattungen kommen nur in einem ganz bestimmten Zeitraum in der Nekropole vor, die Masken vom spätesten 5. oder frühen 4. Jahrhundert bis zum 2. Viertel des 3. Jahrhunderts v. Chr., die Tonfiguren spätestens seit dem 2. Viertel des 4. Jahrhunderts und längstens bis zum Fall Liparis 252/51 v. Chr. Sie stellen aber auch in dieser Periode eine Besonderheit dar, da nur etwa fünf Prozent der Gräber mit Masken, etwas mehr als sieben Prozent mit Statuetten ausgestattet sind. Die Masken des 4. Jahrhunderts treten dabei in größeren Gruppen auf (mindestens zwei, höchstens acht Stücke), während man sich bei den Gräbern des 3. Jahrhunderts mit zwei, häufig sogar nur einem Stück begnügte. Was die Figurinen angeht, konnten nach augenblicklicher Fundstatistik bis zu fünf Stücke miteinander vergesellschaftet sein. Ihr thematisches Spektrum läßt sich – wie oben dargestellt – nicht auf die Schauspielerfiguren eingrenzen, sondern umfaßt auch Personen des dionysischen Thiasos, Musikerinnen, Tänzerinnen, Akrobatinnen, Hetären und liegende Zecher.

Für die räumliche Verbreitung der solchermaßen ausgezeichneten Gräber lassen sich bisher keine Regeln erkennen. Sie verteilen sich unregelmäßig über die gesamte Nekropole. Auch Gruppen von Gräbern oder Beziehungen zwischen einzelnen Bestattungen sind nicht herauszuarbeiten. Die Masken wie die Terrakotten lagen immer bei dem außerhalb des Sarkophages oder der Urne (bzw. Urnenkiste) abgelegten Geschirrset (Abb. 12. 13. 15), das nach seinen Formen – Trinkgefäß, Teller, Kanne und Lampe – als Speisegeschirrgedeck für eine Person zu verstehen ist. Dieses Beigabenpaket wurde in der Regel am Kopfende des Sarkophages, das heißt an der Südwestecke auf der Höhe des Sarkophagdeckels abgestellt. Bei Urnengräbern übernahm man dieselbe Orientierung. Das Gedeck sollte also möglichst nahe am Kopf des Toten liegen. Es bestand aus normalem Tafelgeschirr, wie es gleichzeitig in den liparischen Haushalten verwendet wurde, zeigte aber – soweit zu beurteilen – meist keine Gebrauchsspuren[943].

939 Die Gräber 1223; 466; 288 waren innen gestört. Nr. 407; 246 und 247 bargen Strigilis und Ring.

940 Der kleine Krater, auf dem ein Satyrkopf aufgemalt ist, kann m. E. nicht als Argument für einen Knaben verwendet werden, da das Mädchengrab 2330 ebenfalls einen kleinen Glockenkrater – mit zwei weiblichen Kopfbildern enthielt, Ceramica figurata 142 f. Abb. 157–161.

941 Gräber 1315; 409; 2050; 576. Die Gräber 441 und 11 waren gestört. Grab 313 spielt eine Sonderrolle, da die beiden Akrobatenstatuetten zusammen mit zahlreichen Frauengemachvasen im Sarkophag lagen. Die Bestattete könnte jedoch noch ein Kind oder junges Mädchen gewesen sein.

942 Gräber 273–278 (Abb. 24). Grab 1502: ML XI 1 219 Taf. 87.

943 Bei den Gefäßen im Sarkophag dagegen sprechen bisweilen nicht zusammengehörige Gefäßkörper und Deckel dafür, daß die Gefäße vorher schon im Haushalt verwendet wurden, z. B. die Pyxiden, Lekaniden oder Lebetes Gamikoi, von denen man annehmen kann, daß sie der Verstorbenen schon zu Lebzeiten gehörten. z. B. würde zu dem Lebes Gamikos aus Grab 2287 (Ceramica figurata 122 f Abb. 134–137) normalerweise ein Deckel der Form wie bei dem Gefäß aus Grab 1679 dazugehören, (ebenda Abb. 84–86). – Pyxis Grab 403, Ceramica liparese 73 Abb. 78; ML II 143 Taf. 111, 1 c. 2 b.

Vor allem bei den Lampen fehlen in der Regel Schmauchspuren, so daß sie wohl nie angezündet waren. Allerdings enthielten die Teller zum Teil Reste von Lebensmitteln wie Eier oder Mandeln. Dieses Geschirrset kam in der Nekropole der Contrada Diana allen Bestatteten zu, war also weder an das Geschlecht, noch das Alter gebunden, während Masken und Terrakotten als zusätzliche Beigaben nicht allgemein üblich waren (s. o.). Dennoch sind bisher keine Kriterien zu erkennen, welcher Personenkreis mit Masken und Terrakotten bestattet wurde, welcher nicht. Allerdings scheinen diese Gegenstände hauptsächlich für Männergräber als passend angesehen worden zu sein. Erst im frühen 3. Jahrhundert kamen wohl auch einige wenige Frauen in den Genuß dieser Sonderausstattung. Aussagen über den sozialen Stand der Grabinhaber sind schwer zu treffen. Die Masken und Figurinen traten sowohl bei besser hergerichteten Gräbern in Steinsarkophagen als auch bei ärmlicher wirkenden aus Dachziegeln auf. Da Männergräbern offenbar oftmals keine Beigaben in den Sarkophag gelegt bekamen, bildet dessen Inventar keinen Hinweis auf die soziale Stellung der Toten. Für den unvoreingenommenen Betrachter wirkt die Nekropole für diese Periode jedoch insgesamt relativ einheitlich, weder übermäßig reich noch besonders ärmlich.

Nach all diesen Beobachtungen zu urteilen waren die Masken und die Figurinen eingebunden in konkrete Vorgänge am Grab. Ihre enge Verbindung mit einer festgelegten Garnitur von Speisegeschirr, die zu jeder Bestattung gehörte, spricht dafür, daß sie etwas mit Mahlzeiten am Grabe zu tun hatten. Sie müssen also Requisiten zu einem bestimmten Ritual gewesen sein, dessen Zeitpunkt sich genau bestimmen läßt. Denn das Paket aus Keramikset und Masken muß deponiert worden sein, als der Sarkophag schon geschlossen, die Grabgrube aber noch nicht vollständig zugeschüttet war. Deshalb ist ein enger Zusammenhang mit der eigentlichen Bestattung und den in diesem Zusammenhang ablaufenden Riten zu erwarten. Sie waren demnach Gegenstände des Grabkultes. Lage und Zusammensetzung des Geschirrs, Speisereste und fehlende Benutzungsspuren deuten darauf hin, daß diese außen abgestellten Gegenstände – und damit auch die Masken – für den Toten gedacht waren. Eine genauere Bestimmung ihrer kultischen Funktion könnte Einblick geben in die Vorstellungen von Tod und Jenseits in Lipari.

Die Friedhöfe im Stadtteil Portinenti

Die in den Jahren 1986 und 1993–95 im Ortsteil Portinenti ausgegrabenen Friedhöfe werden getrennt abgehandelt, da dadurch ihre Besonderheiten klarer hervortreten. Besonderheiten, die sich von der großen Nekropole vor der Stadtmauer teilweise doch erheblich absetzen. Die Friedhöfe liegen ungefähr einen Kilometer südlich der antiken Stadt nahe dem Strand von Portinenti[944] in einem Gelände, das vermutlich –zum Beispiel von Fischern – als Gewerbegebiet genutzt wurde[945]. Die Bestattungsareale kamen wieder bei durch Bauarbeiten notwendig gewordenen Erkundungen zutage, so daß über ihre Zahl und Ausdehnung keine genaue Kenntnis vorliegt. Bereits kurz nach 1900 müssen Bauern in diesem Bereich auf in zwei Straten übereinander liegende Sarkophage gestoßen sein, deren Inhalt ausgeräumt und zerstreut wurde[946]. Dabei ist die Notiz bemerkenswert, daß die Steinsarkophage der unteren Schicht in Ostwest-Richtung aufgestellt waren, ein Befund, der bestätigt wurde durch Beobachtungen, die die Archäologen 1981 während einer großen Sturmflut machen konnten, als im selben Gelände Sarkophage freigespült und zerstört wurden.

1986 wurde auf dem Grundstück D'Alia unmittelbar oberhalb des Strandes ein Nekropolenareal mit wenigstens 21 Bestattungen aufgedeckt, das vom späten 6. bis zum Ende des 4. Jahrhunderts v. Chr. benutzt wurde[947]. Eines der ältesten Gräber[948] war ein in zwei Teilen gebrannter tönerner Truhensarkophag aus dem späten 6. oder frühen 5. Jahrhundert, der Gegenstücke in der großen Nekropole vor der Stadtmauer besitzt[949]. Er enthielt eine attisch-schwarzfigurige Lekythos als einzige Beigabe[950]. Zwei weitere Sarkophage, die nach den Beigaben des ersteren aus dem späten 5. oder frühen 4. Jahrhundert stammen dürften, waren aus kleinen Steinen und Ziegelfragmenten ohne Verwendung von Mörtel aufgeschichtet und mit Steinplatten abgedeckt[951], eine Sarkophagform, die aus vorrömischer Zeit in Lipari bisher nicht bekannt war. Die übrigen Bestattungen lagen in Gräbern aus dachförmig angeordneten Ziegeln. Daneben gab es drei Brandbestattungen in Kochgefäßen[952], vermutlich aus dem 4. Jahrhundert, und einen Kinder-Enchytrismos in einem großen Pithos[953]. Die Gräber sind in zwei getrennten Gruppen locker nebeneinander angelegt, wobei die in Lipari vorherrschende Nord-Südrichtung meist eingehalten wird, nur drei Sarkophage sind leicht aus dieser Achse verscho-

944 ML X 265 Abb. 1.

945 Später lag dort u. a. eine römische Amphorentöpferei, ML X 263 ff.

946 ML X 255. 257 mit Bezug auf G. Libertini, Le isole Eolie nell'antichità greca e romana (1921) 183–185.

947 ML X 255–261 Taf. 1. 2 nach S. 410.

948 Grab 2228 Taf. 1, 1. 2.

949 Gräber 424; 429; 430; 434 in Schnitt 22, ML II Taf. M.

950 ML X Taf. 2, 1–3 nach S. 410.

951 Gräber 2218; 2219.

952 Gräber 2212; 2214; 2225.

953 Grab 2224, einzige Beigabe im Pithos war eine unverzierte Spiegelscheibe.

ben. Ob und wie die Gräber oberirdisch gekennzeichnet waren, ist unklar.

Es fällt auf, daß etwa die Hälfte aller Gräber beigabenlos angetroffen wurde, während die übrigen jeweils nur ein bis drei Gefäße mitbekamen, entweder Trinkgefäße oder eine Kanne. Letzteres entspricht für das 6. und frühere 5. Jahrhundert dem bereits in der Contrada Diana gewonnenen Bild, denn das dort als typisch erkannte äußere Beigabenpaket mit der Kombination aus Trinkgeschirr, Kanne, Tellern und Lampe bildete sich erst allmählich im späteren 5. Jahrhundert heraus, gehörte von da an allerdings zu jeder Bestattung. Im Gräberareal auf dem Besitz der Familie D'Alia jedoch fand sich auch bei den dem 4. Jahrhundert zugeordneten Bestattungen kein einziges vollständiges Beigabenset[954]. In der Regel fehlten die Teller und die Lampe. Zudem ist die übliche Position an der Südwestecke des Sarkophages, also nahe dem Kopfende, nie eingehalten. Bei den drei Brandbestattungen konnte die Urne – jeweils ein einfacher Kochkessel – zusammen mit der Asche eine Olpe oder einen Skyphos bergen. Gegenstände im Sarkophag sind ebenfalls Mangelware. Die Ausnahme bildet die schon erwähnte schwarzfigurige Lekythos in der Tontruhe. Sie ist das einzige figürlich verzierte Gefäß des ganzen Gräberfeldes.

Insgesamt kann man also festhalten, daß dieses Grabareal nur wenig mehr als 150 Jahre genutzt wurde. Gnathiakeramik kam nicht zutage, doch beobachteten die Ausgräber einige Tellerfragmente, die sie dem ausgehenden 4. Jahrhundert zuschreiben, so daß das Gelände auch nach den letzten Begräbnissen im mittleren 4. Jahrhundert nicht aufgelassen wurde. Man möchte die sporadischen Keramikfunde eher mit dem Grabkult als mit – spurlos verschwundenen – zerstörten Gräbern in Verbindung bringen. Grabformen und Beigaben machen im Vergleich zu den Befunden aus der großen Nekropole vor der Stadtmauer einen eher bescheidenen Eindruck, doch fällt es schwer, ohne zusätzliche Informationen Schlüsse zu ziehen, ob die spärlichere Ausstattung zusammen mit den übrigen Besonderheiten beispielsweise auf eine bestimmte, andere soziale Gruppe mit geringeren wirtschaftlichen Ressourcen hinweisen könnte.

Eine weitere, noch ausgedehntere Nekropole wurde in den Jahren 1993–95 auf dem Gelände der Familie Leone etwas weiter nördlich und ungefähr 100 m vom Strand entfernt aufgedeckt[955]. Sie befand sich in unmittelbarer Nähe einer römischen Amphorentöpferei, jedoch auf tieferem Niveau und hatte zu dieser keine Verbindung. Allerdings scheinen zwei Abfallgruben der Töpferwerkstatt einen Teil der Grabanlagen gestört zu haben, denn es fanden sich in ihnen Keramikfragmente aus dem 4. und frühen 3. Jahrhundert v. Chr., die nach dem Formenrepertoire zu urteilen zu Gräbern gehört haben müssen[956]. Die Ausgräber haben in dem Areal 145 Bestattungen gezählt[957], die sich auf die Zeitspanne zwischen dem mittleren 4. und dem mittleren 3. Jahrhundert v. Chr. verteilen. Es hat den Anschein, daß die große Katastrophe von 252/51 v. Chr. wieder eine starke Zäsur markiert, denn mit Sicherheit jüngere Gegenstände wurden dort bisher nicht entdeckt – sieht man von zwei vereinzelten Amphoren aus der 1. Hälfte des 2. Jahrhunderts v. Chr. ab[958]. Mit dieser etwa einhundertjährigen Laufzeit fällt der Friedhof in die Blütezeit Liparis, deren Kunsthandwerk in den Grabinventaren der großen Nekropole in der Contrada Diana so eindrucksvoll dokumentiert ist. Um so mehr sticht der Kontrast zwischen beiden Grablegen in die Augen:

In dem jüngst erforschten Gräberbezirk fehlen repräsentative Sarkophagbestattungen völlig. Die einzigen beiden Ziegelsarkophage »a cappuccina« waren beigabenlos. Statt dessen wurden die Leichname ohne Behältnis auf den Sand gelegt und manchmal mit Amphorenscherben abgedeckt. Für die Existenz von hölzernen Sarkophagen oder Bahren gibt es keinerlei Anzeichen. Kinder, deren Gräber einen hohen Prozentsatz ausmachen[959], wurden in Amphoren bestattet, in die man öfters eine größere Öffnung geschnitten hatte. Auch Verbrennungen sind mit fast zehn Prozent häufiger als in der großen Nekropole[960]. Die Asche wurde dabei in einem einfachen Gefäß geborgen oder lag

954 Der unter Nr. 2220 verzeichnete Kochtopf, der eine Kylix, einen Skyphos und eine Lampe aus dem mittleren 4. Jh. barg, wird allerdings von den Ausgräbern als Beigabenpaket zu einem verschwundenen Sarkophag gedeutet. Dieser sei vermutlich bei der agrarischen Kultivierung des Geländes zerstört worden. Die Gräber liegen in diesem Areal nur etwas mehr als einen Meter unter der Oberfläche. Daß die Pentola eine Brandbestattung enthielt, sei weniger wahrscheinlich, ML X 261.

955 ML X 264 ff. 377 ff. Lageplan: 256 Abb. 1.

956 ML X 396.

957 Auf dem Plan Abb. 3 hinter S. 264 sind jedoch noch einige Skelette eingezeichnet, die bei der Beschreibung und Nummerierung der Gräber nicht berücksichtigt wurden. Außerdem seien – so Bernabò Brea und Cavalier – einige Gräber bei der Anlage von späteren zerstört worden, ML X 378.

958 Gräber 2533 und 2541, beide Kinderbestattungen, ML X 384; L. Campana in: ML X 453 Nr. 64. 65.

959 Die Menge der Kindergräber, bei denen Skelettreste gefunden wurden, liegt bei mehr als 15 %, doch dürften einige leere Amphoren ebenfalls für Enchytrismoi von Kindern verwendet worden sein.

960 15 von 145 Gräbern.

ohne erkennbare Hülle zwischen den Beigaben[961]. Die Gräber 2602 bis 2605 sowie 2613 und 2615 erinnern an die ungefähr gleichzeitigen Brandbestattungen Nr. 269–278 in der Grabungsfläche 17 der Contrada Diana[962], in denen – etwas abseits von den qualitätvollen Steinsarkophagen – Kinder bestattet waren. So möchte man vermuten, daß dieser Grabtypus auch in Portinenti Kindern vorbehalten war, zumal in der unmittelbaren Umgebung dieser urnenlosen Brandgräber zahlreiche Amphoren mit Kinderskeletten zutagetraten. Einige weitere Amphoren enthielten keine Knochenreste mehr, könnten aber ebenfalls für Enchytrismoi gedient haben. Es spricht also einiges dafür, daß in dem Abschnitt nördlich des Ziegelsarkophages 2587 hauptsächlich Kinder begraben waren.

Als zweites fällt auf, daß die Nekropole von Portinenti ungeordneter war als die der Contrada Diana. Die Nordsüd-Ausrichtung der Leichname ist beileibe nicht immer eingehalten, wie die Ausgräber in ihrer zusammenfassenden Beschreibung behaupten[963]. Der Leichnam 2623 sowie der oder die in der punischen Amphore 2582 bestattete Heranwachsende lagen in Ostwestrichtung. Andere Skelette sind aus der Nordsüdachse verschoben[964]. Vor allem aber hat man anders als in der Contrada Diana[965] darauf verzichtet, die Amphoren nordsüdlich auszurichten.

Lage und Zusammensetzung der Beigaben folgen ebenfalls nicht immer den strengen Regeln der großen Nekropole. Üblicherweise deponierte man dort im 4. und 3. Jahrhundert bei Inhumationen das schon öfters beschriebene Gedeck aus Symposionsgefäßen in der Nähe des Kopfes, mithin im Süden oder Südwesten. Im Gräberfeld von Portinenti dagegen kommt auch einmal ein Beigabenpaket am Fußende vor[966]. Und die Zusammensetzung folgt ebenfalls nur selten dem aus der großen Nekropole bekannten Schema. Ein vollständiges Set besaßen nur wenige Bestattungen[967], sonst fehlen oftmals die Lampen[968] oder die Olpe. Im 3. Jahrhundert gewinnen Unguentarien, gelängte Krügchen und tiefe Schälchen an Bedeutung[969], zu denen noch ein Trinkgefäß treten kann. Sie scheinen an die Stelle des Symposiongedecks zu treten und dieses abzulösen[970]. Die einzige vollständige Maske, eine kleine hellenistische Sklavenmaske, lag neben dem linken Arm eines ohne Behältnis auf dem Sand abgelegten Leichnams, also ebenfalls an ungewöhnlicher Stelle, während eine halbkugelige Schale und eine kleine Schöpftasse ineinander gestellt und neben dem Kopf deponiert waren[971]. Einige Blüten sowie Masken- und Terrakottenfragmente, die in der Umgebung von Grab 2546 auftauchten, werden von den Ausgräbern mit einer kleinen fossa votiva verbunden, also nicht direkt dem Grabinventar zugerechnet[972].

Bei Gefäßbestattungen fehlen keramische Beigaben oft völlig[973], oder sie wurden mit dem – meist kindlichen – Leichnam in das Gefäß geschoben. Häufig sind es kleine Schälchen[974]. Eine so zahlreiche Ausstattung wie in dem großen zweihenkeligen Kochtopf Nr. 2631, in dem sich zwei kleine Lekaniden, eine Kanne, zwei Skyphoi, ein Teller, ein Schälchen, eine Lampe und zwei kugelige Fläschchen fanden[975], ist dagegen eine Ausnahme und besitzt nur in der ebenfalls relativ reichen Brandbestattung 2605 eine Parallele[976]. Sonst waren die Brandgräber in

961 Gräber 2424; 2425; 2561; 2570; 2571; 2572; 2606 mit Urne; 2439; 2575; 2602; 2603; 2604; 2605; 2613; 2615 ohne Behältnis. Die Ausgräber nehmen wie beim Friedhof in der Contrada Diana an, daß Asche und Beigaben in einem Behälter aus organischem Material deponiert worden waren (ML X 392), doch scheint es mir wahrscheinlicher, daß die Brandbestattungen – wie die benachbarten Körpergräber – ohne Schutz auf dem Sand abgelegt wurden.

962 ML II Taf. K. Zu den Gräbern siehe oben Kapitel IV 2 a, Text zu Anm. 847. 848.

963 ML X 378.

964 Zum Beispiel bei Nr. 2426 und 2430.

965 Vgl. z. B. die Gefäße im Grabungsschnitt 22, ML II Taf. M, Gräber 349; 350; 351; 353; 354; 355; 359; 360; 376; 384; 386 etc. (die Gegenbeispiele 390; 393 und 427 könnten gestört sein) oder im Schnitt 17, ebenda Taf. K, Gräber 284; 331; 337.

966 Gräber 2422; 2560. Leider ist die Beschreibung der Grabinventare in der Grabungspublikation oft unvollständig, unklar oder uneinheitlich, so daß man die Lage der Gegenstände sowie die Bestattungsart daraus nicht immer erschließen kann. Beispielsweise geht aus den Beschreibungen der Gräber 2429 und 2430 die Lage der Keramik nicht hervor. Bei den Gräbern 2567 oder 2636 sind nur Gefäße aufgezählt, ob sie zu einer Kremation oder einer Inhumation gehörten, bleibt unausgesprochen.

967 z. B. Gräber 2429; 2435; 2559; 2573; 2581; 2592.

968 z. B. bei den Gräbern 2427; 2548; 2565; 2567. Bei letztgenanntem ist es unklar, ob diese Gefäße zu einer Körperbestattung gehörten.

969 z. B. Gräber 2577; 2600 (Schälchen); 2578; 2595; 2596 (kugelige Unguentarien); 2539; 2596; 2597 (Kännchen).

970 Die entsprechenden Grabinventare sind sämtlich ins 3. Jh., vielleicht sogar erst in dessen zweites Viertel zu datieren.

971 Grab 2576, ML X 389 Taf. 14, 3. 26 nach S. 410.

972 ML X 378. 385 f. Taf. 19. 20 nach S. 410.

973 z. B. bei den beiden Ziegelsarkophagen 2448 und 2587, den Inhumationen 2623 und 2433 oder beispielsweise den Gefäßbestattungen 2418; 2446; 2447; 2454; 2555; 2586; 2622; 2627; 2609; 2610.

974 z. B. bei den Bestattungen 2447; 2626; 2629; 2630; 2633; 2627.

975 ML X 395 Taf. 22.

976 ML X 392 f. Taf. 23.

der Regel bescheiden ausgestattet oder manchmal auch beigabenlos[977]. Das Spektrum beschränkt sich dabei im wesentlichen auf ein Trinkgefäß, ein Schälchen oder eine Kanne in wechselnden Kombinationen und Fläschchen für Parfüm oder Ähnliches.

Vergleicht man diese Grabformen und ihr Inventar mit den entsprechenden Beispielen aus der großen Nekropole in der Contrada Diana, ergeben sich keine großen Differenzen. Diese Grabformen kommen dort im fraglichen Zeitraum allerdings viel seltener vor. Auch dort müssen Enchytrismoi kein äußeres Beigabenset haben, da die Gegenstände mit den sterblichen Überresten im Gefäß vergesellschaftet wurden. Dasselbe gilt für die einfachere, seit der Archaik praktizierte Art der Brandbestattung in einem unverzierten Aschengefäß. Das äußere Trinkservice wurde erst den aufwendigen Brandbestattungen im 4. Jahrhundert beigefügt, bei denen man zwischen repräsentativer Urne und Beigabenbehälter trennte oder in Anlehnung an die Sarkophagbestattung die Urne in einer zusätzlichen Kiste barg[978]. Zieht man die gleich zu besprechende »Armut« des gesamten Grabareals von Portinenti im Vergleich zur großen Nekropole ins Kalkül, so wird man folgern können, daß das äußere Trinkservice zu einer formelleren und prätentiösen Begräbnisform gehörte, die Kindern, aber auch einigen Erwachsenen offenbar nicht immer zuteil wurde. Demnach muß man auch annehmen, daß sich das Bestattungsritual, zu dem diese Gegenstände benutzt wurden, unterschied, je nach dem, ob man die formellere oder die einfachere Bestattungsform wählte.

Leider hat man kaum eine Handhabe, um über die Grabinhaber Genaueres zu erfahren. Die Skelette waren in sehr schlechtem Zustand. Ihre Größe ließ sich also nur selten eruieren. Für anthropologische Untersuchungen reichte das Knochenmaterial anscheinend ebenfalls nicht aus. Außerdem fehlen sämtliche Beigaben, die in der großen Nekropole als Indizien für das Geschlecht bzw. das kindliche Alter der Bestatteten auswertbar waren. Die vereinzelte Pagenstecherlekythos bei Grab 2636, die Muschel bei Nr. 2441, einige Gutti[979] sowie das relativ kleine Format vieler Gefäße müssen nicht immer Zeichen für Kindergräber sein, auch wenn dies gut zu der ohnehin hohen Zahl von Kinderbestattungen in diesem Gelände passen würde.

Daß sich bei Grab 2626 aus dem späten 4. Jahrhundert die Hälfte eines eisernen Schwertes fand[980], stellt eine Besonderheit ersten Ranges dar, sind doch in den liparischen Gräbern bisher überhaupt keine Waffen zum Vorschein gekommen, obwohl im mittleren 3. Jahrhundert in Lipari wohl sogar eine karthagische Garnison stationiert war.

Werfen wir nun einen Blick auf die Qualität und den Zustand der Bestattungsbehälter und der Beigaben: Die vielen, als Umhüllung für die sterblichen Überreste genutzten Transportamphoren sind teilweise älter als die zugehörige Beigabenausstattung. Oftmals waren sie wohl schon zerbrochen und ausrangiert, manchmal hat man auch nur Scherben von Gefäßen unterschiedlicher Form und Herkunft verwendet, um den Leichnam abzudecken. Auch der ebenso eingesetzte Rest eines spätarchaischen oder frühklassischen Tonsarkophages ist wiederverwendet[981]. Als Urnen dienten Kochtöpfe, die nach den Brandspuren zu urteilen, vorher auf dem Feuer gesessen haben, also ge- oder verbraucht waren. Die übrigen Gefäße – fast alle aus lokaler Produktion – waren durchweg von kleinem Format und schlechter Qualität. Viele sind beim Brand schief geworden, so daß sie von den Ausgräbern als Töpferausschuß bezeichnet werden[982]. Es handelt sich in der Regel um Schwarzfirnisware oder ungefirnißte Keramik. Gefäße mit einem ornamentalen oder figürlichen Dekor, wie sie in der großen Nekropole in Massen zutage kamen, fehlen fast völlig. Die einzigen Ausnahmen bestehen in einigen Lekaniden, meist mit Weinrankendekor, der schon erwähnten Pagenstecherlekythos sowie dem Skyphos und dem Lekanisdeckel aus Grab 2573, die jeweils Köpfe im Profil zeigen[983]. Ob man den Verstorbenen mangels besserer Gegenstände auch bereits beschädigte Gefäße beigab, ist nicht sicher zu entscheiden. Es fällt auf, daß in Gräbern nur eine halbe Trinkschale oder ein Pyxisdeckel ohne Knauf und dazugehörigen Körper auftauchten[984], wobei die Trinkschale in der Urne lag, so daß sich eigentlich alle Scherben hätten finden sollen.

Man kann also festhalten, daß in dieser Nekropole die Toten wesentlich bescheidener bestattet wurden als in der Contrada Diana. Die Ausgräber haben daraus den Schluß gezogen, daß man hier einen Sklavenfriedhof auf-

977 z. B. Nr. 2424; 2425; 2570.

978 s. o. Kapitel IV 2 a, Text zu Anm. 835–845.

979 Gräber 2426; 2554; 2597.

980 ML X 394.

981 Grab 2638, ML X 396.

982 ML X 397. Diese Einschätzung scheint modernen Qualitätsmaßstäben zu entspringen. Auch bei den Terrakotten in der Hauptnekropole ist man oft über die miserable handwerkliche Ausführung erstaunt. Das scheint aber die Käufer nicht gestört zu haben.

983 Grab 2573: ML X 388 f. Taf. 15. 16. – Zu dem gestörten Grab 2426 (ebenda 380 Taf. 17) gehörte eine fragmentarische Lekanis, die ebenfalls einen Frauenkopfdekor besaß. – Lekaniden mit Weinlaubdekor in den Gräbern 2566; 2573; 2605. Zwei Lekaniden mit Ei- bzw. geometrischem Dekor in Grab 2631.

984 Grab 2427, ML X 380 Taf. 17; Grab 2575, ebenda 389 Taf. 24. Der Pyxis Grab 2566, ebenda 388 Taf. 22, fehlt der Deckel.

gedeckt habe[985], doch gibt es dafür bisher keine positiven Argumente. Die zahlreichen Kinderbestattungen widersprechen dieser Ansicht eher. So sollte man vorsichtiger formulieren, daß in diesem Areal Menschen bestattet waren, die kein so formelles und aufwendiges Begräbnis erhielten wie die meisten derjenigen, die in der Contrada Diana zur letzten Ruhe gebettet wurden. Dazu paßt auch die Tatsache, daß sich bis auf zwei steinerne Cippi[986] keine Hinweise auf oberirdische Grabmonumente fanden. Das vollständige Fehlen von geschlechtsspezifischen Beigaben ermöglicht die Interpretation, daß der gesellschaftliche Status bei dieser Personengruppe – aus welchen Gründen auch immer – keine Rolle spielte. Entweder standen sie auf einer so niedrigen sozialen Stufe, daß eine entsprechende Repräsentation keinen Sinn machte, oder es fehlten ihnen dazu die wirtschaftlichen Mittel, oder sie waren Fremde, vielleicht Händler oder Soldaten, die nicht zum sozialen Gefüge der Polisgemeinschaft dazugehörten. In diese Richtung könnten einige punische Gefäße und Münzen deuten, die in diesem Gräberfeld auftauchten[987], während in der Hauptnekropole vor der Stadtmauer punische Elemente überhaupt keine Rolle spielen[988]. Bei genauem Hinsehen scheint auch die oben erwähnte Kombination von kugeligen Unguentarien, hohen Krügchen, Lampen oder Schälchen im karthagischen Einflußbereich, zum Beispiel in der jüngst publizierten Nekropole von Lilybaeum durchaus geläufig zu sein[989]. Babette Bechtold stellt fest, daß dort in den Grabinventaren über lange Zeit die geschlossenen Gefäßformen wie Kannen, Lekythoi und Unguentarien dominiert haben und diese erst in Zusammenhang mit einer zunehmenden Graezisierung und Hellenisierung, bei der erst die geschlechtsspezifischen Objekte in die Inventare eindrangen, an Bedeutung verloren[990]. Wenn dies zutrifft, dann müßte man die entsprechenden Beigabenvergesellschaftungen in Portinenti als Zeichen einer Gruppe verstehen, die sich bewußt von den griechisch-liparischen Grabsitten distanzieren will. Ob diese Anzeichen allerdings bereits dazu berechtigen, daraus auf eine karthagische Bevölkerungsminderheit in Lipari zu schließen, die dieses Grabareal genutzt hätte, ist schwer zu entscheiden.

b Die ›fosse votive e discariche‹

Die sogenannten fossae, die sämtlich auf dem Areal der Hauptnekropole vor der Stadtmauer liegen (Abb. 9), sind nach augenblicklichem Publikations- und Kenntnisstand nur schwer zu beurteilen, zumal in den älteren Bänden der Grabungspublikation die Streufunde nur in den jeweiligen Materialgruppen aufgezählt, aber nicht in ihren stratigraphischen Zusammenhang eingebunden wurden. So findet man über die ›fosse votive e discariche‹ der Grabungsschnitte 1–17 nur die wenigen Sätze, die im Anhang des Bandes »Menandro e il teatro greco nelle terracotte liparesi« diesen Kontexten gewidmet sind. Zu den Schnitten 30–35 und 37 existiert nun zwar die abschließende Veröffentlichung, leider führen die Angaben für die in Frage stehenden Befunde jedoch kaum über die der Vorberichte hinaus und bleiben sehr summarisch[991]. Lediglich die fossae der Grabungsareale 36 und vor der Stadtmauer wurden ausführlicher beschrieben[992], doch fehlen Fundzeichnungen und Photographien[993], die helfen würden, die eher zusammenfassenden Bemerkungen der Ausgräber zu überprüfen. Detaillierte Lageangaben und -skizzen für die einzelnen Gegenstände aus den fossae und die Streufunde scheint es – nach den Publikationen und den Aussagen der Ausgräber – nicht zu geben. Leider hat auch der im Jahr 2000 erschienene Band Meligunis Lipara X, der unter anderem die abschließende Veröffentlichung und Würdigung der Grabungsfläche 23 um den Demeter- und Kore-

985 ML X 397.

986 ML X 402 Taf. 31, 1. 3. Die Ausgräber gehen, ebenda 378, deshalb davon aus, daß die Gräber mit hölzernen Stelen markiert waren. Denken sie da nicht zu christlich? Man muß nicht notwendig damit rechnen, daß jede Bestattung kenntlich bleiben sollte. Dies ist nur notwendig bei Grabplätzen, an die sich ein Totengedenken band.

987 Punische Kannen oder Becher fanden sich in oder bei den Gräbern 2245/6; 2564; 2580; 2613; 2615; bei 2623 Münzen, punische Amphoren bei Nr. 2446; 2582; 2610; 2614; 2616. Vgl. M. Denaro in: ML X 405–408 Abb. 10 Taf. 29; L. Campagna in: ML X 453 f. 473 Nr. 66–70 zu den punischen Amphoren.

988 Einzige mir bekannte Ausnahme ist bisher der Kinder-Enchytrismos Nr. 2527 in einer punischen Amphore, Cavalier in: Dieci anni 113.

989 In Lipari vgl. Gräber 2595 und 2596, s. o. Anm. 969–970; ML X Taf. 23. 24. In Lilibeo-Marsala z. B. Grab T 190/N/2 Via Berta 1991, B. Bechtold, La necropoli di Lilybaeum (1999) 370 Taf. 61, 1; Grab T 31 Via Cattaneo 1987, ebenda 295 Taf. 42 oder Grab T 13 aus der Via Cattaneo 1987, ebenda 291 ff. Taf. 42. 57, 1. Die hohen, ungefirnißten Krügchen sind in Lilibeo häufig anzutreffen, z. B. Grab T 196/4 Via Berta 1991, ebenda 373 f. Taf. 61, 2 oder T 39, Via Cattaneo 1987, ebenda 295 Taf. 43.

990 Bechtold a. O. 43. 202 f. 211–215. 230–236 (Anm. 989). Sie schreibt den Krügen und Unguentarien eine Funktion im Grabritual zu, womit sie auch in dieser Hinsicht die Parallelerscheinung zum Symposionsgeschirr sein könnten.

991 MTL 298. Kurze zusammenfassende Deutung auch in: BTCGI, Lipari 152. – Die fossae und discariche der Schnitte 31, 32, 33 und 37 sind in ML XI 197 f.; 248 mit Abb. 40; 329 f. mit Abb. 56. 60; 591. 625 ff. mit Abb. 98 veröffentlicht.

992 ML VII 112–128, jedoch großenteils Aufzählung der dort gemachten Funde; ML IX 2 134–136. 206.

993 Einzige Ausnahme: ML VII Taf. 34, 4.

Altar des 4. Jahrhunderts mit seinen an Terrakotten- und Maskenfunden reichen Schichten inmitten der Nekropole enthält, die Fundumstände nicht viel detaillierter und leichter nachvollziehbar dokumentiert[994], so daß sich von dort her nur wenige weiterführende Hinweise für die Gesamtbeurteilung des Phänomens ergeben haben.

Außerdem gibt es kaum Chancen, diese Kontexte in ihrem Umfeld innerhalb der Nekropole zu betrachten: Durch die äußeren Zwänge, die jeweils nur die Öffnung unzusammenhängender Grabungsflächen erlaubten, fehlt die Kenntnis über Raumausnutzung und die Verbindung der einzelnen Gräbergruppen untereinander. Man weiß beispielsweise nichts darüber, ob es zentrale Plätze für Kulthandlungen etc. gab. So liegt die fossa 36 M am Rande eines Grabungsareals. Ob sie in Beziehung zu Anlagen, Gräbern oder ähnlichem weiter nördlich stand, wurde nicht erforscht.

Aufgrund dieser Bedingungen kann man nur versuchen, mit Hilfe der durch die Ausgräber gelieferten Informationen und der im Museum ausgestellten Funde Grundlinien herauszuarbeiten, die vielleicht ein Urteil über die bisherigen Interpretationsansätze ermöglichen. Denn die Ausgräber erwägen stichwortartig mehrere Erklärungsmöglichkeiten, die sie nicht weiter ausführen und zwischen denen sie sich nicht entscheiden[995]. Folgende Möglichkeiten, diese Schichten und Streufunde zu erklären, kommen in Frage:

(1) In den sogenannten fossae könnten zusammengetragene Abfälle gelagert sein, die von rituellen Handlungen in der Nekropole, zum Beispiel Totenmählern oder sonstigen Opfern, oder von Aufräumaktionen vor Nachbestattungen stammten. Man könnte auch Reste von oberirdisch aufgestellten Beigaben oder Grabschmuck, die zerstört oder nicht mehr zeitgemäß waren, in diesen fossae gesammelt und begraben haben.

(2) Diese fossae könnten – wie zum Beispiel die Opferrinnen im Athener Kerameikos – planmäßig angelegt sein, um dort und mit ihrer Hilfe eine rituelle Handlung zu vollziehen. Die Überreste dieser Zeremonie wären dann im Bereich der fossa liegen geblieben und zugedeckt worden.

(3) Die als fossae bezeichneten Schichten könnten die Spuren von Scheiterhaufen darstellen, auf denen man die sterblichen Überreste von Verstorbenen zusammen mit Beigaben verbrannt hatte. Die Knochenreste und die Asche wären dann in die Urne gesammelt und bestattet worden, während Reste der zerstörten Beigaben am Platz des ustrinums verblieben.

(4) Die fossae und die vereinzelt als Streufunde im Gebiet der Nekropole aufgetauchten Masken und Terrakotten könnten entweder von Reinigungen der Sarkophage für Zweitbelegungen herrühren, bei denen man den ursprünglichen Inhalt nach außen warf, oder sie stammen möglicherweise von Störungen, die bei der Anlage neuer Gräber an den außen abgelegten Beigabenpaketen verursacht wurden.

Welche Argumente bzw. Indizien sprechen jeweils für die verschiedenen, eben aufgezählten Erklärungsmodelle? Kann man aufgrund dessen vielleicht einem von ihnen größere Wahrscheinlichkeit zubilligen bzw. sogar andere ausschließen? Oder sind unter dem Schlagwort fossae verschiedene Arten von Kontexten zusammengefaßt, die man trennen und unterschiedlich erklären muß?

Betrachten und bewerten wir die einzelnen Kontexte: Als erstes fällt auf, daß die sogenannten fossae in der Nekropole nur ein Phänomen der 1. Hälfte des 3. Jahrhunderts v. Chr. zu sein scheinen[996]. Die in ihnen enthaltenen datierbaren Materialien – Keramik und Terrakottafunde – sind großenteils erst im frühen 3. Jahrhundert hergestellt worden. Geschlossene Befunde, in denen auch die jüngsten Gegenstände noch dem 4. Jahrhundert zuzurechen sind, existieren nicht, sieht man von den Schichten unmittelbar vor der Stadtmauer ab, ein Gebiet, das jedoch vor 252/51 v. Chr. offenbar nicht mit Gräbern belegt war. Sie dürften also ebenso wie die beiden favissae in der Altargrabung[997] Sonderfälle darstellen. Denn diese bargen zwar ebenfalls Stücke aus dem 4. Jahrhundert, stehen aber sowohl räumlich als auch nach ihrem Inventar nicht direkt mit Gräbern in Verbindung.

Zunächst sind die einzelnen fossae auf die Zusammensetzung ihres Inhaltes hin zu untersuchen: In den Grabungsarealen 9 und 11 werden nur Theaterterrakotten der Mittleren und Neuen Komödie und einige hellenistische Maskenfragmente erwähnt. Eine regelrechte Grube scheint in beiden Fällen nicht beobachtet worden zu sein. Das gleiche gilt für den Grabungsschnitt 17 (Abb. 29). Die Ausgräber äußern jedoch die Vermutung, daß eine solche Grube durch spätere Nachbestattungen zerstört

994 ML X 21 ff., bes. 32 f. Zu den Funden 40–49; A. Sardella – M. G. Vanaria ebenda 91 ff. Taf. 1–38 zu den Terrakotten mit sakralen Themen.

995 MTL 298–300; ML VII 112 ff.; ML IX 1 25 f.; ML IX 2 134–136. 206; Ceramica liparese 47; Cavalier, Stromboli 7 ff.

996 Allerdings erwähnen die Ausgräber eine große »discarica« aus späthellenistischer Zeit auf der Zufahrt zum Bischofspalast, d. h. noch innerhalb der antiken Stadtmauer, in der sich neben Keramik der Gruppen Campana A und C auch hellenistische Koroplastenmodel fanden. Diesen Abfallhaufen verbinden sie mit dem Schutt von Töpferwerkstätten, MTL 239; ML IX 2 67 ff. Taf. 199. 200.

997 Dazu ausführlicher s. u. Text zu Anm. 1041–1057.

worden sei[998]. Man sollte meines Erachtens diese Befunde jedoch zusammen mit den unstratifizierten Streufunden behandeln.

In den Arealen 31 und 32 konnte man dagegen jeweils eine große Ausschachtung feststellen, deren Füllung reich an Keramikscherben und Terrakottafragmenten war, vor allem Theaterstatuetten sowie hellenistische Masken. Die sogenannte fossa in der Grabungsfläche 32 hatte die Ausmaße von 3 x 2,70 m und endete genau auf dem Bodenniveau des Steinsarkophages 705, der offenbar in der 1. Hälfte des 3. Jahrhunderts aufgestellt wurde. Die darüberliegende Schicht war bei seiner römischen Wiederverwendung durcheinandergekommen[999]. Demnach wurde die Grube ausgehoben, um den Sarkophag aufzustellen. In dem Erdreich, mit dem er nach der Bestattung wieder zugeschüttet wurde, befanden sich die hellenistischen Keramik- und Terrakottenreste. Von einer regelrechten fossa votiva wird man in diesem Fall also nicht sprechen können. Nach dem ergrabenen Befund muß man diese Reste als Abfall verstehen, den man zur Auffüllung einer Grube benutzte. Leider läßt sich augenblicklich nicht beurteilen, ob diese Auffüllerde von einem anderen Ort herantransportiert wurde oder ob man einfach den Aushub für den Sarkophag wieder einfüllte. Trifft letzteres zu, bestünde die Möglichkeit, daß an dieser Stelle vorher entweder ein Abfallhaufen oder auch ein rituell genutzter Platz lag, mit dem dann diese Funde in Verbindung zu bringen wären[1000].

Im Areal 31 fällt eine Erklärung weniger leicht[1001]: Dort lag die fossa etwas mehr als 1,5 m unter der heutigen Erdoberfläche und hatte eine ovale Ausdehnung von 6,50 x 4 m und eine Dicke von ca. 1,80 m. Auf ihr lagen die römischen Bestattungen Nr. 898, 912 und 913, unter ihr die aus ungebrannten Lehmziegeln aufgemauerten Gräber 918, 921 und 925, während der Fuß des leider nicht genau zeitlich zu fixierenden und wiederverwendeten Steinsarkophages 922 ungefähr mit dem unteren Ende der fossa korrespondierte. Dennoch lehnen die Ausgräber eine Beziehung zwischen der fossa und der Ausschachtung für den Sarkophag ab. In der Zusammensetzung glich das Material aber demjenigen aus Schnitt 32: wiederum Bruchstücke von Gnathiakeramik, auch polychrome Gefäßfragmente aus dem Umkreis des Lipari-Malers, Statuetten und Masken. Man möchte angesichts der Ähnlichkeiten mit dem Befund im Grabungsareal 31 auch hier am ehesten an eine Abfallschicht denken. Auffällig ist, daß in den Arealen 29, 31, 32 und 33 auch außerhalb von solchen fest umrissenen Gruben eine große Anzahl von Theaterterrakotten- und Maskenfragmenten als Streufunde auftauchten.

Eine gänzlich andere Situation scheint bei den entsprechenden Kontexten in den Grabungsflächen 37, 30 und teilweise in 36 (fossa M) zu herrschen, da hier vielfach Spuren von Brand beobachtet wurden, sowohl an den Gegenständen als auch in Form von Kohle und Asche.

Im Grabungsabschnitt 30 fand man eine verfüllte Grube von ca. 2,20 x 2 m, die eine Tiefe von 1,25 m hatte und 65 cm unter der modernen Oberfläche begann[1002]. Sie schien nicht mit einem Grab in der Nähe in Zusammenhang zu stehen und enthielt hellenistische Keramik, darunter tönerne Imitationen von Silbergefäßen, figürliche Terrakotten und Masken, davon vieles mit Brandspuren[1003]. Die verbrannten Reste eines rotfigurigen sizilischen Kelchkraters aus dem letzten Drittel des 4. Jahrhunderts dürften zu den ältesten Funden aus dieser Grube gehören[1004]. Die Masken und die polychrome Keramik daraus entstammten aber erst dem frühen 3. Jahrhundert. Ob es sich um

998 MTL 298. Obwohl diese Schnitte in ML II publiziert sind, wurden diese Fundansammlungen dort nicht als fossae o. ä. erwähnt. Die Gegenstände galten als Streufunde, vgl. ebenda 293 zu den Funden aus Schnitt 11. Deutung als Weihgaben an den Gräbern.

999 MTL 298. – In ML XI 1 113 ff. 115 zu Grab-Nr. 705 wird die fossa nicht mehr erwähnt, aber in Abb. 17 und 18 eingezeichnet.

1000 Auch in dieser Abfallschicht hat es zumindest einzelne Stücke gegeben, die Brandspuren aufweisen, z. B. die große Frauenmaske Inv. 9762, falls sie wirklich aus der fossa der Fläche 32 und nicht aus 30 stammte (s. Anm. 1003), MTL 217 f. Nr. 1 Abb. 364 Taf. 37. 307. In diesem Fall muß die Schwärzung eingetreten sein, bevor die Maske zerbrach. Weitere Beispiele: Männermaske Inv. 9736, MTL 174 Nr. 22 Abb. 271 Taf. 30, 3.

1001 MTL 299. ML XI 1 329 ff. Abb. 56. 60. Es sei die größte bisher in der Nekropole gefundene fossa. In ML XI 1 330 findet sich folgende, leicht abweichende Einschätzung: Das Ziegelgrab 898 sei in die Abfallschicht eingegraben worden, die römischen aufgemauerten Gräber 912 und 913 hätten die schon existierende Abfallschicht gestört, aber diese Schicht habe auf dem Niveau der Gräber 918, 921 und 925 aus ungebrannten Lehmziegeln aufgehört, also noch unterhalb des Steinsarkophages 922.

1002 MTL 298 f.; ML XI 1 248 Abb. 40. Dort ist von einer Ausdehnung von 2,70 x 2 m die Rede. Die Beschreibung weicht auch bei den anderen Maßen leicht von derjenigen in MTL ab.

1003 z. B. die Jünglingsmaske Inv. 9739, MTL 174 Nr. 27 Abb. 272 Taf. 30, 1. Ebenso die Maske der »Pseudokore« Inv. 9762. Die Zuweisung an die fossa in Grabungsfläche 32 im Katalog von MTL 218 und in der Fundliste, ebenda 307, beruht wohl auf einer Verwechselung, vgl. ML XI 1 248. – Die Tonimitationen von Silbergeschirr Inv. 11362. 11363. 15691, ML XI 2 626 ff. Abb. 100, 7–8. 101 a. 104.

1004 Die Fragmente des Kraters Inv. 13208 sind abgebildet in: Ceramica figurata 167 ff. Abb. 208–213; ML XI 248. 640. 642 Abb. 111. Die einzelnen Scherben – auch aneinanderpassende – sind vom Feuer unterschiedlich verfärbt. Das Gefäß muß also schon vor dem zweiten Brand zerbrochen gewesen sein.

die Deponierung der Überbleibsel eines Scheiterhaufens handelt, wie die Ausgräber eine Zeit lang glaubten[1005], ist bisher nicht zu überprüfen, scheint jedoch – wie unten dargelegt wird – eher unwahrscheinlich.

Die reichste fossa kam 1978 im Grabungsabschnitt 37 inmitten von Gräbern zutage, die sich ungefähr von der 2. Hälfte des 5. Jahrhunderts v. Chr. bis zum Beginn des Hochhellenismus verteilen[1006]. Sie war durch ihre tiefschwarze Färbung gut vom sie umgebenden Erdreich zu unterscheiden, hatte einen rundlichen Grundriß mit einen Durchmesser von etwa 1,80 bis 2 m und verjüngte sich nach unten bis zu einer Tiefe von maximal 1,20 m. Der Inhalt bestand aus fragmentierter Keramik: teils schwarzgefirnißte Schalen, Teller und Lämpchen, teils polychrome Ware aus der Werkstatt des Lipari-Malers, teils Gefäße im Gnathiastil. Auffällig war das sehr gehäufte Vorkommen von ungefirnißten Deckelschüsselchen. Diese Gefäßform enthielt in den Grabinventaren mehrfach Feigen oder Mandeln. So mögen die verkohlten Feigen und Getreidekörner, die in der Grube zutage kamen, in Verbindung zu diesen Schüsselchen stehen. Offenbar spielten landwirtschaftliche Produkte in diesem Kontext eine Rolle, denn andere Früchte, die Äpfeln oder Quitten ähnlich sehen, sowie große Blüten mit Ständern waren aus Ton nachgebildet und wohl bemalt. Völlig aus dem Rahmen dessen, was man bisher an Grabbeigaben auf Lipari kannte, fallen einige Gefäße und Gegenstände, die mit einem hellen Überzug versehen sind und in ihrer Form hellenistisches Tafelsilber und Toilettengerät aus Edelmetall nachahmen, zum Beispiel mehrere hochstielige Trinkkelche, eine Schöpfkelle, ein Sieb, eine Schale, ein Thymiaterion, aber auch Kosmetikartikel wie Pyxiden mit Löwenfüßen und eine Muschelbüchse. Eine dieser Pyxiden, deren Deckel mit einem Herakles-Auge-Relief geschmückt ist, dürfte sogar teilweise vergoldet gewesen sein wie ein fragmentarisches Gegenstück aus der Stadtmauergrabung, das noch entsprechende Spuren zeigt. Dazu fanden sich tönerne Nachbildungen von reliefverzierten Helmwangenklappen. Außerdem entstammten dieser Grube einige der größten und qualitätvollsten hellenistischen Masken, daneben Theaterterrakotten, Mantelmädchenfiguren und anderes. Viele der Stücke, jedoch nicht alle, besitzen Schwärzungen oder eindeutige Brandspuren. Manche ließen sich fast vollständig zusammensetzen oder waren fast unbeschädigt, während andere sehr fragmentarisch blieben. Nach der Beschreibung der Ausgräber muß man annehmen, daß das Material aus der Grubenfüllung an diesem Ort nur deponiert wurde, der Brand, der einen Teil der Objekte zerstörte, jedoch an einem anderen, bisher unbekannten Platz stattfand.

Im sehr ausgedehnten Grabungsareal 36 wurden drei verschiedene fossae angetroffen, die sich untereinander in ihrer Füllung beträchtlich unterscheiden. Der Auffüllung in Schnitt 37 am ähnlichsten war die Grube M, die allerdings zu Teilen von einem hochhellenistischen Ziegelgrab zerstört worden war[1007]. Auch sie zeichnete sich im Boden als schwarzer Fleck ab, der sich von einem Durchmesser von ca. 25 cm an der Oberfläche bis zu etwa 1,30 bis 1,50 m verbreiterte, weil sie Kohle und zahlreiche verkohlte Gegenstände enthielt. Die oberste Schicht bestand offenbar wieder aus ungefirnißten Deckelschüsselchen, einem Guttus, einer Lampe sowie Fragmenten von einer Flasche und einer Skyphospyxis, alles verbrannt und mit Kohle vermischt. Darunter lagen zahlreiche Kohlestücke und verkohlte Samen und Früchte, zum Beispiel Granatäpfel, Eicheln und Mandeln, dann weiteres vom Feuer zerstörtes Speisegeschirr. Der Kern der Grube etwas weiter nördlich, der etwa 40–45 cm dick war, bestand aus verkohltem Holz, weiteren Granatäpfeln, Samen, verbrannter polychromer Keramik, einer tönernen Frauenbüste, die auf dem Kopf eine Blüte trägt, und Gebrauchskeramik. Auch in der Umgebung stieß man auf zahlreiche verbrannte Scherben polychromer Gefäße, Masken, Statuetten, Holz und verkohlte Früchte, die sicherlich durch die Anlage des Ziegelgrabes zerstreut worden waren. Zu den Funden zählen auch reliefverzierte Pyxiden mit Löwenfüßchen, die silberne Büchsen imitieren, ähnlich denen aus den fossae in den Arealen 37 und 30.

Im Gegensatz dazu haben die Funde aus den fossae A und C des Schnittes 36 keine Brandspuren. In der fossa A konnte man keine abgegrenzte Grube ausmachen, sondern die Gegenstände waren auf einem größeren Areal verstreut, auf das sich die römischen Ziegelgräber 1801 und 1802 gesetzt hatten[1008]. Man barg viele hellenistische Maskenfragmente, Terrakottastatuetten, hauptsächlich

1005 MTL 299: »Poteva trattarsi dunque della discarica di un ustrino« – In ML XI 248 ist dagegen von fossa votiva die Rede.

1006 MTL 299; L. Bernabò Brea – M. Cavalier in: Beni Culturali e Ambientali Sicilia 3, 1982, 141; Museo Eoliano 127. ML XI 2 591 mit Abb. 98. 625 ff. Abb. 99–103. 105–110. Das Deckelfragment Inv. 18328, ebenda 625 Abb. 99, 1, stammt aber aus der Grabung an der Stadtmauer. Die spektakulärsten Funde aus der Grube sind im Museo Eoliano ausgestellt. – Ähnliche Pyxidenfragmente fanden sich im Stratum 23, 3: ML X 46 Taf. 23, 1. – Die Gräber in der Umgebung der fossa stammen erst aus dem 2. Jh. v. Chr.

1007 ML VII 123 ff. Taf. 34, 4. Leider lassen sich die Objekte in der Fundbeschreibung mangels Verweisen auf Inventarnummern oder Abbildungen nicht mit denen in der katalogartigen Aufzählung der Funde identifizieren.

1008 ML VII 112 ff. Taf. 69–80, 4. Plan Taf. B.

Komödienfiguren und anderes dem dionysischen Umkreis zuzurechnendes Personal, sowie zahlreiche tönerne Blumen. Keramikfragmente fehlten eigenartigerweise. Gleiches gilt für den Bereich C, einen Grabungsabschnitt, in dem außer dem Steinsarkophag 1725, der in der 1. Hälfte des 4. Jahrhunderts aufgestellt wurde, nur späthellenistische und römische Gräber entdeckt wurden. Der Sarkophag 1726 ist zeitlich nicht genau einzugrenzen[1009]. Die teils fragmentarischen Streufunde der fossa – sieben Theaterstatuetten sowie zwei Satyrn und zwei Reste von Tonblüten – stammen jedoch aus der frühhellenistischen Produktion des Kunsthandwerks auf Lipari[1010], dürften mit den Bestattungen in der unmittelbaren Umgebung also eher nicht in Verbindung stehen.

Aus der Aufzählung der Kontexte wird deutlich, daß es sich um kein einheitliches Phänomen handeln kann, das monokausal zu erklären ist, sondern daß ganz unterschiedliche Fundsituationen unter dem Schlagwort ›fosse votive e discariche‹ zusammengefaßt sind, für die in jedem Einzelfall eine Interpretation gesucht werden muß. Denn die Zusammensetzung und das Aussehen dieser Kontexte sind offenbar weit weniger regelhaft als die der Grabinventare, was angesichts der Strenge, mit der dort anscheinend allgemein anerkannte Leitlinien befolgt wurden, stutzig machen sollte, wollte man annehmen, alle diese Kontexte hätten die gleiche Ursache oder den gleichen Sinn und Zweck gehabt. Man muß also differenzieren:

Deutliche Einwirkungen von Feuer zusammen mit Kohleresten waren nur in den Schnitten 30, 36 M und 37 auszumachen[1011], wobei man nur schwer entscheiden kann, ob die Verbrennung in den Gruben stattfand, oder ob dort nur Material von einem Brandplatz zusammen mit Holz- und Kohlestücken etc. deponiert wurde. Wenn ich die Wortwahl der Ausgräber richtig interpretiere, möchte man der zweiten Möglichkeit zuneigen. Außerdem kamen jeweils tönerne Imitationen von hellenistischem Silbergerät zutage, in den Schnitten 36 und 37 dazu noch verkohlte Früchte und Samen.

Aufgrund der Brandspuren lag es nahe, bei diesen Kontexten zunächst an die Überreste von Scheiterhäufen zu denken[1012], doch gibt es gewichtige Argumente, die dieser Interpretation widersprechen. Zum einen weisen die Masken und Theaterterrakotten wie auch die anderen außen bei Brandgräbern abgelegten Beigaben in der Regel keine Brandspuren auf. Deshalb wurde oben geschlossen, daß diese nicht auf den Scheiterhaufen gelangten. Viele Masken aus der Grube im Grabungsareal 37 besitzen jedoch eindeutig Spuren einer sekundären Berührung mit Feuer oder großer Hitze. Zum anderen deckt sich ihre Zusammensetzung nicht mit der der Grabinventare bei den Brandbestattungen. Die tönernen Blumen, die in diesen fossae und im Altargebiet häufig vorkamen, sind in den Grabinventaren seltene Ausnahmen[1013]. Das gleiche gilt für die Imitationen von Edelmetallgefäßen und -geräten, die ebenfalls nur bei einem einzigen Grab, der hellenistischen Kinderbrandbestattung 274, eine Parallele fanden[1014]. Man müßte dann annehmen, daß die drei Gruben in Schnitt 30, 36 und 37 besonders reich ausgestattete ustrina zu besonders herausgehobenen und deshalb vom üblichen Gabenspektrum abweichenden Brandgräbern darstellten, eine These, die aber wenig Plausibilität für sich hat. Zum einen ist die Zahl von Verbrennungen in der 1. Hälfte des 3. Jahrhunderts relativ gering. Zum anderen sind die erhaltenen Knochenreste und Beigaben, von wenigen Ausnahmen abgesehen, ohne großen Aufwand deponiert worden. Im Grabungsareal 36 fand man nur eine Brandbestattung aus der fraglichen Periode, bei der nur die Asche in eine Amphore gefüllt wurde[1015]. Die ustrina müßten dann weit von den endgültigen Gräbern entfernt aufgerichtet worden sein. Schließlich sind die Maße und die beschriebene Form der Grube 36 M nur schwer mit der landläufigen Vorstellung vom Aussehen eines Scheiterhaufens zu vereinbaren. All diese Argumente lassen also die Scheiterhaufen-Theorie unwahrscheinlich werden.

Regelrechte Gruben, deren Füllung sich von der umgebenden Erde als kompakte Masse absetzte, werden außer in den drei eben besprochenen Fällen nur in den Plana 31

1009 Der beschädigte Sarkophag 1726 konnte nicht ausgegraben werden, weil er unter mehreren römischen Gräbern lag, ML VII 41.

1010 ML VII 121 f. Taf. 80, 5. 81.

1011 Allerdings lagen auch in den Streufundschichten anderer Areale einzelne Gegenstände mit Schwärzungen, die von sekundärem Brand hervorgerufen sein könnten, z. B. in Planum 30 (Inv. 11549, MTL 227 Nr. 13 Abb. 386) und 32. Wie oben dargelegt besteht jedoch auch die Möglichkeit, daß schwefelhaltige Fumarolen im liparischen Boden für diese Verfärbungen verantwortlich zu machen sind, Kapitel IV 2 a, Text zu Anm. 849–852.

1012 Ceramica liparese 47.

1013 Nur in Grab 8 auf Stromboli, Cavalier, Stromboli 18 Abb. 22, und bei Grab 1782 in Lipari, ML VII 54.

1014 Dort fanden sich das Halsfragment einer Kanne mit weißlichem Überzug und ein großer Becher mit drei Noppenfüßchen, eine Form, die im hellenistischen Tafelsilber offenbar beliebt war, ML II 93 f. Taf. 137, 2; vgl. die Beispiele ehemals im New Yorker Metropolitan Museum 1981.11.18 und 1982.11.12, bei denen die Füßchen als Masken gestaltet sind, D. v. Bothmer, A Greek and Roman Treasury (1984) 59 f. Nr. 105. 106 mit Abb. – Zu dieser Becherform vgl. A. Krug, Die Berliner Nereidenschale aus Bergkristall, 137. BerlWPr (1998) 11 ff.

1015 Grab 1806, ML VII 57.

und 32 notiert. Hier scheidet die Möglichkeit aus, in den Füllschichten nur Abfälle von für die Wiederbelegung gesäuberten Sarkophagen zu sehen. Denn dann müßte die Zusammensetzung des Grubeninhaltes mit dem üblichen Beigabeninventar der Sarkophage übereinstimmen. Masken und Theaterterrakotten dürften also nicht enthalten sein.

Zudem scheinen Indizien dafür zu sprechen, daß man bereits spätestens am Ende des 4. Jahrhunderts, jedenfalls nicht erst im Späthellenismus oder gar in römischer Zeit, dazu überging, Sarkophage ein zweites Mal zu verwenden[1016]. Wären die Grubenfüllungen oder auch die – ebenfalls fossae genannten – losen Ansammlungen von Gegenständen in den Grabungsflächen 9, 11, 17 (Abb. 29) und 36 A und C entsorgte Beigabenüberreste aus älteren Sarkophagen und möglicherweise auch aus älteren Aschenbehältern, dann sollte man mehr Material aus dem 4. Jahrhundert in ihnen erwarten. Gerade die weitgehende chronologische Homogenität zeichnet aber alle diese Schichten aus und muß deshalb als einer der wichtigsten Schlüssel für ihr Verständnis gewertet werden.

Es gibt zwischen vielen dieser sogenannten fossae aber auch Gemeinsamkeiten, die sie von den Gräbern absetzen. Eigenartigerweise ist das Spektrum der Keramik in allen zu Debatte stehenden Kontexten relativ einheitlich[1017]: Fragmente polychromer Keramik, ungefirnißte Deckelschüsseln und Reste von Gebrauchskeramik (vor allem Teller und Lampen) sind die Regel[1018], Trinkgefäße fehlen dagegen weitgehend, was in der Gegenüberstellung mit den Beigaben der etwa zeitgleichen Gräber besonders auffällt. Ob die relativ reichen Spuren an organischen Materialien, nämlich Früchte, Samen und Getreidekörner, in manchen fossae als wichtiges Kriterium für ihre Deutung gelten können, muß unentschieden bleiben. Speisereste wurden gewöhnlich zusammen mit dem Geschirrset außerhalb des Sarkophages bzw. der Urne deponiert. Im Sarkophag oder in der Urne wurden sie bisher nicht beobachtet, doch wurden organische Reste nicht mit der gleichen Sorgfalt und Vollständigkeit in den Grabinventarlisten aufgezählt wie zum Beispiel die Keramik[1019].

Trotz aller Unklarheiten wurden zwei der eingangs aufgezählten Erklärungsmodelle, nämlich die Deutung als Überreste von Scheiterhaufen oder als Abfälle älterer Bestattungen bei der Wiederverwendung von Sarkophagen (Nr. 3 und 4) für die beobachteten Gruben mit hoher Wahrscheinlichkeit ausgeschlossen. Danach bleiben folgende Möglichkeiten übrig: Entweder waren in ihnen einfach gemischte Abfälle aller Art gesammelt – bzw. bestattet, falls es sich um Votive aus einem sakralen Kontext oder Abfälle von Kulthandlungen handelte – oder aber sie sind sichtbare Überbleibsel eines bestimmten Ritus, der auf Lipari erst im 3. Jahrhundert v. Chr. aufgekommen sein kann.

Die oben aufgezeigte Unterschiedlichkeit der unter dem Begriff fossae subsummierten Befunde bringt es mit sich, daß für jeden Typ von fossa immer nur wenige Vertreter existieren, die drei mit Brandspuren, diejenigen Gruben, die vermutlich für die Deponierung eines Sarkophages gegraben wurden, und die Fundgruppen, bei denen keine echte fossa beobachtet wurde, weil die Gegenstände über ein größeres Areal verstreut waren, darunter die beiden (36 A und C), in denen Keramik völlig fehlt. Sollten einige von ihnen wirklich mit rituellen Handlungen in Beziehung gestanden haben, etwa einer zu einem bestimmten Zeitpunkt durchgefühten Zeremonie (zum Beispiel wie an den Opferrinnen im Kerameikos[1020]), wären die entsprechenden Riten in dieser Form erst im frühen 3. Jahrhundert eingeführt worden, zudem jeweils sehr exklusiv gewesen und nur wenige Male zelebriert worden. Denn für eine kontinuierliche Nutzung dieser fossae über einen längeren Zeitraum hin gibt es keine Anzeichen. Eine solche Exklusivität widerspricht einerseits schon dem Charakter von religiösen oder gesellschaftlichen Ritualen[1021], andererseits auch dem relativ homogenen und regelhaften Bild der Grabsitten in der liparischen Nekropole. Eine stark herausgehobene Gesellschaftsschicht oder Gruppe, der besondere Verehrung oder Selbstdarstellung zugekommen wäre, läßt sich in Lipari bisher nicht ausmachen, schon

1016 Im Grabungsareal 21 und 22 (ML II Taf. M), in dem keine Gräber angetroffen wurden, deren Beigaben über die 1. Hälfte des 3. Jhs. hinausgehen, waren dennoch Störungen bzw. Leerungen von Sarkophagen zu beobachten (z. B. Grab 401); vgl. auch die im Kapitel IV 2 a im Text zu Anm. 762–764 erwähnten Befunde.

1017 Die Ausnahmen bilden 36 A und C, die keine Keramik enthielten.

1018 Für die Schnitte 9, 11 und 17 fehlen entsprechende Informationen in der Grabungspublikation.

1019 Im Museo Eoliano sind öfters Schüsselchen mit organischen Resten bei den Grabinventaren ausgestellt, aber in der Publikation nicht erwähnt; z. B. lagen in dem Deckelgefäß aus der Brandbestattung 1618 (im Magazin) verkohlte Feigen.

1020 s. folgende Anm.

1021 Obwohl z. B. die Zeremonie, die im Athener Kerameikos mit Hilfe der Opferrinnen stattfand, auf eine kleine Schicht von Adeligen beschränkt war, haben sich eine weit größere Anzahl von Befunden erhalten; vgl. E. Kistler, Die »Opferrinne-Zeremonie«. Bankettideologie am Grab, Orientalisierung und Formierung einer Adelsgesellschaft in Athen (1998).

gar nicht in der 1. Hälfte des 3. Jahrhunderts. Deshalb wird man wohl von dem so bestechenden Gedanken Abschied nehmen müssen, daß man in den fossae primäre und damit direkt auswertbare Zeugnisse für einen Grabkult, Opfer oder rituelle Begehungen besitzt. Die meisten dieser Kontexte enthalten meines Erachtens Abfälle, die aus anderen Zusammenhängen zusammengetragen wurden und die deshalb nur indirekt Aussagekraft besitzen.

Schwierigkeiten bereitet auch die Interpretation des Befundes in dem kleinen Friedhof in Ficogrande auf Stromboli (Abb. 25–27)[1022], der ja am ehesten Ähnlichkeiten mit denen in Areal 36 und 37 auf Lipari aufzuweisen scheint: Ein Zusammenhang mit den ustrina der vier Brandgräber[1023] wurde oben abgelehnt. Einerseits breitete sich die Schicht, die Brandreste, Keramik- und Terrakottenfragmente enthielt, auch über den beiden Urnen 2 und 9 aus, andererseits stimmt ihre Zusammensetzung nicht genau mit den sonst üblichen Beigaben überein. Besonders die fragmentarischen Fischteller ließen sich bisher nicht eindeutig mit Gräbern in Verbindung bringen. Die insgesamt zwölf Fragmente aus Lipari waren nämlich ebenfalls Streufunde[1024], besitzen aber anders als die Exemplare aus Stromboli keine Verfärbungen durch einen sekundären Brand.

Von den Terrakottafiguren und Masken konnten einige wieder fast vollständig zusammengesetzt werden, auch wenn die Einzelteile an ganz unterschiedlichen Stellen gefunden wurden. Brandspuren waren an ihnen nicht zu beobachten, dagegen an einem großen Teil der Keramikfragmente. Ob sich in der Erdschicht mit Asche und Kohlestückchen, die mit Kieseln vermischt war, auch organische Reste befanden, die man bei Totenopfern erwarten sollte, wird nicht erwähnt. Auch der kaum meßbare chronologische Abstand zwischen den Sarkophaggräbern des unteren Stratums und den in der Brandschicht liegenden Altarplatten[1025] und Brandbestattungen verwundert. Da die Schicht jedoch nicht unmittelbar über den Sarkophagen beginnt, kann sie nicht als Verfüllung zur Abdeckung der Särge angesehen werden. Die Vorstellung, sie stamme von Opfern, die im Bereich der Altäre vorgenommen wurden, bringt ebenfalls Schwierigkeiten mit sich: Die Aschengefäße und Kiesel lagen in dieser Schicht, die von Westen nach Osten hin abfiel, während die Opfertische – nach der Schnittzeichnung (Abb. 25) zu urteilen – offenbar auf sie aufgelegt waren. Ob sich das Gelände durch Ablagerungen von Opfern oder ähnlichem wirklich nach und nach erhöhte, läßt sich anhand der Publikation nicht verifizieren. Das Fundmaterial ist chronologisch sehr einheitlich, kann aber weder als Argument für eine einmalige Aufschüttung noch für eine innerhalb kurzer Frist erfolgte sukzessive Ablagerung, etwa durch einen periodisch wiederholten Ritus, in Anspruch genommen werden. Die Vermischung mit Kieseln läßt jedenfalls auf eine Störung schließen: In allen Fällen, in denen ein Bett aus Kieseln beobachtet wurde, bildete es den Boden für eine Bestattung oder für Leichenbrand. So lagen die Leichname, gleichgültig, ob in einem Sarkophag oder in einer einfachen Grube, regelmäßig auf einer Kiesschicht. Auch der Leichenbrand wurde in der Urne oder einer Aschenkiste häufig über Kies gebettet, die Urne ab und zu auf Kies gestellt[1026], wie dies offenbar auch bei den Opfertischchen und den kleinen Aschengefäßen in Stromboli geschah.

Man hat also eher den Eindruck, daß dieses Material über einer größeren Fläche künstlich verteilt worden ist, auch wenn diese nach Osten hin abfällt. Die Verwandtschaft mit den Gruben 36 M und 37 in der liparischen Hauptnekropole, in denen allerdings zahlreiche verkohlte Früchte zutage kamen, läßt außerdem eher an eine Abfallschicht in sekundärer Lage denken. Der Kontext ist mit den augenblicklich zur Verfügung stehenden Kenntnissen demnach nicht eindeutig zu interpretieren. Es ist aber denkbar, daß verschiedene Phänomene zusammenkamen, daß zum Beispiel Streufunde und die Brandschichten vermischt wurden.

Die 1998 publizierten Fundschichten und fossae vor der spätklassischen Stadtmauer[1027] sind mit den bisher betrachteten Kontexten wiederum nur schwer zu parallelisieren, schon weil sie fast durchweg Material aus dem späten 4. Jahrhundert bargen, während Gegenstände aus der 1. Hälfte des 3. Jahrhunderts sehr rar blieben. Nur in einem der ergrabenen Stadtmauerabschnitte (Grabungsareal

1022 s. o. im Kapitel II 2 a, Text zu Anm. 854–857.

1023 So die neuere Deutung der Ausgräberin in MTL 300; ähnlich BTCGI, Lipari 152.

1024 Ceramica figurata 101 f. Abb. 116. 117.

1025 Die Opfertischchen scheinen keine Brandspuren aufzuweisen.

1026 Aschenkisten Gräber 184; 231; Krater Gräber 402; 446. Der Fuß des zerstörten Kraters 229 bis wurde, abgestützt von zwei Steinen, noch in situ in einem Kiesbett angetroffen.

1027 MTL 300; ML IX 2 71 ff. 134 ff. Taf. 167–198; Die Aussagen sind leider in den verschiedenen Abschnitten des Bandes stark verkürzt und deshalb nicht ganz einheitlich bzw. widersprüchlich. Auf S. 78 wird eine fossa in 3 K als Grube mit dem typischen Material aus dem 4. Jh. geschildert, während auf S. 147 plötzlich von zwei fossae die Rede ist, die zudem auch späthellenistisches Material enthielten und deshalb als Störung interpretiert werden. Gleichzeitig wird aber auf S. 135 f. suggeriert, die Grabungsareale 3 M und 3 K hätten im Gegensatz zu 3 I/J und 3 H geschlossene spätklassische Schichten ohne Funde aus dem frühen 3. Jh. erbracht.

40) waren die entsprechenden Schichten mit Stücken aus dem frühen 3. Jahrhundert durchmischt[1028]. Sie grenzen an das Mauerfundament an und enthielten durchgängig auch je eine Lage Abschläge, die von der Zurichtung der untersten beiden Blockreihen der Mauer stammten[1029]. Demnach müßte das Gelände parallel zu den Bauarbeiten angeschüttet worden sein. Anhand der Keramikfragmente in diesen Schichten konnten die Ausgräber keine chronologischen Differenzen feststellen, eine sukzessive Ablagerung von Abfall komme deshalb nicht in Frage. Andererseits bemerken sie selbst, daß die Gebrauchskeramik, die die überwiegende Fundmenge ausmachte, innerhalb langer Zeiträume nur einer begrenzten Formentwicklung unterlag, die an den durchweg kleinen Fragmenten zudem schwer nachzuvollziehen ist. Das Fundmaterial ist in dem ganzen ausgegrabenen Abschnitt in den Straten, die mit dem 4. Jahrhundert zu verbinden sind, einheitlich. Es enthält Terrakottenfragmente und viel Haushaltskeramik, auffällig viele Webgewichte, Schwarzfirnisware, dagegen wenig Rotfiguriges, unter dem aber Fragmente von Krateren und Lekaniden anscheinend einen großen Prozentsatz ausmachen. Auch einige Fischtellerfragmente waren darunter. An vier Stellen wurden offenbar auch in die Schichten eingetiefte Gruben mit Material aus dem 4. Jahrhundert beobachtet. In derjenigen im Quadranten 3 M, die sich durch eine andere Färbung des Bodens, nicht aber durch die Zusammensetzung des Füllmaterials von der Umgebung absetzte, lagen vor allem Ziegel, graue Keramik und Schwarzfirnisware[1030]. Unter den Tafelgeschirrgefäßformen überwogen kleine Miniaturschüsselchen, Tellerchen und Trinkgefäße, vor allem Skyphoi und Kylikes. Eine der beiden Gruben in 3 K[1031] barg außer ungefirnißter Keramik Fragmente von Terrakotten und tönernen Blumen sowie Tierknochen, in 3 I/J[1032] und 3 H vor der Südwestecke des Turmes fand sich zusammen mit Terrakottenfragmenten ebenfalls die übliche Gebrauchskeramik aus dem späten 4. Jahrhundert.

Eine große Zahl von Tellern und Miniaturschüsselchen, nicht nur im Gebiet von 3 M, gaben wohl zusammen mit den Terrakotten[1033] und den Tierknochen den Anreiz, in den Schichten die Zeugnisse eines Mauerkultes zu erkennen, auch wenn man außer den eben zitierten keine regelrechten Opfergruben erkennen konnte. In der Tat konzentriert sich das Keramikspektrum auf ganz bestimmte Gefäßformen, die oft mit Opfern verbunden sind. Vor allem die im Verhältnis hohe Anzahl von Kraterrändern, Miniaturschüsselchen, Tellern, darunter auch solche mit Fischdekor, und Trinkgefäßen sowie von Webgewichten muß verwundern. Vor allem letztere spielen in den Grabinventaren bis auf eine Ausnahme[1034] überhaupt keine Rolle.

Wieso diese Funde allerdings mit einem »Mauerkult« zu verbinden sein sollen, für den im übrigen sichere Hinweise fehlen[1035], bleibt unklar, zumal im Abschnitt 3 I/J auch eine »fossa aus der römischen Kaiserzeit« angeschnitten wurde[1036]. Diese stammte aus einer Zeit, in der die spätklassische Mauer bereits ihre Funktion verloren hatte, da

1028 Stücke aus dem frühen 3. Jh. wurden nur in den Abschnitten 3 I/J und 3 H auf bischöflichem Gebiet verzeichnet, ML IX 2 135. 148 f. Taf. 188. 189. – Zu dem Stadtmauerabschnitt Areal 40 aus den Jahren 1984–87 ebenda 181 ff.; zu den Funden: 206 ff. Taf. 229–233.

1029 ML IX 2 77 f. Abb. 17.

1030 ML IX 2 78. 138 ff.

1031 ML IX 2 78. 147. Siehe auch oben Anm. 1027. Es ist deshalb fraglich, ob diese fossa mit den anderen zu parallelisieren ist.

1032 ML IX 2 148 f. Hier lag auch eine hellenistische Statuette.

1033 Nach Auffassung der Ausgräber sind Terrakotten mit sakralen Themen, zu denen auch die Schauspielerfigurinen zählen, von vorneherein zum Votiv bestimmt und deshalb nicht in »normalen« Abfallhaufen zu finden, eine Sichtweise, die so eng sicherlich an der Realität vorbeigeht. Es stellt sich m. E. die Frage, ob mit Terrakotten, Keramik etc. verfüllte Gruben immer grundsätzlich mit »stipe votive« gleichgesetzt werden und damit Indizien für einen wie auch immer gearteten Kult sein müssen, vgl. z. B. E. Lippolis, Taras 2, 1982, 81 ff., bes. 118 f. Mit profanen Mülldeponien scheint man nicht zu rechnen.

1034 Grab 96, ML II 37 Taf. 131, 2.

1035 Die ohne Anmerkung (ML IX 2 78) zum Vergleich zitierten Mauerkulte in Eloro, Kamarina, an den Latomien von Syrakus und in Akrai konnte ich nicht verifizieren. In BTCGI, Lipari 152 wird dieser Kult in Syrakus und Akrai noch mit den Verstorbenen verbunden. – Die Votivgruben innen an der Stadtmauer in Kamarina und in Eloro werden mit Demeter- und Persephone-Heiligtümern in Verbindung gebracht; zu ersteren s. P. Pelagatti, Kokalos 26/27, 1980/81, 718 Taf. 153; Hinz, Kult 120; zu Eloro A. W. van Buren, AJA 70, 1966, 359; Hinz, Kult 111 Anm. 681. – Das kleine Votivdepot an der Stadtmauer in Locri liegt auf Höhe des Mauerfundaments und stammt aus dessen Erbauungszeit, dürfte also als Gründungs- oder Vollendungsopfer für die Mauer zu verstehen sein. Es hat insofern mit dem Befund in Lipari keine Ähnlichkeit. (Den Hinweis auf dieses Maueropfer verdanke ich O. Dally), C. Sabbione in: E. Lattanzi (Hrsg.), I Greci in Occidente, Santuari della Magna Grecia in Calabria (1996) 26; E. Lattanzi, Un secolo di ricerche in Magna Grecia, Atti del 28. Convegno di Studi sulla Magna Grecia, Taranto 7–12 ottobre 1988 (1989) 561 f. – Ein Depotfund an der Mauer der Zitadelle von Morgantina scheint ebenfalls mit dem Bau der Mauer in Zusammenhang zu stehen, M. Bell, Morgantina I, The Terracottas (1981) 247 III E.

1036 ML IX 2 136. 148. Über die Zusammensetzung dieser fossa werden keine Angaben gemacht.

ihr eine zweite auf höherem Niveau vorgelagert war. Daß die fossae schon aus chronologischen Gründen nicht als Bau- und Gründungsopfer für die Mauer zu verstehen sind, betonen auch die Ausgräber. Demnach bliebe nur ein Kult übrig, der nicht an der Mauer selbst hing, sondern einer bestimmten Gottheit galt, die man außen vor der Mauer oder an den Toren verehrt hat. Wie in Lipari lagen auch andernorts, zum Beispiel in Eloro und Kamarina, große Demeter- und Kore-Heiligtümer außerhalb der Stadtmauer. Die Votivgruben nahe der Mauer werden dort mit dem Kult für diese Göttinnen in Verbindung gebracht. Wenn das thematische Spektrum der Terrakotten Rückschlüsse erlaubt, kämen die beiden auch in Lipari am ehesten in Betracht. Die Masken und Theaterterrakotten widersprächen dieser Zuordnung nicht, denn sie wurden auch in Demeterheiligtümern gefunden[1037]. Dasselbe gilt für die Haushaltskeramik, die Miniaturschüsselchen und die große Anzahl von Webgewichten[1038].

Dennoch scheint es mir naheliegender, diese Schichten zunächst einmal als Abfalldeponie zu erklären, weil sich die Zusammensetzung der Funde in den sogenannten fossae und im sie umgebenden Erdreich nicht nennenswert unterschied. Die Tatsache, daß die Keramikfragmente so stark zerkleinert waren und sich kaum etwas wieder zusammensetzen ließ[1039], widerspricht dem nicht nur nicht, sondern ist meines Erachtens geradezu als Indiz zu werten, daß die Keramik- und die Terrakottenfragmente erst bei einer Umlagerung und schon in fragmentiertem Zustand an diese Stelle gerieten. Bei einer rituellen Zerstörung der Gegenstände müßte man dagegen eher sämtliche Teile erwarten[1040]. Wo diese zerbrochenen »Abfälle« herkamen und ob diese Gegenstände ursprünglich ins Heiligtum geweiht oder bei Kulthandlungen verwendet wurden, muß offen bleiben. Der erwähnten sehr zahlreichen Haushaltsware – darunter Gefäßformen, die in der Nekropole selten vorkommen – und der Webgewichte wegen möchte man einen Teil der Abfälle mit dem Koreion in Verbindung bringen, anderes könnte aus der Nekropole stammen. Dann sagen diese Kontexte aber fast nichts mehr über die ursprüngliche Verwendungsform dieser Gegenstände aus.

Nun sind noch die fossae im Gebiet des Demeter- und Kore-Altares zu betrachten[1041]. Unterscheiden sie sich von den entsprechenden, im Nekropolengelände verstreuten Kontexten und liefern sie weitergehende Indizien für die Verwendung der Masken und Theaterterrakotten? Denn sowohl die Gruben als auch die ganze Schicht 23, 3 im Gebiet des Heiligtums waren übervoll von solchen Funden[1042]. Doch zunächst ein Blick auf die baulichen Reste, die für das Verständnis des gesamten Komplexes von Interesse sind:

Nach der Publikation wurden in diesem Grabungsareal zwei Phasen vorrömischer Bebauung freigelegt. Die Reste der jüngeren präsentierten sich als ein massives, ungefähr quadratisches Podium von mehr als 20 m² Grundfläche, das als Unterbau für einen großen Altar interpretiert wird. Die nur schlecht erhaltene Vorgängerbebauung[1043] besteht aus einer Reihe von Mauern, die sich möglicherweise zu einem dreiräumigen Gebäude und einem kleinen Schrein, dem sogenannten sacellum C verbinden lassen. Die meisten dieser Mauern sind aus unregelmäßigen Steinen aufgeschichtet. Nur eine Ecke, die einst die nordwestliche Begrenzung des Hauptgebäudes bildete, besteht aus regelmäßigem Quaderwerk. Sie wurde später in die Fundamente des Altares einbezogen, während die übrigen Mauerzüge in einer Aufschüttungsschicht mit der Bezeichnung 23, 3 verborgen wurden. Diese enthielt reiches Keramikmaterial und Terrakottenfragmente aus der 2. Hälfte des 4. und der 1. Hälfte des 3. Jahrhunderts. Ältere und jüngere Zeugnisse tauchten nur in verschwindend geringer Zahl auf und wurden als Störungen gewertet. Die Schicht unter dem Altarfundament scheint Funde aus dem späten 5. und frühen 4. Jahrhundert ergeben zu haben. In den Fundamentschichten des Podiums selbst wurde Keramik aus dem späten 5. Jahrhundert entdeckt, die demnach

1037 Korinth, Morgantina (s. u. Anm. 1055). Vgl. Hinz, Kult 48. 128; Bell a. O. 97 (Anm. 1035).

1038 Zu Webgewichten in Heiligtümern von Demeter und Kore s. Hinz, Kult 62. 94. 125. 147. 150. 165. 167. – Zu Miniaturschüsselchen ebenda 49 mit Abb. 51.

1039 Die Ausgräber gehen in ML IX 2, 136 von einer rituellen Zerstörung der Gegenstände aus, die als Votive gedient hätten. Die Ausnahme seien die Webgewichte. Die Existenz von Tierknochen werten sie (ebenda 78) als Zeichen von blutigen Opfern.

1040 Vgl. z. B. die mit Absicht unbrauchbar gemachten Grabbeigaben in der hellenistischen Nekropole von Asine in der Argolis, von denen jedoch alle Bruchstücke im Grab liegen: J. M. Fossey, The Ritual Breaking of Objects in Greek Funerary Contexts, in: Folklore 96, 1985, 21–23.

1041 ML X 21 ff. Abb. 1–9 Taf. 1–33; Castello 134 ff. Abb. 145–151; Museo Eoliano 99 f. Abb. 70; BTCGI, Lipari 145 f. 158 f; Hinz, Kult 163; Detailplan des Altargebietes: G. Voza, Attività della Soprintendenza ai Beni Culturali della Sicilia Orientale dal 1976 al 1982, in: Beni Culturali e Ambientali Sicilia 3, 1982, 98 Abb. 3.

1042 Die Ausgräber zählen mehr als 250 Stücke auf, ML X 48; vgl. die Liste in MTL 304 f.

1043 ML X 24 f. – Die Ausgräber erwähnen einen Niveau-Unterschied zwischen den Bauwerken der beiden Phasen, der aber auf den Plänen und Photos nicht nachzuvollziehen ist. Nach Abb. 2 scheinen die Fundamente des Altares und des »sacello C« auf gleicher Ebene zu liegen.

den terminus post quem für dieses abgibt. Die Ausgräber sind der Meinung, daß der Vorgängerbau im 5. Jahrhundert errichtet und im Zuge einer Neuordnung des Geländes im Laufe des folgenden Jahrhunderts wieder abgetragen und unter einer Schuttschicht verborgen wurde. Diese habe man in Zusammenhang mit dem Altarbau im fortgeschrittenen 4. Jahrhundert eingefüllt, eine Sichtweise, die jedoch Widersprüche mit sich bringt: Denn die Auffüllschicht gilt als einheitliches Stratum, dessen jüngste Funde mindestens bis ins 1. Viertel des 3. Jahrhunderts hinabreichen. Wenn man den Zeichnungen trauen kann, reichte die Schicht bis an die zweituntersta Lage des Fundaments heran. Um die Überreste der Vorgängerbauten zu bedecken, müßte aber etwa der ganze heute erhaltene Unterbau des Altares im Boden gesteckt haben. Die Niveauanhebung um das Podium herum kann also entweder erst um die Mitte des 3. Jahrhunderts geschehen sein, etwa in der Zeit, in der Lipari durch die Römer belagert und zerstört wurde, oder die Anschüttung geschah entgegen den Beobachtungen der Ausgräber doch sukzessive. Letzteres läßt sich aufgrund der summarischen Fundaufzählungen ohne Einbindung in den genauen Kontext aber nicht nachprüfen[1044]. Auch das Erbauungsdatum des Podiums muß darum meines Erachtens unsicher bleiben. Eindeutig ist nur, daß die Bebauung des 5. Jahrhunderts nicht mehr in Betrieb war, als man die beiden Votivgruben im Bereich des kleinen Baues C und in N anlegte, denn sie begannen auf höhergelegenem Niveau. Außerdem zerstörte die erstgenannte die Südostecke des Baues C.

Eine schlüssige Interpretation der Bebauung aus dem 5. Jahrhundert bereitet aufgrund ihres mageren Erhaltungszustandes ebenfalls Schwierigkeiten. Besonders verwundert es, daß ein Mauerstück aus sorgfältig zugehauenen und verlegten Quadern besteht, während der Rest weit weniger akkurat gebaut gewesen zu sein scheint. Zudem fragt sich, ob auch diese Vorgängerbebauung bereits ein Kultbau für Demeter und Kore gewesen ist, wie die Ausgräber vermuten[1045]. Eine einheitliche Bautypologie scheint es für die Heiligtümer der beiden Göttinnen in Unteritalien und Sizilien nicht gegeben zu haben, so daß aus der Anordnung der Räume keine Hinweise zu gewinnen sind. Die Votive, die man Mutter und Tochter typologisch zuordnen kann, beginnen in Lipari erst mit der 2. Hälfte des 4. Jahrhunderts. Es bestünde also auch die Möglichkeit, daß der Kult für die Göttinnen an dieser Stelle erst im Laufe des 4. Jahrhunderts eingeführt wurde[1046]. Da sich die Nekropole erst allmählich zur Stadt hin ausbreitete, könnte das Gelände noch unbebaut gewesen sein. Allerdings lagen unmittelbar nördlich und westlich des Altargeländes Gräber aus dem 5. bzw. 4. Jahrhundert v. Chr.

Die Deutung des großen quadratischen Fundaments der zweiten Phase als Unterbau für einen großen Altar beruht hauptsächlich auf den schon erwähnten fossae in seiner unmittelbaren Umgebung, in denen in der Tat eine große Anzahl von Votiven – vor allem weibliche Terrakottafiguren mit Fackel und Schweinchen – gefunden wurden[1047], die sonst zu den gängigen Weihungen in Demeter- und Kore-Heiligtümern gehören. Eine der Gruben lag über der Südostecke des bereits aufgegebenen kleinen Baues C und beschädigte dessen Mauerreste[1048]. Bei der Südwestecke desselben Baues entdeckte man ein kleines Depot aus fünf Terrakottafiguren: drei Komödienfiguren des 4. Jahrhunderts und zwei Silene[1049]. Die größte fossa[1050] befand sich aber knapp 3 m weiter südlich, nur etwa 2 m von der Südwestecke des Altarfundamentes entfernt. Nach der Leerung erwies sie sich als eine große rechteckige Grube von 2,70 x 3,30 m Grundfläche und einer Tiefe von 1,10 m, die mit Keramikfragmenten und den Resten von figürlichen Terrakotten gefüllt war. Dazwischen fanden sich auch Steine und Sand. Die Zusammensetzung der Grube am Bau C scheint sich davon nicht wesentlich unterschieden zu haben. Zu oberst lagen jedoch Votivterrakotten – Frauenfiguren mit Fackel und Ferkel – und kleine tönerne Pinakes[1051] neben kleinen Altärchen aus flachen Steinplatten mit erhöhtem Randstreifen und Ablauf. Eine dreiteilige Arula aus Basalt[1052] mit dem Rest einer Weihinschrift an eine auf -idi endende Göttin, also wohl

1044 Auch die Keramik aus dem Fundament des Podiums ist nicht eigens publiziert. Dasselbe gilt für die große Menge der Votivterrakotten, die von den beiden Bearbeiterinnen zwar typologisch sortiert und exemplarisch vorgelegt wurden. Doch fehlen jegliche Angaben über die genauen Fundorte der Votive sowie ein Katalog, der die Ordnung nachprüfbar gemacht hätte.

1045 In den vorläufigen Publikationen der 50er bis 70er Jahre war die ältere Bebauung ebenfalls als Altar bezeichnet worden, z. B. Castello 134.

1046 Mit dieser Lösung rechnet Hinz, Kult 163, allerdings lag ihr die endgültige Publikation noch nicht vor.

1047 A. Sardella – M. G. Vanaria in: ML X 91 ff. Zu den Frauenfiguren mit Schweinchen und Fackel 102 ff. Taf. 11–19. Leider sind die einzelnen Stücke den Votivgruben nicht zuzuordnen.

1048 ML X 21. 29. 32. 41 f. Taf. 1, 2. 2. 15, 1; 2: fossa I.

1049 ML X 32 f. Taf. 26: fossetta II.

1050 Zone N: ebenda 22 f. 33 Taf. 9, 1. 10, 3 (in geleertem Zustand) Abb. 1: fossa III. Leider wird in der Publikation die genaue Zusammensetzung der fossae I und III nicht angegeben. Man wüßte gerne, ob sie sich von der des umgebenden Stratums 23, 3 unterschied. Eine sukzessive Füllung über einen längeren Zeitraum hin scheint nicht beobachtet worden zu sein.

1051 A. Sardella ebenda 94–102 Taf. 1–10.

1052 ML X 41 f. Taf. 15, 1.

Artemis, komplettierte das Ensemble. Die Votivgrube war zudem mit größeren Steinen abgedeckt, wie dies auch an anderen Orten beobachtet wurde. Das Fundmaterial, das leider nicht en détail vorgelegt wurde, war anscheinend chronologisch von dem des Stratums 23, 3 nicht zu unterscheiden[1053], so daß die Gruben sicher erst in der 1. Hälfte des 3. Jahrhunderts angelegt wurden. Es war ein Glücksfall, daß sich die kleinere durch die in situ angetroffenen Opfertischchen und die Arula eindeutig als Votivbothros identifizieren ließ, in dem man offensichtlich Weihegaben an die Göttinnen bestattet hat. Die Vergrabung bzw. Dedikation von Votiven in die Erde scheint im Kult von Demeter und Kore Gang und Gäbe gewesen zu sein[1054]. Theaterfigurinen, Gestalten des dionysischen Thiasos und Masken waren seit dem 4. Jahrhundert in Demeterheiligtümern durchaus nicht ungewöhnlich, Beispiele für eine solche Weihepraxis kamen zum Beispiel aus Morgantina, Knossos oder Korinth[1055], so daß ihr Vorkommen in den Votivgruben in Lipari nicht verwundern muß.

Vergleicht man die eben beschriebenen Votivbothroi nach ihrem Inventar mit den schon erwähnten fossae im Nekropolengelände, fallen aber gravierende Unterschiede ins Auge. Die letztgenannten enthielten nie die eng mit dem Demeterkult verbundenen Votivtypen mit den Attributen Ferkelchen und Fackel. Auch die Pinakes, die meist drei Frauengestalten an einem Altar zeigen und auf die eleusinischen Gottheiten zu beziehen sein dürften, fehlen im Nekropolengebiet außerhalb des Koreions völlig. Dafür wurden in den Bothroi des Koreions anscheinend fast nie Brandspuren oder organische Materialien beobachtet. Lediglich im Innern des Raumes G wurden in der Schicht 13 ein kleiner schwarzgefirnißter Stamnos mit Gnathiadekor, eine halbkugelige Pyxis sowie Tierknochen in der Nähe eines kleinen Libationstischchens gefunden[1056]. Dieses seltene Vorkommen von Tierknochen und organischen Resten verwundert, da in Demeterheiligtümern häufig die Überreste von Opfermahlzeiten mit Tieropfern beobachtet wurden.

Dagegen erbrachten die Abfallschichten im Heiligtumsbezirk auch Fundgattungen, die aus den anderen, hier behandelten Kontexten bereits geläufig sind, in den Grabinventaren dagegen nicht üblich waren. Imitationen von wertvollem Silbergeschirr[1057] tauchten zum Beispiel auch in den fossae der Grabungsflächen 36 M und 37 auf. Polychrome Keramikfragmente fehlen jedoch auffälligerweise in den Votivgruben und Auffüllschichten im Heiligtum fast völlig. Die in den Grabinventaren, in kleinerem Umfang aber auch in den Gruben im Nekropolengelände vertretenen Hochzeitsgefäßformen spielen im Stratum 23, 3 gar keine Rolle.

Aufgrund dieser Beobachtungen drängt sich der Schluß auf, daß die Votivbothroi an Demeter und Kore im Umkreis des Altarfundamentes von allen anderen, mit fossa bezeichneten Kontexten in der Nekropole zu trennen sind, auch wenn sie sich in ihrer Zusammensetzung teilweise überschneiden. Dennoch scheinen die Terrakotten- und Keramikfunde eine enge Beziehung zwischen Demeter und Kore auf der einen und Dionysos auf der anderen Seite anzudeuten. Nicht umsonst wurde vermutet, daß Dionysos in den Demeterheiligtümern von Korinth und Lerna als Kultgenosse mitverehrt wurde[1058].

Eine wirklich differenzierte Analyse der liparischen Befunde in den fossae ist aber, wie aus dem Dargelegten klar geworden sein dürfte, aufgrund der summarischen Vorlage nicht möglich. Damit erscheint auch ein Vergleich mit ähnlichen Kontexten in Unteritalien wenig sinnvoll, zumal sich an anderen Orten, wie zum Beispiel in Tarent, wo zahlreiche Votivgruben im Nekropolengelände zutage kamen[1059], aufgrund der Grabungs- und Dokumentationsverhältnisse ebenfalls kein genaues Bild gewinnen läßt. Nicht umsonst gehen auch dort die Meinungen auseinander, ob die Bothroi mit dem Grabkult in der Nekropole oder mit kleinen Heiligtümern in ihrer Nähe zu verbinden sind. Berücksichtigt man außerdem die nach den unterschiedlichen Grabsitten zu vermutenden verschiedenartigen lokalen Gepflogenheiten der einzelnen Städte, würde

1053 Ebenda 40 ff. 47 Taf. 16–30.

1054 Hinz, Kult 53.

1055 Hinz, Kult 48. 128. 163. Bell a. O. 67–69. 97. 217 Nr. 774 (Anm. 1035). Beispiele aus anderen Heiligtümern ebenda 109 Anm. 186. Zu den Funden aus dem Demeter- und Koreheiligtum von Akrokorinth: R. S. Stroud, Hesperia 34, 1965, 10 Anm. 14 Taf. 2 e; ders., Hesperia 37, 1968, 323 Taf. 95 a. b; ders. – N. Bookidis, Corinth XVIII 1 (1997) 247. Zu Knossos: R. A. Higgins in: J. N. Coldstream, Knossos, The Sanctuary of Demeter (1973) 87 ff. Taf. 63; Himmelmann, Realistische Themen 114 Anm. 87.

1056 ML X 22. 33. Die Knochen stammen von Schafen und Vögeln.

1057 Ebenda 46 Taf. 23, 1.

1058 R. S. Stroud, Hesperia 37, 1968, 326 Anm. 31; N. Bookidis – J. E. Fisher, Hesperia 43, 1974, 291; N. Bookidis – R. Stroud, Demeter and Persephone at Corinth (1987) 20. 27; dies., Corinth XVIII 1 (1997) 247.

1059 E. Lippolis – S. Garraffo – M. Nafissi, Culti greci in Occidente I. Taranto (1995) 31 ff., bes. 107–122. Lippolis hat mit dem Problem zu kämpfen, daß die Fundumstände fast nie genau erfaßt sind (Altgrabungen!). In vielen Fällen ist noch nicht einmal die genaue Zusammensetzung rekonstruierbar. – Vgl. auch die Rez. von V. Hinz, Gnomon 71, 4, 1999, 342–346. Sie steht jedoch einer Verbindung der »stipi« mit der Nekropole und den dort abgehaltenen Kulthandlungen m. E. zu skeptisch gegenüber.

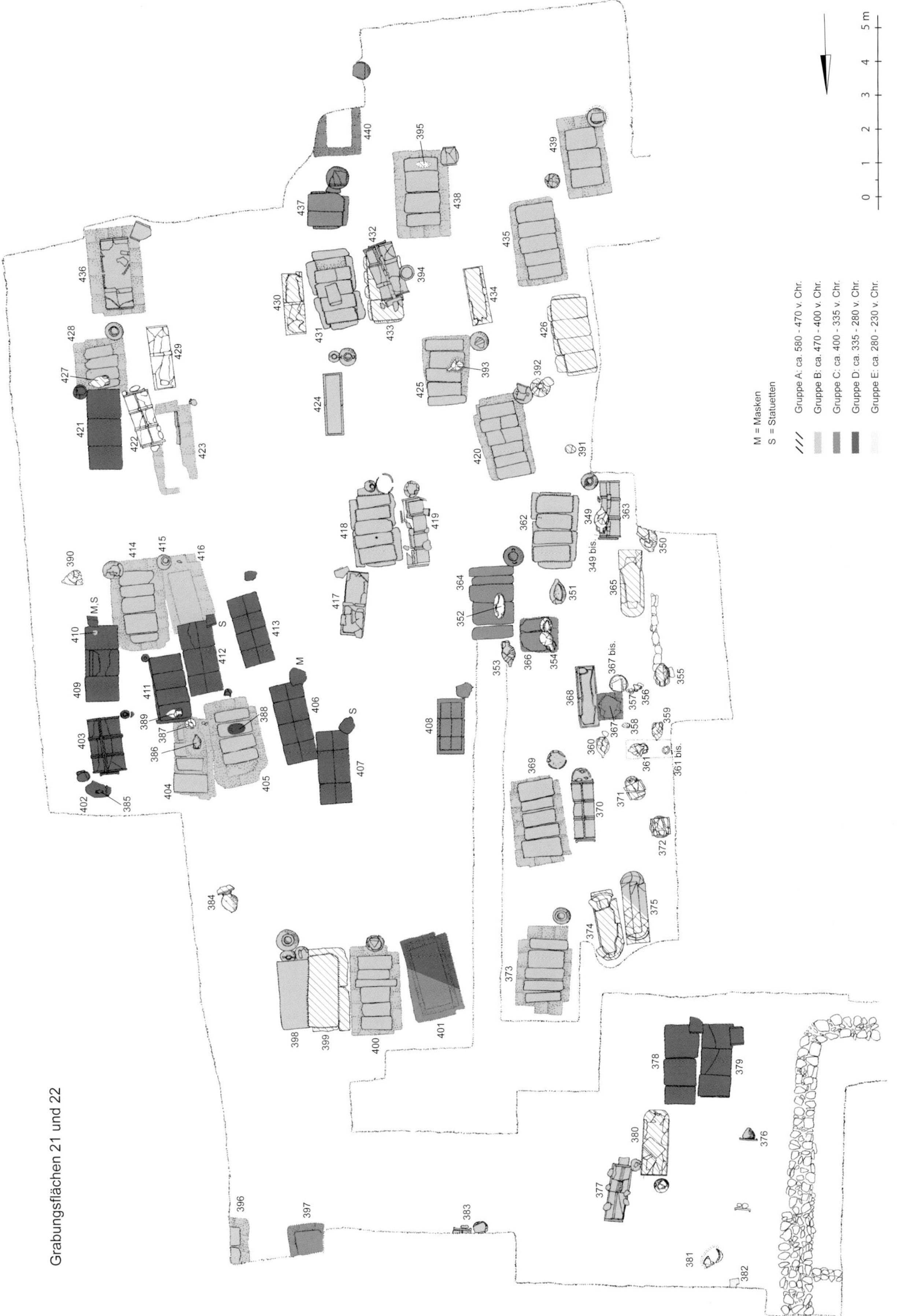

Abb. 28: Plan der Grabungsareale 21 und 22 in der Contrada Diana

eine Parallelisierung unsicherer Befunde nur die Gefahr von Fehlschlüssen und Überinterpretationen bergen.

Wenden wir uns den großen Mengen von Streufunden zu, die ohne stratigraphischen Zusammenhang mit Gräbern im Nekropolengelände der Contrada Diana gefunden wurden[1060]. Zu ihnen gehören zwar einige Fragmente von Koroplastenmodeln[1061], dennoch gibt es bisher keine weiteren Hinweise, daß Werkstattschutt in größerer Menge in die Nekropole gelangt wäre. Die Masken und Terrakotten tragen – trotz ihres oft fragmentarischen Zustandes – fast durchweg noch Spuren von Bemalung. Man kann also ausschließen, daß sie unfertig weggeworfen wurden. Auch Fehlbrände fehlen unter den Streufunden. Eingangs war die Möglichkeit geäußert worden, daß diese unstratifizierten Funde mit Störungen durch Nachbelegungen von Sarkophagen oder später errichtete Gräber zu verbinden sind. Dabei wären dann sowohl der ursprüngliche Inhalt der Särge als auch äußere Beigabenpakete zerstreut worden.

Untersucht man das Verhältnis von Streufunden und Wiederbelegungen oder Störungen in den einzelnen Grabungsarealen, ergibt sich kein einheitliches Bild. So lieferten zum Beispiel die Grabungsschnitte 1–4 und 12, in denen viele Gräber zur Zweitverwendung geräumt wurden, nur sehr wenige Lesefunde. Auch das Areal 15, in dem sich einige Störungen nachweisen ließen, erbrachte fast gar keine sporadischen Terrakottafunde. Dasselbe gilt für die Nekropolenschnitte 21 und 22. In anderen Plana wie 17 (Abb. 29), 9 und 11 würde die Menge der Streufunde zur Häufung von Störungen und Zweitbelegungen passen.

Dagegen ergeben sich größere Übereinstimmungen, wenn man die Schnitte unter chronologischem Blickwinkel betrachtet und die Streufunde zur Zahl der gleichzeitigen Gräber – also aus dem späten 4. und frühen 3. Jahrhundert – in Beziehung setzt. Denn dann erklärt sich die relative Streufundarmut in den Nekropolenabschnitten 21 und 22 (Abb. 28)[1062], da sich dieses Gebiet durch eine ziemlich einheitliche und frühe (archaische und klassische) Belegung auszeichnet, die nicht über das 1. Drittel des 3. Jahrhunderts hinabreicht. Dasselbe gilt für die erwähnten Schnitte 1–4 und 12. Auch dort waren jeweils nur wenige Bestattungen aus dem frühen 3. Jahrhundert nachweisbar.

Die Funddichte der Areale 9, 11 und 17 (Abb. 29) korrespondiert mit der Hauptnutzungsphase im 4. und 3. Jahrhundert[1063], dagegen ließen sich im Schnitt 9 nur wenige wiederverwendete Gräber nachweisen. Der Abschnitt 26 jedoch, der, was Störungen angeht, ein ähnliches Bild abgibt wie 17 und offenbar erst seit der 2. Hälfte des 4. Jahrhunderts für Bestattungen genutzt wurde, erbrachte mit fünf Statuetten und drei Masken eine vergleichsweise magere Ausbeute. Möglicherweise erklärt sich die Diskrepanz zwischen der Menge der Lesefunde und der Zahl der frühhellenistischen Gräber dadurch, daß – wie bei den Grabinventaren beobachtet – Masken und Theaterterrakotten nicht zu den Standardbeigaben gehörten, sondern daß nur bestimmte Gruppen oder Personenkreise ihre Gräber mit diesen Gegenständen ausstatteten.

Demnach bietet die Störungstheorie keine alle Befunde abdeckende Erklärung für die Streufunde. Auch mit Brandbestattungen können sie nicht in Verbindung stehen, obwohl ein Teil der Stücke Brandspuren besitzt[1064], da die Gebiete mit hoher Streufunddichte keine entsprechend hohe Rate von Brandgräbern aufwiesen, sieht man vom Areal 17 ab. Daß Nachbestattungen bisweilen für Beschädigungen und Verschiebungen von Grabbeigaben verantwortlich sind, ist sehr wahrscheinlich[1065], dennoch muß es noch andere Gründe für das Gros der Streufunde geben. Dabei ist erneut zu betonen, daß diese hauptsächlich aus dem spätesten 4. und frühen 3. Jahrhundert stammen und offenbar zu zeitgleichen Grablegungen in Verbindung stehen[1066].

Möglicherweise liegt der Schlüssel zur Erklärung dieser Streufunde in der großen Menge von tönernen Blüten, die in Grabinventaren fast nie, als sporadische Funde in

1060 Vgl. die Listen in MTL 303 ff. Leider ergeben sie kein vollständiges Bild, weil weder die Keramik, noch tönerne Blüten oder Terrakotten aufgenommen sind, sofern sie nach Meinung der Ausgräber nicht mit dem Theater in Beziehung stehen.

1061 MTL 239 f. 256 f.; ML IX 2 159 ff. Taf. 201–204.

1062 Das Grabungsareal 21 erbrachte kein sporadisches Terrakottenmaterial aus der 1. Hälfte des 3. Jhs., was jedoch nicht verwundert, da in diesem Bezirk keine Bestattungen dieser Periode lagen.

1063 Areal 17: Plan ML II Taf. K. Soweit die Gräber über Beigaben noch zu datieren sind, stammte ein Großteil der Sarkophage aus dem späten 4. und frühen 3. Jh. Zugleich sind überdurchschnittlich viele (mindestens 17 von 49 vorrömischen Sarkophagen) zweitverwendet worden.

1064 z. B. die Silensmaske Inv. 9729 (Taf. 20 c; Farbtaf. 1 c) aus der Grabungsfläche 32, MTL 152 f. Nr. 1 Farbtaf. 23; oder das weibliche Maskenfragment Inv. 10780 aus 31/71, MTL 124 G 10 c Abb. 201.

1065 Vgl. z. B. Grab 11, Krater 402, ML II 10. 142.

1066 Angesichts der langen Laufzeiten der Model und der oft schlechten Qualität der Ausformungen spricht viel dafür, daß auch die Theaterstatuetten, die mit der Mittleren Komödie verknüpft werden, noch in dieser Zeit hergestellt wurden. Vgl. das Maskenfragment Inv. 9753 (MTL 195 Nr. 2 Abb. 321) des klassischen Typus K 21 d, das in einem rein hellenistischen Kontext auftauchte.

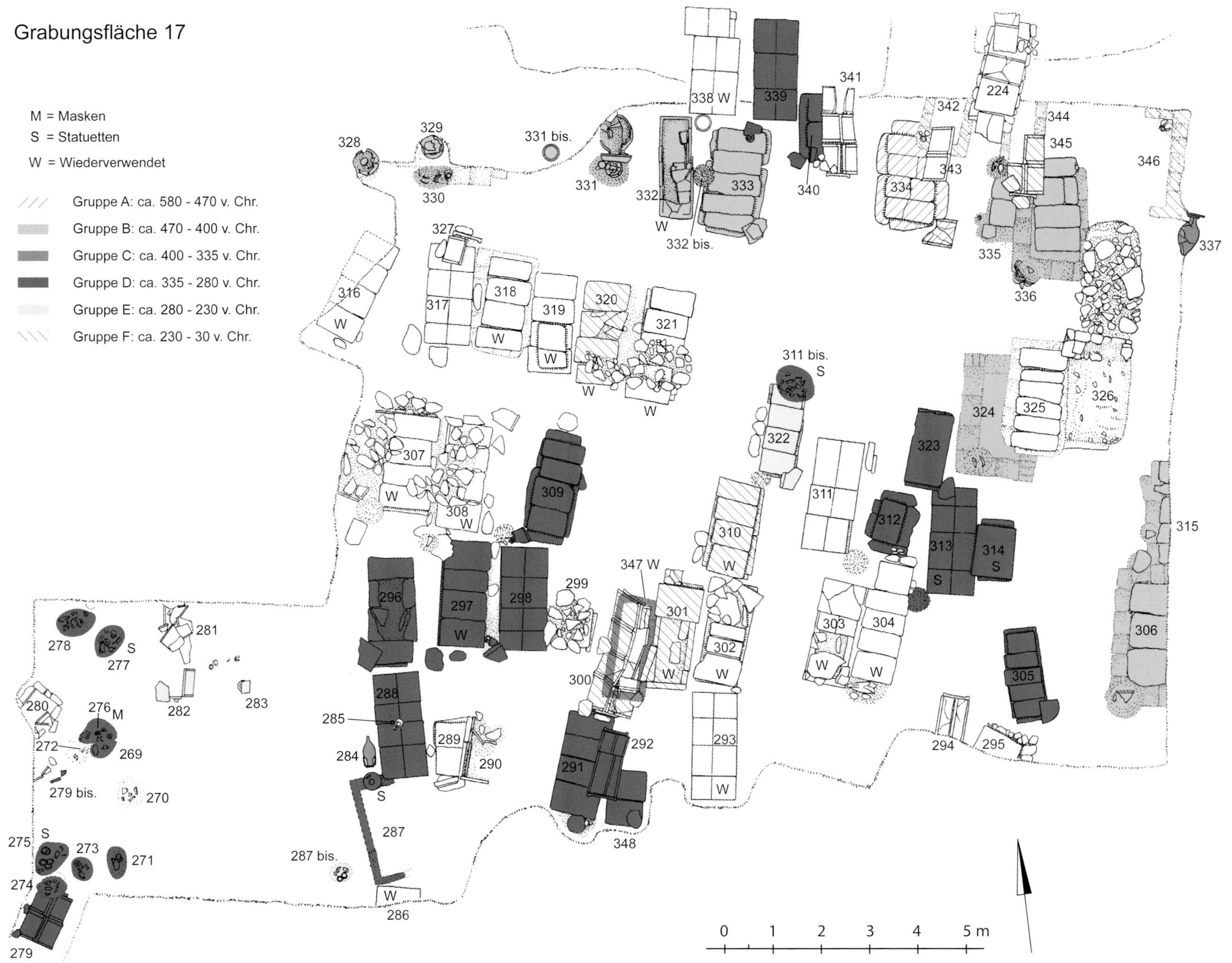

Abb. 29: Plan des Grabungsareals 17 in der Contrada Diana

der Nekropole[1067] und im Koreion dagegen sehr häufig auftauchen. Die Blumen, die zum Teil einen Durchmesser von mehr als 20 cm erreichen konnten[1068], besitzen einen tiefen Blütenkelch mit in der Regel sechs Blütenblättern und meinen wohl Lilien- oder Araceenblüten. Einige von ihnen enden unten in einem Zapfen, mit dem sie in einen Ständer eingesetzt werden konnten, bei anderen ist ein konischer Ständer direkt angeformt[1069]. Die meisten von ihnen tragen heute noch einen weißen Überzug, selten sogar noch Farbspuren, dürften also bemalt gewesen sein. Ganz ähnliche Blüten bekrönten die Köpfe von Frauen und Silenen in Büstenform[1070], die damit vermutlich als Parallelerscheinung zu den Blüten auf Ständern zu verstehen sind. Diese Blütenbüsten sind nicht auf Lipari beschränkt, sondern fanden sich auch in Unteritalien und Sizilien. Man hat generell eine Funktion als Thymiaterien[1071] erschlossen, was angesichts der tiefen Blütenkelche plausibel erscheint, doch besitzt keines der liparischen Exemplare Brandspuren[1072]. Leider ist es nach dem augenblicklichen Forschungsstand schwierig, aus den Fundkontexten der Blüten, Blütenfrauen und -silene außerhalb Liparis weitere Aufschlüsse über deren Verwendungszweck zu gewinnen: In Paestum stammen die meisten aus Votivgruben im Heraheiligtum an der Selemündung, und auch sonst scheinen sie – wenn der Fundzusammenhang bekannt ist – am ehesten aus Heiligtümern zu kommen[1073]. Maria Wilhelmina Stoop verbindet diese Form von Thymiateria mit einer Göttin, die bei der Kindsgeburt hilft (Eileithyia), und in weitem Sinne mit Fruchtbarkeit, wozu nach ihrer Meinung auch der Silen als Naturdämon paßt[1074]. Eine solche Beziehung ließe sich mit dem häufigen Vorkommen im liparischen Koreion und anderen Demeterheiligtümern[1075] wohl vereinbaren, doch scheint mir eine so enge Eingrenzung und Erklärung zu kurz zu greifen[1076]. Gerade das gehäufte Auftreten der Blüten im Nekropolengelände und auch in Abfallschichten innerhalb der Stadt[1077] spricht für eine Verwendung in ganz unterschiedlichen Zusammenhängen.

1067 z. B. in den Schnitten 32 und 33 (in ML XI nicht abgebildet). Die Blüten aus dem Altargebiet sind inzwischen publiziert: M. G. Vanaria in: ML X 121 f. Taf. 16. 17.

1068 Im Museo Eoliano ist unter den Funden aus der favissa 37 eine Blüte mit einem Durchmesser von mehr als 20 cm ausgestellt, ML XI 2 640 Abb. 105, 5; weitere Blüten ebenda 640 Abb. 105, 6; vgl. auch die Blüte bei Grab 1782, ML VII 54.

1069 Vgl. die Abb. ML VII Taf. 80. Beschreibungen ebenda 121. 122; ML V 75 Nr. 7 Taf. 39 Abb. 114.

1070 Museo Eoliano 102; eine fragmentarische »Blütenfrau« aus Ton, an der sich noch reiche Polychromiespuren erhalten haben, lag in der fossa 36 M, ML VII 128 Taf. 88, 6. Eine andere reich bemalte Frauenbüste (Inv. 23793) aus dem späten 4. oder frühen 3. Jh. trägt dagegen eine artischockenartige Blüte auf dem Kopf. Sie stammt aus dem Koreionbezirk, M. G. Vanaria in: ML X 119 Taf. 25, 2. Zu den Blütenfrauen insgesamt ebenda 118 f. mit Taf. 25. – Zu den einzigen Abbildungen von fragmentarischen Blütensilenen im Museo Mandralisca, Cefalù, Inv. 132, Tullio, Museo Mandralisca 28 Taf. 6, 4; Lipari, Museo Eoliano, M. W. Stoop, Floral Figurines from South Italy (1960) 14. 20 f. Taf. 10, 3; ML X 119 f. Taf. 26, 1: Inv. 23795 aus dem Koreion.

1071 Museo Eoliano 102. Zur Gattung generell und zur Deutung als Räucherständer: Stoop a. O. 4 f. 17 mit Anm. 1. 77 (Anm. 1070); C. Zaccagnino, Il thymiaterion nel mondo greco (1998) 80 f. – Vgl. auch M. Bell, Morgantina I, The Terracottas (1981) 233 f. Nr. 932–934 Taf. 138. Der Silen Nr. 932 hatte ein Loch im Oberkopf zum Einsatz der Blüte.

1072 M. G. Vanaria in: ML X 120. Da auch ein Großteil der griechischen Lampen in der Nekropole niemals angezündet war, denn es fehlen Schmauchspuren, muß dies aber vielleicht nicht dagegensprechen. M. Cipriani in: E. Lippolis (Hrsg.), I Greci in Occidente, Arte e artegianato in Magna Grecia, Ausstellung Taranto (1996) 212, hält es für die Deutung als Thymiateria ebenfalls für unwichtig, ob sie benutzt waren oder nicht.

1073 In Locri Epizefiri wurde ein gut erhaltenes Exemplar in der »Casa dei leoni« im Heiligtum von Marasà Sud gefunden, die als Priesterinnenhaus interpretiert wird, E. Lattanzi u. a. (Hrsg.), I Greci in Occidente. Santuari della Magna Grecia in Calabria (1996) 28; Abb. S. 29. – Die oben zitierten Stücke aus Morgantina (vgl. Anm. 1071) kamen in Füllungen im Wohngebiet und im Hof C des North Sanctuary zutage, das als Demeter- und Kore-Heiligtum angesehen wird. – Die Stücke aus Capua tauchten vermutlich bei frühen Grabungen im Heiligtum Patturelli auf, ihr genauer Kontext ist jedoch unbekannt, Stoop a. O. 14 f. Anm. 2 (Anm. 1070).

1074 Stoop a. O. 38 ff. (Anm. 1070) – In Lipari scheint Artemis, die auch für Geburt und Kinderaufzucht zuständig war, in einer Kultgemeinschaft mit Demeter und Persephone verehrt worden zu sein, s. Hinz, Kult 163. 227 f. zur Verbindung der drei Göttinnen.

1075 Vgl. Hinz, Kult 205 für Locri.

1076 Vgl. auch Cipriani a. O. 212 mit Anm. 64–66 (Anm. 1072).

1077 In einer Grube in einem spätantiken Haus innerhalb der Stadtmauer in Lipari lagen zwischen Material aus dem 4. Jh. v. Chr. auch Fragmente von Blumen (ML IX 2 158), ebenso in einer anderen fossa (del Timparozzo) unterhalb der Akropolis, also im Stadtgebiet, ML IX 2 27; zum Kontext 25 f. Für die Verbindung dieser Grube mit einem innerstädtischen Heiligtum scheint es mir bisher keinerlei Indizien zu geben. Die von den Ausgräbern als Begründung zitierte Präsenz von Theaterterrakotten und Götterfigürchen, die zu einem einfachen, profanen Abfallhaufen nicht passe, ist m. E. kein Argument (s. o. Anm. 1033). Sonst enthielt die Grube auch grobe Gebrauchskeramik und mehrere Webgewichte. Die feinere Keramik scheint nicht stark vertreten und unscheinbar gewesen zu sein. Die Fragmente davon sind alle nicht abgebildet.

Damit ist man frei, nach einer anderen Erklärung zu suchen, die dem Befund in Lipari möglicherweise eher gerecht wird, vor allem indem sie das Vorkommen in Nekropolenkontexten ernst nimmt: Gibt es Argumente, die dafür sprechen, daß die Blüten auch in Zusammenhang mit Grab und Tod stehen konnten? Ein Überblick über die wenigen Notizen zu den Kontexten ließ die Verwendung in einer Nekropole ja bisher als Sonderfall dastehen.

Hier hilft ein Umweg weiter: Auf unteritalischen Grabvasen spielt die pflanzliche Ornamentik eine große Rolle. Sie umgibt nicht nur die meist im Hauptbild dargestellen Grabnaiskoi, sondern kann auch selbst anstelle der Statue des Grabinhabers den Naiskos füllen oder zum zentralen Motiv des Grabmals werden[1078]. Dabei fällt die Naturtreue auf, mit der die Pflanzen bisweilen charakterisiert werden. Sie erlaubt es häufig sogar, die verschiedenen Blumen und Blätter botanisch zu identifizieren[1079]. Die den Naiskos umgebenden Figuren, die offenbar Gaben zum Grab bringen, tragen oftmals Zweige, Ketten aus Blüten und Kränze, aber auch Weintrauben[1080]. Luca Giuliani hat hervorgehoben, daß sich die auf den Vasen dargestellten Naiskoi mit Grabstatuen an realen Vorbildern orientieren[1081], wie sie zum Beispiel in Tarent das oberirdische Bild des Friedhofes bestimmt haben müssen. Insofern wird man auch dem pflanzlichen Schmuck der Grabmäler und den Gabenbringern, die die Monumente mit Blumen, Kränzen, Zweigen und Binden verzieren, trotz aller Stilisierung eine reale Note nicht absprechen können. Zudem gehört es zu den gängigen Topoi in griechischen Grabepigrammen, daß sich Efeu und Weinlaub um die Grabsteine rankten, daß Blumen auf den Gräbern wuchsen und daß Besucher am Grab Blumen und Blütenkränze niederlegten[1082]. Wenn reale Blumen zum Schmuck von Gräbern und Grabmonumenten gehörten, warum sollte man dann nicht vermuten, daß auch künstliche, nicht welkende Blumen an den Gräbern aufgestellt wurden, wie dies heute noch mit den zahlreichen Plastikblumensträußen auf italienischen Friedhöfen geschieht. Denn man kann beobachten, daß gerade im Umgang mit dem Tod und bei der Pflege von Gräbern offenbar allgemeinmenschliche Verhaltensweisen zum Vorschein kommen, daß sich deswegen Riten über lange Zeiträume gehalten haben oder daß aus denselben Bedürfnissen heraus unabhängig von gegenseitiger Beeinflussung ähnliche Handlungsmuster vorkommen. So könnten die tönernen Thymiateria in Form von Blumen, Blütenfrauen und Silensbüsten mit Blütenaufsatz auf den Gräbern gestanden haben. Als Räuchergefäße hatten sie dann noch eine zweite Funktion, auch wenn sich bisher bei keinem Stück Brandspuren einer Benutzung gefunden haben. Denn Thymiateria gehören zum Opfer und gaben dem Ort deshalb eine sakrale Aura[1083]. Nicht umsonst fanden sich die meisten Thymiateria in Unteritalien in Heiligtümern[1084]. Demnach dürften diese Tonblumen nicht einfach zur Dekoration des Grabes gedient haben, sondern man verband mit ihnen sicherlich einen tieferen Sinn, der auch mit dem Totenkult in Verbindung stand. Dieser ist allerdings schwer zu fassen, will man sich nicht an den gelehrten Spekulationen beteiligen, die den einzelnen Pflanzen jeweils eine symbolische Bedeutung zuschreiben[1085]. Dennoch wird man eine Verbindung der Pflanzen generell mit Demeter und Persephone nicht ganz von der Hand weisen wollen, zumal auf Sizilien eine Mythenfassung lokalisiert wird, nach der Persephone mit ihren Gespielinnen gerade auf einer Wiese Blumen pflück-

1078 H. Lohmann, Grabmäler auf unteritalischen Vasen (1979) 114 ff., bes. 117. Beispiele von Pflanzen im Naiskos: Taf. 9, 1 (A 285: St. Petersburg St. 878); Taf. 50, 1. 2. (A 470/B: Neapel H. 2203; A 488: Neapel H. 2311). Anthemion als Grabmal: vgl. die auf S. 117 Anm. 936. 939 zitierten Beispiele. – Auf Taf. 53, 1 (A 163/B: Bonn 99) ist der Sockel des Naiskos mit einer vegetabilen Ranke verziert.

1079 Lohmann a. O. 118 f. (Anm. 1078).

1080 z. B. Lohmann a. O. 189 Taf. 11, 2 (Anm. 1078) (A 133: Berlin F 3260); 269 Taf. 13, 1 (A 786: Kunsthandel Basel); Weintrauben: z. B. 236 Taf. 18, 1 (A 510: Neapel SA 9). Blütenketten: z. B. Volutenkratere Berlin, Antikensammlung Inv. 1984.41; 1984.43, Giuliani, Tragik 26 Kat. 1 Abb. 92; 54 f. Kat. 9 Abb. 90. – Zur Deutung der Figuren als Gabenbringer Lohmann a. O. 2. 6. 122 ff. (Anm. 1078); M. Schmidt in: dies. – A. D. Trendall – A. Cambitoglou, Eine Gruppe Apulischer Grabvasen in Basel (1976) 22 ff.; Giuliani, Tragik 143 ff.

1081 Giuliani, Tragik 143 mit Anm. 497. – Genauso S. Steingräber, Arpi – Apulien – Makedonien (2000) 151.

1082 Efeu und Weinranken: Anthologia Graeca VII Nr. 22; Blumen wachsen am Grab: ebenda VII Nr. 22 (Rosen). 222. 321; Blumengaben ebenda VII Nr. 2 b; 31; 485; 657. Dieselben Motive kommen in griechischen Grabinschriften vor: R. Lattimore, Themes in Greek and Latin Epitaphs (1962) 128 ff. – M. Blech, Studien zum Kranz bei den Griechen (1982) 96.

1083 N. Himmelmann, Zur Eigenart des klassischen Götterbildes (1959) 28 f.; Zur Benutzung E. Fabbricotti, NSc 33, 1979, 410 ff.

1084 Stoop a. O. 3. 15 Anm. 2. 18 ff. 77 (Anm. 1070): Heiligtümer an der Selemündung, in Paestum, Capua, Cirò und Lipari. Siehe auch oben Anm. 1073.

1085 z. B. Lohmann a. O. 122 ff., bes. 127 ff. (Anm. 1078), der viele der Pflanzen mit der Einweihung in Mysterienkulte in Verbindung bringt und dezidierte Jenseitsvorstellungen mit ihnen verknüpft sieht; K. Schauenburg, RM 64, 1957, 203. 221; J. Thimme in: P. Zazoff (Hrsg.), Opus Nobile, Festschrift U. Jantzen (1969) 161 ff.

te, als sie von Hades in die Unterwelt entführt wurde[1086]. Daneben gibt es eine ganze Reihe von Hinweisen, die für eine wichtige Rolle der Göttinnen im unteritalischen Totenkult sprechen[1087]. In Lipari liegt ja sogar ihr Heiligtum im Gebiet der Nekropole.

Wenn die tönernen Blumen, die in großer Menge als Streufunde in der liparischen Hauptnekropole ausgegraben wurden, zum oberirdischen Grabschmuck zu rechnen sind, könnte dies auch für Masken und Terrakottafigürchen zutreffen, die das Gros der unstratifizierten Funde ausmachten. So möchte man auch das Material aus den Grabungsarealen 9, 11, 17 und 36 C als Gaben auffassen, die am Grab niedergelegt worden waren[1088]. Auffällig ist dabei das Themenspektrum, bei dem die Beziehung zu Dionysos wiederum eine große Rolle spielt.

Wie muß man sich diesen Friedhof in der Contrada Diana überhaupt vorstellen, denn die Sarkophage und Urnen waren ja mit Erde zugedeckt? Sieht man von einigen aufrecht gestellten großen Kieseln und Cippi ab, die in der Regel nur den Namen des oder der Verstorbenen trugen, fand man keine Überreste von einer monumentalen Ausgestaltung der Gräber. Mit einer gebauten Grabarchitektur oder Grabplastik aus Stein ist demnach nicht zu rechnen. Spuren von temporären Anlagen aus Holz, etwa für die Bestattungsfeierlichkeiten, wie sie in Apulien zutagekamen[1089], wurden nicht beobachtet. Dennoch dürfte die Nekropole nicht wie ein brach liegender Acker ausgesehen haben, lag sie doch in einer fruchtbaren Senke, sondern sie war vermutlich als Gartenlandschaft bepflanzt[1090] und lud zu Spaziergängen und Verweilen ein wie der Kerameikos oder die Nekropolen vor den Toren Pompejis[1091]. Schriftliche Quellen sprechen ausdrücklich von der Verpflichtung der Familie zur Grabpflege und der jährlichen Abhaltung von Grabriten[1092]. Im Hellenismus sind bisweilen mit Hilfe von testamentarischen Stiftungen sogar regelrechte Familienvereine zum Totengedenken gegründet worden[1093].

Wieso sollte man nicht annehmen, daß die als Streufunde in vielen Grabungsschnitten aufgetauchten Blüten, hellenistischen Masken (denen großenteils die Löcher zum Aufhängen fehlen) und Theaterterrakotten als Grabschmuck oder als Kultgeräte oberirdisch auf manchen Gräbern abgestellt oder abgelegt wurden[1094]. Vermutlich stellte man auch Gefäße, zum Beispiel Trinkgefäße und Schüsselchen mit Speisen dazu, wie dies auf Vasen mit Grabmaldarstellungen bisweilen zu sehen ist[1095]. Diese Gegenstände wären dann bei Störungen, durch Nachbestattungen etwa, zerbrochen worden und unter den Boden gekommen. Die brutalste und umfassendste Störung stellte aber mit Sicherheit die langdauernde Belagerung durch die Römer dar, die sich nachweislich genau auf dieses Gelände vor der Stadtmauer erstreckte und schließlich 252/51 v. Chr. zum Fall der Stadt führte[1096]. Dabei muß auch das Heiligtum für Demeter und Kore zerstört worden sein, denn eine spätere Nutzung als sakraler Ort konnte bisher nicht

1086 Diod. V 3, 2–3; V 4, 1; Hinz, Kult 19. 27. 210; Roscher, ML II 1 (1890–97) 1312 ff. s. v. Kora. – Vgl. auch das Blumenfest Anthesphoria im Kult für Persephone: Poll. I 37; RE I (1894) 2371 s. v. Anthesphoria (Hiller von Gaertringen); Kleiner Pauly 2 (1979) 1463 s. v. Demeter (Fauth).

1087 Vgl. z. B. die Naiskosbilder auf unteritalischen Vasen, in denen Ähren dargestellt sind, oder die Goldähren, die sich in Gräbern fanden: Lohmann a. O. 130 ff., bes. 132 mit Anm. 1083. 1084 zu den Goldähren (Anm. 1078); Schauenburg a. O. 198 (Anm. 1085); Hinz, Kult 50 scheint die Indizien für eine enge Verbindung der beiden Göttinnen zum Totenkult allerdings gering zu bewerten.

1088 L. Bernabò Brea und M. Cavalier in: ML VII 112, vermuten einen Zusammenhang der Terrakottenansammlungen in den Grabungsfenstern 36 A und C mit dem Grabkult, z. B. den jährlich wiederkehrenden Zeremonien am Grab.

1089 Steingräber a. O. 149 f. mit Anm. 1036. 1039–1041 (Lavello und Ordona) (Anm. 1081).

1090 M. Carroll-Spillecke, Κηπος. Der antike griechische Garten (1989) 38; J. Fabricius, Die hellenistischen Totenmahlreliefs (1999) 67 mit Belegen in den Anm. 77. 78; H. P. Laubscher, RM 100, 1993, 52.

1091 H. Knell, Athen im 4. Jh. v. Chr. (2000) 23; V. Kockel, Die Grabbauten vor dem Herkulaner Tor in Pompeji (1983) 40 mit Anm. 365. S. 158; W. F. Jashemski, The Gardens of Pompeii I (1979) 141–153; H. v. Hesberg, Römische Grabbauten (1992) 17.

1092 Vor allem in den attischen Gerichtsreden, z. B.: Demost. or. XLIII 65; Isaios II 10. 46; VI 51. 65; vgl. Kurtz – Boardman, Thanatos 176 ff. 179 zur Darbringung von Blumen, Kränzen und Bändern.

1093 E. F. Bruck, Totenteil und Seelgerät (1926) (1970)[2] 177 ff.; M. P. Nilsson, Geschichte der griechischen Religion[3] II (1974) 115 ff., z. B. die testamentarische Stiftung der Epitekta von Thera 116 Anm. 3; A. Wittenburg, Il testamento di Epikteta (1990); Fabricius a. O. 106 (Anm. 1090).

1094 Die Anregung zu diesem Gedanken verdanke ich Lilian Balensiefen.

1095 Vgl. die im Kapitel zu den Quellen in Anm. 1286 zitierten Beispiele.

1096 ML IX 2 181 ff., bes. 191 f. Abb. 55 Taf. 220–223. In einem Abschnitt vor der Stadtmauer wurden zwischen Katapultkugeln und Lanzenspitzen etc. auch zweckentfremdete Cippi aus der Nekropole gefunden: L. Bernabò Brea – M. Cavalier, Kokalos 39/40, 1993/94 (1996) 992; ML IX 2 192. Zur Stadtmauer außerdem: L. Bernabò Brea in: Saggi in onore di G. de Angelis d'Ossat (1987) 19–24. – Bei der Belagerung könnten auch einige Gegenstände ihre Brandspuren bekommen haben.

nachgewiesen werden[1097]. Nach den schriftlichen Quellen und den Befunden in der Nekropole zu urteilen, hat diese Katastrophe einen starken Einschnitt im Leben der Stadt bedeutet, sowohl im Hinblick auf den Wohlstand als auch auf die Bevölkerungsstruktur. Möglicherweise lebten viele Familien nicht mehr oder waren ausgewandert, so daß die Pflege der – ohnehin durch die römische Belagerung verwüsteten Grabanlagen – nach 251 nicht mehr gewährleitet war. Dies könnte auch der Grund sein, warum man so viele Streufunde aus der 1. Hälfte des 3. Jahrhunderts, aber fast keine vergleichbaren aus früheren Phasen der Nekropole und vor allem aus dem sonst so reich vertretenen 4. Jahrhundert gefunden hat. Im 5. und 4. Jahrhundert als einer Periode der Prosperität und eines funktionierenden Polisverbandes dürfte die Kontinuität der Grabpflege gesichert gewesen sein, und man kann annehmen, daß die Verwandten und sonstigen Besucher am Grab alte, unansehnlich gewordene oder gar zerbrochene Gegenstände entfernten und durch neue, modernere ersetzten. Möglicherweise gelangte ein Teil dieses ausgedienten Grabschmuckes in die Abfallschichten aus dem 4. Jahrhundert unmittelbar vor der Stadtmauer.

3 Vergleichbare Grabkontexte außerhalb Liparis

Die Auswertung der Grabinventare in Lipari ergab, daß man unterscheiden muß zwischen Beigaben im Grab und Gegenständen, die außerhalb deponiert wurden. Die Masken und Theaterterrakotten, denen diese Untersuchung hauptsächlich gilt, lagen fast immer außen bei einem Set mit Symposionskeramik. Aus den Kontexten ließ sich auch ablesen, daß die beiden Gruppen von Gaben möglicherweise verschiedene Funktionen gehabt haben und zu unterschiedlichen Zeiten abgelegt wurden.

Im folgenden stellt sich die Frage, ob diese Trennung der Beigaben eine Eigenheit speziell von Lipari darstellt oder ob sich an anderen Orten ähnliche Phänomene finden lassen, die zur Erklärung der liparischen Verhältnisse einen Beitrag leisten können. Dabei wird es zunächst darauf ankommen, vergleichbare Grabkontexte mit Masken zu finden. Die Suche beschränkt sich fast durchweg auf Nekropolen mit Einzelbestattungen, da in Kammergräbern in der Regel die Zugehörigkeit der Gaben zu den einzelnen Bestattungen entweder nicht genau beobachtet wurde oder nicht eindeutig bestimmbar war[1098].

a Vergleichbare Kontexte mit Masken

Nach den zahlreichen Masken und den polychromen Frauengemach- bzw. Hochzeitsgefäßen zu urteilen schienen die hellenistischen Gräber aus Centuripe die engste Parallele zu Lipari abzugeben, auch wenn die Funde in Centuripe mindestens ein halbes Jahrhundert jünger sein dürften. Die Masken, die im Museum von Syrakus liegen[1099], sind meines Erachtens zu einem hohen Prozentsatz nicht von Theatermaskentypen abhängig. Dies gilt vor allem für die vielen Darstellungen junger Frauen, bei denen jeweils ein ähnliches oder sogar das gleiche Gesicht nach ganz gängiger koroplastischer Manier mit unterschiedlichen Frisuren kombiniert ist. Daneben kommen Jünglinge mit pausbäckigen Gesichtern, Satyrn und Pane, jedoch auch komische Sklavenmasken sowie einige hellenistische Tragödienmasken mit Onkosfrisur vor. Weitaus die meisten tragen dionysische Attribute wie Efeukränze mit Korymben oder wulstige Symposionskränze. Viele von ihnen haben wie die liparischen Exemplare im Oberkopf Löcher zum Aufhängen.

Leider sind die Kontexte dieser Masken sowie die Beifunde – es handelt sich hauptsächlich um zwischen 1908 und 1911 durchgeführte Grabungen von Paolo Orsi – bis heute nicht publiziert[1100]. Meine Nachforschungen im Museum von Syrakus ergaben jedoch, daß die Kontexte nach den erhaltenen Unterlagen wohl nicht mehr rekonstruierbar sind[1101]. Für Fragestellungen, bei denen es auf vollständige Befunde ankommt, scheiden demnach die centuripinischen Altfunde aus. Dennoch sind einige wenige Rückschlüsse möglich: Die Masken aus Grab 262 lagen nach den Angaben im Inventarbuch in der Grabgrube beim Schädel und den Füßen des Leichnams[1102].

1097 ML X 21 ff., bes. 36; vgl. auch Hinz, Kult 163. In römischer Zeit erhob sich auf diesem Gelände eine Arena.

1098 Allerdings werden trotzdem einige in unserem Zusammenhang wichtige Kammergräber in Tarent in die Betrachtung einbezogen, s. u. Text zu Anm. 1177–1189.

1099 Durch die liberale Hilfsbereitschaft der Museumsdirektorin C. Ciurcina durfte ich die Stücke sämtlich im Depot untersuchen. Sie sind neuerdings behandelt und abgebildet in: L. Bernabò Brea, Terracotte teatrali e buffonesche della Sicilia orientale e centrale (2002).

1100 Kurze Ankündigung in NSc 1912, 419 f. Zu seinen früheren Grabungen vgl. NSc 1907, 491–495.

1101 Die Inventarbücher verzeichnen nach freundlicher Auskunft von A. Curcio unter den entsprechenden Gräbern und ustrina nur Terrakotten, Bronzegegenstände und Glasgefäße etc., aber keinerlei Keramik und kaum Bemerkungen über die Fundumstände. Da Orsi selbst und auch Libertini jedoch auch von Campanaware und Gebrauchskeramik schreiben, können die Angaben im Inventarbuch nicht vollständig sein, P. Orsi, NSc 1907, 492; G. Libertini, NSc 1947, 259 ff. (Bericht über die Grabung von 1942 in der hellenistischen Nekropole).

1102 Die Beschreibung von Grab 262 aus der Kampagne von 1911 – eine der wenigen aussagekräftigen – besagt, daß die Masken Inv. 32459 und 32460 in einem einfachen ostwestlich

Bei den späteren Grabungen von Libertini[1103] in einer ab dem 2. Jahrhundert v. Chr. belegten Nekropole in der Contrada Casino fanden sich zudem keine Hinweise auf Beigaben außerhalb der Gräber. Die Terrakotten – es kamen dort keine Masken mehr zutage – lagen oft an den Plätzen von ustrina, wie dies nach dem Inventarbuch auch für die Masken aus der Bestattung Nr. 91 der Orsi-Grabungen zutraf[1104]. Die letztgenannten Beobachtungen lassen also vermuten, daß es hinsichtlich der Deponierung der Gegenstände Unterschiede zu Lipari gegeben haben muß. Genauere Aussagen erlauben die spärlichen Notizen jedoch nicht.

Ein anderer Kontext enthielt ebenfalls ähnliche Masken wie diejenigen aus Lipari, nämlich ein Grab in der spätklassisch-frühhellenistischen Nekropole von Ponticelli unweit von Neapel[1105]. Dort lagen die beiden Masken (Taf. 23 a–c) zusammen mit zwei tönernen Tränenfläschchen zu Füßen des Leichnams in einem steinernen Kistengrab[1106]. Äußere Beigaben oder Symposionskeramik fehlten. Überblickt man das gesamte Gräberfeld und die übliche Ausstattung der Gräber[1107], fallen Beigaben wie Lanzenspitzen, eiserne Fibeln, Messer und ein Bronzegürtel auf. Dagegen gab es auffallend wenig bemalte Keramik und Terrakotten. Das Gräberareal wurde demnach von samnitischen Italikern benutzt[1108] und dürfte mit denen der griechischen Koloniestadt Lipari nicht vergleichbar sein. Gleiches gilt für zwei frühhellenistische Gräber in der Spinazzo-Nekropole von Paestum[1109]. Das eine war eine Kinderbestattung und enthielt neben tönernen Tierchen und kleinem Geschirr unter anderem drei Komödienterrakotten, das andere gehörte einem oder wahrscheinlicher einer Erwachsenen und barg neben den typischen spätklassisch-frühhellenistischen Frauengemachvasen auch eine Maske. Trink- und Eßgeschirr für Weingenuß und Tafelfreunden waren aber in beiden Fällen nicht damit verbunden. Samnitische Elemente wie zum Beispiel Fibeln deuten aber auch in der Spinazzo-Nekropole darauf hin, daß Poseidonia in dieser Zeit keine rein griechische Koloniestadt mehr war[1110].

In den hellenistischen Gräbern der Tarentiner Nekropolen kamen ebenfalls eine ganze Reihe von kleinen Masken oder Theaterfigurinen zum Vorschein[1111]. Leider sind die Fundberichte – wenn überhaupt vorhanden – sehr kursorisch, so daß über die genaue Beziehung der Beigaben zueinander keine Rückschlüsse möglich sind. Fest steht jedoch, daß sie in den Gräbern lagen[1112] und nicht grundsätzlich mit Symposionskeramik vergesellschaftet waren. Viele, jedoch nicht alle Grabinhaber scheinen nach den Maßen der Gräber und den Beigaben noch in kindlichem Alter gewesen zu sein.

Diese vier Beispiele sollen genügen um zu belegen, daß außerhalb der äolischen Inseln bisher keine Grabkontexte mit Masken aufgetaucht sind, bei denen zwischen inneren und äußeren Gaben getrennt wurde und die Masken den außen abgelegten Gegenständen zugeordnet waren. Auch eine eindeutige Verbindung zwischen Masken und einem Speisezusammenhang ließ sich sonst nicht feststellen. Die bekannt gewordenen Fälle, in denen Masken in Nekropolenkontexten lagen, sind denen in Lipari nicht so unmittelbar verwandt, daß sie direkte, erklärende Rückschlüsse auf die Verwendung oder Bedeutung der liparischen Stücke ermöglichen würden. Im Gegenteil: Die Situation in Lipari setzt sich bei näherem Hinsehen als von lokalen Eigenheiten bestimmt deutlich von der anderer Orte in Unteritalien, aber auch im mutterländisch-griechischen Raum ab. Dies zeigt sich unter anderem an der anscheinend von weiten Bevölkerungsteilen als Norm praktizierten Deponierung eines äußeren Beigabensets, das Masken und Terrakotten einschließen konnte, der ganz gleichförmigen Nordsüdausrichtung der Gräber sowie der offenbar sehr einheitlichen und schmucklosen oberirdischen Kennzeichnung. Nach dem, was im methodisch-theoretischen Vorspann zum Verhältnis zwischen Nekropole und Gesellschaft gesagt wurde, muß das auch

ausgerichteten fossa-Grab lagen. Das Skelett eines Erwachsenen hatte zu Füßen eine Maske und eine Eisenstrigilis, beim Schädel »weitere Masken«, in den Händen eine Muschel und eine Münze. – Viele Masken waren aber wohl auch sporadische Funde.

1103 Libertini a. O. 259–311 (Anm. 1101).

1104 Elf Masken, großenteils Gesichter junger Frauen (Inv. 29579–29589) stammten zusammen mit weiteren Terrakotten, einem bronzenen Gerätgriff und einem Glasfläschchen aus dem sehr reichen ustrinum Nr. 91 der Grabung von 1908. Brandspuren konnte ich jedoch nur an drei Stücken (29588; 29589; 29591) feststellen.

1105 Vgl. im Kapitel III, Text zu Anm. 633. 647.

1106 G. Q. Giglioli, NSc 1922, 274 Grab 50 Abb. 15.

1107 Ebenda 257–286.

1108 D. Giampaola in: Napoli antica, Ausstellungskatalog Neapel (1985) 302 f.

1109 I Greci in Occidente, Poseidonia e i Lucani, Ausstellungskatalog Paestum (1996) 293 Kat. 306: Grab 53; 293 ff. Kat. 307: Grab 76.

1110 S. Steingräber, Arpi – Apulien – Makedonien. Studien zum unteritalischen Grabwesen in hellenistischer Zeit (2000) 135 f. mit Anm. 491. Dort wird auf die einschlägigen Arbeiten vor allem von A. Pontrandolfo und A. Rouveret zur »Samnitisierung« Poseidonias verwiesen.

1111 Graepler, Tonfiguren 231 ff.

1112 Graepler ebenda 233 erwähnt allerdings, daß die Statuettenköpfe mit Halbmasken Abb. 278. 279 außerhalb von Grab 71 (unpubliziert) gefunden wurden. Dies scheint die einzige Ausnahme zu sein.

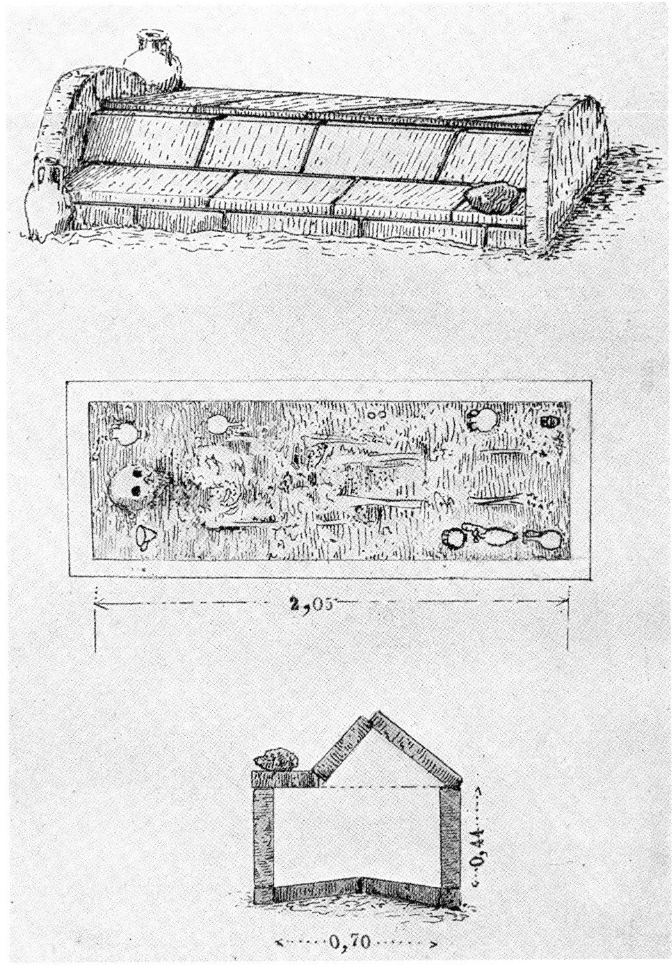

Abb. 30: Grab 195 in der Nekropole von Ialysos auf Rhodos

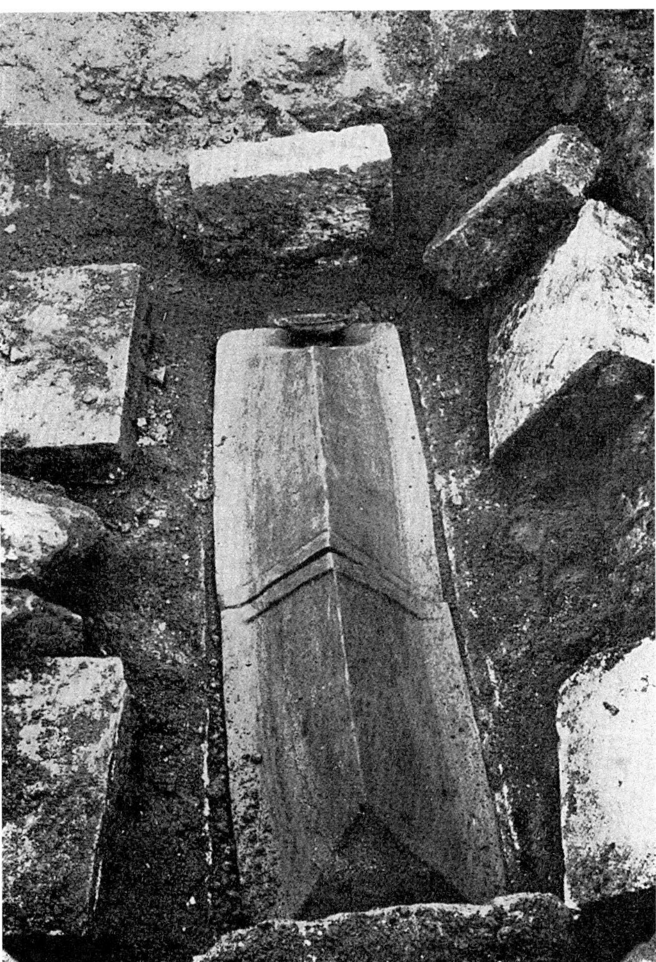

Abb. 31. Grab 115 in der Nekropole von Kameiros auf Rhodos

nicht mehr verwundern. Soziale, wirtschaftliche, politische oder ethnische Faktoren hatten großen Einfluß auf das Bild der Nekropole und waren für starke regionale Unterschiede verantwortlich[1113].

Dies heißt nicht, daß nicht vermutlich an den verschiedenen Orten ähnliche Riten am Grab abgehalten wurden oder verwandte Vorstellungen mit den Gegenständen verbunden waren, aber diese zu erhellen bedürfte es für jeden verglichenen Ort einer eigenen tiefschürfenden Studie, die den dortigen Kontext in sich abgeschlossen zu behandeln hätte. Erst danach könnte man auf einer abstrakteren Ebene möglicherweise ähnliche Phänomene in verschiedenen Gemeinwesen herausdestillieren, die sich aber eben unterschiedlich manifestiert haben. Solche Einzelstudien können im Rahmen der hier vorgelegten Arbeit natürlich nicht geleistet werden.

1113 J. Fabricius, Die hellenistischen Totenmahlreliefs. Grabrepräsentation und Wertvorstellungen in ostgriechischen Städten (1999) passim, hat anhand der Ikonographie von Totenmahlreliefs mit Hilfe von epigraphischen Zeugnissen aufgezeigt, wie sehr regionale Eigenheiten das Verständnis der eigentlich gleichartigen Reliefs in den verschiedenen Städten beeinflußten. Sie konnte wahrscheinlich machen, daß man die gleichen Chiffren vor unterschiedlichem sozialem und wirtschaftlichem Hintergrund verschieden interpretiert hat.

b Speisekeramik außerhalb der Gräber

Möglicherweise kann man aber dennoch einen Schritt weiter kommen, wenn man nach Kontexten sucht, in denen ebenfalls Keramik, möglichst Speise- und Trinkgefäße außerhalb des Grabes abgestellt wurden. Da sich diese Gepflogenheit in Lipari von den frühesten Gräbern an nachweisen läßt, lohnt es die Prüfung, ob die Kolonisten diesen Brauch als Teil ihrer Bestattungssitten aus der alten Heimat mitbrachten, bzw. wie sich diese durch den Kontakt mit den Einheimischen und den anderen Städten Unteritaliens verändert haben.

Die Siedler, die auf Lipari eine griechische Kolonie gründeten, kamen im frühen 6. Jahrhundert aus Knidos, nach anderer Überlieferung teilweise auch aus Rhodos[1114].

1114 Diod. V 9, 1–4. Vgl. auch Anm. 43 im Kapitel I 2.

Leider hat man die archaischen Nekropolen von Knidos bisher nicht lokalisieren können, zumal Alt-Knidos möglicherweise nicht an der gleichen Stelle lag wie die namensgleiche klassische und hellenistische Siedlung[1115]. Ein Vergleich der Grabriten zur Zeit der Auswanderung zwischen dieser Mutter- und der Tochterstadt ist demnach nicht möglich. Jedoch konnten die Italiener in den zwanziger und dreißiger Jahren des 20. Jahrhunderts in Ialysos und Kameiros auf Rhodos umfangreiche archaische und frühklassische Nekropolen freilegen, in denen sich ebenfalls feste Regeln für den Umgang mit Leichnam und Beigaben ablesen lassen[1116]. Vieles davon ist der Situation auf Lipari nicht unähnlich. In Ialysos, wo die Bestattungssitten einheitlicher und strenger normiert gewesen zu sein scheinen als im nahen Kameiros, herrscht die Orientierung der Skelettgräber mit dem Kopfende nach Süden vor, wobei die Verstorbenen wie in Lipari in ausgestreckter Rückenlage ins Grab gebettet wurden[1117]. Teilweise sind auch bei Enchytrismoi die Gefäßmündungen, wo der Kopf des Kinderleichnams lag, nach Süden ausgerichtet worden[1118]. In Kameiros kommen bei Inhumationen dagegen auch Ostwestausrichtungen vor[1119]. Bei der Ausstattung der Verstorbenen hat man in der Tat an beiden Orten – wie in Lipari – getrennt zwischen Gaben, die man in den Sarkophag legte, und solchen, die man außerhalb deponierte, auch wenn letztere nicht bei jeder Bestattung auftauchen[1120]. Die äußeren Gaben stehen meistens links des Kopfes, also an der Südwestecke, selten auch rechts, und bestehen aus Weingefäßen und Trinkkeramik. Das bei weitem häufigste Gefäß ist eine Amphore (Abb. 30)[1121], doch begegnen im späten 6. Jahrhundert zunehmend auch andere große Symposionsgefäße wie Peliken, Stamnoi oder Hydrien, dazu oft Kannen und Trinkschalen[1122]. Jacopi hat beobachtet, daß diese Gefäße immer auf Deckelhöhe lagen[1123] und erklärt dies damit, daß man eine größere Ausschachtung als unbedingt für das Kistengrab notwendig habe vermeiden wollen. Vermutlich liegt man jedoch richtiger, wenn man die Gründe im Grabritual sucht. Diese Gefäße dürften bei einer am Grab abgehaltenen Zeremonie verwendet worden sein, die zu einem Zeitpunkt stattfand, als die Gräber bereits geschlossen, aber noch nicht zugeschüttet waren. Daß die eigentliche Grablegung nicht lange zurücklag, beweisen zudem zwei Gräber, bei denen ein Tonsarkophag mit Dachdeckel zum Schutz von einer Steinkiste umschlossen war. Denn dort wurde ein Teil der Beigaben auf dem tönernen Sarkophagdeckel bzw. zwischen Sarkophag und Kistenwandung gefunden (Abb. 31)[1124].

Diese Zeremonie scheint vom Geschlecht der oder des Bestatteten unabhängig gewesen zu sein. Anthropologische Beobachtungen an den Skeletten fehlen zwar fast durchweg, doch gibt es aufgrund der im Grab liegenden Beigabenkombinationen gute Gründe anzunehmen, daß sowohl Männer als auch Frauen außen mit Weingefäßen bedacht wurden[1125]. Eine ganze Reihe von Gräbern, de-

1115 D. Berges, IstMitt 44, 1994, 5–16 Taf. 1–3; G. E. Bean – J. M. Cook, BSA 47, 1952, 171–212 Taf. 36–41; zu Grabfunden 177 f. 181.

1116 Vgl. Ch. Gates, From Cremation to Inhumation. Burial Practices at Ialysos and Kameiros During the Mid-Archaic Period, ca. 625–525 B. C. (1983) (= gestraffte Fassung der als Microfilm-Druck von 1983 vorliegenden Dissertation »Burials at Ialysos and Kameiros [Rhodes] in the Mid-Archaic Period, ca. 625–525 B. C. [1979]«). Er wertet die Grabungsberichte von A. Maiuri, ASAtene 6/7, 1923/24 (1926), 83–341, G. Jacopi, ClRh 3, 1929 (zu Ialysos) und 4, 1931 (zu Kameiros) sowie L. Laurenzi, ClRh 8, 1936, 7–207 (zu weiteren Nekropolen um Ialysos) aus.

1117 Gates a. O. 30 (Anm. 1116).

1118 Gates a. O. 29 (Anm. 1116).

1119 G. Jacopi, ClRh 4, 1931, 10 führt die wechselnde Orientierung (wie übrigens auch in Ialysos, ClRh 3, 1929, 10) auf die Beschaffenheit des Geländes oder praktische Erwägungen zurück, während Gates a. O. 42 (Anm. 1116), m. E. zurecht eher kultisch-rituelle als topographische Gründe für die Ausrichtung der Bestattungen vermutet.

1120 Dies entspricht ebenfalls den Verhältnissen auf Lipari, wo das äußere Keramikdepot erst seit dem 5. Jh. zur Regel wird, s. Kapitel IV 2 a, Text zu Anm. 778. 822–824.

1121 Sie kann auch bei sonst beigabenarmen Bestattungen vorkommen, G. Jacopi, ClRh 3, 1929, 14.

1122 In einem Fall lag in der Gemarkung Annuachia (bei dem antiken Ialysos) außen neben einer Amphore und einer Kylix auch ein bronzener Schöpflöffel, ein typisches Symposionsrequisit, L. Laurenzi, ClRh 8, 1936, 62 Grab 18 (Frauenbestattung). Weitere Schöpfgeräte wurden an einem Verbrennungsplatz entdeckt, ebenda 63 Grab 19 Abb. 49. – Wie in Lipari in dieser Periode fehlen Lampen. Eine Ausnahme bildet Grab-Nr. 73 in Marmaro, einem der zu Ialysos gehörenden Grabareale, L. Laurenzi, ClRh 8, 1936, 183 f.

1123 G. Jacopi, ClRh 3, 1929, 13; vgl. auch die Grabungsphotos ClRh 4, 1931, 217 Abb. 232; 234 Abb. 251.

1124 Die beiden Beispiele stammen aus der Nekropole von Kameiros: G. Jacopi, ClRh 4, 1931, 232 ff. Grab CXV (46) 241 Abb. 261. Hier stand auf dem Sarkophagrand eine Schale. Eine Fikellura-Amphora war am Kopfende zwischen Wandungen und Deckeln der ineinandergestellten Kisten deponiert; vgl. auch das Beispiel ebenda 228 Grab CXIII (18), bei dem auf dem Sarkophagdeckel zwei tönerne Frauenprotomen, und mehrere Trinkgefäße lagen, während sich im Tonsarkophag vor allem Toilettengeräte fanden. – Archaische Tonsarkophage in steinernen Kisten gab es auch in Lipari.

1125 Als Frauengrab gilt wegen Spiegel und Epinetron Grab XXX (84) von Macri Langoni (Kameiros), ClRh 4, 1931, 110 ff. Abb. 101; vgl. auch oben Anm. 1122. Die Männergräber

nen diese Behandlung zuteil wurde, müssen aufgrund ihrer Größe außerdem Kindern gehört haben[1126]. Sonst wurden Kinder aber meist in Gefäßen bestattet, wobei es keine festen Regeln gegeben zu haben scheint, ob man die Beigaben mit dem Körperchen in das Gefäß schob oder vor der Mündung ablegte. Auch eine gemischte Vorgehensweise wurde beobachtet, ohne daß man scheiden könnte, welche Objekte hauptsächlich innen, welche außen deponiert wurden.

In den Gräbern lagen –meistens zu Füßen des Leichnams – Toilettengeräte wie Spiegel und Strigiles, Parfümgefäße, Schmuck, Statuetten und tönerne Tierchen, Trinkgeschirr, Muscheln, selten auch Spinnwirteln und anderes Arbeitsgerät[1127], also Gegenstände, die man bei Lebenden als persönlichen Besitz verstehen würde. Allerdings fällt auf, daß Kinder bzw. junge Menschen und Frauen eine reiche Ausstattung mitbekamen, während Männer beinahe beigabenlos bleiben konnten[1128].

Offenbar waren die Gräber oberirdisch nicht durch aufwendige Monumente gekennzeichnet, sondern man fand nur einige Cippi, die höchstens den Namen des Grabinhabers getragen haben dürften[1129].

All diese eben geschilderten Regeln finden Parallelen in Lipari, auch wenn dort die Gräber von der Gründungsphase bis zum späten 5. Jahrhundert wesentlich weniger reich ausgestattet sind als zur gleichen Zeit in den beiden rhodischen Städten, zwischen denen es übrigens – trotz ihrer geographischen Nachbarschaft – durchaus Unterschiede sowohl in der Auswahl der Beigaben (besonders auch bei der Herkunft von Importen) als auch bei den Bestattungspraktiken gegeben haben muß[1130].

Ein Grab in Marmaro, einem der Nekropolenareale um Ialysos, besitzt Merkwürdigkeiten, die eine genauere Betrachtung lohnen. Es war trotz seiner Länge von 2 m nach dem Inventar vermutlich auch eine Kinderbestattung[1131]. Bei ihm wurden sämtliche Objekte außerhalb des Grabkastens in einer Grube verborgen gefunden. Über den Inhalt des Grabes wird nichts berichtet, vermutlich war es leer, so daß man eine Säuberung für eine Wiederbelegung annehmen möchte, auch wenn Zweitverwendungen von Kistengräbern in den Nekropolen von Kameiros und Ialysos bisher nicht beobachtet wurden[1132]. Die solchermaßen außen deponierten Gegenstände machen einen zeitlich homogenen Eindruck (Abb. 32). Neben vier Kylikes, darunter einer späten attisch schwarzfigurigen Augenschale, und weiterem Weingeschirr (Amphoren und Kannen) sowie zwei großen Pyxiden fanden sich ein Saugfläschchen, eine bronzene Spiegelscheibe und eine ganze Anzahl von Terrakotten: zwei Thronende, drei weibliche Protomen, eine sitzende Frau mit Baby, je eine am Boden kauernde Pais- und Kinderfigur, ein Widder sowie eine eigenartige Gruppe, bei der eine Frau auf einer Kline zu Füßen eines Leichnams (in ausgestreckter Rückenlage) sitzt. Besondere Beachtung verdient aber ein kleines fragmentarisches Frauengesicht, das in der Publikation als Protome[1133] klassifiziert wird (Abb. 33). Bei näherem Hinsehen stellt es sich jedoch als Maske heraus, da der Halsansatz fehlt und der Wangenkontur – anders als bei Protomen, die einen senkrechten Kontur entlang des Schleiers besitzen[1134] – zum Hinterkopf hin abgeschrägt war. Dadurch stehen das untere Ende der Frisur und der Scheibenohrring frei, anstatt wie bei den Protomen vom Schleiertuch umgeben zu sein. Das Gesicht wird von vollen Wangen, einer starken

sind schwerer zu unterscheiden. Vgl. Gates a. O. 36 mit Anm. 137 (Anm. 1116). Eine Männerbestattung war vermutlich Grab CCXXVI (457) bei Ialysos (G. Jacopi, ClRh 3, 1929, 13. 239 ff. 244 Abb. 241), da es u. a. eine Strigilis, ein großes Messer und weiteres Eisengerät sowie sechs Schröpfköpfe und ein Bronzebecken enthielt. Es handelt sich also um das Grab eines Arztes, nicht eines Kneipenwirts, wie Jacopi annimmt. Vgl. E. Berger, Das Baseler Arztrelief (1970) 65 f. Abb. 63–65; E. Künzl, BJb 182, 1982, 125 GR 2 (für die Literaturhinweise danke ich A. Krug).

1126 z. B. G. Jacopi, ClRh 4, 1931, 140 ff. Nr. LIV (211) Abb. 137; 179 Nr. LXIX (126); 116 ff. Nr. XXXVI (138) Abb. 110. – Vgl. auch das Kindergrab Nr. 217 in Ialysos, bei dem außen neben einer Amphore die Terrakottafigur eines sitzenden, flötespielenden Satyrn gefunden wurde, ClRh 3, 1929, 227 Nr. 217 Abb. 223.

1127 G. Jacopi, ClRh 3, 1929, 13 f.; Gates a. O. 36 ff. (Anm. 1116), beide allerdings ohne zwischen innen und außen zu spezifizieren.

1128 G. Jacopi, ClRh 4, 1931, 18. Er verbindet »arme« Gräber auch mit alten Menschen, ohne allerdings seine Indizien zu erläutern.

1129 G. Jacopi, ClRh 4, 1931, 17 Abb. 7. 8. Eine Stelenbasis in situ z. B. zu Grab LXVII (259) im Gräberareal von Macri Langoni bei Kameiros, ebenda 166 mit Abb. 165; L. Laurenzi, ClRh 8, 1936, 19.

1130 Gates a. O. 43 (Anm. 1116).

1131 L. Laurenzi, ClRh 8, 1936, 187–193 Abb. 179–186: Grab 78. Außer dem Guttus sprechen die Terrakotten, die Muschel und die Astragale für ein Kind.

1132 Gates a. O. 32 ff. zu Störungen (Anm. 1116).

1133 L. Laurenzi, ClRh 8, 1936, 191 Nr. 23 Abb. 184: »maschera di dea, protome funeraria«. Die Größenangabe »0,55 m« dürfte ein Schreibfehler (statt »0,055 m«) sein, da das Stück auf Abb. 179 im Verhältnis wesentlich kleiner ist als die Frauenprotome Nr. 18 Abb. 181, die 23 cm mißt. Der daneben stehende Guttus ist 5 cm hoch.

1134 Vgl. die rhodischen Protomen aus dem 5. Jh.: R. A. Higgins, Catalogue of the Terracottas in the British Museum I (1954) 89 Nr. 239 Taf. 40. Nr. 237. 240 Taf. 41 (beide aus Kameiros). Auch im Format unterscheidet sich die kleine Maske von diesen Stücken.

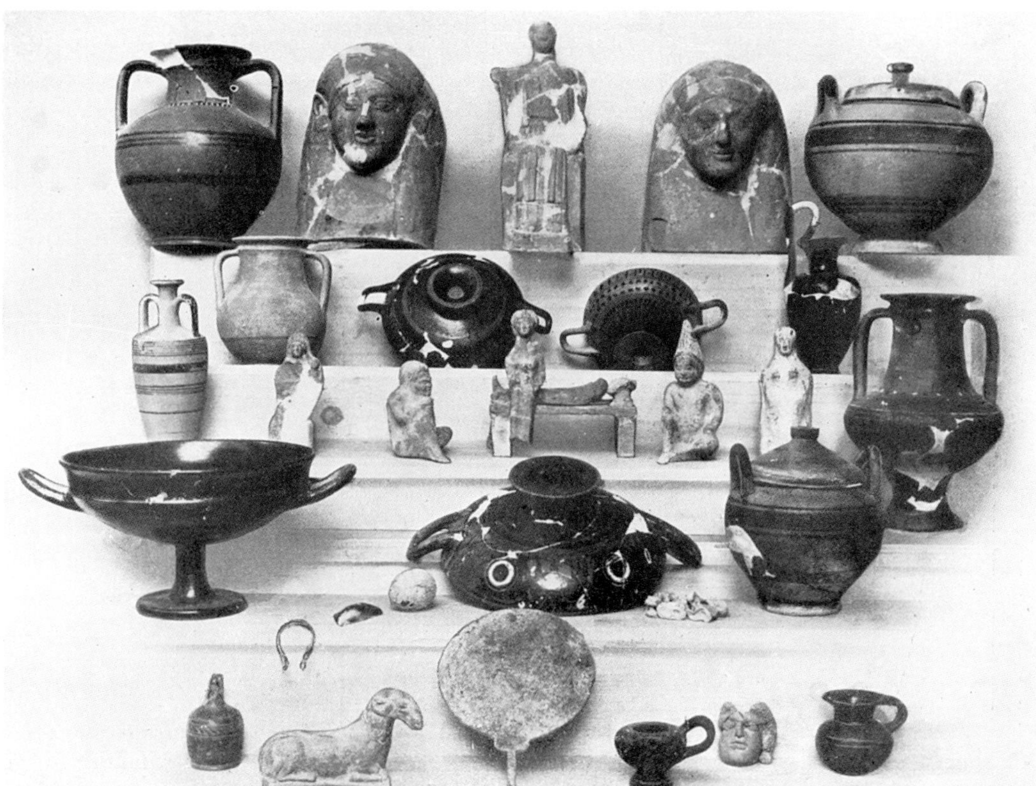

Abb. 32: Beigaben zu Grab 78 in dem Grabareal Marmaro bei Ialysos

Kinnpartie, wulstigen Lippen und stark hervortretenden Augen bestimmt, während die Stirn nur einen schmalen Streifen bildet, von dem sich der Haarkranz als plastische, durch Kerben aufgelockerte Masse abhebt. Hinter einer tiefen Linie setzt die geglättete Fläche des Hinterkopfes an, so als läge über den Haaren ein Kopftuch. Auf der linken Gesichtsseite kommt unter den Haaren der Ohrschmuck hervor. Stilistisch dürfte die Maske wie das übrige Grabinventar in den Strengen Stil, also ins 2. Viertel des 5. Jahrhunderts gehören und wäre damit eine der frühesten bekannten Masken im griechischen Kulturraum überhaupt[1135] und die älteste Frauenmaske. Vermutlich orientierte sich der Schöpfer typologisch an den weiblichen Protomen. Wieso er jedoch die seltene Form der Maske wählte und wie die Dargestellte zu benennen ist, muß offen bleiben. Besitzen wir damit einen Vorläufer oder eine frühere Parallele zu den Masken in der großen Nekropole von Lipari? Aufgrund der außergewöhnlichen Deponierung der Gaben, die man normalerweise großenteils im Sarkophag erwarten würde, sollte man mit solchen Schlußfolgerungen aber meines Erachtens vorsichtig sein, solange die Maske in Rhodos als Einzelfall dasteht.

Allerdings wurden auf Rhodos auch Grabformen entdeckt, die auf den äolischen Inseln so nicht vorkommen. Auf den liparischen Inseln fehlen aus der Periode der griechischen Kolonie Familiengrabstätten, die den Kammergräbern in Kameiros entsprechen würden[1136], und die Brandbestattungen sind offenbar sämtlich Sekundärverbrennungen, während auf Rhodos der Leichnam direkt in der Grabgrube verbrannt wurde. Die Sitte der Brandbestattung scheint auf Rhodos jedoch um 550 v. Chr. durch die Inhumation weitgehend abgelöst worden zu sein[1137]. So könnten diese Differenzen auf eine lokale Besonderheit von Kameiros bzw. bei den Verbrennungen auf einen Brauch zurückzuführen sein, der in der Zeit, als die Kolonisten nach Westen aufbrachen, bereits außer Mode zu kommen begann. Wie läßt sich der archäologische Befund in den beiden rhodischen Nekropolen interpretieren?

Wie sind die äußeren Beigaben dort zu verstehen, und welche Folgerungen kann man daraus für unsere liparische Frage ziehen? Bezeichnenderweise hat sich Charles Gates auf eine statistische Auswertung der Grabareale von Kameiros und Ialysos beschränkt und auf jede Interpretation der Befunde verzichtet[1138], wohl auch, weil die Kenntnis

1135 Weitere frühe Masken stammen aus der Nekropole von Samos. Eine oder zwei stellen Silene dar, s. u. Anm. 1147.

1136 In Ialysos wurden bisher keine Kammergräber aus der Archaik gefunden, Gates a. O. 24 ff. 33 f. (Anm. 1116).

1137 Gates a. O. 1. 22 ff. (Anm. 1116).

1138 s. o. Anm. 1116. Zum Versuch einer Deutung in Gegenüberstellung mit verwandten Kontexten s. Verf., Totenopfer oder Mahlzeiten am Grab, in: C. Metzner-Nebelsick (Hrsg.), Rituale in der Vorgeschichte, Antike und Gegenwart (2003) 119–128.

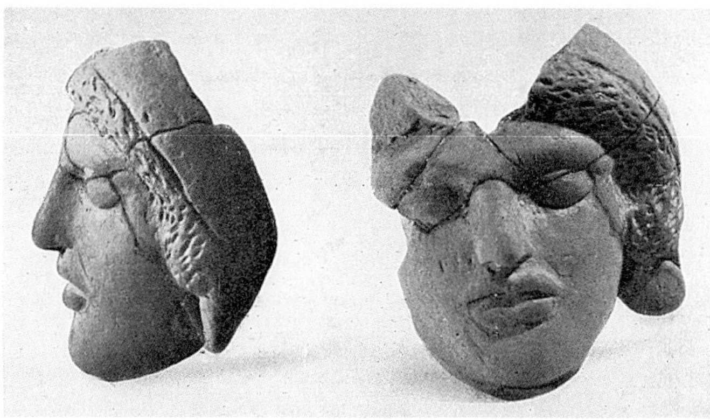

Abb. 33: Kleine Tonmaske aus dem Inventar zu Grab 78 in Marmaro

über die zugehörigen Siedlungen, besonders im Fall von Ialysos sehr spärlich bleibt. Dennoch kann man sich zumindest überlegen, wie die merkwürdige Häufung von Weingefäßen und Symposionsutensilien am Kopfende außerhalb der Sarkophage zu erklären ist. Diese Gegenstände wurden sicherlich nicht einfach ohne Zweck dort abgestellt, sondern sie dürften in Zusammenhang mit der Grablegung eine Funktion erfüllt haben, am ehesten als Behälter für Flüssigkeiten, wohl Wein und Wasser. Da Teller – wie in den gleichzeitigen Phasen der liparischen Nekropolen – keine so große Rolle spielen, scheinen Lebensmittel oder Speisen eher zweitrangig gewesen zu sein. Es wurden auch fast keine organischen Reste beobachtet. Nur einmal nennt der Ausgräber Jacopi Eierschalen, die er mit dem Totenmahl verbindet[1139]. Für ein solches zitiert er jedoch keine konkreten archäologischen Indizien.

Die enge Verwandtschaft zu dem äußeren Geschirrpaket in Lipari, sowohl was die Lage, die Zusammensetzung, aber auch die offenkundige Unabhängigkeit von Geschlecht oder Alter des Grabinhabers angeht, eröffnet die Möglichkeit, daß zumindest in den Grundzügen ähnliche Vorstellungen für die Deponierung dieser Gaben ausschlaggebend gewesen sein könnten.

Ein Blick auf weitere Nekropolen in der weiteren Umgebung von Rhodos bestätigt die Vermutung, daß auch innerhalb einer Landschaft zwischen den einzelnen Orten, besonders in Insellage, regionale Unterschiede wirksam werden. Bei Grabungen auf Ikaria wurden auf Gräbern aus der Zeit vom 5. Jahrhundert bis in den Hellenismus vor allem Amphorenscherben und Skyphoi gefunden[1140], in Samos lagen in der archaischen Nekropole außerhalb der Sarkophage bisweilen Amphoren und Trinkgefäße[1141]. Ihre Position wechselt zwischen Kopf- und Fußende des Sarkophages. Mehrere Amphoren standen außerdem in Verbindung mit Kohleschichten[1142], die möglicherweise mit Totenopfern zusammenhängen, bei denen Gaben – wohl Lebensmittel – verbrannt wurden[1143]. Dennoch fanden sich die Beigaben, die nur etwa die Hälfte der intakt angetroffenen Gräber besaß, meist im Sarkophag, ebenso die wenigen Terrakotten und auch vier tönerne archaische Gesichter – von den Bearbeitern immer als Masken bezeichnet – die einen Satyr, einen »Dämon« und zwei Frauen mit Kopftuch und Ohrringen darstellen. Die beiden Frauen[1144] erinnern typologisch stark an die weiblichen Protomen, die auf Rhodos[1145] und an der kleinasiatischen Küste, aber auch in Boiotien und Unteritalien in Heiligtümern und Nekropolen weit verbreitet waren. Da beide am Kinn gebrochen sind und in der Seitenansicht eine senkrechte Konturlinie besitzen, dürften sie also eher fragmentarische Protomen darstellen, zumal weibliche Masken aus dieser Zeit fast nicht existieren[1146]. Die beiden anderen sind aber eindeutig Masken und stammen aus einem Grab der 2. Hälfte des 6. Jahrhunderts. Die »Dämo-

1139 G. Jacopi, ClRh 3, 1929, 14. Er erwähnt auch tönerne Nachbildungen von Eiern und anderen Früchten. Ein Hühnerei, Astragale und eine Muschel fanden sich in einer Pyxis bei Grab 78 in Marmaro, L. Laurenzi, ClRh 8, 1936, 187 ff. Grab 78 Nr. 2 Abb. 179.

1140 L. N. Politis, Prakt 1939, 145 f. Abb. 6; N. S. Zapheiropoulos, ADelt 18, 1963, Chron 273 Taf. 314 γ. ζ.

1141 W. Löwe in: Samos – Die Kasseler Grabung 1894 in der Nekropole der archaischen Stadt von Johannes Boehlau und Edward Habich (1996) 25 ff., zu den Grabinventaren. Zusammenfassende Bemerkungen 92 ff.; K. Tsakos ebenda 123 ff. zu den neuen Grabungen. – Zu äußeren Beigaben: J. Boehlau, Aus ionischen und italischen Nekropolen (1898) 23. Die Amphoren (insgesamt 23 Stücke) fanden sich meist auf Höhe des Sarkophagdeckels.

1142 z. B. bei Grab 42 und 43, vgl. Löwe a. O. 56 ff. (Anm. 1141).

1143 Boehlau a. O. 25 (Anm. 1141). Brandbestattungen wurden in der Nähe nicht gefunden. Totenopfer mit Geschirr und Brandspuren sind für den Athener Kerameikos nachgewiesen, vgl. u. im Kapitel IV 4, Text zu Anm. 1274–1276.

1144 Löwe a. O. 74 f. (Anm. 1141), ›Grab 50‹ mit Abb., Farbabb. 13, dort als »ostgriechisch, um 500 v. Chr.« klassifiziert. Die beiden matrizengleichen Stücke wurden nach dem jeweiligen Gegenstück ergänzt; erhaltene H 13,5 cm.

1145 Am besten sind Protomen aus Kameiros im British Museum vergleichbar, beispielsweise R. A. Higgins, Catalogue of the Terracottas in the British Museum I (1954) 67 f. Nr. 134 Taf. 25. Auch F. Croissant, Les protomés féminines archaïques (1983) 13. 33 Taf. 1, 1–2 versteht die beiden samischen Stücke als Protomen.

1146 Die einzige mir bekannte Ausnahme ist die oben erwähnte kleine Maske aus Marmaro auf Rhodos, die jedoch eine Generation jünger ist.

nenmaske« gemahnt mit ihrer Fratzenhaftigkeit und den tief eingeschnittenen Runzeln an die Stücke aus dem Artemis Orthia-Heiligtum in Sparta oder an phönizische und punische Exemplare[1147]. Auffälligerweise besitzen alle vier Stücke Löcher zum Aufhängen. Dies legt die Vermutung nahe, daß sie in ähnlicher Weise verwendet wurden.

Demnach bestehen selbst zwischen den rhodischen Beispielen und den beiden relativ nahe gelegenen Inseln Samos und Ikaria auch für dieselbe Periode nur oberflächliche Ähnlichkeiten. Äußere Gaben sind auf Samos und Ikaria wesentlich seltener als in den rhodischen Nekropolen. Spuren von Brandopfern nahe den Sarkophagen und an nicht immer einem bestimmten Grab zuzuordnenden Opferplätzen[1148] wurden dagegen auf Rhodos nicht beobachtet. Eine offenbar normierte Ausrichtung der Gräber nach Süden wie in Ialysos ließ sich in Samos ebenfalls nicht nachweisen, für Ikaria fehlen die entsprechenden Angaben.

Gela wurde ebenfalls von Rhodiern (vor allem aus Lindos), jedoch gemeinsam mit Kolonisten aus Kreta im späten 8. oder frühen 7. Jahrhundert, also gut 150 bis 100 Jahre vor Lipari, gegründet[1149]. Man sollte annehmen, daß die Bestattungsriten denjenigen auf Rhodos ähnlich waren und daß auch Beziehungen zu den auf Lipari beobachteten Phänomenen bestanden, doch scheint dies nicht der Fall zu sein: In den archaischen Nekropolen von Gela kommen sechs Bestattungen auf ein Brandgrab[1150], während in Ialysos und Kameiros auf Rhodos vor der Mitte des 6. Jahrhunderts die Kremationen weit in der Überzahl waren. In Gela bevorzugte man anders als in den beiden rhodischen Städten, jedoch wie in Lipari Sekundärverbrennungen, bei denen die Asche in einer Urne beigesetzt wurde. Für die Körperbestattungen wurden hauptsächlich Tonsarkophage und -gefäße verwendet, da die Umgebung Gelas offenbar arm an Stein war. Dabei erstaunt die hohe Anzahl von Enchytrismoi, hinter denen sich zu etwa 40 Prozent Kindergräber verbergen. Die oft verwendeten reliefverzierten Pithoi gelten als rhodische und kretische Spezialität. Die Sarkophage sind am häufigsten mit dem Kopfende nach Osten ausgerichtet, etwas seltener nach Südosten oder Nordosten[1151], jedenfalls nicht so einheitlich nach Süden wie in Ialysos oder Lipari. Der wichtigste Unterschied besteht jedoch darin, daß außen abgelegte Trink- und Weingefäße in Gela Seltenheitswert besitzen[1152], auch wenn vielleicht nicht alle sporadischen Funde den richtigen Gräbern zugeordnet wurden. Eines der wenigen Beispiele, bereits aus dem 5. Jahrhundert, ein Grab, bei dem große Gefäße, vor allem Hydrien, Amphoren und Krüge, um den Sarkophagrand herum verteilt waren, lag in einem kleinen Grabareal, das der Ausgräber Orsi einer vornehmen Familie zuordnet[1153]. Man kann also nicht von einem allgemeingültigen Brauch sprechen. Im Gegenteil: es fällt auf, daß sich Bestattungsart, Grabformen und Beigabenauswahl auch zwischen gleichzeitig belegten Grabarealen unterscheiden, die man vielleicht als

1147 Die beiden Masken wurden in Grab 48 gefunden: Löwe a. O. 71 f. Grab 48 mit Abb., Farbabb. 12 (Anm. 1141). Die Satyrmaske wird der zweiten Hälfte des 6. Jhs. zugeordnet, die Dämonenmaske schon der 1. Hälfte (ostgriechisch). Mit 17,7 bzw. 20 cm Höhe sind beide Stücke relativ groß. W. Gercke in: Opus nobile, Festschrift für Ulf Jantzen (1969) 51 f. verbindet die »Dämonmaske« zurecht mit Stücken aus dem Artemis Orthia Heiligtum in Sparta. Sie verweist auch auf zwei weitere Masken aus Samos. – Zu den Masken aus dem Artemis Orthia-Heiligtum und ihrer Abhängigkeit von phönizischen und punischen Typen J. Burr-Carter, AJA 91, 1987, 355–383. Zu den phönizischen Masken außerdem: W. Culican, Berytus 24, 1975/76, 47 ff., bes. 71 (zur Ähnlichkeit mit den Stücken aus Sparta). – Darstellungen von Satyrn in Maskenform tauchen (wie diejenigen von Dionysos) also bereits in der Archaik auf, ein zusätzlicher Beleg, daß dionysische Masken nicht unbedingt mit den dramatischen Gattungen im Theater verbunden sein müssen. Eine weitere frühe, fragmentarische Satyrmaske (um 460 v. Chr.; Agora Excavations AF 96) fand sich auf der Athener Akropolis: L. Giuliani, Bildnis und Botschaft (1986) 120. 122. 284 Anm. 59 Abb. 18. Er vermutet eine »originale Theatermaske als Vorbild«, doch ist der Bezug auf das Satyrspiel m. E. angesichts der typologischen Anbindung an die gleichzeitige Plastik, die aus Giulianis Vergleich mit der Parthenon-Südmetope 31 deutlich wird, nicht zwingend, auch wenn man annehmen muß, daß sich die Theatermasken ebenfalls an der stilistischen und typologischen Sprache der Zeit orientiert haben. Vgl. hierzu den in Kapitel II 1 b in Anm. 124 zitierten Aufsatz von S. Halliwell.

1148 Löwe a. O. 76 (Anm. 1141). Der große Brandplatz nördlich von Grab 30 könnte zur Bestattung 29 im großen Grabbau gehört haben.

1149 J. Boardman, Kolonien und Handel der Griechen (1981) 195. 209 f.; Kurtz – Boardman, Thanatos 368 f.; G. Nenci – G. Vallet (Hrsg.), Bibliografia topografica della colonizzazione greca in Italia e nelle isole tirreniche 8, 1990, s. v. Gela 5. 15. 26 (Canzanella – Buongiovanni); H. Wentker, RM 63, 1956, 129–139, bes. 131. 134.

1150 P. Orsi, MonAnt 17, 1906, 243. Dies geht aus der Tabelle hervor.

1151 Orsi a. O. 242. 531 f. (Anm. 1150).

1152 Orsi a. O. 245 (Anm. 1150) erwähnt zwar Gefäße, die oberhalb der Gräber deponiert wurden und die er einem regelmäßig wiederkehrenden Ritus zuschreibt, doch sind solche Funde in der Aufzählung der einzelnen Gräber und ihrer Inventare fast nie aufgeführt.

1153 Orsi a. O. 479 ff. Grab 27 Abb. 344 (Anm. 1150) »sepolcreto nobilissimo ... in contrada Palazzi a Capo Soprano«. Auch bei Grab 29 im selben Areal fanden sich außen Vasen (ebenda 483 ff.).

Familiengrablegen interpretieren kann. Die Differenzen sind zwar nicht so kraß, wie auf Lipari zwischen der Hauptnekropole in der Contrada Diana und dem Grabareal in Portinenti, dennoch sollten sie als Warnung vor vorschnellen Generalisierungen dienen, solange nicht klar ist, ob die bisher bekannten Grabareale als repräsentativ gelten können. Vielleicht beruht der extreme Rückgang der Enchytrismoi im 5. Jahrhundert in Gela[1154] ja auf der Zusammenfassung von Kindergräbern in gesonderten, bisher unbekannten Grabbezirken.

Gegenüber diesen Unterschieden erscheinen die Gemeinsamkeiten eher marginal. Wie in den beiden rhodischen Orten und in Lipari wurden auch in Gela keine aufwendigen oberirdischen Grabmonumente beobachtet, auch wenn es Markierungen für die einzelnen Gräber gegeben haben muß, da bisweilen mehrere übereinander liegen. Bei der im Laufe des 5. Jahrhunderts zu verzeichnenden Zunahme der Gaben, die man den Toten ins Grab mitgab (vor allem Keramik, besonders Lekythen und andere Salb- und Parfümfläschchen), scheint es sich ebenfalls eher um ein generelles Phänomen zu handeln.

Wie diese Differenzen zu den Begräbnisgepflogenheiten in Ialysos und Kameiros zu interpretieren sind, ist schwer abzuschätzen. Hatte man in Lindos, wo offenbar das Gros der rhodischen Auswanderer beheimatet war, andere Begräbnissitten als in den beiden Städten an der Nordwestküste der Insel[1155]? Wie groß war der Anteil der Siedler aus Kreta, woher kamen sie und wie stark beeinflußten sie die Entwicklung der neu gegründeten Stadt?

Durch einen wissenschaftlichen Zufall ließen sich vor einiger Zeit Beziehungen zwischen den Bestattungssitten in Gela, seinem Umland und Kreta aufzeigen. Denn bei Grabungen in der Nekropole von Butera im geloischen Hinterland fanden sich in Gräbern des 7. Jahrhunderts mehrfach Beispiele für die seltene Vorgehensweise, den Schädel vom Leichnam abzutrennen und in einem Pithos zu bestatten, während der übrige Körper oft verbrannt wurde[1156]. Man hielt diese Praxis lange für einen indigenen sikulischen Brauch, der auch für die nur drei Beispiele in Gela verantwortlich gemacht wurde, bis bei Grabungen in der Nekropole von Prinias auf Kreta dasselbe Phänomen beobachtet wurde, das auch dort nur in einer bestimmten Phase zwischen dem 8. und der 1. Hälfte des 6. Jahrhunderts auftrat. Dieser Fall läßt deutlich werden, wie schwierig es ist, konkrete Abhängigkeiten zwischen Mutterstädten und ihren Kolonien zu erkennen. Hier gelang es nur aufgrund eines sehr auffälligen und selten auftretenden Merkmales.

Die Übereinstimmungen zwischen den beiden betrachteten archaischen Nekropolen auf Rhodos, insbesondere in Ialysos, und denjenigen in Lipari sind jedoch größer als sonst selbst bei benachbarten Orten und sprechen in der Tat dafür, daß die liparischen Kolonisten die dortigen Bestattungssitten kannten und in ihre neue Heimat mitbrachten, auch wenn sich durch die Berührung mit der neuen Umgebung und möglicherweise durch Handelskontakte Veränderungen einstellten. Genaueren Aufschluß darüber wird man aber erst gewinnen, wenn auch die archaischen Gräber von Knidos entdeckt und ausgewertet sind.

Eine kurze Betrachtung der Gräberfelder von Olynth und Korinth soll den stichprobenartigen Rundblick auf das Mutterland abschließen. Die Nekropolenareale von Olynth, die vom 6. Jahrhundert bis zur Zerstörung der Stadt ins mittlere 4. Jahrhundert reichen[1157], weisen wenig Ähnlichkeiten mit den liparischen auf, und diese beziehen sich nur auf im ganzen griechischen Mittelmeerraum allgemein übliche Praktiken wie zum Beispiel der Enchytrismos als vorherrschende Bestattungsart für Kinder. Man scheint zwar bisweilen Gegenstände außerhalb der Gräber und ohne stratigraphischen Zusammenhang gefunden zu haben[1158], doch unterscheidet sich das Vasenspektrum – Salbfläschchen, Lekaniden, kleine Teller, Babytrinkgefäße – von den in Lipari vorherrschenden Weingefäßen. Von einem regelmäßig geübten Brauch möchte man jedenfalls nicht ausgehen.

Dasselbe trifft für Korinth zu, wo sich die Gräber, bei denen außen Keramik deponiert war, hauptsächlich auf die Zeit vor der Mitte des 6. Jahrhunderts verteilen, während die Beispiele für das 5. Jahrhundert v. Chr. kein eindeutiges Bild ergeben, da bei Wiederbelegungen die Sarkophage geleert und die Beigaben der ursprünglichen Bestattung außen abgestellt wurden[1159]. Die Bearbeiterin Hazel Palmer vermutet deshalb, der Brauch, außen Gefäße abzustellen, sei zwischen dem mittleren 6. Jahrhundert und dem 1. Viertel des 5. Jahrhunderts aufgegeben worden[1160]. Allerdings findet sich in den Gräbern der Korinther Nekropole seit dem späten 5. und im 4. Jahrhundert konstant eine Keramikkombination, die der der äußeren

1154 Orsi a. O. 531 (Anm. 1150). Die Bestattung von Kindern im Sarkophag der Mutter kommt höchstens bei Neugeborenen in Betracht und erklärt das Phänomen insofern nicht.

1155 Archaische Gräber aus Lindos sind bisher nicht bekannt.

1156 G. Rizza, Kokalos 30/31, 1984/85, 65 ff.

1157 D. M. Robinson, Olynthus XI, Necrolynthia (1942) 137.

1158 Robinson a. O. 178 f. (Anm. 1157).

1159 Vgl. das Bsp. Grab 139: T. L. Shear, AJA 33, 1929, 542 f. Abb. 19. Zu wiederverwendeten Sarkophagen seit dem 5. Jh. v. Chr.: H. Palmer in: Corinth XIII, North Cemetery (1964) 76.

1160 Palmer a. O. 85 f. (Anm. 1159).

Beigabenpakete in Lipari entspricht. Eine Kanne, ein Skyphos und eine Lampe, letztere grundsätzlich ohne Gebrauchsspuren[1161], hatten jeweils einen festen Platz im Verhältnis zum Leichnam. Der Krug lag oder stand nahe am Kopf oder zusammen mit der Lampe bei den Füßen, während das Trinkgefäß meist zwischen den Oberschenkeln deponiert war. Die Ausgräber konnten beobachten, daß im 5. Jahrhundert die Mündung des (liegenden) Kruges zum Schädel hin gewendet war, während man im 4. Jahrhundert dazu überging, die Kannen aufrecht hinzustellen, vermutlich weil sie mit Flüssigkeiten gefüllt waren[1162]. Es spricht also viel dafür, daß diese drei Gefäße für den Toten bestimmt waren und ihm auch nach seinem Tod dienen sollten. Gleichzeitig scheint es Plätze in der Nekropole gegeben zu haben, an denen man entweder spendete oder aber die für die Libation verwendeten Gefäße zurückließ. An einem dieser Plätze – er lag im Zentrum einer Gruppe von Kinderbestattungen – fand man nur Phialen und Oinochoen[1163]. Eine weitere Bestätigung erfährt diese These durch die Beobachtung, daß große Phialen – die üblichen Spendegefäße – nur außerhalb der Bestattungen im Nekropolengelände auftauchten. Auch isolierte Funde von Oinochoen deuten in diese Richtung.

Wie sieht es nun im näheren geographischen Umfeld Liparis, in Unteritalien und Sizilien aus? Wurden dort ebenfalls außerhalb der Gräber tönerne Gefäße, vielleicht sogar Trinkgeschirr abgelegt? Wenden wir uns zunächst dem nächsten Hafenort zu, den man von Lipari kommend in Sizilien ansteuerte, Mylai (heute Milazzo), eine chalkidische Gründung, die von Zankle abhängig war. Dort haben sich Gräber von der Gründungszeit im späten 8. Jahrhundert bis zum Hellenismus gefunden[1164]. Die frühen Gräber waren vor allem Kremationen, bei denen die Asche in einem großen Gefäß deponiert wurde. Beigaben – dann hauptsächlich korinthische Keramik – gehörten dazu nur selten. Aus dem 6. und 5. Jahrhundert wurde vereinzelt außerhalb der eigentlichen Gräber Trinkkeramik beobachtet, zum Beispiel eine Amphore zusammen mit Skyphos und Kanne[1165]. Die hellenistische Nekropole brachte relativ arme Bestattungen zum Vorschein. Am häufigsten wurden die Gräber aus gegeneinander gestellten Dachziegeln (»a cappuccina«) errichtet, es gab aber auch wenige Sekundärverbrennungen[1166]. Die relativ bescheidenen Beigaben lagen großenteils im Grab. Außen in unmittelbarer Umgebung der Gräber kamen vor allem Unguentarien zutage, die bisweilen absichtsvoll zerbrochen waren. Allerdings wurden in Zusammenhang mit solchen Depots von Unguentarien Plätze beobachtet, an denen offenbar pflanzliche Reste verbrannt worden waren. Unter den verkohlten Überbleibseln ließen sich Pinienzapfen und -kerne identifizieren. Die Ausgräber denken hierbei an Speiseopfer, die die Verwandten den Verstorbenen zukommen ließen[1167]. Enge Gemeinsamkeiten mit den liparischen Grabsitten sind aber nicht zu konstatieren.

Ein enger Zusammenhang mit den punischen Nekropolen in Sizilien, von denen diejenigen in Palermo und Lilibeo bisher am besten bearbeitet sind[1168], läßt sich gleichfalls nicht nachweisen, auch wenn Lipari über längere Zeiträume Beziehungen mit den Puniern unterhalten hat[1169].

In Hipponion (heute Vibo Valentia), an der Küste des italienischen Festlandes den liparischen Inseln gegenüber gelegen, wurden ebenfalls in den letzten Jahrzehnten griechische Nekropolen entdeckt, die von der Archaik bis zum Hellenismus belegt waren. Leider sind sie fast nicht publiziert. Zu dem ausgedehnten Grabareal auf dem Gebiet der INAM gibt es einen ausführlichen zusammenfassenden Artikel, der nach einem sehr systematischen Fragenkatalog aufgeschlüsselt ist, aber keine Dokumentation enthält[1170].

1161 Palmer a. O. 81 (Anm. 1159). Im 4. Jh. sei die Keramik für das Grab angefertigt worden. – In Tarent wurde eine ähnliche dionysische Gefäßkombination beobachtet, die ebenfalls geschlechtsunabhängig war, E. Lippolis in: ders., (Hrsg.), Taranto. La necropoli, Catalogo del Museo Nazionale Archeologico di Taranto III 1 (1994) 142. 145; G. A. Maruggi in: Vecchi scavi, nuovi restauri, Ausstellung Tarent (1991) 54; Graepler, Tonfiguren 178 ff. 189.

1162 So auch Palmer a. O. 85 (Anm. 1159).

1163 Palmer a. O. 86, z. B. Deposit 49 (Anm. 1159).

1164 L. Bernabò Brea – M. Cavalier, Mylai (1959) 104 ff.; G. Tigano, Kokalos 39/40, 1993/94, 1059–1070.

1165 Tigano a. O. 1064 f., zur Nekropole in der Via San Giovanni (Anm. 1164).

1166 Bernabò Brea – Cavalier a. O. 127 ff., zur Contrada San Giovanni (Anm. 1164).

1167 Tigano a. O. 1070, zur Nekropole in der Contrada San Paolino (Anm. 1164).

1168 J. Tamburello in: Palermo punica, Ausstellung Museo Archeologico Regionale A. Salinas 1995–96 (1998) 107 ff.; B. Bechtold, La necropoli di Lilybaeum (1999) passim. Äußere Beigaben wurden an beiden Orten nicht beobachtet. Auch Symposionsanspielungen tauchen vor dem Hellenismus kaum auf, danach sind sie Zeichen für eine Rezeption griechischer Muster im punischen Grabritual, Bechtold ebenda 234.

1169 s. historische Einleitung in Kapitel I 2.

1170 E. A. Arslan, AnnPisa 16, 4, 1986, 1029–1058 zur Nekropole INAM. Das Faszikel AnnPisa 19, 2, 1989, 413–876 ist in seiner Gesamtheit der Erforschung von Hipponion gewidmet, darin 765 ff. zu neueren Nekropolengrabungen in vier verschiedenen Bezirken. Die einzelnen Grabareale waren relativ beigabenarm und auch untereinander nicht homogen. Äußere Beigaben wurden nur selten beobachtet und in dem Bericht

Die einzelnen Aussagen sind also weder nachprüfbar noch differenzierbar. Immerhin ist aufschlußreich, daß dort in der Zeit von der 2. Hälfte des 5. bis zum Ende des 4. Jahrhunderts Inhumationen vorkamen, die im Gegensatz zu den vorigen Phasen zu fast 70 Prozent nordsüdorientiert waren. Bei einer relativ kleinen Anzahl von Bestattungen[1171] fanden sich neben den im Sarg abgelegten Gaben auch außen deponierte Gegenstände, in der Regel Trinkkeramik[1172]. Ihre Lage deutet darauf hin, daß sie erst nach der Schließung des Grabes abgelegt wurden, weil dieses schon wieder ganz oder teilweise zugeschüttet war, also eine Situation, die derjenigen in Lipari entspricht. Interpretiert man die wenigen Hinweise in der Auflistung richtig, so scheinen diese Gefäße auch von Geschlecht und Alter des Grabinhabers unabhängig zu sein[1173]. Der Bearbeiter bringt sie mit dem Akt des Spendens in Verbindung[1174]. Diese äußeren Gaben scheinen bisweilen schon in der zweiten (archaischen) Phase vorgekommen zu sein. Bei Grab 247 aus der dritten Phase (letztes Viertel 6. bis 2. Hälfte 5. Jahrhundert) lagen außen eine Bronzeoinochoe und ein Simpulum. Organische Reste von Pflanzen oder Tieren, die man ebenfalls mit Totenopfern verknüpfen könnte, sowie feste Opferplätze wurden jedoch nicht entdeckt[1175]. Die Ähnlichkeiten zu den Nekropolen in Lipari erstrecken sich also wieder nur auf einzelne Merkmale, nicht auf das ganze System. Terrakotten wurden nur sehr selten als Grabbeigabe gewählt und wenn dann vorzugsweise für Kinder und junge Mädchen. Ein thematischer Bezug zum Theater oder dem dionysischen Milieu ist bei dem Figurinenrepertoire ebenfalls nicht zu erkennen.

In anderen unteritalischen Nekropolen haben einige Ausnahmen Aufmerksamkeit erregt, bei denen exklusive Symposionsgefäße außerhalb der eigentlichen Bestattungen aufgestellt worden waren. In Locri wurden bei zwei Ziegelgräbern aus dem 4. Jahrhundert am Kopfende bzw. der Langseite große Kratere abgestellt[1176]. Ansonsten sind äußere Beigaben in den Nekropolen von Locri aber äußerst selten angetroffen worden.

In Tarent wurden seit dem späten 6. Jahrhundert mehrere Kammergräber mit Anspielungen auf das Symposion ausgestattet. Ein großes Grab (B) aus dem späten 6. oder frühen 5. Jahrhundert war sogar als Heptaklinon gestaltet, wobei Särge mit Dachdeckeln anstelle der Betten aufgestellt waren[1177]. Eine reichhaltige Symposionsausstattung, zu der neben einer panathenäischen Preisamphore, zahlreichen Trinkgefäßen und Kannen ungewöhnlicherweise auch vier große Kratere gehörten – sie fehlen sonst in den Tarentiner Nekropolen – stand nahe dem Eingang zwischen Sarkophag 1 und 7. Deshalb bereitet es Schwierigkeiten, sie einer bestimmten Bestattung zuzuordnen, ja man muß fragen, ob sich diese Gefäße überhaupt auf eine bestimmte Bestattung bezogen und nicht auf die gesamte Grabgruppe[1178]. Die panathenäische Preisamphore gab den Grund zu der Annahme, daß hier eine Symposionsgemeinschaft von Männern bestattet war, die sich zugleich als Athleten hervorgetan hatten[1179]. Zwei verwandte Gräber, eine reiche Sarkophagbestattung in einer unzugänglichen Pseudokammer (Grab C), die außen von vier panathenäischen Preisamphoren umstanden war[1180], sowie ein weiteres, bereits klassisches Kammergrab[1181] (Grab D),

nicht detailliert dokumentiert, ebenda 769 zur Muschella-Nekropole. Vgl. auch M. T. Iannelli – V. Ammendolia (Hrsg.), I volti di Hipponion (2000) 69 ff. 124 ff. zu den Nekropolen.

1171 20 von mehr als 440 Gräbern, von denen aber nur 182 mit Beigaben ausgestattet waren. Davon kommen vier Gräber auf eine Gesamtzahl von 70 in Phase 2, drei auf 15 mit Beigaben in Phase 3 (= 20 %), 13 auf 94 (= 14,28 %) in Phase 4. Diese Gräber fielen oft noch durch weitere Ungewöhnlichkeiten aus dem Rahmen: Grab 19 enthielt die berühmten Goldplättchen mit orphischen Texten, Grab 249 tönerne Statuetten, Arslan a. O. 1038 f. 1043 (Anm. 1170); zu Grab 19, Iannelli – Ammendolia a. O. 74–76. 127 f. (Anm. 1170).

1172 Bei zwei der archaischen Fälle lagen außen korinthische Aryballoi, beim dritten eine Schale mit drei Skyphoi. In der 4. Phase tauchen außen fast nur noch Spende- oder Trinkgefäße auf, zweimal jedoch auch eine Lampe. Letztere gehören in dieser Periode zur Standardausstattung im Sarg, Arslan a. O. 1046 f. (Anm. 1170).

1173 Grab 249, das eine nackte Sitzstatuette enthielt, dürfte einem Mädchen gehört haben, Arslan a. O. 1043 (Anm. 1170); Iannelli – Ammendolia a. O. 155 (Anm. 1170). Aussagekräftige Skelettreste fehlen in der Nekropole, Arslan a. O. 1033 (Anm. 1170).

1174 Arslan a. O. 1046 f. (Anm. 1170).

1175 Arslan a. O. 1033. 1038 (Anm. 1170).

1176 P. Orsi, Locri, Necropoli Lucifero, NSc 1917, 106 ff. Abb. 10; Kurtz – Boardman, Thanatos 372 f. Abb. 153 b.

1177 G. F. Lo Porto, AttiMemMagnaGr 8–9, 1967/68, 46–68. 50 Taf. 11 a; N. Valenza-Mele, Prospettiva 63, 1991, 5 ff. Das Grab war bei der Entdeckung leider nicht unberührt.

1178 So auch Valenza-Mele a. O. 8 (Anm. 1177).

1179 Lo Porto a. O. 31–98, bes. 41 ff. (Anm. 1177); Valenza-Mele a. O. 4–16 (Anm. 1177); M. Bentz, Panathenäische Preisamphoren, AntK Beih. 18 (1998) 97–99.

1180 Lo Porto a. O. 69 ff. Taf. 29–32 (Anm. 1177), Valenza-Mele a. O. 12 f. Abb. 14. 15 (Anm. 1177); E. Lippolis in: ders. (Hrsg.), Taranto. La necropoli, Catalogo del Museo Nazionale Archeologico di Taranto III 1 (1994) 137. 139 Abb. 111–113.

1181 Lo Porto a. O. 84 ff. Abb. 8. 9 (Anm. 1177); G. A. Maruggi in: Lippolis a. O. 87 Nr. 6 (Anm. 1180); dies. in: Atleti e Guerrieri. Tradizioni aristocratiche a Taranto tra VI e V sec. a. C., Catalogo del Museo Nazionale Archeologico di Taranto I 3 (1997) 26 f. Abb. 21, auf die Beigaben wird dort nicht eingegangen.

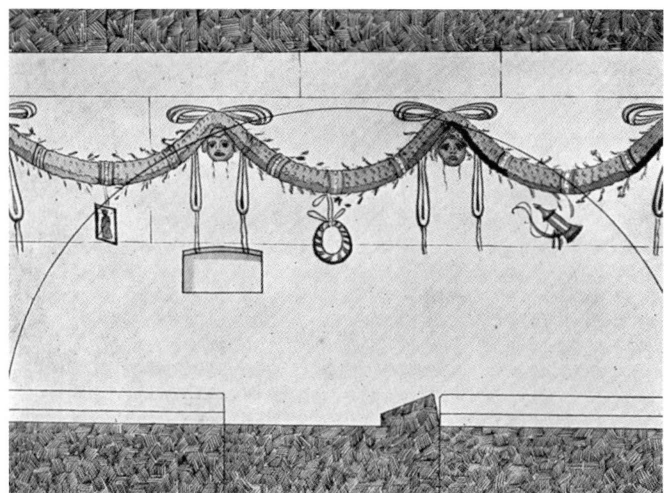

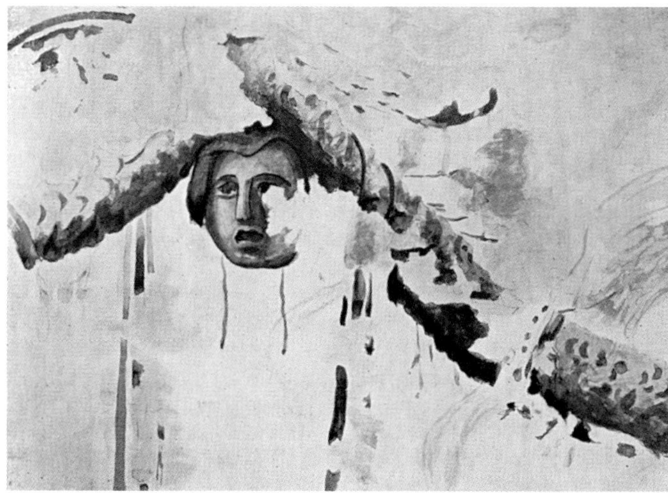

Hellenistisches Kammergrab an der Piazza d'Armi in Tarent mit einer gemalten Girlande. Abb. 34: Umzeichnung. – Abb. 35: Detail.

bei dem auf einem der drei flachen Sargdeckel ebenfalls eine panathenäische Amphore und Trinkgeschirr standen und am Architrav der Kammer drei Paar aufgehängte Sandalen abgebildet sind, so als hätten die Grabinhaber vor dem Mahl ihre Schuhe ausgezogen, werden ebenfalls für Sportler in Anspruch genommen. Martin Bentz konnte zeigen, daß die Panathenäenvasen nicht als Siegespreise für sportliche Leistungen in den Besitz der Grabinhaber gelangt sein können, sondern daß sie zeitgleich mit der übrigen Grabausstattung erworben wurden[1182]. Müssen diese Amphoren dann wirklich ausschließlich als Zeichen für Athleten verstanden werden? Nicht alle Bestattungen in den drei genannten Gräbern enthielten Strigilen[1183]. Der prächtige Sarkophag in Grab C barg beispielsweise nur ein Alabastron aus Alabaster. Die Anordnung außen an den vier Ecken des Grabes erinnert an ähnliche Fälle auf Rhodos, bei denen schmucklose graue Amphoren die Position am Kopfende einnahmen. Dort war die Aufstellung der Amphoren außerhalb des Grabes geschlechts- und altersunabhängig, hatte also mit Athletentum oder anderen männlichen Rollenbildern nichts zu tun. Weitere Amphorenfunde, die für Weinkonsum am Grab in Anspruch genommen werden, wurden in Apulien gemacht[1184]. In Grab D war die Preisamphore so eng mit Trinkgeschirr verbunden, daß man annehmen möchte, sie habe die Funktion des zum Trinkset gehörigen Weinbehälters übernommen. Dasselbe könnte auch für das Androngrab B zutreffen, wo zahlreiche Kannen, Wasserbehälter, Kratere und Trinkgefäße, aber außer der Panathenäenvase nur eine Amphora registriert werden konnten, die beide mit dem Trinkgeschirr im Eingangsbereich des Grabbaues vermischt waren[1185]. Muß man wirklich annehmen, daß die panathenäischen Preisamphoren in Unteritalien wie in Athen als Ölbehälter und mit engem Bezug auf die Spiele zu Ehren Athenas verwendet wurden? Denn bis nach Südrußland und Etrurien gelangten sie nicht als Tro-

1182 Bentz a. O (Anm. 1179).

1183 Anthropologische Untersuchungen, die das Geschlecht der Grabinhaber sichern würden, scheinen nicht vorgenommen worden zu sein.

1184 G. Semeraro, Ἐν νηυσί. Ceramica greca e società nel Salento arcaico (1997) 361 mit Rez. von O. Dally, Göttinger Forum für Altertumswissenschaft 2, 1999, 1157 ff. bes. 1161.

1185 Lo Porto a. O. 50. 65 (Anm. 1177). – Ein Indiz in diese Richtung gibt auch ein im Kunsthandel aufgetauchter und nach Japan und Malibu verkaufter Grabfund des 4. Jhs. aus der Nähe von Tarent, bei dem die panathenäische Amphore mit einem Wassergefäß, einem Mischgefäß, Gieß-, Eß- und Trinkgeschirr vergesellschaftet gewesen zu sein scheint. Eine Weinamphore fehlt bei diesem »kompletten Geschirrsatz«, wenn man wie Bentz a. O. 98 f. (Kat. 4.080) (Anm. 1179), die Preisvase als Ölbehälter versteht. Als Weingefäß würde sie sich besser in das Geschirrset einfügen. Bentz beobachtet selbst das häufige Auftauchen von panathenäischen Preisamphoren in Zusammenhang mit Symposia, bei denen Öl in diesen Mengen keine Rolle gespielt hat, und überlegt zögernd, ob man die Gefäße später nicht auch als Weinbehälter benutzt haben kann, ebenda 105. 118. Dafür sprechen auch einige Fragmente dieser Amphorenform, die zusammen mit zerbrochener Trinkkeramik und weiteren Amphoren in Syrakus außerhalb von Gräbern, jedoch in deren unmittelbarer Nähe gefunden wurden, z. B. NSc 1925, 196 f. Grab 51 (= Bentz 137 Kat. 6.163); NSc 1943, 66 Grab 35 Abb. 26 (= Bentz 135 Kat. 6.135). – Vgl. auch die durch ihre schwarzfigurige Zeichnung von Läufern als Panathenäenamphora gekennzeichnete Vase neben einer Gabenbringerin auf einer apulischen Grabhydria in der Sammlung Dechter. Da sich im Grabnaiskos ein Mädchen mit Spiegel und Kranz befindet, kann die Amphora nicht auf Sport und die Panathenäen bezogen sein, sondern muß ein Weingefäß mit dem Weinopfer für die Verstorbene meinen, M. E. Mayo (Hrsg.), The Art of South Italy. Vases from Magna Graecia, Ausstellung Richmond, VA (1982) 125 f. Kat. 47 mit Detailabb. S. 126.

phäen für Siege bei den panathenäischen Spielen, sondern als Handelsware[1186]. Es kam meines Erachtens auf die Gefäßform als Behälter für Flüssigkeiten – im Symposionskontext Wein – und ihren athletischen Dekor an, der aber losgelöst von den Panathenäen nur noch allgemein mit sportlicher Tüchtigkeit verbunden war. Die Bevorzugung dieser Keramikklasse erklärt sich dann in Tarent als bewußte Auswahl einer bestimmten Personengruppe, die das aristokratische Athletenideal für sich in Anspruch nahm, ohne daß die einzelnen Grabinhaber Hochleistungssportler gewesen sein müssen. Ein ähnliches Beispiel, daß Gefäßform und Dekor nicht immer nur in einer wörtlichen, eingeengten Bedeutung verwendet wurden, bildet die gleich zu besprechende Keramik in den Beigabendepots in der Nekropole von Gioia del Colle bei Bari[1187], wo die großen apulischen Grabgefäßformen wie Volutenkratere und Amphoren mit dem typischen Grabnaiskosdekor als Teil der Symposionsausstattung für den Verstorbenen verwendet wurden.

Übrigens spielen noch im fortgeschrittenen Hellenismus Hinweise auf das Symposion in Tarentiner Kammergräbern eine große Rolle. Einige sind ausdrücklich als Symposionsräume bzw. dionysische Lauben ausgestaltet. Ein Hypogäum an der Piazza d'Armi enthielt drei Klinen, zwei Beistelltischchen und an den Wänden gemalte Girlanden, an denen Gegenstände hängen, Kränze und Tänien, Tympana, eine Syrinx, Pinakes, Köcher und Bogen. An der Rückwand werden die Girlanden sogar von zwei Masken getragen (Abb. 34. 35)[1188]. Ein anderes Grab in nächster Nachbarschaft evoziert durch die Deckenmalerei eine weinbewachsene Pergola, in der dionysische Musikinstrumente und Gefäße hängen (Abb. 36)[1189]. Auf der rechten Längswand ist zudem ein Fries von Tänzern und einem Flötenspieler abgebildet.

Aus Apulien wurden noch weitere Anspielungen auf ein Gastmahl am Grab bekannt. Das schon erwähnte Beispiel

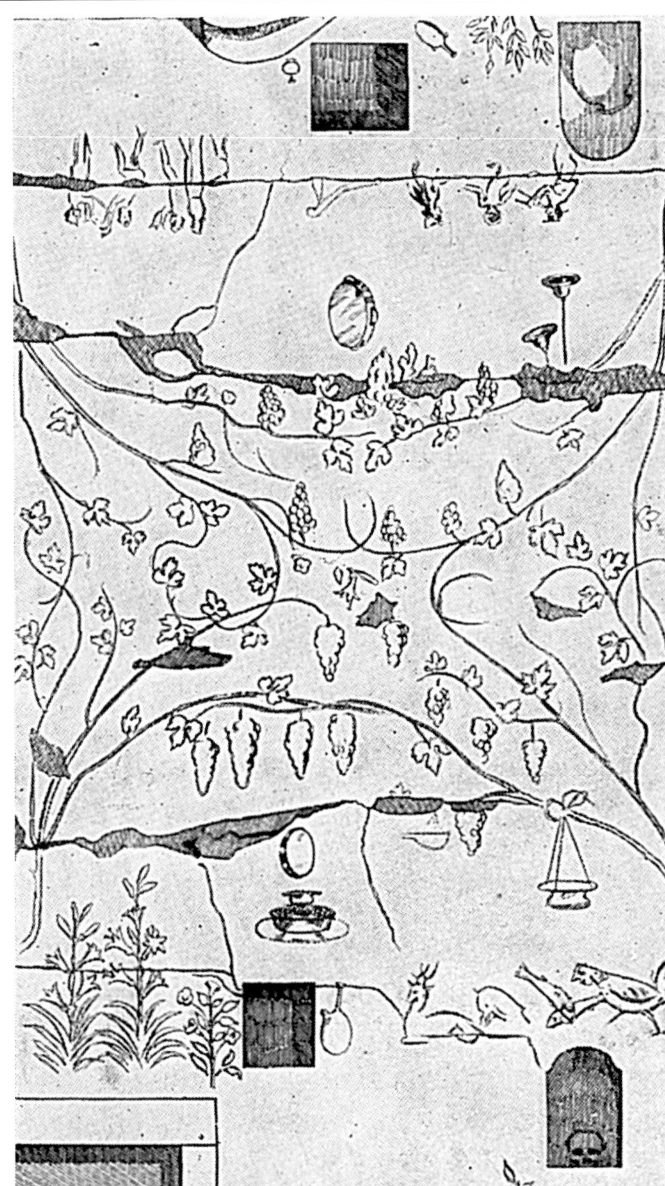

Abb. 36: Hellenistisches Kammergrab an der Piazza d'Armi in Tarent mit einer gemalten Weinlaube an der Decke

Gioia del Colle ist kein Einzelfall, in Rutigliano[1190] und weiteren kleinen Grabbezirken in der Umgebung Baris wurde Ähnliches beobachtet. Man errichtete gleichzeitig mit dem eigentlichen Grab an einer der Schmalseiten ein Depot (ripostiglio) für den überwiegenden Teil der Beigaben, eben eine komplette Ausstattung mit Bronzekesseln auf dreibeinigen Ständern, Kandelabern, Küchengeräten wie Käsereiben, Bratspießen und groben Gabeln, aber auch der üblichen bemalten Trinkkeramik und den Weinvorrats-, Misch- und Gießgefäßen. Im Sarkophag beim Leichnam lagen dagegen eher »persönliche« Gaben wie

1186 Bentz a. O. 99. 116 (Anm. 1179).

1187 B. M. Scarfi, MonAnt 45, 1961, 144 ff., bes. 180 ff.; M. R. Depalo in: A. Ciancio (Hrsg.), Archeologia e territorio, L'Area Peuceta, Atti del Seminario di Studi Gioia del Colle, Museo Archeologico Nazionale 12–14 novembre 1987 (1989) 96; H. Lohmann, Grabmäler auf unteritalischen Vasen (1979) 146 mit Anm. 1227.

1188 F. Tiné Bertocchi, La pittura funeraria apula (1964) 71 ff. Nr. 19 Abb. 48–57; Il Museo di Taranto. Cento anni (1988) 327 Abb. 58. 348–354 Kat.-Nr. 30. 13; Taranto, La necropoli a. O. 87 Nr. 16 (Anm. 1161). – Weitere Beispiele von Gräbern mit gemalten Girlanden und dionysischen Attributen bei Tiné Bertocchi ebenda 81 ff. Nr. 22; 90 f. Nr. 26 Abb. 71.

1189 Tiné Bertocchi a. O. 62 ff. Nr. 16 Abb. 38–45 (Anm. 1188). Il Museo di Taranto a. O. 321 f. Kat.-Nr. 30. 4 (Anm. 1188); Taranto, La necropoli a. O. 87 Nr. 12 (Anm. 1161).

1190 G. F. Lo Porto in: Magna Grecia bizantina e tradizione classica, Atti del 17. Convegno di Studi sulla Magna Grecia, Taranto 9–14 ottobre 1977 (1978) 501 ff. Taf. 61.

Gewandschmuck, Gefäße mit Flüssigkeiten zur Körperpflege und Strigiles[1191]. Die große Keramikausstattung im Beigabendepot war offenbar nicht auf Männer beschränkt[1192], sondern fand sich auch bei Kindergräbern. Von besonderem Interesse ist die Tatsache, daß die sonst ihrer Ikonographie wegen immer als Totengefäße verstandenen großen apulischen Grabkratere und -amphoren – sie zeigen die üblichen Szenen mit dem Verstorbenen im Naiskos, dem sich Gabenbringer nähern – hier entsprechend ihrer Gefäßform als Teil der Symposionsausstattung Verwendung fanden. Diese Interpretation wird noch dadurch gestützt, daß auf den zugehörigen Kannen dieselben Gabenbringer mit dionysischen Attributen, jedoch ohne Anspielung auf ein Grab, dargestellt sind[1193]. Demnach galten diese Gefäße nicht einfach als für das Grab hergestellte Semata, sondern man verband mit ihnen auch eine konkretere Funktion als Tafelgefäße, auch wenn sich ihre Nutzung in Gioia del Colle nicht nachweisen läßt. Lediglich der unverzierte Stamnos aus dem Depot zu Grab 18 enthielt Reste einer gelblichen Substanz mit Einschlüssen von pflanzlichen und tierischen Partikeln, also doch wohl die Überbleibsel von Speisen[1194].

Im Zeichen einer Grabforschung, die in den Beigaben eher Statussymbole für den gesellschaftlichen Rang der Verstorbenen und ihrer Familien als Gerätschaften mit Bezug auf ein religiöses Ritual im Rahmen der Bestattungsfeierlichkeiten sieht, wurden die Symposionanspielungen in den Tarentiner »Athletengräbern« als Hinweise auf eine aristokratische Gemeinschaft gewertet, für die das Symposion Teil ihrer Selbstdarstellung sei. Ohne weitere Informationen zu Prosopographie und sozialer Stellung der Verstorbenen müssen solche Schlußfolgerungen hypothetisch bleiben, man sollte jedoch auch die Möglichkeit in Betracht ziehen, daß eine Tischgemeinschaft bzw. ihre Hinterbliebenen ein mit dem Totenritus verbundenes Speise- und Spenderitual, das allen Toten zukam, in die Gestalt eines Symposions gekleidet und damit überhöht haben, daß sich also eine gesellschaftliche Symbolsprache mit dem Totenritus überlagerte. Ansonsten scheint sich der Brauch, außerhalb von Einzelgräbern Objekte abzulegen, in Tarent weitgehend auf die Archaik zu beschränken[1195], eine Beobachtung, die auch für einige sizilische Koloniestädte wie zum Beispiel Syrakus[1196] zutrifft und die sich mit dem oben erwähnten Befund in Korinth deckt.

c Außen deponierte Terrakotten

Schließlich ist noch zu fragen, ob es abgesehen von den Beispielen auf den äolischen Inseln Nekropolen gegeben hat, in denen Terrakottafigurinen zusammen mit Trinkgefäßen außerhalb der Gräber deponiert waren.

Hier scheint Lipari kein Einzelfall gewesen zu sein. In Tanagra muß es, nach den wenigen publizierten Fundbeschreibungen und Grabungsphotos zu urteilen, den Brauch gegeben haben, bei spätarchaischen und klassischen Gräbern Tonstatuetten und Trinkgefäße abzulegen. Photos zeigen eingetiefte Särge, um deren Rand herum große Mengen von fragmentarischen Kantharoi und Trinkschalen lagen (Abb. 37. 38)[1197]. Die Statuetten sind – von einer stehenden Frauenfigur abgesehen – leider nicht genauer zu identifizieren. Bei den hellenistischen Gräbern gehörten die berühmten Tanagräerinnen sowohl zum

1191 Scarfi a. O. 321 f. (Anm. 1187).

1192 Vgl. z. B. Grab 5, Scarfi a. O. 246 ff. (Kinderskelett) (Anm. 1187). Es fehlen jedoch die aufwendig bemalten großen Gefäßformen. Grab 18, ebenda 220 ff. Abb. 62–68, dürfte aufgrund des kleinen Sarkophages und der Rassel in Form eines Schweinchens ebenfalls einem Kind zuzuordnen sein. – Grab 17, ebenda 210–219, dürfte dagegen wegen der Waffen im »ripostiglio« einem Mann gegolten haben. Anthropologische Untersuchungen scheinen an den Skeletten nicht vorgenommen worden zu sein.

1193 z. B. Grab 3, Scarfi a. O. 180 ff. Abb. 30–33. 37–43 (Anm. 1187); Grab 2, ebenda 151 ff. Abb. 8. 9. 22. 24. 25.

1194 Scarfi a. O. 226 Nr. 10 Abb. 63. 322 (Anm. 1187).

1195 Valenza-Mele a. O. 4. 14 Anm. 2 (Anm. 1177): Der Ritus scheine im 5. Jh. zu verschwinden; Beispiele für Gräber mit äußeren Beigaben: G. F. Lo Porto, ASAtene 37/38, 1959/60, 65 ff.; BdA 47, 1962, 165 ff.; Lippolis a. O. 134 (Anm. 1161); ebenda 158 Abb. 140 Grab 27 in der Via Generale Messina. – Eines der wenigen hellenistischen Beispiele, ein Fossagrab (Grab 1 auf dem Eckgrundstück Via Campania/Corso Italia), war mit Ziegeln abgedeckt, auf denen ein Becher, eine Schale, eine Amphora und weitere Speisegefäße standen, G. A. Maruggi in: Vecchi scavi, nuovi restauri (1991) 86 ff.

1196 Dies ergab eine Durchsicht der Grabungsberichte in den NSc von 1895, 109 ff.; 1897, 471 ff.; 1905, 381 ff.; 1925, 176 ff. 296 ff.; 1943, 33 ff. Außerhalb der Gräber, meist auf den Deckplatten der Gruben oder Sarkophage abgelegte Beigaben sind auch im 7. und 6. Jh. v. Chr. in Syrakus nicht sehr häufig anzutreffen, noch am ehesten, (aber nicht ausschließlich) bei Kindergräbern, z. B. Grab 37 in der archaischen Nekropole von S. Lucia, NSc 1925, 192. Es handelt sich fast immer um Keramik, Trinkschalen und -becher, Amphoren, Teller, aber auch Salbgefäße wie Alabastra und Lekythen. Allerdings könnten sie bisweilen mit einer Leerung des Sarkophages für eine Wiederverwendung in Verbindung stehen. Im Laufe des 5. Jhs. verschwinden diese außen deponierten Gaben völlig.

1197 Beispielsweise R. A. Higgins, Tanagra and the Figurines (o. J., 1986) 43 Abb. 26 (um 500 v. Chr.); 51 Abb. 40 (um 450 v. Chr.); 51 Abb. 41 (um 450 v. Chr.); A. Andriomenou, La nécropole classique de Tanagra, in: La Béotie antique, Colloques internationaux du CNRS, Lyon – St. Étienne 1983 (1985) 115 Abb. 2 Grab B/19; 122 Abb. 7 Grab B/74. – Zur Deutung dieses Komplexes s. Verf. a. O. 121 ff. (Anm. 1138).

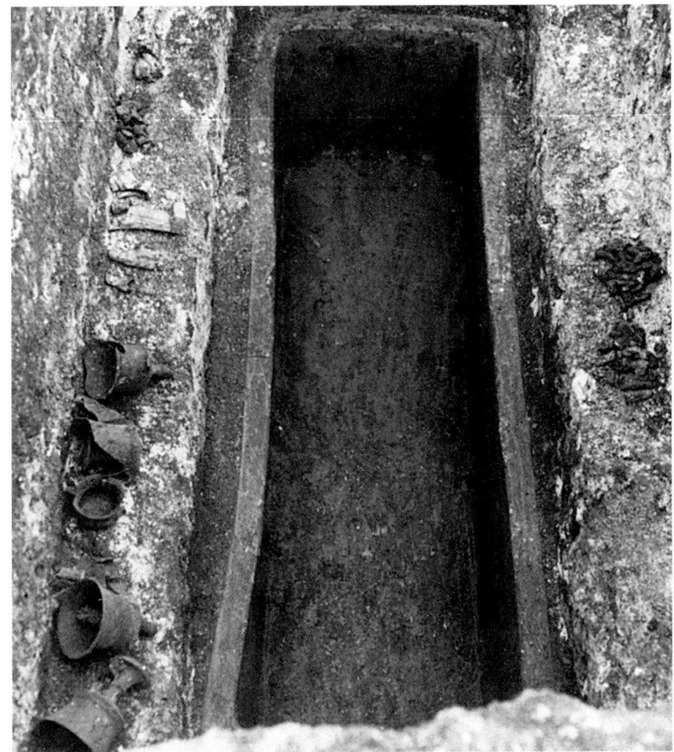

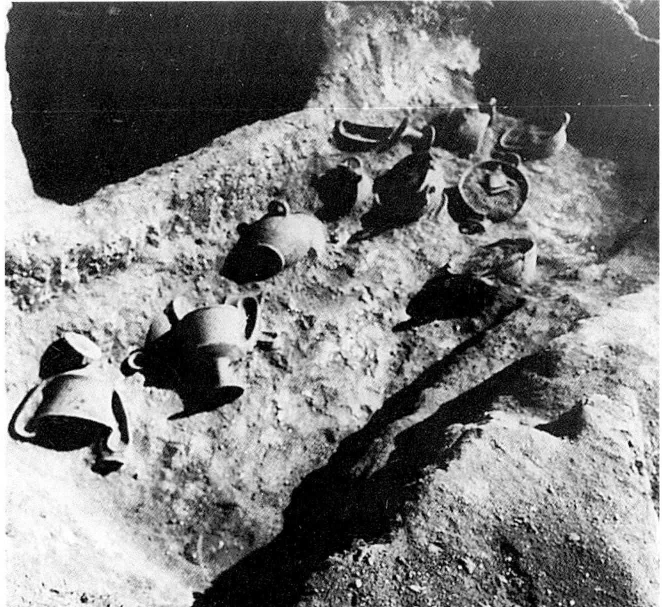

Abb. 38: Ansammlung von Kantharoi an einem spätarchaischen Grab in Tanagra

Abb. 37 (links): Klassisches Grab in Tanagra, an dem außen Trinkgefäße und Terrakotten gefunden wurden

Grabinventar als auch zu den außen abgelegten Gaben und konnten dort mit Trinkgefäßen vergesellschaftet sein[1198]. Die meisten Gräber dieser Periode wurden im vorletzten Jahrhundert der begehrten Mädchenstatuetten wegen planmäßig geplündert, ohne daß man auf die beiliegende, meist unverzierte Keramik besonders geachtet hätte. So fehlen auch Angaben über die Fundzusammenhänge der großen spätklassischen Dionysosprotomen, die den Gott mit Symposionskranz und teils unbärtig mit Ei und Hahn als Attributen, häufiger aber bärtig mit Kantharos und Ei zeigen[1199]. Nach den Verhältnissen im lokrischen Halai zu urteilen, wo vergleichbare Protomen, die entweder eine weibliche Gottheit (Demeter oder Persephone?) oder den bärtigen Dionysos darstellen, fast durchweg außen an die Sarkophage gelehnt waren[1200] oder auf den Deckeln lagen, möchte man eine ähnliche Positionierung auch in Tanagra vermuten.

In der Nekropole von Halai waren Terrakotten sehr häufig unmittelbar außerhalb der Gräber anzutreffen, besonders bei solchen des 4. Jahrhunderts, doch verteilen sich die Bestattungen, zu denen innen oder außen Terrakotten gehörten, augenscheinlich von der Spätarchaik bis ins 1. Viertel des 3. Jahrhunderts[1201]. Das Typenspektrum reicht von den schon erwähnten Protomen über stehende Frauenfigurinen mit hohem Polos, thronende Frauen, stehende Jünglingsfiguren, Tanagräerinnen und ihre typologischen Vorläuferinnen bis zu mythologischen Figuren wie Pan, Satyrn und möglicherweise Hermes. Seit dem frühen 4. Jahrhundert nehmen die Statuetten mit dionysischen Themen zu, man fand einige Schauspielerterrakotten sowie eine komische Sklavenmaske[1202], doch spielen sie ihrer Zahl nach im Terrakottenspektrum aus Halai nur eine untergeordnete Rolle. Die Maske und die Komödienfigurinen lagen übrigens sämtlich außerhalb der Sarkophage. Keramik scheint mit den außen abgelegten Stücken allerdings kaum verbunden gewesen zu sein. Diese fand sich fast durchweg im Grab. Nach den Grabungsberichten gab es relativ feste Regeln, wo welche Gefäße ihren angestammten Platz hatten[1203]. Beim Kopf stand beinahe grundsätzlich ein unglasierter Krug, manchmal erhielt der

1198 Higgins a. O. 58 (Anm. 1197); G. Zimmer in: Bürgerwelten. Hellenistische Tonfiguren und Nachschöpfungen im 19. Jh., Ausstellung Berlin (1994) 12 ff.

1199 z. B. die beiden Exemplare im British Museum in London, Higgins a. O. 113 Abb. 134; 114 Abb. 135 (Anm. 1197).

1200 A. L. Walker – H. Goldman, AJA 19, 1915, 429 Abb. 5; zu den einzelnen Protomentypen H. Goldman – F. Jones, Hesperia 11, 1942, 389 f. 397. 403 f. 407 Taf. 4. 16–20.

1201 Goldman – Jones ebenda 365 ff. (Anm. 1200).

1202 Goldman – Jones a. O. 405 f. 410 Taf. 23. 409 Taf. 20 (Anm. 1200). Es wurden insgesamt sieben Schauspielerfiguren gefunden. – Bei dem berühmten Frauengrab in Pelinna in Thessalien, das zwei goldene Totenpässe enthielt, wurde außen eine Mänadenterrakotte entdeckt, s. u. Anm. 1451.

1203 Goldman – Jones a. O. 369 f. (Anm. 1200) »At all times vases were predominant inside the graves, but in the fifth

Tote eine Kylix oder einen Kantharos in die Hand, weitere Vasen und Terrakotten wurden am Fußende deponiert, bisweilen aber auch über den ganzen Leichnam verteilt. Aus dieser Lage der Gefäße kann man doch wohl den Schluß ziehen, daß die Hinterbliebenen bei der Herrichtung des Leichnams im Grab von der Vorstellung geleitet waren, dieser benötige für seine Reise oder den Aufenthalt im Jenseits einerseits einen vermutlich mit Wasser gefüllten Krug, andererseits ein Trinkgefäß[1204]. Daß hierfür häufig der im täglichen Leben wenig gebräuchliche Kantharos Verwendung fand, das par excellence mit Dionysos verbundene Trinkgerät, ist sicher kein Zufall, zumal der Gott auf den Protomen im nahen Boiotien ebenfalls mit diesem Attribut charakterisiert wurde. So wäre erwägenswert, ob nicht die Vasen, die für den Verstorbenen sonst nach der Schließung des Sargdeckels am Kopfende außen abgestellt wurden, in Halai unmittelbar in das Grab gelegt wurden.

Sowohl in Tanagra als auch in Halai scheinen also Regeln für die Behandlung der Toten maßgeblich gewesen zu sein, die denen in Lipari zumindest in Ansätzen ähnlich waren, auch wenn die Grabungs- und Publikationslage an beiden mutterländischen Orten eine detaillierte Analyse der Grabsitten verhindert. In Tanagra waren die Terrakotten außen mit Symposionsgeschirr verbunden (Abb. 37), auch wenn man angesichts der Geschirrmenge und ihrer Verteilung eher an die Abhaltung eines Trinkfestes am Grab durch die Trauergemeinde denken muß, dessen Reste an Ort und Stelle gelassen wurden, als an ein Opfer für den Toten. Ob unter den Terrakottentypen auch ein explizit dionysisches Repertoire eine Rolle spielte, läßt sich nicht sagen. In Halai scheinen dagegen Zeugnisse zu fehlen, die auf einen Ritus mit Trink- und Speisegeschirr nach der eigentlichen Bestattung schließen ließen. Dafür zählen zu den in unmittelbarer Nähe der Gräber deponierten Terrakotten Dionysosprotomen und Figuren aus dem Umkreis des Gottes wie Silene und Pan, Schaupielerfiguren und sogar eine Komödienmaske.

In Giardini-Naxos an der sizilischen Ostküste fanden sich in einer Nekropole ebenfalls Terrakotten an Gräbern: mit Silenmasken geschmückte Antefixziegel aus dem 5. Jahrhundert v. Chr.[1205], die vermutlich ursprünglich als Kalyptere auf den gegeneinander gelehnten Ziegeln der »Cappuccina-Gräber« saßen. Bisweilen lagen außen auch Trinkkeramik – meist Kannen und Skyphoi oder Kylikes – sowie Lekythen[1206]. Man könnte einwenden, daß diese Antefixe als Bauschmuck – sie kehren sonst als Stirnziegel vor allem in Heiligtümern wieder – eine andere Funktion besaßen als die außen abgelegten figürlichen Terrakotten und daß deshalb erst einmal zu belegen wäre, daß sie als Parallelphänomen zu den Masken an Gräbern einzuschätzen sind. Dieses Argument ist nicht leicht zu entkräften, da über die Bedeutung all dieser Gaben bisher keine Klarheit herrscht. Dennoch fällt auf, daß sie sich thematisch in demselben ikonographischen Rahmen bewegen wie die Masken und daß ihre Anbringung an Gräbern ein ähnliches Unicum darstellt wie die Verwendung der Masken in Lipari. Eigenartigerweise zeigen die frühesten Masken im griechischen Kulturraum in Samos und auf der Athener Akropolis ebenfalls Satyrn[1207]. Zudem stellt sich die Frage, ob die Protomen nicht gleichfalls in engem Zusammenhang mit den Masken stehen. Hinweise liefern hierfür die oben ausgebreiteten Fälle, wo in Samos Masken oder Protomen parallel bzw. in Ialysos (Abb. 32. 33) sogar einmal gemeinsam vorkamen. Auch liegt im Syrakusaner Museum ein Stück aus Granmichele, das sich typologisch eng an die weiblichen Protomen aus Sizilien anschließt, das aber offenbar weder einen Hals noch einen seitlich davon herabfallenden Schleier besaß[1208], also eher den Namen Maske verdient. In der Forschung wird ein Zusammenhang zwischen Masken und Protomen in der Regel abgelehnt[1209], auch wenn im italienischen, französischen und englischen Sprachgebrauch maschera, masque bzw. mask sowohl für Protomen als auch für Masken ohne Hals verwendet wird. Dies entspricht dem Bedeutungsspektrum des griechischen Wortes »πρόσωπον«, das sowohl für das Gesicht als auch für Masken und die mit ihnen verbundene Theaterrolle gebraucht wurde[1210]. Die Begründung, warum

and fourth centuries the exterior offerings consisted chiefly of terracottas«.

1204 Schriftquellen, darunter einige der in Gräbern gefundenen Texte auf Goldblättchen, sprechen häufig davon, der Tote sei durstig und müsse getränkt werden, vgl. Kurtz – Boardman, Thanatos 244 f. 248 f.

1205 A. Rastrelli, NSc 38/39, 1984/85, 317 ff. (Hinweis O. Dally): Nekropole am Pokerhotel mit Gräbern aus der zweiten Hälfte des 5. Jhs. – z. B. Silensantefix 320 Nr. 2 Abb. 44. 367 Abb. 77 aus Grab 1; 368 Nr. 122 Abb. 77. 79 aus Grab 83, zur Fundlage 365 Abb. 75 c. – Es scheinen auch Antefixe mit negroiden Masken verziert gewesen zu sein, ebenda 370 Nr. 123 ist von einem Fragment mit Löckchenfrisur die Rede.

1206 Zu äußeren Beigaben ebenda 380. z. B. 373 Abb. 84 b (Grab 88).

1207 Sie stammen aus dem 6. und frühen 5. Jahrhundert, s. o. Anm. 1147.

1208 Syrakus, Museo Archeologico 21308, J. P. Uhlenbrock, The terracotta protomai from Gela (1989) 52 f. Taf. 8 a. b. »Granmichele Typus«. Sie geht auf diese Besonderheit nicht ein. Leider geht aus ihrer Beschreibung nicht hervor, wo das Stück gebrochen ist und wo es den originalen Kontur überliefert.

1209 z. B. Croissant a. O. 2 (Anm. 1145).

1210 Croissant a. O. 2 f. (Anm. 1145); er beruft sich auf die von Blinkenberg zusammengestellten indirekten Hinweise, daß auch die Protomen unter diesen Begriff fielen. – Zum antiken

Masken und Protomen gänzlich verschiedene Dinge seien, entspringt meines Erachtens einem irrtümlichen Vorurteil. Sie geht davon aus, daß die Maske grundsätzlich als ein Requisit im Kult eingesetzt wurde, das das Gesicht seines Trägers verhüllen sollte und diesen in eine andere Rolle schlüpfen ließ, während die Protome nur als ein Kultzeichen, als ein Symbol, genutzt worden sei[1211]. Auf sämtliche hier besprochenen Masken trifft diese Unterscheidung jedoch schon ihres Formates wegen nicht zu. Sie sind genau wie beispielsweise die Dionysosprotomen in Boiotien oder in der Lokris als Kultzeichen verwendet worden[1212]. Auch hierfür läßt sich ein antikes Indiz anführen: Auf rotfigurigen Vasenbildern ist mehrfach abgebildet, daß Dionysos in Form einer Maske verehrt wird. Sie hängt entweder an einem zusätzlich mit Kleidern geschmückten Pfahl oder sie liegt in einer Getreideschwinge[1213]. Ob beide Kultobjekte nur aus dem Gesicht bestanden, also Masken im engsten Sinne darstellten oder ob sie die Form einer Protome mit Hals besaßen, ist den Bildern nicht zu entnehmen.

Sowohl in Ionien als auch in Unteritalien stellen die Protomen fast grundsätzlich weibliche Gestalten dar, unter denen sich auch Göttinnen verbergen können. In Unteritalien sind sie häufiges Votiv in Frauenheiligtümern und darüber hinaus oft mit Attributen versehen, die auf Demeter und Persephone hinweisen[1214]. Im Grabkontext kommen sie dagegen nur gelegentlich vor[1215]. Allerdings ist in einem ausgemalten Kistengrab aus der 2. Hälfte des 4. Jahrhunderts in Makedonien ein Stück dargestellt, so als hinge es an einem Nagel an der Wand[1216], während in einem benachbarten Grab Protomen zusammen mit Nägeln gefunden wurden, also wohl ursprünglich an einer der Seitenwände der Grabkiste aufgehängt waren. Die übrigen gemalten Gegenstände bzw. ihre realen Gegenstücke entstammen in beiden Gräbern dem Frauengemach, so daß man nicht eindeutig entscheiden kann, ob die Protomen vielleicht als Götterbildchen zur Ausstattung der Gynaikonitis gedacht waren, oder ob sie auf das Grab zu beziehen sind. Vermutlich trifft beides zu, so daß man die Protomen möglicherweise als Kultobjekte wird verstehen dürfen[1217], die in ganz unterschiedlichen Zusammenhängen als Votive verwendbar waren. Es wäre zu fragen, ob sich dies nicht mit der Einsatzweise von den Antefixen mit Maskendekor deckt. Auch die tönernen Thymiateria in Form von Frauenbüsten mit Blütenaufsatz bzw. Silensbüsten mit Blüte[1218] kamen sowohl in Heiligtümern als auch in Nekropolen vor und bewegen sich thematisch wiederum im Umkreis von Dionysos und Persephone. So läßt sich mutmaßen, daß alle diese Gattungen miteinander in Verbindung stehen und zumindest im Grabkontext eine ähnliche Funktion besaßen. Um diese Vermutung zu erhärten, müßte man den oben angedeuteten Hinweisen in größerem Rahmen nachgehen, da in den Studien zu den einzelnen Gattungen die formalen (typologischen und stilistischen) Fragen im Vordergrund stehen[1219], während über ihre Genese und Bedeutung in der Regel nur wenige, den Forschungsstand zusammenfassende Bemerkungen verloren werden[1220].

Gebrauch des terminus πρόσωπον vgl. F. Frontisi-Ducroux in: Anthropologie et Théâtre antique, Actes du colloque international de Montpellier 6–8 mars 1986 (1987) 83–92.

1211 Croissant a. O. 2 f. (Anm. 1145). Als Argumente werden immer einige Schriftquellen angeführt, die vom Gebrauch von Kultmasken z. B. bei Prozessionen zu Ehren von Demeter Kidaria berichten, RE XIV 2 (1930) 2070 f. s. v. Maske (Bieber); Paus. VIII 15, 1.

1212 Hierzu s. u. Kap V, z. B. Text zu Anm. 1326–1327.

1213 Stamnos des Dinos-Malers, Neapel, Nationalmuseum 2419, J. Boardman, Athenian Red Figure Vases. The Classical Period (1989) Abb. 177; A. Frickenhaus, Lenäenvasen, 72. BerlWPr (1912) passim hat die bis dahin bekannten Stükke mit dieser Ikonographie gesammelt. Zusammenfassend neuerdings Verf. in: R. Schlesier – A. Schwarzmaier (Hrsg.), Dionysos – Verwandlung und Ekstase. Ausstellungskatalog Berlin (2008) 81–89. – Choenkanne des Eretria-Malers Slg. Vlastos, Athen, Boardman ebenda Abb. 233; A. Lezzi-Hafter, Der Eretria-Maler (1988) 200 f. 339 Nr. 215 Taf. 137. 138 d. Vgl. auch W. Oenbrink, Das Bild im Bilde (1997) 156 f. – Zu weiteren Dionysosmasken, die verehrt worden sein dürften, vgl. W. Wrede, AM 53, 1928, 66–95. Vgl. auch den neu gefundenen Chous aus der Nekropole an der Piräusstraße in Athen, heute in der 3. Ephorie Nr. 3500, O. Tsachou-Alexandri in: J. Oakley – O. Palagia (Hrsg.), Athenian Potters and Painters (1997) 473 ff. Abb. 1–3. 11. Sie setzt sich auch ausführlich mit Lenäenvasen und Anthesterienbildern auseinander.

1214 Hinz, Kult 37 f. 200 Abb. 58. Titelbild.

1215 Uhlenbrock a. O. 142 (Anm. 1208). In den liparischen Nekropolen kam nur ein Stück in Büstenform zutage, ML II 18 f. Grab 35 Taf. 60, 4. Taf. 3, 2 zur Fundlage.

1216 J. Vokotopoulou, Οι ταφικοί τύμβοι της Αίνειας (1990) 22 ff. Abb. 6. 14. 20 Taf. 1–6. 13. 22–25. Thessaloniki, Archäologisches Museum, aus Nea Michaniona, Kistengrab 2 mit gemalten Gegenständen, die Schatten werfen: Spiegel, Kränze, Kästchen, Tuch etc.; Grab 3 mit realen Objekten: Klappspiegel, Protomen u. a. ebenda 49 ff. Taf. 28 ff. Protomen Taf. 41 α. β.

1217 Hinz, Kult 41 sieht in den Darstellungen von Göttern in koroplastischen Typen der Klassik sowie in den klassischen Tonbüsten die »Versinnbildlichung bestimmter Kultfunktionen«, was auch für die Protomen zutreffen dürfte.

1218 Vgl. im Kapitel IV 2 b, Text zu Anm. 1070–1077. 1082–1084.

1219 z. B. bei Croissant a. O. (Anm. 1145); Uhlenbrock a. O. (Anm. 1208).

1220 Croissant a. O. 5–8 (Anm. 1145); Uhlenbrock a. O. 139–150 (Anm. 1208). – Dasselbe gilt im Grunde auch für die Blütenfrauen und Silensthymiateria.

Als Quintessenz aus diesem Überblick über mögliche, den Verhältnissen in Lipari vergleichbare Kontexte läßt sich festhalten: Die Kombination von außerhalb des Grabes deponierter Speisekeramik und Masken bzw. Theaterfigurinen scheint eine Besonderheit der äolischen Inseln zu sein, für die sich keine engen Parallelen beibringen ließen. Allerdings fanden sich Zeugnisse für Keramikdepots außerhalb der eigentlichen Gräber seit der Archaik (und häufig auf diese Periode beschränkt), die der Gefäßformen wegen möglicherweise mit Speiseopfern an die Verstorbenen zu verbinden sind, zumal bisweilen auch organische Reste beobachtet wurden. An manchen Orten wie in Tarent und Gioia del Colle wurde diese Speise- und Trinkkeramik offenbar bisweilen zu einem großen Tafelservice für ein Trinkgelage oder ein Gastmahl erweitert. Die Gräber konnten sogar selbst als Andrones möbliert bzw. für ein Symposion geschmückt sein. Anspielungen auf das Symposion an Grabmonumenten sind übrigens nicht auf Unteritalien beschränkt. Sowohl auf dem Giebelfeld einer thebanischen Grabstele aus dem 5. Jahrhundert v. Chr.[1221] als auch auf dem Architrav eines Makedonischen Kammergrabes aus Agios Athanasios bei Thessaloniki[1222] aus der 2. Hälfte des 4. Jahrhunderts ist jeweils ein Bankett gemalt. Zugleich wurde deutlich, wie stark die Grabriten durch lokale Vorstellungen, Gepflogenheiten etc. geprägt sein müssen, da selbst an unmittelbar benachbarten Orten im Detail erhebliche Unterschiede wahrzunehmen waren. Dies unterstreicht die Notwendigkeit zu sehr differenzierter Betrachtungsweise der einzelnen Nekropolen sowohl innerhalb der einzelnen Städte und Regionen als auch hinsichtlich ihrer chronologischen Phasen.

1221 Grabstein des Saugenes, aus Tanagra, Theben, Archäologischen Museum, Higgins a. O. 52 Abb. 45 (Anm. 1197).

1222 M. Tsimbidou-Avloniti, AErgoMak 10 A, 1996 (1997) 427 ff. Abb. S. 441 (Krieger); dies. in: A. Pontrandolfo (Hrsg.), La Pittura parietale in Macedonia e Magna Grecia, Atti del Convegno Internazionale di Studi in ricordo di Mario Napoli, 21–23 novembre 1996 (2002) 37 ff. Taf. 6. 7 (Symposionszene); dies. in: A.-M. Guimier-Sorbets – M. B. Hatzopoulos – Y. Morizot (Hrsg.), Rois, Cites, Necropoles. Institutions, Rites et Monuments en Macedoine, Actes des Colloques de Nanterre, decembre 2002 et d'Athènes, janvier 2004 (2006) 321–330, bes. 324–329 Taf. 63, 2. 65; R. A. Tomlinson, ARepLond 41, 1994/95 (1995) 45; D. Blackman, ARepLond 43, 1996/97, 67; H. Brecoulaki, BCH 124, 2000, 193 mit Anm. 6. 195 Abb. 3 (Symposionszene); dies. in: S. Decamps-Lequime (Hrsg.), Peinture et couleur dans le monde grec antique, Actes de colloque, Musée du Louvre, 10 et 27 du mars 2004 (2007) 91 f. Abb. 13. 14.

4 Die Schriftquellen zum Bestattungsritual

Die schriftliche Überlieferung gibt die Möglichkeit, das Grabritual von einer ganz anderen Seite zu beleuchten. Sie berichtet von handelnden Personen und Vorgängen, die keine materiellen Spuren hinterlassen haben. Diese Quellen erwähnen die Riten, die nach dem Tod und im Zusammenhang mit der Bestattung auszuführen waren, aber nur beiläufig. Eine detaillierte Schilderung fehlt, da die Gebräuche wohl allgemein bekannt waren. So finden wir die wenigen Hinweise vor allem bei den attischen Tragikern, Komödiendichtern und in athenischen Gerichtsreden des 4. Jahrhunderts v. Chr., in denen Erbstreitigkeiten verhandelt werden. Denn die angemessene Bestattung des Erblassers und die Durchführung der geforderten Riten, die dem Sohn bzw. dem engsten Verwandten oblag, galten als eines der wichtigsten Argumente im Kampf um das Erbe[1223]. Die Staatsschriften von Platon und Cicero – letzter zitiert Solon und Demetrios von Phaleron[1224] und schöpft also aus attischen Quellen – beziehen sich auf Gesetze, mit denen der Luxus und die Selbstdarstellung der Familien bei der Grablegung eingeschränkt werden sollten. Einige wenige, wenn auch späte Nachrichten finden sich zudem bei griechischen Lexikographen wie Photios, Hesych, Pollux und in der Suda. Demnach beleuchten die Schriftzeugnisse fast ausnahmslos die Situation im hoch- und spätklassischen Athen, während die Magna Graecia und Sizilien oder auch der griechische Osten völlig im Dunkeln bleiben. Dies macht es natürlich problematisch, die athenischen Verhältnisse aus dem 5. und 4. Jahrhundert v. Chr. direkt und in allen Details auf Unteritalien zu übertragen. Zudem wurde mit Recht bemängelt, daß der Versuch, aus den spärlichen und zu unterschiedlichen Zeiten aufgeschriebenen Quellen ein einheitliches Bild zu rekonstruieren, von einem zu statischen Verständnis des Bestattungsrituals ausgeht, das weder eine zeitliche Entwicklung noch unterschiedliche soziale Strukturen berücksichtigt[1225].

Es bestehen jedoch zum augenblicklichen Zeitpunkt keine Möglichkeiten, diesen Problemen aus dem Weg zu gehen, will man nicht völlig auf die Befragung der schriftlichen Überlieferung verzichten. Eine ganze Reihe von Argumenten spricht dafür, daß gerade Rituale und

1223 Vgl. z. B. Isaios II 35 ff.; VIII 35 ff.; IX 7 ff.; Demosth. or. XLIII 63 ff. Dazu auch I. Morris, Burial and Ancient Society (1987) 54.

1224 Cic. leg. II 58 ff.

1225 I. Morris, Death-Ritual and Social Structure in Classical Antiquity (1992) 10 ff. zu den methodischen Problemen im Umgang mit den Schriftquellen.

Gebräuche in Zusammenhang mit dem Tod weithin ähnlichen und allgemeinmenschlichen Bedürfnissen folgen und deshalb über lange Zeiträume hinweg kaum Wandlungen unterworfen waren: Zum einen haben sich aus ganz unterschiedlichen geographischen Regionen und Entstehungszeiten fragmentarische Gesetzestexte erhalten, die die Bestattung reglementieren und den Aufwand einschränken sollten[1226]. Sie lassen trotz des Bezuges auf eine bestimmte lokale Situation jeweils gemeinsame Grundlinien erkennen, die auch mit den aus Athen überlieferten übereinstimmen. Demnach muß es allgemeinverbindliche Grundzüge des Totenkultes gegeben haben, die offenbar über lange Zeiträume wirksam blieben. Zum anderen scheinen sich verwandte Vorstellungen wie diejenigen, die sich aus den attischen Quellen herausdestillieren lassen, auch bei den Römern und in der frühchristlichen bzw. orthodoxen Kirche gehalten zu haben. Bestimmte Totenriten und -feiern, die in festgelegten Abständen nach dem Begräbnis stattzufinden hatten, wurden beispielsweise über Jahrhunderte tradiert[1227]. So ist es durchaus gerechtfertigt, als Arbeitshypothese die in Athen vollzogenen Bestattungsriten und Bräuche in groben Linien auch an anderen Orten zu erwarten, zumindest solange die archäologischen Zeugnisse dem nicht widersprechen. Dennoch ist natürlich auch im religiös-rituellen Bereich mit lokalen Sonderentwicklungen zu rechnen. Eine Vorstellung von der möglichen Variationsbreite innerhalb des Bestattungsritus läßt sich den Berichten über die bis vor wenigen Jahrzehnten mit dem Begräbnis und dem Totengedächtnis verbundenen Bräuche auf dem Balkan entnehmen, die als uns näherliegende volkskundliche Parallele den antiken Riten vergleichbar sind (s. u. Kap. IV 5).

Der Charakter der Quellen und die angedeutete Beiläufigkeit der Nachrichten zum Totenkult bringt es mit sich, daß viele Riten nur in Umrissen zu rekonstruieren und zu verstehen sind. Manches bleibt unklar oder sogar widersprüchlich, besonders in Hinsicht auf die Handlungen am geschlossenen Grab, die in den Quellen oft nur τὰ νομιζόμενα (das Übliche) genannt werden[1228]. Weitgehende Einigkeit herrscht in der Forschung über den Ablauf des Geschehens bis zur Grablegung[1229]: Der oder die Tote wurde gebadet, gesalbt und bekleidet und am Tag nach dem Sterbetag im Trauerhaus aufgebahrt (Prothesis). Familienmitglieder und Freunde kamen zur Totenklage[1230]. Am folgenden, dem dritten Tag (der Todestag wurde eingerechnet) wurde der Leichnam in aller Frühe noch im Dunkeln zum Friedhof überführt[1231], wobei es anscheinend strenge Regeln gab, wer den Trauerzug begleiten durfte und wie die Prozession anzuordnen war[1232]. Begräbnisgesetze in Delphi und Julis auf Keos schrieben vor, daß diese Ekphora im Stillen, das heißt ohne laute Klage zu geschehen hatte. Dasselbe nimmt man aufgrund einer Stelle in Platons »Nomoi« allgemein auch für Athen an[1233]. Nach der Bestattung begab sich die Trauergemeinde in das Haus des Toten oder des nächsten Verwandten und feierte dort das Totenmahl (περίδειπνον)[1234], mit dem die trauernde engste Familie eine Periode des Fastens beendete[1235]. An diesem Essen nahmen offenbar auch Frauen

1226 Zu den Grabluxusgesetzen: R. Garland, BICS 36, 1989, 1–15; J. Engels, Funerum sepulcrorumque magnificentia (1998) passim; W. Schmitz, Nachbarschaft und Dorfgemeinschaft im archaischen und klassischen Griechenland, Klio, Beih. Neue Folge Bd. 7 (2004) 166–189.

1227 M. P. Nilsson, Geschichte der griechischen Religion^3 I (1967) 546 f. zu Totenmahlen und Speiseopfern auf dem Friedhof, 129 zum Totenopfer, 181 f.; E. F. Bruck, Totenteil und Seelgerät im griechischen Recht (1926) (1970)^2 290 f.; M. Murko in: Wörter und Sachen 2, 1910, 79 ff., bes. 110; B. Schmidt, ARW 24, 1926, 281 ff.; ders., ARW 25, 1927/28, 52 ff; W. Kierdorf, Totenehrung im republikanischen Rom, in: G. Binder – B. Effe (Hrsg.), Tod und Jenseits im Altertum (1991) 71 ff., bes. 83–85.

1228 z. B. Demosth. or. XLIII 65; XLIII 67; Isaios IX 7.

1229 Kurtz – Boardman, Thanatos 169 ff.; R. Garland, The Greek Way of Death (1985) 21 ff.; Burkert, Religion 293 ff., zur Prothesis 295 f.; E. Rohde, Psyche$^{7/8}$ I (1921) 216 ff. – S. I. Johnston, Restless Dead. Encounters Between the Living and the Dead in Ancient Greece (1999) 39 ff.

1230 Vgl. E. Reiner, Die rituelle Totenklage der Griechen (1938) bes. 36 ff.

1231 Demosth. or. XLIII 62; Plat. leg. XII 959 a. 960 a; Antiph. VI 34.

1232 Die Beschränkungen bezogen sich in Athen offenbar nur auf Frauen, Demosth. or. XLIII 62; in Mytilene auf nicht unmittelbar zur Familie gehörende Trauergäste, Cic. leg. II 66; Rohde a. O. 224 f. Anm. 4 (Anm. 1229). – Zu möglichen Motiven für die beschränkte Teilnahme von Frauen in Athen vgl. S. Pomeroy, Families in Classical and Hellenistic Greece (1997) 100 ff.

1233 R. Garland, BICS 36, 1989, 8 f. zu Delphi, 11 f. zu Iulis auf Keos; Engels a. O. 60–64 zu Iulis, 64–67 zu Delphi (Anm. 1226); Plat. leg. XII 960 a.

1234 Demosth. or. XVIII 288; Hegesippos, Adelphoi in: T. Kock, Comicorum Atticorum Fragmenta III (1888) 312 Fr. 1, 11–16 = R. Kassel – C. Austin, Poetae Comici Graeci V (1986) 549 Nr. 1; Men. Aspis 232 f.; Ain. Takt. X 5. – RE XIX 1 (1937) 720 ff. s. v. περίδειπνον (Pfister); Kurtz – Boardman, Thanatos 175; R. Garland, The Greek Way of Death (1985) 37; M. Blech, Studien zum Kranz bei den Griechen (1982) 82. – Der Name περίδειπνον erinnert an die ursprüngliche Sitte, das Mahl am Grab abzuhalten (Burkert, Religion 297), was in geometrischer Zeit so noch zelebriert wurde; O. Murray, Death and the Symposion, AnnAStorAnt 10, 1988, 250.

1235 Lukian. de luctu 24; Hegesippos a. O. (Anm. 1234); Reiner a. O. 46 (Anm. 1230); K. Meuli, Griechische Opferbräu-

teil[1236]. Vom darauf folgenden Symposion waren sie allerdings ausgeschlossen[1237]. Bei diesem Mahl gedachte man des Verstorbenen mit Lobreden[1238], doch konnte es, wenn man den Andeutungen in attischen Komödien trauen kann, mitunter auch sehr ausgelassen zugehen.

Bis hierher sind die Quellen relativ eindeutig. Schwierig wird es jedoch, will man sich aus den kurzen und widersprüchlichen Notizen über die Besuche am Grab innerhalb der Trauerzeit und die hierbei vollzogenen Handlungen einen Reim machen: Weitere Totenriten am Grab waren für den dritten, neunten und dreißigsten Tag vorgeschrieben, doch ist nicht klar, ob ab dem Todes- oder ab dem Begräbnistag gezählt wurde. Trifft ersteres zu, wofür viele Quellenbelege sprechen, würden die τὰ τρίτα genannten Zeremonien mit dem Begräbnistag zusammenfallen und möglicherweise einen Teilaspekt bei der Bestattung bezeichnen[1239]. Über die am neunten Tag zu vollziehenden rituellen Handlungen (τὰ ἔνατα) fehlen konkrete Angaben völlig[1240]. Am dreißigsten Tag muß es ein größeres Ritual (τριακάς) gegeben haben, das mit einem Mahl die strenge Trauerzeit beendete und die Rückkehr zum normalen Leben erlaubte[1241]. In Gerichtsreden wird mehrfach angeprangert, daß sich enge Verwandte eines Toten vor Ablauf dieser Frist respektlos verhalten, gekleidet oder geschminkt hätten[1242]. Zugleich scheint es allgemein üblich gewesen zu sein, den Verstorbenen an diesen Totentagen – wie auch später an Jahrestagen und allgemeinen Totengedenkfesten – Speisen und Trankopfer an das Grab zu bringen, die in der Regel aus Getreideerzeugnissen (Brot, Brei und Kuchen), Früchten, Honig und Milch oder Öl, aber auch Wein und Wasser bestanden haben[1243]. Diese Lebensmittel werden expressis verbis als Speisung für den Toten verstanden, die man häufig in der Nähe seines Kopfes abstellte[1244]. So liegt es nahe, diese Speise- und Trankopfer unter die in den Schriftquellen häufig erwähnten τὰ νομιζόμενα zu rechnen.

Ein besonderes Problem knüpft sich an ein erst in späten Quellen genanntes Totenmahl namens καθέδρα[1245]: Der spätantike Lexikograph Hesych berichtet unter diesem Stichwort, daß am dreißigsten Tag Freunde und Verwandte des Toten zu einem gemeinsamen Gedächtnismahl zusammenkamen, ohne allerdings anzugeben, ob es im Trauerhaus oder am Grab abgehalten wurde[1246]. Eine Stelle im

che, Gesammelte Schriften II (1975) 922 (zuerst gedruckt in: Phyllobolia für P. von der Mühll (1946) 199; R. Parker, Miasma. Pollution and Purification in Early Greek Religion (1983) 36. – Giuliani, Tragik 149 betont die Funktion der »vorübergehenden Trauerlösung«.

1236 J. Fabricius, Die hellenistischen Totenmahlreliefs (1999) 106 mit Verweis auf A. Wittenburg, Il testamento di Epikteta (1990) 99. 133 ff., bes. 134. – Murray a. O. 250 Anm. 32 (Anm. 1234) ist dagegen der Ansicht, daß Frauen vom περίδειπνον ausgeschlossen waren, weil dieses Mahl nach den üblichen Regeln für ein Symposion ablief.

1237 Vgl. P. Villard, Femmes au symposion, in: F. Thelamon (Hrsg.), Sociabilité, pouvoir et societé. Actes du colloque de Rouen 24–26 novembre 1983 (1987) 105–110.

1238 Cic. leg. II 63; Zenob. V 28; Rohde a. O. I 231 f. 245 (Anm. 1229). Vgl. auch K. Junker, AntK 45, 2002, 15.

1239 So Kurtz – Boardman, Thanatos 174; RE XIX 1 (1937) 721 s. v. περίδειπνον (Pfister); Kleiner Pauly V (1979) 891 ff. s. v. Totenkult (Wachsmuth); P. Stengel, Die griechischen Kultusaltertümer (1920) 146. Vgl. auch M. Alexiou, The Ritual Lament in Greek Tradition (1974) 7 mit Anm. 38. Dagegen Nilsson a. O. 179 (Anm. 1227); Burkert, Religion 298 Anm. 38, die zitierte Passage bei Isaios II 37, spricht m. E. nicht gegen eine Gleichsetzung des dritten Tages mit dem Tag der Grablegung. Es geht dem Sprecher an dieser Stelle um möglichst ausführliche Schilderung seiner Aufwendungen für Begräbnis und Totenopfer. Die Hypereidesstelle Fr. 110 (Harpokration 938 in: Suidas s. v. τριακάς unterstützt dagegen sogar eine Zählung ab dem Todestag); Rohde a. O. I 232 Anm. 3 (Anm. 1229). Ein Argument für die Gleichsetzung der Riten am dritten Tag mit dem Begräbnistag bietet Aristophanes, Lysistrata 612 ff., wo die τρίτα in direkte zeitliche Verbindung zur Prothesis gesetzt werden: am dritten Tag in aller Frühe. Das Scholion zu dieser Stelle merkt an, daß man am dritten Tag das Totenopfer (τῶν νεκρῶν ἄριστον = »Frühstück« für die Toten) zum Grab gebracht habe. – Vgl. F. J. Dölger, ΙΧΘΥΣ II (1922) 561 Anm. 1.

1240 Kurtz – Boardman, Thanatos 176; Isaios VIII 39.

1241 Suidas s. v. τριακάς, τριακάδες = Harpokration 938 = Hypereides Fr. 110; Poll. I 66; Athen. VII 325 a, wo ein Mahl am dreißigsten Tag erwähnt wird; R. Garland, The Greek Way of Death (1985) 40.

1242 Aischin. III 7; Lys. I 14.

1243 Nilsson a. O. 180 (Anm. 1227); Meuli a. O. 915 (Anm. 1235); Eur. Or. 113 ff. – Vgl. auch F. Graf, Milch, Honig und Wein. Zum Verständnis der Libation im griechischen Ritual, in: G. Piccaluga (Hrsg.), Perennitas. Studi in onore di A. Brelich (1980) 217. Vgl. auch das in Anm. 1239 erwähnte Scholion zur Lysistrata des Aristophanes.

1244 Zu den uralten und wohl allgemeinmenschlichen Vorstellungen: Meuli a. O. 911 ff. (Anm. 1235).

1245 Im »Onomastikon« des Pollux, einem Lexikon aus dem späten 2. Jh. n. Chr., fehlt der Begriff unter den Wörtern, die mit Grabriten und Bestattung zu tun haben, Poll. VIII 146. VI 102. Das braucht aber nicht zu bedeuten, daß es den so bezeichneten Ritus noch nicht gab. Da der Name καθέδρα mit dem Sitzen beim Mahl verbunden ist, könnte er erst mit einer veränderten Speisesitte aufgekommen sein, denn für allgemeines Sitzen (d. h. auch für Männer) beim Totenmahl scheint es bisher keine archäologischen Zeugnisse im griechischen Kulturraum zu geben.

1246 Rohde a. O. I 233 f. mit Anm. 2. 3 (Anm. 1229); Nilsson a. O. 179 (Anm. 1227); Th. Klauser, Die Cathedra im Totenkult (1927) 51 ff.

byzantinischen Lexikon des Photios entspricht inhaltlich (wenn auch mit anderer Wortwahl) der Notiz des Hesych zum gleichen Begriff, jedoch mit einem gravierenden Unterschied: Photios verbindet das Mahl mit dem »ersten Tag des Verstorbenen«, was wohl den Begräbnistag meint[1247], während Hesych vom dreißigsten Tag spricht[1248]. Dies braucht aber nicht im Widerspruch zur Nachricht des Photios zu stehen, denn Hesych fügt an: »Es gab aber vier καθέδρα genannte Feste«, so daß man ein solches Mahl insgesamt viermal wiederholt haben könnte[1249]. Photios erwähnt noch, daß man im Rahmen dieses Totenmahls die den Toten geschuldeten νομιζόμενα entrichtet habe[1250]. Insofern dürfte die καθέδρα doch am Grab zu lokalisieren sein. Aus beiden Stellen hat man außerdem geschlossen, daß man den Toten als anwesend betrachtet, ihm einen Stuhl (Kathedra) zugewiesen und ein Gedeck mit Speisen hingestellt habe[1251].

Da die καθέδρα an denselben Tagen stattgefunden haben soll wie die τρίτα und die τριακάς der klassischen Quellen und zudem mit den νομιζόμενα verbunden war – vorausgesetzt, man kann Hesych und Photios vertrauen – wurde sie in der Forschung bisweilen mit diesen gleichgesetzt. So hat Friedrich Pfister die καθέδρα am Begräbnistag mit den τρίτα in Verbindung gebracht und zugleich eine Stelle in der »Lysistrate« des Aristophanes damit verknüpft. Dort will eine liebestolle Alte einen jungen Mann auf ihr (Liebes-)Lager ziehen und erhält als Spott die Antwort, sie beschwere sich wohl, daß man sie nicht auf dem (Toten-)Lager aufgebahrt habe, aber am dritten Tag ganz früh morgens werde man ihr die τρίτα bereiten[1252]. Wenn diese Kombination richtig wäre, dann hätte in Zusammenhang mit der Beisetzung am Grab ein Mahl stattgefunden, bei dem man zumindest den Toten speiste. Ob die Hinterbliebenen das Mahl mit ihm teilten, ist wiederum umstritten[1253].

Natürlich ist es methodisch bedenklich, sehr späte Quellen mit älteren Nachrichten zu kombinieren und so Rückschlüsse auf die frühere Praxis zu ziehen, zumal die Überlieferung für die καθέδρα aus christlicher Zeit stammt und Sitzen beim Mahl im vorchristlichen Griechenland nicht üblich war. Andererseits scheinen mit der καθέδρα Elemente verbunden gewesen zu sein, die von alters her zum griechischen Totenritual dazugehörten, so daß man sich die Frage stellen muß, ob nicht auch das Totenmahl am Grab eine alte Sitte darstellte. Eine Reihe von weiteren Textzeugnissen könnte dafür sprechen: Eine Stelle im Traumbuch des Artemidor[1254] spricht von einem Totenmahl, bei dem der Verstorbene als der Einladende verstanden wird, dem zu Ehren die Gäste zusammenkommen[1255]. Doch um welches Mahl handelt es sich, das περίδειπνον im Haus des Verstorbenen, ein Mahl am Grab am Bestattungstag oder das die Trauerzeit beendende am dreißigsten Tag, über dessen Lokalisierung die Quellen schweigen? Die Antwort hängt entscheidend davon ab, wie hoch die Interpretatoren der Schriftquellen die Gefahr der rituellen Beschmutzung (μίασμα) und negativen Beeinflussung für die Trauergemeinde durch den Toten bewertet haben. Reinigungsriten waren nach Verlassen des Trauerhauses und nach der Rückkehr vom Begräbnis ohnehin für alle Teilnehmer zu vollziehen, da der Kontakt mit dem Leichnam als unrein galt. Auch das Trauerhaus selbst mußte nach Abschluß der Trauerperiode gereinigt werden[1256]. Doch scheint die Gefahr durch den Toten umso geringer geworden zu sein, je länger der Tod zurücklag. Daß der Tote beim περίδειπνον im Trauerhaus direkt nach dem Begräbnis als anwesend gedacht wurde, erscheint wenig wahrscheinlich[1257], schon weil sich die vom Friedhof

1247 Diese Zählung widerspräche der oben angeführten, die höchstwahrscheinlich vom Todestag ausging, doch liegen zwischen den oben zitierten Quellen aus dem späten 5. und 4. Jh. v. Chr. und dem Lexikon des Photios beinahe 1300 Jahre.

1248 Zur Interpretation Klauser a. O. 13 f. mit Anm. 6. 52 f. mit Anm. 35 (Anm. 1246); Rohde a. O. I 233 Anm. 2 (Anm. 1229); RE XIX 1 (1937) 722 s. v. περίδειπνον (Pfister). – S. A. Naber, der Editor des Lexikons von Photios, hatte in seiner Ausgabe von 1864 einen Schreibfehler angenommen und in Anlehnung an Hesych den ersten in den dreißigsten Tag geändert, was Klauser a. O. rückgängig gemacht hat. Ihm folgt die Neuausgabe des Lexikons von Ch. Theodoridis, Photii Patriarchae Lexicon II (1998) 345 mit Anm. zu Z. 24. – Zu Hesych: I. Bekker, Anecdota Graeca I, Lexica segneriana (1814) 268 s. v. καθέδραι.

1249 So auch Pfister, RE XIX 1 a. O. 722 (Anm. 1248).

1250 Klauser a. O. 14 mit Anm. 6 (Anm. 1246).

1251 Klauser a. O. 52 ff. (Anm. 1246).

1252 Aristoph. Lys. 612 f.; Pfister, RE XIX 1 a. O. 721 f. (Anm. 1248).

1253 U. von Wilamowitz-Moellendorff, Der Glaube der Hellenen I (1931) 312, bezweifelt eine Tischgemeinschaft des Toten mit den Hinterbliebenen. Stengel a. O. 146 (Anm. 1239) versteht dagegen den Verstorbenen als anwesend.

1254 Artem. V 82.

1255 Auch hier wird nicht expressis verbis erklärt, ob das Mahl im Haus oder am Grab stattfand. Die meisten Übersetzer, z. B. R. J. White, F. S. Krauss, D. Del Corno, K. Brackertz u. a. beziehen den Text auf das περίδειπνον im Trauerhaus. – Pfister, RE XIX 1 a. O. 723 bevorzugt dagegen das Grab (Anm. 1248).

1256 Parker a. O. 32 ff. (Anm. 1235). – Das Grabluxusgesetz von Iulis auf Keos verpflichtete zur Reinigung des Hauses am Tag nach dem Begräbnis, R. Garland, BICS 36, 1989, 11 f.; Kurtz – Boardman, Thanatos 237 f.

1257 Anders R. Garland, The Greek Way of Death (1985) 39 ff. Er unterscheidet die Tischgemeinschaft des Verstorbenen und der Hinterbliebenen beim περίδειπνον von den Banketten

Heimkehrenden für das Mahl entsühnen, also waschen oder baden mußten[1258]. Sie trugen bei diesem Totenmahl auch wieder einen Kranz, was während der vorausgegangenen Trauertage dem Verstorbenen vorbehalten gewesen war. Die Reden zu seinem ehrenden Gedächtnis setzen seine Anwesenheit nicht voraus. Meiner Ansicht nach spricht mehr dafür, ein gemeinsames Bankett von Trauergemeinde und Verstorbenem, wie es durch die Artemidornachricht nahegelegt wird, auf dem Friedhof zu lokalisieren, zumal περίδειπνον im ursprünglichen Wortsinn »ein Mahl um das Grab herum« bedeutet, wie dies in vorsolonischer Zeit in Athen wohl auch noch praktiziert wurde[1259]. Ob man allen die gleichen Speisen und Getränke vorsetzte oder für den Verstorbenen spezielle Gefäße bereithielt, die die Lebenden nicht anrührten, um eine Befleckung zu vermeiden, mag dann dahingestellt bleiben[1260]. Die eigentliche, soziale Funktion dieses Mahles, das den Zusammenhalt der Hinterbliebenen nach dem Verlust eines Familienmitgliedes zum Ausdruck bringen und zugleich stärken sollte, wird dadurch nicht beeinträchtigt[1261]. Als Datum stünden dann der Begräbnistag und der dreißigste Tag zur Debatte. Um ein opulentes Mahl am Bestattungstag kann es sich jedoch zumindest für die Trauernden nicht gehandelt haben, da ja nach Lukian erst das περίδειπνον die Fastenperiode für die engsten Hinterbliebenen beendete.

Es käme hier also lediglich eine Speisezeremonie in Frage, bei der die Teilnehmer am Grab mit nur symbolischen Portionen bewirtet wurden.

Es muß aber auch Mahlzeiten an weiteren Totengedenktagen gegeben haben, die in erster Linie der familiären Erinnerung dienten und bei denen nach allgemeiner Vorstellung der Verstorbene wiederum zugegen war[1262]. Ein solches Fest, das in diesem Falle vom Staat ausgerichtet wurde, bezeugt Plutarch in der Vita des Aristides[1263] für das 5. Jahrhundert v. Chr.: Aristides veranlaßte, daß jedes Jahr eine Totenfeier für die Gefallenen der Schlacht von Plataiai am Grabhügel zelebriert wurde, zu der auch ein Totenmahl gehörte. Der Archon hatte dabei die Toten zum Mahl zu rufen und ihnen Wein als Spende auszugießen. Die in den beiden späten Lexika erwähnten Totenmähler am Grab im Rahmen der καθέδρα genannten Zeremonien haben also durchaus Parallelen in vorklassischer und klassischer Zeit. In Athen waren sie aber durch gesetzliche Regelungen, die auch den Aufwand für Lebensmittel am Grab eng begrenzten, möglicherweise auf Staatbegräbnisse beschränkt.

Leider ergeben also die Quellen für die Frage nach den am Grab bei und nach der Bestattung abgehaltenen Zeremonien kein eindeutiges Bild. Dies liegt einerseits am Charakter der Texte, vor allem Theaterstücke und Gerichtsreden, in denen diese Dinge als Beispiel oder als witzige Anspielung nur kurz angedeutet werden, andererseits waren die Abläufe bei diesen Anlässen so stark ritualisiert und jedermann bekannt, so daß sich eine ausführliche Schilderung und Erklärung erübrigte. Die Forschung kam deshalb bisher zu ganz unterschiedlichen Ergebnissen, je nach dem, wie sie die Textstellen aufeinander bezog und verstand bzw. welchen Stellenwert sie den erst spät überlieferten Notizen zur καθέδρα zumaß.

Die Hauptschwierigkeit besteht darin, bei den Speisespenden am Grab zwischen Totenopfern, die nur für den Verstorbenen bestimmt waren, und einem Mahl, an dem auch die Überlebenden teilhatten, zu unterscheiden. Hier geben die Textzeugnisse letztlich keine eindeutige Handhabe. Befragt man dagegen die archäologischen Überreste, die von solchen Speisehandlungen oder Opfern erhalten geblieben sind, fällt eine Trennung nicht minder

am Grab, die allein dem Toten vorbehalten gewesen seien. Weniger eindeutig äußert er sich 110 ff. in Zusammenhang mit den Mahlzeiten an Totengedenktagen.

1258 Parker a. O. 36 (Anm. 1235) mit Bezug auf Aristophanes, Wolken 838; Garland a. O. 147 f. (Anm. 1257).

1259 s. o. Anm. 1234; vgl. auch B. Schmidt, ARW 25, 1927/28, 66. Die Stelle bei Plut. Solon 21, nach der Solon ein Stieropfer am Grab durch seine Grabluxusgesetzgebung verbot, kann dagegen nicht als Beleg für ein frühes Totenmahl am Grab angeführt werden, worauf mich E. Flaig zurecht hingewiesen hat; vgl. dagegen die Meinung von W. Burkert, Homo Necans (1972) 62, der das Rind als Totenmahlopfer versteht, und Engels a. O. 29. 89 (Anm. 1226). Nach der Wortwahl bei Plutarch handelte es sich bei dem von Solon verbotenen Opfer um ein Vernichtungsopfer (ἐνάγισμα) und nicht um eine θυσία. Das Opfertier galt also allein den Toten und wurde nicht beim Totenmahl verzehrt. Auch W. Schmitz, Nachbarschaft und Dorfgemeinschaft im archaischen und klassischen Griechenland (2004) 182, geht von der Vernichtung des Tieres – des im bäuerlichen Betrieb benutzten Pflugochsen – aus. Ebenso schon Alexiou a. O. 7 f. mit Anm. 42–44 (Anm. 1239).

1260 Ein entsprechendes Vorgehen ist gegenüber dem befleckten Orest bezeugt, dem man an den Anthesterien das Gastrecht nicht verweigern wollte, den man andererseits unentsühnt auch nicht an einem gemeinsamen Mahl teilhaben lassen konnte. Vgl. Burkert a. O. 245 f. (Anm. 1259); ders., Religion 360; L. Deubner, Attische Feste (1932) 98 f.

1261 Burkert a. O. 62 (Anm. 1259).

1262 P. Schmitt Pantel in: G. Gnoli – J.-P. Vernant, La mort, les morts dans les sociétés anciennes (1982) 181. Sie lokalisiert diese Mahlzeiten am Grab.

1263 Plut. Aristides 21. Garland a. O. 89 (Anm. 1257); K.-W. Welwei in: G. Binder – B. Effe (Hrsg.), Tod und Jenseits im Altertum (1991) 53 f. 57 f. 61 f. 65 f.; Burkert a. O. 68 (Anm. 1259); Engels a. O. 27 (Anm. 1226).

schwer[1264]. Das mag der Grund dafür sein, daß man auch bei gut beobachteten Kontexten wie im Athener Kerameikos nur selten versucht hat, mit Hilfe der Quellen und eines bestimmten archäologischen Befundes das Grabritual für einen konkreten Fall zu rekonstruieren[1265].

Deshalb soll der Versuch unternommen werden, die ungefähr zeitgleichen archäologischen Befunde in den Athener Nekropolen mit den Schriftzeugnissen in Einklang zu bringen, um dadurch die Lesung der Quellen zu überprüfen und eventell eine Entscheidung treffen zu können, ob eher mit Totenopfern oder mit einem regelrechten Mahl am Grab zu rechnen ist.

Am leichtesten zugänglich sind die Kontexte im Athener Kerameikos, auch wenn der Hauptteil der spätklassischen und hellenistischen Nekropole dort noch einer Publikation harrt. Da die Schriftquellen suggerieren, daß die von ihnen angedeuteten Riten allgemein üblich waren und regelmäßig praktiziert wurden, sollte eine Konfrontation mit wenigen ausgewählten Beispielen genügen. Die meisten Befunde aus der fraglichen Periode, die sich auf Rituale nach der Grablegung zurückführen lassen, sind im Band Kerameikos XIV über die Eckterrasse veröffentlicht, jenen exponierten Bereich des Friedhofes, aus dem so prominente Monumente wie die Grabreliefs von Demetria und Pamphile stammten. Der Ausgräber Wilfried Kovacsovics hat diese Befunde als Opferstellen bezeichnet. Auf dem Südhügel und in der Eridanos-Nekropole südlich der Heiligen Straße wurden dagegen keine bzw. weniger entsprechende Kontexte beobachtet[1266], entweder weil in diesem Gebiet bescheidenere Gräber angesiedelt waren, weil durch Nachbestattungen die Spuren dieser Opferstellen verwischt wurden oder weil bei der Grabung und Auswertung die Kriterien fehlten, um die Opferstellen von den Brandgräbern zu unterscheiden[1267].

Überblickt man die Kontexte auf der Eckterrasse, ergeben sich folgende Grundlinien: Offenbar gehörte zu fast jeder Bestattung oder Verbrennung eine Opferstelle, die in der Regel auf höherem Niveau liegt. Es ist nicht immer leicht, die Opferstellen den Gräbern zuzuordnen. Indizien geben die Stratigraphie und die chronologische Einordnung der im Grab und in der Opferstelle gefundenen Keramik, die ungefähr zeitgleich sein müßten. In einigen Fällen lag die Opferstelle teilweise über dem Sarkophag, so daß man sicher davon ausgehen kann, daß das Grab bereits geschlossen und schon wieder zugeschüttet war[1268]. Die Opferstellen sind zwar in ihrer Zusammensetzung nicht genormt, dennoch kristallisieren sich bestimmte Charakteristika heraus: Die Opferstellen waren in die Umgebung eingetieft und besaßen am Boden immer eine bis zu 10 cm dicke Aschenschicht. Oft fanden sich darin die Knochen von Tieren, hauptsächlich von Schafen, Ziegen oder Vögeln. Menschliche Skelettreste wurden jedoch nie festgestellt. Ein Zusammenhang mit Brandbestattungen oder den Resten der ustrina ist demnach sicher auszuschließen. Auch die in und über der Aschenschicht gefundenen Keramikfragmente, sämtlich mit starken Brandspuren, die darauf hinweisen, daß sie zusammen mit den auf ihnen liegenden Opfergaben dem Feuer überantwortet wurden,

1264 Vgl. Burkert, Religion 297.

1265 Zuletzt methodisch vorbildlich durch E. Kistler, »Die Opferrinne-Zeremonie«. Bankettideologie am Grab, Orientalisierung und Formierung einer Adelsgesellschaft in Athen (1998) passim. Ansonsten belassen es die bisher erschienenen Kerameikosbände zu den archaischen bis hellenistischen Befunden bei der Vorlage der Kontexte und des Materials. Eine Interpretation unterblieb. Die gleiche Selbstbeschränkung zeichnet viele neuere Arbeiten aus wie z. B. die Publikation der Nekropolen von Samothrake von E. Dusenbery, Samothrace XI, The Necropoleis (1998) passim, obwohl die Bearbeiterin an der Grabung beteiligt war und sich jahrzehntelang mit dem Thema beschäftigt hat.

1266 U. Knigge, Kerameikos IX, Der Südhügel (1976) passim, verzeichnet in ihrem Grabungsabschnitt keine Opferstellen, obwohl auch Gräber des 4. und 3. Jhs. v. Chr. in dem Areal lagen. – In der Eridanos-Nekropole wurden westlich der Kindernekropole zu fünfzehn klassischen Gräbern nur vier Opferstellen entdeckt, B. Vierneisel-Schlörb, AM 81, 1966, 24 f.; zu einer Opferstelle ließ sich jedoch kein Grab ausfindig machen.

1267 Vierneisel-Schlörb ebenda 4 ff. (Anm. 1266), steht vor der Schwierigkeit, Brandgräber für Kinder und Opferstellen voneinander zu trennen, sobald menschliche Skelettreste fehlen. Offenbar konnten Kinder in flachen Gruben zusammen mit dem typischen Opfergeschirr verbrannt werden, z. B. Brandgrab 82 (hS 143, ebenda 41 f.) oder Nr. 107 (hS 167, ebenda 54 f.), beide in der sog. Kindernekropole. So interpretiert sie auch den Befund Nr. 171 (hS 199) trotz fehlender menschlicher Skelettreste als Brandgrab. Nach der Zusammensetzung der darin gefundenen Keramikfragmente könnte es sich m. E. auch um eine Opferstelle handeln, dieselbe Möglichkeit erwägt Vierneisel-Schlörb bei Kontext Nr. 160 (hS 83, ebenda S. 91 f.). Denn entsprechende Gefäßformen – z. B. Opferteller, Teller, Schälchen, Salznäpfe, Skyphoi, Deckelschüssel, -pyxis und -pfanne – lagen zusammen mit Knochen von Tieropfern in eindeutigen Opferstellen. Jedoch sind Tierknochen nicht durchgängig Bestandteil der Opfer gewesen. Offenbar galten für Kinderbrandbestattungen bisweilen andere Beigabenregeln als für die von Erwachsenen. Sonst fanden sich in den Gräbern nämlich in der Regel Lekythen, Alabastra, Toilettengerät und Schmuck, jedoch fast nie Opferteller. – Vgl. auch die Einschätzung von D. C. Kurtz in: Kurtz – Boardman, Thanatos 120 f.

1268 z. B. die Opferstelle 28 (Eck 19) zu Sarkophag 23 (Eck 14), W. Kovacsovics, Kerameikos XIV, Die Eckterrasse (1990) 35. 40. 26 Abb. 23.

gehören zu wenigen Gefäßformen, die mit Opfern in enger Verbindung stehen. Es sind in der Hauptsache Teller, sogenannte Opferteller, die sich durch breite Bandhenkel auszeichnen, kleine »Salznäpfe«, Schälchen, Deckelschüsseln, manchmal auch Pyxiden, also samt und sonders Gefäßformen, in denen Speisen serviert wurden. Ab und zu können auch Trinkgefäße, zum Beispiel Skyphoi, und Chytrai, also meist einhenkelige Krüge mit weiter Mündung und rundem Boden, dazukommen. Über die verbrannten Lebensmittel kann man mangels organischer Reste nur Vermutungen anstellen. Nur in einem Fall wurden Mandeln beobachtet[1269]. Lampen fanden sich relativ selten. Schließlich konnten zu dieser Kernausstattung weitere Gaben hinzutreten, deren Funktion sich nicht ohne weiteres mit dem Opfer in Verbindung bringen läßt, wie beispielsweise Webgewichte, ein Kästchen, Alabastra u. ä., also Gegenstände, die sonst eher im Sarkophag liegen. Eine der größten Opferstellen aus dem 4. Jahrhundert in der Eridanos-Nekropole barg zusätzlich ein großes Set rotfigurig bemalter Hochzeitsgefäße[1270], offenbar eine Besonderheit. Die Opferstellen können sowohl zu Männerals auch Frauen- und Kindergräbern gehören. Manchmal scheinen auch zwei solcher Opferplätze nur einer Bestattung zugeordnet zu sein. Da sie auf verschiedenen Niveaus liegen, dürften die beiden Opfer in einem zeitlichen Abstand voneinander dargebracht worden sein[1271].

Es ist auffällig, daß das in den Opfergruben gefundene Geschirr relativ klein ist. Die Teller haben einen Durchmesser, der meist unter 15 cm liegt, die Trinkgefäße sind durchschnittlich 8–9 cm hoch, und die zahlreichen Schälchen haben nicht umsonst den Rufnamen »Salznäpfchen« erhalten. Demnach scheint es sich um eine hauptsächlich zu Opferzwecken hergestellte Keramik zu handeln[1272].

Im Lichte der Schriftquellen bietet sich für diese Befunde folgende Deutung an: Man hat im Gefolge der Bestattung und danach zu Totengedenktagen[1273] besondere Opfer im Grabbezirk dargebracht, die jedoch offenbar den zugehörigen Bestattungen nicht immer direkt räumlich zugeordnet waren[1274]. Dabei wurden die Gaben in flachen Gruben verbrannt[1275]. Eine speziell diesem Zweck dienende Keramik enthielt offenbar Lebensmittel und zubereitete Speisen[1276]. Dazu gehörten häufig auch Fleischopfer[1277], dagegen haben sich in den Gruben wenig Spuren von Trankspenden gefunden, denn Trinkgefäße und Kannen sind in der Minderzahl[1278]. Nach der Zeremonie wurden die Stellen mit allen Resten zugedeckt und nicht mehr berührt. Angesichts der Tatsache, daß die Speisen und das Geschirr im Feuer vernichtet wurden, waren die Gaben wohl der oder dem Verstorbenen vorbehalten. Die zurückgebliebenen Reste geben auf ein regelrechtes Mahl am Grab, das von den Hinterbliebenen abgehalten wurde,

1269 Kovacsovics a. O. 40 (Anm. 1268) Opferstelle 28 (Eck 19).

1270 Vierneisel-Schlörb a. O. 59. 72 ff. Beil. 48–50 (Anm. 1266). Diese Opferstelle 138 (HS 374, zu Sarkophag HS 343?) nahm eine Fläche von 2,50 x 1 m ein und enthielt insgesamt 83 Gefäße, darunter drei Lebetes Gamikoi, eine Lekanis und eine Pyxis, die ins zweite Viertel des 4. Jhs. datiert werden. Sonst kam die übliche Opferkeramik zutage.

1271 Vierneisel-Schlörb a. O. 95 (Anm. 1266), Opferstellen 167 (hS 134) und 168 (hS 135). Sie gehörten möglicherweise beide zu dem Ziegelgrab 166 (hS 139) für einen Erwachsenen. Eine ähnliche Lösung bietet sich für die Opferplätze 33 bis 36 an, die den Sarkophagen 30 (Eck 58) und 32 (Eck 63) zuzuordnen sind, Kovacsovics a. O. 27 (Anm. 1268).

1272 Vgl. R. S. Young, Hesperia 20, 1951, 112, er nimmt an, daß dieses Geschirr speziell für den Grabkult produziert wurde.

1273 Kurtz – Boardman, Thanatos 174 verbinden die Opferstellen mit den τρίτα. Das oben aufgeführte Beispiel von zwei zeitlich versetzten Opfern zur selben Bestattung könnte mit dem Gedenken an verschiedenen Totenfesten zu verbinden sein.

1274 Es scheint auch Opfer zu besonderen Gelegenheiten gegeben zu haben. Es gibt wohl Hinweise, daß man nach dem Wiederaufbau des Grabbezirkes XIII auf der Eckterrasse, der 338 v. Chr. zerstört worden war, in den Grabgruben Opfer darbrachte, Kovacsovics a. O. XII. 94 (Anm. 1268).

1275 B. d'Agostino in: Atti Magna Grecia 3, 1994/95 (1996) 84 hebt hervor, daß die Verbrennung der Objekte das Mittel gewesen sei, um sie definitiv der Welt der Verstorbenen zukommen zu lassen. Als Beleg dafür wird immer die Herodotstelle (V 82. 7) von Melissa, der Frau des korinthischen Tyrannen Periander angeführt, die sich über Kälte beklagt, weil man ihre Kleider nicht mit ihr verbrannt habe. Die Vorstellung, daß die Objekte zerstört werden müßten, um in die nächste Welt wechseln zu können, findet sich auch in anderen Kulturen, vgl. P. Metcalf – R. Huntington, Celebrations of Death. The Anthropology of Mortual Ritual² (1991) 35. 81.

1276 Kovacsovics a. O. 43 (Anm. 1268) zu Opferstelle 36 (Eck 16) erwähnt eine Chytra, die nur innen Brandspuren hatte. Demnach müssen sich in dem Krug brennbare, d. h. organische Speisen gefunden haben. Vielleicht handelte es sich um einen Brei aus Getreide, Burkert, Religion 299. 363.

1277 Dazu paßt die Nachricht, daß Solon im Zusammenhang mit der Beschränkung des Aufwandes bei Bestattungen das Stieropfer am Grab verboten habe, Plut. Solon 21; R. Garland, BICS 36, 1989, 4.

1278 Knigge a. O. 15 (Anm. 1266) nimmt an, daß Speise- und Trankopfer mit ins Grab kamen. In den Gräbern auf der Eckterrasse gibt es dafür aber m. E. keine Indizien. Wenn Knigges Vermutung zutrifft, muß man annehmen, daß auf dem Südhügel, wo die Brandopfergruben augenscheinlich fehlen, die Opfer ins Grab mitgegeben wurden, während sie auf der Eckterrasse in eigenen Gruben deponiert wurden.

keine direkten Anhaltspunkte, denn die Keramikformen dienten dem Kochen, Anrichten und der Aufbewahrung der Speisen, waren aber erst in zweiter Linie Tafelgeschirr. Dafür sprechen das relativ bescheidene Format und vor allem die geringe Anzahl von Trinkgefäßen. Man wird also auch für die in den Quellen genannten Riten eher den Charakter von Totenopfern als von einem Mahl für Toten und Hinterbliebene annehmen müssen.

Trotzdem ist nicht auszuschließen, daß es ein solches Mahl, bei dem der Becher herumgereicht wurde, auf dem Friedhof gegeben hat, und zwar zu den Staatbegräbnissen am Demosion Sema, auf die die Grabluxusgesetze nicht zutrafen[1279]. Denn einerseits besteht die Möglichkeit, daß das hierfür verwendete Tafelgeschirr nach der Zeremonie am Grab wieder nach Hause gebracht wurde, andererseits könnte dieses Speiseritual an speziell dafür vorgesehenen Plätzen in der Nekropole abgehalten worden sein. Vielleicht verbergen sich die Indizien dafür in den großen Mengen von fragmentarischem Trinkgeschirr, die man als Streufunde bzw. in Auffüllschichten im Kerameikos gefunden hat[1280]. Wie schon erwähnt, müssen auch Trankopfer an den Gräbern stattgefunden haben[1281], von denen man ebenfalls nur wenig materielle Spuren angetroffen hat. Die Grenzen zwischen Opfermahl und Totenopfer dürften sowieso bisweilen fließend gewesen sein. Insofern stimmt der archäologische Befund mit der aus dem Quellen gezogenen Vermutung überein, daß ein Mahl am Grab wenn überhaupt nur kleine Dimensionen gehabt haben kann und das Totenmahl im Haus nicht ersetzte.

Karl Kübler hat auf eine ganze Reihe von Indizien hingewiesen, daß dionysische Glaubensvorstellungen seit der 2. Hälfte des 5. Jahrhunderts in der Kerameikos-Nekropole zunehmend an Bedeutung gewannen, auch wenn diese Erkenntnis in der Forschung nicht die ihr gebührende Beachtung gefunden hat[1282]. So beobachtet Kübler beispielsweise eine veränderte Orientierung der Gräber, die nun vermehrt statt ostwestlich in Nordsüdrichtung angelegt waren und setzt dieses Phänomen mit einer gleichzeitig zu verzeichnenden Zunahme von mit dionysischen Themen geschmücktem Grabinventar in Beziehung, auch wenn diese beiden Faktoren – Ausrichtung und dionysische Ikonographie – nicht in jedem Fall zusammentreffen. In einer ganzen Reihe von Gräbern fanden sich Reste von verbrannten Weinreben[1283]. Anderen von Kübler angeführten Hinweisen auf dionysische Vorstellungen wie Eier oder die rote Farbe, mit der Sarkophage u. ä. innen bemalt sein konnten[1284], mag man dagegen skeptischer gegenüberstehen, solange ihre Bedeutung nicht zuverlässig geklärt ist. Dennoch ist ein Bezug zwischen Dionysos und dem Grabkult auch in Athen angesichts dieser Indizien nicht ganz von der Hand zu weisen, auch wenn diese Verbindung wesentlich zurückhaltender dargestellt wird als in Unteritalien.

Im Vergleich zu den Befunden in Lipari weisen die Opferstellen im Kerameikos einige Gemeinsamkeiten, aber auch viele Unterschiede auf: Man hat an beiden Orten wohl das Bedürfnis gehabt, die Verstorbenen mit Speise und Trank zu versehen. Dies scheint im Rahmen einer Zeremonie bald nach der Bestattung geschehen zu sein, bei der das Grab bereits geschlossen war. In Lipari herrscht jedoch eine viel stärkere Einheitlichkeit und Ordnung in der Nekropole, sowohl was die Zusammensetzung der entsprechenden Kontexte als auch ihre Lage angeht. Sie sind dem Grab und damit dem oder der Verstorbenen räumlich viel direkter zugeordnet. Es handelt sich dabei hauptsächlich um Depots von Trink- und Tafelgeschirr mit Speisen für eine Person, nicht um Opfergruben. So

1279 R. Stupperich, Staatsbegräbnis und Privatgrabmal im klassischen Athen (1977) 54 f., zur besonderen Ausgestaltung der Staatsbegräbnisse mit sportlichen und musikalischen Agonen, die bei Privatbegräbnissen verboten waren. Er kann wahrscheinlich machen, daß die »demokratischen« Staatsbegräbnisse Ehrungen wie die öffentliche Totenrede und Trauergesänge beibehalten haben, die aus der Tradition aristokratischer Bestattungen stammten. Andererseits hat man im 4. Jh. wiederum zunehmend versucht, Bestandteile des Rituals und der Bildsprache der staatlichen Bestattungsfeiern bei »privaten« Begräbnissen zu übernehmen (ebenda 266. 269). – In den Grabluxusbestimmungen von Julis auf Keos wird vorgeschrieben, das Geschirr nach der Zeremonie am Grab wieder nach Hause zu bringen, Kurtz – Boardman, Thanatos 237; Garland a. O. 11 (Anm. 1277); Engels a. O. 62 (Anm. 1226).

1280 J. Stroszeck wies mich auf die in der Kampagne von 1999 im Kerameikos ergrabenen Straßenschichten hin, in denen zur Aufschotterung der Straße Schutt verwendet wurde, der große Mengen von zerbrochenem Tafelgeschirr, Salznäpfchen mit zerschlagenem Boden etc. enthielt. Vgl. auch die als Streufunde aufgetauchten Kantharoi und Tafelgefäße in den Füll- und Schotterschichten der Eckterrasse, Kovacsovics a. O. 134 ff. (Anm. 1268).

1281 Von Speise- und Trankgaben am Grab spricht auch eine Stelle in Plutarchs Solon-Biographie Kapitel 21. Vgl. auch die zahlreichen Stellen in attischen Tragödien, die von Trankopfern am Grab berichten, z. B. Soph. Ant. 431; R. Garland, The Greek Way of Death (1985) 36. 113 ff.

1282 K. Kübler, Kerameikos VII 1. Die Nekropole von der Mitte des 6. bis zum Ende des 5. Jhs. v. Chr. (1976) 194 ff.

1283 Kübler a. O. 137. 183 (Anm. 1282): Grab 461; A. Brückner – E. Pernice, AM 18, 1893, 165. 184. (Hinweis J. Stroszeck). – Vgl. E. Rohde, Psyche$^{7/8}$ I (1921) 219 Anm. 2. Auf einen regelrechten Brauch, den Leichnam auf Weinrebenzweige zu betten, deutet ein Vers (1031) in den Ekklesiazusen des Aristophanes.

1284 Kübler a. O. 197 (Anm. 1282).

fehlen in Lipari jegliche Anzeichen für Fleischopfer. Auch eine Verbrennung der Gaben ließ sich in den unberührt gefundenen Kontexten bei den Gräbern nicht nachweisen. Es wäre jedoch denkbar, daß einige der Abfallschichten mit Brandspuren und Resten von Nahrungsmitteln in den sogenannten fossae auch Rückstände von solchen Opfermahlen enthielten. Bei dem Geschirr liegt die Betonung in Lipari auf Trinkgefäßen, während in den Athener Opfergruben Teller, Koch- und Vorlegegeschirr für Speisen im Vordergrund stehen. Auch Lampen sind in Athen bei weitem nicht mit dieser Regelmäßigkeit den Opfern zugeordnet wie in Lipari. Masken und Theaterterrakotten fehlen in den Opferkontexten in Athen vollständig.

Zudem fällt auf, daß die Opfergruben den Bestattungen in Athen wohl nicht mit gleicher Regelmäßigkeit zugeordnet waren[1285] wie die Geschirrsets in Lipari. Dies bereitet Schwierigkeiten, da die Quellen suggerieren, daß die Speise- und Trankopfer allen Toten zukamen. Eine mögliche Erklärung dafür läge darin, daß uns die Schriftquellen, besonders die Gerichtsreden über den Streit um den rechtmäßigen Erben, in die Irre führen, denn die unter τὰ νομιζόμενα zusammengefaßten Riten bzw. die τρίτα und τριακάς dürften eine größere Bandbreite gehabt haben, je nach dem ob man sich für die Spar- oder die Luxusversion entschied. Wenn man je nach sozialem Stand und wirtschaftlichem Vermögen unterschiedliche Formen gewählt hat, um die Opfer darzubringen, hätten die weniger kostspieligen nicht so deutlich identifizierbare Spuren hinterlassen wie sie uns in den aufwendigen Opfergruben vorliegen.

Aus diesem Vergleich muß man den Schluß ziehen, daß es für die Form, in der die Totenopfer am Grab dargebracht wurden, in den verschiedenen Orten unterschiedliche Ausprägungen gab. So mag es nicht verwundern, daß Masken in diesem Zusammenhang in den Athener Nekropolen gar keine Rolle spielen. Denn einerseits bekamen diese Speise- und Trankopfer dort anscheinend keinen so explizit dionysischen Anstrich, andererseits sind auch sonst in der attischen Kunst anders als in Unteritalien Masken und Schauspielerfiguren in einem nicht direkt mit dem Theater zu verbindenden Kontext nur selten anzutreffen. Man muß jedoch aus dem archäologischen Befund in Verbindung mit den schriftlichen Quellen auch für Lipari schließen, daß das Geschirr am Kopfende des Grabes in unmittelbarer Nähe des Leichnams für diesen als Totenopfer, wenn auch in Form eines Symposions, zu verstehen ist. Spuren späterer Opferriten, die zum Abschluß der Trauerzeit oder an den Totengedenktagen zelebriert wurden, sind bisher nicht identifiziert worden.

1285 Vgl. oben Anm. 1266 zum Südhügel.

Viele der Gegenstände dürften oberirdisch auf dem Grab aufgestellt worden sein, ähnlich wie dies die Bilder attisch weißgrundiger Lekythen zeigen, auf denen häufig Gefäße und andere Gegenstände auf den Stufen des Grabmales abgebildet sind[1286]. Insofern könnten in der liparischen Nekropole mit dem regelmäßigen Grabkult wiederum die Streufunde und Abfallschichten zu verbinden sein, die man bei den Grabungen leider nicht in situ antraf.

5 Exkurs: Zum Grabkult in Griechenland und auf dem Balkan in moderner Zeit

Eine konkretere Vorstellung, wie Totenopfer und Totenmahl am Bestattungstag und an den Totengedenkfesten vonstatten gingen, vermitteln Berichte über Grabsitten in Griechenland und auf dem Balkan aus dem 20. Jahrhundert. Da der Umgang mit dem Tod offenbar ganz stark von Vorstellungen und Verhaltensweisen bestimmt wird, die aus der menschlichen Natur entspringen und kulturenübergreifend und unabhängig voneinander existieren, lassen solche Berichte durchaus Analogieschlüsse zu, zumal es gute Argumente gibt anzunehmen, daß sich in der traditionell sehr konservativen griechisch-orthodoxen Kirche auch vorchristliche Vorstellungen und Bräuche tradiert und bis in die Neuzeit gehalten haben, die in der lateinischen Kirche längst abgebrochen sind[1287]. Ein Indiz dafür bilden unter anderem die vielen altgriechischen Begriffe, die sich – mit den alten Bedeutungen – auch in den slavischen Sprachen eingebürgert haben. So bezeichnet »trapeza« zunächst den Tisch für das Totenmahl, dann auch dieses selbst[1288]. Unter den zum Grab gebrachten Speisen wird immer wieder die Kolliva (κολλύβα) hervorgehoben, eine Art Getreidebrei mit Honig, Nüssen, Mandeln, Rosinen, Pinienkernen etc., der offenbar ähnlich schon in der Antike als Opferspeise diente[1289]. Schließlich haben sich bei den Kleinrussen in dem Wort »tretini«, das

1286 Auch auf unteritalischen Vasen stehen Trink- und Spendegefäße auf den Stufen von Grabmälern, z. B. eine von unten gesehene Kylix auf der Hydria in Berlin F 3170, H. Lohmann, Grabmäler auf unteritalischen Vasen (1979) 180 A 121 Taf. 1, 2, oder ein Kantharos und eine Phiale auf der Hydria in Bari, ebenda 179 A 37 Taf. 2, 2.

1287 M. Murko, Wörter und Sachen 2, 1910, 110 ff. – Zu Kontinuitäten zwischen antiken und modernen griechischen Totenriten s. auch M. Alexiou, The Ritual Lament in Greek Tradition (1974) 4–51.

1288 Murko a. O. 79 f. (Anm. 1287). Das kleinrussische Wort »trapezuvati« bedeutet »speisen, zu Tisch sitzen«, aber auch »Totenmahl halten«.

1289 B. Schmidt, ARW 25, 1927/28, 52 f. – Kolliva als Reisezehrung: B. Schmidt, ARW 24, 1926, 289.

ein Gedächtnisessen am dritten Tag bezeichnet, die τρίτα aus den antiken Quellen erhalten[1290]. Zudem verblüfft es, wie sehr sich die geschilderten Riten mit den aus den antiken Quellen und archäologischen Befunden erschlossenen Ritualen parallelisieren lassen[1291], auch wenn sich sowohl in der Antike als auch in den neuzeitlichen Berichten natürlich immer wieder lokale Eigenheiten und Unterschiede herauskristallisieren[1292].

Betrachten wir zunächst ein ausführlich und gut verbürgtes Einzelbeispiel: Der Anthropologe Loring Danforth und der Photograph Alexander Tsiaras haben in den späten 70er Jahren des 20. Jahrhunderts in dem kleinen thessalischen Dorf Potamia unweit des Olymp beobachtet, wie die Menschen mit dem Tod und ihren Toten umgingen[1293]: Die nach der Waschung und Einkleidung des Leichnams vorgenommene Aufbahrung im Sterbehaus entspricht der antiken Prothesis. Auch im modernen Griechenland gehören dazu Klagegesänge, die von den Frauen angestimmt werden. Vom Trauerhaus bricht nach dem Eintreffen des Priesters die Prozession auf, in der der Sarg zur Kirche und dann zum Friedhof geleitet wird, das moderne Gegenstück zur Ekphora. Zu diesem Zeitpunkt sind seit dem Tod in der Regel nicht mehr als 24 Stunden vergangen. Wenn der noch offene Sarg in die Grube gesenkt ist, werden darüber Rotwein, manchmal auch Öl und Wasser ausgegossen, bevor der Deckel geschlossen und mit Erde bedeckt wird. Eine Speisung des Toten findet in der Realität zwar nicht statt, doch werden stellvertretend Brot, Süßigkeiten und Kolliva an die Trauergemeinde verteilt, die mit dem Verzehr dem Verstorbenen seine Sünden vergeben soll. Der eigentliche Leichenschmaus wird im Trauerhaus abgehalten. Zuerst werden die Trauergäste mit Cognac, Süßigkeiten, Kaffee und Gebäck bewirtet, danach wird ein einfaches Mahl ohne Fleisch angeboten. Auch hier wird also getrennt zwischen einer Speisung auf dem Friedhof, die eigentlich dem Verstorbenen zugedacht ist, aber von den Lebenden an seiner Statt verzehrt wird, und dem Totenmahl im Haus. Wie in der Antike gilt der Umgang mit dem Leichnam als Ursache von Unreinheit, deshalb muß man sich vor dem Eintritt ins Haus symbolisch waschen und am Tag nach dem Begräbnis das ganze Haus einer gründlichen Reinigung unterziehen. Am dritten Tag findet der erste einer großen Anzahl von Gedenkgottesdiensten statt, der auch mit dem ersten Besuch am geschlossenen Grab verbunden ist. Hier essen die Trauernden wiederum von der Getreidespeise Kolliva. Die Zeremonien enden mit einem weiteren Empfang im Trauerhaus. Ähnliche Gedenkgottesdienste und Speisungen folgen am neunten Tag und nach sechs Monaten. Der vierzigste Tag[1294] bildet die erste größere Zäsur innerhalb der Trauerzeit. Bis dahin muß unter anderem das Grabmal fertiggestellt sein. Nach dem feierlichen Memorialgottesdienst wird in der Kirche ein süßer Getreidepudding namens Panchyda verteilt. Ein reichhaltigeres Totenmahl wird im Haus gefeiert, bei dem die Familie die strengste Trauerphase beendet, in der unter anderem auf den Verzehr von Fleisch verzichtet wurde. Die Jahrestage sowie die fünf allgemeinen Allerseelentage werden ähnlich begangen, bevor die Trauerzeit nach fünf Jahren mit der Exhumierung der Gebeine und deren endgültiger Deponierung im dörflichen Ossuarium endet.

Die ausgiebige Grabpflege ist alleinige Aufgabe der Frauen. Sie treffen sich allabendlich an den Gräbern ihrer Lieben zu Klage und Zwiesprache mit den Verstorbenen. Ihre Aufgabe ist es, wie zu den lebenden, so auch zu den toten Familienmitgliedern die Verbindung zu halten, eine Aufgabe, die sowohl für die Hinterbliebenen zur Überwindung des Verlustes als auch ganz besonders für die Toten als notwendig erachtet wird. Denn die ordnungsgemäße Durchführung der Grabriten und die Pflege der Grabstätte – so die bis vor kurzem noch allgemein gültige Vorstellung – sind unumgänglich, um dem Verstorbenen die Aufnahme ins Paradies zu ermöglichen und zugleich zu verhindern, daß er als Wiedergänger unter den Lebenden noch Schaden anrichten kann. Menschen, die eines gewaltsamen Todes starben oder schweres Unrecht begangen hatten, galten als besonders gefährdet. Ähnliche Vorstellungen scheinen auch in der Antike als Begründung für Grabkult wirksam gewesen zu sein.

In den Berichten über die Begräbnisriten in Potamia finden sich zwei weitere frappierende Parallelen zu den antiken Gepflogenheiten:

(1) Für eine oder einen jungen, unverheiratet Verstorbenen wird der Tod mit der Hochzeit gleichgesetzt, die zu feiern ihm oder ihr im Leben nicht vergönnt war. Deshalb kleidet man den Leichnam in Hochzeitskleidung und Brautschmuck. Auch die Klagegesänge, die am Totenbett und am Grab aufgeführt werden, bedienen sich in ihrer Metaphorik der Bilder von Hochzeit und Aufbruch zu einer Reise in ferne Länder. Manche Klagelieder sind sogar mit Hochzeitsliedern im Text identisch und unterscheiden

1290 Murko a. O. 86 (Anm. 1287).

1291 Vgl. auch J. Geroulanos, AM 88, 1973, 16 f. Er schildert moderne Grabsitten aus den vierziger und fünfziger Jahren des 20. Jhs. in Griechenland, die nach seiner Aussage große Analogien zu den Befunden aus dem 5.–3. Jh. v. Chr. in Trachones aufweisen. Die klassischen und frühhellenistischen Kontexte dort sind bisher jedoch nicht publiziert.

1292 B. Schmidt, ARW 25, 1927/28, 70.

1293 L. Danforth – A. Tsiaras, The Death Rituals of Rural Greece (1982) passim.

1294 Dieser wird aus Gründen der Praktikabilität auf das Wochenende vor Ablauf der Frist gelegt.

sich nur in der Art der Darbietung. Eine entsprechende Symbolik liegt in dem antiken Brauch, auf attischen Gräbern von unverheiratet Verstorbenen tönerne oder marmorne Lutrophoren als Grabmonumente aufzustellen. Damit erhielten sie sozusagen im Tod ihr Brautbad.

(2) Sowohl in den Texten der Klagelieder als auch in den Ritualen spiegelt sich die – bereits in antiken Quellen auftauchende – Vorstellung, daß die Toten allgemeingültige Grundbedürfnisse haben, die es zu erfüllen gilt. Sie brauchen für ihre Weiterexistenz Speise und Trank, vor allem Wasser, Licht für den Aufenthalt in der dunklen Erde (in Form von Kerzen) und Kleidung.

Andere Berichte aus Griechenland und dem orthodox geprägten Balkan weichen teilweise von dem eben geschilderten Fall ab, doch kann man einige Hauptstränge herausschälen, die an vielen Orten im Balkan Gültigkeit besaßen: Im modernen Griechenland wie bei der slavischen Bevölkerung auf dem Balkan fanden bei bzw. nach dem Begräbnis an den Gräbern sowohl Totenopfer als auch Totenmahlfeiern statt. Das Totenopfer, das als Wegzehrung für die Seele auf der Reise ins Jenseits angesehen wurde, bestand in der schon erwähnten Kolliva, zudem spendete man Wein oder Wasser ins Grab bzw. begoß damit das Kopfende des bereits geschlossenen Grabes[1295]. Die hierzu verwendeten Gefäße wurden danach zerbrochen und dort deponiert[1296]. Diese Gaben entsprechen also den antiken Trank- und Speiseopfern. Zugleich wurde aber auch für die Hinterbliebenen am Grab mindestens Wein und Branntwein ausgeschenkt[1297], häufiger hat man sogar ein regelrechtes Mahl abgehalten, bei dem mitgebrachte (meist kalte) Speisen verzehrt wurden, Brot oder kleine Kuchen, Käse u. ä.[1298]. Dabei dachte man sich den Verstorbenen als anwesend und hielt ihm einen Platz am Tisch frei[1299]. In manchen Gegenden fand dieses Mahl anstatt auf dem Friedhof in einem extra dafür vorgesehenen Annex der Kirche statt[1300]. Der reichliche Ausschank von Alkohol führte dazu, daß das Mahl in sehr ausgelassener Stimmung enden konnte. Unter anderem der Alkoholgenuß veranlaßte die lateinischen Kirchenväter, allen voran Ambrosius und Augustinus, den Brauch, zu den Gräbern Speisespenden hinzutragen oder dort Mahle abzuhalten, als heidnisch anzuprangern und zu verfolgen[1301]. Der eigentliche Leichenschmaus, das Gegenstück zum antiken περίδειπνον, wurde am Abend des Begräbnistages im Sterbehaus, meist im Kreise der Familie und der engsten Freunde begangen, wobei des Verstorbenen beim Essen mit lobenden Worten gedacht wurde. Die aufgetragenen (warmen) Gerichte waren sehr viel reichhaltiger als bei der Speisezeremonie auf dem Friedhof. Denn wie in der Antike scheint auch dieses Mahl eine mehrtägige Phase des Fastens abgeschlossen zu haben, in der die trauernde Familie entweder nur kalte Speisen zu sich genommen oder auf Fleisch verzichtet hatte[1302].

Außerdem gab es Grabessen an individuellen Totentagen und an allgemeinen Allerseelentagen. Erstere mußten in festgelegten Abständen abgehalten werden, meist am dritten, siebten oder neunten, dreißigsten oder vierzigsten Tag[1303], doch sind die Aussagen ungenau, ob man vom Todestag oder von der Bestattung an rechnete[1304]. Dazu kamen die jeweiligen Jahrestage. Auch diese Totenmahle konnten am Grab oder zuhause stattfinden und beschränkten sich offenbar wieder auf wenige, klar definierte Speisen sowie Wein bzw. Branntwein[1305]. Allgemeine Allerseelentage im Frühling (meist zwischen Ostern und Pfingsten) oder im Spätherbst galten ebenfalls dem Totengedenken[1306]. Die Frühjahrstotenfeste konnten in manchen Gegenden zu einem großen Picknick auf dem Friedhof ausarten, bei dem man auf dem Grabstein das Tischtuch ausbreitete und im Verein mit den verstorbenen Ahnen ausgelassen tafelte[1307]. Unter den Nahrungsmitteln, die man den Verstorbenen dabei zukommen ließ, spielen offenbar rot gefärbte Eier eine große Rolle[1308]. Die herbstlichen Gedenktage wurden aus klimatischen Gründen eher im Haus abgehalten. Aus Weißrußland haben sich Zeugnisse erhalten, nach denen die Familie die Seelen ihrer Verstorbenen zum Essen ins Haus lud und sie, wenn sie sich satt gegessen hatten, mit einem Ruf wie die Vögel wieder verscheuchte[1309], da man sich vorstellte, die Seelen der Verstorbenen könnten fliegen. Dies bietet

1295 B. Schmidt, ARW 24, 1926, 308 f.; Murko a. O. 80 (Anm. 1287).

1296 Murko a. O. 81 (Anm. 1287); Geroulanos a. O. 16 f. (Anm. 1291).

1297 Murko a. O. 80 f. (Anm. 1287); Schmidt a. O. 56 (Anm. 1292).

1298 Murko a. O. 82 f. (Anm. 1287); Schmidt a. O. 56 mit Anm. 2. 57 (Anm. 1292).

1299 Murko a. O. 80. 84. 110 (Anm. 1287).

1300 Murko a. O. 81. 128 ff. (Anm. 1287).

1301 Murko a. O. 111 f. (Anm. 1287).

1302 Schmidt a. O. 61 ff. (Anm. 1292), zum Fasten 62 mit Anm. 4. S. 64 Anm. 1; Murko a. O. 82 (Anm. 1287).

1303 Schmidt a. O. 70 f. (Anm. 1292); Murko a. O. 83 ff. (Anm. 1287).

1304 Murko a. O. 83 (Anm. 1287).

1305 Murko a. O. 83 ff. (Anm. 1287).

1306 Murko a. O. 88 ff. (Anm. 1287); Schmidt a. O. 73 ff. (Anm. 1292).

1307 Murko a. O. 88 f. mit Abb. 1. 102 f. 105 mit Abb. 4 (Anm. 1287).

1308 Murko a. O. 103 (Anm. 1287).

1309 Murko a. O. 101 f. 142 (Anm. 1287), setzt die Allerseelenfeste in Beziehung zu den entsprechenden griechisch-

eine erstaunliche Analogie zu den Anthesterien in Athen, bei denen am Chytrai genannten dritten Tag ebenfalls die Ahnen ins Haus geflogen kamen, mit einem Getreidebrei (ähnlich den Kolliva) bewirtet und nach dem Fest wieder hinausgejagt wurden[1310].

Wichtig sind diese modernen Berichte für unsere antiken Kontexte in Athen und in Lipari vor allem deshalb, weil sie klar machen, wie sehr sich die Grabriten von Ort zu Ort unterschieden, auch wenn ihnen in den Grundzügen dieselben Vorstellungen zugrunde lagen. Essenziell scheint der Gedanke gewesen zu sein, daß man auch die Verstorbenen mit Speise und Trank versehen mußte, auch wenn man sich in den antiken Quellen bisweilen darüber mokiert[1311]. Daneben wird deutlich, wie fließend die Übergänge zwischen einem Totenopfer nur für den Verstorbenen und einem gemeinsamen Mahl für Hinterbliebene und Toten waren. Letzteres hatte meist den Charakter eines kleinen Imbisses. Demnach braucht man sich nicht zu wundern, wenn beides – lokale Eigenheiten und verschwimmende Grenzen zwischen Totenopfer und -mahl – auch für die antiken Verhältnisse zutrifft.

antiken an den Anthesterien und Genesien. Ebenso Schmidt a. O. 73 f. (Anm. 1292).

1310 L. Deubner, Attische Feste (1932) 113 f. mit Anm. 5. 6; E. Rohde, Psyche$^{7/8}$ (1921) I 239, er zitiert in Anm. 1 ähnliche Bräuche aus Estland, dem frühneuzeitlichen Preußen, Indien und Japan; S. I. Johnston, Restless Dead (1999) 64 mit Anm. 84; Schmitz a. O. 185 Anm. 82 (Anm. 1226). – W. Burkert, Homo Necans (1972) 250–255, bevorzugt allerdings die Lesung κᾶρες an Stelle von κῆρες. Damit seien nicht die Seelen der Verstorbenen, sondern die Karer als Sammelbegriff für Sklaven und Fremde gemeint, die am Choentag karnevaleske Freiheiten genossen hätten. Demnach wären die Anthesterien auch nicht als Allerseelenfest zu verstehen. Ders., Religion 363. Ihm folgt J. Bremmer, The Early Greek Concept of the Soul (1983) 108–123, bes. 113 ff. Man merkt seiner ausführlichen Argumentation das Bemühen an, die Anthesterien vom Totenkult zu trennen, auch wenn er auf S. 117 zugibt, daß mit den »Kares« Dämonen gemeint sein könnten, denen man in Übergangsphasen (liminal periods) wie z. B. dem Karneval eine Existenz zubilligte. Meiner Meinung nach sprechen aber gerade die modernen Analogien, z. B. auch für die Getreidespeise am Chytrentag, für die ältere Lesung und eine Verbindung mit dem Totengedenken. Vgl. auch die Zweifel von O. Murray, AnnAStorAnt 10, 1988, 251. – Ähnliche Vorstellungen von umherschweifenden Seelen der Toten, die man nach dem Allerseelenfest wieder verscheuchte, gab es im republikanischen Rom: W. Kierdorf, Totenehrung im republikanischen Rom, in: G. Binder – B. Effe (Hrsg.), Tod und Jenseits im Altertum (1991) 84.

1311 Lukian. de luctu 19. Die Vorstellung, daß der Tote Speise und Trank nicht bedarf, findet sich auch in einer griechischen Grabinschrift: R. Lattimore, Themes in Greek and Latin Epitaphs (1962) 129.

V Masken und Schauspielerfiguren in Symposion- und Thiasosszenen der unteritalischen Bildkunst

Die Art und Weise wie Masken und Theaterterrakotten bei den Gräbern der liparischen Nekropolen mit Trink- und Speisekeramik vergesellschaftet waren, deutet auf eine enge Beziehung zwischen diesen Gegenständen. Man möchte deshalb annehmen, daß sie bei der gleichen Handlung zum Einsatz kamen oder kommen sollten, je nachdem, ob sie die Requisiten einer tatsächlich abgehaltenen Zeremonie bildeten oder symbolisch für den Verstorbenen bereitgestellt wurden. Anhaltspunkte, wie dieser Zusammenhang aussah und welche Funktion Masken und Figurinen dabei spielten, können nur erzählende Bilder geben, in denen Masken und Komödienfiguren außerhalb von Theaterszenen vorkommen[1312], denn ein enger Bezug der Tonmasken zu Theateraufführungen war ja oben bereits ausgeschlossen worden[1313]. Solche erzählenden Bilder finden sich hauptsächlich auf unteritalischen Vasen des 4. Jahrhunderts v. Chr., stehen den liparischen Masken also zeitlich und geographisch nahe.

Gemalte Masken können in unterschiedlichen erzählenden Kontexten auftauchen, die fast immer mit Dionysos und seinem Gefolge verbunden sind. Sie hängen beim Gelage des Dionysos zusammen mit anderen Objekten wie Bändern und Efeuzweigen über ihm an der Wand oder von der Decke. Manche dieser Bilder scheinen wegen der Schießschartenfenster im Innenraum zu spielen[1314], doch widersprechen dem die Pflanzen[1315], die aus dem Boden wachsen, bei anderen ist eindeutig ein Platz im Freien gemeint[1316]. Als Beispiel mag der Kelchkrater des Malers von Athen 1714 in New York[1317] dienen. Dort lagert im Zentrum der jugendliche Dionysos, der in der Rechten einen Kantharos hochhält. Ihm gegenüber am Fußende der Kline sitzt eine Harfenspielerin. Ein stehender Satyr mit langem Thyrsosstab und eine Frau, die durch einen Thyrsos ebenfalls als Anhängerin des Gottes gekennzeichnet ist, rahmen die Mittelgruppe. Das brennende Thymiaterion in der Hand der letztgenannten bildet in dem stark symmetrisierten Bildaufbau das kompositorische Gegenstück zu der auf dem Boden stehenden Situla einerseits, zum Kantharos andererseits. Eine bindengeschmückte frontale Frauenmaske, die genau über dem Trinkgefäß angeordnet

1312 Grundlegend zu diesem Thema ist der Aufsatz von J. R. Green, Theatrical Motifs in Non-Theatrical Contexts on Vases of the Later Fifth and Fourth Centuries, in: A. Griffiths (Hrsg.), Stage Directions. Essays in Ancient Drama in Honour of E. W. Handley, BICS Suppl. 66 (1995) 93–121 Taf. 5–12. Dort ist das gesamte Material zusammengestellt und nach den einzelnen unteritalischen Landschaften getrennt ausgewertet. Ich stimme seinen Ergebnissen bis auf wenige, unten zu besprechende Ausnahmen zu.

1313 s. o. im Kapitel III. Da die Schauspielerfigurinen das Parallelphänomen zu den Masken darstellen, kann man diese Schlußfolgerung auf die Figurinen übertragen, ohne hier den detaillierten Nachweis zu führen. Auch bei den Terrakottafiguren ließe sich leicht zeigen, daß sie als Erzeugnisse der Koroplastik den Gesetzen dieses Handwerks unterliegen und deshalb nur schwer auf etwaige Theatertypen zurückzuführen sind, zumal die Kopftypen austauschbar waren.

1314 z. B. London, British Museum F 275: RVAp 212 Nr. 151; Green a. O. Taf. 5 b (Anm. 1312). – Vatikan, Museo Gregoriano Etrusco T 7 (17946): RVAp I 148 Nr. 95; R. Hurschmann, Symposionszenen auf unteritalischen Vasen (1985) 99 f. 172 A 30 Taf. 10, 2. – New York, Metropolitan Museum L. 63.21.6: Trendall, RVUS Abb. 142; RVAp I 212 Nr. 152 Taf. 67, 1. 2; Kelchkraterfragmente New York, Metropolitan Museum 58.13.1 frr: Hurschmann ebenda 194 L 7 Taf. 25, 2.

1315 Green a. O. 97 (Anm. 1312), hat argumentiert, daß man die Fenster nicht immer wörtlich nehmen müsse, weil sie bisweilen zu einem Ornament erstarrt seien, ebenso Hurschmann a. O. 111 f. mit Anm. 404 (Anm. 1314).

1316 z. B. auf der Oinochoe im Toledo Museum of Art 67.136: AVAp I 172 Nr. 50; M. E. Mayo (Hrsg.), The Art of South Italy. Vases from Magna Graecia, Ausstellung Richmond VA (1982) 101 f. Nr. 29 mit Abb.; Hurschmann a. O. 174 A 37 Taf. 13 (Anm. 1314).

1317 New York, Metropolitan Museum L. 63.21.6, s. o. Anm. 1314. Ein ikonographisch verwandtes, jedoch variiertes Stück, das demselben Maler zugeschrieben wird, in Bari, Slg. Lagioia, RVAp I 212 Nr. 153 Taf. 67, 3. 4; Green a. O. 95 mit Anm. 10 (Anm. 1312). Hier stellt sich die Frage, ob der bärtige Zecher, der von einem Satyr aus einem Weinschlauch den Kantharos gefüllt bekommen möchte, ebenfalls Dionysos meinen soll, wie Green annimmt. Die Unmäßigkeit, die aus dem Begehren des Zechers hervorgeht, der nicht warten kann, bis der Wein im auf dem Boden stehenden Krater gemischt ist, spricht m. E. für eine Deutung auf den bereits trunkenen Herakles, wofür auch das über das Lager gebreitete Raubtierfell ein Indiz abgeben könnte. Herakles gilt ja als sprichwörtlicher mythischer Trunkenbold und kommt auch häufig in Gelageszenen gemeinsam mit Dionysos vor, s. Hurschmann a. O. 64 ff. (Anm. 1314). Die auf der Kline sitzende Harfinistin ist hier durch eine Flötenspielerin ersetzt, der Efeuzweig durch ein Tympanon. Von links nähert sich eine Frau mit einem Alabastron und einem Kuchentablett.

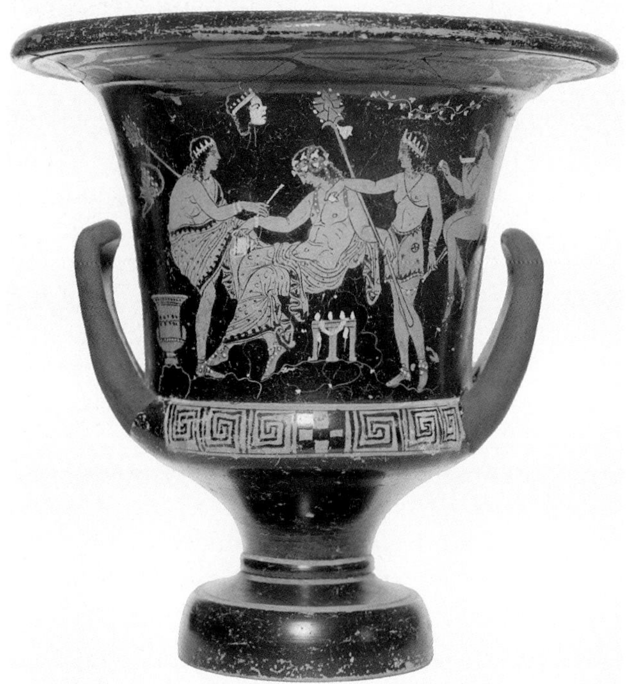

Abb. 39: Krater Inv. 9604 aus Grab 974

ist, nimmt etwa ebensoviel Raum ein wie der Efeuzweig über der Harfinistin und ist dadurch eng mit dem Gott verknüpft. So scheinen die vier Gegenstände, die auch durch ihre helle Farbe herausgehoben sind, – Thymiaterion und Situla auf der einen Seite, Maske und Kantharos auf der anderen – jeweils auf den senkrechten Achsen zu liegen, die das Bild in drei beinahe gleichgroße Abschnitte teilen, während die beiden Thyrsoi die seitliche Begrenzung markieren. Sie werden demnach als besonders wichtige Utensilien herausgestellt, die der Szene eine sakrale Aura geben[1318]: Dionysos hält sich in seinem Heiligtum inmitten des Gefolges und der Gegenstände auf, die zur Durchführung seines Kultes notwenig sind. Zu diesem Kult gehören neben Wein und Räucherwerk auch Musik und Theater.

Diese Interpretation wird bestätigt durch die Darstellung auf einem Krater in Neapel[1319], auf der das Heiligtum des Gottes, in dem er sich zusammen mit seinen Begleitern und seinem Kultpersonal aufhält, im oberen Register ebenfalls durch einen Räucherständer und eine Maske charakterisiert ist. Vollends eindeutig wird die Lokalisierung in einem Heiligtum durch die zentrale Szene im unteren Register, wo an einem Altar vor einem altertümlichen Dionysoskultbild ein Opfer dargebracht wird.

Auch sonst finden sich Masken häufig in dionysischen Bildern, die keinen erkennbaren Bezug zum Theater haben: Auf einem Krater in Basel[1320] sind Dionysos und Ariadne in inniger Umarmung zu sehen. Ein Eros bekränzt das Paar, während sich am Rand wieder ein Satyr und eine Mänade mit ihren Gerätschaften zu schaffen machen. Weitere Gegenstände sind im Gelände verstreut, am auffälligsten eine Silensmaske direkt zu Füßen des Dionysos.

Auf einer Nestoris im British Museum[1321] sitzen der Gott und sein Gefolge unter einer Weinlaube, in der eine Maske aufgehängt ist. Eine ähnliche Situation zeigt ein Kelchkrater in Basel[1322], auf dem die Maske offenbar ebenfalls zu den Requisiten gehört, die das Heiligtum des Weingottes chrakterisieren. Dieser sitzt wieder in der Bildmitte, vor ihm Phiale und Tympanon, eine weißhaarige Maske an einer langen Tänie direkt über seinem Kopf, während Satyrn und Mänaden in der Art der Gabenbringer auf den apulischen Grabvasen dionysische Symbole halten: die brennende Fackel für das nächtliche Fest und einen Opferkorb, Weintrauben und Tympanon, Kranz und Bänder sowie eine Schale mit Zweigen. Daneben begegnen eine ganze Reihe von ähnlichen Bildern, auf denen der Gott oder Mänaden und Satyrn eine Maske in der Hand tragen[1323]. Ein paestanischer Maler aus dem Umkreis des

1318 Hurschmann a. O. 145 (Anm. 1314) betont, daß Thymiateria auf unteritalischen Vasenbildern mit menschlichen Gelageteilnehmern in der Regel nicht vorkommen, sondern für den Gott reserviert sind. In der griechischen Realität gehörten sie jedoch als Übernahmen von orientalischen Gelagen auch zu einem normalen Bankett, vgl. J. M. Dentzer, Le motif du banquet couché dans le proche-orient et le monde grec du VIIe au IVe siècle avant J. C. (1982) 524 f.; J. Fabricius, Die hellenistischen Totenmahlreliefs (1999) 44; C. Zaccagnino, Il thymiaterion nel mondo greco (1998) 93 f.; N. Himmelmann, Zur Eigenart des klassischen Götterbildes (1959) 28 f. mit Anm. 86. Da Opfer und andere religiöse Handlungen zu jedem Symposion dazugehörten und Thymiateria häufig in Heiligtümern gefunden wurden, waren sie m. E. nicht nur Zeichen des Luxus und des Wohllebens, sondern dienten auch als ein Gerät, das besondere Feierlichkeit etc. ausdrückte.

1319 Neapel, Nationalmuseum Inv. 82922, Maler der Dionysosgeburt, Green a. O. 94 f. Taf. 5 a (Anm. 1312).

1320 Basel, Antikenmuseum BS 468 vom Hippolyte-Maler: RVAp II 480 Nr. 13 Taf. 170, 3; Green a. O. 97 Taf. 6 c (Anm. 1312); Trendall, RVUS Abb. 194.

1321 London, British Museum F 179 vom Brooklyn-Budapest-Maler, Green a. O. 104 Taf. 9 a (Anm. 1312); Trendall, RVUS Abb. 86; LCS 113 Nr. 582 Taf. 58.

1322 Basel, Antikenmuseum S 34, vom Darius-Maler: M. Schmidt – A. D. Trendall – A. Cambitoglou, Eine Gruppe apulischer Grabvasen in Basel (1976) 94 ff. Taf. 24; Green a. O. 97 Taf. 6 a. b (Anm. 1312). – Vgl. auch den Krater in Chicago, Natural History Museum 27679, A. D. Trendall, Phlyax Vases^2 (1967) 90 Taf. 14 a. – Kelchkrater Paestum Inv. 21306 aus einem Grab der Andriuolo-Nekropole, M. Cipriani (Hrsg.), I Greci in Occidente, Poseidonia e i Lucani, Ausstellung Paestum (1996) 255 Nr. 190. 256 Abb.; Trendall, RVUS Abb. 356.

1323 z. B. auf einem Glockenkrater in Karlsruhe Inv. 65/100, Green a. O. 98 Taf. 7 (Anm. 1312); Trendall, RVUS

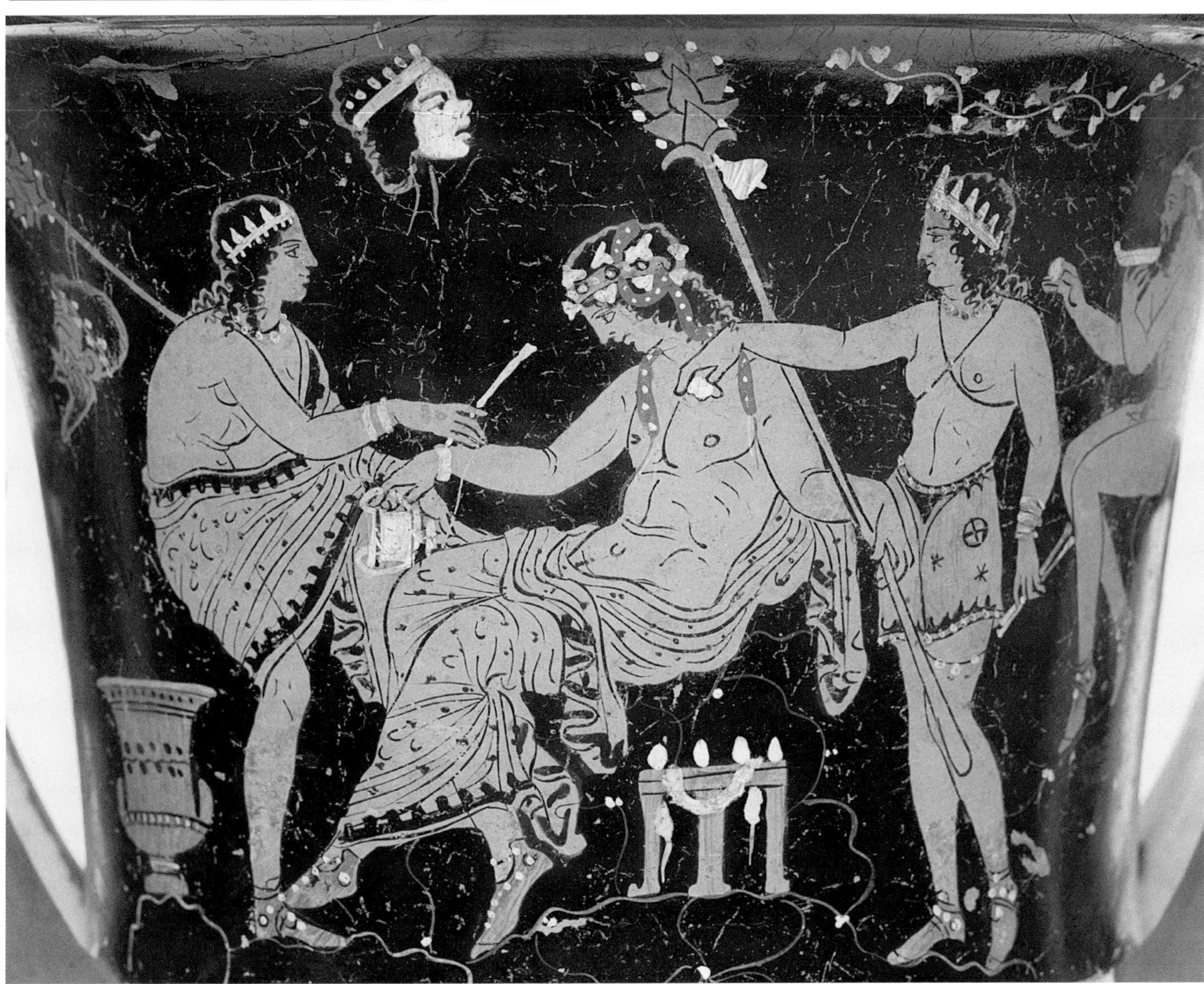

Abb. 40: Detail aus Abb. 39

Asteas gab auf zweien seiner Werke den dionysischen Gestalten Thyrsoi in den Arm, an denen die Masken wie Lampions angebracht waren (Abb. 39. 40)[1324]. Im übrigen war die Dekoration der Landschaft mit Masken nicht an die Anwesenheit des Gottes gebunden. Auf einem liparischen Kelchkrater tanzen zwei Mänaden zum Flötenspiel des Pan in einer maskengeschmückten Weinlaube (Abb. 41–43)[1325].

Abb. 168. – Oinochoe Paestum Inv. 104378: I Greci in Occidente, Poseidonia e i Lucani (1996) 247 Nr. 179. Abb. S. 187. – Glockenkrater des Taporley-Malers in New York L. 63.21.5: RVAp I 46 Nr. 2 Taf. 13, 1; Trendall, RVUS Abb. 102; Glockenkrater Wellington (N. Z.), Victoria University, Dept. of Classics D 81/1: RVAp Suppl. I 11 Nr. 176 a Taf. 2, 1. – Mänade mit Maske: Bari, Perrone coll. 1, RVAp I 58 Nr. 87 Taf. 19, 3. – Kampanische Kanne in Paris, Louvre K 334, LCS I 439 Nr. 577 II Taf. 173, 1; Trendall, RVUS Abb. 310; Melbourne D 391/1980: RVP 68 Nr. 24 Taf. 21 c. d; Trendall, RVUS Abb. 344.

1324 Maler von Louvre K 240: Glockenkrater im Louvre K 240, Trendall, RVUS Abb. 339; RVP 45 Nr. 94 Taf. 11 e. – Lipari, Museo Eoliano Inv. 9064 aus Grab 974: Dionysos mit zwei Akrobatinnen, die Auloi halten, und einem Satyr. Eine Maske hängt über dem Gott, die andere am Thyrsos der einen Akrobatin. RVP 44 Nr. 91 Taf. 11 a. b. Trendall deutet die Akrobatinnen als Mänaden, dagegen spricht jedoch ihre Kleidung, u. a. das Perizoma, der Schurz, der bei Tänzerinnen, Sportlerinnen und Akrobatinnen vorkommen kann, vgl. A. Kossatz-Deißmann, JdI 97, 1982, 65–90, bes. 74 ff.; MTL 266 Abb. 443; Ceramica figurata 36 Nr. 2 Abb. 33. 33 bis.

1325 Lipari, Museo Eoliano Inv. 2241 aus Grab 446; Ceramica figurata 110 ff. Abb. 126–129; ML II 162 Taf. 86–88; MTL 276 Abb. 456; LCS Suppl. 3, 276 Nr. 46 j. – Vgl. auch das Kannenfragment mit einem flötespielenden Silen auf einem Weinschlauch im Getty Museum Malibu 86.AE.399: Green a. O. 96 Taf. 5 c (Anm. 1312).

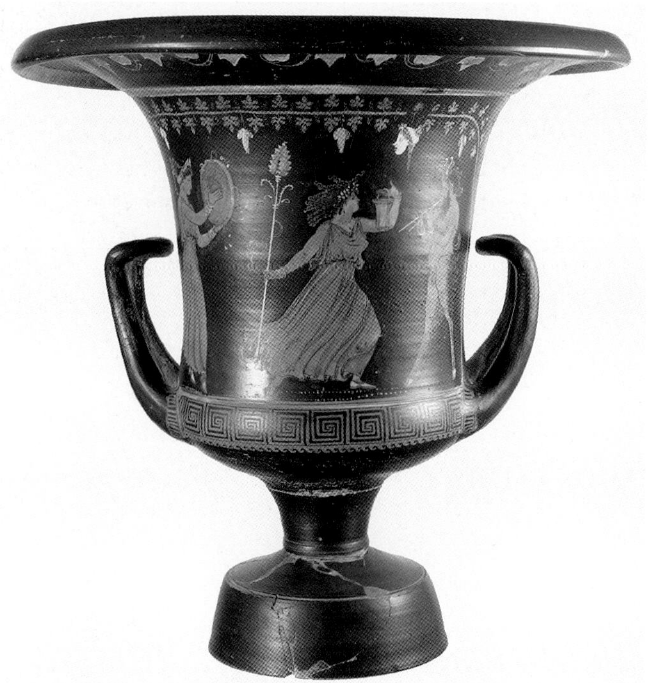

Abb. 41: Krater Inv. 2241 aus Grab 446

In all diesen Beispielen, denen sich noch weitere zugesellen ließen, schmückten die Masken ein dionysisches Ambiente, in dem sich der Gott oder auch seine Trabanten beim Gelage oder bei Komos, Tanz und Musik aufhielten. Die Masken gehörten dabei zu den Requisiten wie Situla, Krater, Tympanon, Flöte und Thyrsos und lagen oder hingen meist an herausgehobener Stelle. Sie werden damit zu einem der wichtigsten Kultzeichen des Dionysos[1326] und können dann auch in Alltagsszenen ohne Beteiligung göttlicher oder mythologischer Gestalten eingesetzt werden, um einen Platz als dionysischen, das heißt von der Kraft des Gottes erfüllten Raum zu kennzeichnen[1327]. Denn so dürfte es zu erklären sein, wenn Masken und andere Geräte der göttlichen Symposionausstattung in menschliche Gelageszenen Einzug halten. Ein besonders prächtiges Beispiel liegt auf einem kampanischen Glockenkrater des CA-Malers in Neapel (Abb. 44) vor[1328], wo Jünglinge und Hetären in einer Säulenarchitektur, also in einem Innenraum, zu einem reich ausgestatteten Bankett versammelt sind. An der Wand hängen an zentraler Stelle eine Frauenmaske und eine Lyra, daneben Zweige und Omphalosschalen. Eine ähnliche Szene auf einem apulischen Dinos, der zusammen mit einem Gegenstück auf dem Londoner Kunstmarkt aufgetaucht war[1329], ist dagegen in einer großen Weinlaube angesiedelt. Auch hier deutet nichts darauf hin[1330], daß die zechenden Jünglinge und die musizierenden Hetären als mythologische Figuren zu verstehen wären.

Eine Sonderstellung nimmt der prominente paestanische Krater des Python im Vatikan ein, da die menschlichen Zecher hier in eine mythische Umgebung geraten zu sein scheinen. Das Bild wird traditionell als Gelage von drei Schauspielern verstanden, die nach der Aufführung ihre Masken über sich in die Pergola gehängt haben[1331]. Eine Flötenspielerin und ein kleiner Satyr mit Hörnchen und Ringelschwänzchen bedienen sie. Unter der Kline schläft ein Silen, der mit dem Zottelkostüm der Bühnensilene bekleidet ist. Seine Flöte hat er in der Hand. Es gibt meines Erachtens keine eindeutigen Argumente, die die

1326 Besonders deutlich erkennbar in den Bildern, in denen der Gott eine Maske in seinen Händen betrachtet. Vgl. auch den paestanischen »Phlyakenkrater« in Hannover, Kestner Museum R 1906.160, Green a. O. 110 Taf. 10 d (Anm. 1312), bei dem eine Maske auf einem Altärchen zu Füßen des Dionysos liegt.

1327 So auch H.-U. Cain, BJb 188, 1988, 177 ff. 181; Green a. O. 112 (Anm. 1312).

1328 Neapel, Nationalmuseum RC 144 (85873), LCS 460 Nr. 70 Taf. 178, 1; Trendall, RVUS Abb. 315; Hurschmann a. O. 30 ff. 35 ff. 44 ff. (Anm. 1314) (zur Maske). Er sieht (S. 163) in der Maske – m. E. zu Unrecht – nur noch ein bedeutungsloses, aus der apulischen Malerei übernommenes Schmuckelement, weil sie in einem kampanischen Alltagsgelage eine Ausnahme sei. Sowohl die elaborierten Trinkgefäße (Kantharoi und ein Rhyton) als auch Efeuzweige, Phialen, Eier und Granatäpfel sind Gegenstände, die aus dem dionysischen Bereich entlehnt sind. Dazu paßt die Maske gut. Deshalb sollte man sie ernst nehmen und keinen Gegensatz zwischen Kampanien und Apulien konstruieren. – Vgl. auch den kampanischen Glockenkrater, der auf dem Züricher Kunstmarkt auftauchte: LCS Suppl. 2, 237 Nr. 328 a Taf. 42, 2.

1329 RVAp Suppl. 1, 77 f. Nr. 71 d. e Taf. 15. Bei dem Gegenstück Nr. 71 e fehlt die Weinlaube; Hurschmann a. O. 118. 180 A 66. A 67 (Anm. 1314).

1330 Der Eros bezeichnet die Beziehung zwischen dem Jüngling und der musizierenden Hetäre zu seinen Füßen.

1331 Vatikan, AD 1 (17370), Trendall, Phlyax Vases a. O. 76 f. Nr. 172 (Anm. 1322); ders., Paestan Pottery (1936) 119 Nr. 113 Taf. 18; RVP 146 ff. Nr. 245 Taf. 92; Trendall, RVUS Abb. 372; Hurschmann a. O. 45 f. 144 f. mit Anm. 564 (zur Deutung als Schauspieler); S. 197 f. P 1 Taf. 20 (Anm. 1314). Hurschmann selbst schließt sich dieser Interpretation nicht an, sondern nimmt die Masken 145 f. als dionysisches Symbol, das den Zecher verwandele und in eine andere Identität schlüpfen lasse. Durch die Maske zum Satyr, Silen, Pan etc. geworden, gehöre er zum dionysischen Thiasos und gewinne durch die dionysischen Mysterien Glückseligkeit. Diese Deutung schießt m. E. weit über das Ziel hinaus, da sich bei den Tonmasken keine Hinweise darauf finden lassen, daß sie von den Gelageteilnehmern aufgesetzt wurden. Auch müßten dann angesichts der großen Zahl parallel zu interpretierender Darstellungen die dionysischen Mysterien eine Massenbewegung gewesen sein). – Green a. O. 111 Taf. 11 b (Anm. 1312), übernimmt Trendalls Deutung auf zechende Schauspieler.

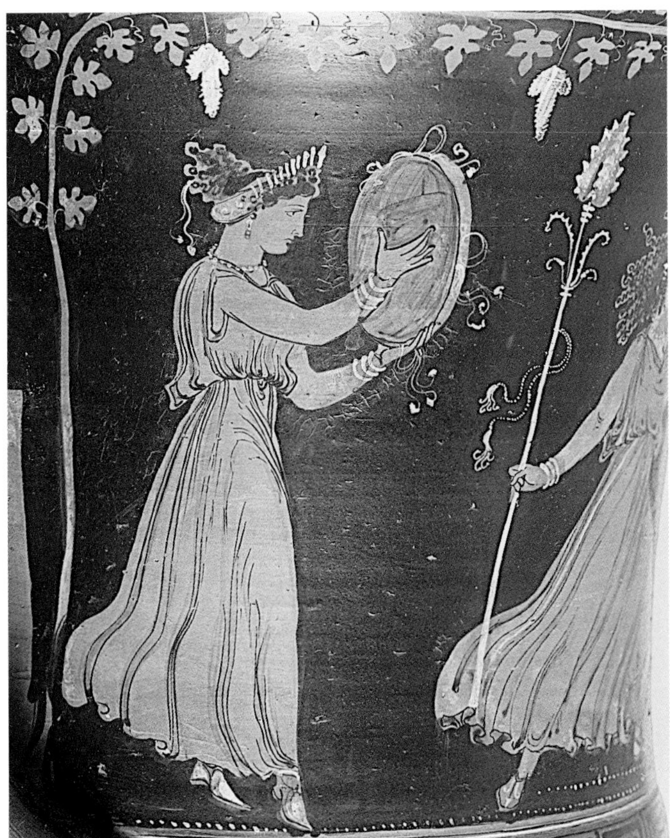

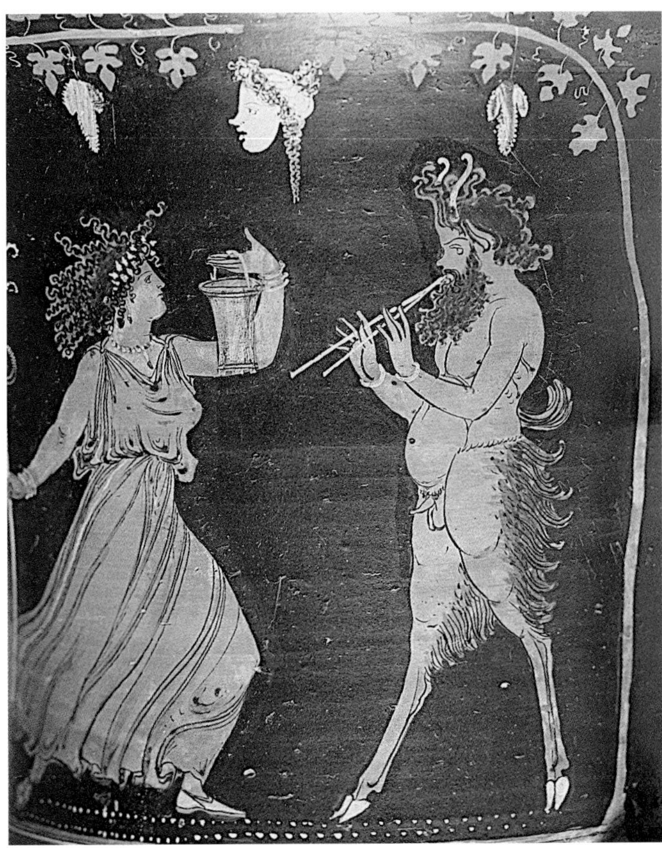

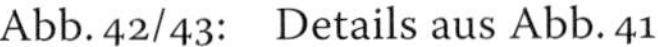

Abb. 42/43: Details aus Abb. 41

drei Jünglinge als Schauspieler kennzeichnen. Sowohl die kleine Flötenspielerin als auch der Satyrpais mit Schöpfkelle und Thymiaterion in den Händen sind gängiges Personal in Symposionszenen in Anwesenheit des Weingottes[1332]. Und auch der schlafende Silen verlangt keinen konkreten Zusammenhang mit dramatischen Aufführungen und ihren Ausführenden, da die Komödien- und Satyrschauspieler – wie unten gezeigt wird – in Unteritalien zu »normalen« Gefährten des Dionysos werden können wie Satyrn und Mänaden. Die mit der Zahl der Tafelnden korrespondierende Dreizahl der Masken scheint mir eher einer bildkompositorischen Symmetrie zu entspringen, denn sie stimmt auch mit der Zahl der Dienstfiguren in der unteren Bildzone überein. Die Wahl unterschiedlicher Maskentypen – ein dunkelhaariger und ein weißhaariger Komödientypus sowie eine Mädchenmaske – dürfte mit der Lust des Malers an der Variation zu erklären sein, denn auch sonst lassen sich keine Regeln für die Auswahl von Maskentypen in diesen von Theateraufführungen unabhängigen Szenen erkennen. Dennoch bleibt auffällig, daß Zecher, die sich in nichts von den Männern beim Kottabosspiel in »Alltagsgelagen« unterscheiden, von dionysischen Figuren und einem entsprechenden Ambiente umgeben sind. Dies könnte allerdings einer generellen Zeitströmung im Verlauf des 4. Jahrhunderts in Unteritalien entsprechen. Rolf Hurschmann hat festgestellt, daß die »Alltagsgelage« in Apulien, woher die meisten Gelageszenen stammen, im Gefolge der attischen Vorbilder vor allem im späten 5. und frühen 4. Jahrhundert Mode waren, während danach hauptsächlich mythische Symposien um Dionysos dargestellt wurden, in die auch anonyme Zecher Einlaß finden konnten[1333]. Dieses Bildthema erfreute sich auch später noch großer Beliebtheit: So kommt auf den sogenannten Ikariosreliefs[1334] Dionysos mit seinem Gefolge beim Bankett eines Sterblichen zu Besuch (Abb. 47). Hurschmann bezieht diese Gelage mit explizit dionysisch-mythischer Ausstattung auf Jenseitssymposien, die in die dionysischen

1332 s. o. Anm. 1317. Ein Satyr als dienender Mundschenk und eine Flötenspielerin sind auch bei dem Dionysos-Gelage auf einem Dinos in Basel zugegen: Schmidt – Trendall – Cambitoglou a. O. 114 ff. S 33 Taf. 29. 30 (Anm. 1322); Hurschmann a. O. 177 f. A 55 Taf. 16 (Anm. 1314). – Vermischung zwischen menschlicher Ebene und dionysischen Beifiguren auch auf dem Dinos London, British Museum F 303, Hurschmann a. O. 114 f. 116 ff. 177 A 54 Taf. 15 (Anm. 1314); Beispiele für eine Flötenspielerin ebenda 198 Taf. 7 P 2 oder Taf. 24 K 4. Taf. 25 K 39.

1333 Hurschmann a. O. 160 ff. (Anm. 1314).

1334 Zu den Ikariosreliefs vgl. zuletzt: M. E. Micheli, BdA 103/104, 1998, 22–24 mit Abb.; s. hierzu auch unten Anm. 1425.

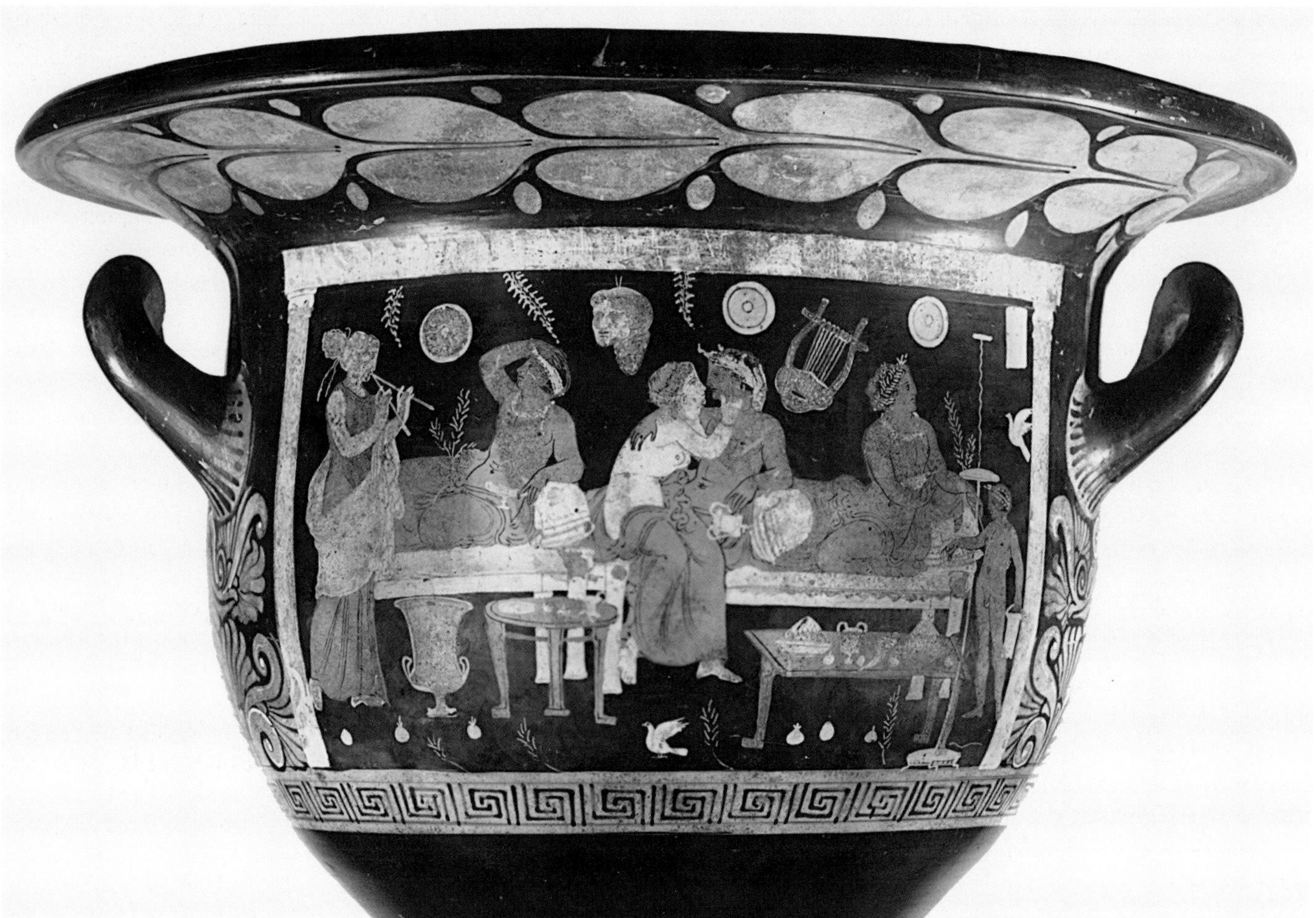

Abb. 44: Glockenkrater RC 144 (85873) im Neapeler Nationalmuseum (Bildfeld)

Mysterien eingeweihte Anhänger des Gottes gefeiert hätten, doch scheint diese Deutung zu weit gegriffen angesichts der immensen Zahl von unteritalischen Vasenbildern, die im 4. Jahrhundert Dionysos und »seine Welt« zum Thema haben[1335].

Auf einer kleinen Anzahl von apulischen Vasen kommen Masken aber tatsächlich in einem sepulkralen Zusammenhang vor. Eines der qualitätvollsten Beispiele ziert einen apulischen Volutenkrater der Sammlung Fleischman[1336]: Dort hält die Sitzstatue eines Jünglings in einem großen Grabnaiskos eine weißhaarige Komödienmaske in der Hand. Unter ihrem Sitz liegen eine geöffnete Buchrolle und ein Pedum, in der oberen rechten Ecke des Naiskos hängt ein Ball. Gabenbringer mit Spiegel, Kästchen und Bändern nähern sich von beiden Seiten dem Grabmal. Auch hier verführten Maske und Schriftrolle dazu, den Jüngling im Naiskos für einen Schauspieler zu halten, der mit den Zeichen seines Berufes ausgestattet sei[1337]. Zwei weitere Grabkratere in Lecce und Triest[1338] mit stehenden

1335 s. auch Anm. 1331. Eine solche Annahme impliziert, daß ein Gefäß wie der Glockenkrater im Vatikan nur für den Grabgebrauch hergestellt wurde. – Zum Problem, wie weit die dionysischen Mysterien in Unteritalien verbreitet waren, vgl. Giuliani, Tragik 147.

1336 A. D. Trendall in: A Passion for Antiquities. Ancient Art from the Collection of Barbara and Lawrence Fleischman (1994) 139 f. Nr. 62 mit Abb.; RVAp Suppl. 2, 162 Nr. 293 b Taf. 41, 3.

1337 Trendall a. O. (Anm. 1336). Ebenso H. Lohmann, Grabmäler auf unteritalischen Vasen (1979) 55. Er parallelisiert das Grabrelief von Lyme Park und andere attische Schauspielerdarstellungen mit dem Krater in Triest, was m. E. in die Irre führt, da Masken in Attika in anderen Zusammenhängen verwendet werden als in Unteritalien und dann eine andere Bedeutung haben. Hierzu s. u. Text zu Anm. 1343–1358. Gegen die Deutung als Schauspieler auch Green a. O. f. (Anm. 1312).

1338 Lecce, Museo Provinciale Castromediano 3544: RVAp I 410 Nr. 69; CVA Lecce (2) Taf. 33, 3. 4; 34; Lohmann a. O. 55. 205 A 255 Taf. 9, 2 (Anm. 1337). Trieste, Civico Museo di Storia d'Arte S 383: RVAp I 410 Nr. 70; K. Schauenburg, RM 79, 1972, 3 Taf. 4. 5; Lohmann a. O. 55. 264 A 741; Trendall a. O. 141 f. (Anm. 1336). – Beide Volutenkratere stammen vom selben Maler. Die beiden Jünglingsfiguren im Naiskos sind

Jünglingsfiguren im Naiskos und den üblichen Gabenbringern werden in Parallele dazu ebenfalls auf verstorbene Künstler bezogen. Bei dem Stück in Lecce hängen Maske und Kantharos in den oberen Naiskosecken, zudem ist der Jüngling von einem Hund begleitet. Auf dem Triestiner Krater hält der junge Mann Maske und einen langen Stab in den Händen, während zuseiten seines Kopfes eine Lyra und eine Phiale angebracht sind. Von den Masken abgesehen gibt es bei allen drei Naiskosbesitzern keine Indizien für ihre Zugehörigkeit zur dramatischen Zunft. Keiner trägt Kostüm oder Kothurne. Da Hinweise auf den Beruf der Verstorbenen sonst auf apulischen Vasen mit Grabnaiskoi fehlen[1339], würde es verwundern, sollten gerade Masken und Musikinstrumente Ausnahmen begründen. Sie tauchten oben zusammen mit Phiale und Kantharos in Symposionszusammenhängen auf, sind also gängige Zeichen für eine dionysische Umgebung. Die übrigen Attribute wie Stab, Pedum und Hund kennzeichen die Jünglinge jeweils als Jäger. Bei der Vase in der Fleischman-Collection kann man auch erwägen, ob Schriftrolle und Ball nicht auf sein Knabenalter anspielen sollen, die Zeit, in der Schule und Spiel auf dem Plan stehen.

Aus diesen Gründen möchte man eher annehmen, daß die Masken hier ebensowenig eine konkrete, auf das Theater bezogene Bedeutung haben wie in allen bisher betrachteten unteritalischen Beispielen, sondern daß sie eher eine Verbindung des Grabinhabers mit Dionysos und seiner Welt andeuten sollen, eine Interpretation, die dadurch unterstützt wird, daß eine der Frauen, die sich dem Naiskos auf dem Krater in Triest nähert, einen Kasten mit einer großen Traube bringt. Auf der Rückseite der Vase schmücken junge Leute eine Säule, die von einem großen Kantharos bekrönt wird[1340]. Weitere versteckte Hinweise auf Dionysisches ließen sich anfügen.

An dieser Stelle muß man sich fragen, ob diese Schlußfolgerungen dann auch für die etwa gleichzeitigen attischen Denkmäler mit Masken wie die berühmte Grabstele in Lyme Park gültig sind. Letztere wurde ja zuletzt als Grabmonument eines Komödiendichters interpretiert, der durch das Zwiegespräch mit den Masken für die Charaktere seiner Stücke inspiriert wird[1341]. Dabei spielte wohl auch eine Rolle, daß der Bildtypus in hellenistischen Reliefs nachwirkt, die den sitzenden Euripides bzw. Menander zeigen[1342].

Zur Beantwortung dieser Frage ist ein kleiner Umweg notwendig: Vergleicht man die oben besprochenen unteritalischen Symposiondarstellungen mit denen auf attisch rotfigurigen Vasen aus dem 4. Jahrhundert v. Chr., fallen wichtige Unterschiede auf: Die Bankettträume auf den attischen Vasenbildern sind niemals mit Masken geschmückt[1343]. Auch regelrechte Schauspielerfiguren im Kostüm tauchen in Gastmahlszenen nicht auf[1344]. Und wenn Masken auf attischen Vasen vorkommen, scheint

typologisch eng verwandt, lediglich die Haltung der Hände ist bei dem Stück in Lecce abgewandelt. Daraus erklärt sich die eigenartige Führung des Stockes in der Linken, der den Oberkörper überschneidet.

1339 Lohmann a. O. 55 (Anm. 1337). Als Ausnahmen führt er nur die hier zur Debatte stehenden Gefäße und ein weiteres Einzelstück in Kassel mit einem Kitharöden an, ebenda 56. 203 A 238 Taf. 12, 2.

1340 Die Rückseite des Fleischman-Kraters zeigt ein vergleichbares Monument mit einer großen Schale, während auf dem Krater in Lecce eine große Amphore in einem Schrein zu sehen ist. Im Zentrum der Rückseiten stehen also bei allen drei Vasen Monumente mit überdimensionalen dionysischen Weingefäßen, die jeweils von Gabenbringern besucht werden. – Vgl. auch die Grabamphore in Madrid, Museo Arqueologico Nacional 11223, R. Olmos Romera, Cerámica Griega, Guidas del Museo Arqueologico Nacional (1973) 78 f. Abb. 36. 37; Lohmann a. O. 55. 218 A 366 (Anm. 1337). Dort steht dem Jüngling im Naiskos ein Diener mit Lyra gegenüber. Vom Gebälk hängen eine stark zerstörte Maske, eine Binde und eine Phiale herab, zwischen den Figuren am Boden steht ein Kantharos, auf dem Naiskossockel seitlich zwei Kratere. Die Rückseite zeigt ein Monument mit Binde, Kantharos und Eiern, vor dem auf den Stufen ein weiterer Kantharos und Eier als Weihung abgestellt sind. All diese Elemente sprechen eher für eine allgemein dionysische Deutung als für einen konkreten Bezug auf einen Schauspieler.

1341 Hierzu zuletzt Himmelmann, Realistische Themen 135 f. 142–152 Abb. 73–77; A. Scholl, JdI 110, 1995, 213–238. Das ganze zu dieser Frage relevante Material ist besprochen von M. E. Micheli, BdA 103/104, 1998, 1–32.

1342 Scholl a. O. 235 f. (Anm. 1341); Euripides-Relief Istanbul, Archäologisches Museum 1242: ebenda 236 Anm. 108 Abb. 18; Menander-Relief im Vatikan, Museo Gregoriano Profano 9985: ebenda 218 mit Anm. 18. 236 Abb. 7; Fassung in Princeton: A.-M. Knoblauch in: S. B. Ridgway (Hrsg.), Greek Sculpture in the Art Museum Princeton University. Greek Originals, Roman Copies and Variants (1994) 100 ff. Nr. 32 mit Abb.

1343 Vgl. z. B. die Beispiele bei A. Schäfer, Unterhaltung beim griechischen Symposion (1997); T. Sini in: O. Palagia (Hrsg.), Greek Offerings. Essays on Greek Art in Honour of J. Boardman (1997) 159–165 mit Abb.; K. Schefold, Untersuchungen zu den Kertscher Vasen (1934) Taf. 15 Nr. 239. Taf. 27 Nr. 72.

1344 Zu den entsprechenden unteritalischen Beispielen s. u. – Die Dickbauchtänzer, die auf archaischen Gelagebildern zur Belustigung der Gäste auftreten, spielen m. E. eine Sonderrolle, da ihre Verbindung zur Bühne fraglich ist, M. Steinhart, Die Kunst der Nachahmung (2004) 32 ff., bes. 56 f. Sie entsprechen eher den Akrobatinnen und Tänzerinnen der klassischen Bilder, vgl. H. P. Foley in: B. Cohen (Hrsg.), Not the Classical

immer ein konkreter Zusammenhang mit dem Theater vorzuliegen. Entweder sind Schauspieler dargestellt, die sich auf ihren Auftritt vorbereiten bzw. bereits ihre Rolle spielen[1345], oder man sieht das Bühnenpersonal, das Dionysos in seinem Heiligtum aufsucht. Zu diesen Bildern gehören der berühmte Pronomos-Krater in Neapel, aber auch die Vasenfragmente in Würzburg und Samothrake[1346]. Hier sind die Masken Teil des Kostüms, in dem die Schauspieler auftreten und bezeichnen demnach die Rolle, die sie im Stück gespielt haben. Die Dreifußmonumente auf den Gefäßen in Neapel und Würzburg stehen für Weihgeschenke[1347], die von in dramatischen Agonen siegreichen Akteuren ins Heiligtum geweiht wurden. Dementsprechend nimmt man an, daß auf den Fragmenten in Samothrake die Schauspieler nach der siegreichen Aufführung ihre Masken in das Heiligtum des Gottes[1348] weihen, zumal es in schriftlichen Zeugnissen Anzeichen dafür gibt, daß dies auch in der Realität geschah[1349]. Zugleich ist auffällig, daß sich fast alle Darstellungen auf Tragödie und Satyrspiel beziehen, während Darstellungen von Komödienschauspielern in der attischen Vasenmalerei im Gegensatz zu Unteritalien beinahe überhaupt keine Rolle spielen[1350]. Auf den Kertscher Vasen treten Theaterbilder ebenfalls kaum auf, obwohl Dionysos und sein Kreis dort zum bevorzugten Sujet gehören[1351]. In Unteritalien fehlen dafür weitgehend Vasenbilder, die Schauspieler im Tragödien- oder Satyrspielkostüm[1352] zeigen. All dies spricht für einen grundverschiedenen Einsatz von Masken und

Ideal. Athens and the Construction of the Other in Greek Art (2000) 277 f.

1345 z. B. der Glockenkrater in Ferrara, Museo Archeologico Inv. 20299: A. Pickard-Cambridge, The Dramatic Festivals of Athens² (1968) Abb. 33; Webster, MTS² 46 AV 10 Taf. 1 a; F. Berti – C. Gasparri (Hrsg.), Dionysos. Mito e mistero, Ausstellung Comacchio (1989) 135 f. Nr. 64. – Pelike in Boston, Museum of Fine Arts 98.883: Pickard-Cambridge a. O. Abb. 34; Himmelmann, Realistische Themen 142 Abb. 78. – Satyrspielkalpis in Boston, MFA 03.788: R. Krumeich in: ders. – N. Pechstein – B. Seidensticker, Das griechische Satyrspiel (1999) 47. 54 f. mit Anm. 60 Taf. 4. – Fragmente Akademisches Kunstmuseum Bonn: Krumeich ebenda Taf. 6 a; Kossatz-Deißmann a. O. 71 Abb. 6 (Anm. 1324); Pickard-Cambridge a. O. Abb. 46. – Green a. O. 99 mit Anm. 32 (Anm. 1312) sieht dagegen eine Kontinuität in der Ikonographie zwischen den attischen und unteritalischen Bildern mit Masken, was ich nicht nachvollziehen kann. Von dem zitierten attischen Krater war mir keine Abb. zugänglich.

1346 Neapel, Nationalmuseum 81673 (H 3240): Krumeich a. O. 562 ff. Taf. 9 (Anm. 1345); Bieber, Theater 10 Abb. 31–33; zur Deutung Himmelmann, Realistische Themen 143 ff. mit Anm. 62. – Fragmente Würzburg, Martin von Wagner Museum H 4781: H. Bulle in: Corolla L. Curtius (1937) 151 ff. Taf. 54–56; ARV² 1338; H. Froning, Dithyrambos und Vasenmalerei in Athen (1971) 11 ff. Taf. 1, 1. – Volutenkraterfragment Samothrake 65.1041: A. N. Dinsmoor, Hesperia 61, 1992, 506–14 Taf. 119. – Krater in Ferrara, Museo Archeologico Inv. 20483: Berti – Gasparri a. O. 132 f. Nr. 63 mit Abb. (Anm. 1345); Himmelmann, Realistische Themen 145 f. mit Anm. 63 Abb. 79; J. R. Green, Theatre in Ancient Greek Society (1994) 81 Abb. 3.18; H. Froning in: S. Moraw – E. Nölle (Hrsg.), Die Geburt des Theaters in der griechischen Antike (2002) 74 Abb. 92.

1347 Zu den hiermit verbundenen Problemen vgl. Froning, Dithyrambos a. O. 5. 13 f. (Anm. 1346).

1348 J. R. Green, Dedications of Masks, RA 1982, 237 ff., vgl. auch zu den Fragmenten aus Samothrake 238 ff. mit Abb. 2–4, die reich gemusterten Kleider sprechen für Theaterkostüme.

1349 Green a. O. 245 mit Anm. 30 (Anm. 1348); ders. in: P. Ghiron-Bistagne (Hrsg.), Realia. Mélanges sur les réalités du théâtre antique. Archéologie, Epigraphie, Anthropologie, Littérature, Cahiers du Groupe Interdisciplinaire du Théâtre Antique 6, 1990/91, 41 mit Anm. 19; ders., GrRomByzSt 32, 1991, 47 f.; Micheli a. O. 8 (Anm. 1341). – Zur Weihung von Pinakes durch Schauspieler P. Ghiron-Bistagne, Recherches sur les acteurs dans la Grèce antique (1976) 72 mit Anm. 4.

1350 A. D. Trendall, Phlyax Vases² (1967) 20 ff. Nr. 1–8, darunter sind mehrere Choenkännchen mit Darstellungen von Kindern als komische Schauspieler, die m. E. eine Sonderrolle spielen. Ob die wenigen polychromen Darstellungen, ebenda 23 f. Nr. 9–13, die M. Crosby, Hesperia 24, 1955, 76 ff. Taf. 34–37 bekannt gemacht hat, wirklich mit dem kanonisch gewordenen Theater in Verbindung stehen, scheint mir fraglich, da die Figuren teilweise kein Komödienkostüm tragen, vgl. dagegen die Ansicht von T. B. L. Webster, Hesperia 29, 1960, 261 ff. 279 f. Es fehlen u. a. die großen Phalloi, die nach Ausweis der attischen Komödienterrakotten bereits im späten 5. Jh. zum Komödienkostüm gehört haben müssen, dazu Foley a. O. 275 ff. (Anm. 1344); T. B. L. Webster, AEphem 1953/54 II 194). Die polychromen Bilder sind m. E. eher als witzig gemeinte Karikaturen zu verstehen. Daß einige der Szenen Parallelen auf jüngeren unteritalischen Phlyakenvasen besitzen, widerspricht dieser Deutung nicht. – Zur Seltenheit von attisch rotfigurigen Komödienbildern s. auch J. McPhee in: J. H. Oakley (Hrsg.), Athenian Potters and Painters (1997) 255. 258 Anm. 32.– Eine der wenigen attisch rotfigurigen Komödienfiguren auf einem Oinochoenfragment aus dem 4. Jh: Athen, Benaki-Museum 30895 (Hals und Henkel), 30890 (Bauchfragment), S. Pingiatoglou in: Kotinos. Festschrift für Erika Simon (1992) 292 ff. Taf. 63, 4; 64; 65; D. Fotopoulos – A. Delivorrias, Greece at the Benaki-Museum (1997) 135 Abb. 209 (Farbabb.); H. Froning in: S. Moraw – E. Nölle (Hrsg.), Die Geburt des Theaters in der griechischen Antike (2002) 89 Abb. 123.

1351 Schefold a. O. 147. 152 (Anm. 1343). – McPhee a. O. 255. 258 Anm. 32 (Anm. 1350). Für eines der Beispiele vermutet er korinthischen Einfluß.

1352 Eine der wenigen Ausnahmen bildet der Glockenkrater des Taporley-Malers in Sydney, Nicholson Museum 47.05 aus dem frühen 4. Jh., also noch zeitnah an den attischen Vorbildern: RVAp I 48 Nr. 15; Trendall, RVUS 86 Abb. 104.

Schauspielerfiguren in der attischen und unteritalischen Vasenmalerei. Man kann meines Erachtens sogar noch weiter gehen und dies – zumindest für das 5. und 4. Jahrhundert v. Chr. – auf die gesamte künstlerische Produktion der beiden Landschaften übertragen, denn auch bei den attischen Reliefs aus dieser Periode, auf denen Masken vorkommen, läßt sich ein direkter Bezug zum Theater entweder nachweisen oder zumindest wahrscheinlich machen. Viele der attischen Masken- und Schauspielerreliefs scheinen Weihungen an Dionysos zu sein, die in Zusammenhang mit Theateraufführungen stehen[1353]. Dasselbe gilt für das Urkundenrelief von 313/12 v. Chr. aus Aixone, das die Ehrung von zwei Choregen aufzeichnet[1354]. Vor diesem Hintergrund müssen dann die wenigen Darstellungen von maskenhaltenden Männern auf attischen Grabmonumenten[1355], wie der oben erwähnten Stele in Lyme Park, in der Tat als direkt mit der dramatischen Kunst verknüpft verstanden werden, seien die Personen nun Dichter, Schauspieler oder Musiker, auch wenn Berufsdarstellungen sonst Seltenheitswert besitzen.

Meiner Meinung nach ist man also gut beraten, wenn man bei der Interpretation von Maskendarstellungen aus dem 5. und 4. Jahrhundert zwischen Athen und Unteritalien trennt[1356]. Es hat allerdings den Anschein, daß sich im Verlauf des Hellenismus in Athen die enge Bindung der Maskendarstellungen an das Theater gelockert hat. Wie in anderen Landschaften scheinen auch dort die Masken dann zu allgemeineren dionysischen Zeichen geworden zu sein, wie die Beispiele auf hellenistischen Reliefbechern von der Athener Agora zeigen[1357]. Mögliche Gründe könnten in der Abschaffung des Choregiesystems zugunsten von Agonotheten unter Demetrios von Phaleron gelegen haben, doch ist dies mangels Monumenten schwer zu beurteilen[1358].

Masken kommen also in Unteritalien – anders als in Attika – in Symposiondarstellungen als Ausstattungsobjekte eines dionysischen Raumes vor, oder sie sind direkt mit dem Gott und seinem Gefolge verbunden und werden zum Beispiel im Thiasos mitgetragen. Sie scheinen demnach zu einem dionysischen Attribut geworden zu sein wie Thyrsos, Kantharos, Wein oder das Efeu[1359]. In dieser Funktion dürften sie dann auch in den Grabnaiskosszenen eingesetzt sein. Man hat jedoch den Eindruck, daß die Masken nicht isoliert zu betrachten sind, sondern daß sie nur eines von einer ganzen Reihe von ähnlichen Phänomenen darstellen, die im 4. Jahrhundert in der unteritalischen Vasenmalerei zu beobachten sind und die höchstwahrscheinlich in Zusammenhang miteinander stehen.

Eines dieser Phänomene sind die sogenannten Phlyakenvasen, also jene Vasengattung, auf der Szenen mit Schauspielern im attischen Komödienkostüm auftreten. Ein Teil dieser Vasen zeigt Schauspielszenen, die auf einer Bretterbühne angesiedelt sind, auf anderen sind Schauspielerfiguren in Szenen mit Dionysos und seinen Trabanten integriert. Um diese soll es im folgenden gehen: Sie sind vor allem in den paestanischen Werkstätten im Umkreis von Asteas und Python ein beliebtes, bisweilen stereotyp ausgestaltetes Bildthema. Auf einem Kelchkrater der

1353 z. B. das Weihrelief aus dem Piräus, Athen, Nationalmuseum 1500, Webster, MTS[2] 33 AS 1; Scholl a. O. 231 Abb. 8 (Anm. 1341); Micheli a. O. 1 ff. Abb. 1 (Anm. 1341); Maskenrelief aus Ikaria, Athen, Nationalmuseum 4531: J. R. Green, RA 1982, 244 Abb. 7. Der Inschriftrest »ΕΧΟΡΗΓΕΙ« sichert die Verbindung mit einer Theateraufführung. – Das Relief in Cagliari, Museum 10918, war laut Inschriftfragment ebenfalls dem Dionysos geweiht, Webster, MTS[2] 34 AS 6; R. Thönges-Stringaris, AM 80, 1965, 49. 52. 95 Nr. 177; Himmelmann, Realistische Themen 139 Abb. 72; Micheli a. O. 4 ff. Abb. 3 (Anm. 1341). H.-U. Cain, BJb 188, 1988, 174 Anm. 161 versteht dieses Mahlrelief im Sinne der unteritalischen Bilder wie die Ikariosreliefs als Gelage in dionysischem Milieu ohne Bindung an das Theater, was angesichts seiner attischen Herkunft und seiner Entstehung noch in der 1. Hälfte des 4. Jhs. nach dem oben Gesagten m. E. nicht zutreffen kann. Eine ähnliche Meinung wie Cain vertritt Green a. O. 102 (Anm. 1312). – Die übrigen Beispiele geben mangels Fundort und Inschriften weder für die eine noch für die andere Deutung eine Entscheidungshilfe: z. B. Weihrelief Athen, Nationalmuseum 1750, Svoronos, Nationalmuseum III 648 Nr. 385 Taf. 161. – Totenmahlrelief Eleusis, Museum 5172, Thönges-Stringaris a. O. 81 Nr. 88 Beil. 9, 2. – Zu dem ganzen Problemkreis s. auch A. Scholl in: K. Vierneisel – ders., MüJb 53, 2002, 31 ff.

1354 Athen, Epigraphisches Museum 13262, M. Meyer, Die griechischen Urkundenreliefs, 13. Beih. AM (1989) 305 A 141 Taf. 44, 2; s. a. Kapitel III Anm. 689.

1355 Eine Zusammenstellung der wenigen Beispiele bei Scholl a. O. Abb. 14–16 (Anm. 1341).

1356 Green, RA 1982, 247 scheint dagegen von einem generellen Wandel zwischen der Phase vom 5. bis frühen 4. Jh. v. Chr. und der Zeit danach auszugehen, der sich auf das Mutterland ebenso wie auf Unteritalien bezogen habe. In Unteritalien beginnt m. E. auf den entsprechenden Vasenbildern in dem Moment etwas Neues, in dem sich die Maler von den attischen Vorbildern gelöst haben. Der Taporley-Maler steht in Apulien noch am Übergang.

1357 S. I. Rotroff, Hellenistic Pottery. Athenian and Imported Moldmade Bowls, Agora XXII (1982) 45 Nr. 1 Taf. 1; 56 Nr. 105 Taf. 18. 75; 408 Taf. 91.

1358 Vgl. H.-D. Blume, Einführung in das antike Theaterwesen[3] (1991) 36.

1359 So auch H.-U. Cain, BJb 188, 1988, 177.

Fleischman-Collection[1360] ist beispielsweise ein Komödienschauspieler mit weißen Haaren und Bart, dem üblichen, Arme und Beine bedeckenden engen Trikot, einem kurzen Chiton und Phallos als Teilnehmer an einem nächtlichen Umzug im Freien dargestellt, der von Musik begleitet wird. Er hält zwei brennende Fackeln, während der vor ihm tänzelnde Dionysos in die Saiten seiner Lyra greift und hinter ihnen ein Satyr, der einen Erosknaben huckepack trägt, den Doppelaulos bläst. Dionysos und Satyr lassen keine Hinweise auf ein Bühnenkostüm erkennen.

Besonders häufig kommen auf paestanischen Vasen aus der 2. Hälfte des 4. Jahrhunderts zweifigurige Szenen vor, in denen sich Dionysos und ein sogenannter Phlyax gegenübergestellt sind[1361] oder miteinander durch die Nacht schwärmen[1362]. John R. Green hat zurecht bemerkt, daß die Schauspieler im attischen Komödienkostüm in diesen Bildern austauschbar zu sein scheinen mit anderen Figuren des dionysischen Thiasos[1363] wie Satyrn oder Pan[1364] und daß die Silene im Zottelkostüm und in Stiefeln als Äquivalente für ihre mythischen Brüder einsetzbar waren[1365]. Sie alle sind Diener oder Gefolge des Gottes.

Solche Bilder sind nicht auf paestanische Erzeugnisse beschränkt, auch wenn sie dort am zahlreichsten vertreten sind. Auf apulischen und kampanischen Vasen werden Figuren im Komödienkostüm ebenfalls in das dionysische Umfeld integriert. Ein hoch qualitätvolles Gefäß, ein apulischer Glockenkrater in Cleveland, der im frühen 4. Jahrhundert entstanden sein dürfte und damit einen der frühesten Belege für den Einsatz von Schauspielerfiguren in einer sonst den Satyrn zukommenden Rolle darstellt[1366], zeigt einen »Phlyax« und einen Silen im Fellkostüm bei der Weinlese zuseiten einer monumentalen Dionysosbüste, die wohl – wie das Thymiaterion andeutet – in einem Heiligtum des Gottes aufgestellt ist[1367]. Auf einem apulischen Askos in der Sammlung Jatta schwärmen Mänaden, Satyrn, eine Manteltänzerin, eine nackte Frau mit negroiden Zügen und der »Phlyax« durch die Nacht[1368]. Auf einem apulischen Kelchkrater aus Apollonia ist der

1360 RVP 46 Nr. 101 Taf. 13 b. c; A. D. Trendall in: A Passion for Antiquities. Ancient Art from the Collection of Barbara and Lawrence Fleischman (1994) 144 ff. Nr. 64 mit Abb.; Trendall, RVUS Abb. 341.

1361 z. B. Slg. Schneider-Herrmann, Den Haag: Trendall, Phlyax Vases a. O. 31 f. Nr. 27 Taf. 3 a (Anm. 1350); RVP 160 Nr. 284 Taf. 104 a. b.

1362 z. B. Glockenkrater Madrid 11028: RVP 124 Nr. 177 Taf. 73 c. d; J. R. Green, Theatre in Ancient Greek Society (1994) 90 f. Abb. 4.2. – Glockenkrater Sydney, Nicholson Museum 47.04: Green ebenda 92 Abb. 4.3; RVP 158 Nr. 269 Taf. 99 c. d. Der Schauspieler trägt hier das zottelige Wollkostüm eines alten Silens. Über beiden Figuren hängt zusätzlich eine Maske. – Paestum Inv. 20198: RVP 124 Nr. 173 Taf. 72 a. b; I Greci in Occidente a. O. 196 Nr. 91, 1 mit Abb. (Anm. 1322). – Weitere Beispiele: Pontecagnano 36420: RVP 73 Nr. 51 Taf. 29 a. b; Privatsammlung Rheinland: RVP 124 Nr. 174 Taf. 72 c. d.

1363 J. R. Green in: Stage Directions. Essays in Ancient Drama in Honour of E. W. Handley, BICS Suppl. 66 (1995) 107 f. 109.

1364 z. B. Glockenkrater des Python in Richmond 82.15: Green a. O. 107 mit Anm. 75 Taf. 9 d (Anm. 1362); RVP 158 Nr. 271 Taf. 100 c. d. – Weitere Beispiele: Bologna 490: A. D. Trendall, Paestan Pottery (1936) 117 Nr. 55 Abb. 29; RVP 72 Nr. 39. – Paris, Louvre K 243: Trendall, Paestan Pottery 121 Nr. 144 Abb. 47; RVP 159 Nr. 277 Taf. 102 a. b. – Dunedin E 48.261: Trendall, Paestan Pottery 120 Nr. 124 Taf. 23 d; RVP 158 Nr. 265 Taf. 98 c. d. – Ehemals Agrigent, Slg. Giudice 611: Trendall, Paestan Pottery 120 Nr. 125 Taf. 23 c; RVP 158 Nr. 266. – Auf dem Glockenkrater des Python in London, British Museum F 149, Trendall ebenda 119 Nr. 107 Taf. 19 a; RVP 139 Nr. 239 Taf. 88, befindet sich Pan in größerer dionysischer Gesellschaft. Vgl. auch LIMC VIII 1 (1997) 933 ff. s. v. Pan (Boardman), u. a. Nr. 174. 199–201. 228. Zu Pan im dionysischen Gefolge und seiner Austauschbarkeit mit Satyrn s. a. K. Schauenburg, RM 88, 1981, 108–110. Übrigens können seit dem 4. Jh. v. Chr. auch Kentauren zu Trabanten des Dionysos werden, vgl. Verf., AA 1997, 93 mit Anm. 104; G. Morawietz, Der gezähmte Kentaur (2000) 33 ff. 167 f. – Beispiele auf paestanischen Vasen: Benevento 28223: RVP 157 Nr. 252 Taf. 95 c. d. – Los Angeles 50.8.40: Trendall, Paestan Pottery 119 Nr. 109 Taf. 20 a; RVP 160 Nr. 291. Einen Kentaur zusammen mit einem »Phlyax« zeigte die Vase ehemals in Neapel, RVP 161 Nr. 295.

1365 Vgl. z. B. die in ihrer Komposition ähnlichen Kratere, bei denen vor dem sitzenden Dionysos entweder ein Satyr, ein Silen im Bühnenkostüm oder ein Komödienschauspieler steht: Paestum 21306: RVP 104 Nr. 137 Taf. 59 a. – Salerno, Museo Provinciale Pc 1813: RVP 73 Nr. 50 Taf. 28 e. – Privatsammlung Tampa: RVP 74 Nr. 63 Taf. 31 c. Dieselbe Gegenüberstellung läßt sich für laufende Teilnehmer am Komos im Beisein des Gottes durchführen: z. B. New York 61.11.3: RVP 73 Nr. 59 Taf. 30 a. – Benevento 614 S: RVP 162 Nr. 303 Taf. 107 a; Los Angeles 50.8.30: RVP 160 Nr. 290 Taf. 105 e. – Genf, Privatsammlung: RVP 72 Nr. 36 Taf. 26 a; Pontecagnano 36420: RVP 73 Nr. 51 Taf. 29 a. Die Liste der Beispiele ließe sich mühelos verlängern.

1366 Vgl. auch den kampanischen Glockenkrater Inv. 11171 aus Grab 1617 in Lipari, auf dem ein lüsterner alter »Phlyax« sich an eine schlafende Mänade heranschleicht wie sonst Satyrn, ML V 133 Taf. 71. 73 Abb. 187. 191. 192; Ceramica figurata 125 Abb. 138. 139.

1367 Cleveland, Museum of Art 89.73: RVAp Suppl. 2 493 Nr. 125; Green a. O. 102 f. Taf. 8 (Anm. 1312). – Kampanischer Glockenkrater als Leihgabe im Tampa Museum of Art L 1.92.14: Green ebenda 113 f. Taf. 12 a: Dionysos und Ariadne reiten auf einem Maultier und werden von einem Satyr und einem Schauspieler begleitet.

1368 Ruvo, Slg. Jatta 1402: Trendall, Phlyax Vases a. O. 68 Nr. 135 Taf. 6 c (Anm. 1350); RVAp I 175 Nr. 68; H. Sichtermann,

gelagerte Dionysos von einem alten Komödienschauspieler und einer Flötistin umgeben[1369]. Der von der rahmenden Holzarchitektur angeschnittene Krater hinter dem »Phlyax« und das dreibeinige Tischchen vor der Kline verweisen auf ein Gastmahl. Die Gebärde, die Dionysos mit seiner rechten Hand vollführt, ist sonst von Teilnehmern am Kottabosspiel bekannt, die die Neige aus ihrem Trinkgefäß auf einen Ständer schleudern. Möglicherweise war auch der Skyphos mit weißer Farbe aufgemalt, die heute verblaßt ist, denn man meint, einen entsprechenden Schatten neben dem Zeigefinger des Gottes zu erkennen. Über den Köpfen der Gruppe hängen zwei komische Masken im Profil. Der Komödienschauspieler tritt hier also als Diener beim Symposion des Weingottes auf.

Vor wenigen Jahren wurde bei den Grabungen in Lipari sogar ein sizilischer Kelchkrater aus dem späten 4. Jahrhundert gefunden, auf dem ein »Phlyax« in eine vielfigurige menschliche Bankettszene eingefügt ist (Abb. 45. 46)[1370], bisher meines Wissens das einzige Beispiel. Die Zecher, die mit Blütenkränzen um den Hals und Binden geschmückt sind, tragen keine Kennzeichen, die sie als mythologische Personen identifizieren würden. Vor ihrem Lager stehen jedoch eine Flötenspielerin und eine im Verhältnis dazu kleine Figur im Komödienkostüm, während rechts im Vordergrund ein junger Satyr gelagert ist, der einen Kantharos vorstreckt. Oben links lugt ein alter Pan hinter einer Geländewelle hervor. Wie in den paestanischen Bankettszenen aus dem Umkreis des Python[1371] sind also menschliche Symposiasten in eine mythische Umgebung versetzt. Dort ist der Phlyax allerdings durch Silensschauspieler im Fellkostüm ersetzt, die unter den Klinen liegen oder die Zecher bedienen. Diese Vasenbilder belegen, daß nicht nur Masken, sondern auch Bühnensilene und Komödienschauspielerfiguren in Gelageszenen vorkommen, mithin als adäquates Personal eines Symposions angesehen wurden.

Die eben vorgestellten Bilder zwingen meines Erachtens zu dem Schluß, daß hier die Figuren im Theaterkostüm aus einem konkreten Bühnenzusammenhang gelöst und in das Gefolge des Dionysos integriert wurden. Damit konnten sie die gleichen Rollen übernehmen wie Satyrn, Mänaden, Pan und weitere Trabanten des Gottes. Sie tragen Thyrsoi, Fackeln zur Beleuchtung der nächtlichen Umzüge oder die zum Gelage notwendigen Gerätschaften wie Weinschläuche, Eimer und Kantharoi, bisweilen auch Kultgegenstände, die für Opfer gebraucht wurden. Sie bevölkern also ein dionysisches Ambiente und gewinnen insofern eine ähnliche Bedeutung wie die Masken, die ebenfalls auf eine enge Beziehung zu Dionysos hinweisen[1372].

Diese Parallelität von Masken und Schauspielerfiguren in dionysischen Szenen auf unteritalischen Vasen lenkt den Blick zurück auf die Nekropole von Lipari, in der ja an den Gräbern auch Masken und Theaterfigurinen in offenbar verwandter Weise zusammen mit Symposionsgeschirr als Gaben abgelegt wurden[1373]. Außer den regelrechten Komödienfiguren kamen in denselben Kontexten aber auch Tänzerinnen, darunter eine persisch gekleidete Figur, die den Oklasmatanz vollführt, Flötenspielerinnen, Akrobatinnen, liegende Zecher, eine gelagerte Hetäre, Satyrn und Pane vor. Demnach scheinen all diese Figurentypen in einem ähnlichen Zusammenhang verwendbar und kombinierbar gewesen zu sein. Es kam also bei den Tonfiguren, die man beim äußeren Geschirrset deponierte – wie schon für die Masken herausgearbeitet – nicht auf ihre Beziehung zum Theater an. Der gemeinsame Nenner all dieser Terrakotten lag vielmehr in der Nähe zu Dionysos, denn unteritalische und attische Vasenbilder können wiederum belegen, daß auch Tänzerinnen, Flötenspielerinnen und Akrobatinnen eng mit dem Gott verknüpft waren[1374]. In der Realität waren sie ihrem Status nach in der Regel

Griechische Vasen in Unteritalien aus der Sammlung Jatta in Ruvo (1966) 56 f. K 90 Taf. 144–146.

1369 Apollonia, Archäologisches Museum 325, A. Eggebrecht (Hrsg.), Albanien. Schätze aus dem Land der Skipetaren, Ausstellung Hildesheim (1988) 320 f. Nr. 204 mit Abb. Nach der Handhaltung dürfte die Frau einen Doppelaulos geblasen haben, der vermutlich mit – heute verblaßter – weißer Farbe aufgemalt war, vgl. die Flötenspieler auf einem »Phlyakenkrater« in Bari, Slg. Malaguzzi-Valeri Nr. 52, RVAp I 400 Nr. 28 Taf. 140, 5 a. b; O. Taplin, Comic Angels (1993) Abb. 14. 11 a. b.

1370 Kelchkrater Inv. 18431 a aus Lipari, Grab 2515, gefunden 1993, M. Cavalier, MedA 8, 1995, 86 f. Taf. 6. 7 (Fehler bei der Inv.); Ceramica figurata 161 ff. Abb. 204. 205; L. Bernabò Brea – M. Cavalier, Kokalos 39/40, 1993/94, II 1(1996) 995 Taf. 101, 1; Museo Eoliano 92 Abb. 66; ML XI 2 716 Taf. 298. 299, 1.

1371 Glockenkrater des Python im Vatikan: s. Anm. 1331; Fragmente von Glockenkratern Paestum 24323 und im British Museum London: RVP 148 Nr. 246. 247 Taf. 93 b. c; Green a. O. 111 (Anm. 1312), dort Taf. 11 c auch das Beispiel in Louisville, Kentucky, Speed Art Museum 90.7.

1372 In einigen Szenen mit Dionysos und Schauspielerfiguren sind zusätzlich Masken abgebildet: z. B. Sydney 47.04: s. o. Anm. 1362; Salerno, Soprintendenza Archeologica: RVP 138 Nr. 230 Taf. 85 c; Privatsammlung Florenz: RVP 158 Nr. 268 Taf. 99 a.

1373 s. o. Kapitel IV 2 a, Text zu Anm. 787 ff., bes. 792–805; Text zu Anm. 937–942.

1374 Zu Akrobatinnen im Gefolge des Dionysos vgl. den oben Anm. 1324 zitierten Krater in Lipari. Auch Zwerge können der dionysischen Sphäre zugerechnet werden, vgl. die Oinochoe in Toledo, Ohio: Mayo a. O. 101 f. Nr. 29 mit Abb. (Anm. 1316); Hurschmann a. O. 174 A 37 Taf. 13 (Anm. 1314); s. auch H. Wrede, RM 95, 1988, 97 ff., bes. 103 ff.; V. Dasen, Dwarfs in Ancient

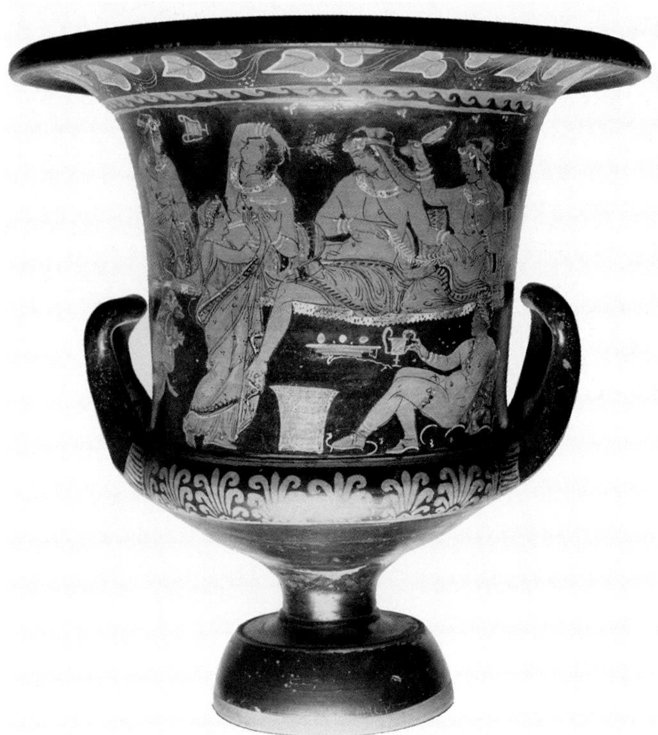

Abb. 45: Krater Inv. 18421 a aus Grab 2515

Hetären und gehörten zu dem Personal, das bei Symposia für Unterhaltung zu sorgen hatte. Auch der Oklasmatanz ist zur Belustigung der Gäste beim Mahl aufgeführt worden[1375]. Man kann also noch einen Schritt weiter gehen und feststellen, daß diese Figurinen aus Lipari sämtlich mit dem Symposion in Verbindung zu bringen sind[1376]. Besonders deutlich wird dies bei den Figuren von liegenden Symposiasten, Hetären und Flötenspielerinnen, aber auch bei den zahlreichen Figurinen, die einen Symposions- bzw. Festkranz tragen[1377]. Die Untersuchung der Kränze im Kapitel zur Ikonographie der Masken führte zu dem Ergebnis, daß dieser Schmuck nicht zu bestimmten Maskentypen gehört, sondern die in der Maske dargestellte Person als Teilnehmer an einem Fest, dem damit in Zusammenhang stehenden Symposion oder dem danach folgenden Komos charakterisiert, eine Deutung, die auch auf die Statuetten übertragbar ist. Die Symposionszene auf dem erwähnten liparischen Krater (Abb. 45. 46), in der ein »Phlyax« zusammen mit mythischem Personal auftritt, beweist, daß auch die Komödienterrakotten in diesen Zusammenhang gehörten – und zwar in ihrer Eigenschaft als Trabanten des Weingottes. Man sollte also aus der Anwesenheit von Theaterfigürchen nicht auf dramatische Einlagen von Schauspielern zur Belustigung der Gäste beim Bankett schließen[1378].

Die enge Verbindung von Masken und Theaterfiguren mit Dionysos und dem Symposion läßt sich noch an anderen Kunstgattungen belegen, am besten vielleicht anhand der sogenannten Gnathiakeramik[1379]. Diese Keramik, bei der mit den Farben Weiß, Gelb und Rot auf dem schwarzen Glanzton gemalt wurde, ist großenteils nicht mit figürlichen Szenen, sondern mit ornamentalen Motiven verziert. Sehr häufig kommen Ranken vor, in die Gegenstände eingefügt sind, Musikinstrumente, Weintrauben, Blüten, aber auch Masken, Fackeln, Trinkgefäße und andere Symposionsgegenstände, die offenbar als Symbole für größere Zusammenhänge stehen. Beim Überblick über die Gefäßformen fällt auf, daß solche dionysischen Symbole nur auf Trink- und Bankettgeschirr angebracht sind, vor allem auf Skyphoi, Schalen und Kannen, aber auch auf Krateren, Situlen und ähnlichen Vasen[1380]. Auf Lekythen und ähnlichen Fläschchen, die eher dem Frauengemach

Egypt and Greece (1993) 237 ff. 292 G 23 Taf. 55, 1. 293 G 33. 34 Taf. 57, 1. 2.

1375 A. Schäfer, Unterhaltung beim griechischen Symposion (1997) 92 f. Taf. 53 (Oklasmatanz), Taf. 43 (Akrobatin auf einem Tisch); Hurschmann a. O. 19 f. (Anm. 1314); B. Scholz in: B. Schmaltz – M. Söldner (Hrsg.), Griechische Keramik im kulturellen Kontext, Internationales Vasen-Symposion Kiel 2001 (2003) 99–101. – Zu weiteren Belustigungen wie dem Waffentanz A. Goulaki-Voutira in: Répertoire International d'Iconographie Musicale – Research Center for Musical Iconography, Newsletter 21, 1, 1996, 3–12.

1376 Der liparische Terrakottentypus der sich entblößenden Flötenspielerin (MTL 110 F 1 Abb. 180. 181) findet eine enge Parallele auf dem kampanischen Glockenkrater in Neapel 2855 (LCS 460 Nr. 71 Taf. 178, 2): Dort bringt eine Flötenspielerin (die Flöte liegt am Boden) beim Symposion zugleich ihre sexuellen Reize ins Spiel. Oben hängt übrigens eine Maske von der Decke.

1377 M. Blech, Studien zum Kranz bei den Griechen (1982) 63–74. Auch Hetären konnten beim Symposion bekränzt sein.

1378 Da die Masken und die Figuren im Bühnenkostüm in den Gelageszenen parallele Phänomene darstellen, geht m. E. auch die Vorstellung von Hurschmann a. O. 145 ff. (Anm. 1314) in die Irre, daß die Masken beim Bankett tatsächlich gebraucht wurden, um die Teilnehmer zu verkleiden und selbst in dionysische Wesen zu verwandeln. Ebensowenig bezeichnen die Masken die Tafelnden als Schauspieler.

1379 L. Forti, La ceramica di Gnathia (1965). – Zum Problem des Begriffs: J. R. Green in: H.-U. Cain – H. Gabelmann – D. Salzmann, Beiträge zur Ikonographie und Hermeneutik, Festschrift für N. Himmelmann (1989) 221.

1380 Dasselbe gilt für die Darstellung von komischen Szenen auf tarentinischen Vasen, vgl. J. R. Green, Notes on Phlyax Vases, NumAntCl 20, 1991, 52.

Abb. 46: Detail aus Abb. 45: Liegender Zecher und sogenannter Phlyax

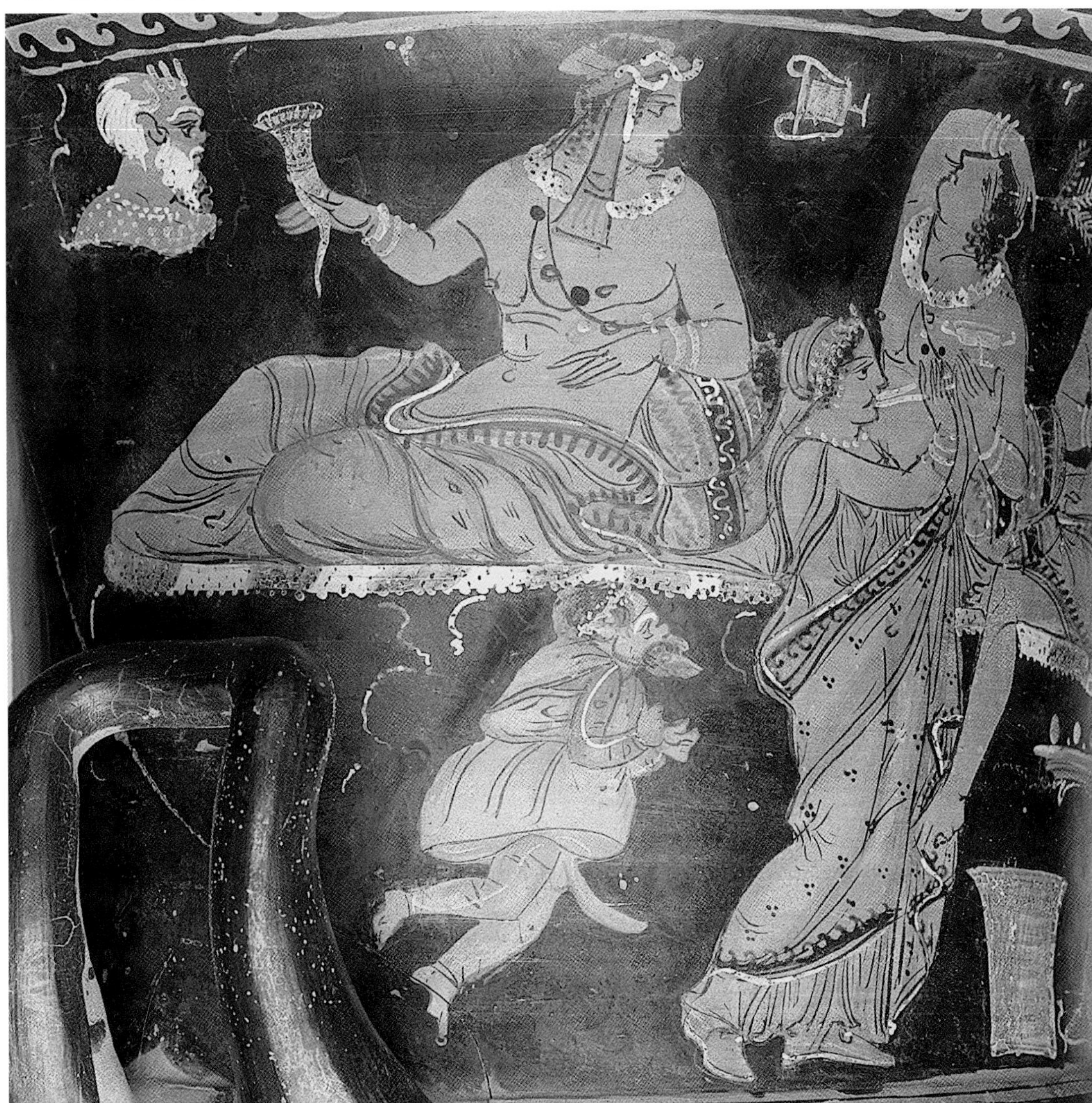

zuzurechnen sind, fehlen sie dementsprechend[1381]. Masken sind an Oinochoen bisweilen sogar in Form plastischer Henkelattaschen befestigt[1382], sonst hängen sie in der Regel als gemalter Dekor in Weinranken[1383]. Was ihre Typen angeht, bedienten sich die Maler vieler Möglichkeiten bzw. der ganzen Bandbreite von Silens- und Satyrmasken über komische alte Männer bis zu Frauenmasken. Auch jugendliche Panmasken finden sich im Repertoire[1384]. Auf besonders qualitätvollen Gefäßen, vor allem aus dem Umkreis des Konnakis-Malers, treten manchmal auch isolierte Komödienfiguren auf[1385]. Masken und Komödienfiguren

1381 J. R. Green, Gnathia Pottery in the Akademisches Kunstmuseum Bonn (1976) 5. – Vgl. z. B. die Flasche in Boston, Museum of Fine Arts 80.623, M. Padgett u. a., Vase Painting in Italy. Red-Figure and Related Works in the Museum of Fine Arts, Boston (1993) 197 Nr. 116 mit Abb. Sie trägt als Dekor eine Frauenbüste zwischen Ranken und Ornamentbändern.

1382 z. B. an der Oinochoe im Cleveland Museum of Art, John L. Severance Coll. 52.16: T. B. L. Webster, AntK 3, 1960, 35 Nr. 46 Taf. 10, 1. 2. 7; ders., Monuments Illustrating New Comedy² (1969) 123 GV 1 Taf. 2 b. c. – Eine plastische Sklavenmaske mit Symposionskranz bildet den Ausguß an einer Situla: Boston, Museum of Fine Arts 01.8098: Vase Painting in Italy a. O. 193 f. Nr. 110 mit Abb. (Anm. 1381).

1383 Beispiele bei T. B. L. Webster, JHS 71, 1951, 222 ff. Taf. 45; ders., AntK 3, 1961, 30 ff. Taf. 8–10.

1384 z. B. das Skyphosfragment Oxford, Ashmolean Museum 1966.1033, ehemals in der Sammlung Beazley: Webster a. O. 222 Nr. 1 Taf. 45 a (Anm. 1383); Webster, MMC³ 163 TV 8 a.

1385 Vgl. z. B. den Kelchkrater in Boston, Museum of Fine Arts 00.363, Vase Painting in Italy a. O. 191 f. Nr. 108 Farbtafel 19 (Anm. 1381). – Kylix Berlin, Antikensammlung Inv. 1969.7, auf deren Innenboden der Phlyax Philopotes zu sehen ist, der Weinkanne und Fackel trägt: A. Greifenhagen, Gymnasium 82, 1975, 26 ff. Taf. 11; D. Grassinger u. a. (Hrsg.), Die Rückkehr der Götter. Berlins verborgener Olymp. Ausstellung Berlin (2008)

gehören dort also ebenfalls unter die dionysischen Zeichen, die dem Verwendungszweck des Geschirrs entsprechend auf den Weingott hinweisen und beim Gelage ein Ambiente evozieren sollten, das von seiner Kraft erfüllt ist[1386]. Ähnlich sind die Silen- und Satyrmasken zu erklären, die häufig als Henkelattaschen an den ägyptischen Fayencekannen angebracht sind, einer Gefäßgattung, die durch die zahlreichen Ptolemäerdarstellungen eng an den alexandrinischen Hof gebunden ist[1387]. Dort spielte die Verehrung des Dionysos nach Ausweis von Schriftzeugnissen eine sehr große Rolle. Für Ptolemaios II. Philadelphos ist sogar überliefert, daß er eine große Prozession zu Ehren des Gottes mit höchstem Prunk ausstatten ließ, bei der zahlreiche Teilnehmer in die Rollen von Trabanten des Gottes schlüpften. Auch Personifikationen der dramatischen Gattungen und Masken gehörten zur Ausstattung[1388]. Auf einem der Festwagen stand ein Kultbild des Gottes unter einem Baldachin aus Weinlaub und Efeu, in dem dieselben dionysischen Attribute aufgehängt waren, die auch auf den unteritalischen Vasenbildern als Schmuck von Weinlauben dargestellt sind: Thyrsoi, Bänder und Kränze, Tympana und Masken aller drei dramatischen Gattungen[1389].

So muß es auch nicht mehr verwundern, daß Masken zum bevorzugten Dekor von hellenistischem Tafelsilber gehören[1390] und auch auf deren Tonäquivalenten wie hellenistischen Reliefbechern zu finden sind. Ihr Auftreten auf späthellenistisch-römischem Silbergeschirr und auf geschnittenen Prunkbechern aus Sardonyx ist dann nur die logische Folge[1391]. H.-U. Cain konnte zeigen, daß eine kontinuierliche Entwicklung vom 4. Jahrhundert v. Chr. bis in die römische Kaiserzeit zu verfolgen ist, in deren Verlauf die Masken von Kultzeichen des Dionysos zu abstrakteren Glückszeichen und Symbolen für eine sakral-idyllische Landschaft mutierten[1392].

Es gibt Indizien, daß die Vasenbilder, auf denen Masken als Schmuck von Räumen für abendliche Trinkfeste dargestellt waren, die Realität in griechischen Häusern widerspiegelten, ähnlich wie sich die Abbildungen von Grabmälern auf den großen apulischen Grabkrateren mit den gebauten Grabmonumenten in Tarent parallelisieren lassen, auch wenn letztere erst später auftreten[1393]. Tonmasken bzw. ihre gemalten Gegenstücke scheinen auch in griechischen Häusern als Wandschmuck verwendet worden zu sein, selbst wenn aufgrund der Fundumstände und der Publikationslage keiner der hier zu besprechenden Kontexte über jeden Zweifel erhaben ist. Als Kronzeugen werden in der Regel die Masken angeführt, die in Priene zusammen mit tönernen Stierprotomen in einem Raum an der Südwestecke der Athenaterrasse gefunden wurden[1394]. Der sogenannte Raum A ist in seiner Funktion jedoch nicht genau zu bestimmen, als Durchgangsraum war er wohl eher Teil eines öffentlichen Gebäudes als der Andron eines Privathauses. Aufgrund der sehr unterschiedlichen Funde (Lampen, Bleigewichte, Flöten) hat man an einen Laden gedacht, in dem Votive und ähnliches gelagert oder zum Verkauf angeboten wurden[1395].

Im Wohnbereich von Delos wurden ebenfalls Fragmente von Tonmasken entdeckt, doch läßt sich auch dort kein Stück wirklich einem Speiseraum zuordnen. Die meisten

234 f. mit Abb. – Situla Sammlung Fleischman: Trendall a. O. 142 ff. Nr. 63 mit Abb. (Anm. 1360).

1386 Green in: Realia a. O. 40 (Anm. 1349); Cain a. O. 179–181 (Anm. 1353). Er betont, daß die Masken auf Gnathiavasen und Ptolemäerkannen u. a. wegen ihrer häufig geschlossenen Münder nicht als Theatermasken aufzufassen sind. Ebenso bei D. Burr Thompson, Ptolemaic Oinochoai and Portraits in Faience (1973) 41 mit Anm. 2.

1387 Burr Thompson a. O. 41–45 Taf. 49 Nr. 141. Taf. 60–63 (Anm. 1386).

1388 Athen. V 196 A–202 F; E. E. Rice, The Grand Procession of Ptolemy Philadelphus (1983); J. Köhler, Pompai. Untersuchungen zur hellenistischen Festkultur (1996) 35–45; Green in: Stage Directions a. O. 115 ff. (Anm. 1312).

1389 Athen. V 198 D.

1390 Vgl. z. B. das Silberbecherpaar ehemals in New York, MMA 1981.11.18; 1982.11.12, jetzt Museum Aidone, bei dem jeweils drei Maskenappliken die Füßchen des Bechers bilden. Die Masken tragen jeweils Symposionskränze, die teilweise mit Efeukorymben kombiniert sind. Die bärtigen evozieren Sklavenmasken der Komödie, die unbärtigen dürften Dionysos oder Mänaden darstellen: D. von Bothmer, A Greek and Roman Treasury, BMetrMus Summer 1984, 59 f. Nr. 105. 106 mit Abb.; A. Krug, Die Berliner Nereidenschale aus Bergkristall, 137. BerlWPr (1998) 12 f. 14 Abb. 21 (Reliefbecherfragment mit Maskenfüßchen Bonn, Akademisches Kunstmuseum Inv. 756). 22 f. mit Abb. 35 (Silberbecher New York).

1391 Cain a. O. 168 ff. (Anm. 1353).

1392 Cain a. O. 175 ff. (Anm. 1353).

1393 Giuliani, Tragik 143. Vgl. neuerdings M. Söldner in: C. Schmitz – A. Bettenworth (Hrsg.), Mensch – Heros – Gott (2009) 35–51, bes. 37 f.

1394 Green a. O. 111 f. mit Anm. 92 (Anm. 1312); C. Lang-Auinger, ÖJh 67, 1998, 124 mit Anm. 27. – Zu dem Kontext J. Raeder, Priene. Funde aus einer griechischen Stadt (1983) 25 f. Abb. 18. 19 Taf. IV b; Th. Wiegand – H. Schrader, Priene (1904) 361 Abb. 446–450.

1395 Raeder a. O. 26 (Anm. 1394). – F. Rumscheid verdanke ich die Auskunft, daß die Fundumstände der Masken und Terrakotten in diesem Bereich nicht genau beobachtet worden sind und man darauf deshalb keine weitreichenden Schlüsse bauen sollte, F. Rumscheid, Die figürlichen Terrakotten von Priene. Fundkontexte, Ikonographie und Funktion in Wohnhäusern und Heiligtümern im Licht antiker Parallelbefunde (2006) 71–73.

kamen als Streufunde auf den Straßen zutage, dürften also Abfall gewesen sein, oder sie lagen in Räumen, deren Funktion nicht mehr zu sichern ist. Zu den repräsentativen Zimmern, in denen man Gäste empfing oder tafelte, scheinen sie aber sämtlich nicht gehört zu haben[1396]. Man gewinnt aus diesen Befunden also wieder nicht mehr als ein Indiz, daß Masken in delischen Wohngebäuden aufgehängt oder aufbewahrt waren. Dafür finden sich Masken unter den Motiven, mit denen Fußbodenmosaiken in Klinenräumen verziert wurden[1397]. Die Dekoration der Räume orientierte sich also an deren Funktion und bezog sich demnach auf Symposion bzw. die dionysische Welt[1398].

Im sogenannten Mosaikenhaus in Etretria, einem Privathaus, traten tönerne Appliken von Gesichtern (ohne Hals) zutage, die auch thematisch große Ähnlichkeiten mit Masken haben, da sie unter anderem Pan und einen Silen zeigen. Auf den ersten Blick erscheint der Kontext sogar als besonderer Glücksfall, weil die Stücke zur Nutzungsphase des Hauses im 4. Jahrhundert v. Chr. gehörten und in einer Brandschicht aus dem frühen 3. Jahrhundert lagen. Man konnte also annehmen, daß das Haus einem Brand zum Opfer fiel und die Terrakotten nicht weit vom ursprünglichen Aufstellungsort entfernt worden waren. Die Bearbeiterin der Terrakotten gibt als Herkunftsort den Andron 7 an, in dem die Appliken an den Wänden gehangen und die Terrakottafigürchen auf einem Regal an der Wand gestanden hätten. Bei genauerer Prüfung der Angaben, die von den verschiedenen Autoren in der Publikation gemacht werden, scheint dies aber so nicht zuzutreffen. Der Fundort eines Teils der Appliken und Terrakotten scheint vielmehr der Zwickelraum daneben gewesen zu sein, anderes stammte möglicherweise aus einer Füllschicht mit Zerstörungsschutt, doch widersprechen sich die Angaben in den verschiedenen Teilen der Publikation, so daß man die Fundumstände nicht nachprüfen kann[1399], auch wenn man den Ausgräbern gerne glauben möchte.

In den Hanghäusern in Ephesos lassen sich Funde von fragmentarischen Tonmasken ebenfalls mit späthellenistischen Häusern in Verbindung bringen[1400]. Die Ausgrä-

1396 Kleine Komödienmaske aus der »Maison des comédiens«: M. Kreeb, Untersuchungen zur figürlichen Ausstattung delischer Privathäuser (1988) 136 T 6.9 (von der Treppe U); A. Bovon in: L' îlot de la Maison des comédiens, Délos XXVII (1970) 216 Nr. B 50 Taf. 32. – Die Masken aus der »Maison de Fourni« stammten zusammen mit Küchengeschirr aus bisher unpublizierten Räumen auf der oberen Terrasse, die als schlecht gebaut und unregelmäßig angegeben werden, G. Daux, BCH 85, 1961, 915–917 Abb. 7–9. – Streufunde von Straßen: Kreeb ebenda 60. 150 T 6.30; 6.31. – Weitere Fragmente: z. B. Délos XXIII Nr. 1249 Taf. 93: »gefunden nordöstlich des Dionysoshauses«. Auch die von A. Laumonier, Les Figurines de terre cuite, Délos XXIII (1956) 265 Nr. 1235 Taf. 94 besprochene Maske, die aus einem Haus in der Nähe der großen Magazinbauten am südlichen Strand von Delos stammte, lag nicht in einem Wohnraum.

1397 z. B. im großen Oecus im Haus der Masken: M. Trümper, Wohnen in Delos (1998) 249–251 Nr. 41 Abb. 37. 38: Raum g; J. Chamonard, Les mosaïques de la Maison des masques, Délos XIV (1933) 26 ff. Taf. 4–6; Ph. Bruneau, Délos XXIX (1972) 245 ff. Nr. 215 Abb. 184–195. – Großer Oecus im »Îlot des bijoux« V: Trümper ebenda 194 f. Nr. 14 Abb. 10: Raum AL; Bruneau, Délos XXIX 160 ff. Abb. 70–76. Die Masken in der Girlande wechseln sich mit Stierköpfen ab, Bruneau ebenda Abb. 67. 68. – Übrigens zierte auch der berühmte Theaterszenenfries in der »Maison des comédiens« einen Klinenraum: Trümper ebenda 202 ff. Nr. 18 Abb. 14: Raum N; U. Bezzera de Meneses in: Délos XXVII a. O. 157. 168–183. 154 Abb. 110 Taf. 21–25 (Anm. 1396).

1398 Der kleinere Oecus im Maskenhaus, in dem ebenfalls Klinen aufgestellt waren, erhielt als Mittelemblem des Bodens das berühmte Mosaik des auf dem Panther reitenden Dionysos, das von zwei Kentaurenmosaiken flankiert ist, Bruneau, Délos XXIX a. O. 240 Nr. 214 Abb. 177. 180–183 (Anm. 1397); Trümper a. O. Abb. 38: Raum e (Anm. 1397). – Bruneau reagierte S. 107 zurecht ablehnend auf die Deutung von Chamonard, Délos XIV a. O. 8 (Anm. 1397), der das Haus wegen der Masken und der zahlreichen dionysischen Motive als Lokal einer Schauspielervereinigung interpretiert hatte. Er fand in der Ausstattung des Hauses kein einheitliches übergeordnetes Programm. Die Frage, ob die Dekoration jeweils mit dem Zweck der Räume zusammenhängt, stellt er nicht.

1399 P. Ducrey – I. R. Metzger – K. Reber, Le Quartier de la Maison aux mosaïques. Eretria, Fouilles et recherches VIII (1993) passim; zu den Tonfunden I. Metzger ebenda 118 ff. (Appliken Nr. 89–91). Sie nennt den Andron als Fundort, vgl. dies., AntK 22, 1979, 15. Nach der Fundkontextliste Eretria VIII 188 müßten das Gorgoneion und der Satyrkopf aber aus dem Zwickelraum 6 stammen, in dem nach Ducrey ebenda 46 f. in der Tat eine große Menge von Terrakottafigurfragmenten gefunden wurden, die nach seiner Meinung beim Brand des Hauses aus dem unmittelbar nebenan gelegenen Andron in den Zwickelraum gestürzt seien, vgl. P. Ducrey, AntK 22, 1979, 6. Bei den von ihm zitierten Katalognummern der Terrakotten scheinen aber zusätzlich Verwechslungen unterlaufen zu sein. Vgl. auch N. Mekacher, Matrizengeformte hellenistische Terrakotten. Eretria, Ausgrabungen und Forschungen XII (2003) 47 Nr. 127–129 Taf. 24. 25. S. 75 ff. zum Fundkontext. Auch sie kann die widersprüchlichen Angaben zur Fundlage letztlich nicht aufklären. Mekacher kommt zu dem Schluß, daß Terrakottenfunde in den Häusern von Eretria hauptsächlich aus den Andrones und ihren Vorräumen stammten (77 f.). Zu dem ganzen Problemkomplex vgl. neuerdings Rumscheid a. O. 85–87 (Anm. 1395).

1400 C. Lang-Auinger, ÖJh 67, 1998, 117–131. Zum Fundort im Hanghaus 1 dies., FiE VIII/3 (1996) 86 ff.

berin Claudia Lang-Auinger schloß aus Aufhängelöchern und geraden Standflächen an den Stücken, daß sie in den Wohnräumen aufgehängt oder auf Wandborden aufgestellt waren. Bestimmten Räumen kann sie sie jedoch aufgrund ihrer Herkunft aus Schuttfüllschichten fast nie zuweisen. Die Fundlagen in ganz verschiedenen Teilen des Hauses führten sie aber zu der Überzeugung, daß die Anbringung von Masken nicht auf Bankettträume beschränkt war[1401].

Man würde allen diesen Hinweisen wenig Beweiskraft zumessen, gäbe es nicht ein ausgemaltes unterirdisches Grab in Tarent, bei dem die Wände mit einer gemalten Blattgirlande geschmückt sind (Abb. 34. 35)[1402]. An der Rückwand der Grabkammer wird diese von Masken getragen, an den anderen Wänden sind die einzelnen Bögen durch die Architektur getrennt und scheinen nur durch große Schleifen verbunden. Von der Girlande, die jeweils durch Manschetten unterteilt ist, hängen Gegenstände herunter, Musikinstrumente wie Syrinx und Tympanon, aber auch Kränze, Pinakes, Köcher und Bogen. Zwei der Bildchen scheinen dionysische Gestalten dargestellt zu haben, wohl eine bekränzte Mänade mit Thyrsos und einen Pan oder Satyr mit Ziegenhörnern[1403]. Zur Möblierung des Grabes gehörten neben den drei Klinen und je einer Wandnische auch zwei Beistelltischchen. Dieses späthellenistische Grab hatte also höchstwahrscheinlich das Aussehen und die Ausstattung eines Bankettraumes, der mit dionysischen Symbolen dekoriert war.

Vor diesem Hintergrund darf man auch annehmen, daß die Masken und Stierprotomen aus Priene als Wandschmuck für einen Speisesaal gedacht waren, über den man bei festlichen Gelegenheiten eine Girlande legen konnte[1404]. Und die Interpretation der Kontexte im Mosaikenhaus in Eretria durch die Ausgräber gewinnt so gleichfalls wieder an Wahrscheinlichkeit.

In Lipari kamen bisher nur wenige Terrakotten und Masken im Bereich der Siedlung zutage[1405], vor allem im Bereich der Akropolis und der sich an den Hang schmiegenden Altstadt, ohne daß man die Stücke bestimmten Häusern oder gar Räumen zuordnen könnte. Über die klassische und frühhellenistische Bebauung auf dem Felsplateau der Akropolis ist bisher wenig bekannt, möglicherweise lag dort das kultische Zentrum der Stadt[1406]. Die regelmäßige Wohnbebauung stammt erst aus der Zeit nach der römischen Zerstörung. Die Masken und Theaterterrakotten aus dem Stadtgebiet könnten demnach ebensogut wie als Hausschmuck auch als Votive in kleine Heiligtümer gedient haben. Nur die Ansiedlung von Werkstätten auf dem Stadtberg und an seinem Hang erscheint weniger wahrscheinlich. So bleibt auch in dieser Frage auf Lipari nur das Warten auf einen aussagekräftigen Fundkontext.

Als Resümee dieses Kapitels ist festzuhalten, daß Masken in Unteritalien seit dem 4. Jahrhundert eng mit dem Symposion verknüpft sind. Sie gehören zum bevorzugten Schmuck von Symposionsgeschirr und auf gemalten Symposionsbildern zur Ausstattung des Ambientes, in dem das Gelage stattfindet. Viele Thiasosdarstellungen belegen zugleich ihre direkte Verbindung zu Dionysos. Masken werden demnach allgemein zu dionysischen Zeichen wie Thyrsos, Efeu, Wein oder Kantharos. Eine ähnlich unmittelbare Beziehung zu Dionysos besitzen auch die Komödienschauspielerfiguren, die auf süditalischen Vasengemälden – aus ihrem Theaterzusammenhang herausgelöst – zu Anhängern bzw. Trabanten des Weingottes mutieren, die die Rolle von Satyrn oder Pan übernehmen können. Gerade auf einem in Lipari gefundenen Krater taucht ein kleiner Komödienschauspieler sogar beim Bankett auf. Diese Schauspielerfiguren haben sich damit zu Dienern des Gottes in allen Lebenssituationen entwickelt und erinnern nur noch mittelbar an dramatische Aufführungen. So stehen sowohl die Masken als auch die sogenannten Phlyakenfiguren letztlich für dieselbe Botschaft, nämlich für einen Raum, in dem der Gott selbst anwesend ist oder in dem sein Erscheinen erwartet, vorbereitet oder erhofft wird. Seine göttliche Gabe oder Kraft soll diesen Raum erfüllen und in einen idyllischen, vom menschlichen Alltag abgehobenen Platz verwandeln.

1401 C. Lang-Auinger, ÖJh 67, 1998, 124. Ein Fragment aus Raum 1 sei aus dem repräsentativen Zimmer im Obergeschoß heruntergestürzt: ebenda 123 mit Anm. 22; zu diesem Obergeschoß: dies., FiE a. O. 88 ff. (Anm. 1440).

1402 Kammergrab I an der Piazza d'Armi mit drei Klinenbestattungen, gefunden 1911: F. Tiné Bertocchi, La pittura funeraria apula (1964) 71 ff. Nr. 19 Abb. 48–77; Il Museo di Taranto. Cento anni (1988) 327 Abb. 58. 348–354 Kat. 30.13. Unter den Funden waren viele Lagynoi, Balsamarien und Strigilen. Das Grab wird ins 2./1. Jh. v. Chr. datiert. s. a. im Kapitel IV 3, Text zu Anm. 1188.

1403 Tiné Bertocchi a. O. Abb. 54. 55 (Anm. 1402).

1404 So auch Raeder a. O. 25 (Anm. 1394), der als Anbringungsort allerdings eher an ein Theatergebäude denkt.

1405 Aus der ›fossa votiva del Timparozzo‹ vom Akropolisabhang: ML IX 2 25–27 Taf. 137, 3. – Maskenfragment Inv. 19126 von der Akropolis: ML IX 1 144 Taf. 54, 5 b. Zum Kontext 119 f.

1406 s. Einleitung I 2 Anm. 70. 71.

VI Masken als Kultobjekte – Zu Funktion und Bedeutung der liparischen Masken im Grabkontext

In den vorausgehenden Kapiteln wurden die Informationen ausgewertet, die die liparischen Kontexte für die Masken und die außen deponierten Tonfigurinen hergeben. Die Durchsicht der schriftlichen Überlieferung zu Bestattungsritual und Totenkult sollte zusätzliche Anhaltspunkte liefern für Handlungen am Grab, die keine oder nur schwer faßbare materielle Spuren hinterlassen haben. Schließlich wurde in erzählenden Bildern mit Darstellungen von Masken und Schauspielerfiguren nach dem Zusammenhang gesucht, in dem diese außerhalb des Theaters vorzugsweise auftreten. Nun ist es an der Zeit, all diese Stränge zusammenzufassen und zu versuchen, aus den gesammelten Indizien ein Bild vom Bestattungsritual im Lipari des 4. und frühen 3. Jahrhunderts zu zeichnen. Welche Rolle spielten darin die Masken und die dionysischen Terrakottafiguren?

Masken und Figurinen kamen sowohl unmittelbar bei den Gräbern als auch in den nur schwer zu deutenden Abfallgruben, den sogenannten fossae zutage, die man nicht mit bestimmten Bestattungen in Verbindung bringen konnte.

Wenden wir uns zunächst den direkt mit Gräbern verknüpften Kontexten zu und rekapitulieren wir kurz die bisherige Bestandsaufnahme: Die Masken bzw. Tonfiguren waren mit einem normierten Geschirrset vergesellschaftet, das als Bankettgedeck für eine Person aufzufassen ist. Dieses enthielt manchmal Speisereste, so Eier oder Mandeln und andere Früchte, war aber sonst unbenutzt. Den zugehörigen Lampen fehlen fast durchweg Gebrauchsspuren. Die Lage dieses Pakets am Kopfende außerhalb des geschlossenen Sarkophages (bzw. der Urne oder ihres Schutzbehälters) und auf Höhe von dessen Deckel machen deutlich, daß es für den Verstorbenen und in enger zeitlicher Verbindung mit der Bestattungszeremonie abgelegt wurde, nämlich während der Zuschüttung des Grabes und kurz vor deren Abschluß. Während das Keramikset in der Hauptnekropole der Contrada Diana unabhängig von Geschlecht, Alter und sozialer Stellung des Toten zu jeder Bestattung gehörte und demnach unabdingbarer Teil der Bestattungszeremonie war, haben sich Masken oder Terrakotten insgesamt nur bei vielleicht 10–12 Prozent der Gräber aus dem 4. und früheren 3. Jahrhundert v. Chr. gefunden. Sie stellten also eine Besonderheit dar, auch wenn es schwer fällt, den Kreis der Grabinhaber, denen diese Beigabe zukam, genauer zu bestimmen. Im 4. Jahrhundert scheinen nur Männer oder Kinder (Knaben?) mit dieser Gabe bedacht worden zu sein, später auch bisweilen Frauen. Die Masken sowie die Terrakotten sind aufgrund ihrer Ikonographie eng mit Dionysos oder besser gesagt dem Symposion verbunden, passen also bestens zu dem Trinkgeschirr.

Doch wozu diente dieses Geschirrset und welche Rolle spielte es im Rahmen des Bestattungsrituals? Hier helfen die Schriftquellen weiter, denn sie sprechen durchweg von der Notwendigkeit und Verpflichtung der Angehörigen, dem Verstorbenen an bestimmten Totentagen Gaben ans Grab zu bringen und dort nicht näher spezifizierte Riten abzuhalten, zu denen auch Totenopfer in Form von Speise- und Trankspenden gehörten. Die erste dieser Zeremonien, die τὰ τρίτα genannt wurde, hat wahrscheinlich noch am Begräbnistag stattgefunden und dürfte bereits ein solches Opfer zur Speisung und Tränkung des Toten eingeschlossen haben[1407]. Die Vorstellung, auch den Toten noch füttern zu müssen, scheint auf ein uraltes menschliches Grundbedürfnis zurückzugehen, das in vielen Kulturen festzustellen ist[1408]. Sie beruht letztlich auf der Unsicherheit, wie der Zustand nach dem Tod aussieht. Deshalb finden sich vereinzelt auch Stimmen, die von der Unsinnigkeit sprechen, den Toten Nahrung und Gegenstände

1407 Vgl. Kapitel IV 4 Anm. 1234. 1239. 1259; Text zu Anm. 1245. 1246; Kurtz – Boardman, Thanatos 174; R. Garland, The Greek Way of Death (1985) 110–115; vgl. auch die Vorschrift im Grabluxusgesetz von Julis, nach der man die Krüge für Wein und Öl vom Begräbnis wieder nach Hause bringen mußte, ders., BICS 36, 1989, 11; Kurtz – Boardman, Thanatos 237. Weitere Unterstützung für diese Interpretation bieten die archäologischen Befunde im Kerameikos, wo oftmals über dem Grab oder in seiner Nähe, jedoch auf höherem Niveau eine Opferstelle gefunden wurde, die nur einmal benutzt wurde. Auch die Begräbnissitten, die sich im Bereich der orthodoxen Kirche vielerorts in ländlichen Gebieten auf dem Balkan erhalten haben, sprechen sowohl für eine weitreichende Kontinuität seit der Antike trotz der Einführung des Christentums als auch für die Notwendigkeit, dem Verstorbenen am Begräbnistag Speise und Trank zukommen zu lassen. Zur Kontinuität seit der Antike s. M. Alexiou, The Ritual Lament in Greek Tradition (1974) 4–51.

1408 z. B. bei den Berawan auf Borneo, P. Metcalf – R. Huntington, Celebrations of Death. The Anthropology of Mortual Ritual² (1991) 91. 99. Im Griechenland des 20. Jhs.: L. M. Danforth – A. Tsiaras, The Death Rituals of Rural Greece (1982) 33. 40 f. 105 f.

mitzugeben, da diese sie nicht mehr brauchten[1409]. Die gegenteilige Auffassung, nämlich die Toten verpflegen und mit anderen notwendigen Gaben ausstatten zu müssen[1410], um sie sich vom Leibe zu halten und vielleicht auch das eigene schlechte Gewissen zu beruhigen, scheint aber weit überwogen zu haben. So gehört es zu den Topoi griechischer Totentexte, der Tote sei durstig und müsse deshalb mit Wasser, Wein oder Milch versehen werden[1411]. Vor diesem Hintergrund erklären sich die oben erwähnten Funde von Krügen und Trinkgefäßen in den Gräbern von Korinth und Halai[1412].

Da entsprechende Gefäße in den liparischen Gräbern nicht durchweg auftraten, das äußere Geschirrpaket unmittelbar beim Kopf des Leichnams aber regelmäßig vorhanden war, liegt es nahe, diese Gaben mit dem Totenkult zu verbinden, der jeder Person im Rahmen des Begräbnisses geschuldet wurde. Sollten die Kännchen mit Ausgußtülle, die oft als Babyfläschchen interpretiert werden, wirklich zu Kindergräbern gehören, was sich in Lipari mangels Indizien nur bei wenigen Gräbern wahrscheinlich machen ließ[1413], hätte man darauf geachtet, auch Kleinkinder mit dem passenden Trinkgerät zu versehen. Ein weiteres Argument stellt das Trinkgeschirrset dar, das im 2. und 1. Jahrhundert v. Chr. oft als einzige Beigabe überhaupt außerhalb der Gräber abgelegt wurde. Es war nicht mehr real verwendbar und entsprach auch von seinen Gefäßformen her nicht mehr dem gerade modernen Tafelgeschirr. Bernabò Brea und Cavalier haben daraus mit Recht geschlossen, daß es sich um eine traditionelle Kultkeramik handelte, an der man noch lange festhielt[1414].

Die Verstorbenen wurden auf diese Weise mit Speise und Trank ausgestattet, wenn auch möglicherweise nur pro forma, da keine Flüssigkeitsspuren und nur relativ wenige Lebensmittelreste beobachtet wurden. Dabei fällt auf, daß man das Geschirr nicht einfach neben das Grab stellte oder in die Grube warf, sondern daß man es vorsichtig zusammenpackte und in einem großen Gefäß oder einer Hülle aus Ton barg. Danach wurde es wie das eigentliche Grab mit Erde überdeckt. Es sollte demnach vor dem Zerbrechen geschützt werden[1415]. Benötigte der Tote sein Tafelgedeck also auch im Jenseits? Dabei lag – nach den Gefäßformen zu urteilen – die Betonung eindeutig auf dem Trinken[1416]. Die gleichen Becher und Kannen – oft mit aufgemaltem Gnathiadekor – fanden auch im Haus als Tafelgeschirr beim Essen und beim anschließenden Trinkgelage Verwendung. Schon die Gefäßformen evozieren also das Symposion. Daß die Masken und dionysischen Terrakottafiguren ebenfalls als Anspielungen auf das Symposion zu verstehen sind, ja sozusagen zu einem solchen Bankett dazugehören, wurde im letzten Kapitel dargelegt.

In dem außen abgelegten Geschirrset scheinen sich also die Vorstellungen vom Totenopfer und vom Mahl, an dem der oder die Verstorbene teilnimmt, zu vermischen. Die eindeutigen Bezüge zum Symposion, eben Masken und Tonfiguren aus dem dionysischen Ambiente scheinen dagegen – zumindest im 4. Jahrhundert – Männern und Knaben (?) vorbehalten gewesen zu sein[1417]. Daß die Frauen, die im frühen 3. Jahrhundert ebenfalls Masken und Figurinen zu ihrem Geschirrset erhielten, als Hetären zu verstehen sind, da »ehrbare« Frauen nach landläufiger Meinung am Symposion nicht teilnehmen durften, erscheint eher unwahrscheinlich, da eines der betreffenden Gräber, die mit reichem Inventar versehene Nr. 1315, einem kleinen Mädchen gehört haben dürfte[1418]. Es wäre denk-

1409 R. Lattimore, Themes in Greek and Latin Epitaphs (1962) 129.

1410 Melissa, die Frau des korinthischen Tyrannen Periander monierte als Traumbild ihre Kleider (Hdt. V 92 η), Patroklos sowie Elpenor, der Gefährte des Odysseus, mahnten eine ordentliche Bestattung mit den zugehörigen Riten an, Ilias XXIII 65–74; Odyssee XI 71–78.

1411 Vgl. vor allem die Goldblättchen mit mystischen Texten, die in einigen Gräbern des 5.–3. Jhs. v. Chr. auftauchten. Hierzu F. Graf in: T. H. Carpenter – C. Faraone (Hrsg.), Masks of Dionysus (1993) 239 ff., mit weiteren Literaturhinweisen; zu entsprechenden Grabepigrammen Lattimore a. O. 127 f. (Anm. 1409).

1412 s. o. Kapitel IV 3, Text zu Anm. 1162. 1163. 1204.

1413 s. o. Kapitel IV 2 a, Text zu Anm. 916–918.

1414 s. o. Kapitel IV 2 a Anm. 828.

1415 Bei Wiederbelegungen der Sarkophage wurde das äußere Geschirrpaket in der Regel nicht angerührt.

1416 Die meist relativ kleinen Teller, die zum Anrichten kleiner ›Snacks‹ wie Mandeln, Nüssen und Oliven bestimmt gewesen sein dürften, gehörten nicht von Anfang an zum außen abgelegten Geschirr, sondern kamen erst im Laufe des 5. Jhs. hinzu. Auch konnte ihre Anzahl schwanken. – Solche kleinen Speisen wurden beim Symposion nach dem Essen zum Wein gereicht, s. J. Fabricius, Die hellenistischen Totenmahlreliefs (1999) 91; P. von der Mühll, Das griechische Symposion, in: B. Wyss (Hrsg.), Ausgewählte kleine Schriften (1976) 493.

1417 Soweit dies aufgrund der publizierten Gräber nachzuprüfen ist, spricht viel dafür, daß auch die großen rotfigurigen Kratere, die seit dem 5. Jh. meist als Urnen verwendet wurden und die überwiegend mit Bildern aus dem dionysischen Themenkreis verziert sind, Männern und Knaben vorbehalten blieben. Beispiele für relativ sichere Verbrennungsgräber von Männern bilden die Kratere Nr. 24; 198; 446; 2184. Daß Krater und Beigabengefäß Nr. 24 zu einer nicht ergrabenen Körperbestattung gehören, wie in ML II 14 angenommen, scheint mir nach der Grabtypologie unwahrscheinlich.

1418 Das Grabinventar ist nun in ML XI 2 544 f. Taf. 240, 1–3. 243 (äußere Beigaben). 241, 1–3. 5. 242 (innere Beigaben,

bar, daß für Frauen, die eine besonders enge Bindung zu Dionysos besaßen (beispielsweise Priesterinnen), andere Regeln bestanden oder daß im frühen 3. Jahrhundert eine Veränderung eintrat, die Frauen eher den Zutritt zu einem solchen Festgelage gestattete[1419]. Leider lassen sich aus den entsprechenden Gräbern in Lipari, die – von der erwähnten Nr. 1315 abgesehen – eher unspektakulär wirken, keinerlei Hinweise entnehmen, die eine der Möglichkeiten bestätigen würden[1420].

Valentina Hinz meinte, den Terrakottavotivtypus einer liegenden Frau, der im syrakusanischen Herrschaftsgebiet im Rahmen des Demeterkultes seit dem Ende des 4. Jahrhunderts auftaucht, in diesen Zusammenhang bringen zu können. Sie versteht die Gelagerte als weiblichen Symposiasten und Kultteilnehmerin bei einem Festbankett und findet es bemerkenswert, daß Frauen ihre Rolle im Kult über das Symposion definieren könnten. Auch wenn diese Deutung meines Erachtens nicht zutreffen kann, da die Liegende Polos und Schleier trägt und bisweilen sogar mit nacktem Oberkörper dargestellt ist, also eher Persephone auf dem Brautbett meint[1421], steht die Teilnahme von Frauen bei kultischen Mahlzeiten im Rahmen von Festen für Demeter und ihre Tochter außer Zweifel. Man denke nur an die zahlreichen Klinenräume in Demeterheiligtümern wie z. B. in Korinth[1422]. Ob sie dabei saßen oder lagen, ist in unserem Zusammenhang zweitrangig.

Versucht man sich nun die Vorgänge am Grab vorzustellen, in die das Geschirrset eingebunden war, gibt es zwei Möglichkeiten: Entweder stellte man sich vor, daß die oder der Verstorbene das Geschirr zu einem Mahl im Jenseits benötigte, oder es wurde unmittelbar am Grab oder auf einem entsprechenden Areal in der Nähe ein einfaches Mahl abgehalten, bei dem die Trauergemeinde kleine Speisen aß und den Becher rundgehen ließ[1423]. Dabei hätte auch der oder die Verstorbene auf einem gesonderten Gedeck – der Tote war unrein und stellte für die Hinterbliebenen eine Gefahr dar – seinen bzw. ihren Teil erhalten, wie dies einige der Schriftquellen und die modernen Analogien vom Balkan nahelegen. Dieses Geschirrset für den Toten wäre dann am Grab deponiert worden, um ihm auch weiterhin zu dienen. Man hätte also das Totenopfer in die Form einer gemeinsamen Mahlzeit gekleidet, die allerdings nur symbolischen Charakter

die Bildunterschriften sind teilweise falsch) publiziert und im Museo Eoliano ausgestellt. Es zeichnet sich durch zahlreiche Kosmetikinstrumente und Miniaturgeschirr aus.

1419 Nach dem Testament der Epikteta aus Thera sieht es so aus, als hätten an den Gedächtnisbanketten für Verstorbene im Hellenismus auch Frauen teilgenommen. Man nimmt allerdings an, daß sie vom anschließenden Symposion ausgeschlossen waren, vgl. Kapitel IV 4 Anm. 1236; P. Villard, Femmes au symposion, in: F. Thelamon (Hrsg.), Sociabilité, pouvoir et societé. Actes du colloque de Rouen 24–26 novembre 1983 (1987) 108 f., diagnostiziert eine Banalisierung des ursprünglichen (aristokratischen) Symposionsgedankens im Hellenismus, da sich Bankette zu Kultfesten und Festen des Herrschers, bei denen Frauen teilnahmen, und Symposia in ihrem Erscheinungsbild einander angenähert hätten. Ähnlich von der Mühll a. O. 485 (Anm. 1416). – Vgl. zudem die Totenmahlreliefs aus Rhodos mit gelagerten Frauen, die teilweise auch Trinkgefäße halten, Fabricius a. O. 169 ff. 171 Abb. 27 (Anm. 1416); dies. in: Ρόδος, 2400 Χρόνια. Η πόλη της Ρόδου από την ίδρυσή της μέχρι την κατάληψη από τους Τούρκους (1523), Kongreß Rhodos 24.–29. Oktober 1993 (1999) 207 ff. – H. Wrede, AA 1977, 428 f. mit Anm. 274 zitiert griechisch-hellenistische Beispiele, auf denen auch Frauen beim Mahl liegen. Diese nicht sehr zahlreichen Zeugnisse setzen im 3. Jh. v. Chr ein. – Nach den Texten auf den bacchischen Goldblättchen zu urteilen, wurde in diesen Mysterienkulten im Hinblick auf den Weingenuß kein Unterschied zwischen Männern und Frauen gemacht, s. u. Anm. 1464.

1420 Grab 2050, zu dem außer zwei Masken ein Set aus polychrom bemalter Frauengemachskeramik gehörte, ist nun in ML XI 2 602 f. Taf. 256, 1; 257–259, 2 publiziert. Zu den polychromen Gefäßen: Ceramica liparese 71 Abb. 74–76. 92 Abb. 99. 106.

1421 Hinz, Kult 48. 128. 130 f. (zu den Funden aus Morgantina). 229. – Die von Hinz S. 48 kritisierte Deutung von M. Bell, Morgantina Studies I. The Terracottas (1981) 83 ff. 137 Nr. 85–94 Taf. 21. 22, trifft m. E. das Richtige. – Zu Kultmählern vgl. auch M. S. Goldstein, The Setting of the Ritual Meal in Greek Sanctuaries 600–300 B. C. (1978) 1 f.: Nach den Schriftquellen zu urteilen unterschieden sich sakrale Bankette im Heiligtum in der allgemeinen Form wenig von den Gastmählern, die in Privathäusern abgehalten wurden, auch wenn die Details von Kult zu Kult variieren konnten.

1422 U. Kron, AA 1992, 611–650. Zum gemeinsamen Festmahl mit Weingenuß: 619 f. mit Anm. 43; zu festen Bankettgebäuden: 620 f. mit Anm. 55; zur Frage, ob Frauen beim Kultmahl saßen oder lagen: 620 Anm. 50. 622 f. mit Anm. 73. – Zu Bankettträumen im Demeterheiligtum von Korinth s. u. Anm. 1440.

1423 Diese Erklärung würde sich auch für den Grabungsbefund bei einigen der Gräber in Tanagra anbieten, bei denen um den Rand des eingesenkten Sarkophages herum viele zerbrochene Trinkgefäße und auch teilweise Terrakotten gefunden wurden, R. A. Higgins, Tanagra and the Figurines (o. J., 1986) 43 Abb. 26. 51 Abb. 40. Vgl. auch Kapitel IV 3, Text zu Anm. 1197. – W. Burkert, Homo Necans (1972) 62 betont die wichtige, gemeinschaftstiftende Rolle des Eßrituals für die Hinterbliebenen. Beispiele für Kultareale in der Nähe der Gräber bzw. sogar hölzerne Aediculen oder Pergolen (?), die man möglicherweise nur für die Bestattungszeremonie errichtete, fanden sich an mehreren Stellen in Apulien, vgl. Kapitel IV 2 b, Text zu Anm. 1089.

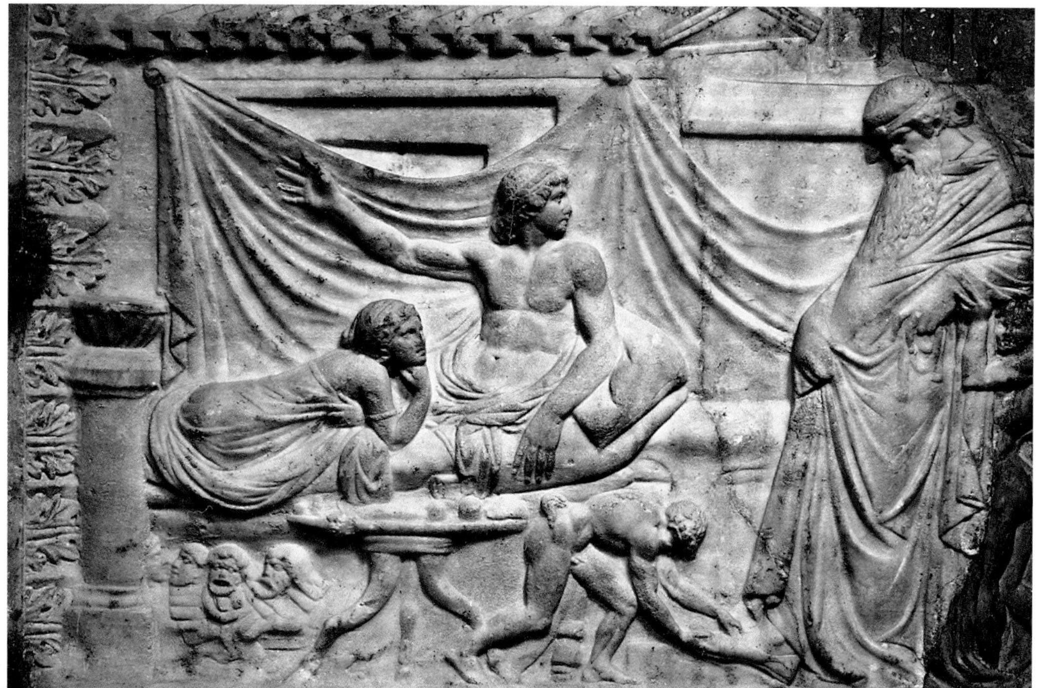

Abb. 47: Athen, Nationalmuseum Sammlung Streit: Dionysos als Gast bei einem Gelage

gehabt haben kann (möglicherweise auch aufgrund von Einschränkungen durch Begräbnisgesetze), da nach der schriftlichen Überlieferung das eigentliche Totenmahl, das die Fastenperiode der engsten Angehörigen beendete, erst abends im Trauerhaus stattfand. Welche der beiden Möglichkeiten das richtigere trifft, bzw. ob man so genau trennen kann oder muß, ist kaum zu beurteilen. Es spricht viel dafür, daß eine Mehrdeutigkeit durchaus bezweckt war[1424]. Die Funktion bzw. Bedeutung der Masken und dionysischen Terrakotten bleibt aber in beiden Varianten die gleiche:

Bei jenen Gräbern, bei denen zusätzlich zum Geschirr Masken oder Terrakotten beigegeben waren, sollte dieses Mahl in einem explizit dionysischen Ambiente stattfinden. Die Masken oder dionysischen Figuren waren Kultzeichen für Dionysos und hatten die Funktion, den Platz, an dem das Bankett stattfand, in einen von der Macht des Gottes erfüllten Raum zu verwandeln. Auf den zahlreichen unteritalischen Vasenbildern mit Symposionszenen hingen sie in Lauben oder von der Wand bzw. Decke des Bankettsaales herab. Eine ähnliche Anbringung war nach Ausweis der Aufhängelöcher auch bei vielen liparischen Masken aus der klassischen Gruppe vorgesehen. Die Stücke der hellenistischen Gruppe lassen allerdings solche Aufhängevorrichtungen vermissen, doch entsteht daraus kein Problem. Sie dürften auf Tischen oder ähnlichen Möbeln gestanden haben, wie dies manche Fassungen des sogenannten Ikariosreliefs zeigen (Abb. 47). Auf diesen späthellenistischen Reliefs, z. B. auf der Platte im Britischen Museum, besucht der bereits trunkene Dionysos mit seinem Gefolge das Bankett eines Sterblichen, der vor seiner Kline einen Tisch mit Speisen und einen niederen Schemel stehen hat, auf dem mehrere Masken liegen[1425]. Auf einer Tanzszene vor Dionysos, die sich auf einem alexandrinischen Gipsabguß erhalten hat, befinden sich Masken auf einem Wandbord[1426]. Eine ähnliche Aufstellung ist für die Tonfigürchen

1424 Burkert a. O. 65 (Anm. 1423) bemerkt, daß zwischen Totenmahlopfer und Vernichtungsopfer nicht immer streng getrennt wurde.

1425 B. Hundsalz, Dionysische Schmuckreliefs (1987) 21–26. 148–153 K 24–31, Masken finden sich auf den Exemplaren in London (British Museum GR 1805.7–3.123, K 24 mit Abb.), Paris (K 30), im Dom von Gaeta (K 31), in Ephesos (K 29) und im Athener Nationalmuseum, Slg. Streit (K 28, hier Abb. 47). Sie kommt zu dem Ergebnis, daß die Masken wohl zur ursprünglichen Reliefschöpfung, einem Weihrelief, aus dem mittleren 2. Jh. v. Chr. gehörten. – Ch. Picard, AJA 38, 1934, 137 ff. Taf. 15 (Paris); 139 Abb. 1 (Ephesos); 140 Abb. 2 (London); H.-U. Cain, BJb 188, 1988, 174 mit Anm. 161. Er merkt zurecht an, daß der gelagerte Jüngling kein Dichter, Schauspieler oder Chorege, sondern ein anonymer Zecher sein muß. M. E. Micheli, BdA 103/104, 22 ff. mit Anm. 176 Abb. 25 (Paris, Louvre 1606); Abb. 27 (Gaeta), hält dagegen an der alten Deutung als Poet fest.

1426 Gipsabguß von einem alexandrinischen Metallbecher im Ashmolean Museum Oxford Inv. 1968.777: eine Tänzerin und ein Flötenspieler produzieren sich vor dem gelagerten Dionysos und einer sitzenden Frau mit harfenartigem Musikinstrument, D. Burr Thompson, JEA 50, 1964, 147 ff. Taf. 15; E. Handley, JHS 93, 1973, 104–108, er erkennt S. 104 die Masken; die gelagerte Gestalt hält er jedoch in Parallele zum Londoner Ikariosrelief für einen Dichter; H. Wrede, RM 95, 1988, 102 ff. Taf. 41, 3.

zu erwarten, auch wenn sich hierfür keine Parallelen in erzählenden Bildern gefunden haben.

Allerdings fällt auf, daß viele der klassischen Masken mit ca. 8–10 cm Höhe von relativ bescheidenem Format, bisweilen auch von minderer Qualität sind, und in einer Pergola oder an einer Wand deshalb kaum zur Geltung gekommen wären. Die Stücke der hellenistischen Gruppe sind teilweise größer, doch wurden nur noch die wenigsten bei Gräbern gefunden. Auch die Terrakottafigurinen sind relativ klein, oft nachlässig ausgeformt und bemalt, vor allem aber sind sie hinten hohl und demnach nur auf die Vorderansicht berechnet. Es stellt sich also die Frage, ob diese Masken und Terrakotten bei der Totenfeier real zum Einsatz kamen, oder ob sie nicht pro forma für den Verstorbenen bereitgestellt wurden. Die Waage neigt sich eher der zweiten Lösung zu. Man kann außerdem, wie bereits betont, mit hoher Wahrscheinlichkeit ausschließen, daß die Masken beim Totenritual in Zusammenhang mit performativen Elementen, etwa Tanz oder Auftritten von Schauspielern verwendet wurden[1427]. Auch hierfür wären die meisten Stücke zu klein oder zu unhandlich und zerbrechlich. Zudem entsprangen die hierfür angeführten Argumente immer der Vorstellung, daß Masken grundsätzlich auf Theater und Schauspieler zu beziehen seien. Sie sollten vielmehr als Requisiten des Festes und Kultsymbole dienen.

Auf die Ikonographie der Stücke scheint es dabei nicht angekommen zu sein, jedenfalls ließen sich weder sinnvolle Beziehungen zwischen Grabinhaber und dem Themenspektrum der Terrakotten oder Masken, noch zwischen den einzelnen Stücken desselben Kontextes herausarbeiten. Allerdings fanden sich unter den hellenistischen Masken auffallend viele von jungen Männern und Frauen und im Verhältnis dazu nur sehr wenige Alte, außerdem eine ganze Reihe von Grotesken. Dieses Übergewicht der Jugend erinnert an die zahllosen jugendlichen Figuren, die sich auf den unteritalischen Grabvasen den Grabmälern mit Gaben nähern[1428]. Man sah in dieser Jugendlichkeit wohl einen besonders erstrebenswerten Zustand und das Gegenbild zum Tod, da das Alter ja mit vielerlei Gebrechen verbunden war[1429].

Oben wurden die Masken und Tonfigurinen als Kultobjekte bezeichnet, die einen heiligen Raum schaffen. Ist eine solche These haltbar? Vor kurzem wurde in einer Arbeit über Kultbilder bei den Griechen schlüssig nachgewiesen, daß jedes Objekt durch die Verehrung und die Abhaltung religiöser Riten zum Sitz der Gottheit werden konnte. Wirksamkeit erhielt es, weil die Menschen durch die religiöse Handlung den Glauben an seine Kraft und Gültigkeit manifestierten[1430]. Man könnte meinen, dies sei Ausdruck einer naiven Religiosität, die spätestens mit der Klassik einer aufgeklärteren gewichen sei, doch scheinen sich diese Vorstellungen auch noch im Hellenismus zu finden. Die Autorin des Buches, Tanja Scheer, widerspricht damit zumindest im Hinblick auf die Rolle der Kultbilder der weit verbreiteten Auffassung, die traditionellen religiösen Riten seien im Hellenismus »sinnentleert« praktiziert worden[1431]. In diesem Sinne markierten die dionysischen Gegenstände einen Ort, an dem Kulthandlungen für Dionysos abgehalten wurden und an dem man seine Anwesenheit erwartete, also eine Art temporäres Heiligtum[1432].

Doch wieso gab man diesem Totenopfer, einmal mehr, einmal weniger explizit, die Gestalt eines dionysischen Symposions? Und wieso gibt es überhaupt so viele Darstellungen in der liparischen Hauptnekropole, die mit Dionysos in Zusammenhang stehen? Man denke nur an die Nutzung von rotfigurigen Krateren als Urnen im 4. Jahrhundert v. Chr. Diese großen und aufwendig bemalten Gefäße wurden ursprünglich nicht für die sepulkrale Verwendung hergestellt, sondern waren als Symposionsgefäße konzipiert[1433], weshalb sie naturgemäß meistens mit dionysischen Bildern verziert sind. Auch die zahlreichen Weinlaublekaniden und viele der Bankettgefäße mit Gnathiadekor erinnern durch ihren Schmuck sofort an Dionysos. Auch sie dürften ursprünglich für eine Nutzung

– C. Lang-Auinger, ÖJh 67, 1998, 117 f. 129 vermutet, daß einige der Masken aus dem Hanghaus 1 in Ephesos auf Wandregalen standen, hierzu s. auch Kapitel V, Text zu Anm. 1400. 1401. – Zu Masken auf einem Tisch vgl. auch die beiden Menanderreliefs im Vatikan und in Princeton, s. Kapitel II 4 Anm. 552. 553.

1427 s. Kapitel V, Text zu Anm. 1378.

1428 Vgl. Giuliani, Tragik 143 ff.

1429 O. Murray, AnnAStorAnt 10, 1988, 240. Dahinter steckt eine Verdrängung des Todes, die wohl der menschlichen Natur entspricht. Man vergegenwärtige sich nur den Jugendlichkeitskult unserer modernen westlichen Gesellschaft, der derselben Triebfeder entspringt. – Auch die auf Gefäßen mit Gnathiadekor dargestellten Masken sind fast durchweg jugendlich.

1430 T. S. Scheer, Die Gottheit und ihr Bild. Untersuchungen zur Funktion griechischer Kultbilder in Religion und Politik (2000) passim, bes. 47. 146.

1431 Ebenda 311 (Anm. 1430).

1432 s. o. Anm. 1423 zu temporären Kultarealen bei Gräbern.

1433 Reparaturspuren belegen bisweilen einen längeren Gebrauch, bevor die Stücke in die Nekropole kamen, vgl. z. B. die Kratere von Grab 229 bis, ML II 78 f. Taf. 80–83; Ceramica figurata 75 Abb. 67–69; Grab 1552, ML V 105 f. Taf. 47–50 Abb. 132–136; Museo Eoliano 76 Abb. 54. 55; und Grab 2083, ML VII 84 f. Taf. 39–41; Museo Eoliano 73 Abb. 50. 51. Beide Publikationen mit falscher Grabnummer in den Abbildungsbeschriften.

im Haushalt produziert worden sein. Man muß also davon ausgehen, daß man ganz bewußt Bankettgefäße mit den entsprechenden, dionysischen Bildern für die Verwendung in der Nekropole auswählte, weil man mit dem Gott und seiner Macht etwas verband, was für die Toten oder die Hinterbliebenen von Wichtigkeit war.

Wieso also Dionysos in einer Nekropole? Die Gottheiten, an die man zunächst einmal in Zusammenhang mit dem Totenkult denken würde, sind Hades und seine Gemahlin Persephone, wobei ersterer – anders als seine Gattin – in den Darstellungen keine besonders große Rolle spielt. Dagegen erhielt Persephone zusammen mit ihrer Mutter Demeter in Unteritalien an vielen Orten Kult, was damit zusammenhängen mag, daß Demeter als Patronin des fruchtbaren Sizilien galt und viele Mythen, auch die Entführung Kores in die Unterwelt, auf der Insel oder in Unteritalien lokalisiert wurden[1434]. In Lipari lag das Heiligtum der beiden Göttinnen mit seinen Votivgruben mitten in der Hauptnekropole vor der Stadtmauer. Hinz, die sich in ihrer Dissertation ausführlich mit dem Kult der beiden Göttinnen in Süditalien beschäftigt hat, negiert sowohl einen engen Zusammenhang zwischen der Verehrung der beiden Göttinnen und dem Grabkult[1435] als auch eine enge Gemeinschaft mit Dionysos[1436]. Beides scheint einer Scheu zu entspringen, sich auf Probleme des Totenkultes und damit verbundene Vorstellungen einzulassen, denn es gibt eine ganze Reihe von Zeugnissen, die eine Rolle von Demeter und Persephone im Zusammenhang mit dem Totenkult nahelegen, wie z. B. Darstellungen von Ähren auf Grabvasen mit Naiskosszenen oder an Naiskoi selbst oder die Beigabe von Goldähren ins Grab[1437]. In der liparischen Hauptnekropole fanden sich mehrere Exemplare eines sehr qualitätvollen hellenistischen Frauenmaskentypus, der einen Ährenkranz trägt und deshalb wohl eine der beiden Göttinnen abbildet[1438].

Auch für eine Kultgemeinschaft zwischen den beiden Göttinnen und Dionysos scheint es an manchen Orten Indizien zu geben. So fanden sich in mehreren Demeterheiligtümern unter den Votiven auch solche, die thematisch eher zu Dionysos gehören wie Schauspielerfigurinen, Gestalten des dionysischen Thiasos oder Masken[1439]. Im Demeterheiligtum von Korinth gruben die Archäologen Bankettsäle und Speisereste aus, die darauf hindeuten, daß die dort abgehaltenen Kultmahlzeiten wie Symposia abliefen[1440]. Zudem gab es eine von Sitzstufen gesäumte, theaterartige Platzanlage, die mit performativen Kulthandlungen in Zusammenhang gebracht wird. Ein Inschrifttäfelchen mit dem Namen des Dionysos nennt den Gott dort zudem eindeutig als Kultgenossen[1441]. Außerdem ist auffällig, daß Demeter eine der wenigen Gottheiten ist, in deren Kult der

1434 Hinz, Kult 19. 26 ff. 210.

1435 Hinz, Kult 50. 107. 186 f. – Die Tendenz, Demeterkult und Kult in der Nekropole auseinanderzuhalten, wird auch ihrer Rezension zu E. Lippolis – S. Garraffo – M. Nafissi, I Culti greci in Occidentale I, Taranto (1995), im Gnomon 71, 1999, 342–346 deutlich, wo sie S. 344 Lippolis' Deutung einiger tarentinischer Votivgruben auf Nekropolengelände nicht folgen mag und diese eher auf bisher unbekannte Stadtrandheiligtümer bezieht.

1436 Darüber äußert sie sich nicht. Zu den Zeugnissen für Dionysos in Unteritalien, auch in Verbindung zu Persephone vgl. bei G. Casadio, Dioniso Italiota, in: A. C. Cassio – P. Poccetti (Hrsg.), Forme di religiosità e tradizioni sapientali in Magna Grecia, Atti del Convegno Napoli 14–15 dicembre 1993, AnnOrNapFil 16, 1994 (1996) 79–104.

1437 Allerdings muß auch Hinz Demetersymbole in Gräbern und auf Grabinschriften zugestehen, z. B. in Apulien und Messapien, s. Hinz, Kult 197. Die Liste der Beispiele ließe sich m. E. aber noch verlängern: Beispielsweise gab es in Sizilien und in Südrußland (in einem Frauengrab in Kertsch) Goldähren als Grabbeigaben oder Darstellungen von Ähren an Grabmälern und in gemalten Naiskoi, vgl. H. Lohmann, Grabmäler auf unteritalischen Vasen (1979) 130 ff. mit Anm. 132; ähnlich M. Blech, Studien zum Kranz bei den Griechen (1982) 99 f. mit Anm. 86. 87. – Vgl. auch J. Bremmer in: J. M. Bremer u. a. (Hrsg.), Hidden Futures (1994) 103 f. mit Anm. 36 zu Toten, die »Demetreioi« genannt wurden. Auf ihren Gräbern habe man Getreide gesät.

1438 s. Kapitel II 4, Text zu Anm. 513–524. Zu den Goldähren H. Hoffmann – P. Davidson, Greek Gold (1964) 288 ff.

1439 Sowohl in Lipari als auch in Morgantina und Knossos, s. o. Kapitel IV 2 b Anm. 1055. Hinz, Kult 47 f. bestreitet jedoch, daß man aus den Terrakottavotiven der spätklassischen und hellenistischen Zeit auf die verehrten Gottheiten schließen könne. »Einen inhaltlichen Bezug zum konkreten Kult oder einen Reflex des aktiven Kultgeschehens sucht man in ihnen … in der Regel vergebens«. Zu den dionysischen Terrakotten aus dem Demeterheiligtum in Korinth: G. S. Merker, Corinth XVIII 4. The Sanctuary of Demeter and Kore, Terracotta Figurines of the Classical, Hellenistic and Roman Periods (2000) 76 ff. 194 ff. 244 f. Taf. 22. 23. 53; N. Bookidis – J. E. Fisher, Hesperia 43, 1974, 290 f.

1440 Zu den Bankettsälen in Korinth vgl. N. Bookidis – R. S. Stroud, Corinth XVIII 3, The Sanctuary of Demeter and Kore, Topography and Architecture (1997) 393 ff.; N. Bookidis in: O. Murray (Hrsg.), Sympotica. A Symposium on the Symposium, Oxford (1990) 86 ff. (auch zu Hinweisen auf Dionysos); Goldstein a. O. 173–191 (Anm. 1421); N. Bookidis u. a., Hesperia 69, 1999, 1–54 zu Speiseresten etc. aus dem Demeter- und Kore-Heiligtum.

1441 Vgl. Merker a. O. 76 mit Anm. 370 (Anm. 1439). R. S. Stroud, Hesperia 37, 1968, 329 f. zu der Inschrift. In ihrer unmittelbaren Nähe wurde auch eine Dionysosmaske gefunden. Zu der theaterartigen Platzanlage Corinth XVIII 3 a. O. 433 (Anm. 1440).

Gebrauch von Masken belegt ist[1442]. So soll nach der Schilderung des Pausanias in Pheneos in Arkadien im Heiligtum der Demeter Kidaria eine Maske bei Mysterien eine große Rolle gespielt haben[1443]. Sie wurde bei besonders wichtigen Kulthandlungen vom Priester aufgesetzt, der damit in die Gestalt der Göttin schlüpfte. Als griechischer Maskengott par excellence galt aber Dionysos. Alle drei Gottheiten boten die Möglichkeit zur Einweihung in Mysterien, so daß es nicht verwundern muß, wenn die Kulte mit ähnlichen rituellen Mustern arbeiteten und auf ähnliche menschliche Grundbedürfnisse antworteten. Sowohl die Dionysosmysterien als auch der eleusinische Kult waren mit Jenseitshoffnungen verbunden[1444], denn die Einweihung versprach nicht nur Vorteile im irdischen Leben[1445], sondern auch ein glückseliges Leben nach dem Tod. Dabei scheinen in Unteritalien die bacchischen Mysterien eine größere Rolle gespielt zu haben und »in den Rang eines gleichwertigen Gegenstücks zum Eleusinischen Kult aufgerückt« zu sein[1446]. Fritz Graf hat hervorgehoben, daß die bei den eleusinischen Mysterien abgehaltenen Rituale eine wichtige Komponente besaßen, die mit dem Namen des Iakchos verbunden war und sehr starke dionysische Züge trug[1447]. So sollte eine enge Beziehung zwischen Dionysos und den eleusinischen Damen nicht verwundern.

Vor einigen Jahren tauchte ein apulischer Unterweltskrater auf, der sich heute im Toledo Museum of Art befindet (Abb. 48)[1448]. Auf dessen Hauptbild nähert sich der jugendliche Dionysos dem Palast der Unterweltsherrscher. Hermes, sein wegkundiger Führer durch den Hades, steht als Pendant auf der anderen Seite des Gebäudes. Alle Figuren, auch weitere Mitglieder des dionysischen Gefolges sind inschriftlich benannt, so daß an der Identität der Dargestellten kein Zweifel bestehen kann. Das Bildschema entspricht sonst demjenigen der Unterweltsvasen, auf denen der Sänger Orpheus dem Herrscherpaar entgegengeht. Allerdings fehlen auf der Vase in Toledo die Darstellungen der ewigen Büßer, die von Poinai gepeinigt werden. Statt dessen sind die Dionysosgegner aus dem thebanischen Sagenkreis abgebildet, Pentheus, Aktaion und Agaue, die jedoch in ruhiger Betrachtung verweilen. So sehr die Deutung dieser Vase wie der übrigen Unterweltsbilder umstritten und mit Problemen behaftet ist[1449], eine Beziehung zwischen Dionysos und dem Götterpaar ist nicht zu leugnen. Dionysos ist mit dem thronenden Hades im Handschlag verbunden, und auch die stehende Persephone wendet sich ihm zu.

1442 W. Nestle, Über griechische Göttermasken, Philologus 50, 1891, 499 ff., bes. 502; G. Sfameni Gasparro, Misteri e culti mistici di Demetra (1986) 31 f.; M. P. Nilsson, Geschichte der griechischen Religion^3 I (1967) 477 f; Burkert, Religion 171. Der Kult der Artemis Orthia in Sparta spielt m. E. eine Sonderrolle, da die Masken dort aus dem phönizisch-punischen Bereich kommen, vgl. Kapitel IV 3 Anm. 1147. Auch dort hatte jedoch Wildheit, also eine orgiastische Seite, eine große Bedeutung.

1443 Paus. VIII 15, 1.

1444 W. Burkert, Antike Mysterien^3 (1994) 28 f. 30; Graf a. O. 242 (Anm. 1411); Bremmer a. O. 115. 117 ff. (Anm. 1437). – Graepler, Tonfiguren 186 Anm. 299 betont den diesseitigen Aspekt der Mysterien, während er den jenseitigen weitgehend ausblendet, da eschatologische Vorstellungen offenbar seiner Meinung nach keine Wirkung auf die Grabkunst und die Beigaben ausgeübt haben. Denn trotz seiner vorsichtigen und auf die Methode abhebenden Argumentation auf S. 160 fühlt er sich gezwungen, die Indizien, die in Tarent für eine starke Verehrung des Dionysos am Grab sprechen, auf einen Dionysoskult zu beziehen, der »nur« eine soziale, identitätsstiftende Funktion für Gemeinschaft in der Polis Tarent gehabt habe (S. 178–186). Eine Beziehung zum Grabkult und dem Verstorbenen spielt bei ihm dagegen keine Rolle. Sein Versuch, die Zeugnisse für bacchische Jenseitsvorstellungen und für ein Symposion auf der Insel der Seligen als spät oder aus zweiter Hand (181 f. mit Anm. 256. 266) wegzuinterpretieren, stimmt nicht mit dem Forschungsstand der Klassischen Philologen und Religionshistoriker überein, die diesen Quellen in Zusammenhang mit den Mysterien durchaus Bedeutung und Aussagekraft zumessen, z. B. Graf, Burkert, Theunissen für Pindar, s. u. Anm. 1458. 1460. 1462; J. M. Bremer in: ders. u. a. (Hrsg.), Hidden Futures (1994) 114 ff. Graeplers Argumentation, warum die orphischen Goldblättchen und die dem orphischen Gedankengut zugeschriebenen Textstellen zum Symposion auf der Insel der Seligen nicht aufeinander bezogen werden dürfen, überzeugt mich nicht. Sie entstammen derselben Zeit und offenbar demselben mystischen Milieu. Wieso die auf den Goldblättchen erwähnte, durch Dionysos bewirkte Erlösung nicht auch mit dem Wein als seinem wichtigsten Geschenk verbunden sein und sich im gemeinsamen Trinkgelage als dem sprichwörtlichen Ort des Wohllebens manifestieren soll, ist nicht einsichtig.

1445 Burkert a. O. 24 f. (Anm. 1444); ders., Religion 415.

1446 Burkert a. O. 28 (Anm. 1444).

1447 F. Graf, Eleusis und die orphische Dichtung Athens in vorhellenistischer Zeit (1974) 40 ff. 51 ff. Grafs Interpretationen von mehreren Vasenbildern, auf denen er statt des Dionysos im Kreise der eleusinischen Gottheiten den Iakchos erkennen will, sind m. E. nicht stichhaltig und demnach nicht als Argumente einsetzbar. Dies kann hier jedoch nicht ausführlich belegt werden. Ob Iakchos ein anderer Name für Dionysos ist oder ob man sie als zwei getrennte Gestalten ansehen muß, ist hier nicht von Bedeutung, da zahlreiche lokale Mythenvarianten existierten; die Diskussion bei Graf ebenda 52 f. Anm. 11 ff.

1448 Toledo 1994.19, J.-M. Moret, RA 1993, 293 ff. Abb. 1 a–d. 2; S. I. Johnston – J. McNiven, MusHelv 53, 1996, 25–36; M. Schmidt, AntK 43, 2000, 86–99. Sie vergleicht auch die Unterweltsvasen, auf denen Orpheus auftritt. – Die sehr diesseitige Interpretation des Gefäßes von J. W. Slater, MedA 17, 2004, 223–229 Taf. 30 überzeugt mich nicht.

1449 Vgl. Schmidt a. O. (Anm. 1448).

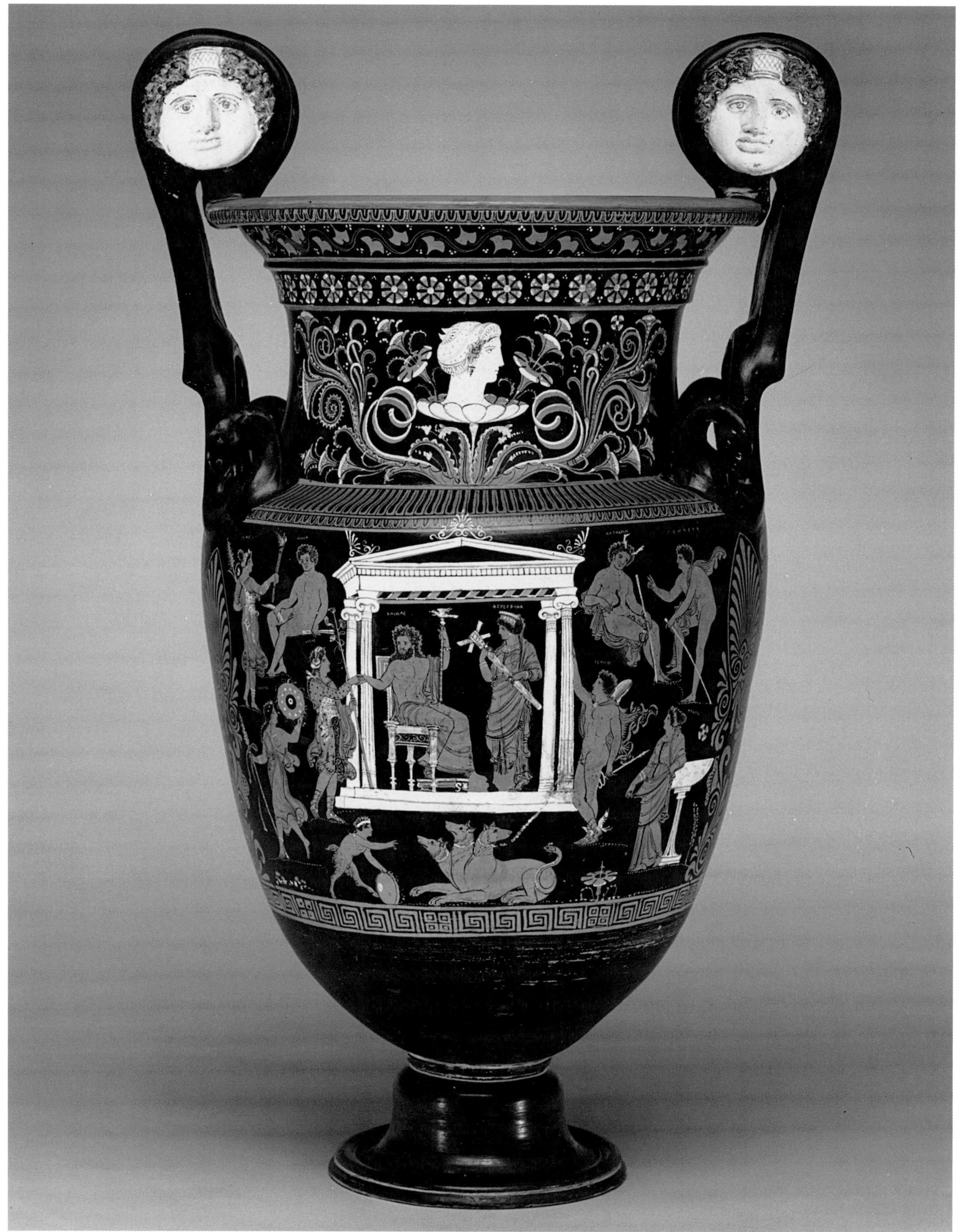

Abb. 48: Volutenkrater im Toledo Museum of Art 1994.19: Dionysos vor den Unterweltsherrschern Hades und Persephone

Eine weitere bedeutende Verknüpfung von Dionysos und Persephone wird schließlich in den kryptischen Texten sichtbar, die an einigen, über das ganze Mittelmeer verteilten Orten von Olbia am Schwarzen Meer über Thessalien und Kreta bis nach Unteritalien ihren Besitzern als Totenpässe mit ins Grab gegeben wurden[1450]. Die sehr formelhaften Texte, die meist auf Goldblättchen geschrieben sind, ähneln sich im Wortlaut und in den verwendeten Bildern: Sie beschreiben den Weg, den der oder die Verstorbene im Hades nehmen muß, geben Verhaltensmaßregeln und enthalten auch den Losungsspruch, mit dem man sich vor Persephone oder ihren Wächtern ausweisen mußte. Zwei Texte aus einem Frauengrab bei Pelinna in Thessalien nennen erstmals die beiden Namen Bakchios und Persephone gemeinsam[1451]: Die Verstorbene solle Persephone mitteilen, daß Bakchios sie befreit habe. Zugleich verheißen die Texte der Grabinhaberin Glück, das mit Weingenuß verknüpft ist[1452]. Ein weiteres Goldblech aus einem Frauengrab des späten 5. Jahrhunderts v. Chr. in Hipponion spricht nur von Bakchoi, während die übrigen (darunter mehrere aus Thurioi) die Königin des Totenreiches erwähnen[1453].

Es kann kein Zweifel daran bestehen, daß die Grabinhaber bzw. Besitzer dieser Goldblättchen in die dionysischen Mysterien eingeweiht waren und dies auch auf ihrer Reise in die Unterwelt zum Ausdruck bringen wollten, um sich von »Normalsterblichen« abzusetzen. Auch andere der oben aufgezählten Indizien dafür, daß Dionysos, Demeter und Persephone bisweilen eine enge Verbindung eingehen konnten, wie z. B. die Vorstellungen, die den Unterweltsdarstellungen auf den großen Grabvasen zugrundeliegen, oder die Beigabe von Ähren ins Grab, wurden von der Forschung mit mystischem Gedankengut verbunden. Allerdings fällt es schwer, genau zwischen dionysischem, orphischem, pythagoräischem und eleusinischem Gedankengut zu scheiden, zumal Orpheus sowohl als Gründer der dionysischen als auch der eleusinischen Mysterien in Anspruch genommen wird. Die Vorstellungen der verschiedenen Strömungen scheinen sich vielmehr vermischt oder überschnitten zu haben[1454]. In den Gedichten, die unter dem Namen des Orpheus überliefert sind, wird eine Mythenversion erzählt, nach der Dionysos einer Verbindung von Persephone und Zeus entstammte[1455]. Das Kind wird von den Titanen zerrissen und von seinem Vater aus den Teilen neu geschaffen. Dionysos galt in der orphischen Theologie demnach – wie der ägyptische Osiris – als ein Gott, der stirbt und wieder zu neuem Leben erweckt wird. Dies mag seine besondere Bedeutung im Zusammenhang mit Jenseitshoffnungen begründet haben.

Daß die klassischen und hellenistischen Griechen eine weitreichende Vorstellung vom Leben nach dem Tod gehabt hätten[1456] und daß diese bei der Auswahl der Grabbeigaben oder der Grabdekoration wirksam gewesen

1450 Vgl. dazu Graf a. O. (Anm. 1411); S. G. Cole in: Carpenter – Faraone a. O. 278 ff. (Anm. 1411); S. G. Cole in: M. B. Cosmopoulos (Hrsg.), Greek Mysteries. The Archaeology and Ritual of Ancient Greek Secret Cults (2003) 193–217; W. Burkert in: ders. u. a. (Hrsg.), Fragmentsammlungen philosophischer Texte der Antike, Atti del Seminario Internazionale Ancona 1996 (1998) 387–400; weitere Literaturhinweise bei Schmidt a. O. 93 Anm. 40 (Anm. 1448); F. Graf – S. I. Johnston, Ritual Texts for the After Life (2007).

1451 Graf a. O. 240 f.; zu den übrigen Texten 250 ff. (Anm. 1411). Die beiden Goldblättchen in Form von Efeublättern stammten aus einem Frauengrab des späten 4. Jhs. und wurden erstmals publiziert von K. Tsantsanoglou – G. M. Parassoglou, Hellenika 38, 1987, 3 ff. mit Abb. – Außerhalb des Grabes wurde nahe beim Sarkophag eine Mänadenterrakotte gefunden; vgl. auch Moret a. O. 316 Anm. 162 (Anm. 1448).

1452 Graf 240 mit Anm. 9 (Anm. 1411). – C. Riedweg in: F. Graf (Hrsg.), Ansichten griechischer Rituale, Geburtstags-Symposium für W. Burkert 1996 (1998) 373 f. 388 bezieht den Satz auf eine »Weinspende am Grab« oder ein »mit Wein gefülltes Gefäß als Grabbeigabe«.

1453 Zu dem ganzen Komplex vgl. auch A. Bottini, Archeologia della salvezza (1992) passim, der jedoch m. E. bei der Interpretation und Kombination der Zeugnisse zu wenig Vorsicht walten läßt und zu weitreichende Schlußfolgerungen zieht. Zu dem Frauengrab aus Hipponion 51 ff.

1454 Vgl. Graf a. O. 92. 97 f. (Anm. 1447); zu Orpheus als Gründer der eleusinischen und dionysischen Mysterien ebenda 22 ff. 31 ff.; Burkert a. O. 74 (Anm. 1444) in Zusammenhang mit der Seelenwanderungslehre; ders., Orphism and Bacchic Mysteries: New Evidence and Old Problems of Interpretation (1977) 6 f. – Zu Orphik und pythagoräischer Lehre zusammenfassend Burkert, Religion 440 ff., zu den Überschneidungen und den damit verbundenen Schwierigkeiten bes. 445. Außerdem A. Masaracchia in: ders. (Hrsg.), Orfeo e l'Orfismo, Atti del Seminario Nazionale, Roma – Perugia 1985–1991 (1993) 175 mit Anm. 8. 9.

1455 W. Burkert, Antike Mysterien^3 (1994) 62; ders., Religion 442 mit Anm. 15; Graf a. O. 53 Anm. 16 (Anm. 1447); RE IX A (1967) 2270 s. v. Zagreus (Fauth); N. Robertson in: Cosmopoulos a. O. 218–240 (Anm. 1450).

1456 Zumindest für Philosophen ist die Auseinandersetzung mit diesen Fragen belegt: Der Sizilianer Empedokles vertrat eine Seelenwanderungslehre, bei der die Reinen schließlich in Tischgemeinschaft mit den Göttern lebten, vgl. Burkert, Religion 444; W. Schadewaldt, Die Anfänge der Philosophie bei den Griechen (1978) 433 ff. 439–446 (zur Seelenwanderungslehre). Platon ging von der Unsterblichkeit der Seele aus, R. Rehm, Tod und Unsterblichkeit in der platonischen Philosophie, in: G. Binder – B. Effe (Hrsg.), Tod und Jenseits im Altertum (1991) 103–121, bes. 112; C. F. Geyer, Jenseitsvorstellungen bei Platon, ZRGG 36, 1984, 101–114. Vgl. auch N. Valenza-Mele, Dialogues d'histoire ancienne 17/2, 1991, 163–170.

seien, wurde in jüngster Zeit als aus christlicher Auferstehungshoffnung abgeleitet abgelehnt[1457]. Es gibt jedoch Hinweise, daß diese Auffassung so pauschal nicht haltbar ist. Pindar und Platon z. B. überliefern die Vorstellung von Totenrichtern, die man ebenfalls im orphischen Gedankengut Siziliens und Unteritaliens angesiedelt hat[1458], die aber auch darüber hinaus bekannt gewesen sein muß. Diese Richter hatten – so glaubte man – über das Leben der Verstorbenen zu urteilen und ihnen danach ihren Aufenthaltsort im Hades zuzuweisen. Ihr Auftauchen auf direkt für das Grab geschaffenen Bildmedien, nämlich auf einigen apulischen Unterweltsvasen und auf der Fassade eines frühhellenistischen Kammergrabes im makedonischen Lefkadia bezeugt jedoch die breitere Wirkung solcher Gedanken[1459].

Doch wenn es solche Hoffnungen gegeben haben muß, wie sahen sie aus und in welchen Bildern manifestierten sie sich? Die Goldblättchen beschreiben den Weg durchs Totenreich zu einer Insel der Seligen, wo man Trauer und Schmerz des Lebens zurückgelassen hat und als Gott in Freude leben kann[1460]. Eines der Bilder, in denen sich dieses sorglose Leben ausdrückte, scheint das ewige Symposion gewesen zu sein. So wie in der homerischen und archaischen Gesellschaft das Trinkfest im Leben den Inbegriff des aristokratischen Vergnügens für die Männer darstellte[1461], so sollten den in die bacchischen Mysterien eingeweihten Verstorbenen im Elysium die Freuden eines immerwährenden dionysischen Festes zuteil werden, bei dem Wein in Strömen fließt. Eine entsprechende Andeutung findet sich in den oben schon zitierten Goldblättchen aus Pelinna in Thessalien, auf denen eine Glücksverheißung mit dem Genuß von Wein verbunden ist. Zugleich wird Dionysos als Befreier oder Erlöser genannt[1462]. Von der orphischen Vorstellung eines Trinkgelages im Hades, zu dem die Teilnehmer bekränzt erscheinen, spricht auch Platon, ähnliche Hinweise lassen sich der attischen Komödie entnehmen, wo die Unterwelt sogar als Schlaraffenland geschildert wird[1463].

Zumindest im religiösen Gedankengebäude der dionysisch-orphisch-eleusinischen Mysterienkulte scheint ein Gelage im Jenseits, das offenbar nicht auf männliche

1457 z. B. Graepler, Tonfiguren 151 mit Anm. 15–17; 180 mit Anm. 250. Er zieht 181 f. mit Anm. 266. 268 auch die Anspielungen auf den Goldblättchen und in anderen schriftlichen Quellen auf Weingenuß im Jenseits in Zweifel.

1458 Graf a. O. 121 ff. (Anm. 1447) mit Bezug auf Plat. Gorg. 523 E; Pind. O. II 59. Vgl. die ausführliche Interpretation dieser Ode durch M. Theunissen, Pindar (2000) 698 ff. 706 f. (zu den orphischen Gedanken bei Pindar); 740 ff. (zur Eschatologie); 742 f. (zum Gericht). Theunissen kann 745 f. wahrscheinlich machen, daß das von Pindar ausgesprochene Wissen über die Zukunft nach dem Tod den religiösen Überzeugungen des Adressaten der Ode, Theron von Akragas entsprach, die sich der Dichter bis zu einem gewissen Punkt zueigen gemacht habe. Er vermutet auch, daß diese religiösen Überzeugungen in Akragas weit verbreitet waren. – Zu dieser Ode s. auch G. Zuntz, Persephone (1971) 84 ff.; H. Lloyd-Jones, Pindar and the After-Life, in: A. Hurst (Hrsg.), Pindare, Entretiens sur l'antiquité classique 31 (1985) 245–279.

1459 Zu den bildlichen Darstellungen: LIMC I 1 (1981) 311 ff. s. v. Aiakos 1–4 mit Abb. (Boardman); LIMC VII 1 (1994) 626–628 s. v. Rhadamanthys (Xagorari). Apulische Unterweltsvasen: z. B. München, Staatliche Antikensammlung 3297, M. Schmidt, AntK 43, 2000, 87 Abb. 1. Zu den Totenrichtern ebenda 97; M. Pensa, Rappresentazioni dell'oltretomba nella ceramica apula (1977) 23. 42 Abb. 5: München 3297; 24 Taf. 1: Neapel, Museo Nazionale 81666; 25 Taf. 14 a: Karlsruhe B 1549; Makedonisches Kammergrab in Lefkadia: I. Scheibler, Griechische Malerei der Antike (1994) 137 Abb. 62; Ph. Petsas, Ο τάφος τῶν Λευκαδιῶν (1966) Taf. 5–10. – Auch A. Pontrandolfo wertet diese Zeugnisse auf sehr vorsichtige Weise als Hinweise auf den Jenseitsglauben: A. Pontrandolfo, L'eschatologia popolare e i riti funerari Greci, in: G. Pugliese Caratelli (Hrsg.), Magna Grecia, Vita religiosa e cultura letteraria, filosofica e scientifica (1988) 186. 196. Ebenso Valenza-Mele a. O. 169 f. (Anm. 1456).

1460 Zu den Texten: Zuntz a. O. 277–393 (Anm. 1458), seine Ergebnisse sind durch Neufunde teilweise überholt, vgl. Graf a. O. 239 f. (Anm. 1411); Burkert a. O. 387 (Anm. 1450); Riedweg a. O. 360 ff. (Anm. 1452) zum philologischen Umgang mit dieser Textgruppe; A. Chaniotis, Das Jenseits: Eine Gegenwelt? in: T. Hölscher (Hrsg.), Gegenwelten zu den Kulturen Griechenlands und Roms in der Antike (2000) 165 f. mit Anm. 25; Bottini a. O. 36 ff. 40 f. (zu den Texten aus Thurioi), 55 ff. (zum Text aus Hipponion), 130 f. (zu den Blättchen aus Pelinna) (Anm. 1453); Graf a. O. 250 ff. (Anm. 1411); Burkert, Religion 436 f. 439. Weitere Literaturangaben s. o. Anm. 1450.

1461 Murray a. O. 240 (Anm. 1429) mit Bezug auf die homerische Odyssee, die Symposionsdichtungen von Anakreon u. a.; J. M. Dentzer, Le motif du banquet couché dans le Proche-Orient et le monde Grec du VIIe au IVe siècle avant J. C. (1982) 451.

1462 Graf a. O. 240 f. (Anm. 1411), 243 (zu Dionysos als Befreier), 246 (zur Erwähnung von Wein). Expressis verbis von einem Symposion ist auf den Goldblättchen allerdings nicht die Rede.

1463 Plat. Polit. II 363 c; Aristoph. Tag., s. T. Kock, Comicorum Atticorum Fragmenta I (1880) 517 Nr. 488; vgl. R. Kassel – C. Austin, Poetae Comici Graeci III 2 (1984) 265 f. Nr. 504; Graf a. O. 98 ff. (Anm. 1447), wo noch weitere antike Belege, z. B. bei Lukian und Herodot angeführt werden; zu den spöttischen Andeutungen in der Alten Komödie bes. 83. 103; Schlaraffenland: Pherekrates, s. Kock a. O. Frg. 108, 2; 108, 23; 130, 3; 130, 10; vgl. Kassel – Austin a. O. VII (1989) 156 ff. Nr. 113; 169 f. Nr. 137. Hierzu Bremmer a. O. 104 (Anm. 1437). Der Spott zielte auf die Pythagoräer. – Dentzer a. O. 530 f. (Quellen für Archaik und 5. Jh.) (Anm. 1461).

Teilnehmer beschränkt war[1464], eine große Bedeutung gehabt zu haben. Dionysos gilt dort als der Fürsprecher vor den Mächten der Unterwelt, der seine Anhänger vor dem Gericht bewahrt und den direkten Weg zu den Inseln der Seligen garantiert. Diese Hoffnung auf ein glückliches und unbeschwertes Jenseits stand in starkem Kontrast zum vorherrschenden Bild vom kalten und dunklen Hades, wie es seit Homer überliefert ist, und dürfte als Reaktion darauf zu verstehen sein: In der Nekyia der Odyssee schildert Achilleus gegenüber Odysseus die Existenz im Hades als einen Horror, dem selbst das mühsalbeladenste Leben im Diesseits vorzuziehen sei[1465]. So dürften die Mysterienhoffnungen einen der Versuche darstellen, mit der zutiefst menschlichen Furcht vor dem Tod und der Ungewißheit über das Schicksal danach umzugehen.

Wie weit solche Vorstellungen auf einen kleinen Kreis von Mysten oder eine bestimmte geographische Region beschränkt waren und ob man sie überhaupt mit den archäologischen Befunden in den Nekropolen in Verbindung bringen darf, ist schwer zu beurteilen. Sicherlich hat ein Teil der Forschung die spektakulären, aber insgesamt relativ spärlichen Zeugnisse zu den Mysterienkulten überbewertet, wenn man z. B. in den unteritalischen Vasenbildern des 4. Jahrhunderts grundsätzlich nach Zeichen für einen Jenseitsbezug suchte. Andererseits hat die immens kritische Reaktion gerade der jüngeren Kollegen, die auch die vorhandenen Indizien als Einzelmeinungen oder späte Umdeutungen wegzuinterpretieren versuchte, meines Erachtens zu einer Verzerrung in die andere Richtung geführt, die den Befunden ebenfalls nicht gerecht wird. Natürlich ist zu berücksichtigen, daß es nicht »die Jenseitsvorstellungen der Griechen in Unteritalien« gab, sondern daß je nach sozialem Stand, ethnischer Herkunft, Bildung etc. mit einer Vielfalt von Ansichten zu rechnen ist, die sich auch widersprochen haben dürften[1466]. Man wird also nur am einzelnen Kontext und mit größter Vorsicht entscheiden können, ob Gegenstände oder Darstellungen am bzw. im Grab auf den Verstorbenen oder die Hinterbliebenen, religiöse Riten und dahinterstehende Vorstellungen oder das soziale Gefüge der Gemeinschaft, aus der der Verstorbene stammte, zu beziehen sind. Vielfach wird man nicht sicher trennen können, da die am Grab abgehaltenen Zeremonien nicht monokausal waren, sondern sowohl für die trauernden Hinterbliebenen als auch für den Toten eine Funktion zu erfüllen hatten[1467]. So sollten die Speiserituale am Grab zum Beispiel einerseits das Gemeinschaftsgefühl und den Zusammenhalt der Hinterbliebenen stärken[1468], andererseits den Verstorbenen die für notwendig erachteten Speisen zukommen lassen. Denn man hatte Angst, daß diese als Erscheinungen zu den Lebenden zurückkehren und Schaden anrichten könnten, wenn man die ihnen in Zusammenhang mit dem Begräbnis geschuldeten Verpflichtungen nicht gewissenhaft erfüllte.

Kehren wir nach diesem Umweg wieder nach Lipari und zu den oben gestellten Fragen zurück: Wieso also Symposionsanspielungen und Dionysos in einer Nekropole? Es sind nach dem oben Ausgeführten für Unteritalien und Sizilien seit dem 5. Jahrhundert, aber besonders im 4. Jahrhundert Vorstellungen bezeugt[1469], nach denen Dionysos eine enge Beziehung zu Persephone und Demeter besaß und als helfende oder rettende Macht auf das Schicksal des oder der Verstorbenen Einfluß nehmen konnte. Zugleich verbinden sich mit seinem Geschenk, dem Wein, Hoffnungen auf ein glückliches Dasein nach dem Tod, die in das Bild eines Gastmahles gekleidet sind.

Dieses Gedankengut kursierte also in demselben geographischen Raum und derselben Epoche, aus der auch die liparischen Befunde stammen. Mit seiner strategischen Position am Seeweg zwischen Sizilien und Unteritalien hatte Lipari mit Sicherheit sowohl Kontakte nach der nahen Insel und seinem Machtzentrum Syrakus, nach dem gegenüberliegenden unteritalischen Festland als auch in den Golf von Neapel. Letzteres bezeugen die Keramikimporte. Man kann demnach davon ausgehen, daß die Liparer mit orphisch-dionysischen Strömungen in Berührung ge-

1464 Die Texte der Goldblättchen differenzieren nur z. T. zwischen Männern und Frauen, s. H. D. Betz in: F. Graf (Hrsg.), Ansichten griechischer Rituale, Geburtstags-Symposium für W. Burkert 1996 (1998) 402 Anm. 11.

1465 Hom. Od. XI 489–91; J.-P. Vernant in: S. C. Humphreys – H. King (Hrsg.), Mortality and Immortality (1981) 285–291, bes. 289; Bremmer a. O. 103 (Anm. 1437); Chaniotis a. O. 167 mit Anm. 28. 169 (Anm. 1460).

1466 Chaniotis a. O. 159 f. (Anm. 1460). – Bremer a. O. 122 f. (Anm. 1444).

1467 Dies wird teilweise auch für die am oder im Grab abgelegten Gegenstände zutreffen: S. I. Johnston, Restless Dead. Encounters Between the Living and the Dead in Ancient Greece (1999) 41: »It is hard to avoid the conclusion, that these gifts were expected to be useful in the afterlife, particularly when ghost stories tell of the dead demanding objects that were forgotten or omitted at the time of the burial«. – Eine treffende Zusammenfassung, welche tiefere Funktion die einzelnen Bestandteile des griechischen Bestattungsrituals erfüllen sollten, gibt Giuliani, Tragik 148 f.

1468 W. Burkert, Homo Necans (1972) 62.

1469 Nach Burkert in: ders. u. a. (Hrsg.), Fragmentsammlungen philosophischer Texte der Antike, Atti del Seminario Internazionale Ancona 1996 (1998) 395, müssen diese Vorstellungen in klassischer und frühhellenistischer Zeit durchaus verbreitet gewesen sein. – Ebenso Chaniotis a. O. 165 (Anm. 1460). Von einer Massenbewegung ist aber nirgends die Rede.

kommen waren[1470]. Sogar ein konkretes Indiz dafür liefert eine Stelle in den pseudoaristotelischen Mirabilia, nach der es auf Lipari ein wunderliches Grab gegeben habe, das nachts zu besuchen als gefährlich galt, weil dort Musik mit Tympana und Cymbeln sowie mit Gelächter vermischter Lärm zu hören gewesen seien. Diese sowie eine zweite Wundergeschichte, in der ein Betrunkener drei Tage lang wie tot dalag und nach seiner Bestattung wieder aufstand und von seinen Erlebnissen berichtete, werden mit orphischem Gedankengut in Verbindung gebracht[1471].

So stellt sich die Frage, ob man nicht diese schriftlich überlieferten Todesvorstellungen und die aus den liparischen Kontexten gewonnenen Hinweise auf ein Mahl, an dem der oder die Verstorbene nach der Vorstellung der Hinterbliebenen teilnahm, aufeinander beziehen kann. Den Einwand, daß Frauen in der Regel nicht an Gelagen beteiligt waren, kann man meines Erachtens durch den Hinweis auf die an Symposia angeglichenen Kultbankette im Demeter- und Kore-Kult entkräften, bei denen Frauen die Hauptrolle spielten[1472]. Wenn dort andere Regeln galten als beim Trinkfest im Haus, dann könnte dies auch für den Totenkult gegolten haben.

Wenn man also diese Quellen und den archäologischen Befund in Lipari verknüpfen kann, hätten sich mit den Symposionanspielungen auch Hoffnungen auf eine leid- und sorgenfreie Existenz nach dem Tod verbunden. Hierüber müßte zumindest seit dem späten 5. Jahrhundert für die in der Contrada Diana bestattete Gemeinschaft eine regelrechte communis opinio geherrscht haben. Die durch Masken oder dionysische Terrakotten herausgehobenen Gräber könnten dann entweder einer besonderen Gruppe innerhalb dieser Gemeinschaft gehört haben, etwa einem Kultverein, oder die Masken und Figurinen wären wie die großen Gefäße mit dionysischem Bildschmuck nur zwei von mehreren möglichen Zeichen für die Anhängerschaft des Gottes gewesen und insofern fakultativ. Angesichts der Fülle von dionysischen Zeichen in der liparischen Hauptnekropole würde ich die zweite Möglichkeit vorziehen. Denn gegen die Lösung, die »Masken- und Terrakottengräber« mit in die bacchischen Mysterien Eingeweihten zu verbinden, sprechen mehrere Argumente: Zuverlässige und von den Grabbeigaben unabhängige Hinweise, daß auf Lipari dionysische Mysterien abgehalten wurden, haben sich bisher nicht gefunden. Nach der Inschrift in Cumae, die von einem separaten Begräbnisplatz für Mitglieder eines bacchischen Thiasos spricht[1473], sollte man auch an anderen Orten eine Trennung der Grabareale von Eingeweihten und »Normalsterblichen« erwarten. In Lipari lagen die entsprechend ausgezeichneten Gräber aber mitten zwischen den anderen und paßten sich in die allgemeine Ordnung ein[1474]. Zudem ist ihre Zahl relativ hoch. Sollte die vorne begründete Geschlechtszuordnung der Gräber mit Masken- und Terrakottenbeigaben richtig sein, hätten im 4. Jahrhundert keine Frauen zu den Eingeweihten gezählt. Dies müßte verwundern, gibt es doch eine ganze Reihe von Zeugnissen aus Unteritalien und Griechenland, die das Gegenteil nahelegen. Mehrere der Goldblättchen lagen z. B. in Frauengräbern[1475]. Auch die

1470 Das Gedankengut war über ganz Italien verbreitet und kursierte – nach einigen oskischen Inschriften zu urteilen – spätestens seit dem Hellenismus wohl sogar bei den einheimischen Stämmen, P. Poccetti, Per un dossier documentario dei riflessi di dottrine mistiche e sapientali nelle culture indigene dell' Italia antica, in: A. C. Cassio – P. Poccetti (Hrsg.), Forme di religiosità e tradizioni sapientali in Magna Grecia, Atti del Convegno Napoli 14–15 dicembre 1993, AnnOrNapFil 16, 1994 (1996) 109–136, bes. 111–113.

1471 Aristot. mir. 101. Als Quelle für diese Stelle wird allgemein Timaios angenommen, so daß sie ins 3. Jh. v. Chr. gehören dürfte, vgl. H. Flashar in: ders. (Hrsg.), Aristoteles, Werke in deutscher Übersetzung, Bd. 18 Opuscula Teil II^2 (1981) 119. – A. Delatte, RA 21, 1913, 330 f. bezog die Stelle auf orphische Lehren. Die Musik sei mit dem großen Bankett im Elysium zu verbinden, und der Betrunkene habe eine Reise in die Unterwelt gemacht. Den Hinweis auf diese Stelle verdanke ich E. Böhle-Neugebauer.

1472 s. o. Anm. 1422. 1440. Vgl. auch die schwarzfigurigen Gefäße, auf denen Frauen bei einem Mahl sitzend dargestellt sind, dessen Requisiten normalerweise zu einem Symposion gehören: S. Pingiatoglou, AM 109, 1994, 39–51 Taf. 14–17; S. Peirce, ClAnt 17, 1998, 80 f. Abb. 13 a. b; M. Schmidt in: ἀγαθὸς δαίμων. Mythes et cultes, études d'iconographie en l'honneur de Lilly Kahil, 38. Suppl. BCH (2000) 433– 442.

1473 L. H. Jeffrey, The Local Scripts of Archaic Greece (1961) 240 Nr. 12 Taf. 48; Bottini a. O. 58–60 (Anm. 1453); Burkert, Religion 438; Giuliani, Tragik 177 Anm. 516.

1474 Dazu gehört die Ausrichtung der Gräber mit dem Kopfende nach Süden. K. Kübler hat bei der Behandlung der Begräbnissitten im Kerameikos vermutet, daß die Nordsüd-Orientierung, die eine ältere ostwestliche ablöst, in Verbindung mit dionysischen Zeichen in den Grabinventaren steht, s. o. Kapitel IV 4, Text zu Anm. 1282–1284. Ähnliche Indizien beobachtete Arslan für Hipponion, s. o. Kapitel IV 3, Text zu Anm. 1171. Sollte dies stimmen, was in größerem Rahmen zu untersuchen wäre, hinge auch die Orientierung der Bestattungen mit dem Kult und dionysischen Vorstellungen zusammen. Diese müßten dann aber Grundlage der durch die Polis entwickelten Norm sein. – R. Schlesier hält allerdings den getrennten Bestattungsplatz in Cumae für eine Ausnahme. Sie verwies mündlich auf Hipponion, wo das Frauengrab mit dem goldenen Totenpaß zwischen anderen »gewöhnlichen« Gräbern lag.

1475 s. Auflistung bei Graf a. O. 257 f. (Anm. 1411); Burkert a. O. 396 f. (Anm. 1469) zu einem Frauengrab in Olbia; ders.,

vorne begründete Vermutung, daß Masken und Terrakotten – ebenso wie die polychromen Frauengemachgefäße – wohl bereits einige Zeit vor der Zerstörung Liparis nicht mehr in die Nekropole gelangten, spricht eher gegen ihren Zusammenhang mit elitären religiösen Clubs. Man müßte dann ja annehmen, daß die Mysterienvereine schon in der Phase der äußeren Bedrohung ihre Bedeutung verloren und diese auch bis ins 1. Jahrhundert v. Chr. nicht wiedergewonnen hätten, eine wenig überzeugende Vorstellung, wenn man an den anhaltenden Erfolg von Mysterienkulten im Hellenismus denkt. Aus all diesen Gründen ist es wenig wahrscheinlich, daß die außen abgelegten Masken und dionysischen Terrakotten als Zeichen dafür zu werten sind, daß die Grabinhaber in die bacchischen Mysterien eingeweiht waren.

Meiner Ansicht nach steht man hier vor einem ähnlichen Problem wie bei der Interpretation vieler unteritalischer Grabvasen[1476]. Auch dort verbietet es sich allein aufgrund der Masse der Gefäße mit dionysischer Ikonographie, grundsätzlich an einen Initiierten als Grabinhaber zu denken. Denn sonst müßten die bacchischen Mysterien bereits im 4. Jahrhundert in den Rang einer Massenreligion aufgestiegen sein, der sich auch die einheimischen italischen Stämme angeschlossen hätten[1477], und dafür reichen die Zeugnisse meines Erachtens nicht aus. Viel eher ist denkbar, daß sich die Vorstellungen und Hoffnungen, die ursprünglich mit der Einweihung in die Mysterienkulte zusammenhingen, im Laufe der Zeit über die engen Zirkel der Mysterienvereine hinaus verbreitet haben und daß sie auch von Nichteingeweihten übernommen wurden[1478]. Nicht umsonst lautete ein bei Platon überliefertes Sprichwort: »Den Narthexstab tragen viele, aber echte Bakchoi sind wenige«[1479].

Auf die liparischen Inseln bezogen hieße dies, daß dort Dionysos und das Göttinnenpaar Demeter und Persephone eine relativ enge Beziehung eingegangen sind und daß sich für große Teile der Polisgemeinschaft mit Dionysos oder dieser Trias Hoffnungen verbanden, die sich nicht nur auf das irdische Leben, sondern auch auf eine Existenz nach dem Tod erstreckten.

In diesem Zusammenhang erhalten die Friedhöfe in Portinenti besondere Relevanz: Bei der Auswertung der Grabkontexte wurde die Vermutung geäußert, daß dort Kinder und andere Personen bestattet waren, die ein weniger formelles Begräbnis erhielten. Denn das in der Hauptnekropole der Contrada Diana beobachtete Geschirrset kam in Portinenti nicht so regelmäßig und nur selten vollständig vor[1480]. Vor allem Kinderbestattungen in Amphoren sind häufig beigabenlos. Von einer kleinen Maske abgesehen fehlten dionysische Anspielungen in den Grabinventaren fast völlig[1481]. Auch von einer Überformung des Totenopfers mit dem Symposiongedanken kann keine Rede sein. Wenn man den in Portinenti Bestatteten überhaupt ein Totenopfer und den regelmäßigen Grabkult zukommen ließ, müssen die Zeremonien anders und einfacher abgelaufen sein als in der Hauptnekropole[1482]. Vielleicht waren keine Nachkommen vorhanden, die diese Aufgabe hätten übernehmen können, oder man betrachtete diese Toten nicht als vollgültige Menschen, die Totenfürsorge erhalten mußten. Dies könnte beispielsweise bei Kleinkindern der Fall gewesen sein[1483]. Dennoch scheint man bisweilen bemüht gewesen zu sein, wenigstens eine einfachere Form des Opfers zu vollziehen, die mit wenigen Gefäßen auskam. Da die Gefäßformen fast immer innerhalb des aus der Hauptnekropole bekannten

Religion 433 f. 436; vgl. auch R. Schlesier in: R. von den Hoff – S. Schmidt, Konstruktionen von Wirklichkeit (2001) 163. Sie nimmt an, daß Frauen in bakchischen Mysterienkulten sogar dominierten.

1476 Vgl. z. B. den Berliner Grabkrater Inv. 1984.41, Giuliani, Tragik 26 ff., zur Rückseite 144 ff. mit Abb. 91. 92. Er konnte begründen, daß sich Bauch- und Halsbild der Rückseite aufeinander beziehen und daß der Grabinhaber, dessen statuarisches Abbild auf dem Hauptbild in seinem Grabbau lehnt, auf dem Hals mit Narthex und Traubensaft gefüllter Phiale wie Dionysos und in einem mythischen Ambiente dargestellt ist. Das Hauptbild zeigt also eine Szene am Grab, während darüber der Verstorbene in eine dionysische Jenseitswelt mit Satyr und Flügelfrau versetzt ist.

1477 Vgl. hierzu oben Anm. 1470. Wie weit aus den vereinzelten oskischen Texten auf die Verbreitung des Phänomens geschlossen werden kann, ist fraglich.

1478 So auch Giuliani, Tragik 147.

1479 Plat. Phaid. 69 c; Giuliani, Tragik 150 mit Anm. 548; Graepler, Tonfiguren 182 Anm. 263.

1480 s. Kapitel IV 2 a Anm. 967.

1481 Allerdings kam in der Umgebung von Grab 2546 eine Ansammlung von Streufunden zutage, darunter Masken-, Terrakotten und Blütenfragmente, die von den Ausgräbern als kleine fossa votiva interpretiert wird, ML X 378. 385 f.

1482 Auf Borneo haben sich Bestattungen mit abgekürzten Riten nachweisen lassen, die aber anscheinend die gleiche Gültigkeit wie diejenigen mit dem vollständigen Ritual besaßen, P. Metcalf – R. Huntington, Celebrations of Death^2 (1991) 94 ff.

1483 Die Leichname von Kleinkindern scheinen teilweise anders behandelt worden zu sein als die von Erwachsenen. In Athen beispielsweise galt für Kinder nicht das Bestattungsverbot innerhalb der Stadtgrenze, Kurtz – Boardman, Thanatos 81; vgl. auch J. Bremmer, The Early Greek Concept of the Soul (1983) 96 ff.

Spektrums bleiben, orientierte man sich in Portinenti wohl ebenfalls an den für die Bestattungspraxis des Gemeinwesens gängigen Normen, soweit die wirtschaftliche Situation der Hinterbliebenen dies zuließ. Dabei scheint man die Lampen am ehesten als entbehrlich angesehen zu haben. Sollte diese Interpretation das Richtige treffen, dann wären die Anspielungen auf ein dionysisches Bankett an ein formelles Begräbnis und damit wohl auch an eine gesellschaftliche Stellung innerhalb des Polisverbandes gebunden gewesen, auch wenn sich Statusunterschiede innerhalb der Hauptnekropole vor der Stadtmauer nicht feststellen lassen.

Eines der Elemente, das die äußeren Grabbeigaben in der Hauptnekropole von denen in Portinenti unterschied, waren die Lampen. Es spricht also viel dafür, daß sich mit den Lampen eine Funktion verband, die auf einer ähnlichen Ebene lag wie die des vollständigen Symposionsets. Auch sie dürften zum »Gebrauch« für den Toten bestimmt gewesen sein. Entweder gehörten sie zu dem als Mahl inszenierten Totenopfer im Rahmen der Begräbniszeremonie, denn diese fand ja vor Sonnenaufgang[1484] statt, oder der bzw. die Verstorbene benötigte sie auf seinem Weg in die Unterwelt[1485]. Der Hades wird in der Literatur als ein Land beschrieben, in dem ewige Dunkelheit und Kälte herrschen[1486]. Auch die Besitzer der bacchischen Totenpässe mußten diese Gebiete durchqueren, um zu den Inseln der Seligen zu gelangen, die im Gegensatz dazu als sonnige und blühende Wiesen geschildert werden[1487]. Jedoch wären die Lampen auch als Teil der jenseitigen Symposionsausstattung denkbar. Beides würde erklären, warum sie fast immer unbenutzt waren. Im Kult von Demeter und Persephone spielten Lampen eine große Rolle, jedenfalls sind sie eine der auffälligsten Votivgruppen in deren Heiligtümern. Sie wurden entweder mit nächtlichen Riten verbunden oder als symbolische Gabe für die Mächte der finsteren Unterwelt verstanden[1488]. Beide Erklärungsmuster ließen sich demnach auch auf die Lampen in den Beigabensets der liparischen Nekropolen übertragen.

1484 Kurtz – Boardman, Thanatos 249.

1485 Vgl. L. Masiello in: E. Lippolis (Hrsg.), Taranto. La necropoli, Catalogo del Museo Nazionale Archeologico di Taranto III 1 (1994) 344 für Lampenfunde in Tarent.

1486 Chaniotis a. O. 167 mit Anm. 28 (Anm. 1460); Riedweg a. O. 376 (Anm. 1452); Betz a. O. 403 (Anm. 1464) zu einer entsprechenden Passage im Goldblättchen von Hipponion.

1487 Vgl. Chaniotis a. O. 166 (Anm. 1460); Graf a. O. 98 (Anm. 1447).

1488 Hinz, Kult 49. Als Quelle für die symbolische Funktion der Lampen gilt eine Stelle bei Paus. II 22, 3.

Es fällt auf, daß die Lampen erst im späteren 5. Jahrhundert zu dem äußeren Beigabenpaket hinzutraten, etwa zu der Zeit, in der sich das kanonische Geschirrset entwickelte. Die Masken und dionysischen Terrakotten tauchten nur wenig später auf[1489]. Zugleich veränderte sich damals in Lipari die Form der Brandbestattung, denn neben der einfachen Variante, bei der man die Beigaben in oder neben die Urne legte, entwickelte sich eine aufwendigere, bei der der Aschenbehälter, in der Regel ein rotfiguriger Krater, in einer Kiste geschützt wurde. Man orientierte sich offenkundig an den gleichzeitigen Sarkophagbestattungen und deponierte an der Südwestseite der Kiste als der »Kopfseite« ebenfalls das Tafelgedeck. In der gleichen Phase begannen in Unteritalien die Gefäße mit dionysischem Bildschmuck die Überhand zu gewinnen, z. B. kamen die sogenannten Phlyakenvasen auf, die auch in den Nekropolen reiche Verwendung fanden. Die zeitliche Koinzidenz spricht meines Erachtens dafür, daß alle diese Phänomene Teil einer größeren Veränderung waren, die am Übergang vom 5. zum 4. Jahrhundert v. Chr. über einen längeren Zeitraum hin vor sich gegangen sein muß. Sichtbarstes Kennzeichen dieser Veränderung war die sprunghafte Vermehrung von Gegenständen, die an sich oder durch ihren Bildschmuck in die dionysische Welt gehörten.

Hat die Ausbreitung orphisch-dionysischen Gedankengutes, die in Unteritalien seit dem späten 5. Jahrhundert bezeugt ist, diesen Wandel beeinflußt? Wenn dies so wäre, würde dies auch erklären, warum in Athen die Ikonographie viel weniger von Dionysos dominiert wird als in Unteritalien. Denn die Rolle, die der Mysterienglaube an Dionysos in Unteritalien einnahm, spielte in Attika der eleusinische Kult[1490]. Hoffnungen auf ein besseres Leben sowohl in der diesseitigen wie in der jenseitigen Welt waren dort an die Mysterien von Eleusis geknüpft.

Werfen wir noch einen kurzen Blick auf die sogenannten fossae in der Hauptnekropole von Lipari: Oben wurde herausgearbeitet, daß es sich bei diesen Kontexten um mehrere unterschiedliche Phänomene handelt, die als sekundäre Ablagerungen nicht mehr viel über ihre ursprüngliche Herkunft aussagen. Teilweise könnten sie Abfälle von auf den Gräbern aufgestellten Gegenständen gewesen sein, die bei der Belagerung der Stadt 252/51 v. Chr. zu Bruch gingen[1491], doch sind auch noch andere Erklärungen denkbar. Man

1489 s. o. Kapitel IV 2 a.

1490 Vgl. oben Text zu Anm. 1446.

1491 Selbst die Brandspuren an einigen Gegenständen könnten von den Kriegshandlungen vor der Stadtmauer herrühren, s. Kapitel IV 2 b. – Zu den Totenopfern, die man auf den Gräbern aufstellte, könnten auch die Deckelschüsselchen und

kann zumindest nicht ausschließen, daß es sich nicht auch teilweise um die Reste von Opfermahlzeiten oder anderen religiösen Zeremonien gehandelt hat, die in Verbindung mit dem Totenkult bzw. den chthonischen Göttern standen. Zu diesen chthonischen Mächten muß man in Lipari wohl auch Dionysos zählen. Genauere Aussagen lassen sich angesichts der Grabungs- und Dokumentationssituation nicht mehr treffen. Was die Masken und dionysischen Tonfiguren in diesen Kontexten angeht, wird sich ihre Bedeutung wohl nicht grundsätzlich von derjenigen ihrer Gegenstücke in den Beigabenpaketen bei den Gräbern unterschieden haben. Sie dürften ebenfalls als dionysische Symbole eingesetzt gewesen sein, die in Zusammenhang mit Totenriten für die Verstorbenen standen und einen von dem Gott und seiner Macht erfüllten Raum evozierten.

Bereits in dem Kapitel, in dem Vergleiche zu den liparischen Kontexten gesucht wurden, wurde erwähnt, daß sich Symposionsanspielungen im Grabbereich nicht auf Lipari beschränken, sondern daß einerseits Darstellungen von Symposia auf Grabstelen oder Grabbauten vorkommen, andererseits Grabkammern wie Triklinia möbliert oder dekoriert sein können. Die Deutung ist jeweils umstritten und wäre in jedem Einzelfall genau zu überprüfen. Meist wird vorgeschlagen, die Gelagebilder auf die soziale Stellung der Grabinhaber im Leben zu beziehen. Dennoch sind einige Fälle bewußt mehrdeutig gehalten. Sie bilden damit Parallelen für die Verhältnisse in Lipari: In Rhodos wurde innerhalb des Nekropolengeländes eine Art Hof entdeckt, dessen Wände mit einem hellenistischen Fries verziert sind, der dionysische Szenen zeigt[1492]. Das Gelände wurde bisher nicht ergraben, doch hat man vermutet, daß sich dort ein dionysisches Koinon oder aber ein Verein traf, der Grabkulthandlungen durchführte, möglicherweise Bankette zum Totengedächtnis, vergleichbar denjenigen, die Epikteta aus Thera in ihrem Testament verfügt hatte[1493]. Der Dionysosfries würde dann die Kulisse abgeben und den Hof – ähnlich wie die Masken in Lipari – als ein dionysisches Ambiente kennzeichnen.

Die sogenannten Athletenkammergräber in Tarent, die als Andrones angelegt sind, enthielten teilweise Symposionsgeschirr außerhalb der Klinensarkophage. Im Falle des Grabes B ließ sich dieses nicht eindeutig einer Bestattung zuordnen[1494]. Deshalb möchte man vermuten, das Geschirr habe zu einer Speisezeremonie im Grab dienen sollen, die möglicherweise allen Grabinsassen zukommen sollte – sei es als Totenopfer, sei es als Gedächtnismahl der Hinterbliebenen. Zwei hellenistische Kammergräber in Tarent[1495] erinnern unmittelbar an die im vorigen Kapitel besprochenen Bilder von Trinkgelage und Komos auf unteritalischen Vasen: Die Wände des einen sind mit Girlanden und dionysischen Motiven bemalt (Abb. 34. 35), die Deckendekoration des anderen evoziert eine Weinlaube mit dionysischen Attributen, während an den Wänden menschliche Gestalten zu Flötenspiel tanzen und singen (Abb. 36). Man muß sich daher auch hier fragen, ob die Hinterbliebenen ihren Toten nicht ein glückliches, von Weingenuß geprägtes Fest wünschten und ihnen hierzu die Ausstattung bereitstellten.

In einem großen Teil der Tarentiner Grabinventare fand sich ein Set aus Kanne und Tasse, das offenbar nicht an das Geschlecht der Grabinhaber gebunden war und das bisweilen sogar die einzigen Beigaben bildete[1496]. Es dürfte also nach Ansicht der Hinterbliebenen für die Verstorbenen von besonderer Wichtigkeit gewesen sein.

D. Graepler, der die terrakottenhaltigen Gräber in den Tarentiner Nekropolen ausführlich untersucht hat[1497], kam bei der Interpretation des Gefäßpaares zu keinem schlüssigen Ergebnis, unter anderem weil ihm einerseits genaue Aufzeichnungen zu den Kontexten fehlten und er sich andererseits bei seiner Analyse nur auf die Grabinventare mit Terrakotten stützen konnte[1498]. Seine

Schälchen gehört haben. Vielleicht enthielten sie ursprünglich die Früchte, Nüsse und Samen.

1492 In der Karakonero Nekropole von Rhodos Stadt, H. Lauter in: S. Dietz – J. Papachristodoulou, Archaeology in the Dodecanese (1988) 158 mit Anm. 33; P. Guldager Bilde in: V. Gabrielsen u. a. (Hrsg.), Hellenistic Rhodes, Politics, Culture, and Society (1999) 227 ff. Taf. 78–95. Sie versteht den Platz S. 239 als Ort für einen dionysisch geprägten Totenkult. Die Anwesenheit des Gottes in den Nekropole sei kein Zufall, sondern hänge mit den Glückshoffnungen zusammen, die sich mit ihm als dem Garanten guten Lebens auch für das Jenseits verbanden.

1493 Hierzu A. Wittenburg, Il testamento di Epikteta (1990) passim.

1494 Vgl. Kapitel IV 3, Text mit Anm. 1177–1179.

1495 Vgl. Kapitel IV 3, Text mit Anm. 1188. 1189.

1496 Graepler, Tonfiguren 178 ff. 182. 189.

1497 Graepler, Tonfiguren. vgl. auch Kapitel I Anm. 26.

1498 Als Graepler mit der Arbeit begann, war das immense Material noch schlecht aufgearbeitet, er beschränkte sich also auf die 231 Gräber mit Terrakotten, vgl. Graepler, Tonfiguren 10 f. Auch sonst war seine Ausgangslage derjenigen in Lipari vergleichbar. Ihm fehlen ebenfalls Vergleichsdaten aus der Stadtgrabung, die näheren Aufschluß geben könnten über Gesellschaft und Sozialsystem. Seine historisch-diachrone Interpretation der Grabinventare kann sich deshalb allein auf die aus den Schriftquellen bekannte Ereignisgeschichte der Stadt beziehen. Bei der Auswertung der Grabkontexte konnte er zwar das gesamte Inventar in Augenschein nehmen, doch fehlen sämtliche Aussagen über die Lage der einzelnen Gegenstände im Grabkontext und im Verhältnis zum Leichnam. Allerdings

Fragestellung nach der Funktion der Terrakotten und der anderen Beigaben bezog sich auf deren gesellschaftliche Aussage innerhalb des Bestattungsrituals, während er die Frage nach dem Umgang mit dem Tod und nach dem Grabkult ausklammerte. Insbesondere die Frage, ob man an die Gegenstände eine Bedeutung für die Existenz nach dem Tod knüpfte, verneinte er vehement. Für ihn waren die einzelnen Gegenstände Zeichen für bestimmte gesellschaftliche Rollen, die man den Grabinhabern zuschrieb. Unter diesem Blickwinkel war die Kombination aus Kanne und zweihenkeliger Tasse schwer zu erklären: Die Gefäßformen sowie weitere Gegenstände in den Grabinventaren wie z. B. Efeukränze deuteten auf einen hohen Stellenwert des Symposions[1499], doch kam dies für Graepler nicht in Betracht, da Bürgerfrauen am Bankett der Männer nicht teilnehmen konnten, ein solches Rollenbild für sie also nicht geeignet war[1500]. Das gleiche mußte für ein Gelage im Jenseits gelten, eine Vorstellung, der er überdies trotz der Zeugnisse z. B. bei Empedokles, Platon oder in der attischen Komödie keine Bedeutung beimaß[1501]. Am ehesten hatte die große Zahl von Trinkgefäßen und anderen dionysischen Gegenständen mit den bacchischen Mysterien zu tun, deren Existenz in Tarent durch die Quellen zur römischen Bacchanalienaffäre bezeugt ist[1502]. In Zusammenhang mit einem Trinkfest im rituellen Kontext der bacchischen Thiasoi schienen ihm auch weintrinkende Frauen denkbar[1503]. Dabei betont er die sozial-integrative und auf das Diesseits bezogene Funktion der Mysterien, die sich möglicherweise auch in einem Zusammengehörigkeitsgefühl im Abwehrkampf gegen die Römer ausgewirkt habe[1504]. Die individuellen Motive und Hoffnungen, die sich für die Initianden mit der Einweihung verbanden, werden dagegen weitgehend ausgeblendet.

Angesichts der großen Verbreitung, die dionysische Themen sowohl in der Bildkunst aus Tarent als auch in den dortigen Gräbern erfahren haben, erscheint ein Bezug auf die dionysischen Mysterien keineswegs abwegig. Es stellt sich allerdings erneut die Frage, ob sich diese relativ kleinen privaten Thiasoi zu einem Massenphänomen ausgeweitet haben, oder ob sich nicht eher ursprünglich auf den engen Kreis der Eingeweihten begrenzte Vorstellungen ausgebreitet haben und möglicherweise auch in den städtischen Dionysoskult einflossen. Daß daraus auch ein gemeinsames Selbstverständnis der Polisbürger resultiert haben könnte, mit dessen Hilfe sie sich gegen die »Barbaren« der Umgebung absetzten und das auch bei äußerer Bedrohung einheitsstiftend wirkte, ist durchaus wahrscheinlich. Dennoch waren soziale Gesichtspunkte sicherlich nicht der einzige Beweggrund für die Teilnahme an solchen Kulten und auch nicht für die Deponierung von Beigaben in den Gräbern[1505]. Die Auseinandersetzung mit dem Tod als einem Ereignis, das viel präsenter war als in der heutigen modernen Gesellschaft, hat mit Sicherheit die Auswahl der Beigaben durch die Hinterbliebenen bestimmt. Deshalb erscheint es unvorstellbar, daß man nicht auch die Bedürfnisse der Toten im Jenseits, z. B. nach Speise und Trank, zu berücksichtigen versucht hat. Die Parallelität dieser Beigabenkombination zu dem liparischen Geschirrset spricht meines Erachtens für eine ähnliche

orientiert sich die Interpretation der Terrakotten jeweils am Einzelstück, auch wenn in einem Grab mehrere verschiedene Stücke lagen, die ja auch als Ensemble eine Aussage enthalten haben könnten.

1499 Graepler, Tonfiguren 178 f.

1500 Ebenda 179. 182. Zu Gegenargumenten s. o. Text zu Anm. 1419. 1421. Die m. E. zu enge Definition des »Symposions«, die in der Forschung zu Gültigkeit gelangt ist, leitet sich aus den archaischen Quellen, insbesondere den Epen Homers ab und versteht das Symposion als Ausdruck eines aristokratischen »Männerbundes«, in dem sich eine soziale Organisation spiegelt, so z. B. in den zahlreichen Schriften von O. Murray zu diesem Thema. O. Murray in: ders. (Hrsg.), Sympotica. A Symposium on the Symposium Oxford 1984 (1990) 3–13; ders. in: E. Gabba (Hrsg.), Tria corda, Scritti in onore di A. Momigliano (1983) 257–272; ders., Symposium and Männerbund, in: Actes de la Conférence Eirene, Prague 1982 (1986) 47–52. Vgl. auch Valenza-Mele a. O. 152 f. Anm. 5 (Anm. 1456). Hierzu kritisch: P. Schmitt-Pantel, Banquet et cité grecque, MEFRA 97, 1985, 142. 145–147. Sie gibt auch eine gute Beschreibung des Symposions im Neuen Pauly 4 (1998) 801–803 s. v. Gastmahl. Vgl. auch von der Mühll a. O. 483–505 (Anm. 1416). Zur Zusammenfassung des Forschungsstandes mit einer Kritik der Thesen Murrays vgl. M. Lombardo, AnnPisa 18, 2, 1988, 263–286. – Wie sich das Symposion seit klassischer Zeit und besonders im Hellenismus entwickelt hat, war bisher kaum Gegenstand der Forschung, vgl. Green a. O. 119 Anm. 123 (Anm. 1312).

1501 Graepler, Tonfiguren 181 mit Anm. 256: Alle Zeugnisse außer den Goldblättchen seien »Berichte aus zweiter Hand« oder spät zu datieren. In den Texten der Goldblättchen dagegen sei von »Tanz und Gelage nirgends die Rede«.

1502 Ebenda 183 ff.

1503 Ebenda 185.

1504 Ebenda 182. 186 ff. Damit erfüllt er sein auf S. 180 formuliertes Postulat an die Archäologie, endlich zur Kenntnis zu nehmen, daß die religionsgeschichtliche Forschung die Mysterienkulte »nun auch unter dem Gesichtspunkt ihrer sozialen Organisation zu erfassen« versuche und nicht nur – wie bisher als Ausfluß christlicher Denkkategorien – als zeitloses, jenseitsbezogenes, ideengeschichtliches Phänomen. Bei der Lektüre von Burkerts Buch über die Mysterienkulte (s. o. Anm. 1444) hat man jedoch den Eindruck, daß sehr viele Vorstellungen aus diesen Kulten, wenn auch in gewandelter Form, ins Christentum Eingang gefunden haben.

1505 Jedes Ritual bzw. jede in der Gemeinschaft ausgeführte Handlung hat selbstverständlich einen sozialen Aspekt.

Interpretation[1506]. Dann wäre es die Grundausstattung für den Totenkult[1507] und stand einerseits für ein Totenopfer an den oder die Verstorbene bereit, andererseits dürfte sich aber auch – wie für das Geschirr in Lipari vermutet – die Hoffnung daran geknüpft haben, daß den Toten ein Symposion in Jenseits erwartete.

Ein zusätzliches Indiz hierfür könnte in einer in beiden Städten parallel verlaufenden Entwicklung bestehen, bei der sich Veränderungen im Grabinventar, die auch das Symposiongeschirr betreffen, mit hoher Wahrscheinlichkeit von historischen Einschnitten in der Stadtgeschichte abhängig machen lassen. Denn es fällt auf, daß sich in Tarent die Grabinventare zu wandeln beginnen in dem Moment, in dem die griechische Stadt 209 v. Chr. unter römischen Einfluß gerät[1508]. Das Set aus zweihenkeligem Trinkgefäß und Kanne wird durch andere Gefäßformen gleicher Funktion, Trinkschale und Lagynos, abgelöst. Eine ganz radikale Umstellung, der diese Gefäßkombination zum Opfer fällt[1509], tritt vermutlich im Gefolge der römischen Koloniegründung von 123 v. Chr. ein, ist aber erst in spätrepublikanischer Zeit nachzuweisen, da beigabenreiche Bestattungen aus dem früheren 1. Jahrhundert v. Chr. fehlen[1510]. Ähnliches geschieht in Lipari, wo nach der Katastrophe von 252/51 v. Chr. die Inventare ärmlicher werden. Das Trinkgeschirr ist zunehmend nicht mehr benutzbar, sondern wird zum reinen Symbol. Dabei wird als Trinkgefäß nun meist eine zweihenkelige, kalathosförmige Tasse eingesetzt. Nach der frühaugusteischen Koloniegründung ist das außen abgelegte Trinkgeschirr nicht mehr üblich.

1506 Sowohl die Gefäßformen, die zum Symposion passen, als auch die vom Geschlecht und offenbar auch vom sozialen Status unabhängige Zuordnung sprechen dafür, daß dieses Gefäßpaar das Gegenstück zum äußeren Keramikgedeck in Lipari darstellt.

1507 Diesen Gedanken äußert, in eine Frage gekleidet, auch Graepler, Tonfiguren 180 ff. Schließlich hält er jedoch S. 186 eine Verbindung mit den dionysischen Mysterien als sozialer Vereinigung für wahrscheinlicher. Nach Graeplers Deutung hätte die Gefäßkombination dann als eine Art Parteiabzeichen fungiert.

1508 Die Veränderungen werden seit dem frühen 2. Jh. sichtbar, aber es spricht viel dafür, die Niederlage Tarents im Zweiten Punischen Krieg als Auslöser anzunehmen, vgl. Graepler, Tonfiguren 189 f. 192. 247.

1509 Lagynoi können in den Inventaren der spätrepublikanisch-frühkaiserzeitlichen Gruppe G noch auftauchen. Trinkgefäße fehlen aber meistens. Zur Phase G mit ihrem völlig anderen Beigabenrepertiore Graepler ebenda 140–142.

1510 Graepler ebenda 140. 190. 193.

VII Ergebnisse und Ausblick

Es ging in dieser Arbeit um die Frage, welche Funktion und Bedeutung die Masken in den liparischen Grabkontexten besaßen. Davon ausgehend war es Ziel, genaueren Aufschluß darüber zu erhalten, wie die Liparer mit dem Tod umgingen, welche Strategien sie wählten, um mit dieser unausweichlichen Bedrohung fertig zu werden.

Bei der genauen Analyse der Grabkontexte ließ sich feststellen, daß von Anfang an, also seit der Gründung der griechischen Siedlung getrennt wurde zwischen den Gegenständen, die man in den Sarkophag legte und solchen, die man außerhalb deponierte. Letztere bestanden vor allen aus Trinkkeramik, während man den Toten in den Sarkophag oder die Urne persönliche Utensilien mitgab, vor allem Toilettengerät, manchmal auch Schmuck. Die außen abgelegte Keramik entwickelte sich im Laufe des 5. und 4. Jahrhunderts zu einem standardisierten Set, das bis zur Gründung der römischen Kolonie beibehalten wurde, wenn auch nach der Katastrophe von 252/51 v. Chr. zunehmend als unbrauchbare Attrappe. Im 4. und frühen 3. Jahrhundert konnten diesem Beigabenpaket auch Masken oder dionysische Tonfigurinen beigefügt sein.

Im Laufe der Untersuchung zeigte sich, daß die äußeren Beigaben auf den Grabkult zu beziehen sind: Das Geschirr gehörte zu einem Totenopfer für die oder den Verstorbenen, das nach der Bestattung stattfand und die äußere Gestalt eines Symposions erhielt. Die Masken und dionysischen Terrakotten bildeten dabei ein fakultatives Element, das hauptsächlich Männern, selten Kindern und Frauen zukam. Sie fungierten als Kultzeichen, die den Ort des Mahles in ein dionysisches Ambiente verwandelten, das von der Macht des Gottes erfüllt war. Hinweise, daß sie direkt auf das griechische Theater zu beziehen und etwa mit performativen Elementen beim Begräbnis oder mit Theaterakteuren zu verbinden wären, gibt es nicht. Dieses jedem Toten zukommende Opfer dürfte mit den τρίτα gleichzusetzen sein, einem Ritual am Grab mit Speise- und Trankopfer, das nach den Schriftquellen am Begräbnistag abgehalten wurde und dazu dienen sollte, dem Verstorbenen Nahrung zukommen zu lassen. Gleichzeitig war dieses außerhalb der Gräber abgelegte Opfer in Form eines Symposions wohl mit der Hoffnung auf ein glückseliges Jenseits verknüpft, das man sich als ewiges Bankett auf der Insel der Seligen vorstellte. Dennoch dürften die Bestatteten, deren Gräber mit Masken und Terrakotten ausgezeichnet waren, keine Mysten, etwa in orphisch-dionysischen Geheimkulten gewesen sein, auch wenn es eine frühhellenistische Quelle gibt, die orphisches Gedankengut mit Gräbern auf Lipari in Verbindung bringt. Angesichts der großen Menge von Bankettgefäßen und anderen Gegenständen mit dionysischer Ikonographie in den liparischen Nekropolen hat man eher den Eindruck, daß die ursprünglich auf die exklusiven Mysterienvereine begrenzten Vorstellungen sich im Laufe des 4. Jahrhunderts so weit verbreitet hatten, daß sie weite Bevölkerungskreise erfaßten und als individueller Weg angesehen wurden, um die Angst vor dem Tod auszuhalten, gerade auch angesichts der Erzählungen von Gericht und ewigen Büßern im Hades.

Die Veränderungen, die in der Zusammensetzung der Grabinventare vom 6. bis ins 1. Jahrhundert v. Chr. zu beobachten sind, sprechen dafür, daß sich auch das Grabritual und die damit verbundenen Vorstellungen im Laufe der Zeit gewandelt haben, auch wenn die Bestattungsriten zu den konservativsten Teilen im griechischen Kult gehört haben dürften. Die Kolonisten hatten die entsprechenden Traditionen aus ihren Mutterstädten mitgebracht – für Rhodos läßt sich dies zeigen – und im Laufe der Zeit an die neue Umgebung und neue geistige Strömungen angepaßt. Das Bild vom Totenopfer als Symposion wurde in Lipari erst am Ende des 5. oder am Anfang des 4. Jahrhunderts entwickelt und vermutlich bis zum Ende der griechischen Siedlung im 1. Jahrhundert v. Chr. beibehalten. Das gleiche gilt für die damit verbundene Jenseitshoffnung, die wohl aus Sizilien oder Unteritalien übernommen wurde und bis zum mittleren 3. Jahrhundert durch die beigegebenen Terrakottaobjekte meines Erachtens gut faßbar ist. Für die Zeit nach dem Ersten punischen Krieg, in der die Inventare zunehmend ärmlich werden, kann man aufgrund des weiterhin vorhandenen äußeren Keramikpakets eine Kontinuität vermuten. Sonst müßte man das stereotype Keramikset für ein kultisches Relikt halten, dessen ursprüngliche Bedeutung verloren gegangen war, eine Lösung, die angesichts der Angst vor dem eigenen Ende eher unwahrscheinlich erscheint. Ob auch im 6. und früheren 5. Jahrhundert mit dem außen abgelegten Trinkgefäß und Schälchen schon über die Totenspeisung und -tränkung hinausreichende Gedanken verbunden waren, ist bisher nicht festzustellen. Die Befunde und die Schriftquellen eröffnen zugleich die Möglichkeit, daß bei der Zeremonie am Grab auch die Trauergemeinde den Becher rundgehen ließ. Der oder die Verstorbene hätte dann als unrein auf jeden Fall sein bzw. ihr eigenes Geschirr bekommen, das am Grab zurückblieb. Auch hier sollten die Masken und Figurinen einen dionysischen Kultplatz bezeichnen. Dionysos, der Wein- und Theatergott, besaß in Lipari einen ausgeprägt chthonischen Aspekt und stand in enger Beziehung zu Demeter und Persephone, deren Heiligtum mitten in der Hauptnekropole lag.

Im Nekropolengelände wurden außerdem große Mengen von vor allem frühhellenistischen Streufunden entdeckt, Masken und Tonfiguren mit dionysischen Themen, tönerne Thymiateria in Blütenform sowie Keramik, die zum Aufbewahren von kleinen Speisen gedient haben dürfte. Diese Gegenstände sind vermutlich großenteils Überreste der Grabpflege, die im Zusammenhang mit der Belagerung der Stadt auf dem Gelände der Nekropole zerstört worden und unter den Boden gelangt sein könnten. Sie dürften von den Hinterbliebenen zu den üblichen Totenfesten und Jahrestagen in die Nekropole gebracht und auf den Gräbern aufgestellt worden sein. Wie man sich das etwa vorstellen darf, zeigen die attischen Lekythenbilder des späten 5. Jahrhunderts, auf denen die Angehörigen Kränze, Binden, Trinkgefäße und andere Gaben zum Grab tragen und dem Grabstein stellvertretend für den Verstorbenen Kult entgegenbringen. Repräsentative Grabmonumente über der Erde haben sich auf Lipari allerdings nicht gefunden, die Gräber waren lediglich mit schmucklosen steinernen Cippi gekennzeichnet, die den Namen des Grabinhabers verzeichneten. Es fragt sich, ob aus diesen gleichförmigen Grabmarkierungen, die mit der streng eingehaltenen Nordsüd-Ausrichtung der Gräber und der sehr regelhaften Zusammensetzung der Grabinventare einhergehen, nicht ein Stück Ideologie des Gemeinwesens deutlich wird, das keine Zurschaustellung von privatem Reichtum und gesellschaftlichen Unterschieden duldete, auch wenn historische Quellen eine kommunistische Verwaltung nur für eine frühe, gefährdete Phase der Kolonie bezeugen. Wenn ja, spräche dies zugleich für einen festen Zusammenhalt der Polisgemeinschaft. Denn daß in Lipari zumindest vom 5. bis zum frühen 3. Jahrhundert großer Wohlstand herrschte, beweisen das florierende Kunsthandwerk und die Nachrichten von großen Weihgeschenken an das Apollonheiligtum von Delphi.

Die Grabpflege und die Kulthandlungen am Grab, zu denen auch Trank- und Speisespenden gehörten, waren den Verstorbenen geschuldet und sollten die Erinnerung an sie wachhalten. In der Einleitung wurde herausgestellt, welch große Bedeutung das Totengedenken in Athen im Rahmen des Grabkultes besaß. Tier- oder Brandopfer wie dort waren auf den äolischen Inseln aber nicht zu beobachten. Allerdings stellt sich die Frage, ob in Lipari zumindest seit dem 4. Jahrhundert nicht der Gedanke des Weiterlebens durch die »memoria« am Grab eine geringere Rolle spielte als der der glücklichen Fortexistenz der Toten im Hades[1511], auch wenn sich wahrscheinlich machen ließ, daß in manchen Grabarealen die Gräber über lange Zeiträume aufgesucht, gepflegt und mit kultischen Handlungen bedacht wurden. Diese Beobachtung würde mit derjenigen Valenza-Meles übereinstimmen, daß durch das Aufkommen orphischen und pythagoreischen Gedankengutes das Individuum und sein persönliches Schicksal – auch nach dem Tod – ins Blickfeld gerieten[1512], während die Toten vorher eine unpersönliche Masse von Schatten im Nichts der Unterwelt darstellten, aus der der Einzelne nur durch die Erinnerung der Lebenden hervortrat und lebendig blieb.

Möglicherweise haben im Bereich der liparischen Nekropole auch Bankette zum Gedenken an die Verstorbenen stattgefunden, wie sie beispielsweise durch die testamentarische Stiftung der Epikteta von Thera für den Hellenismus überliefert sind, dann wären die Reste in einigen der fossae genannten Abfallgruben aus dem 3. Jahrhundert gesammelt, aber dies ist nicht mehr eindeutig belegbar.

Mit der Untersuchung der Masken, Tonfigurinen und der mit ihnen vergesellschafteten Gegenstände außerhalb des eigentlichen Grabes wurde natürlich nur ein Ausschnitt aus dem Grabritual erfaßt. Um weiteren Aufschluß zu erhalten über die Motivation der Hinterbliebenen müßte man auch die Beigaben im Sarkophag bzw. in der Urne auf ihre Funktion im Rahmen des Grabrituals hin untersuchen. So herrscht zum Beispiel bisher keine Klarheit darüber, welche Bedeutung die Frauengemachgefäße, allen voran die polychrom bemalten aus der Werkstatt des Lipari-Malers besaßen. Man kann beobachten, daß die Gräber von Frauen und vor allem Kindern wesentlich reicher ausgestattet waren als die von Männern, und dies besonders in der Periode vom späten 5. bis zum mittleren 3. Jahrhundert, während danach die Gräber generell bis ins späte 1. Jahrhundert v. Chr. fast beigabenleer sind. Das spricht dafür, daß hier weniger kultische als andere Gründe ausschlaggebend waren. Wie weit dabei die wichtige Rolle der Frau für den Fortbestand der Familie als Gebärerin von Nachkommenschaft (wie auf den attischen Grabreliefs) gewürdigt wurde[1513], kann man nur mutmaßen.

1511 Einen ähnlichen Gedanken äußert N. Valenza-Mele, Dialogues d'histoire ancienne 17, 2, 1991, 156 ff. 163 ff. Sie stellt fest, daß die »memoria« seit dem 6. Jh. eine andere Rolle bekam als vorher in der homerischen Zeit und führt dies auf orphische und pythagoreische Strömungen zurück, die erstmals das Jenseits in den Blick hätten geraten lassen. Es geht nicht mehr um die (kollektive) Erinnerung der Hinterbliebenen, sondern um die (individuelle) des Verstorbenen, die er auch in der Unterwelt nicht verlieren darf. Deshalb mahnen die Texte der Goldblättchen den Verstorbenen, er solle auf dem Weg durch den Hades nicht aus der Quelle des Vergessens trinken.

1512 s. Anm. 1511.

1513 Das dürfte einer der Gründe sein, warum Gebärszenen auf attischen Grabreliefs vorkommen. Zu diesen außergewöhnlichen Darstellungen vgl. A. Scholl, Die attischen Bildfeldstelen des 4. Jhs. v. Chr., 17. Beih. AM (1996) 159–164; U. Vedder, AM 103, 1988, 161 ff.

Man hat bisweilen angenommen, daß die Gaben im Grab dem oder der Verstorbenen galten, denn es sind meist Gegenstände des täglichen Lebens wie Toilettengerät oder bei Kindern Spielsachen[1514]. Hier sollten denn auch am ehesten individuelle Gaben zu erwarten sein[1515], auch wenn in den liparischen Gräbern kaum Objekte entdeckt wurden, die aus dem Rahmen des Regelhaften oder Üblichen herausfallen. Eine der wenigen Ausnahmen stellt das eiserne Bruchband aus Grab 227 dar, das man jedoch wohl wie eine Prothese als Teil des Körpers betrachtete und deshalb vom Leichnam nicht entfernte[1516]. Möglicherweise wurde durch die ins Grab gelegten Gegenstände in der Tat, wie in letzter Zeit von mehreren Forschern vorgeschlagen[1517], die soziale Stellung der Verstorbenen innerhalb der Polis während der Begräbniszeremonie veranschaulicht. Graepler hat für die tönernen Sitzstatuetten von nackten Frauen aus tarentinischen Mädchengräbern vermutet, daß sie anzeigen sollten, daß die Grabinhaberin die Brautrolle noch nicht erreicht hatte[1518]. Gleichartige Statuetten wurden auch in liparischen Mädchengräbern entdeckt, so daß man prüfen müßte, ob sich dort nicht dieselbe Interpretation anböte. Ein weiteres Argument, bei den in den Gräbern deponierten Gaben nach Zeichen einer auf die soziale Rolle zu beziehenden Ideologie zu suchen, bietet die Arbeit von Babette Bechtold, die bei der Bearbeitung der punischen Nekropolen von Lilibeo feststellte, daß sich die dortigen Einwohner seit dem 4. Jahrhundert an den in der griechischen Nachbarschaft üblichen Beigabensitten zu orientieren begannen und erstmals eine geschlechtsspezifische Auswahl trafen[1519].

Da in Lipari aber streng zwischen inneren und äußeren Beigaben getrennt wurde, diese offensichtlich zu unterschiedlichen Zeitpunkten abgelegt wurden und auch höchstwahrscheinlich verschiedenen Funktionsbereichen zuzuordnen sind, ist es legitim, sich in der hier vorgelegten Arbeit auf die Bedeutung der außen deponierten Objekte zu beschränken.

Beim Versuch, die für Lipari erzielten Ergebnisse über die Inselgruppe hinaus zu verallgemeinern, ist freilich Vorsicht angesagt. Direkt von den liparischen Verhältnissen auf andere unteritalische oder sizilische Nekropolen mit einer vergleichbar dominanten Präsenz von dionysischen Symbolen zu schließen, erscheint gewagt angesichts des hohen Stellenwertes, den lokale Gepflogenheiten und Vorstellungen bei den Grabsitten einnehmen, auch wenn die Grundzüge des Grabkultes wie z. B. Speise- und Trankopfer an die Toten am ehesten konstant blieben. Die genaue Ausgestaltung war sicherlich von regionalen Traditionen abhängig. Bernabò Brea zog in einem Gespräch einmal einen treffenden Vergleich zu lokalen Riten in Zusammenhang mit der neuzeitlichen Heiligenverehrung in den verschiedenen Regionen Süditaliens. In einem religiösen System, in dem es kein schriftlich fixiertes Dogma gab und in dem der Mythos (als Ausfluß des Rituals) lokaler Variation unterlag, mag dies noch eher zutreffen. Man müßte deshalb an jedem Ort bzw. Kontext neu prüfen, welche Aussage sich mit den einzelnen Gegenständen verband. Trotzdem hat man den Eindruck, daß in Süditalien spätestens seit dem 4. Jahrhundert dionysische Vorstellungen im Totenkult eine große Bedeutung errangen. Dabei scheint sich – anders als im Mutterland – das Dionysische sehr stark über Bildchiffren aus dem Bereich des Theaters definiert zu haben, ohne daß damit direkt und konkret auf einen Theaterzusammenhang angespielt wurde. Zugleich hat es den Anschein, als hätten orphische Strömungen in Unteritalien und Sizilien wesentlich weitere Kreise gezogen als zumindest in Attika und als sei dies auch in den Nekropolen nachvollziehbar.

Schließlich wäre zu fragen, ob sich von den an die Masken geknüpften Jenseitshoffnungen, wie sie sich anhand der liparischen Nekropolen und wohl auch in Tarent wahrscheinlich machen ließen, nicht Kontinuitätsstränge zur Verwendung von Masken in der römischen Grabkunst ziehen lassen. Hans-Ulrich Cain konnte nachweisen, daß die Masken auf den dekorativen Maskenreliefs zu den Zeichen gehörten, die eine dionysische Sakrallandschaft versinnbildlichen sollten. Sie wurden dabei zu abstrakten Symbolen[1520], die sich auf Glück, Wohlfahrt und ein sor-

1514 N. Valenza-Mele, Prospettiva 63, 1991, 8; M. Th. Le Dinahet-Couilloud in: S. Marchegay – M.-T. Le Dinahet – J. F. Salles (Hrsg.), Nécropoles et pouvoir: Idéologies, pratiques et interprétations, Actes du Colloque Théories de la Nécropole Antique, Lyon 21–25 janvier 1995 (1998) 72.

1515 Vgl. H. v. Hesberg in: P. Fasold u. a. (Hrsg.), Bestattungssitte und kulturelle Identität, Kolloquium Xanten 1995 (1998) 27 f., zu den Beigaben in Gräbern Roms. Dazu im Widerspruch steht die Meinung Graeplers, Tonfiguren 149 ff., der individuelle Motive für die Wahl der Beigaben ausschließt. – Auch wenn die Trauer in der griechischen Antike hochgradig ritualisiert war, besaß sie doch eine affektive Seite.

1516 Diese These, die sich durch die Funde in merowingischen Gräbern untermauern läßt, äußerte A. Krug, der ich für ihre Hilfe danke. s. auch Kapitel IV 2 a Anm. 818.

1517 So Graepler, Tonfiguren 212–218; Valenza-Mele a. O. (Anm. 1511 und 1514), A. Pontrandolfo z. B. in: Marchegay – Le Dinahet – Salles a. O. 125 ff. (Anm. 1514) und andere.

1518 Graepler, Tonfiguren 212–218. Zu den liparischen Gegenstücken s. Kapitel IV 2 a Anm. 911.

1519 B. Bechtold, La necropoli di Lilybaeum (1999) 233–236.

1520 H.-U. Cain, BJb 188, 1988, 107–221, bes. 175 ff. 182 ff.; er nimmt dies S. 179 schon für Masken auf hellenistischer Keramik an.

genfreies Leben im Diesseits bezogen. Dazu paßt die Aufstellung der Reliefs in privaten Villengärten. Die Masken entwickelten sich hier also von dionysischen Kultzeichen, die einen Raum als dem Gott heiligen Ort auswiesen, zu Symbolen für ein angenehmes und (sakral-)idyllisches Ambiente. Auch bei der Anbringung von Masken an Grabbauten und Sarkophagen denkt Cain an eine Funktion als Glückszeichen oder Symbol für den sakralen Charakter des Ortes. Angesichts der geradezu massenhaften Verbreitung dionysischer Bildchiffren in der römischen Sepulkralkunst, unter denen die Masken nur eine von vielen darstellen, ist es jedoch kaum vorstellbar, daß sich damit nicht auch Hoffnungen auf Glück und eine sorgenfreie Existenz nach dem Tod verbinden konnten[1521]. Eines jedenfalls ist sicher: Ohne die Furcht der liparischen Polisgesellschaft vor dem Tod und dem im Hades zu erwartenden Schicksal, die als Reaktion die Schöpfung eines tröstlichen Gegenbildes hervorrief, wären die hochqualitätvollen und thematisch vielfältigen liparischen Tonmasken nicht auf uns gekommen.

1521 P. Noelke in: Fasold u.a. a.O. 417f. (Anm. 1515) verbindet römische Grabreliefs mit Mahlszenen auch mit den Vorstellungen von ewigen Tafelfreuden im Jenseits, wie sie schon im 5. Jh. v. Chr. in Unteritalien zu fassen waren. Diese Darstellungen bezögen sich nicht nur auf Gastmahlfreuden im Diesseits. – H. Wrede, RM 85, 1978, 426 und H. Gabelmann in: H.-J. Klimkeit (Hrsg.), Tod und Jenseits im Glauben der Völker (1978) 119 vermuten, daß sich in der Auswahl eines Proserpinasarkophages (ebenso wie bei dionysischen Sarkophagen, Gabelmann 125) auch Hoffnungen auf jenseitiges Glück für die darin Bestatteten widerspiegelten. Zu dem Problem, wie weit sich aus der Ikonographie der römischen Sarkophage Rückschlüsse auf die Jenseitsvorstellungen der Römer ziehen lassen, zusammenfassend H. Sichtermann in: G. Koch – H. Sichtermann, Römische Sarkophage (1982) 586. 602 ff.

Zusammenfassung

In den Nekropolen der griechischen Koloniestadt Lipari ist bei Gräbern aus dem 4. und 3. Jahrhundert v. Chr. eine große Anzahl von tönernen Masken gefunden worden, die offenbar eine Besonderheit darstellen. Ihre Funktion und Bedeutung im Grabkontext war bisher unklar. Man verstand sie einerseits als Theatermasken, die auf die Theaterbegeisterung der Liparer hindeuteten, andererseits als Zeichen für einen dionysischen Geheimkult mit Jenseitsbezug. Über dessen Gestalt oder die Verwendung der Masken traf man jedoch keine Aussagen. Bisweilen wurde auch vermutet, die Besitzer der entsprechenden Gräber seien Schauspieler gewesen. Letzteres trifft sicherlich nicht zu, da die Masken auch bei Frauen- und Kindergräbern lagen, während jedoch nur Männer als Schauspieler auftraten. Die Vergesellschaftung der Masken mit Trinkkeramik und ihre immer gleichartige Deponierung außerhalb der Sarkophage lassen vielmehr vermuten, daß sie zu einer Kulthandlung in Zusammenhang mit der Bestattung gehörten, bei der auch das Symposionsgeschirr Verwendung fand. Um diese These zu prüfen und genauer zu fassen, wurden im ersten Teil der Arbeit die liparischen Masken als Gattung betrachtet und ihre in der Forschung postulierte Beziehung zu den realen, im Theater getragenen Masken untersucht.

Die Ausgräber Bernabò Brea und Cavalier verstehen die Masken aus dem 4. Jahrhundert, die häufig in größeren Gruppen gefunden wurden, als das Personal klassischer attischer Tragödien und Komödien, vor allem von Sophokles, Euripides und Aristophanes. Sie sehen in ihnen also Priamos, Hekuba, Ödipus, Jokaste etc. Die Masken aus dem frühen 3. Jahrhundert v. Chr. dagegen beziehen sie auf die Typen der neuen Komödie und klassifizieren bzw. benennen sie mit Hilfe der hochkaiserzeitlichen Komödienmaskenliste aus dem Lexikon des Julius Pollux. In einigen frühhellenistischen Masken erkennen sie sogar Porträts von Tragödien- und Komödiendichtern. Eine detaillierte Untersuchung der Maskentypen, ihrer handwerklichen Charakteristika, ihrer Ikonographie usw. zeigt jedoch, daß die klassischen Stücke von wenigen Grundtypen abgeleitet und von Hand überarbeitet sind. Sie wären also nur aufgrund von eindeutigen Attributen als mythologische Personen zu identifizieren, doch fehlen meist solche Kennzeichen. Außerhalb Liparis und insbesondere in Attika finden die Maskentypen keinerlei Vergleiche, so daß eine Verbindung mit den wenigen uns bekannten attischen Dramen unwahrscheinlich ist. Die hellenistischen Masken dagegen zeigen eine größere typologische Bandbreite, als dies die Komödienmaskenliste des Pollux zuläßt. Da der Text zudem selbst Probleme birgt, eignet er sich nach meiner Auffassung zur Benennung der Masken nicht. Auch der berühmte Maskentypus, den die Ausgräber als Porträt des Komödiendichters Menander identifiziert haben, trägt nur die Züge seiner Entstehungszeit im frühen 3. Jahrhundert v. Chr., während er die für das Bildnis des Dichters charakteristische geschwungene Haarlocke über der Stirn vermissen läßt.

So folgt meines Erachtens aus der Betrachtung der Masken und ihrer Ikonographie, daß sich die Stücke zwar an der Formensprache von Theatermasken orientieren, daß es jedoch nicht darauf ankam, besondere Theatertypen abzubilden. Auffälligerweise ist eine große Anzahl von Exemplaren mit einem Kranz geschmückt, der nicht an den Maskentypus gebunden ist. Diese Art von Blütenkränzen wurde bevorzugt beim Symposion getragen und stellt wiederum eine Verbindung zu der mit den Masken vergesellschafteten Keramik her.

Im zweiten Teil des Buches geht es um die Deutung der Masken in ihrem konkreten Kontext innerhalb der Nekropole. Eine Voraussetzung hierfür war die Rezeption der gesamten methodisch-theoretischen Diskussion zur Auswertung von Nekropolen. Die Debatte über Relevanz und Ausdeutungsmöglichkeiten der archäologischen Daten aus Gräberfeldern wird besonders im angelsächischen Sprachraum in der Prähistorie mit Vehemenz geführt und bezieht sich auf die Frage, wie weit sich aus den Grabfunden Aussagen über die Gesellschaft der Bestattenden treffen lassen. Dagegen haben die italienischen Kollegen des Istituto Orientale in Neapel als Vorreiter einer theoretisch reflektierten Schule in der Klassischen Archäologie die »ideologia funeraria« im Blick.

Nach dieser methodischen Standortbestimmung werden die Nekropolenkontexte ausgewertet und Regeln für die Vergesellschaftung und Lage der Beigaben gesucht. Dabei zeigt sich, daß solche Regeln von Anfang an, also seit der Belegung der Nekropolen im frühen 6. Jahrhundert existierten, daß sich die Zusammensetzung der Beigaben und ihre Lage aber im Laufe der Zeit änderte. Masken (und die parallel zu betrachtenden Theaterterrakotten) fanden sich nur bei einer beschränkten Anzahl von Gräbern aus dem 4. und frühen 3. Jahrhundert v. Chr., während sich das außen abgelegte Set aus Trinkkeramik, Tellern und Lampe im Laufe des 5. Jahrhunderts herausbildete und dann offenbar bis zum Ende der griechischen Kolonie im 1. Jahrhundert v. Chr. zu jeder Bestattung gehörte. In den Sarkophagen deponierte man in der Regel vor allem Toilettengerät, manchmal Schmuck und weitere Trinkkeramik, doch war das Grabinventar anders als das außen abgelegte Geschirr von Geschlecht und Alter des Verstorbenen abhängig.

Die großen Mengen von hellenistischen Masken, die als Streufunde und in sogenannten ›fosse votive e discariche‹ im Nekropolengelände auftauchten, ließen sich weniger gut interpretieren. Diese Abfallgruben und -schichten wurden in den Publikationen in ihrer Stratigraphie nicht so genau dokumentiert, daß sie sich eindeutig verstehen ließen. Wahrscheinlich müssen für die verschiedenen Kontexte unterschiedliche Erklärungen gesucht werden. Manche könnten Abfälle von Opfermahlzeiten enthalten, andere vielleicht die Reste von Scheiterhaufen, wieder andere könnten Störungen durch die Wiederbelegung von Sarkophagen zu verdanken sein. Einige Streufunde dürften mit der Belagerung Liparis durch die Römer im Jahre 252/51 v. Chr. zusammenhängen, die nachweislich auf dem Nekropolengelände stattfand.

Der Vergleich mit ähnlichen Nekropolenkontexten außerhalb Liparis sollte weitere Hinweise zur Deutung erbringen. Eine Parallele für die Sitte, außerhalb der Gräber Masken niederzulegen, ließ sich bisher nicht finden. Außen deponiertes Trinkgeschirr dagegen konnte in einigen archaischen Nekropolen Siziliens und Unteritaliens sowie des Mutterlandes (z. B. in Tanagra) beobachtet werden. Die engsten Beziehungen waren aber nach Ialysos und Kameiros auf Rhodos zu verfolgen, was nicht verwundert, da die Kolonisten aus Knidos und von der Insel Rhodos nach Lipari gekommen sein sollen.

Aufgrund dieser Kontexte stellte sich die Frage, ob das Geschirrset, zu dem die Masken gehören konnten, bei einem Totenmahl am Grab verwendet wurde. Da es sorgfältig geschützt nahe am Kopfende des Sarges abgestellt wurde und wohl unbenutzt war, galt es sicherlich dem Verstorbenen. Dieser könnte bei einem Mahl der Trauergemeinde sein eigenes Geschirr erhalten haben, da er als unrein galt.

Eine im Hinblick darauf vorgenommene genaue Untersuchung der Schriftquellen zum griechischen Bestattungsritual ergab, daß in Zusammenhang mit der Bestattung am Grab mehrere Speise- und Trankopfer für den Toten dargebracht werden mußten, während sich ein Totenmahl oder besser ein Umtrunk der Trauergemeinde am Grab nicht sicher nachweisen ließ. Allerdings scheinen sich auf dem christlichen Balkan im Bestattungsritual sehr viele bereits aus den antiken Quellen bekannte rituelle Gebräuche bis ins 20. Jahrhundert gehalten zu haben. Die Beschreibungen von solchen neuzeitlichen Totenfeiern sprechen einerseits von der Fütterung des Verstorbenen, andererseits von Totenmählern am Bestattungstag und festgelegten Totengedenkfesten, die entweder um das Grab herum oder in einem dafür vorgesehenen Raum auf dem Friedhof stattfinden konnten und die vom Leichenschmaus im Trauerhaus zu trennen sind. Insofern wäre es möglich, daß die vorwiegend attischen und sehr ungenauen antiken Schriftquellen kein vollständiges Bild der am Grab abgehaltenen Riten geben oder daß man in Lipari die geforderten Riten anders ausgestaltete.

Doch was würden Masken bei einem solchen Totenumtrunk bedeuten? Auf bemalter unteritalischer Keramik des 4. Jahrhunderts v. Chr. tauchen Masken sehr häufig auf. Sie hängen in Symposionszenen oft in Lauben oder Bäumen oder finden sich in Darstellungen von Dionysos und seinem Gefolge, ohne daß ein erkennbarer Zusammenhang zu Theaterszenen besteht. Sie sind dort als Zeichen für den Herrschaftsbereich des Dionysos zu deuten. Genauso können komische Schauspielerfiguren, die sogenannten Phlyaken, zu Trabanten des Gottes werden wie Satyrn, Pan, Kentauren oder Mänaden. So spricht viel dafür, daß auch in Lipari die Masken als Zeichen des Gottes und als Ausstattungsgegenstände für ein Symposionsambiente zu verstehen sind. In einem solchermaßen ausgeschmückten Raum sollte das Trinkfest stattfinden, für das dem Toten am Grab das Geschirr bereitgestellt wurde. Durch die Masken sollte der Ort in einen sakralen, von der Macht des Weingottes erfüllten Platz verwandelt werden.

Die sorgfältige Verbergung des Geschirrs läßt sogar den Gedanken aufkommen, ob die Verstorbenen diese Gegenstände nicht bei einem Gastmahl im Jenseits benötigten. Gerade aus Unteritalien gibt es eine ganze Reihe von Zeugnissen für die wichtige Rolle des Dionysos im Totenkult – auch als Vermittler bei Persephone – und für die Hoffnung auf ein glückseliges Jenseits, das man sich als ewiges Weinfest auf der Insel der Seligen vorstellte. Eine wohl frühhellenistische Quelle verbindet solche Vorstellungen sogar mit einem wundersamen Grab auf Lipari. Demnach möchte man schließen, daß in Lipari das Totenopfer, das man jedem Verstorbenen am Bestattungstag am Grab darbrachte, als dionysisches Trinkfest ausgestaltet wurde, bei dem man bisweilen auch Masken zur Schmückung und Sakralisierung des Ambientes zufügte. Zugleich dürften die Hinterbliebenen mit dieser Ausstattung für ihre Toten die Hoffnung auf ein glückseliges Jenseits bei einem ewigen Gastmahl verbunden haben.

Riassunto italiano

Nelle necropoli della città coloniale greca di Lipari e stata trovata, in tombe del IV e III secolo a. C., una grande quantità di maschere di terracotta, le quali evidentemente rappresentano una particolarità del posto. La loro funzione ed il loro significato nel contesto delle tombe fino ad ora era incerto. Da un lato sono stati visti come maschere da teatro, che sottolineavano l'entusiasmo per la cultura del teatro da parte degli abitanti di Lipari, dall'altro lato come un'indicazione riferita ad un culto segreto del dio Dioniso in riferimento all'aldilà. Sull'aspetto e l'utilizzo delle maschere non è stata fatta nessuna affermazione. In parte è stato anche supposto che i proprietari delle tombe descritte fossero attori. Quest'ultima supposizione sicuramente non è giusta, visto che le maschere sono state trovate anche all'interno di tombe femminili e di bambini, dato che all'epoca si esibivano come attori esclusivamente uomini. L'accumularsi delle maschere con ceramiche per bevande e la loro posizione sempre identica, all'esterno del sarcofago, fanno supporre che si tratti di un'azione di culto in concomitanza con la tumulazione durante la quale venivano utilizzate anche posate di simposio.

Nella prima parte della trattazione, per controllare ed analizzare meglio questa tesi, le maschere di Lipari sono state considerate come genere ed è stata esaminata la loro relazione nei confronti delle maschere realmente utilizzate durante scene teatrali, come postulato dalla scienza.

Gli archeologi Luigi Bernabò Brea e Madeleine Cavalier considerano le maschere del IV secolo a. C. che spesso sono state ritrovate in gruppi da due fino a dieci pezzi come personaggi delle tragedie o commedie classiche attiche soprattutto di Sofocle, Euripide ed Aristofane. Ci vedono dunque i personaggi di Priamo, Ecuba, Edipo, Giocasta ecc. Le maschere della prima parte del III secolo a. C. vengono riferite a dei personaggi della commedia nuova e classificati ed identificati con l'aiuto del elenco descrittivo di maschere da commedia che si trova nell'enciclopedia di Giulio Polluce dal II secolo d. C. In alcune delle maschere del primo periodo ellenistico Bernabò Brea e Cavalier riconoscono addirittura dei ritratti di autori di tragedie e commedie. Un esame dettagliato dei diversi tipi di maschere, delle loro caratteristiche artigianali, della loro iconografia ecc. però mette in evidenza che gli esemplari classici derivano da pochi modelli di base rifiniti a mano. In essi si potrebbero identificare molteplici personaggi solamente attraverso evidenti attributi, i quali nella maggiore parte dei casi non sono presenti. Al di fuori di Lipari e soprattutto in Attica non appaiono maschere di tipi comparabili, di modo che un rapporto fra le maschere di Lipari ed i personaggi dei pochi drammi attici a noi noti non è probabile. Le maschere ellenistiche invece rappresentano una vasta gamma di tipi molto più ampia rispetto alla lista di maschere della commedia di Polluce. Visto che il testo in se stesso è problematico sono del parere che non sia adatto alla identificazione delle maschere. Anche il famoso tipo di maschera identificato dagli archeologi come il ritratto del poeta Menandro mostra solamente i lineamenti del periodo d'origine nella prima parte del III secolo a. C. Manca invece la caratteristica ciocca di capelli ondulata sulla fronte che caratterizza il ritratto del poeta.

L'osservazione delle maschere e la loro iconografia mi fanno pensare che i reperti si orientassero come forma a delle maschere teatrali che però non si intendesse rappresentare delle forme teatrali specifiche. Si conta altresì una grande quantità di esemplari che hanno come ornamento una ghirlanda, non specifico di un tipo di maschera. Questo tipo di ghirlanda di fiori veniva portata soprattutto durante i simposi e indica nuovamente un legame tra le maschere e le ceramiche trovate insieme nella stessa posizione.

La seconda parte del libro tratta dell'interpretazione delle maschere e della loro funzione nel contesto concreto all'interno della necropoli. Questo non era possibile senza la ricezione della discussione metodica e teorica nel suo insieme per l'analisi delle necropoli. Sopratutto tra i preistorici anglosassoni si dibatta vehemente il modo d'interpretazione dei dati archeologici forniti dalle necropoli. La discussione si riferisce specialmente alla questione in quanto i reperti ritrovati nelle tombe contengono informazioni sulla società che ha sepolto il suo defunto di tal maniera. I colleghi italiani dell'Istituto Orientale di Napoli invece essendo esponenti di una scuola teorica sulla base dell'archeologia classica seguono l'ideologia funeraria. Sulla base di questa discussione metodica vengono analizzati i contesti delle necropoli e si cercano delle regole per l'associazione e la collocazione degli corredi funebri. Fin dall'inizio, nell'utilizzazione di necropoli, nella prima metà del VI secolo a. C. si è notato l'esistenza di regole ma anche che la composizione dell'corredo funebre e la sua collocazione variava con il passare del tempo. Solamente in una limitata quantità di tombe del IV e dell'inizio del III secolo a. C. si trovano delle maschere (e delle terrecotte legate al teatro che sono parallelamente da esaminare). Il corredo composto da ceramiche per bevande, piatti e lampade che fù collocato all'esterno si è sviluppato nell'arco del V secolo a. C. e fa parte di ogni sepoltura fino alla fine della colonia greca nel I secolo a. C. All'interno dei sarcofagi venivano deposti di regola sopra tutto accessori da toilette, a volte gioielli ed altra ceramica per bevande. Diversamente alla ceramica depositata all'esterno, il contenuto della tomba dipendeva dal sesso e dall'età del defunto.

Le maschere ellenistiche che sono state trovate in grande quantità sparse nell'area della necropoli oppure all'interno delle cosiddette fosse votive e discariche sono più difficili da interpretare. Nelle pubblicazioni le discariche e gli strati di rifiuti non sono stati documentati in modo cosi preciso nella loro stratigrafia da poter essere interpretate in modo univoco. Molto probabilmente si devono cercare interpretazioni differenti a seconda dei diversi contesti. Alcuni potrebbero contenere rifiuti provenienti dai banchetti dei sacrifici, altri potrebbero contenere resti di roghi oppure altri potrebbero stati causati da un riutilizzo dei sarcofaghi. Alcuni reperti sparsi potrebbero essersi originati nel periodo dell'assedio di Lipari da parte dei Romani sull'area delle necropoli nell'anno 252-251 a. C.

Il paragone con contesti simili delle necropoli al di fuori del territorio di Lipari doveva fornire ulteriori segnali per la loro interpretazione. Un uso analogo della collocazione delle maschere al di fuori delle tombe fin ad oggi non è stato trovato. Al contrario si è potuto constatare che in alcune necropoli arcaiche della Sicilia e Italia meridionale come anche nella patria (per esempio a Tanagra) ceramiche per bevande venivano depositate all'esterno. I rapporti i più stretti sono da notare colle necropoli di Ialiso e Camiro sull'isola di Rodi, la conseguenza logica visto che i coloni provenienti da Cnido e dell'isola di Rodi si sarebbero recati a Lipari.

Sulla base di ciò ci si pone la questione se il corredo, al quale appartenevano qualche volta anche le maschere, veniva utilizzato durante un banchetto funebre. Siccome il corredo probabilmente inutilizzato era collocato con accuratezza fuori a capo della tomba, si può concludere, che era dedicato al defunto. Quest'ultimo potrebbe aver ricevuto il proprio coperto da parte dei partecipanti al banchetto funebre, dato che egli era considerato impuro.

Da un'analisi approfondita delle fonti scritte riguardanti i rituali funebri greci risulta che durante la cerimonia di tumulazione si dovevano offrire molteplici sacrifici a base di bevande e cibo per il defunto. Non si è potuto provare di sicuro un banchetto, o piuttosto un brindisi, vicino alla tomba da parte dei partecipanti. Sembra che molti riti funebri già conosciuti da antiche fonti siano rimasti fino al XX secolo d. C. parte integrante del rito funebre nelle zone cristiane dei Balcani. La descrizione di questi riti funebri moderni da un lato parla di una nutrizione dei defunti e dall'altro di banchetti funebri il giorno del funerale e durante ben precisi anniversari. Questi banchetti si potevano svolgere nelle vicinanze della tomba oppure all'interno di un locale predisposto nell'area del cimitero e che non sono da confondere con il banchetto funebre svoltosi nella casa colpita dal lutto. Di conseguenza è possibile che le antiche fonti scritte (soprattutto quelle attiche), che sono poco precise, non rispecchia completamente i riti svolti vicino alle tombe, oppure che a Lipari i riti richiesti si siano svolti in modo differente.

Che significato potrebbero aver avuto le maschere durante lo svolgimento della libagione funebre? Maschere vengono raffigurate molto spesso su ceramiche dipinte del IV secolo a. C. ritrovate in Italia meridionale. Si trovano spesso in scene di simposio, appese all'interno di pergole ed alberi, oppure appaiono in rappresentazioni di Dioniso e del suo seguito senza che vi sia riconoscibile una relazione con scene teatrali. In questo caso sono da interpretare come segno di dominio da parte di Dioniso. Allo stesso modo figure teatrali comiche come i cosiddetti Fliaci diventano seguaci del dio come Satiri, Pan, Centauri o Menadi. Molte ragioni dunque per imaginarsi che anche a Lipari le maschere rappresentavano un segno del dio ed erano viste come arredi di un simposio. All'interno di un locale addobbato in questa maniera si dovrebbe essere svolto il ricevimento (grande bevuta) per il quale era stato predisposto il corredo vicino alla tomba del defunto. Per mezzo delle maschere questo luogo si doveva trasformare in un ambiente sacrale, colmo del potere del dio del vino.

Il fatto che il corredo venisse nascosto con molta cura fa pensare che questi oggetti potessero servire al defunto durante un simposio nell'aldilà. Soprattutto nell'Italia meridionale si trovano molteplici testimonianze che indicano la funzione importante di Dioniso nell'ambito del culto funebre (anche come mediatore vicino a Persefone) e dimostrano la speranza di un aldilà sereno, che veniva immaginato come una festa perenne del vino sull'isola dei beati. Una fonte paleoellenistica collega quest'idea addirittura con una mirabile tomba a Lipari.

In base a ciò si potrebbe pensare che il sacrificio funebre sull'isola di Lipari che veniva offerto ad ogni defunto presso la sua tomba il giorno della sua sepoltura, si svolgesse come simposio in onore di Dioniso durante il quale si aggiungevano ogni tanto delle maschere per l'addobbo e la sacralizzazione dell'ambiente. Allo stesso tempo i superstiti dovrebbero aver collegato con questo corredo funebre per i loro defunti la speranza di un sereno aldilà su forma di un simposio eterno.

VIII Anhang

1 Typenlisten der Masken aus Lipari

a Vorbemerkung

In nachfolgenden Listen wurden die publizierten bzw. im Museo Eoliano ausgestellten Masken sowie die Stücke im Kelvingrove Museum in Glasgow und im Museo Mandralisca in Cefalù typologisch geordnet. Leider war es nicht möglich, in Lipari sämtliche im Magazin aufbewahrten Fragmente persönlich in Augenschein zu nehmen, deswegen wurden viele, wegen ihres fragmentarischen Zustandes schwierig und nicht eindeutig bestimmbare Stücke weggelassen. Dies gilt insbesondere für die Frisurbruchstücke und Gesichtsfragmente ohne ausgeprägte physiognomische Kennzeichen. Auf Bernabò Breas Einschätzung, daß zwei Stücke aus derselben Matrize stammen, kann man sich leider nicht verlassen. Für die eigentliche Fragestellung dieser Arbeit war eine vollständige Erfassung sämtlicher Fragmente nicht zwingend notwendig, da es hauptsächlich darauf ankam zu zeigen, daß die Typologie von Bernabò Brea durch von außen übergestülpte Gliederungsschemata den Blick auf viele Zusammenhänge verstellt. So dienen die Listen hauptsächlich dazu, die im Kapitel zur Typologie dargelegten Ergebnisse nachvollziehbar zu machen.

Innerhalb der Gruppen wurde grob nach dem Geschlecht, Alter und nach Bart bzw. Bartlosigkeit gegliedert, auch wenn sich vor allem das Kriterium des Alters nicht konsequent anwenden ließ, da offenbar innerhalb des gleichen Typus bei einem Stück Altersmerkmale herausgehoben sind, während ein anderes durch kindliche Züge charakterisiert ist.

Eine Ordnung innerhalb der Typen nach der Größe ließ sich ohne Autopsie, besonders bei den Fragmenten nicht durchführen. Eine Untergliederung nach dem Gewicht, wie sie Bernabò Brea beim »Agroikos« vornimmt, scheint mir ebenfalls nicht zweckmäßig, da die Wandstärke, die das Gewicht bewirkt, als handwerkliches Merkmal keine typologische Relevanz besitzt.

Wenn nur die Inventarnummer angegeben ist, befindet sich das Stück im Museo Eoliano in Lipari. Die Namen, die die Ausgräber den Stücken gegeben haben, sind Phantasieprodukte, für die es keine positiven Argumente gibt. Sie werden jedoch hinter den Literaturzitaten in Klammern angegeben, um die Orientierung zu erleichtern.

Sichere Benennungen stehen dagegen vor der Inventarnummer. Die Abkürzung Gr. bedeutet Grabnummer. Die Tafelnummer in der letzten Spalte bezieht sich auf den Tafelteil des hier vorgelegten Bandes.

b Typologische Ordnung der Masken aus dem 4. Jahrhundert v. Chr. (K)

Männer (nach Alter):

1 a)	Inv. 3036	MTL 34 A 1 Abb. 9 (Priamos)	Gr. 74	Taf. 1 a
1 b)	ehem. Palermo, NM	Libertini, Centuripe 134 Taf. 36, 6		Taf. 1 b
1 c)	Inv. 5069	MTL 34 A 2 Abb. 10		
2)	Acheloos Inv. 9536 a	MTL 35 A 3 Abb. 11	Gr. 890	
3)	verschollen, o. Inv.	MTL 36 A 5 Abb. 13	Orsi Gr. 17 oder 18	
4)	Inv. 2301 f (abhängig von 4. Jh.)	MTL 35 f. A 4 Abb. 12 (Oidipus)	Gr. 406	Taf. 4 c
5 a)	Inv. 10774 b	MTL 41 A 14 a Abb. 24 (Admet)	Gr. 1287	Taf. 5 c
5 b)	Glasgow 03.70.dt.3	unpubliziert, Webster, MNC[2] 319 ST 96		Taf. 5 a. b
5 c)	Inv. 11114 d	MTL 41 A 14 b Abb. 25 (Admet)	Gr. 1558	
5 d)	Inv. 11114 c	MTL 41 A 14 c Abb. 26 (Admet)	Gr. 1558	
6)	Cefalù Inv. 124	MTL 41 A 15 Abb. 27		
7)	Inv. 13556 j oder i?	MTL 313 Abb. 474, ML VII Taf. 51 (Philoktet)	Gr. 1725	Taf. 5 d
8)	Inv. 18401 c oder f?	Museo Eoliano 103 Abb. 75 (Talthybios)	Gr. 2486	Taf. 4 a
9 a)	Herakles Inv. 10699	MTL 36 f. A 6 a Abb. 14 Taf. 6, 1		
9 b)	Herakles Inv. 10774 a	MTL 37 A 6 b Abb. 15	Gr. 1287	
9 c)	Herakles Glasgow 03.70.dt.2	MTL 37 A 6 c Abb. 16		
10)	Inv. 10829 a	MTL 38 A 8 Abb. 18 Taf. 7, 4 (Laios)	Gr. 1315	
11)	Inv. 317 e	MTL 37 A 7 Abb. 17 Taf. 6, 2 (Hektor)	Gr. 198	Taf. 2 b
12 a)	Inv. 15420 f	ML V 163 f. Taf. 137 Abb. 375 (Pelops)	Gr. 2184	Taf. 2 a
12 b)	Inv. 16438	MPTG 47 Abb. 29 (Pelops)	Gr. 2316	

13 a)	Pan Inv. 14593	ML V 46 Taf. 29 Abb. 77	Gr. 1987	Taf. 2 c
13 b)	Pan, ehem. Palermo, NM	Libertini, Centuripe 134 Taf. 36, 4		Taf. 2 d
14 a)	Cefalù Inv. 122	MTL 38 A 9 a Abb. 19 (Polymestor)		
14 b)	Inv. 11167	MTL 38 A 9 b Taf. 7, 1 (Polymestor)	Gr. 1613	
14 c)	Glasgow 03.70.dt.1	MTL 38 A 9 c (Polymestor)		
15 a)	Pan Cefalù Inv. 123	MTL 46 B 3 Abb. 35		
15 b)	Pan Glasgow 03.70.dt.10	MTL 46 B 4, Wiles, Masks Taf. 7, 1		
16)	Inv. 14594	ML V 46 Taf. 30 Abb. 81	Gr. 1987	
17)	Inv. 3038 (3036 c)	MTL 40 A 13 Abb. 23 (Deiphobos)	Gr. 74	Taf. 3 a. b
18)	Inv. 3037 (3036 b)	MTL 39 A 10 Abb. 20 (Paris)	Gr. 74	
19)	Inv. 15420 h	ML V 163 Taf. 138 Abb. 376 (Chrysipp)	Gr. 2184	
20)	Inv. 11167 a	MTL 39 f. A 11 Abb. 21 (Polydoros)	Gr. 1613	
21 a)	Inv. 15431 d	ML V 169 Taf. 150 Abb. 407	Gr. 2196	
21 b)	Inv. 10829 b	MTL 40 A 12 Abb. 22 Taf. 7, 3 (Chrysipp)	Gr. 1315	
21 c)	Inv. 3454	MTL 195 Sikelikos 1 Abb. 321		
21 d)	Inv. 9753	MTL 195 Sikelikos 2 Abb. 321		
22)	Inv. 9536 b	MTL 42 A 17 Abb. 29 Taf. 8, 2 (Deianeira)	Gr. 890	
23)	Inv. 13556 i oder j? (weiblich?)	MTL 313 Abb. 475, ML VII Taf. 51 (Paris)	Gr. 1725	Taf. 3 c
24)	Silen Inv. 15152	MPTG 182 Abb. 245		Taf. 20 a. b
25 a)	Satyr Inv. 2343 a	MTL 45 f. B 1 a Abb. 33	Gr. 449	
25 b)	Satyr Inv. 3075	MTL 46 B 1 b		
26)	Inv. 11114 e	MTL 46 B 2 Abb. 34	Gr. 1558	
27 a)	Satyr Glasgow 03.70.dt.15	MTL 130 H 7 Abb. 217		Taf. 20 d
27 b)	Satyr Inv. 15420	ML V 164 Taf. 139 Abb. 377	Gr. 2184	
28 a)	Inv. 13556 f	ML VII 42 f. Taf. 52	Gr. 1725	Taf. 6 c. d
28 b)	Inv. 11114 a (kleiner)	MTL 51 C 2 Abb. 38	Gr. 1558	
29)	Inv. 11167 e	MTL 51 f. C 3 Taf. 11, 4 Abb. 39	Gr. 1613	
30 a)	Inv. 14591 oder 15490?	ML V 46 Taf. 29 Abb. 78	Gr. 1987	
30 b)	Inv. 11167 f	MTL 52 C 4 Taf. 11, 3 Abb. 40	Gr. 1613	
30 c)	Inv. 3353	MTL 199 Therapon pappos 7 Abb. 325		
31)	Inv. 11167 g	MTL 52 f. C 5 Taf. 11, 1. 2. Abb. 41	Gr. 1613	
32)	Inv. 11296	MTL 203 Hegemon therapon 17 Abb. 337		
33)	Inv. 9728	MTL 51 C 1 Abb. 37		
34)	Herakles Inv. 14584	ML V 45 Taf. G. H	Gr. 1986	Taf. 7 a. c
35)	Inv. 14585	ML V 45 (Hades) Taf. G. H	Gr. 1986	Taf. 7 b. d

Frauen (nach Alter):

36)	Inv. 317 f	MTL 42 A 16 Taf. 5 Abb. 28 (Hekuba)	Gr. 198	Taf. 1 c
37)	Inv. 15458	ML V 187 Taf. 179 Abb. 494		
38)	Inv. 18401 b	Museo Eoliano 103 Abb. 75 (Hekuba)	Gr. 2486	Taf. 1 d. 4 b
39)	Inv. 3039 (3036 d)	MTL 44 A 20 Abb. 32 (Kassandra)	Gr. 74	Taf. 3 d
40 a)	Inv. 14592 oder 14591?	ML V 46 Taf. 29 Abb. 80	Gr. 1987	
40 b)	Inv. 3419	MTL 214 Ule 1 Abb. 356		
40 c)	Inv. 10829 c	MTL 43 f. A 19 Taf. 7, 1 Abb. 31 (Hippodameia)	Gr. 1315	
40 d)	Inv. 16438	MPTG 47 Abb. 30 (Hippodameia)	Gr. 2316	
41)	Glasgow 03.70.dt.11	MTL 215 Ule 2 Abb. 357		Taf. 22 a
42)	Inv. 11167 b	MTL 57 C 9 Taf. 12, 4 Abb. 53	Gr. 1613	
43 a)	Glasgow 03.70.dt.9	MTL 230 Diachrysos etaira 1 Abb. 394		Taf. 22 b
43 b)	Inv. 3418	MTL 230 Diachrysos etaira 2 Abb. 395		
43 c)	Inv. 12570	MTL 230 Diachrysos etaira 3 Abb. 395		
44)	Glasgow 03.70.dt.12	Wiles, Masks Abb. 7 o. r.		Taf. 22 b
45)	Inv. 11114 b	MTL 58 C 10 Abb. 54	Gr. 1558	

46)	Inv. 14590 od. 14592?	ML V 46 Taf. 29 Abb. 79	Gr. 1987
47 a)	verschollen, ohne Inv.	MTL 53 C 6 a Abb. 42	Orsi Gr. 17 oder 18
47 b)	Inv. 2343 b	MTL 54 C 6 b Abb. 43	Gr. 449
47 c)	Inv. 11167 h	MTL 54 f. C 6 c Taf. 12, 3 Abb. 44	Gr. 1613
47 d)	Cefalù Inv. 128	MTL 55 C 6 d Abb. 45	
48)	Glasgow 03.70.dt.16	MTL 55 C 7 b Abb. 47	
49)	Inv. 3416	ML II 314 Taf. 195, 5	
50)	Inv. 10829 d	MTL 55 C 7 a Abb. 46	Gr. 1315
51 a)	Inv. 3040	MTL 57 C 8 a Abb. 48 (Negerin)	Gr. 74
51 b)	Inv. 3071	MTL 57 C 8 b ML II 299 Taf. 149, 4 (Negerin)	
51 c)	Inv. 10827 a	MTL 57 C 8 c Abb. 49. 52 (Negerin)	Gr. 1314
51 d)	Inv. 10827 b	MTL 57 C 8 d Abb. 50 (Negerin)	Gr. 1314
51 e)	Inv. 11167	MTL 57 C 8 e Abb. 51 (Negerin)	Gr. 1613

c Typologische Ordnung der Masken aus der 1. Hälfte des 3. Jahrhunderts v. Chr. (H)

Männer (nach Alter):

1)	Inv. 3070	ML II 299 Taf. 149, 3 (Herakles)		
2 a)	Inv. 9294	MTL 146 Pappos protos 2 Taf. 22, 1. 2		Taf. 13 a. c. d
2 b)	Inv. 11235	MTL 146 Pappos protos 4 Abb. 228		
2 c)	Inv. 9722	MTL 146 Pappos protos 3 Abb. 229		
2 d)	Inv. 11236	MTL 147 Pappos protos 5 Abb. 230		
2 e)	Inv. 13590	MTL 251 Ritratto 9 b Abb. 424		
2 f)	Inv. 3455 f	MTL 251 Ritratto 9 a Abb. 424		
2 g)	Inv. 9721	MTL 146 Pappos protos 1 Taf. 22, 3 Abb. 227		Taf. 12 d. 13 b
3 a)	Inv. 15508	ML IX 2 209 Taf. 230, 2; MPTG 176 Abb. 236		
3 b)	Inv. 9723	MTL 148 Pappos eteros Abb. 232		
4)	Inv. 3437	MTL 249 Ritratto 7 a Taf. 42, 1 Abb. 421		
5)	Inv. 11553	MTL 250 Ritratto 8 g Taf. 42, 4 Abb. 422		
6)	Inv. 13588	MTL 250 Ritratto 8 h Abb. 423 (Sophokles)		
7)	Inv. 15475	ML V 185 Taf. 178 Abb. 490–492 (Euripides)		
8 a)	Inv. 3438	MTL 247 Ritratto 2 Taf. 42, 3 Abb. 416		Taf. 16 a–c
8 b)	London, BM 1856.12–26.289	Walters a. O. 325 D 165 (Anm. 424)		Taf. 16 d
9 a)	Inv. 13585	MTL 247 Ritratto 3 a Abb. 417		
9 b)	Inv. 15476	ML V 186 Taf. 178 Abb. 489		
9 c)	Inv. 3455 d	MTL 248 Ritratto 3 b Abb. 418		
9 d)	Inv. 3455	MTL 248 Ritratto 3 c Abb. 418		
9 e)	Inv. 11599	MTL 248 Ritratto 3 d Abb. 418		
9 f)	Inv. 11560	MTL 248 Ritratto 3 e Abb. 418		
10)	Inv. 9752	MTL 195 Eikonikos 1 Taf. 33, 4. 5 Abb. 319		Taf. 17 a
11)	Inv. 3439	MTL 248 f. Ritratto 4 Abb. 419		
12)	Inv. 3440	MTL 249 Ritratto 6 Abb. 420		
13)	Inv. 6921	MTL 245 f. Menandro Taf. 1 Abb. 415		Taf. 14 a. 15 a. b
14)	Inv. 3450	MTL 249 Ritratto 5 Taf. 42, 2 Abb. 420		
15)	Glasgow, 03.70.dt.14	unpubliziert		Taf. 14 c. 15 d
16)	Inv. 15153	ML VII 126 f. Taf. 86, 1. 2 (Menandro)		Taf. 14 b. 15 c
17)	Inv. 10979	MTL 120 G 1 Taf. 19 Abb. 194 (Apollo)	Gr. 1502	
18)	Inv. 3451	MTL 120 G 2 Abb. 295		
19)	Inv. 12938	MTL 122 G 6 Abb. 200		
20)	Inv. 12522	MTL 122 G 7 Abb. 199		
21 a)	Inv. 14895 c (vgl. Nr. 103)	MedA 5/6, 1992/93, 34 Taf. 30, 1; MPTG 153 Abb. 206	Gr. 2050	Taf. 10 b

21 b)	Inv. 9290	MTL 166 Melas neaniskos 5 Taf. 26, 1		Taf. 10 a
22)	Inv. 3455	MTL 122 G 8 Abb. 200		
23)	Inv. 12980	MTL 228 Etairikon teleion 17 Taf. 40 Abb. 389		Taf. 11 b–d
24)	Inv. 3455	MTL 122 G 9 Abb. 200		
25)	Inv. 9734	MTL 168 Melas n. 29 Taf. 26, 3 Abb. 263		
26 a)	Inv. 9735	MTL 167 Melas n. 23 Taf. 26, 2 Abb. 261		
26 b)	Inv. 12516, aus Stromboli	MTL 167 Melas n. 24 Taf. 26, 4. 27 Abb. 262		
26 c)	Inv. 13631	ML VII 119 Taf. 77, 1		
26 d)	Inv. 3388	MTL 168 Melas neaniskos 25 Abb. 257		
26 e)	Inv. 9741	MTL 168 Melas neaniskos 27 Abb. 257		
26 f)	Inv. 12548 a. b	MTL 168 Melas neaniskos 38 Abb. 260		
27 a)	Inv. 3455 a	MTL 122 G 5 a Abb. 200		
27 b)	Inv. 3455 b	MTL 122 G 5 b Abb. 200		
27 c)	Inv. 12517 a. b, Stromboli	MTL 164 Melas neaniskos 37 Abb. 259		
27 d)	Inv. 11271	MTL 168 Melas neaniskos 32 Abb. 264		
28 a)	Glasgow 03.70.dt.6	MTL 159 Panchrestos 1 Abb. 244		
28 b)	Inv. 9731	MTL 159 Panchrestos 2 Abb. 245		
29 a)	Glasgow 03.70.dt.4	MTL 159 Panchrestos 3 Abb. 246		
29 b)	Inv. 9730	MTL 159 Panchrestos 4 Taf. 24 Abb. 247		Taf. 8 a
29 c)	Inv. 9732	MTL 160 Panchrestos 5 Abb. 248		
29 d)	Inv. 9733	MTL 160 Panchrestos 6 Abb. 248		
29 e)	Inv. 3455	MTL 160 Panchrestos 8 Abb. 248		
29 f)	Inv. 6766 (kleiner)	MTL 161 f. Panchrestos 14 Taf. 25, 1 Abb. 252	Gr. 576	
29 g)	Cefalù Inv. 125 (kleiner)	MTL 162 Panchrestos 15 Abb. 253		
29 h)	Glasgow 03.70.dt.5	MTL 162 Panchrestos 16 Abb. 254		
29 i)	Inv. 715	MTL 162 Panchrestos 17 Abb. 255	Gr. 276	
30)	Inv. 14850	ML V 75 Taf. 39 Abb. 111		
31 a)	Inv. 12969	MTL 161 Panchrestos 12 Abb. 251		
31 b)	Inv. 3389	MTL 161 Panchrestos 13 Taf. 25, 3		
32 a)	Inv. 12965	MTL 171 Oulos 1 Taf. 28 Abb. 266		
32 b)	Inv. 12966	MTL 171 Oulos 2 Abb. 270		
33 a)	Inv. 6766 b	MTL 171 Oulos 3 Taf. 29, 2 Abb. 267	Gr. 576	
33 b)	Inv. 3390	MTL 171 Oulos 4 Taf. 29, 3 Abb. 268		
33 c)	Inv. 9737	MTL 171 Oulos 5 Abb. 270		
33 d)	Inv. 3387	MTL 171 Oulos 6 Abb. 275		
33 e)	Inv. 9743	MTL 171 Oulos 7 Abb. 275		
33 f)	Inv. 11246	MTL 172 Oulos 9 Abb. 277		
33 g)	Inv. 11291	MTL 172 Oulos 11 Abb. 270		
33 h)	Inv. 3455 a	MTL 172 Oulos 12 Abb. 270		
33 i)	Inv. 3455 b	MTL 172 Oulos 13 Abb. 270		
33 j)	Inv. 11248	MTL 172 Oulos 15 Abb. 270		
33 k)	Inv. 12967	MTL 172 Oulos 18 Abb. 270		
33 l)	Inv. 12968	MTL 172 Oulos 19 Abb. 270		
33 m)	Inv. 10777	MTL 172 Oulos 21 Taf. 30, 2 Abb. 269		
33 n)	ohne Inv.	ML VII 119 f. Taf. 77, 8		
33 o)	Inv. 9736	MTL 174 Oulos 22 Taf. 30, 3		
33 p)	Inv. 9738 (Verkleinerung)	MTL 175 Oulos 28 Taf. 29, 1 Abb. 273		
33 q)	Inv. 11253 (Verkleinerung)	MTL 175 Oulos 29 Abb. 270		
33 r)	Inv. 9747 (mit Kranz)	MTL 184 Episeistos 2 Taf. 31, 3 Abb. 294		
33 s)	Inv. 646	MTL 184 Episeistos 5 Abb. 295		
34 a)	Inv. 3010	MTL 175 Oulos 30 Abb. 274	Gr. 501	
34 b)	Inv. 3386	MTL 175 Oulos 31 Abb. 278		
34 c)	Inv. 9750	MTL 175 Oulos 32 Abb. 278		

35)	Inv. 10580	MTL 207 Hegemon episeistos 3 Abb. 346
36 a)	Inv. 9748	MTL 184 Episeistos 6 Taf. 31, 4 Abb. 296
36 b)	Inv. 10863	MTL 184 Episeistos 7 Abb. 297
37)	Inv. 3383	MTL 184 Episeistos 1 Abb. 293
38)	Inv. 11290	MTL 192 Parasitos 1 Taf. 33, 1. 2 Abb. 313
39 a)	Inv. 11289	MTL 192 Parasitos 2 Taf. 32, 4 Abb. 314
39 b)	Inv. 12972	MTL 194 Parasitos 3 Abb. 315
39 c)	Inv. 11187	MTL 194 Parasitos 4 Taf. 33, 3 Abb. 316
40 a)	Inv. 15459	ML V 189 Taf. 180 Abb. 501 b
40 b)	Inv. 3373 (Verkleinerung)	MTL 160 Panchrestos 9 Taf. 25, 2 Abb. 249
40 c)	Cefalù Inv. 126 (Verkleinerung)	MTL 160 Panchrestos 10 Abb. 250
40 d)	Inv. 3374 (Verkleinerung)	MTL 161 Panchrestos 11 Abb. 248
41)	Inv. 9739	MTL 174 Oulos 27 Taf. 30, 1 Abb. 272
42)	Inv. 11244	MTL 194 Parasitos 5 Abb. 317
43 a)	Inv. 12970	MTL 182 Agroikos 28 Abb. 286
43 b)	Inv. 12518, aus Stromboli	MTL 182 Agroikos 29 Abb. 287
44)	Inv. 10779	MTL 189 Kolax 2 Taf. 32, 1 Abb. 306
45 a)	ohne Inv.	ML VII 119 Taf. 77, 6 (Secondo episeistos)
45 b)	Inv. 11243	MTL 190 Kolax 3 Taf. 32, 2 Abb. 307
45 c)	Inv. 3375	MTL 190 Kolax 4 Abb 308
45 d)	Inv. 9751	MTL 189 Kolax 1 Abb. 305
45 e)	Inv. 11186 od. 88?	MTL 190 Kolax 5 Taf. 32, 3 Abb. 309
46)	Inv. 13333	MTL 187 Secondo episeistos 1 Abb. 298
47 a)	Inv. 9742	MTL 187 Secondo episeistos 2 Abb. 300
47 b)	Inv. 11238	MTL 188 Secondo episeistos 3 Abb. 301
47 c)	Inv. 11240	MTL 188 Secondo episeistos 4 Abb. 303
47 d)	Inv. 3380 (Verkindlichung)	MTL 188 Secondo episeistos 5 Abb. 303
47 e)	Inv. 3381 (Verkindlichung)	MTL 188 Secondo episeistos 7 Abb. 303
47 f)	Inv. 3379	MTL 188 Secondo episeistos 6 Abb. 302
48 a)	Inv. 11239	MTL 177 Apalos neaniskos Taf. 30, 4 Abb. 279
48 b)	Inv. 13535	ML VII 119 Taf. 77, 2 (Apalos neaniskos)
48 c)	Inv. 13536	ML VII 119 Taf. 77, 3 (Apalos neaniskos)
48 d)	Inv. 13537	ML VII 119 Taf. 77, 4 (Apalos neaniskos)
49)	Inv. 3393	MTL 180 Agroikos 13 Abb. 284
50 a)	Inv. 3385	MTL 178 Agroikos 5 Abb. 280
50 b)	Inv. 3384	MTL 178 Agroikos 3 Abb. 289
50 c)	Inv. 9291	MTL 178 Agroikos 9 Abb. 281
50 d)	Inv. 2535 (vgl. Nr. 110)	MTL 180 Agroikos 11 Abb. 282
50 e)	Inv. 13538	ML VII 119 f. Taf. 77, 11 (Agroikos)
50 f)	Inv. 9292	MTL 180 Agroikos 12 Abb. 283
50 g)	Inv. 13638	ML VII 119 Taf. 77, 9 (Agroikos)
50 h)	Inv. 13539	ML VII 119 Taf. 77, 10 (Agroikos)
50 i)	Inv. 10788 (grobe Verkleinerung)	MTL 181 Agroikos 26 Taf. 31, 2 Abb. 285
50 j)	Inv. 11283	MTL 180 Agroikos 18 Abb. 291
50 k)	Inv. 3041	MTL 180 Agroikos 21 Abb. 292
50 l)	Inv. 9744	MTL 180 Agroikos 20 Abb. 291
50 m)	Inv. 13564	ML VII 119 Taf. 77, 7 (Agroikos)
51 a)	Inv. 3352	MTL 198 Therapon pappos 2 Taf. 34, 1 Abb. 323
51 b)	Inv. 3857	MTL 198 Therapon pappos 3 Abb. 324
51 c)	Inv. 11292	MTL 199 Therapon pappos 5 Abb. 325
51 d)	Inv. 13166	MTL 199 Therapon pappos 9 Abb. 327
52)	Inv. 3856	MTL 199 Therapon pappos 4 Abb. 324
53)	Inv. 3354	MTL 199 Therapon pappos 6 Abb. 325

54)	Inv. 3372	MTL 199 Therapon pappos 8 Abb. 326		
55 a)	Inv. 9755	MTL 200 f. Hegemon therapon 3 Taf. 34, 3 Abb. 329		Taf. 18 a
55 b)	Inv. 3358	MTL 202 Hegemon therapon 10 Taf. 35 Abb. 333		
55 c)	Inv. 3361	MTL 202 Hegemon therapon 8 Abb. 334		
55 d)	Inv. 3359	MTL 202 Hegemon therapon 9 Abb. 334		
55 e)	Inv. 10791	MTL 203 Hegemon therapon 11 Abb. 335		
55 f)	Inv. 3368	MTL 203 Hegemon therapon 13 Abb. 335		
56)	Inv. 9295	MTL 202 Hegemon therapon 6 Abb. 332		
57 a)	Inv. 9756	MTL 201 Hegemon therapon 4 Abb. 330		Taf. 19 a. c
57 b)	Inv. 3371	MTL 202 Hegemon therapon 5 Abb. 331		Taf. 19 b
58)	Inv. 10792	MTL 203 Hegemon therapon 16 Abb. 336		
59)	Inv. 10865	MTL 204 Kato trichias Taf. 34, 2 Abb. 338		
60)	Inv. 20525, Pontinenti	ML X 389 IV Taf. 26; MPTG 230 Abb. 321. 322	Gr. 2576	
61 a)	Inv. 3369	MTL 205 Therapon oulos 1 Abb. 339		
61 b)	Inv. 3370	MTL 205 Therapon oulos 2 Abb. 340		
62 a)	Inv. 10864	MTL 206 Maison 1 Taf. 34, 4 Abb. 342		
62 b)	Inv. 9758	MTL 206 Maison 2 Abb. 343		
62 c)	Inv. 11297	MTL 206 Maison 3 Abb. 343		
63 a)	Silen Inv. 3072	MTL 127 H 1 a Taf. 20, 1 Abb. 207		Taf. 21 c
63 b)	Silen London, BM 1856.12–26.286	Walters a. O. 326 D 173 (Anm. 424)		Taf. 21 b
63 c)	Silen Inv. 11549	MTL 127 H 1 b Abb. 213		
63 d)	Silen Inv. 3073	MTL 127 H 1 c Abb. 213		
63 e)	Silen Inv. 12642	MTL 127 H 1 e Abb. 213		
64)	Silen Inv. 9729	MTL 152 f. Pornoboskos 1 Taf. 23		Taf. 20 c
65)	Silen Inv. 12576	MTL 127 H 2 Abb. 211		
66 a)	Satyr Inv. 10829 e	MTL 47 B 5 a Taf. 9, 4 Abb. 36	Gr. 1315	
66 b)	Satyrfrgm. Inv. 3355	MTL 47 B 5 b, ML II 312 C 2 e Taf. 186, 5		
67 a)	Pan Inv. 2304	MTL 128 H 4 a Taf. 20, 2 Abb. 208	Gr. 409	
67 b)	Pan Inv. 3420	MTL 169 Melas neaniskos 40 Abb. 265		
67 c)	Panfrgm. Inv. 12643	MTL 128 H 4 b ohne Abb.		
68 a)	Satyr Inv. 3074	MTL 128 H 5 Abb. 209		
68 b)	Inv. 3366	MTL 182 Agroikos 30 c Abb. 288		
68 c)	Inv. 11551	MTL 182 Agroikos 30 e Abb. 288		
69)	Inv. 3406	MTL 182 Agroikos 30 a Abb. 287		
70 a)	Satyr? Inv. 10660	MTL 129 H 6 a Taf. 20, 3 Abb. 210		
70 b)	Satyr? Inv. 9761	MTL 129 H 6 b Abb. 214		
70 c)	Satyr? Inv. 3394	MTL 129 H 6 c Abb. 214		

Frauen (nach Alter):

71)	Inv. 3455	MTL 211 Graidion ischnon 2 Abb. 348		
72 a)	Inv. 9766	MTL 212 f. Oikuron graidion 1 Taf. 36, 1 Abb. 353		
72 b)	Inv. 9765	MTL 213 Oikuron graidion 2 Abb. 351		
72 c)	Inv. 3376	MTL 213 Oikuron graidion 3 Abb. 352		Taf. 17 c
73)	Inv. 3421	MTL 213 Oikuron graidion 4 Abb. 354		
74)	Inv. 12299	MTL 212 Graus pacheia Abb. 350		
75 a)	Cefalù Inv. 127	MTL 58 C 11 a Abb. 55		
75 b)	Inv. 11188	MTL 58 C 11 b Abb. 56		
76)	Palermo Inv. 4000 (aus Lipari?)	MTL 215 Ule 3 Abb. 358		Taf. 23 d
77)	Cefalù Inv. 121	MTL 216 Ule 4 Abb. 359		
78)	Inv. 2301 g	MTL 43 A 18 Taf. 8, 4 Abb. 30 (Jokaste)	Gr. 406	Taf. 4 d
79 a)	Inv. 9773	MTL 220 Spartopolios lektike 2 Abb. 369		
79 b)	Inv. 3402	MTL 220 Spartopolios lektike 5 Abb. 371		

79 c)	Inv. 3455	MTL 221 Spartopolios lektike 9 Abb. 370		
80 a)	Inv. 3395	MTL 221 Spartopolios lektike 10 Abb. 372		
80 b)	Inv. 3396	MTL 221 Spartopolios lektike 11 Abb. 372		
80 c)	Inv. 13548	ML VII 120 Taf. 78, 5. 6		
80 d)	Inv. 19126	ML IX 1 144 Taf. 54, 5 b		
80 e)	Frgt. Inv.?	MPTG 250 Abb. 349		
81 a)	Inv. 10866	MTL 221 Spartopolios l. 12 Taf. 41, 3 Abb. 372		
81 b)	Inv. 9772	MTL 221 Spartopolios lektike 13 Abb. 372		
82)	Inv. 12552	MTL 222 Spartopolios lektike 17 Abb. 373		
83)	Inv. 3398	MTL 222 Spartopolios lektike 14 Abb. 375		
84)	Inv. 12553	MTL 222 Spartopolios lektike 18 Abb. 374		
85)	Inv. 13547	ML VII 120 Taf. 79, 1		
86 a)	Inv. 11172	MTL 224 Pallake 4 Abb. 376	Gr. 1618	
86 b)	Inv. 11172	MTL 224 Pallake 5 Taf. 38 Abb. 377	Gr. 1618	
86 c)	Frgt. Inv. 13546	ML VII 120 Taf. 78, 7 (Pallake)		
86 d)	Inv. 12559	MTL 224 Pallake 6 Abb. 379		
86 e)	Inv. 12560	MTL 225 Pallake 8 Abb. 379		
87 a)	Inv. 9771	MTL 224 f. Pallake 7 Abb. 380		
87 b)	Inv.? fast vollständig	unpubliziert, ausgestellt		
87 c)	Inv. 13544	ML VII 120 Taf. 78, 8 (Pallake)		
87 d)	Inv. 13545	ML VII 120 Taf. 78, 9 (Pallake)		
88)	Inv. 12978/9	MTL 223 f. Pallake 1–3 Abb. 378		
89 a)	Inv. 9769	MTL 232 Diamitros et. 1 Taf. 41, 1. 2 Abb. 396		
89 b)	Inv. 9296	MTL 232 Diamitros etaira 4 Abb. 398		
90)	Inv. 9770	MTL 232 Diamitros etaira 2 Abb. 397		
91)	Inv. 9775	MTL 232 Diamitros etaira 3 Abb. 397		
92)	Glasgow 03.70.dt.8	MTL 217 Kore 4 Abb. 363		Taf. 22 c. d
93 a)	Inv. 9762	MTL 217 f. Pseudokore 1 Taf. 37 Abb. 364		Taf. 24
93 b)	Inv. 9763	MTL 218 Pseudokore 2 Abb. 365		
93 c)	Frgt. Inv. 11302	MTL 218 Pseudokore 3 Abb. 367		
94)	Inv. 13543	ML VII 120 Taf. 78, 4 (Prima Pseudokore)		
95 a)	Inv. 3399	MTL 218 Pseudokore 5 Taf. 36, 2 Abb. 366		
95 b)	Inv. 11300	MTL 219 Pseudokore 7 Abb. 367		
95 c)?	Inv. 3400	MTL 218 Pseudokore 6 Abb. 367		
95 d)	Inv. 11301	MTL 219 Pseudokore 8 Abb. 367		
96 a)	Inv. 12519, aus Stromboli	MTL 216 Kore 1 Taf. 36, 3. 4 Abb. 360		
96 b)	Inv. 3417	MTL 216 Kore 2 Abb. 361		
96 c)	Inv. 13541	ML VII 120 Taf. 78, 2 (Kore)		
96 d)	Inv. 13542	ML VII 120 Taf. 78, 1 (Kore)		
97)	Inv. 9764	MTL 216 f. Kore 3 Abb. 362		
98)	Inv. 13549	ML VII 120 Taf. 79, 3. 4 (Etairikon teleion)		
99 a)	Glasgow 03.70.dt.13	MTL 226 Etairikon teleion 1 Abb. 381		
99 b)	Inv. 12520, aus Stromboli	MTL 226 Etairikon teleion 2 Abb. 383		
99 c)	Frgt. Inv. 12563	MTL 226 Etairikon teleion 3 Abb. 382		
99 d)	Frgt. Inv. 12564	MTL 226 Etairikon teleion 4 Abb. 382		
99 e)	Inv. 9767	MTL 227 f. Etairikon teleion 14 Abb. 388		
99 f)	Inv. 13584	ML VII 113 Taf. 70, 1. 2 (Menandro)		
100)	Inv. 12981	MTL 228 Etairikon teleion 16 Abb. 390		
101 a)	Inv. 9768	MTL 227 Etairikon teleion 12 Taf. 39 Abb. 387		Taf. 11 a
101 b)	Frgt. Inv. 11549	MTL 227 Etairikon teleion 13 Abb. 386		
102)	Inv. 12567	MTL 226 Etairikon teleion 9 Abb. 385		
103 a)	Inv. 14895 b (vgl. Nr. 21)	MedA 5/6, 1992/93, 31 Taf. 30, 2; MPTG 153 Abb. 207	Gr. 2050	Taf. 10 c. d

103 b)	Inv. 11256	MTL 166 Melas neaniskos 6 Abb. 256	
103 c)	Inv. 9778	MTL 124 G 10 a Abb. 201	
103 d)	Inv. 12939	MTL 124 G 10 b Abb. 201	
104)	Inv. 10780 (Verkleinerung)	MTL 124 G 10 c Abb. 201	
105 a)	Cefalù Inv. 130	MTL 121 G 3 Abb. 196. 197	Taf. 9 a. b
105 b)	Glasgow 03.70.dt.7	unpubliziert, Webster, MNC² 320 ST 100	Taf. 9 c. d
106)	Inv. 9776	MTL 124 G 11 Abb. 202	
107)	Inv. 12523, aus Stromboli	MTL 125 G 16 Abb. 206	
108)	Inv. 12521, aus Stromboli	MTL 233 Lampadion 1 Taf. 41, 4 Abb. 401	
109)	Inv. 9293	MTL 234 Lampadion 5 Abb. 402	
110)	Inv. 3392 (vgl. Nr. 50 d)	MTL 234 Therapainidion parapseston Abb. 403	
111)	Inv. 11358	MTL 124 G 12 Abb. 203	
112)	Inv. 11357	MTL 124 G 14 Abb. 204	
113)	Inv. 3454	MTL 125 G 15 Abb. 205	
114)	Inv. 3455	MTL 124 G 13 Abb. 203	

Kinder:

115 a)	Inv. 3415	MTL 235 J 1 a Abb. 404	Gr. 11
115 b)	Inv. 3455	MTL 235 J 1 b Abb. 405	
115 c)	Inv. 12641	MTL 235 J 1 d Abb. 406	
116)	Inv. 3403	MTL 235 f. J 2 Abb. 407	
117)	Inv. 3405	MTL 236 J 3 Abb. 408	
118)	Inv. 15162	ML VII 128 Taf. 87, 10	
119)	Inv. 11543	MTL 236 J 4 b Abb. 409	
120)	Inv. 9784	MTL 236 J 4 c Abb. 409	
121)	Inv. 307	MTL 236 J 4 d Abb. 410	
122)	Inv. 3410	MTL 237 J 4 j Abb. 411	
123)	Inv. 3377	MTL 237 J 5 Abb. 412	
124)	Inv. 15472	ML V 189 Taf. 180 Abb. 501 d	

2 Beobachtungen zu den Masken aus Lipari im Kelvingrove Museum von Glasgow

Masken: Sechzehn Stücke, davon drei unpubliziert (s. u. Nr. 3. 7. 14), Inv. 03.70.dt. 1–16.
Terrakotten: Zehn Stücke, davon vier Theaterterrakotten, zwei publiziert[1], Inv. 03.70.dp.1–10, nach dem Inventarbuch jedoch nur neun Terrakotten, die zehnte dort unter der eigenen Nummer 03.70.dm oder dn; diese beiden Stücke sind sehr ähnlich.
03.70.do: Terrakotte aus dem strengen Stil, thronende Frau, ca. 22,5 cm hoch.
03.70.dq: Große Terrakotte eines sitzenden nackten Mädchens.
03.70.dr und ds: Sitzende nackte Mädchen, dr ohne Kopf, ds ohne Beine.
(Vorsicht: Nummern aus dem Inventarbuch stimmen nicht mit denen überein, die den Stücken beigefügt wurden).
Vasen: Elf Stücke im neuen CVA Glasgow publiziert[2] (die figürlich bemalten), der Rest, vor allem die übliche, aus den liparischen Gräbern bekannte Gebrauchskeramik ist unpubliziert. Laut Inventarbuch bestehen die Stevenson'schen Schenkungen vom April 1903 aus 139 Nummern, darunter auch menschliche Knochen, elf tönerne Blütenfragmente (03.70.dx), ein Bronzespiegel (03.70.eb; Nr. 132), ein Alabasteralabastron, eine römische Lampe.
Die Formen der unverzierten Gefäße umfassen unter anderem Oinochoen, Skyphoi, Kylikes, Tiegelchen mit Deckel, flache Tassen mit rundem Boden und eine Myke. Das Inventarbuch schreibt auch den lakonischen Krater (03.70 a) und einige schwarzfigurige Lekythen aus der

1 Inv. 03.70.dp.1: Webster, MMC³ 74 AT 35 c Taf. 10 a; 03.70.dp.2: Webster ebenda 47 AT 9 h; MTL 12 Abb. 7 (beide); Webster, Glasgow 6 f. Abb. 9. 10.

2 E. Moignard, CVA Great Britain 18, The Glasgow Collections (1997) 38–41 Taf. 43–47.

Sammlung Stevenson dem liparischen Fundort zu. Dort wurden die Gegenstände 1879 von James Stevenson aus Hailie (1822–1903) aus der Sammlung Scolarici angekauft. 1885 wurden sie nach Glasgow transportiert und im Museum deponiert. Nach dem kinderlosen Tod von Stevenson kamen sie im April 1903 als Schenkung an das Museum.

Bemerkungen zu den einzelnen Stücken:

03.70.dt.1:
Maske, Typus des sogenannten Polymestor, MTL 38 A 9 c ohne Abb.; Webster, MNC² 319 ST 95 (hier K 14 c).
Erhaltungszustand: Ganzer Hinterkopf seitlich des großen Symposionskranzes und der Bänder abgebrochen, auf der rechten Seite ist jedoch hinter den Bändern mehr erhalten, linke Schlaufe bestoßen. Keine Restaurierung.
Farbigkeit: Die dicke weiße Grundierung, die Haarlocken und Stirnrelief verschmiert, liegt auch in den Lidfalten und im Grübchen, verwischt also die plastischen Details des eigentlich scharfen Ausdrucks.
Rosa Farbschicht, vor allem auf der rechten Gesichtsseite entlang der Binde und der Schläfe, oben auf der Stirn, im inneren Nasenwinkel, um beide Mundwinkel herum und seitlich des Mundes zu beiden Kinnladen hin, im linken Nasen- und Mundwinkel, in der linken Stirnfalte.
Dunkleres rosa bis orange auf der linken Stirnseite in den Haaren und an den Schläfen, dort wo Haare gemeint sind, aber auch an wenigen Stellen auf dem Gesicht, d. h. Inkarnat war nicht schweinchenrosa, sondern etwas dunkler. Bänder nur weiß.
Ton: Rötlich, relativ fein, ohne Einsprengsel, innen Finger- und Hölzchenspuren, Mund durchbrochen.
Maße: Nach eigener Messung vorne vom Kinn bis zum Kranz ca. 6,5 cm hoch, ca. 6 cm breit, nach MTL H: 6,9 cm.
Guter Ausdruck, wohl besser als die Exemplare in Lipari und Cefalù, könnte aus dem gleichen Model stammen wie das Stück in Cefalù, das liparische weicht ab.

03.70.dt.2:
Maske, Typus des Herakles, MTL 37 A 6 c Abb. 16; Webster, MNC² 319 ST 98 (als Frau klassifiziert; hier K 9 c).
Erhaltungszustand: Das Stück war der Länge nach in zwei Teile zerbrochen. Der Bruch führte vom Kinn über den rechten Mundwinkel, am inneren Augenwinkel des rechten Auges vorbei, über die rechte Stirnseite rechts der Löwennase vorbei zum Oberkopf und ging auf die linke Kopfseite über, Bruch retouchiert.
Farbigkeit: Die weiße Grundierung lag über der gesamten Oberfläche als dicke Schicht, Reste rosaroter Farbspuren im rechten Ohr, an der rechten Stirnecke, Schläfe, Wange (relativ hell), rechter Nasenflügel und -ansatz, an Stirn über der linken Augenbraue, linke Wange, im linken Ohrrand, am Kinn, unten in den Nasenlöchern.
Ton: orangerot bis blaß, innen roh belassen.
Maße: Hintere Öffnung 7,8 cm, vom Hinterkopf bis zum Kinn 8,5 cm; nach MTL H an der »Basis«, d. h. der hinteren Öffnung: 8,2 cm, B: 7,5 cm.
Guter Ausdruck, vor allem Haarlocken, Augenlider, Augenbrauen und darüber eingetiefte Falten scharf, Zähne des Löwen sichtbar, Löwenkopf von Hand angearbeitet und nicht sehr detailgetreu ausgeführt.

03.70.dt.3 (Taf. 5 a. b):
Maske, Typus des sogenannten Admet, unpubliziert; Webster, MNC² 319 ST 96 (hier K 5 b).
Erhaltungszustand: Unbeschädigt, nicht restauriert
Farbigkeit: Weiße Grundierung als dicke Schicht über Gesicht und Haaren, aber nicht über dem Oberkopf; Grundierung fehlt in der Gesichtsmitte zwischen Augenbrauen und Unterlippe weitgehend, dafür ist sie über den Wangen besonders dick.
Rote Farbspuren oben in den Haaren, vor allem über dem Ansatz des Oberkopfes und vor beiden Ohren, ebenso hinter dem linken Ohr.
Ton: Sandfarben mit Rotstich, Ton mit langen Einsprengseln.
Maße: Hintere Öffnung 7,2 cm, H (Kinn bis Haare): ca. 7 cm.
Guter Ausdruck, Haare sehr plastisch, sowohl Stirnhaar als auch am Oberkopf (dort eingraviert), Stirnhaar in Strähnen unterteilt, aber mit Grundierung verschmiert, tiefe Falten unter den Augen, mit Grundierung gefüllt, sehr scharfe Augenlider und Nase; Oberlippe und linker Nasenflügel etwas verdrückt; dicke Stuckschicht verdeckt Stirnrelief; linker Nasenflügel tief eingegraben. Fingerspuren am Oberkopf; Mund roh eingedrückt, Reste innen überstehend, nur roh geglättet. Rechte Wange asymmetrisch verzogen, sehr massig. Ähnlich dem sogenannten Admet Inv. 10774 b aus Grab 1287 in Lipari (MTL 41 A 14 a; MPTG 43 Abb. 19, seitenverkehrt), jedoch möglicherweise mit stärkerem Untergesicht.

03.70.dt.4:
Maske, sogenannter Panchrestos, MTL 159 Nr. 3 Abb. 246; MPTG 189 Abb. 252. (hier H 29 a).
Erhaltungszustand: Alte Photos zeigen einen Bruch an der rechten Kinnseite, im linken Mundwinkel, entlang der Nase, unter dem linken Auge, durch Stirn und Haarwulst zum Hinterkopf. Dieser wurde gefüllt und retouchiert, Restaurierung an der rechten Kinnseite, Hinterkopf verzogen, Loch an der rechten Seite des Hinterkopfes, dort ein großes Stück abgesplittert (ovale Fehlstelle).
Farbigkeit: Die weiße Grundierung reichte nur bis zum Haaransatz, lachsrosa Farbe auf dem Gesicht, an manchen

Stellen dunkler, an Kinn und Wange dunkelrot. Farbe unter dem rechten Ohr abgesplittert, ebenso am linken Nasenflügel und an den Lippen. Obere Lidfalte dunkelrot hinterlegt, ebenso Unterlid dunkler umrahmt. Die Haare waren dunkelrot. Farbe springt an der rechten Schläfe und Wange ab (in kleinen Stücken wie bei der großen Mädchenmaske mit Melonenfrisur Inv. 9762 in Lipari (hier H 93 a), Hinterkopf nicht bemalt.
Ton: Innen verbrannt, umbrabraun bis schwarz, relativ dünn, innen noch Reste der Erde, in der das Stück bei der Auffindung lag, Oberfläche innen roh.
Maße: Innen ca. 11,5 cm, nach MTL H an der Unterseite: 12,5 cm.
Ansatz des Hinterkopfes deutlich sichtbar am Haarwulst, Hinterkopf von Hand fein gerippt, Stirnrelief mit zwei Stirnfalten, reicheres Stirnrelief als beim Exemplar 03.70.dt.6. Mund weiter geöffnet, Augen dafür weniger aufgerissen, Augenbrauen horizontaler und gesenkter, folglich zwei getrennte Typen.

03.70.dt.5:
Maske, sogenannter Panchrestos 16, MTL 162 Nr. 16 Abb. 254 (hier H 29 h).
Erhaltungszustand: Frisur fehlt über der Stirnmitte, ebenso der ganze Oberkopf. Ein Bruch, der vom Kinn zur Unterlippe, vom rechten äußeren Mundwinkel über den rechten inneren Augenwinkel durch die Stirn führte, wurde gefüllt und tongrundig eingefärbt, ebenso ein zweiter Bruch auf der anderen Seite der Nase, der vom Mund zur Stirn reichte. Ein dritter führte wohl vom rechten inneren Augenlid hinüber zur rechten Haarpartie, hinten verstärkt.
Farbigkeit: Helle Grundierung, Inkarnat dunkelrot, vor allem an Kinn und linker Wange. Auf der rechten Wange und dem Ohr heller, dort eher orange, ebenso auf der Stirn, an Nasenwurzel und -spitze, unter Nase und Unterlippe. Haare auf der rechten Seite dunkler rot, auch auf der linken Seite rote Spuren, klar abgesetzte Kante am Ohr, das nicht plastisch modelliert ist, wenige Farbreste auf rechten Wange und am Rand der Maske auf Höhe der Wange, beide Lidfalten orangerot. Die roten Farbpartien sind relativ dick. Die Augäpfel waren vermutlich weiß. Lag unter der Farbe im Haar die weiße Grundierung? Eher nein.
Ton?
Maße: Erhaltene H von Stirn bis Kinn: 6,5 cm, insgesamt erhaltene H: ca. 7,5 cm, B: ca. 7,5 cm, nach MTL größte B: 7,2 cm
Augäpfel eingedrückt.

03.70.dt.6:
Maske, sogenannter Panchrestos 1, MTL 158 f. Nr. 1 Abb. 244; MPTG 189 Abb. 250 (hier H 28 a).
Erhaltungszustand: Bruch auf der rechten Gesichtsseite entlang dem Haaransatz durch den Stirnwulst bis zum Hinterkopf gefüllt und braun übermalt.
Farbigkeit: Gesichtsfarbe dunkelorange über weißer Grundierung, die bis kurz über den Haaransatz hinaus reicht, Farbe an einigen Stellen abgeblättert, z. B. am rechten Haaransatz (Schläfen) und an der linken Augenbraue. Augen waren dunkler umrandet bis zum Oberlid und über der Lidfalte. Haare ebenfalls dunkelrot überzogen, keine dunkleren Farbspuren auf den Lippen, Auge weiß, Pupille eingedrückt.
Ton: Graurötlich, nicht sehr dick, Mund eingebohrt, innen Ansatz des Hinterkopfes sichtbar, innen roh, teilweise Hölzchenspuren, Hinterkopf außen von Hand überarbeitet, sehr detailliert, aber nicht genau. Haare am Haarwulst oben nachgearbeitet, weil sie nicht genau aus der Form kamen.
Maße: H innen 13,4 cm, Gesichtshöhe mit Haarwulst ca. 13,3 cm, nach MTL Länge an der Basis 14,5 cm, B 10,7 cm
Guter Ausdruck, Stirn hat nur eine starke Kehle über dem Stirnwulst, hochgezogene Augenbrauenbögen.

03.70.dt.7 (Taf. 9 c. d):
Maske, fragmentarische Replik der großen Tragödienmaske in Cefalù (MTL 121 G 3 Abb. 196; MPTG 151 f. Abb. 204. 205), unpubliziert. Webster, MNC[2] (1964) 320 ST 100, dort als mögliche Kore klassifiziert; was Webster als Rest einer Stephane ansieht, ist mir unverständlich (hier H 105 b).
Erhaltungszustand: Haare bis auf eine kleine Scherbe über der rechten Schläfe (wieder angeklebt) entlang von Stirn und Schläfen weggebrochen. Brüche geklebt und gefüllt. Sie führten vom äußeren Augenwinkel des linken Auges zur Schläfe und diagonal zum Mundwinkel, ein weiterer wohl am Kinn an der rechten Seite, vielleicht auch links. Brüche bzw. Füllungen wohl auch modern übermalt, z. B. am linken Nasenflügel; am rechten inneren Augenwinkel eine Fehlstelle gefüllt und übermalt. Streifen an der Stirn über dem rechten Auge seitlich der Nasenwurzel ergänzt und übermalt? Die Restaurierungen sind – auch von der Innenseite – nur schwer zu erkennen.
Farbigkeit: Helle Grundierung; hellrosa unten auf der rechten Wange, aber dunkelrot unter Kinn und Nase, um das linke Auge herum, an der Stirn (über heller Grundierung); an der linken Schläfe und Wange weiß, wobei die Farbe in kleinen Partikeln abplatzt; im inneren rechten Nasenwinkel dunkelorange über weiß; dunkelrosa um das rechte Nasenloch herum. In den Augen elfenbeinfarben.
Ton: Rötlich, relativ dick, am Kinn ausgeschnitten, Ringe in den Augäpfeln eingedrückt. Der Ausdruck ist schlechter als das Stück in Cefalù, z. B. sind Augen und Lippen nicht scharf aus der Form gekommen.
Maße: Vom Kinn bis zur Stirn ca. 13,2 cm.

Es stellt sich die Frage, ob das Stück nach den Farbspuren weiblich sein muß, meines Erachtens ist das dunkelrosa unter der Nase dafür zu dunkel. Asymmetrien: Linke Stirnseite weiter vorgebogen und größer; Auge, vor allem Oberlid weiter hervortretend.

03.70.dt.8 (Taf. 22 c. d):
Maske einer Frau, sogenannte Kore 4, MTL 217 Abb. 363 (hier H 92).
Erhaltungszustand: Teil des Hinterkopfes fehlt, am linken Hinterkopf ein Stück ergänzt und wie Haar strukturiert, obwohl die Maske eine Mitra trägt. Die Frisur war auf der rechten Seite hinter dem Haarwulst an der Stephane abgebrochen. Bruch diagonal durch die Stirn, vgl. das alte, vor der Restaurierung aufgenommene Photo MTL Abb. 363. Brüche gefüllt, verschmiert und eingefärbt, deshalb schwer zu unterscheiden. Das Stück wurde innen mit Ton stabilisiert.
Farbigkeit: Weiß bis heller Lachston auf der linken Wange, um Ohr und um Auge, ebenso um den Mund herum; Oberlidfalten dunkelrot, Lippen zeigen oben und unten rote Spuren; rot in den Haaren ohne weiße Grundierung, hell und rosa auch auf den Augäpfeln.
Ton: Braun bis leicht rötlich. Die Wandung ist relativ dünn, Mund genau eingeschnitten, saubere Kinnkante, Grübchen am Kinn; Die Kante, wo die Matrize endete und der frei angeformte Hinterkopf begann, ist auf dem Haarwulst gut sichtbar. Tiefe Einkerbung im Haarwulst auf der linken Seite wenig über Augenhöhe.
Maße: H hinten 10 cm, B ca. 6,8 cm, H vom Scheitel bis zum Kinn ca. 8 cm, nach MTL Länge 8,2 cm, Breite 7,4 cm.

03.70.dt.9 (Taf. 22 b):
Maske, sogenannte Diachrysos hetaira 1, MTL 230 Abb. 394; MPTG 260 Abb. 364; Wiles, Masks Taf. 7 unten links (hier H 43 a).
Erhaltungszustand: Stark restauriert, vor allem in den Haaren, entlang des rechten Gesichtskonturs in die Haare hinein, linke Haarpartie am linken Auge, Bruch über der linken Stirnseite und am linken äußeren Augenwinkel vorbei gefüllt, Ansatz des Hinterkopfes am Oberkopf nur roh geglättet, modern?
Farbigkeit: Fast keine Farbspuren, nur links am unteren Rand dunkelrosa (schweinchenrosa).
Ton: Sandfarben mit rosa Touch. Hinterkopf zeigt zahlreiche Fingerspuren.
Sieben Schmuckscheiben im Haar, darüber ein um den Kopf umlaufendes Perlband, das gerade noch aus der Matrize stammt. Es ist dort kaputt, wo modern restauriert wurde.
Maße: Länge hinten ca. 7,5 cm; H vorne bis zum Oberkopf ca. 7 cm; nach MTL Länge 7,3 cm; Breite 6,5 cm, Höhe 7 cm.

03.70.dt.10:
Maske eines jugendlichen Pan, MTL 46 B 4 ohne Abb.; Wiles, Masks Taf. 7 oben links (dort als Frau klassifiziert; hier K 5 b).
Erhaltungszustand: Hinterkopf abgebrochen und fehlend. An der rechten Seite ist noch sichtbar, wo die Matrize endete, nämlich an der Binde. Loch unter der linken Nasenöffnung, die durchbrochen ist. Teil der oberen linken Schlaufe mit dem Band darüber war gebrochen und ist wieder angeklebt.
Farbigkeit: Gesicht einheitlich rosa, wenn auch stellenweise abgeplatzt, (war eine dicke Schicht), darunter weiße Grundierung. In den Haaren weiße Spuren. Band und Schlaufen weiß. Augäpfel waren weiß.
Ton: Rötlich braun. Innen roh belassen, Fingerspuren.
Scharfer Ausdruck, sowohl an den Haaren als auch an Brauen und Hörnern. Verdrückung an der linken Seite der Oberlippe, Nasenfalte als Bogen eingraviert.
Maße: H vom Kinn bis zum Bruch oben hinten 8,6 cm; Gesichtshöhe von Stirn bis Kinn ca. 5,8 cm; nach MTL Länge an der hinteren Kante 7 cm, Höhe 8 cm.

03.70.dt.11 (Taf. 22 a):
Maske eines Mädchens, sogenannte Ule 2, MTL 215 Abb. 357; MPTG 242 Abb. 337; Webster, MNC[2] 319 ST 99 (hier K 41).
Erhaltungszustand: Stark ergänzt, gesamte Kinnpartie unterhalb der Oberlippe, vgl. die ältere Photographie in MTL Abb. 357 (= MPTG Abb. 337), die den unrestaurierten Zustand zeigt. Das Untergesicht wurde auch in der Farbe an den antiken Bestand angeglichen. An der linken Wangenseite ist die Oberfläche abgesplittert. Der obere Teil der eigenartigen aufstrebenden Frisur über der Stirnmitte ist abgebrochen. Bruch am Ansatz des frei angefügten Hinterkopfes modern gefüllt. Hinterkopf eventuell modern stabilisiert.
Farbigkeit: In den Haaren weiße Grundierung. Keine Farbreste auf dem Gesicht. Winzige rote Spuren in den Haaren, vor allem rechts seitlich des Knotens.
Ton: Rot-orange. Falten an den Nasenflügeln eingedrückt, Gesicht selbst ganz glatt.
Ohrringe aus Scheibe und hängender Pyramide, Ohren nicht sichtbar, eigenartige, aufstrebende, schneckenartige Locken über der Stirnmitte, deren oberer Teil fehlt.
Maße: An der rückseitigen Öffnung 8,8 cm lang, vom (restaurierten) Kinn bis zum Haar ca. 8,8 cm, größer als Nr. 9 und 12.

03.70.dt.12 (Taf. 22 b):
Maske eines Mädchens, Wiles, Masks Taf. 7 oben rechts (hier K 44).
Erhaltungszustand: Restaurierungen an der linken Schläfe bzw. am Haar neben dem Ohrring, Bruch an der linken

Seite am Hinterkopf modern gefüllt und übermalt, ebenso auf der anderen Seite. Haarpartie über dem rechten Auge modern überarbeitet? Ein ursprünglich hochstehender Teil der Frisur über der Stirnmitte abgebrochen.
Farbigkeit: Rote Spuren in den Haaren am Oberkopf, dort wo die Matrize endete, sonst wenige Farbspuren, im inneren Augenwinkel des rechten Auges?
Ton: Rot-oranger Ton, sehr fein, innen unsauber gearbeitet, am Hinterkopf viele Fingerspuren, Mund roh durchbrochen. An der Oberlippe ist die obere Zahnreihe roh sichtbar.
Rosettenohrring, der wie eine Blüte unterteilt ist und an dem eine senkrecht gestreifte Pyramide hängt (rechts). Matrize endet am Haar; aus scharfer Form genommen.
Maße: Öffnung unten 7,3 cm; Oberkopf bis Kinn hinten ca. 8,2 cm.

03.70.dt.13:
Mädchenmaske, sogenannte Etairikon teleion 1, MTL 226 Abb. 381; MPTG 257 Abb. 358 (hier H 99 a).
Erhaltungszustand: Von Hand angeformter Hinterkopf abgebrochen, stark restauriert und z. T. modern übermalt. Zum Zustand vor der Restaurierung vgl. das Photo MTL Abb. 381 (= MPTG Abb. 358). Brüche modern gefüllt: Vom Kinn über rechten Mundwinkel zum Nasenflügel, durch die Wange zum äußeren Winklel des rechten Auges und das Schläfenhaar, Haar seitlich der Schläfen modern nachmodelliert und braun eingefärbt, vermutlich weil sie abgebrochen waren; weiterer Bruch von der Wange zum linken inneren Augenwinkel, zwei Brüche in der Stirn über dem linken Auge entlang des Oberlides zum inneren Augenwinkel, sämtlich gefüllt. Die Augäpfel wurden mit brauer Farbe modern nachgemalt, was man daran sieht, daß die Farbe matt ist und z. B. im rechten Auge auch dort liegt, wo die ursprünglich ca. 1 mm dicke Grundierungsschicht fehlt.
Farbigkeit: Reste der hellen Grundierungsschicht auf dem Gesicht und am Haaransatz, in den Haaren braune Farbe, die teilweise schwarz geworden ist, vor allem an der rechten Schläfe bzw. am Haaransatz. Oberlidfalte, Lidumrahmung, Augenbrauen waren ebenfalls braun. Mundfalte rot, Nasenlöcher waren dunkel, am linken erh; Reste der lachsrosa Gesichtsfarbe. Ohrringe kugelförmig und wie das Gesicht lachsrosa gefärbt. Nasenbogen links als feiner Strich dunkel nachgezogen. Links der Stirnmitte lösen sich Haare aus der Frisur, die aufgemalt waren. Bei der Restaurierung ist ein Teil der originalen Inkarnatfarbe auf der linken Stirnseite abgesprungen.
Ton: (?) Gesicht ist asymmetrisch, linke Stirnseite flieht stärker, was an der Reparatur liegen könnte.
Maße: Innen 13,4 cm lang, H des Gesichts ca. 11 cm.

03.70.dt.14 (Taf. 14 c. 15 d):
Maske eines alten bartlosen Mannes, sogenannter Menander, unpubliziert (hier H 15).
Erhaltungszustand: Brüche im von Hand angeformten Hinterkopf geklebt, Fehlstelle am Ansatz der rechten Augenbraue; am Kranz fehlen mehrere Blätter, davon drei auf der rechten Kopfseite, eines in der Mitte rechts der Kugel, zwei (?) auf der linken Kopfseite, alle Blattspitzen bis auf eine abgebrochen.
Farbigkeit: Dunkelrote, glänzende Gesichtsfarbe am rechten Nasenflügel, um das rechte Auge herum, an den Schläfen, am Haaransatz, um die Mundwinkel und das linke Auge herum. In den Augen weiß bis elfenbein. Keine weiße Grundierung? Kranz war weiß. Hinterkopf war nicht bemalt.
Ton: Rötlicher bis sandfarbener Ton, dünn, innen roh. Das Stück ist ziemlich schwer. Der Kranz wurde später angesetzt.
Alter Mann mit senkrecht eingekerbten Haaren, auch die Ohren eingeritzt; zwei tiefe, rohe Stirnfalten, bartlos, Mund geschlossen. Falte am Mundwinkel nachträglich eingekerbt, ebenso unter der Unterlippe, Grübchen am Kinn, Horizontalfalte über der Nase. Kranz aus einzelnen Blättern mit einer »Kugel« (Frucht oder Blüte?) in der Mitte. Frisur und Ohr erinnern stark an den sogenannten Philoktet (K 7) aus Grab 1725 in Lipari.
Maße: Hintere Öffnung 6,5 cm; H vorne ca. 8 cm

03.70.dt.15 (Taf. 20 d):
Maske eines jugendlichen Satyrs, MTL 130 H 7 Abb. 217; Webster, MNC^2 319 ST 93 (dort als weiblich klassifiziert), vgl. das Stück aus Grab 2184 (hier K 27 a).
Erhaltungszustand: Hinterkopf abgebrochen, er war unbearbeitet. Bruch am linken Haaransatz vor dem Ohr bis zum Ansatz der Kinnlade gefüllt und übermalt, ebenso auf der anderen Seite entlang des Haaransatzes, innen mit Ton stabilisiert. Zum Zustand vor der Restaurierung vgl. das Photo MTL Abb. 217.
Farbigkeit: Starke Reste von schweinchenrosa Farbe um das rechte Auge herum, an den Seiten, am Haaransatz, in den Stirnfalten, auf der linken Kinnlade, am rechten Nasenwinkel, unter dem Kinn. Das Rosa ging auch in die Haare über, darüber aber wenige rote Spuren in den Haaren hinter dem rechten Ohr, ebenso am Oberkopf über der linken Schläfe. Dunklerer lachsrosa Punkt auf der Stirn. Rot ohne weiße Grundierung weit hinten auf der rechten Wange. Die tiefen Stirnfalten waren von der Grundierung gefüllt.
Ton: Sandfarben-heller Ton wie bei dem Stück aus Lipari, ohne Einsprengsel; leicht, innen ungenau gearbeitet, guter Ausdruck, der mit dem Modellierhölzchen nachgearbeitet wurde, vor allem Stirnfalten, Nasenfalten, um die Augen. Ohren schlecht sichtbar, Stirnfalten und Ohren von einer

dicken weißen Stuckschicht überfangen und egalisiert. Haare getrennt, Fingerspuren auf den Haaren über der Stirnmitte. Ansatz des Hinterkopfes als glatter Streifen sichtbar.
Maße: Länge des Kopfes vorne ca. 7,2 cm, Breite hinten 6,7 cm, hintere Öffnung 6,9 cm lang, nach MTL hintere Breite 6,3 cm, Höhe 6,5 cm.

03.70.dt.16:
Maskenfragment vom Stirnhaar bis zur Oberlippe, komische Alte, MTL 55 C 7 b Abb. 47 (hier K 48).
Erhaltungszustand: Aus Fragmenten zusammengesetzt, Bruch von der rechten Seite der Nase diagonal über die Stirn bis zur Fehlstelle im Haar, weiterer Bruch folgt dem Haaransatz, durch das rechte Auge, Hinterkopf war abgebrochen.
Farbigkeit: Nur Reste der weißen Grundierung am Haaransatz rechts über der Stirn, im inneren rechten Nasen- und Augenwinkel und an der linken Schläfe, an der Oberlippe unter der Nase.
Ton: Rötlich. Kleine Fehlstelle (Blase) in der Stirnmitte über der Nase.
Hinten Loch zum Aufhängen. Flammenzopf fehlt, dafür noch Reste von zwei runden Blüten; flache, aber leicht gewellte Stirn, vorspringende, spitze Nase, Rest der Oberlippe und der vorspringenden linken Wange erhalten, Augenbrauen als flache Bögen kaum erhaben. Die Oberlider bilden ebenso nur flache Grate. Die Wangen waren nicht so schwellend wie bei MTL C 7 a, sondern passen eher zu C 6.
Maße: (?), nach MTL erhaltene Höhe 4,7 cm, erhaltene B 5,4 cm

Register

1.) Stücke aus Lipari in den Museen von Cefalù, Glasgow und Lipari

(Die Typenlisten im Anhang sind nicht aufgenommen)

Allgemeiner Index:

Die Begriffe Contrada Diana, Lipari, Maske, Nekropole und Sarkophag sind nicht aufgenommen worden.

Abbildungsnachweis

Textabbildungen

Abb. 1: Verf. nach MTL 4 Abb. 1
Abb. 2: D–DAI–ROM–2005.125 (Photographin H. Behrens)
Abb. 3: D–DAI–ROM–2005.111 (Photographin H. Behrens)
Abb. 4: D–DAI–ROM–2005.110 (Photographin H. Behrens)
Abb. 5: D–DAI–ROM–2005.114 (Photographin H. Behrens)
Abb. 6: D–DAI–ROM–2005.115 (Photographin H. Behrens)
Abb. 7: D–DAI–ROM–2005.113 (Photographin H. Behrens)
Abb. 8: D–DAI–ROM–2005.112 (Photographin H. Behrens)
Abb. 9: Verf. nach MTL 5 Abb. 2
Abb. 10: Jörg Denkinger nach ML V Taf. 40 Abb. 115
Abb. 11: Nach ML II Taf. 29
Abb. 12. 13: Nach MPTG 14 Abb. A 1; A 2
Abb. 14: Nach ML II Taf. 6, 5
Abb. 15: Nach ML II Taf. 6, 3
Abb. 16: Nach MTL 311 Abb. 472. 473
Abb. 17: D–DAI–ROM–2005.129 (Photographin H. Behrens)
Abb. 18: D–DAI–ROM–2005.128 (Photographin H. Behrens)
Abb. 19: D–DAI–ROM–2005.130 (Photographin H. Behrens)
Abb. 20: D–DAI–ROM–2005.131 (Photographin H. Behrens)
Abb. 21: Nach ML II Taf. 33, 1
Abb. 22: Nach ML II Taf. 21, 4
Abb. 23: Nach ML V Taf. 128 Abb. 342
Abb. 24: Nach ML II Taf. 23, 4–6
Abb. 25: Verf. nach Cavalier, Stromboli 8 Abb. 1
Abb. 26: Nach Cavalier, Stromboli 9 Abb. 2
Abb. 27: Nach Cavalier, Stromboli 10 Abb. 3
Abb. 28: Jörg Denkinger nach ML II Taf. M
Abb. 29: Jörg Denkinger nach ML II Taf. K
Abb. 30: Nach G. Jacopi, Clara Rhodos 3, 1929, 206 Abb. 203
Abb. 31: Nach G. Jacopi, Clara Rhodos 4, 1931, 241 Abb. 261
Abb. 32: Nach L. Laurenzi, Clara Rhodos 8, 1936, 188 Abb. 179
Abb. 33: Nach L. Laurenzi, Clara Rhodos 8, 1936, 192 Abb. 184
Abb. 34: Nach F. Tiné Bertocchi, La pittura funeraria apula (1964) Abb. 50
Abb. 35: Nach Tiné Bertocchi a. O. Abb. 52
Abb. 36: Nach Tiné Bertocchi a. O. Abb. 45
Abb. 37: Nach R. A. Higgins, Tanagra and the Figurines (o. J.) 51 Abb. 40
Abb. 38: Nach Higgins a. O. 43 Abb. 26
Abb. 39: D–DAI–ROM–2005.123 (Photographin H. Behrens)
Abb. 40: D–DAI–ROM–2005.124 (Photographin H. Behrens)
Abb. 41: D–DAI–ROM–2005.116 (Photographin H. Behrens)
Abb. 42: D–DAI–ROM–2005.118 (Photographin H. Behrens)
Abb. 43: D–DAI–ROM–2005.119 (Photographin H. Behrens)
Abb. 44: Soprintendenza Archeologica della Provincia di Napoli e Caserta, Neg. No. 1897 (Photograph Catalano)
Abb. 45: D–DAI–ROM–2005.120 (Photographin H. Behrens)
Abb. 46: D–DAI–ROM–2005.122 (Photographin H. Behrens)
Abb. 47: D–DAI–ATH–75.1277 (Photograph E. Feiler)
Abb. 48: Toledo Museum of Art, Gift of Edward Drummond Libbey, Florence Scott Libbey, and the Egypt Exploration Society, by exchange, 1994.19, Photo: Museum

Farbtafeln: nach Dias DAI Rom (H. Behrens)

1 a: Inv. 9762
1 b: Inv. 9768
1 c: Inv. 9729
1 d: Inv. 3072
2 a: Inv. 14895 c
2 b: Inv. 14895 b
2 c: Inv. 9290
2 d: Inv. 12980

Tafeln:

1 a D–DAI–ROM–2005.50 (Photographin H. Behrens)
1 b Nach Libertini, Centuripe Taf. 36, 6
1 c D–DAI–ROM–2005.59 (Photographin H. Behrens)
1 d D–DAI–ROM–2005.57 (Photographin H. Behrens)
2 a D–DAI–ROM–2005.49 A (Photographin H. Behrens)
2 b D–DAI–ROM–2005.60 (Photographin H. Behrens)
2 c D–DAI–ROM–2005.63 (Photographin H. Behrens)
2 d Nach Libertini, Centuripe Taf. 36, 4
3 a D–DAI–ROM–2005.52 (Photographin H. Behrens)
3 b D–DAI–ROM–2005.51 (Photographin H. Behrens)
3 c D–DAI–ROM–2005.45 (Photographin H. Behrens)
3 d D–DAI–ROM–2005.53 (Photographin H. Behrens)
4 a D–DAI–ROM–2005.55 (Photographin H. Behrens)
4 b D–DAI–ROM–2005.58 (Photographin H. Behrens)
4 c D–DAI–ROM–2005.46 (Photographin H. Behrens)
4 d D–DAI–ROM–2005.47 (Photographin H. Behrens)
5 a Glasgow City Council (Museums)
5 b Glasgow City Council (Museums)
5 c D–DAI–ROM–2005.48 (Photographin H. Behrens)
5 d D–DAI–ROM–2005.44 (Photographin H. Behrens)
6 a/b American School of Classical Studies at Athens: Agora Excavations, Neg.-Nrn. 99–9–22; 99–9–23 (Photograph: C. A. Mauzy)
6 c D–DAI–ROM–2005.61 (Photographin H. Behrens)
6 d D–DAI–ROM–2005.62 (Photographin H. Behrens)
7 a D–DAI–ROM–2005.64 (Photographin H. Behrens)
7 b D–DAI–ROM–2005.67 (Photographin H. Behrens)
7 c D–DAI–ROM–2005.65 (Photographin H. Behrens)
7 d D–DAI–ROM–2005.66 (Photographin H. Behrens)
8 a D–DAI–ROM–2005.78 (Photographin H. Behrens)
8 b Museo Archeologico Palermo Neg.-Nr. 19362
8 c D–DAI–ATH–KER 5634 (Photograph H. Wagner)
8 d D–DAI–ATH–KER 5636 (Photograph H. Wagner)
9 a–c Verf.
9 d Glasgow City Council (Museums)
10 a D–DAI–ROM–2005.79 (Photographin H. Behrens)
10 b D–DAI–ROM–2005.97 (Photographin H. Behrens)
10 c D–DAI–ROM–2005.99 (Photographin H. Behrens)
10 d D–DAI–ROM–2005.98 (Photographin H. Behrens)
11 a D–DAI–ROM–2005.95 (Photographin H. Behrens)
11 b D–DAI–ROM–2005.103 (Photographin H. Behrens)
11 c D–DAI–ROM–2005.105 (Photographin H. Behrens)
11 d D–DAI–ROM–2005.104 (Photographin H. Behrens)
12 a American School of Classical Studies at Athens: Agora Excavations, Neg. Nrn. 81–42–31; T 88
12 b/c H. R. Goette, DAI Berlin
12 d D–DAI–ROM–2005.73 (Photographin H. Behrens)
13 a D–DAI–ROM–2005.74 (Photographin H. Behrens)
13 b D–DAI–ROM–2005.71 (Photographin H. Behrens)
13 c D–DAI–ROM–2005.75 (Photographin H. Behrens)
13 d D–DAI–ROM–2005.76 (Photographin H. Behrens)
14 a D–DAI–ROM–2005.69 (Photographin H. Behrens)
14 b D–DAI–ROM–2005.107 (Photographin H. Behrens)
14 c Glasgow City Council (Museums)
15 a D–DAI–ROM–2005.70 (Photographin H. Behrens)
15 b D–DAI–ROM–2005.68 (Photographin H. Behrens)
15 c D–DAI–ROM–2005.106 (Photographin H. Behrens)
15 d Glasgow City Council (Museums)
16 a D–DAI–ROM–2005.100 (Photographin H. Behrens)
16 b D–DAI–ROM–2005.102 (Photographin H. Behrens)
16 c D–DAI–ROM–2005.101 (Photographin H. Behrens)
16 d Verf.
17 a D–DAI–ROM–2005.82 (Photographin H. Behrens)

17 b Nach F. Lenormant u. a., Collection Camille Lecuyer, Terres cuites antiques trouvées en Grèce et en Asie Mineure (1882–85) Taf. J, 4
17 c D–DAI–ROM–2005.91 (Photographin H. Behrens)
17 d Nach Lenormant u. a., Collection Lecuyer a. O. Taf. I 1
18 a D–DAI–ROM–2005.85 (Photographin H. Behrens)
18 b Verf.
18 c/d H. R. Goette, DAI Berlin
19 a D–DAI–ROM–2005.89 (Photographin H. Behrens)
19 b D–DAI–ROM–2005.88 (Photographin H. Behrens)
19 c D–DAI–ROM–2005.90 (Photographin H. Behrens)
19 d Courtesy of the American School of Classical Studies at Athens: Corinth Excavations, Neg.-Nr. 62–90–25 (Ausschnitt) (Photograph: L. Bartzioti)
20 a D–DAI–ROM–2005.81 (Photographin H. Behrens)
20 b D–DAI–ROM–2005.80 (Photographin H. Behrens)
20 c D–DAI–ROM–2005.77 (Photographin H. Behrens)
20 d Glasgow City Council (Museums)
21 a Courtesy of the American School of Classical Studies at Athens: Corinth Excavations, Neg.-Nr. 65–15–36 (Photograph I. Ioannidou)
21 b Verf.
21 c D–DAI–ROM–2005.96 (Photographin H. Behrens)
22 a Glasgow City Council (Museums)
22 b Verf.
22 c/d Glasgow City Council (Museums)
23 a Soprintendenza Archeologica della Provincia di Napoli e Caserta, Neg.-Nr. 187714 (Photograph Albano)
23 b Nach NSc 1922, 275 Abb. 15
23 c Soprintendenza Archeologica della Provincia di Napoli e Caserta, Neg.-Nr. 187715 (Photograph Albano)
23 d Museo Archeologico Palermo Neg.-Nr. 15576
24 D–DAI–ROM–2005.94 (Photographin H. Behrens)

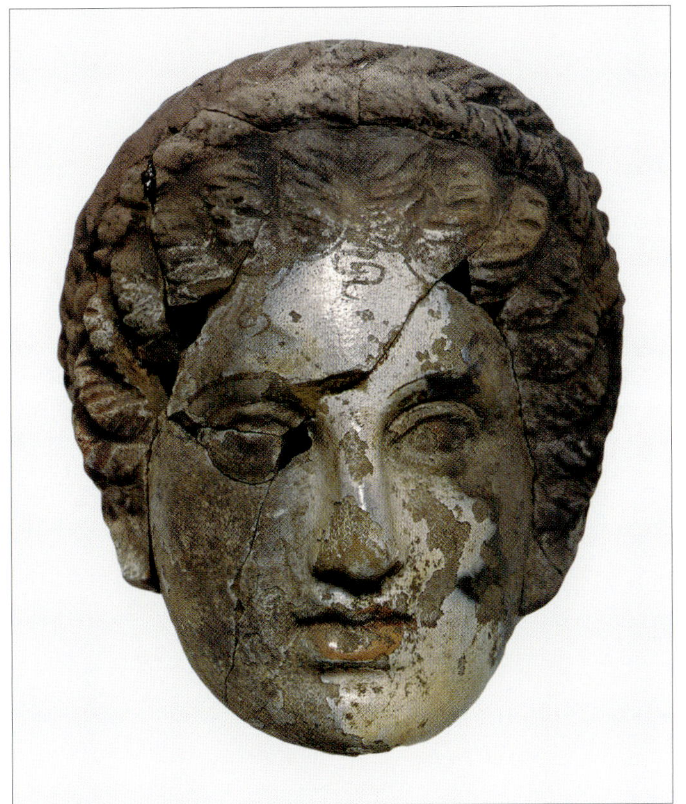

1 a: Inv. 9762

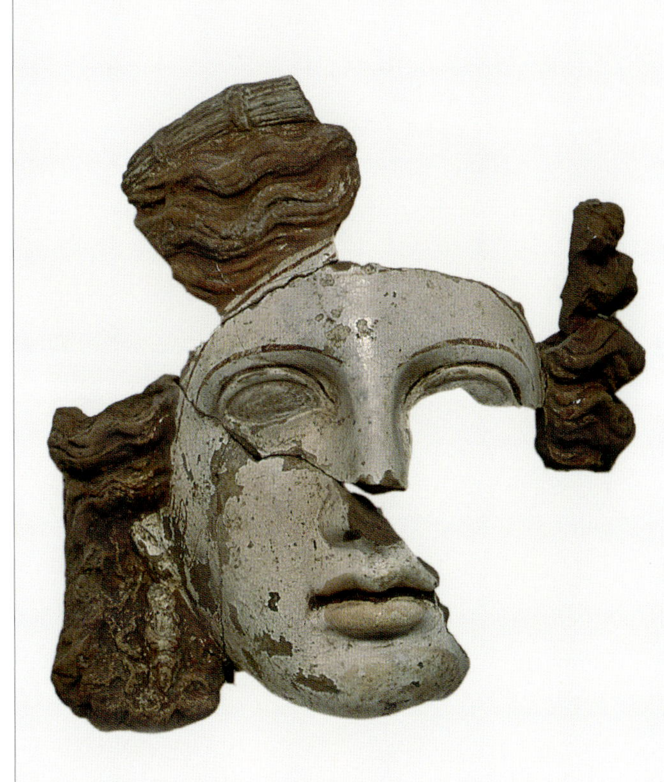

1 b: Inv. 9768

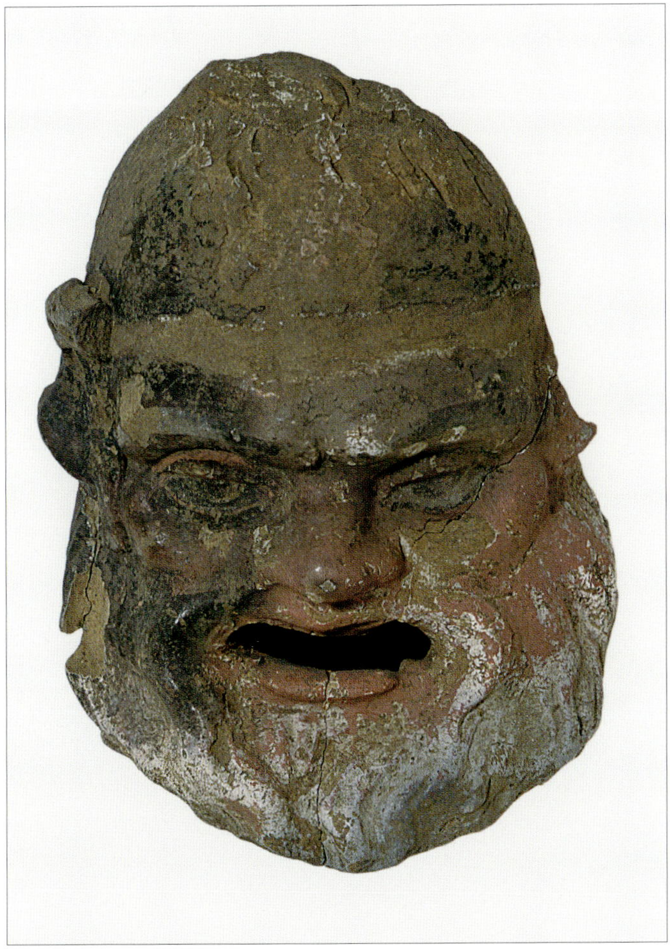

1 c: Inv. 9729

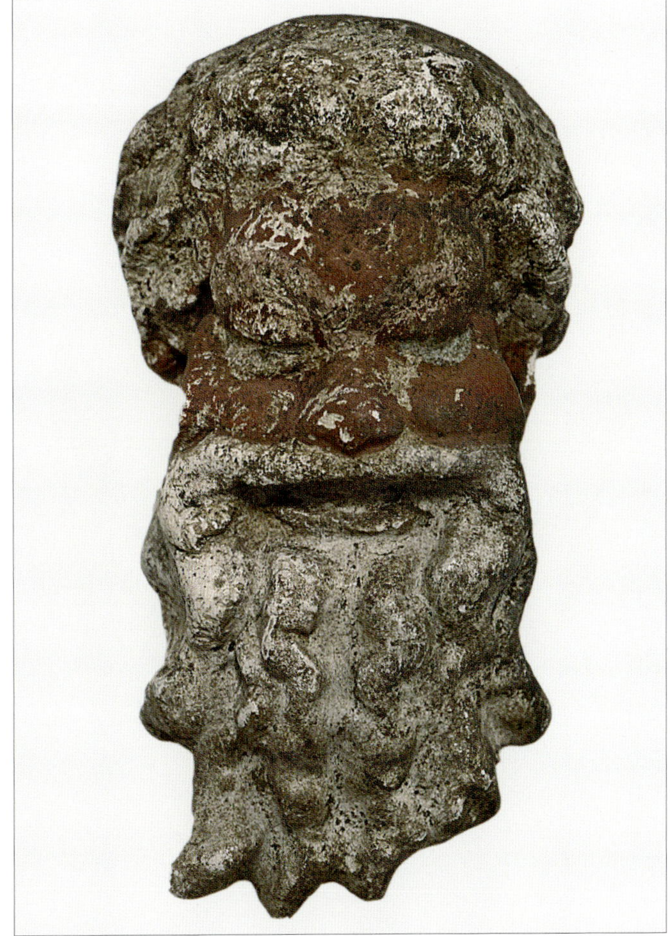

1 d: Inv. 3072

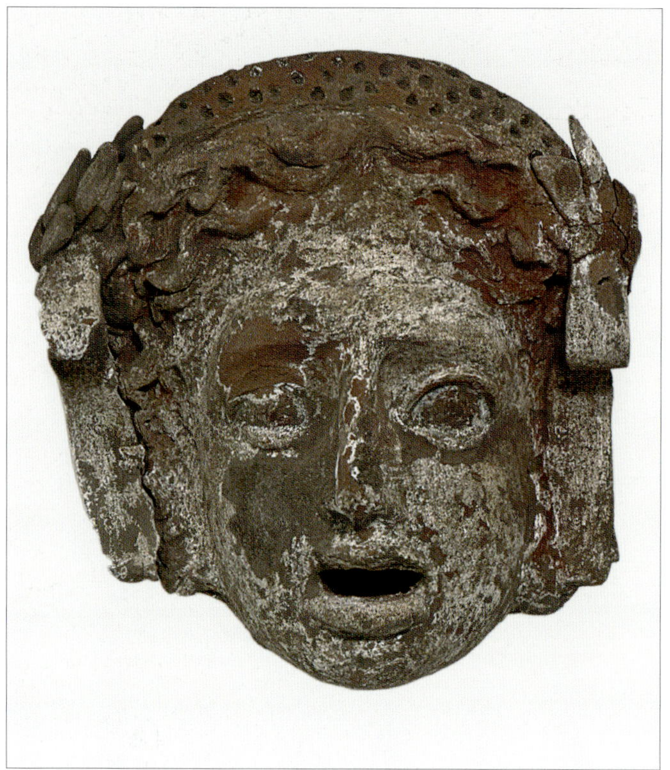

2 a: Inv. 14895 c

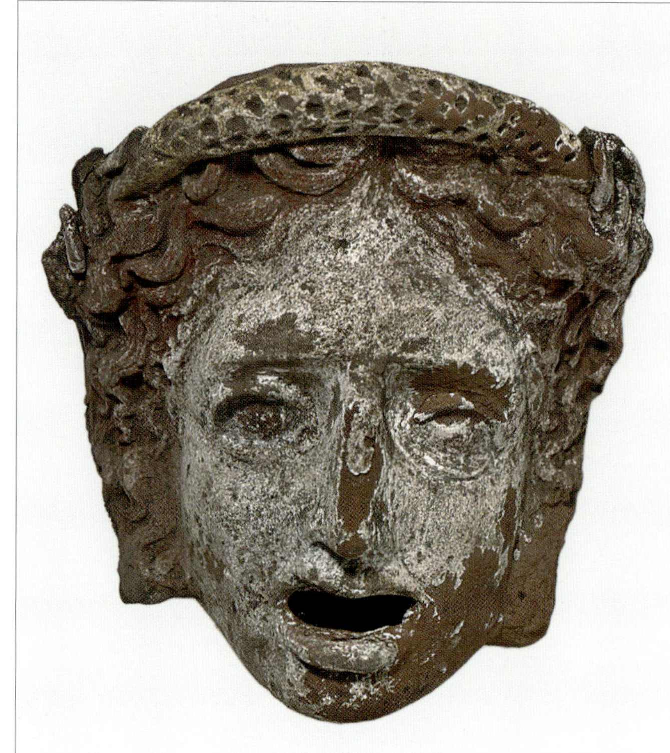

2 b: Inv. 14895 b

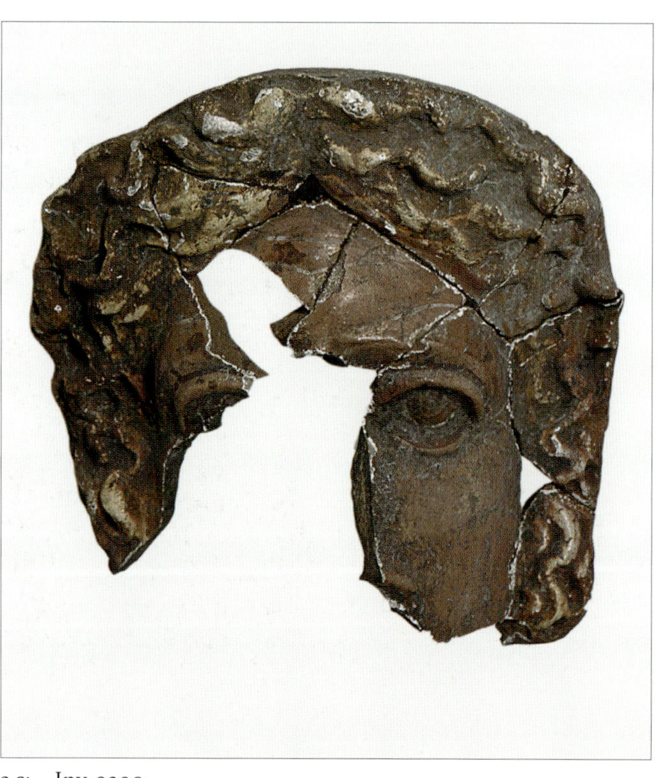

2 c: Inv. 9290

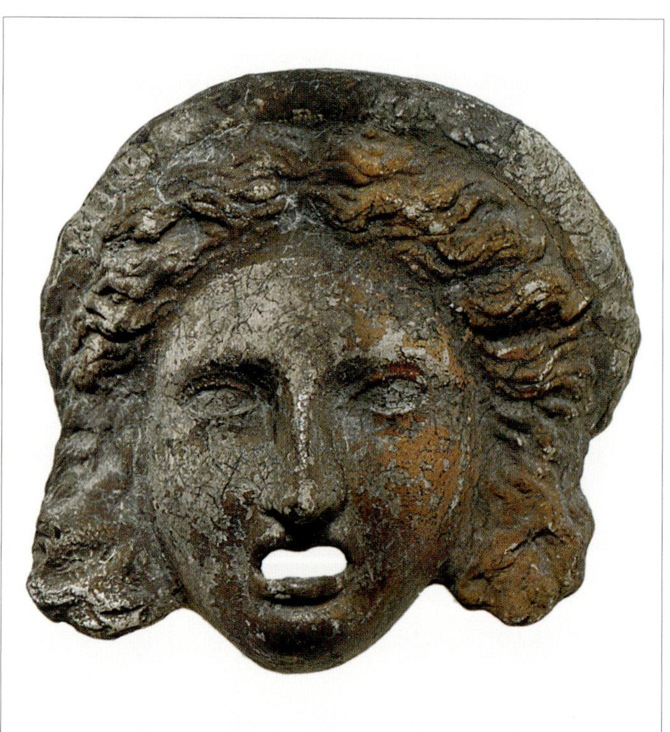

2 d: Inv. 12980

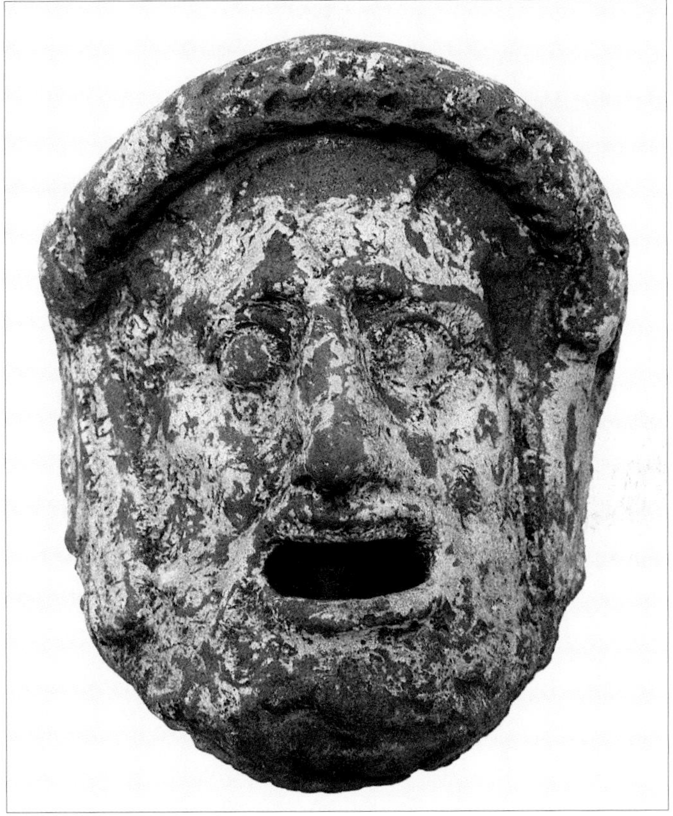

1a: Inv. 3036 zu Grab 74

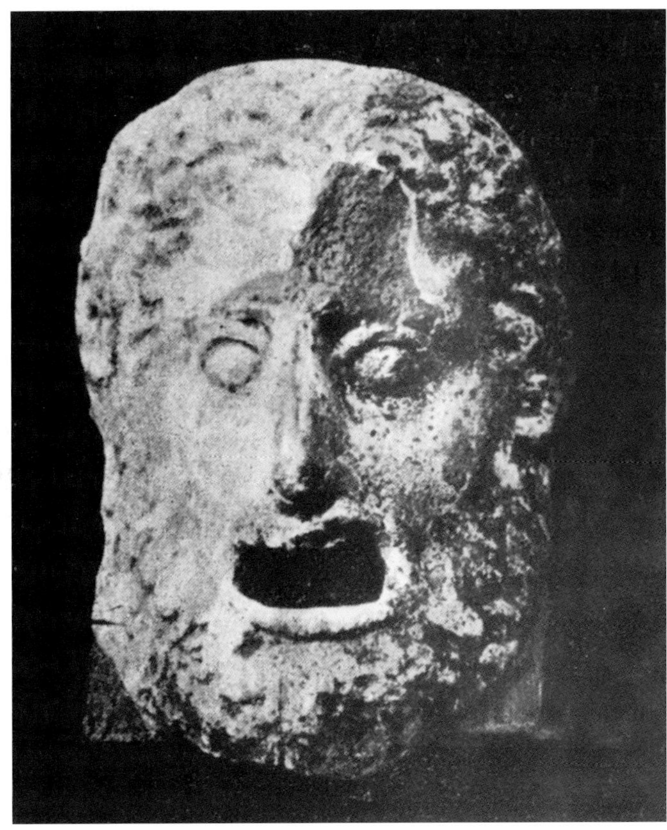

1b: ehemals Palermo, Nationalmuseum Sammlung Serradifalco (Archivphoto)

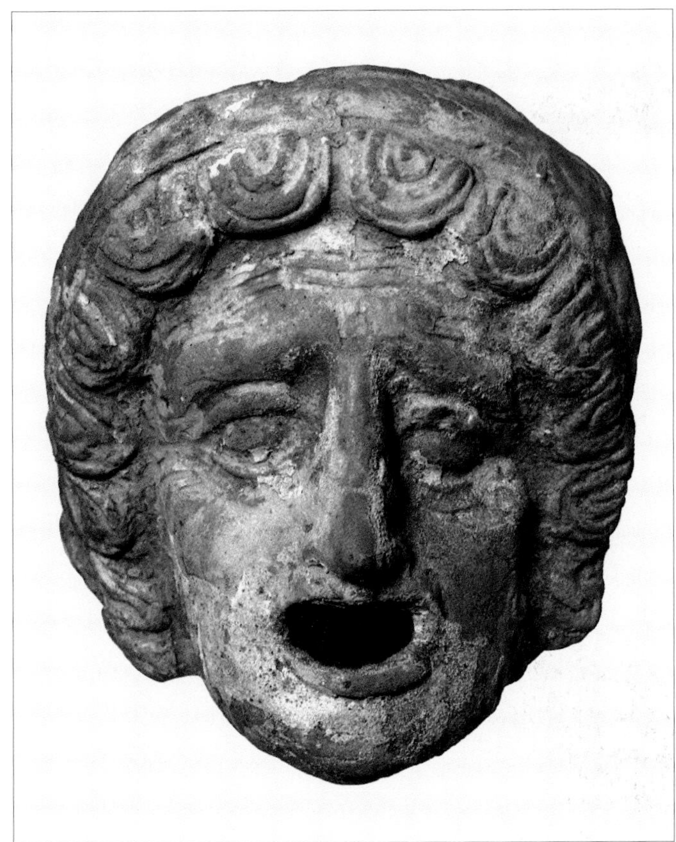

1c: Inv. 317 f zu Grab 198

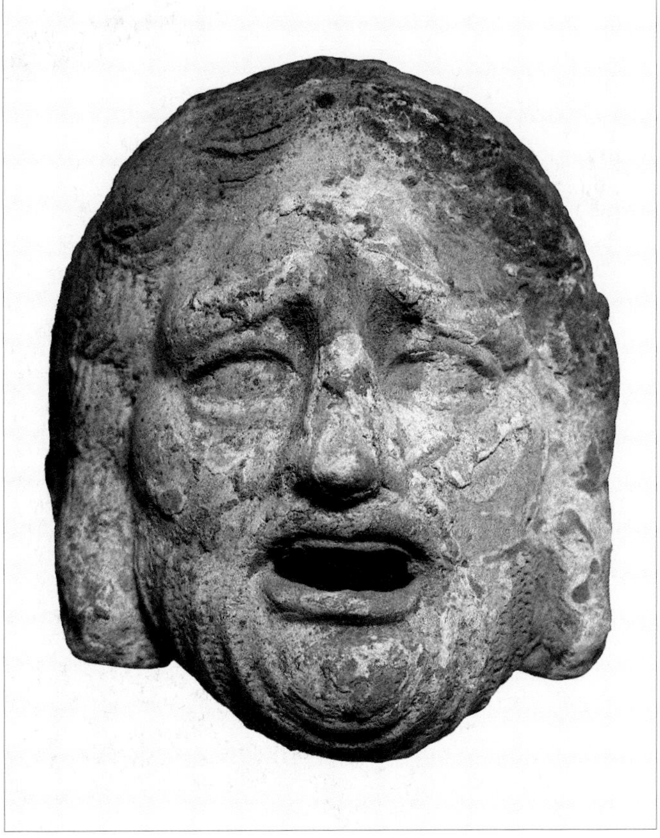

1d: Inv. 18401 b zu Grab 2486

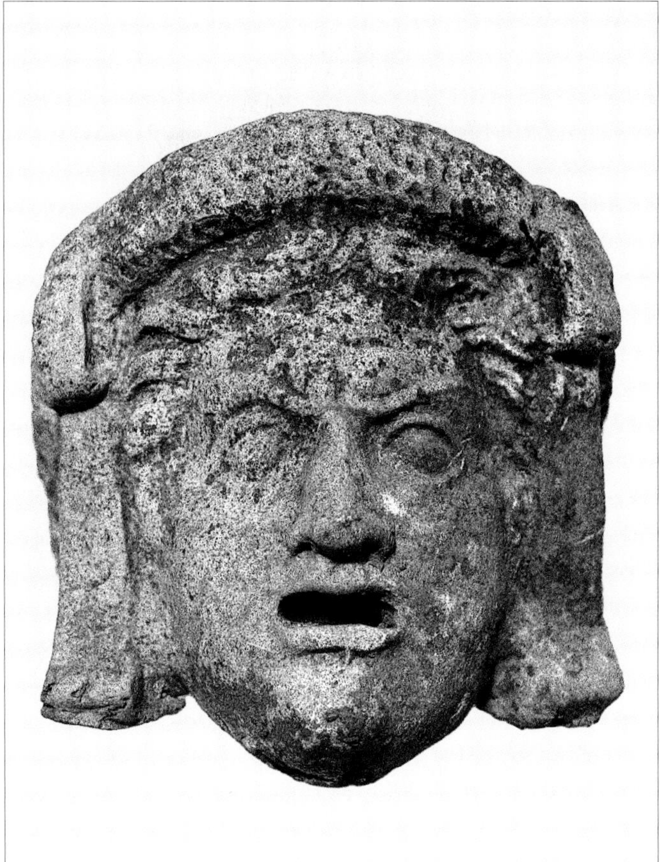

2a: Inv. 15420 f zu Grab 2184

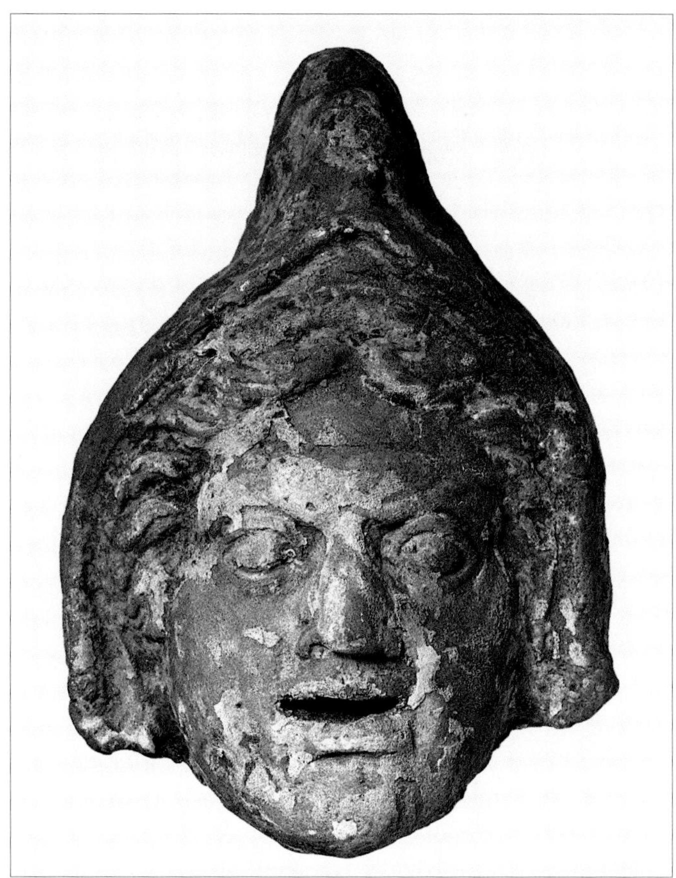

2b: Inv. 317 e zu Grab 198

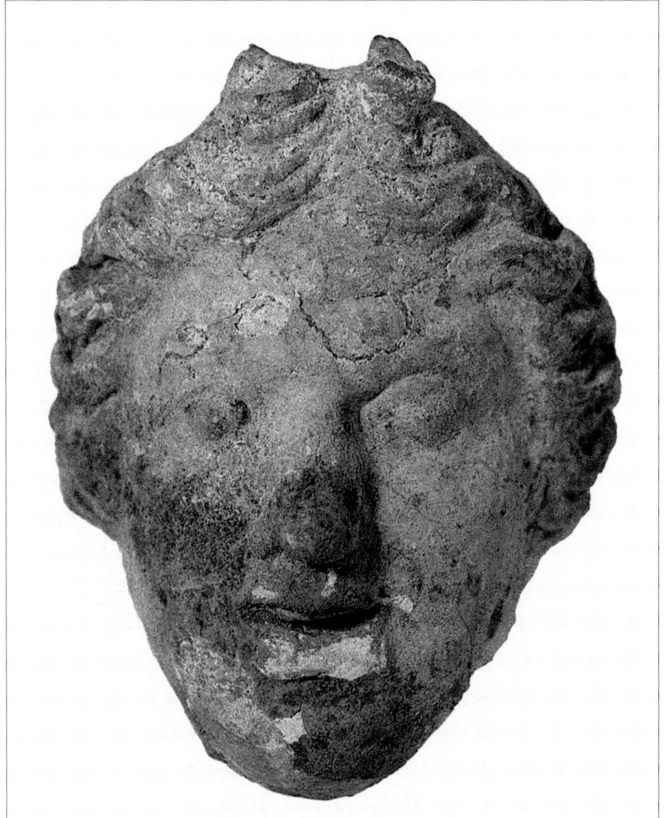

2c: Inv. 14593 zu Grab 1987

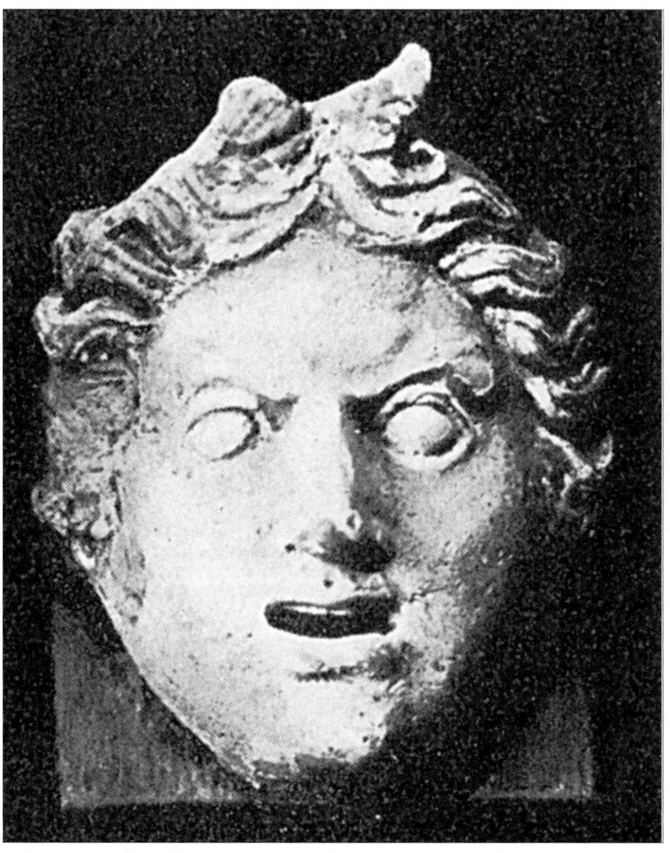

2d: ehemals Palermo, Nationalmuseum Sammlung Serradifalco (Archivphoto)

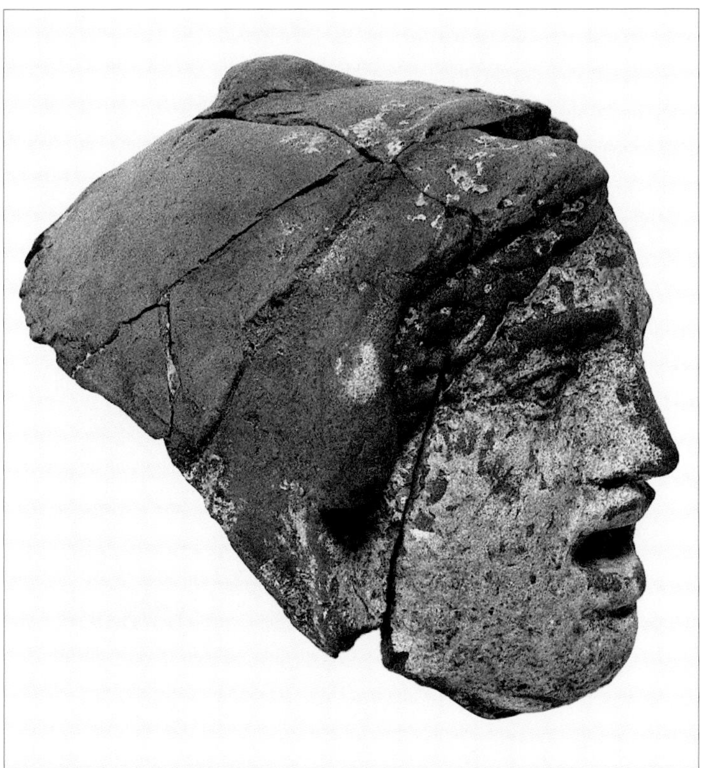

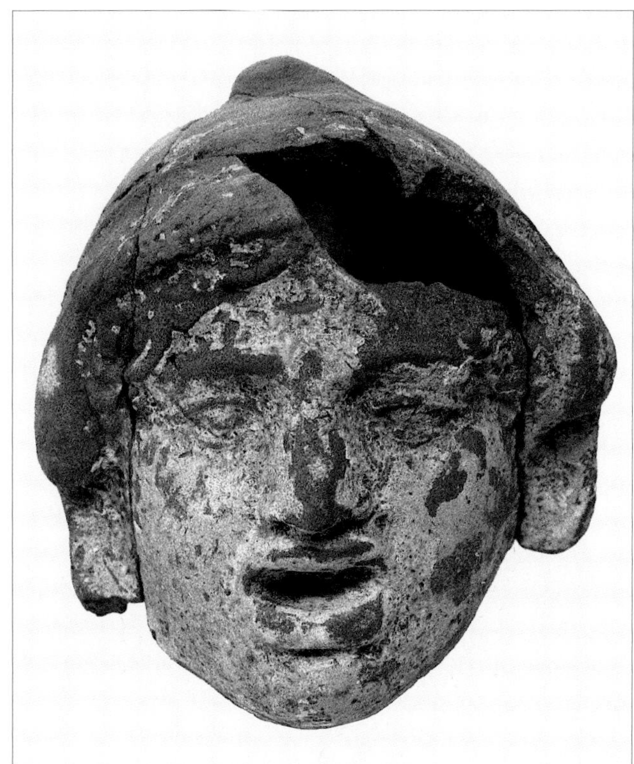

3 a/b: Inv. 3038 aus Grab 74

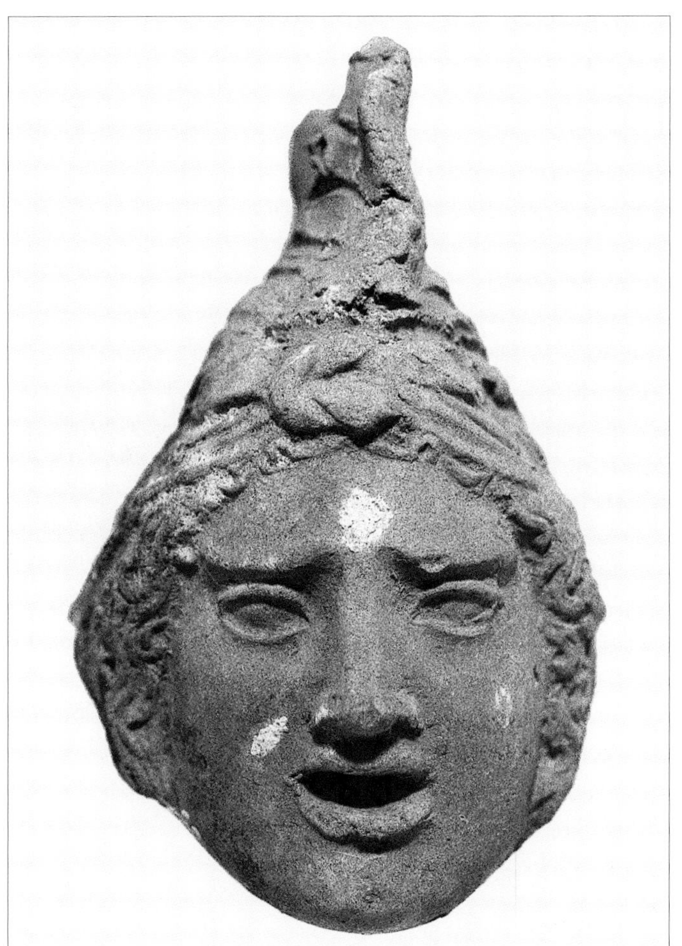

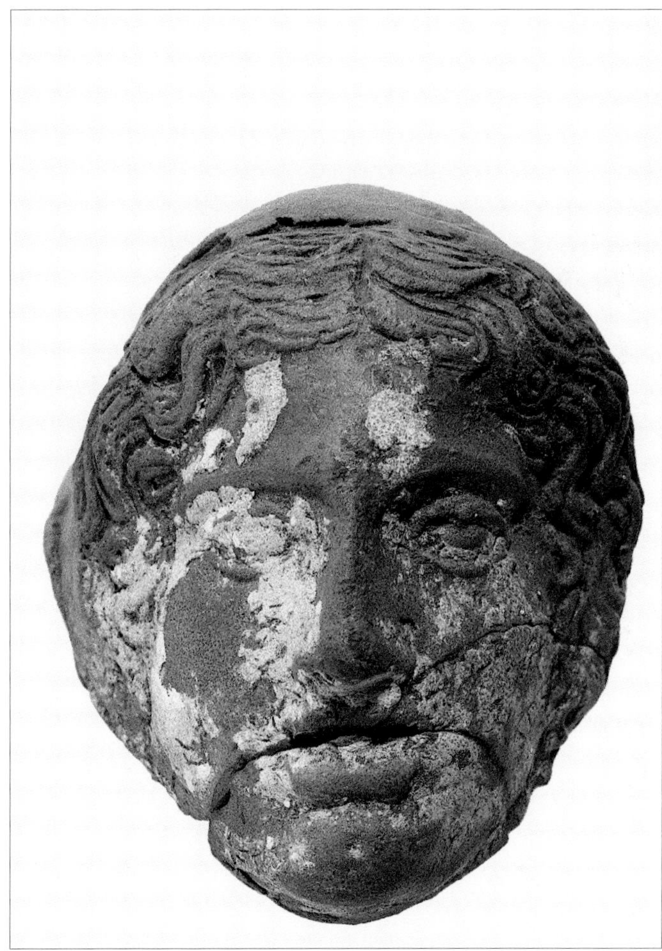

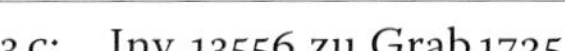

3 c: Inv. 13556 zu Grab 1725

3 d: Inv. 3039 zu Grab 74

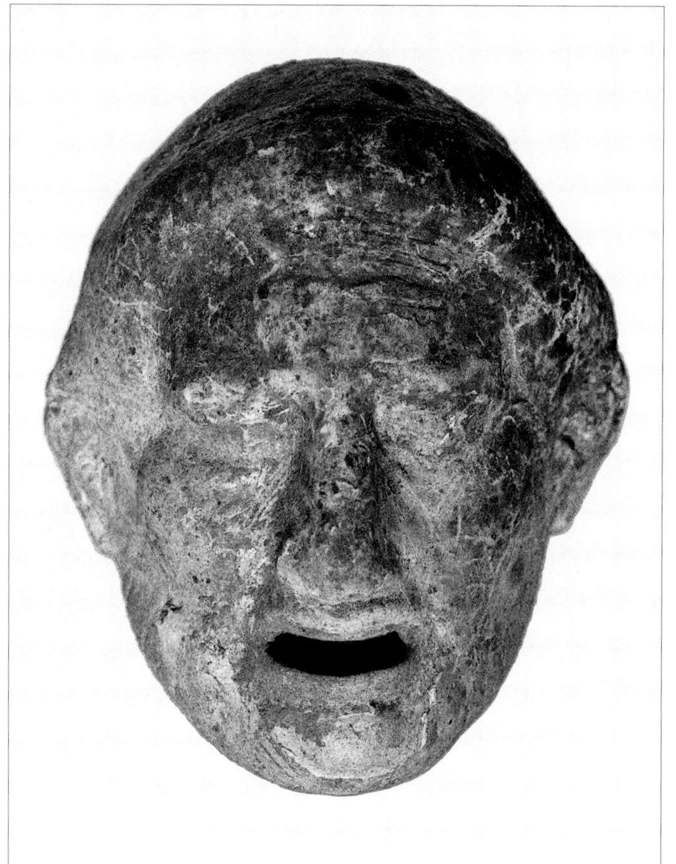

4a: Inv. 18401 c zu Grab 2486

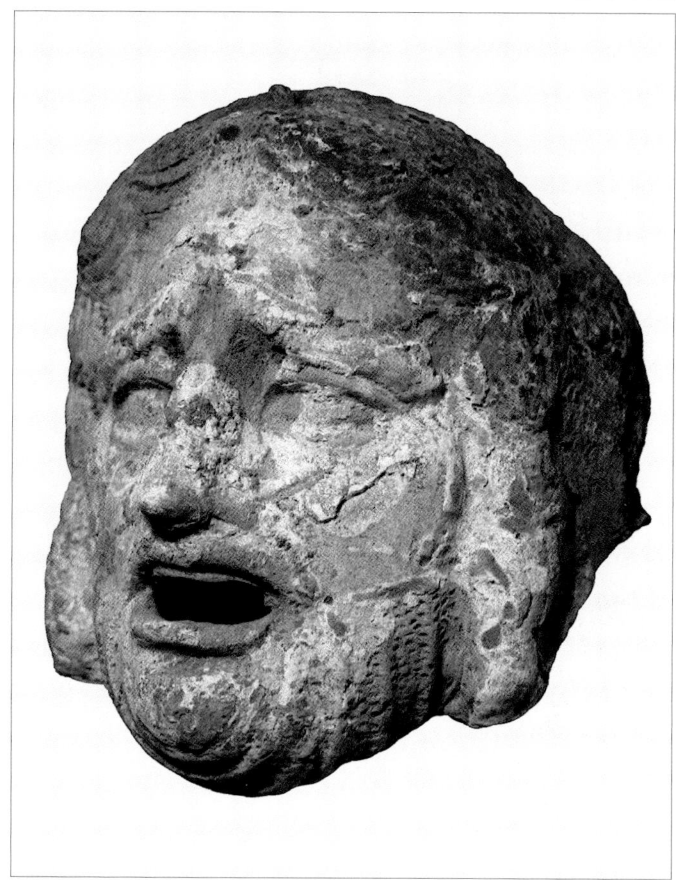

4b: Inv. 18401 b zu Grab 2486

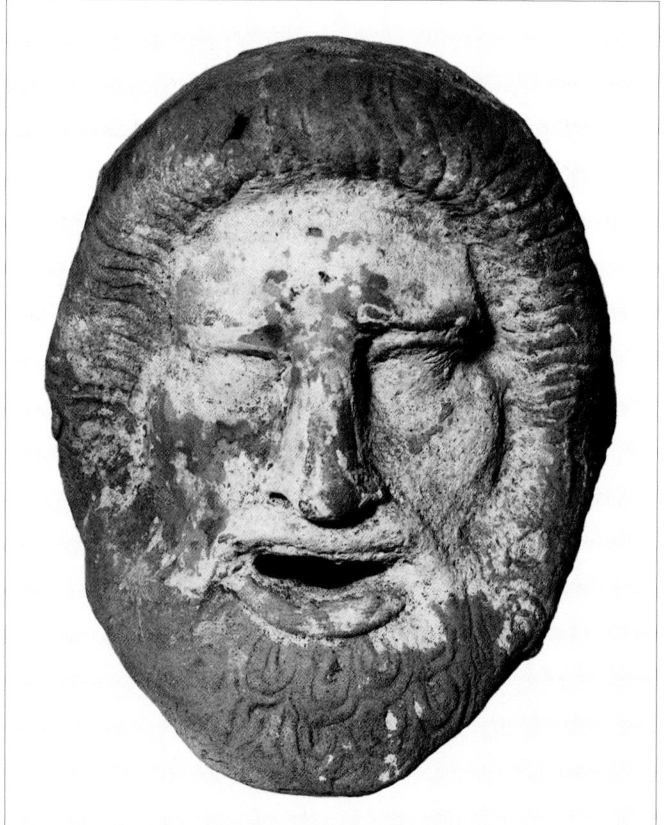

4c: Inv. 2301 f zu Grab 406

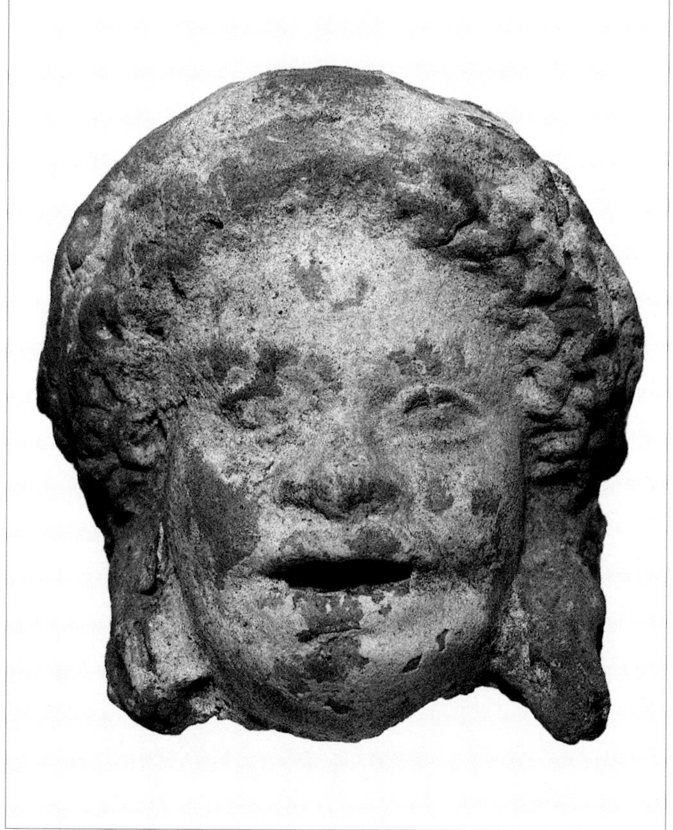

4d: Inv. 2301 g zu Grab 406

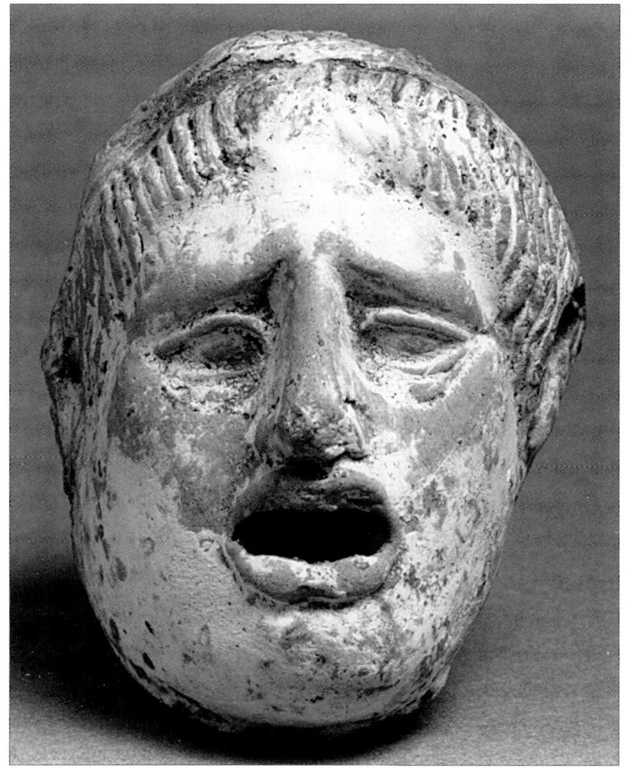

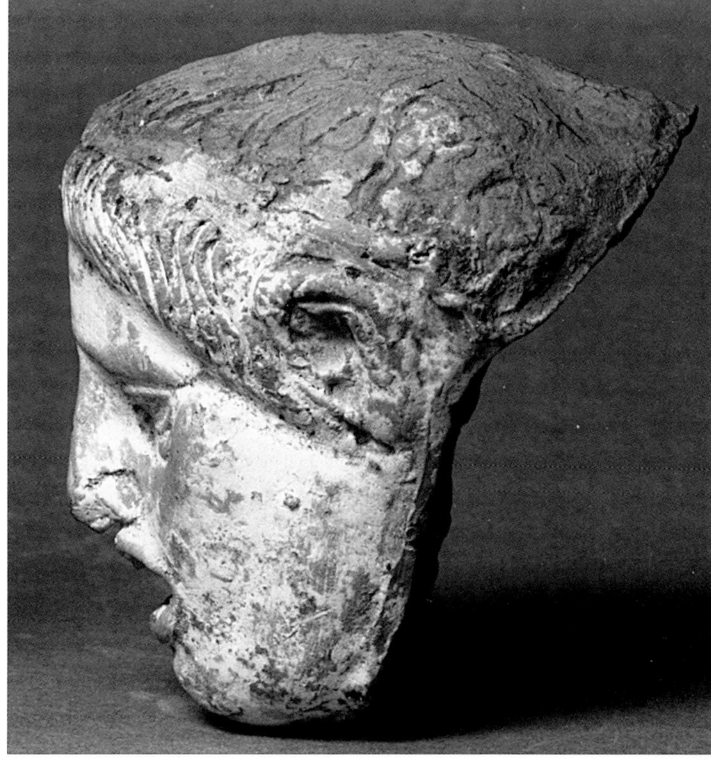

5 a/b: Glasgow, Kelvingrove Museum 03.70.dt.3

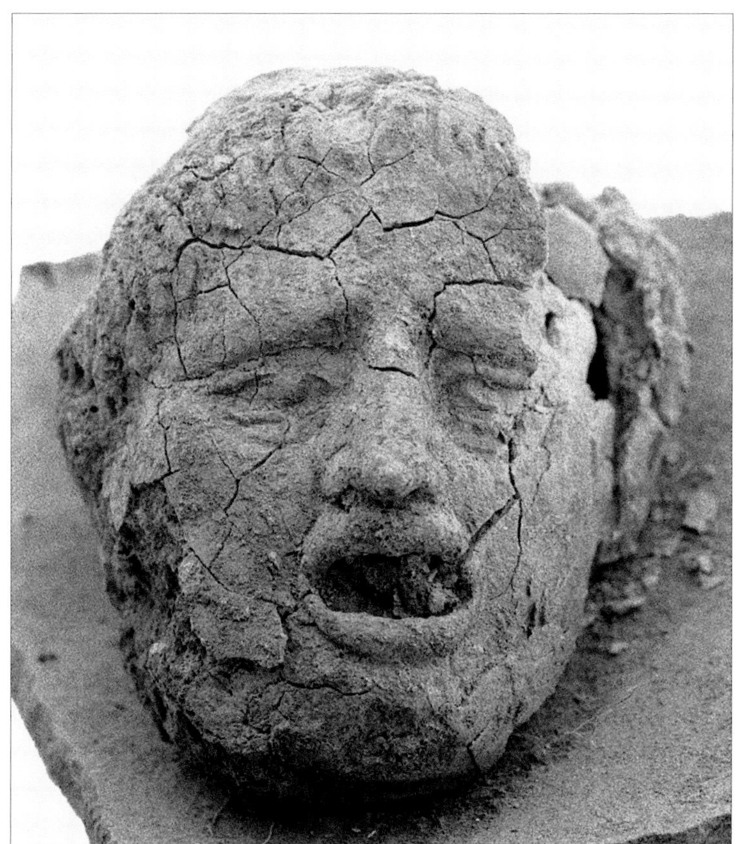

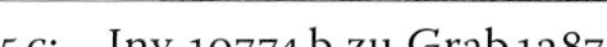

5 c: Inv. 10774 b zu Grab 1287

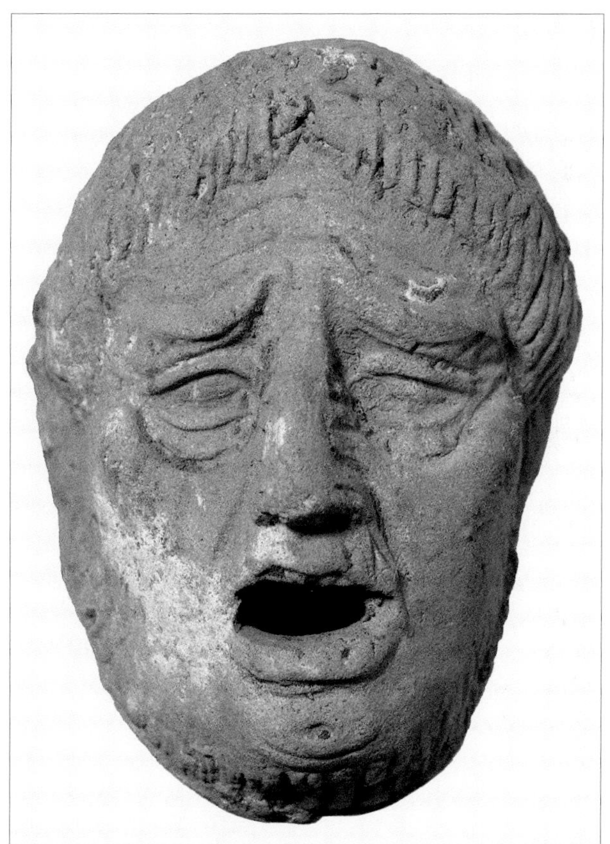

5 d: Inv. 13556 j zu Grab 1725

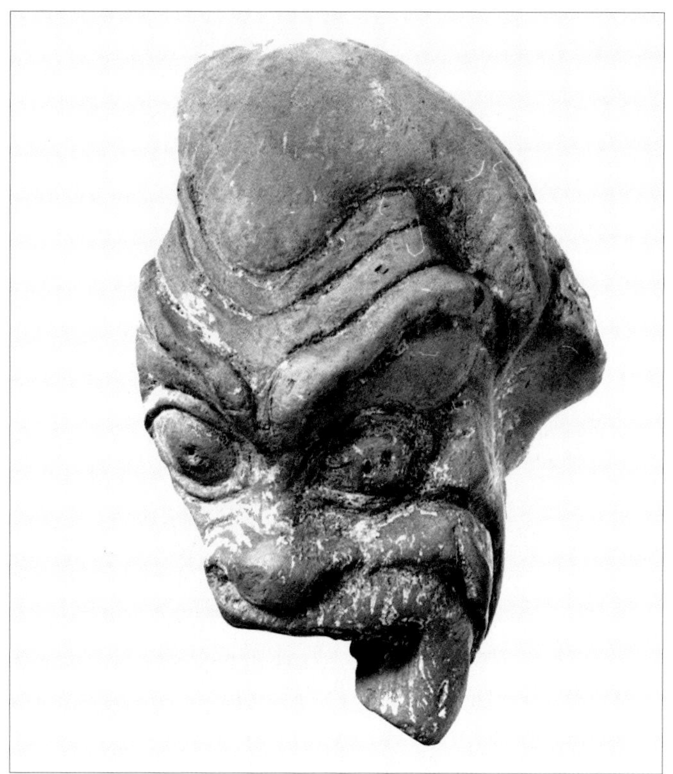

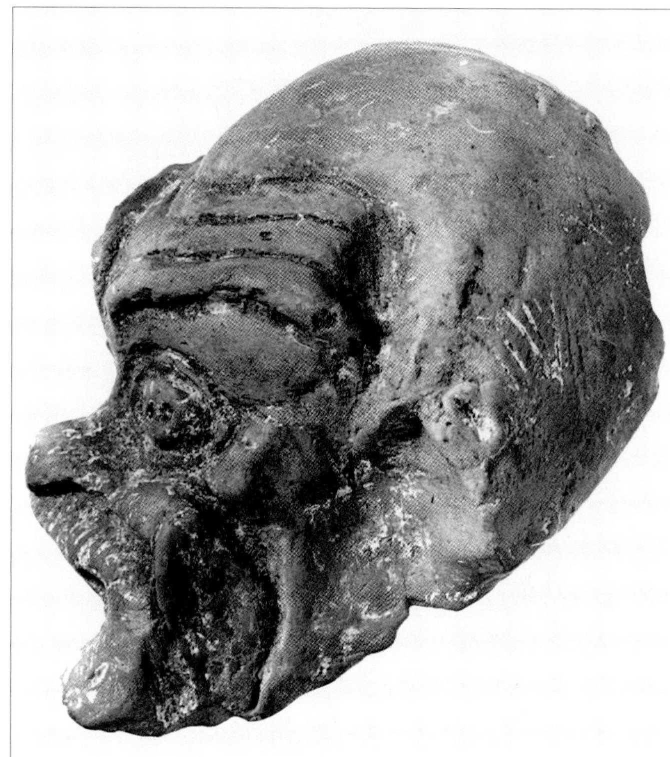

6 a/b: Athen, Agora-Museum, Pnyx T 79

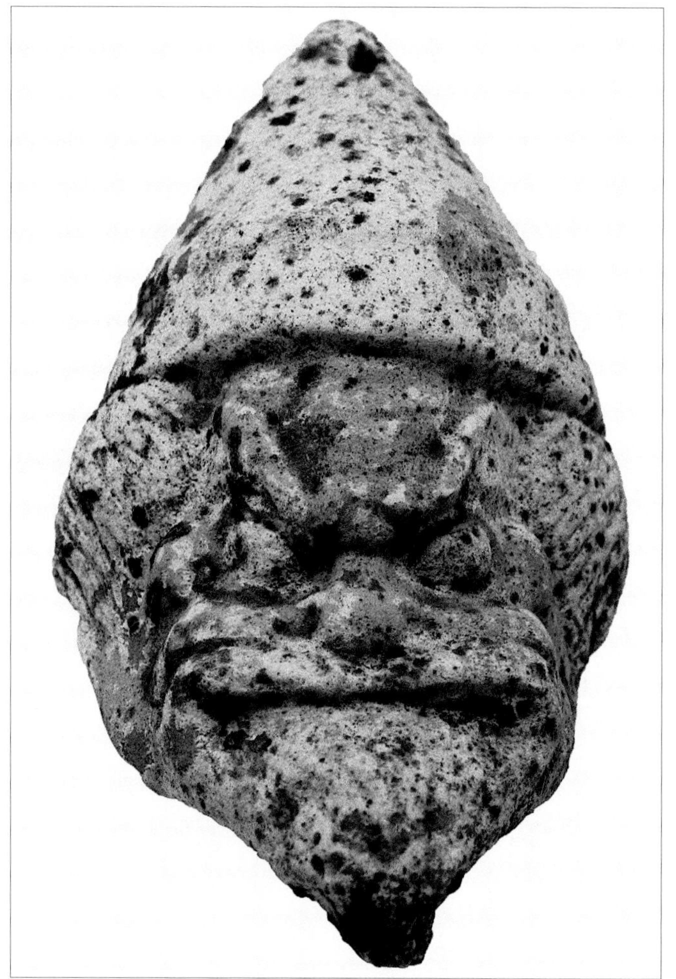

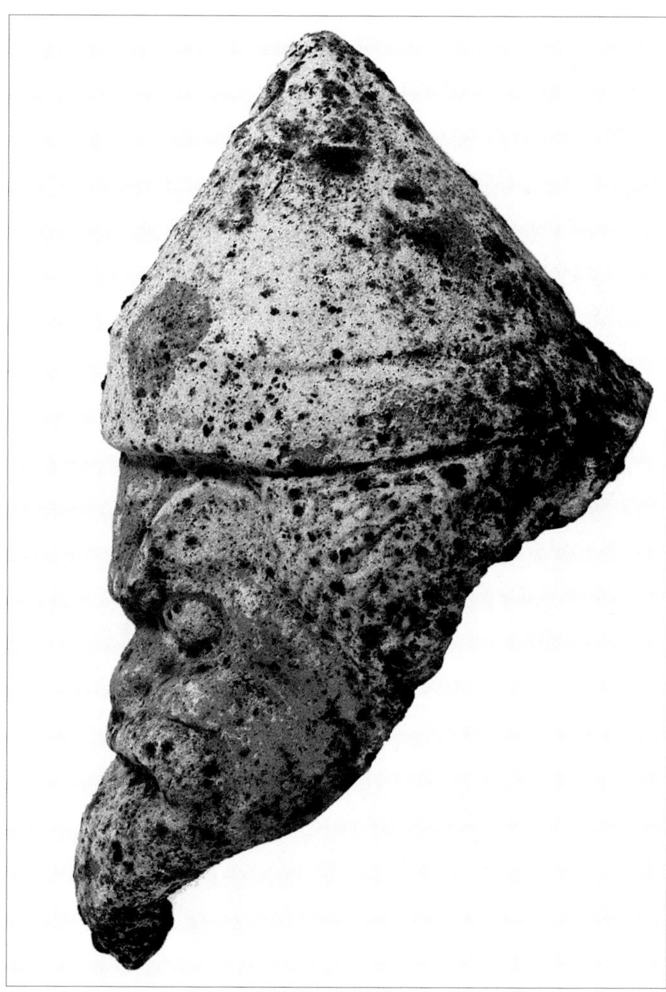

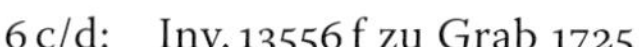

6 c/d: Inv. 13556 f zu Grab 1725

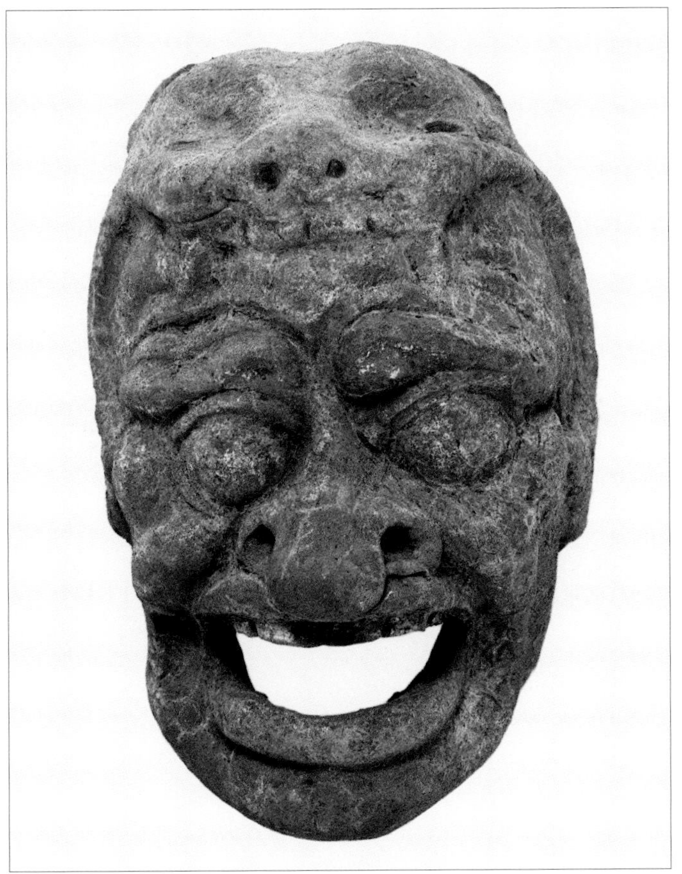

7 a: Inv. 14584 zu Grab 1986

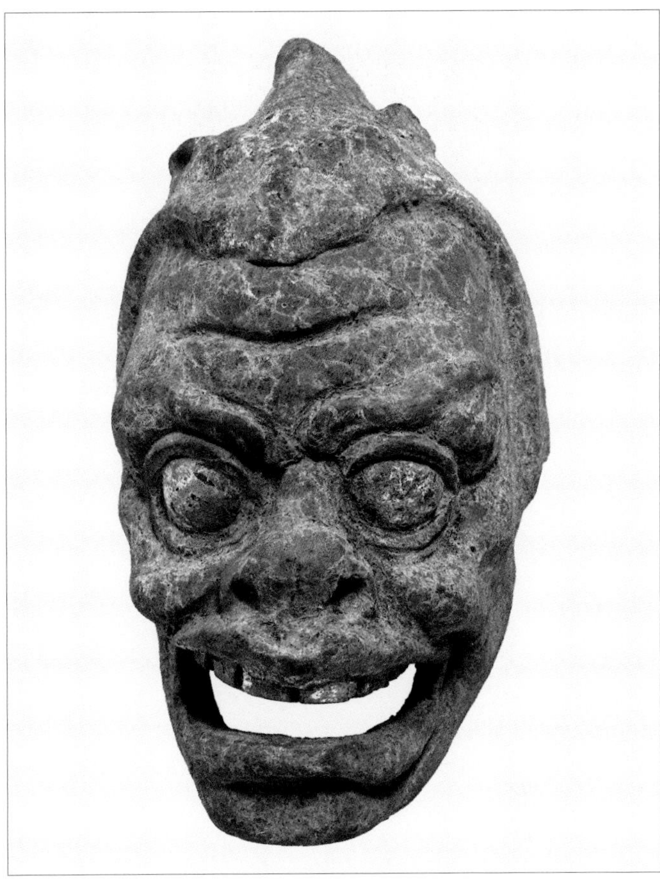

7 b: Inv. 14585 zu Grab 1986

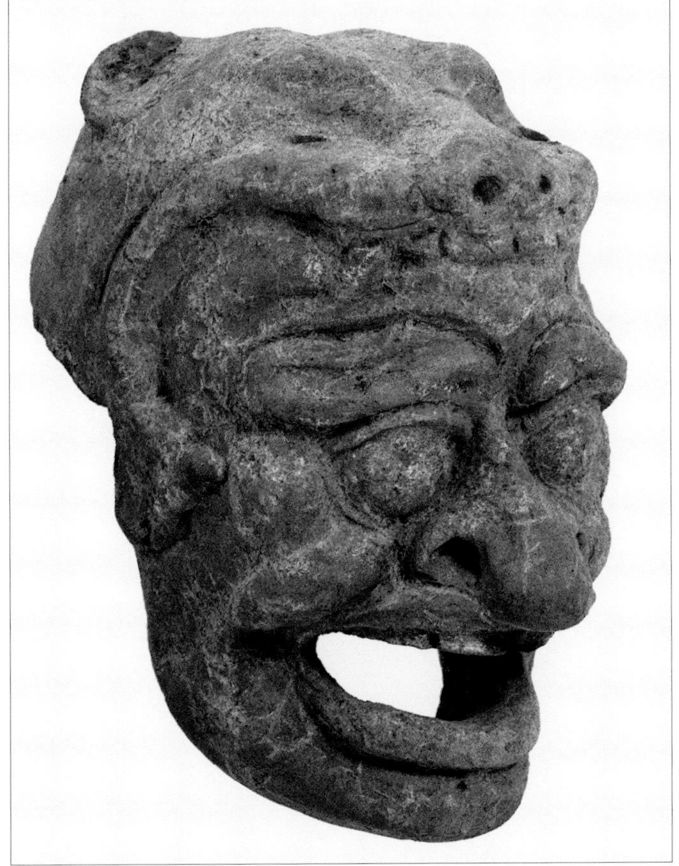

7 c: Inv. 14584 zu Grab 1986

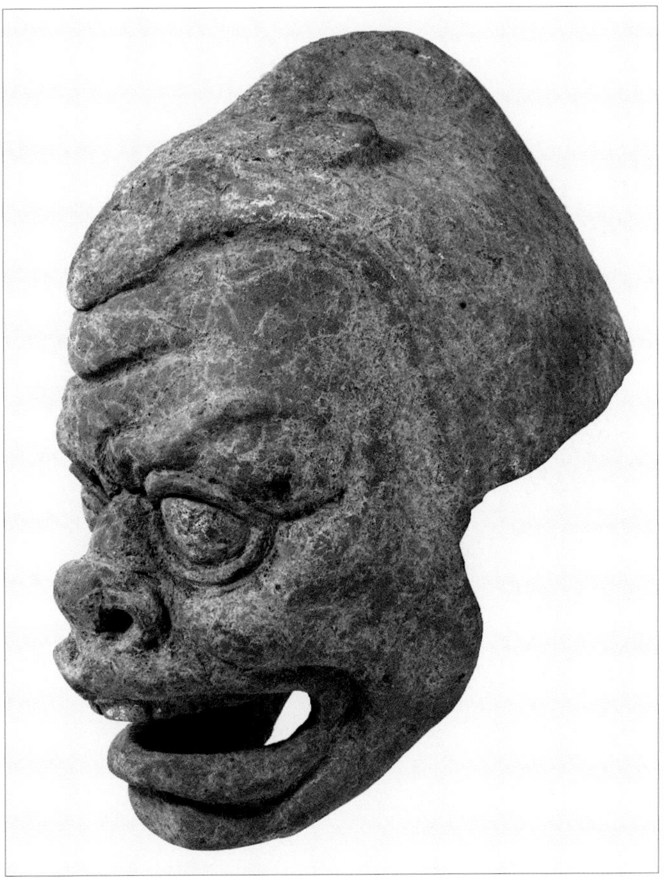

7 d: Inv. 14585 zu Grab 1986

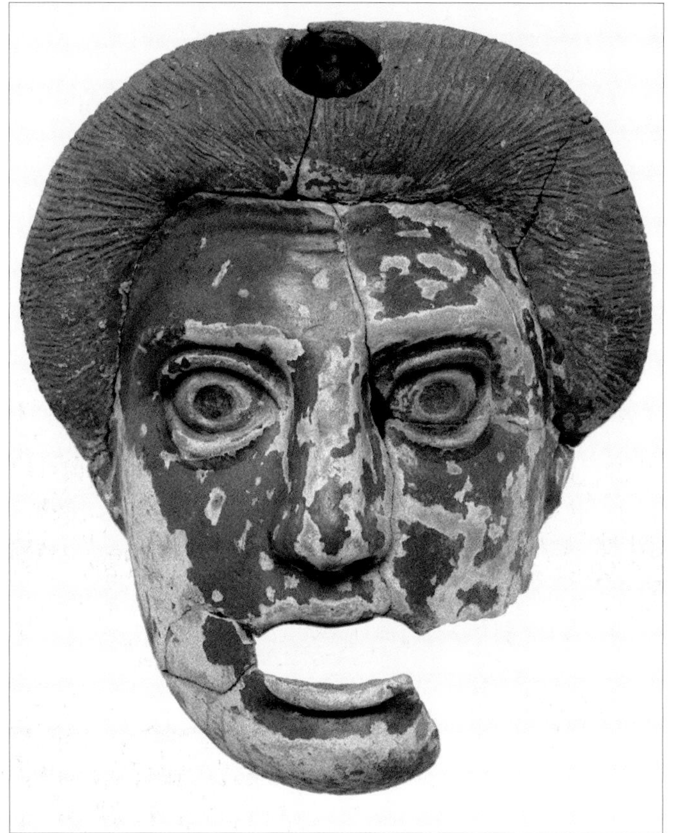

8 a: Inv. 9730

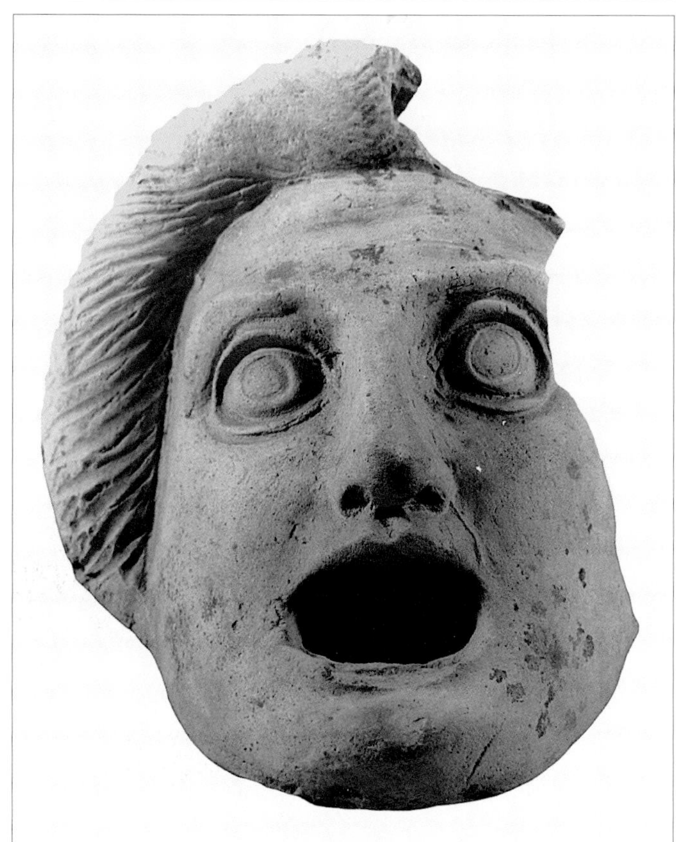

8 b: Palermo, Nationalmuseum Inv. 1468 aus Termini Imerese

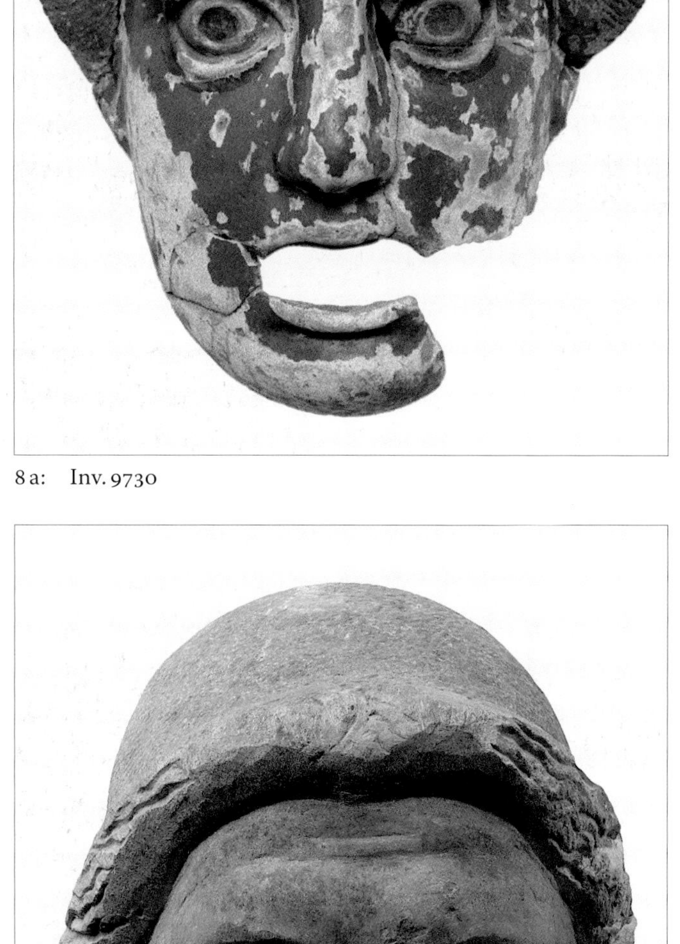

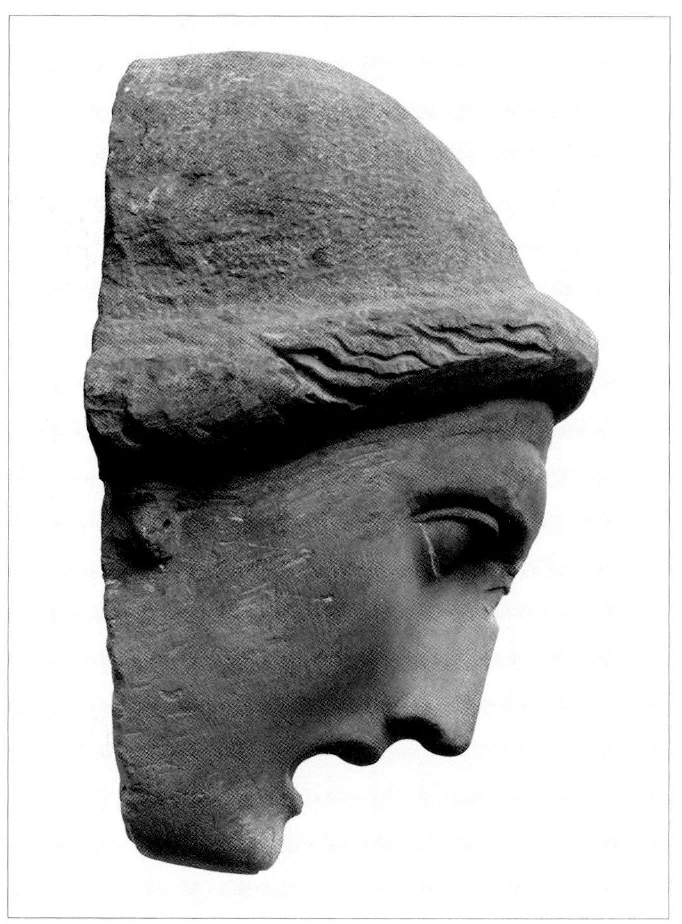

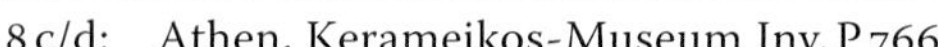

8 c/d: Athen, Kerameikos-Museum Inv. P 766

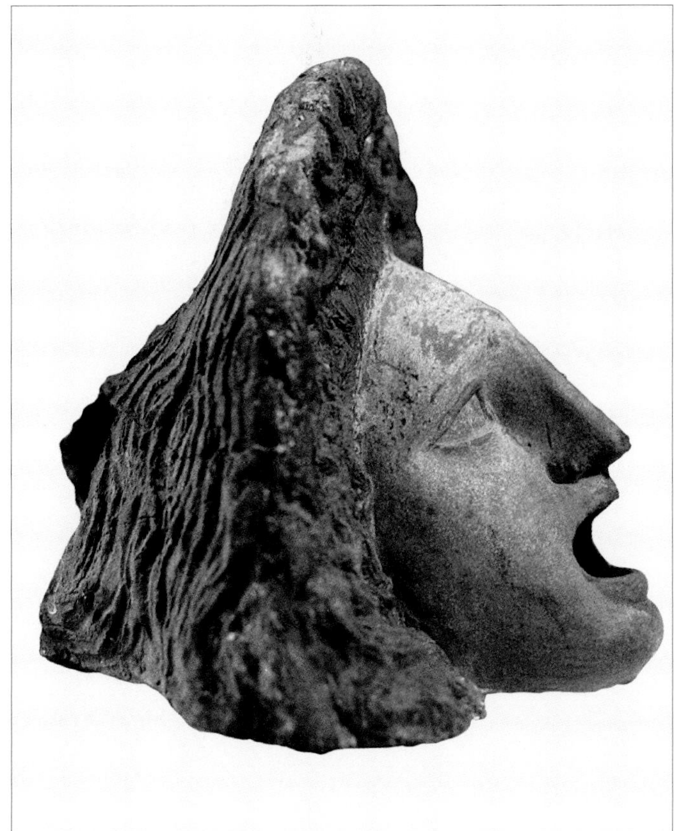

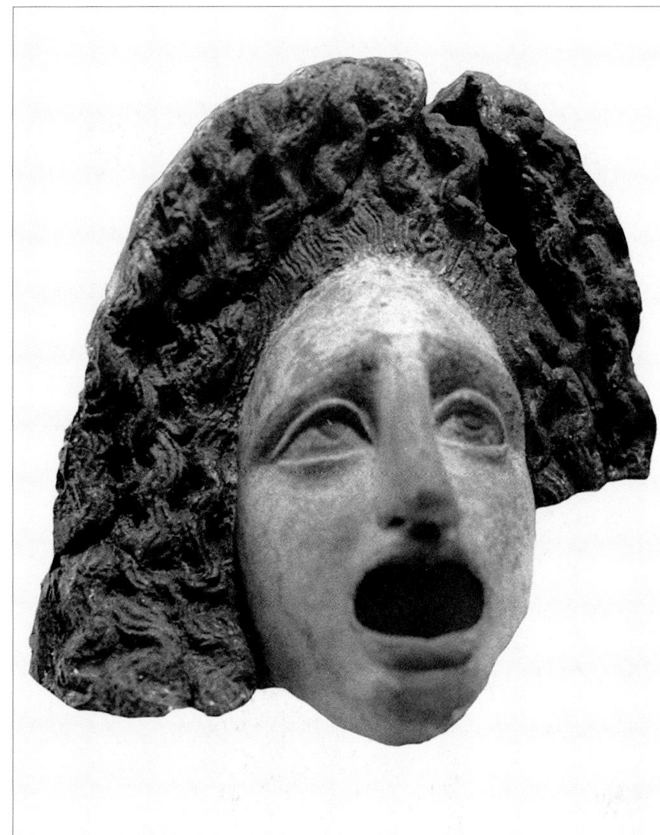

9 a/b: Cefalù, Museo Mandralisca Inv. 130

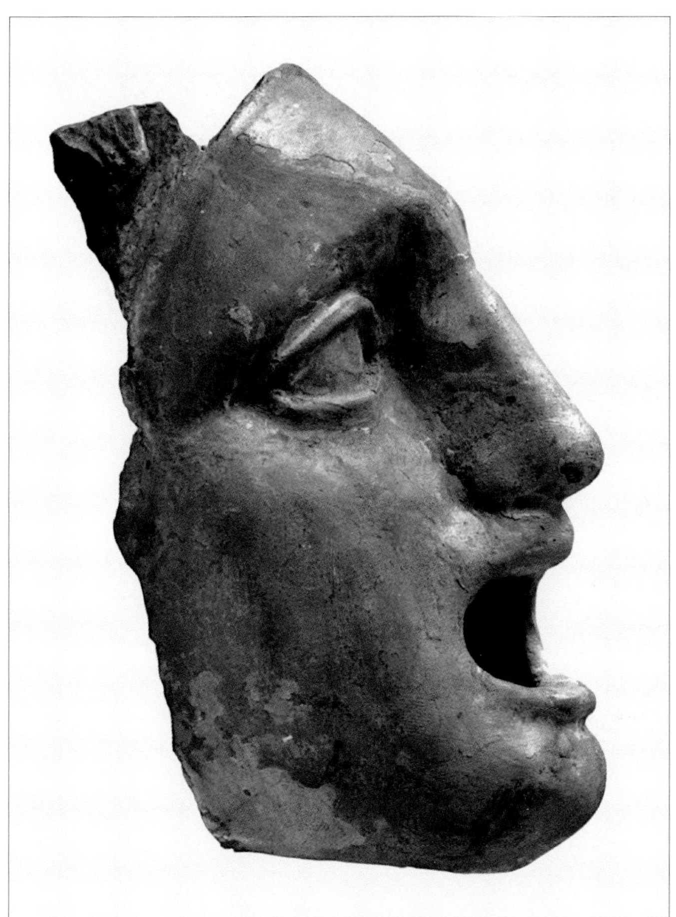

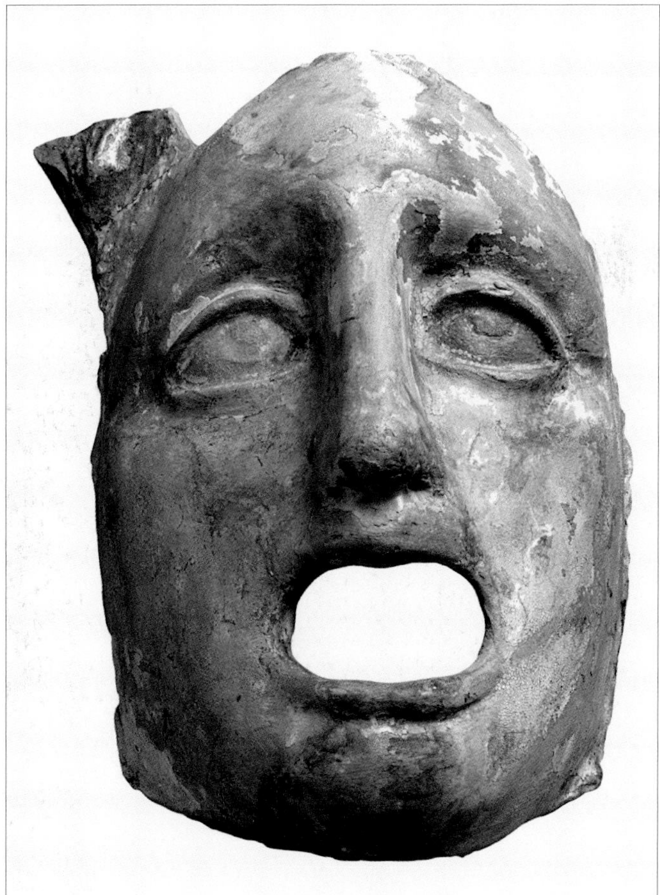

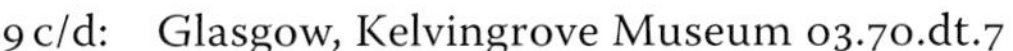

9 c/d: Glasgow, Kelvingrove Museum 03.70.dt.7

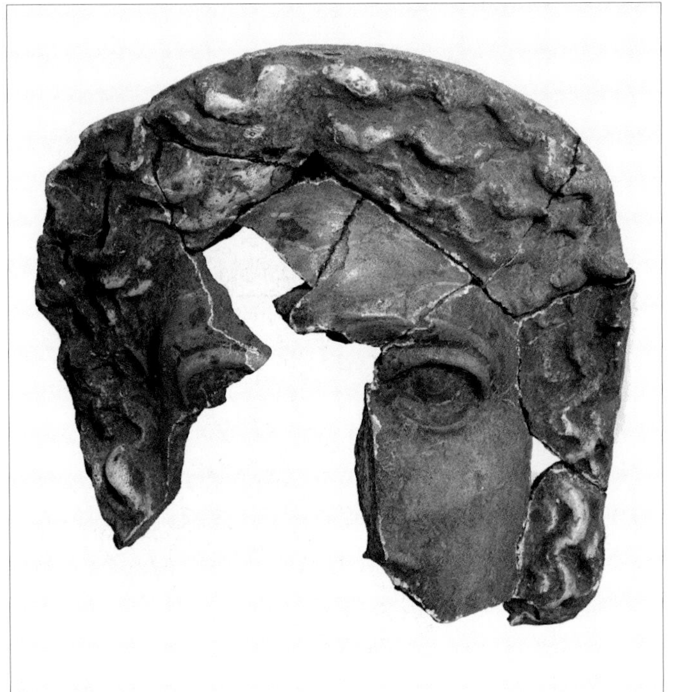

10 a: Inv. 9290

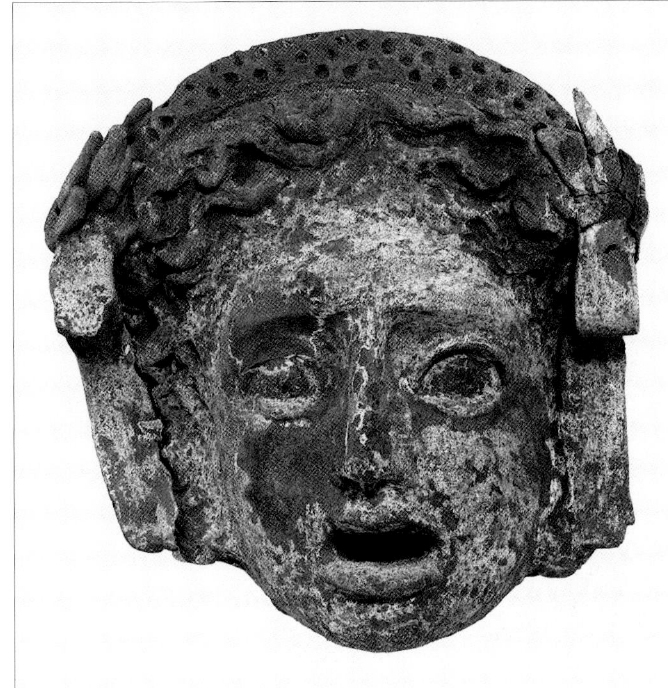

10 b: Inv. 14895 c zu Grab 2050

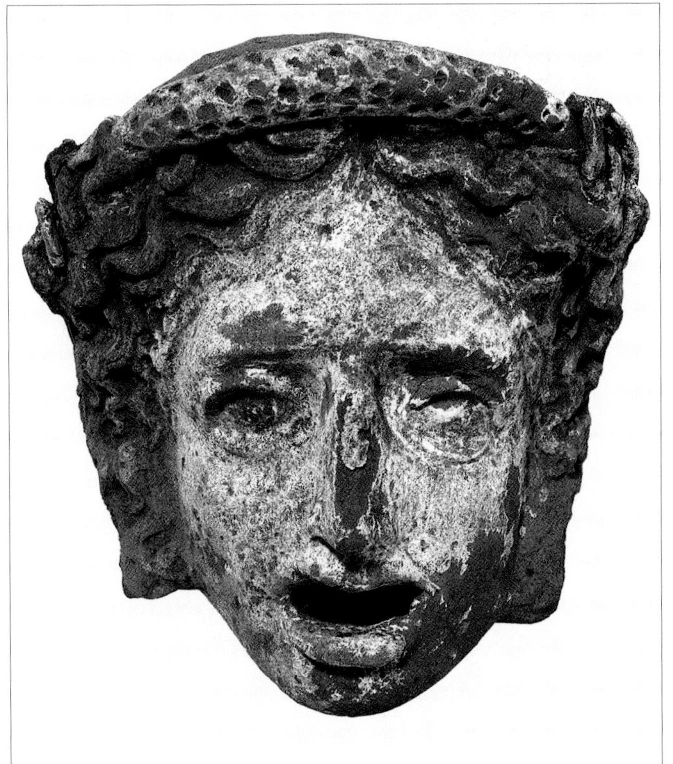

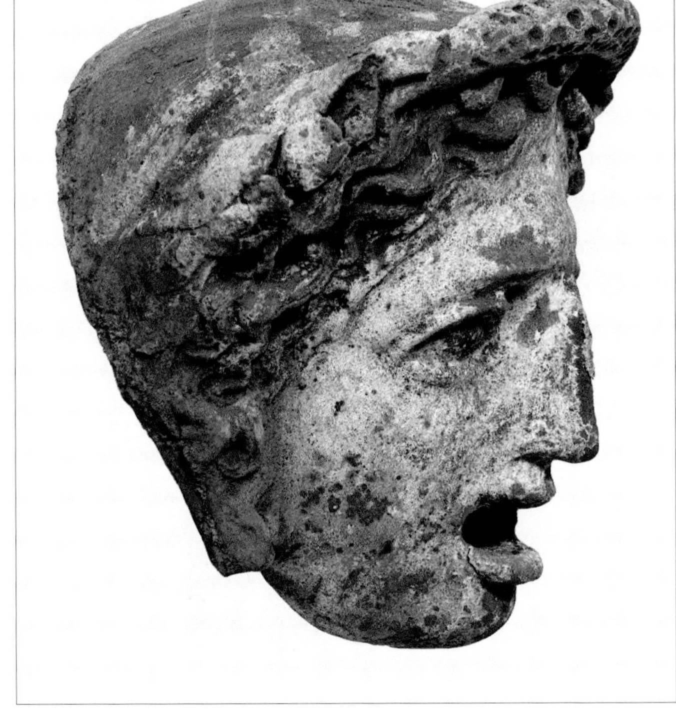

10 c/d: Inv. 14895 b zu Grab 2050

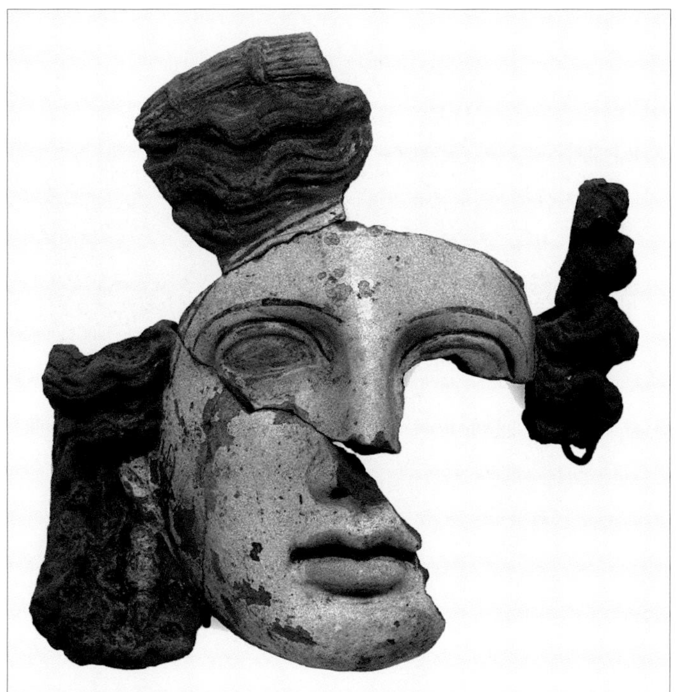
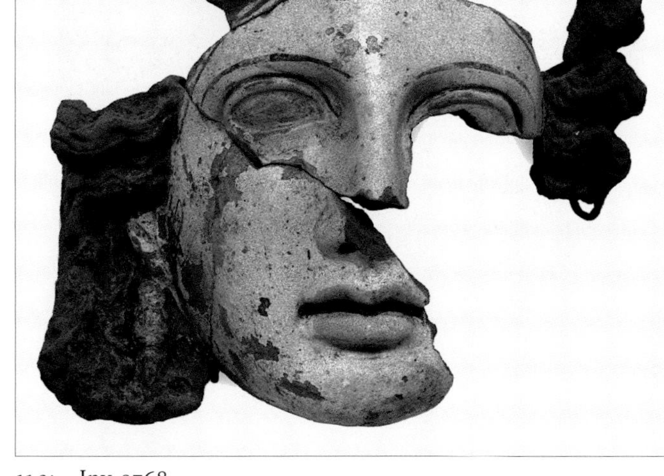

11a: Inv. 9768

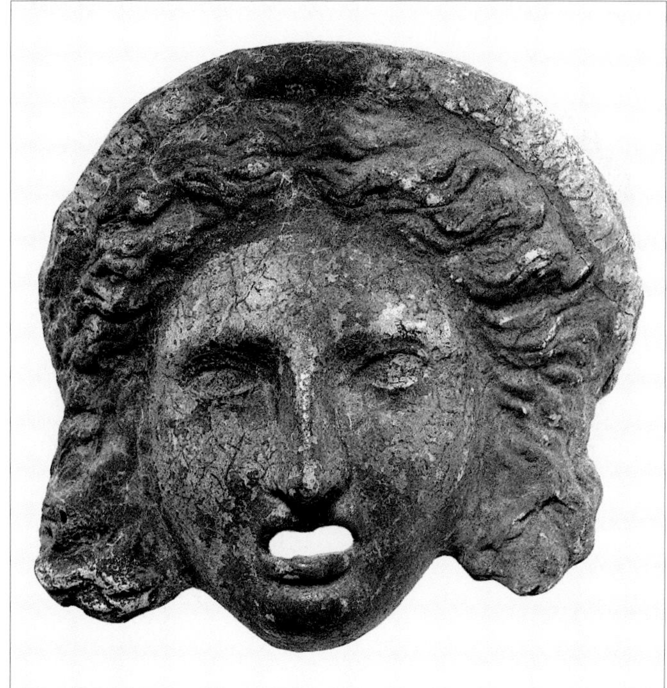

11b: Inv. 12980

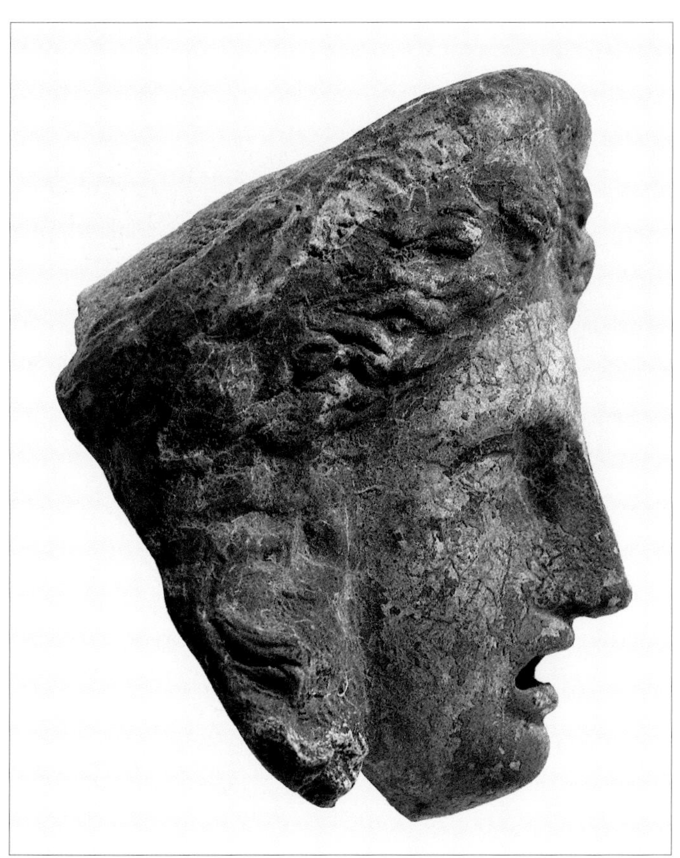

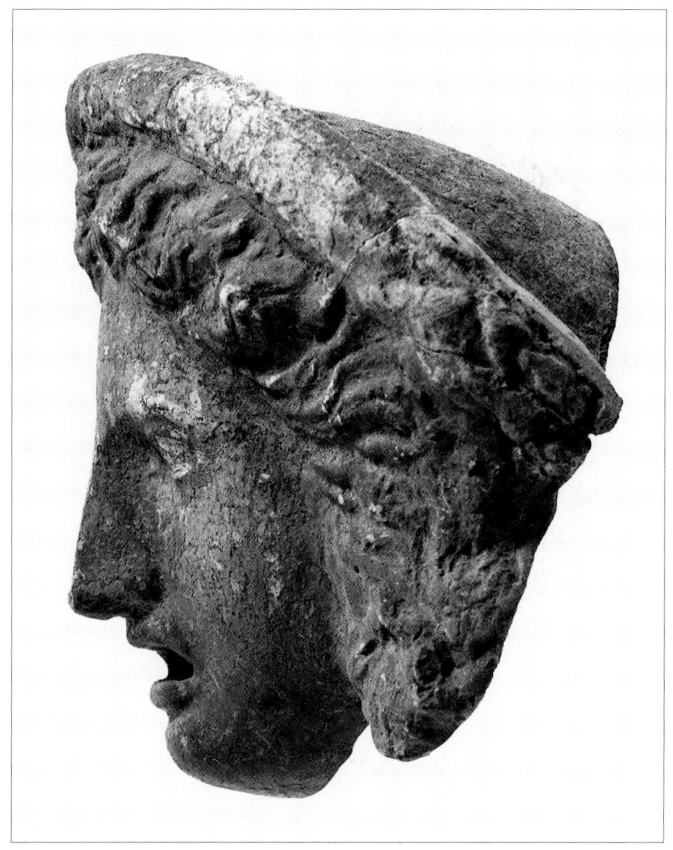

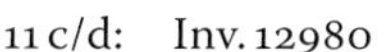

11c/d: Inv. 12980

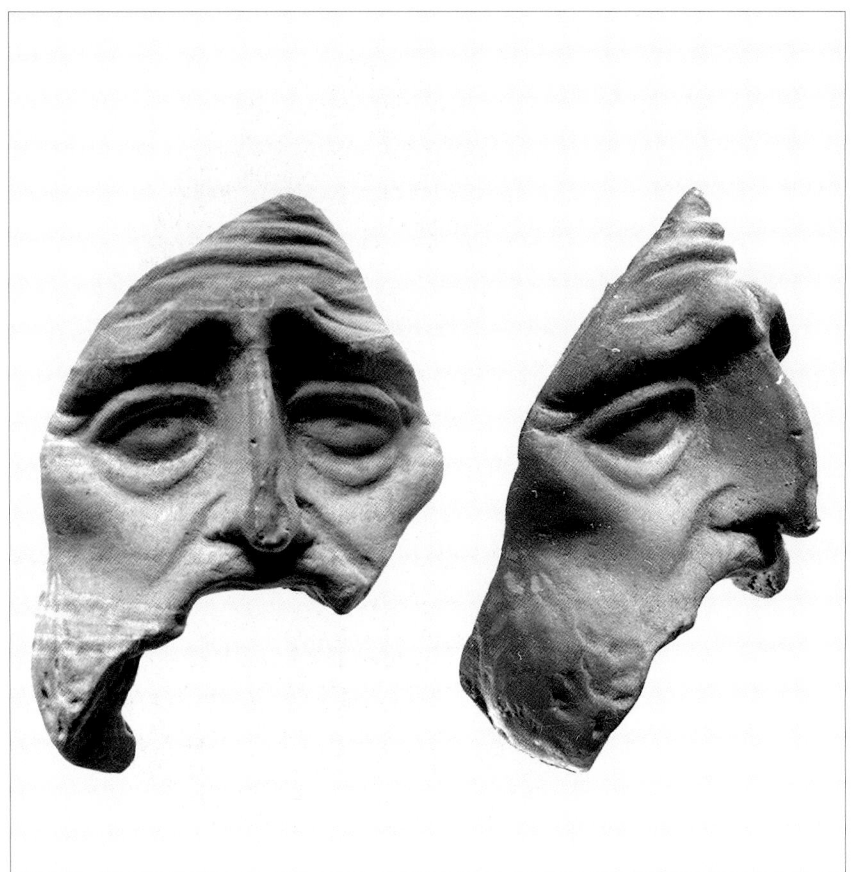

12 a: Athen, Agora-Museum T 88

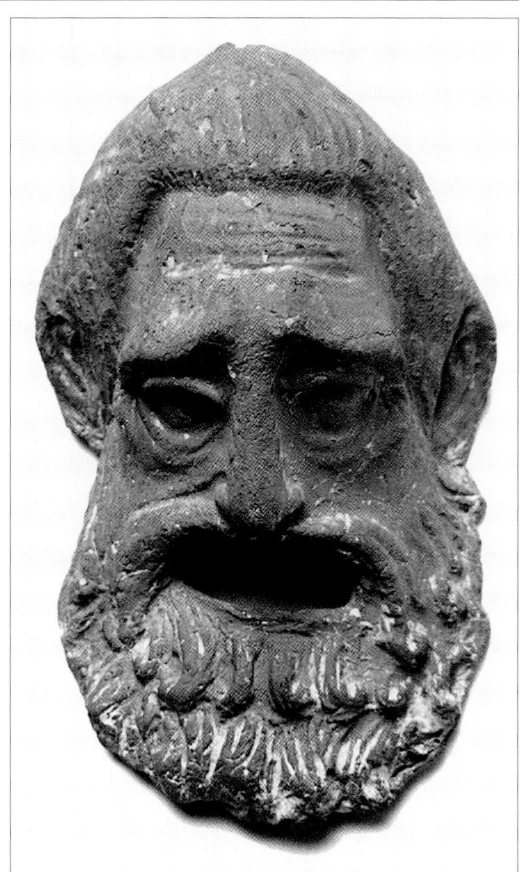

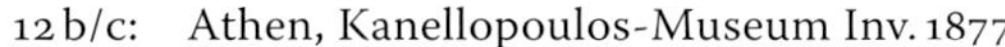

12 b/c: Athen, Kanellopoulos-Museum Inv. 1877

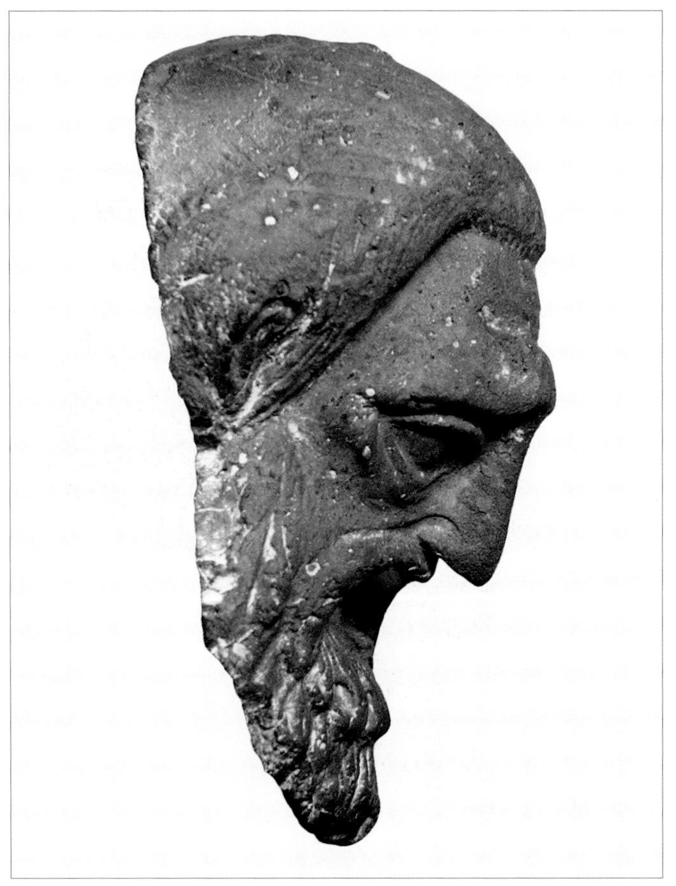

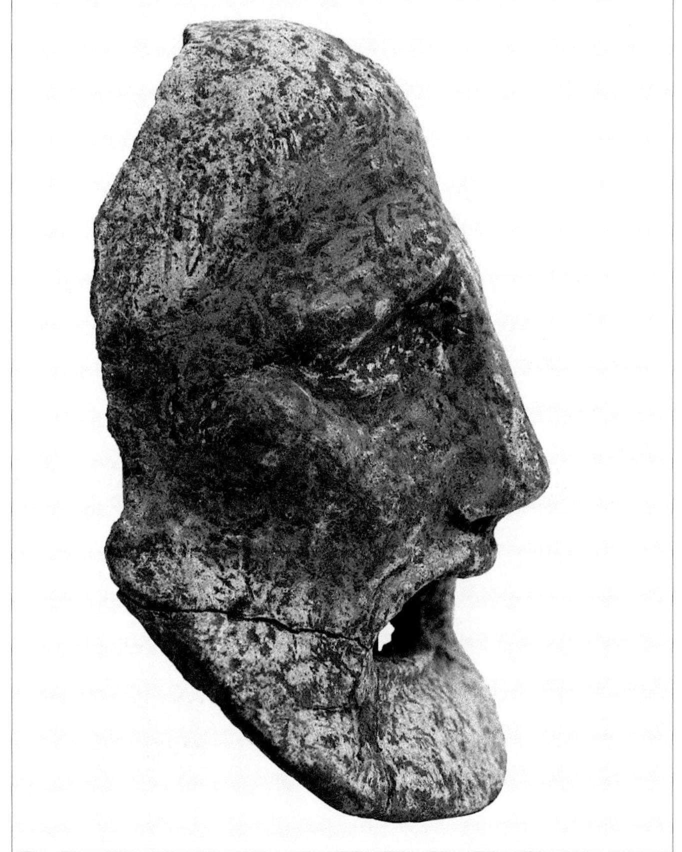

12 d: Inv. 9721

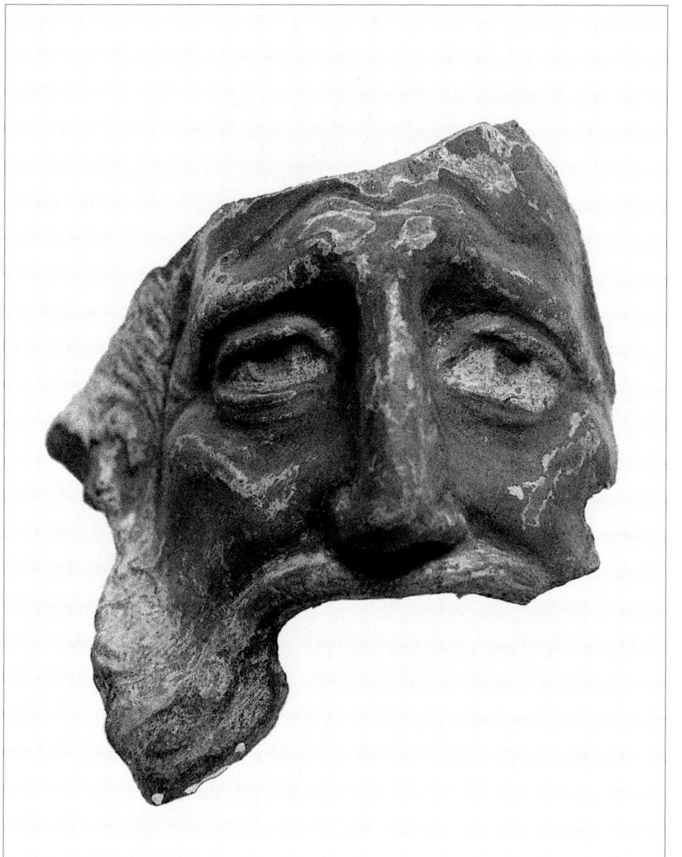

13 a: Inv. 9294

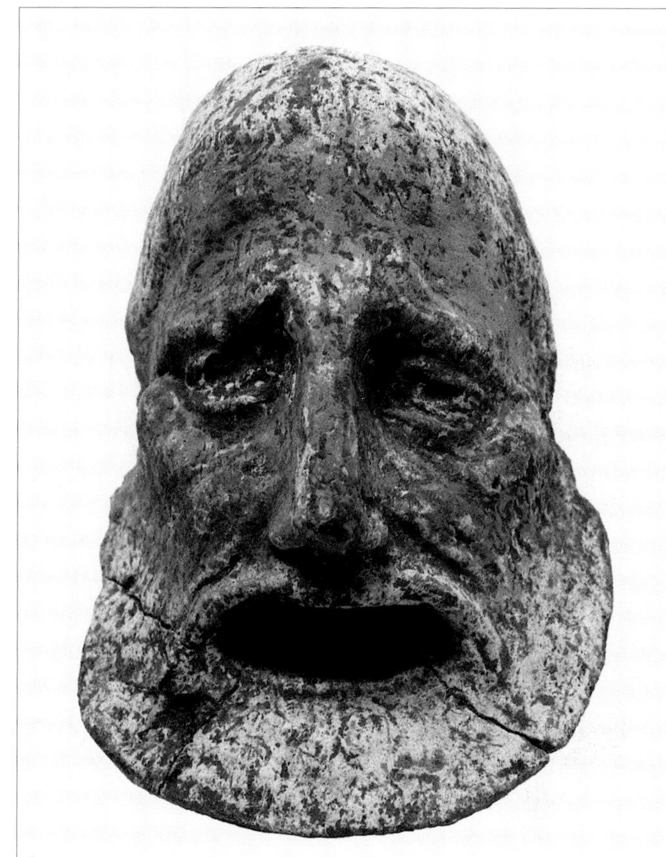

13 b: Inv. 9721

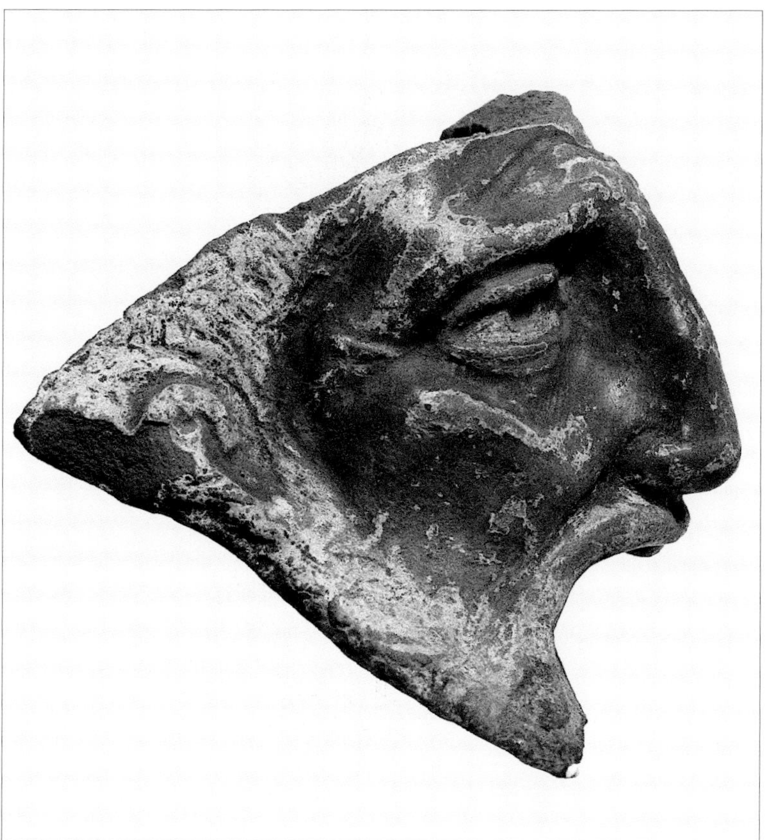

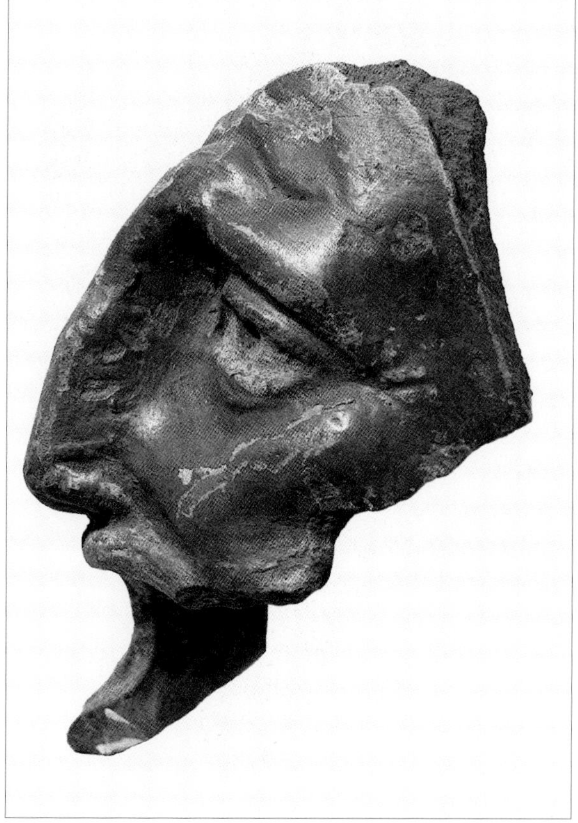

13 c/d: Inv. 9294

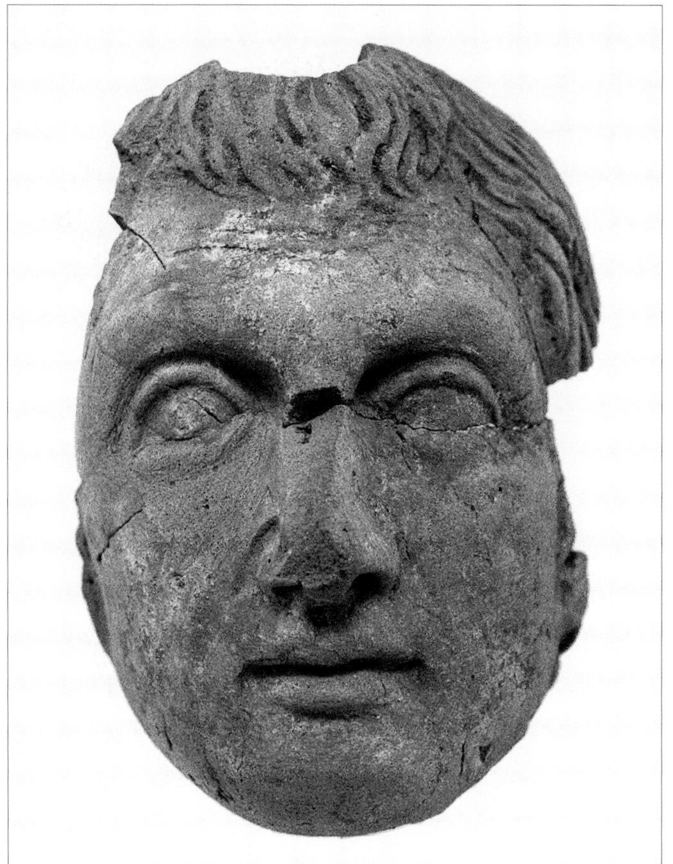

14 a: Inv. 6921

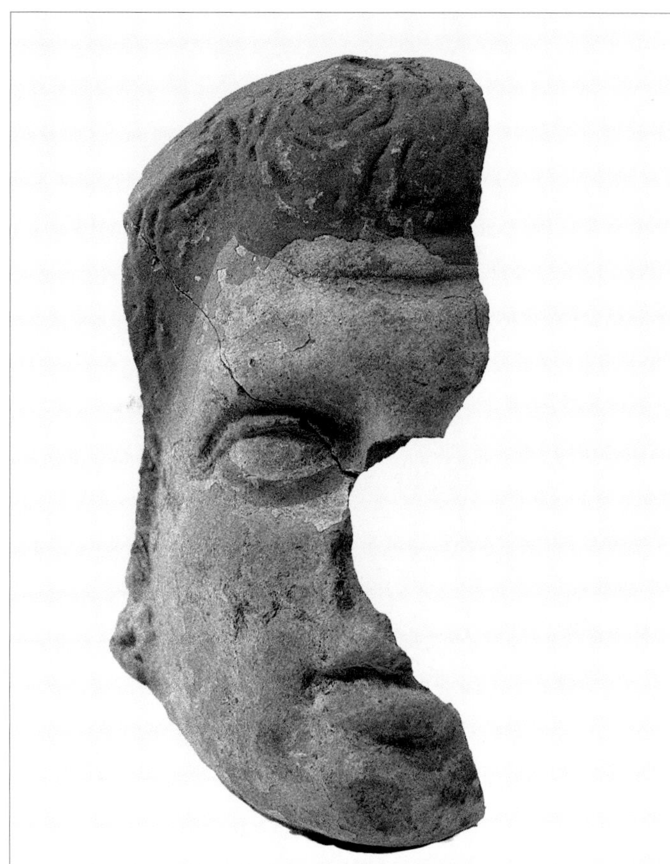

14 b: Inv. 15153

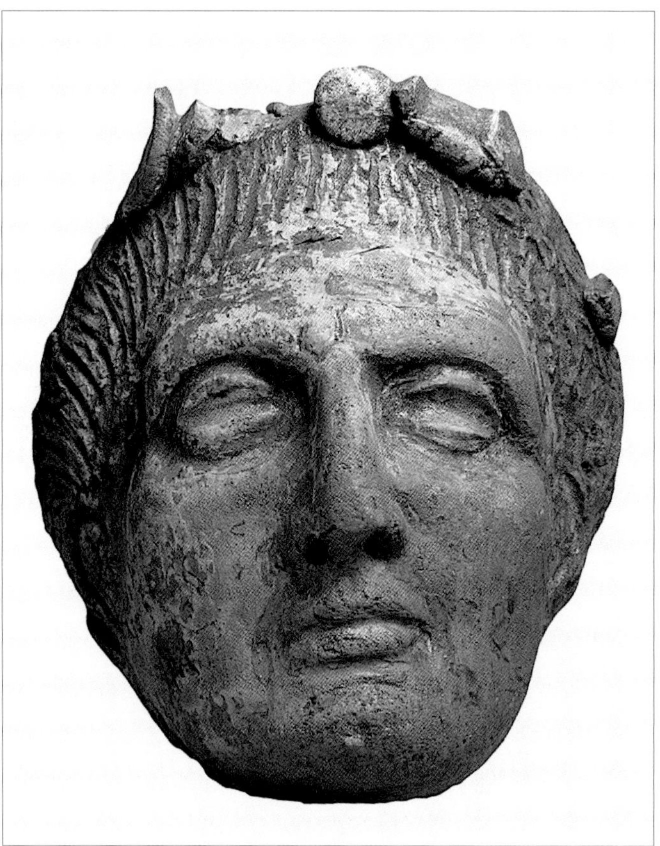

14 c: Glasgow, Kelvingrove Museum 03.70.dt.14

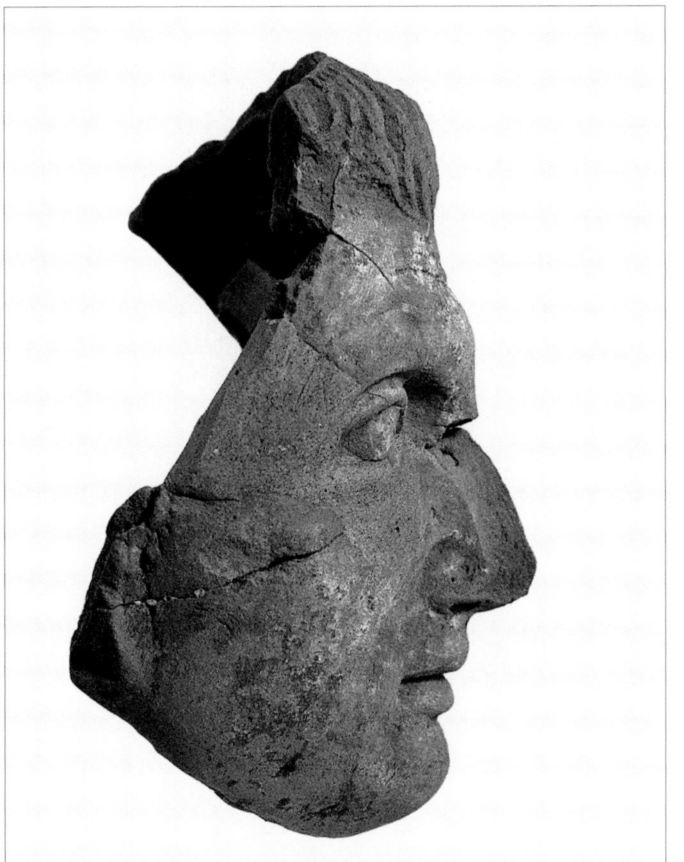

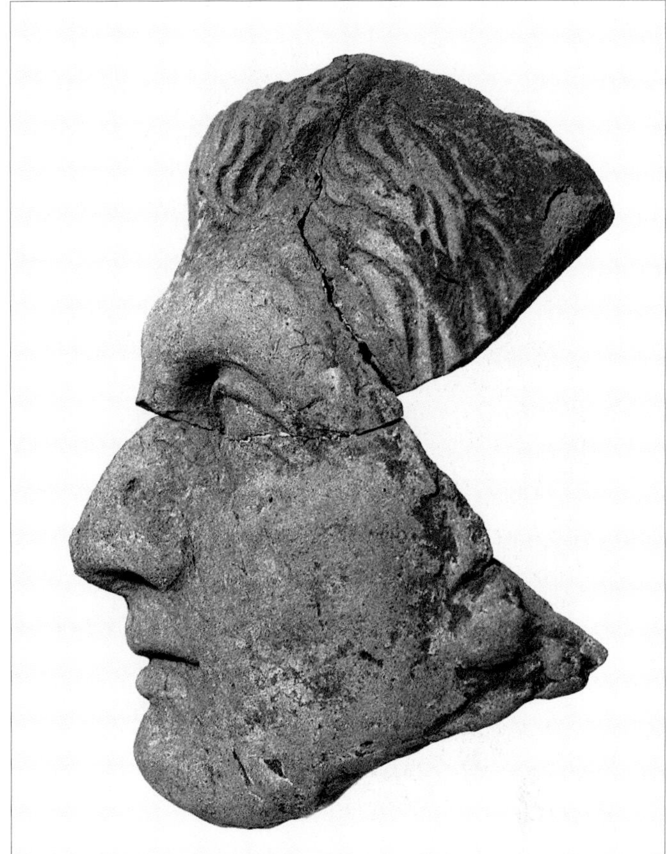

15 a/b: Inv. 6921

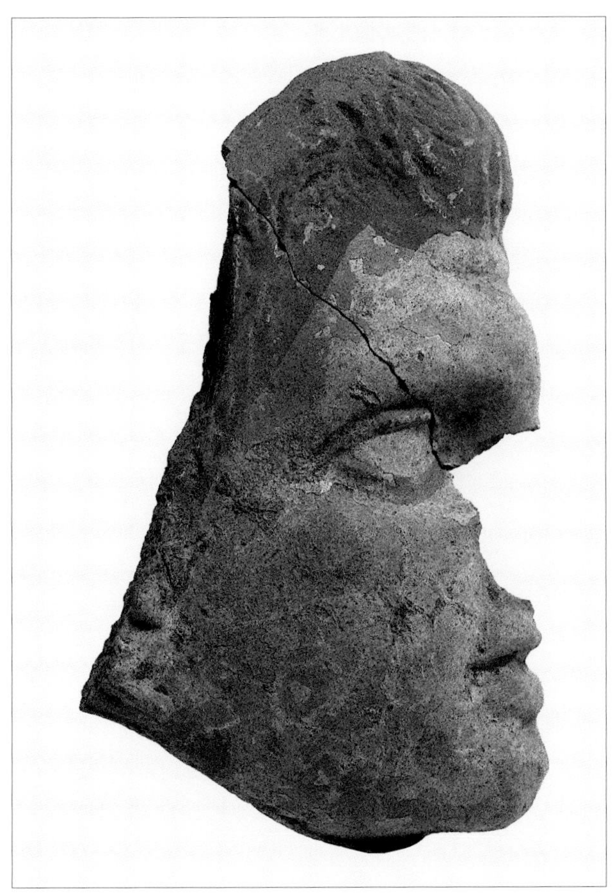

15 c: Inv. 15153

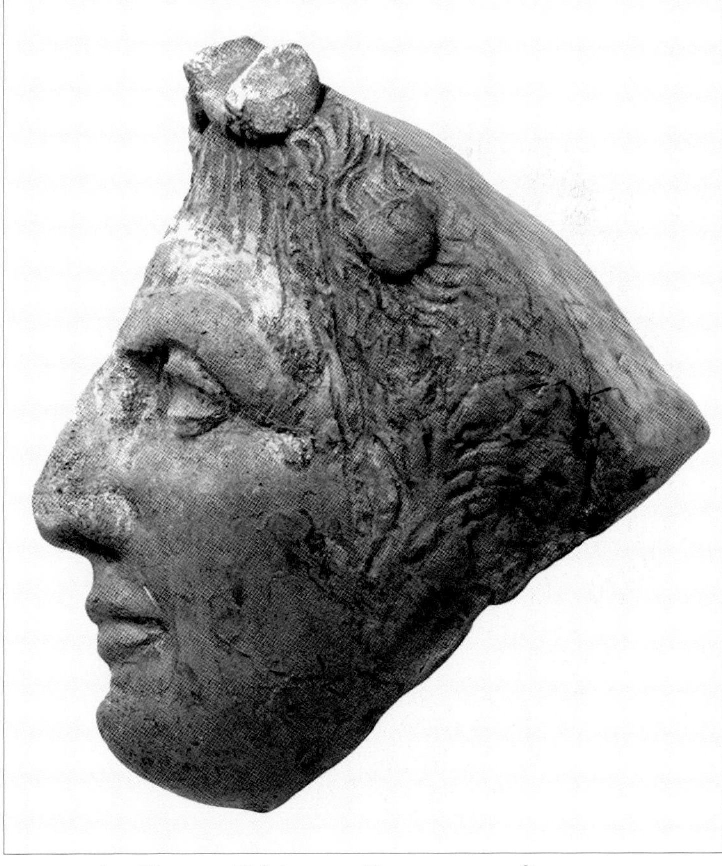

15 d: Glasgow, Kelvingrove Museum 03.70.dt.14

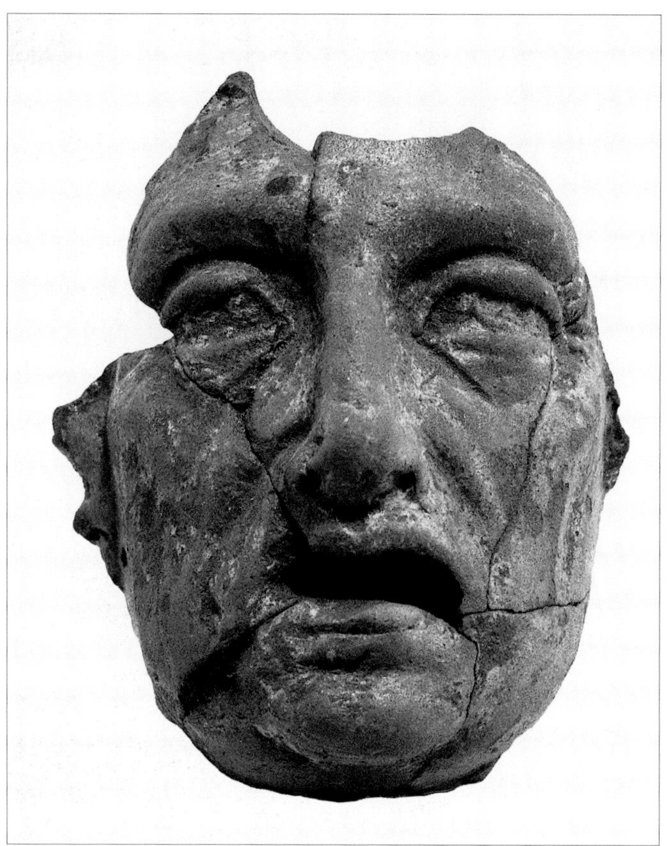

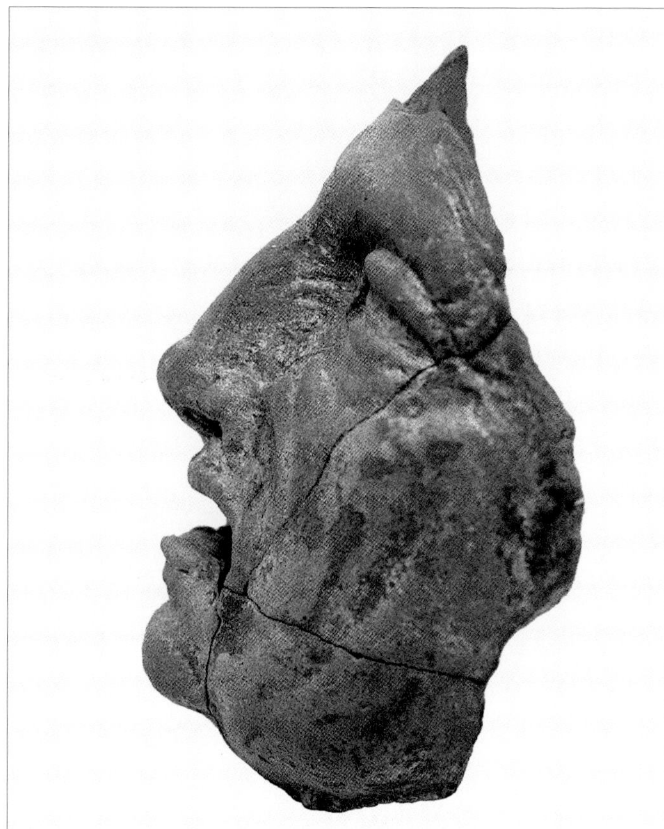

16 a/b: Inv. 3438

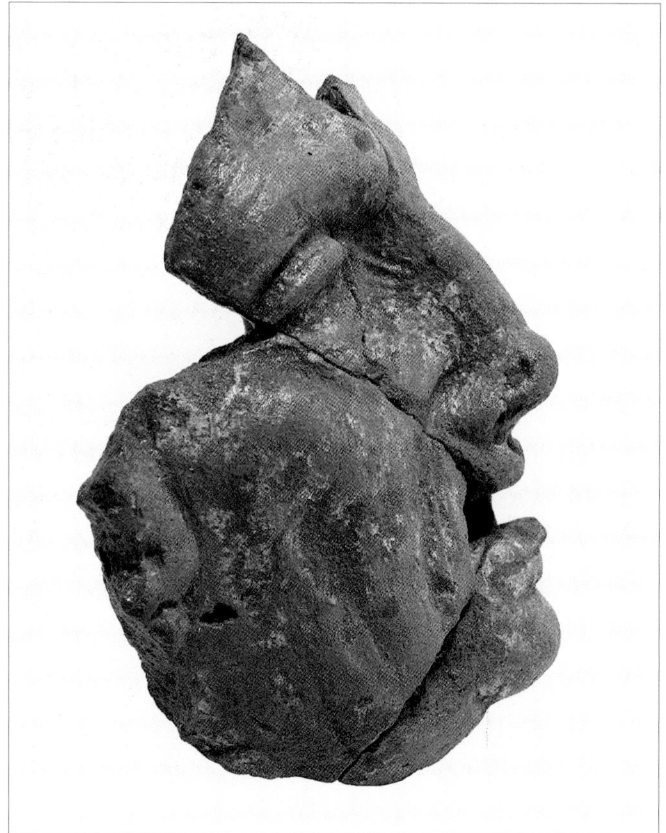

16 c: Inv. 3438

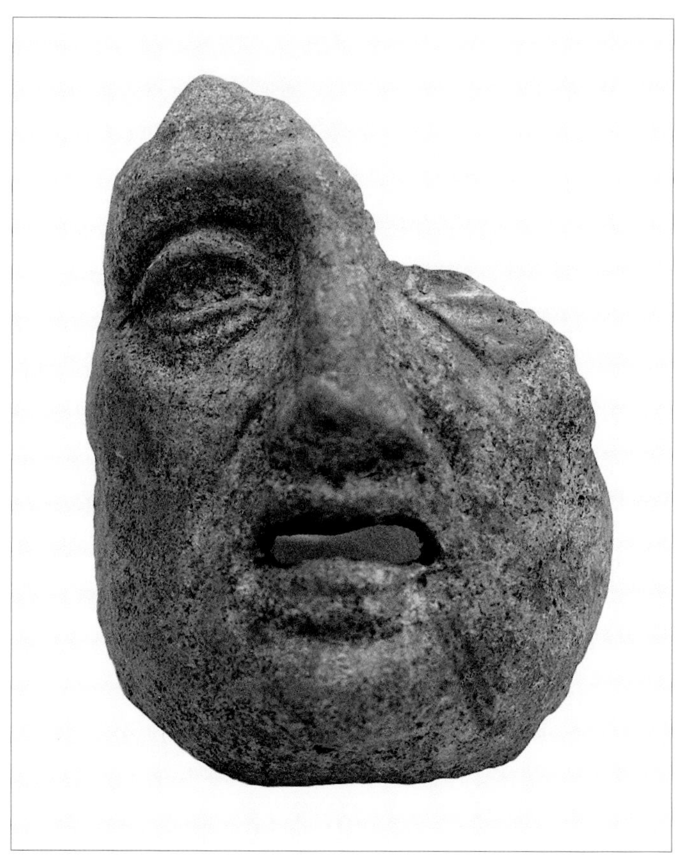

16 d: London, British Museum 1856.12–26.289

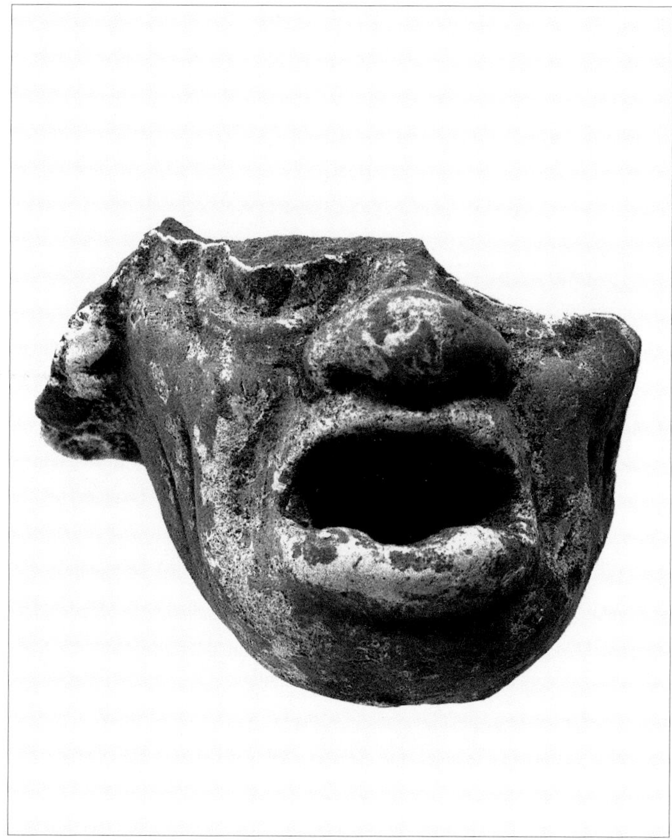

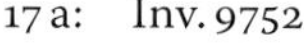
17 a: Inv. 9752

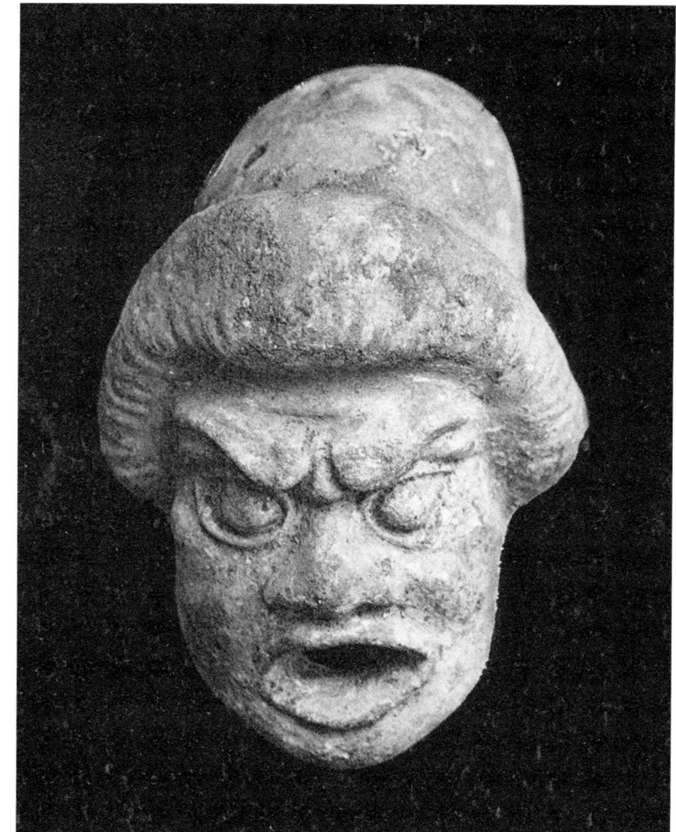
17 b: Sammlung Lecuyer (Archivphoto)

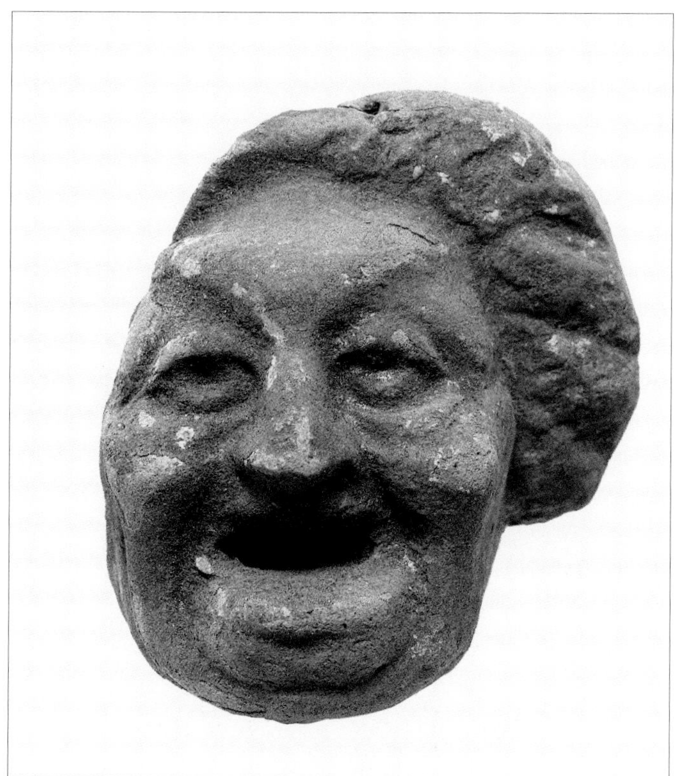
17 c: Inv. 3376

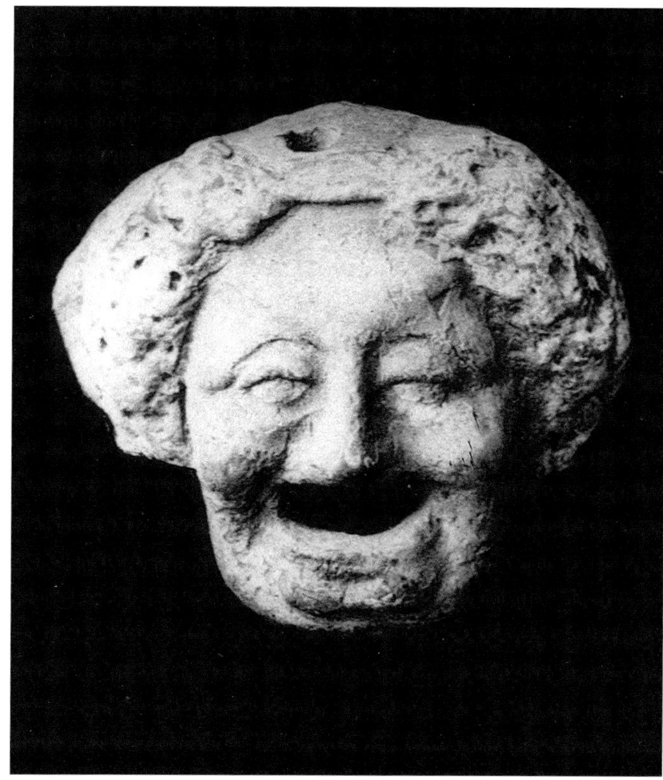
17 d: Sammlung Lecuyer (Archivphoto)

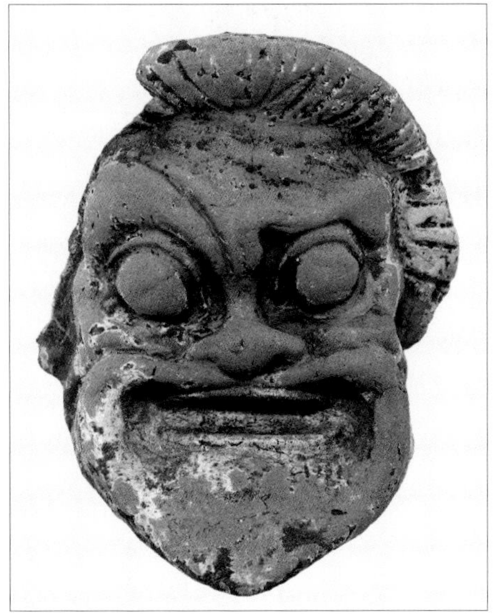

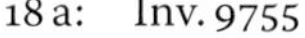
18 a: Inv. 9755

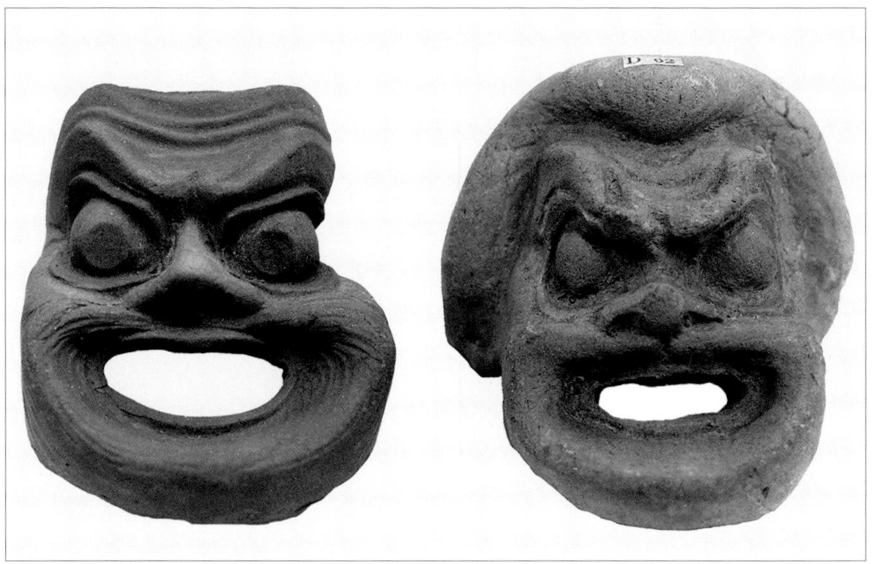

18 b: London, British Museum 1886.4–1.1409 aus Naukratis, 1873.8–20.565

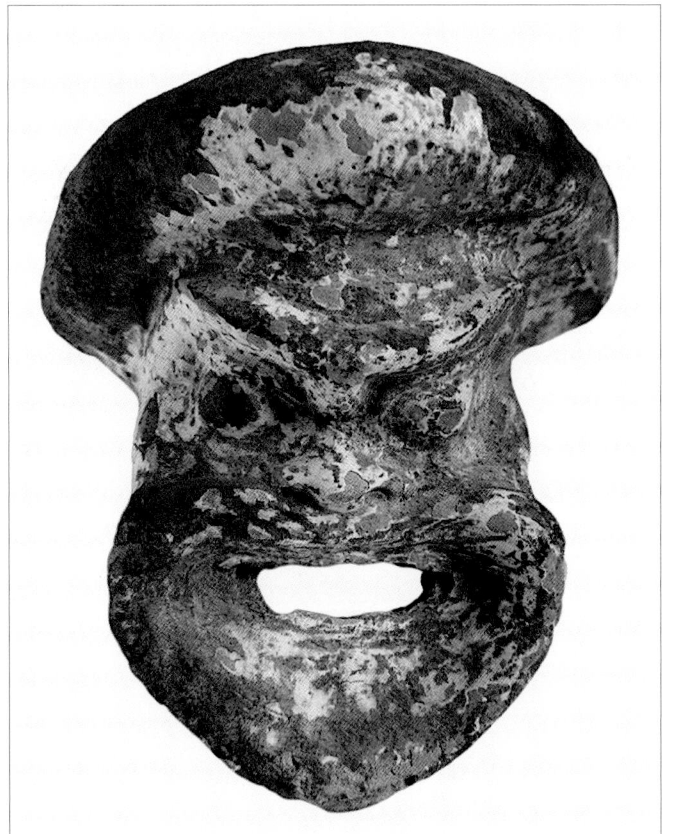

18 c: Athen, Kanellopoulos-Museum Inv. 1861

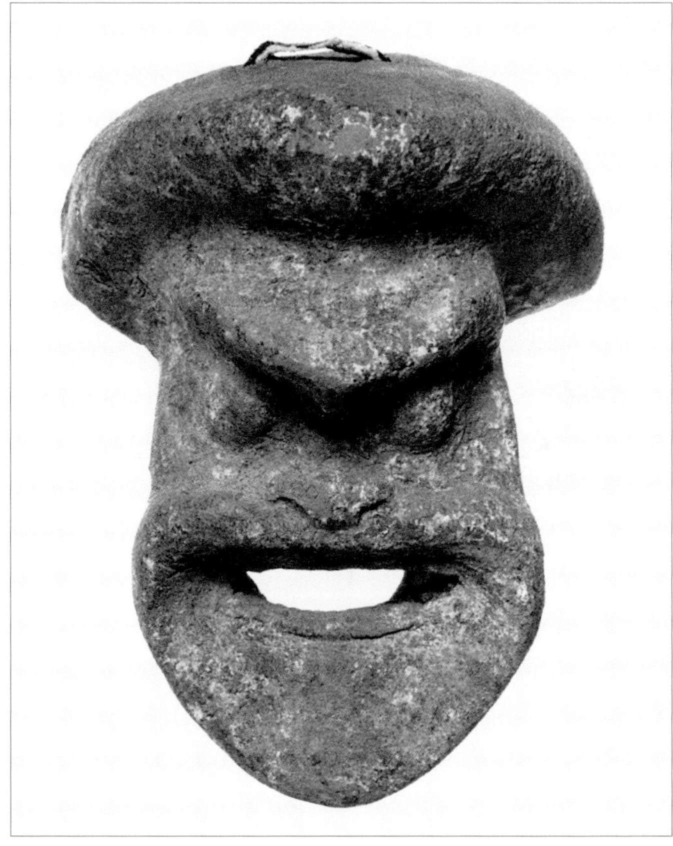

18 d: Athen, Kanellopoulos-Museum Inv. 1862

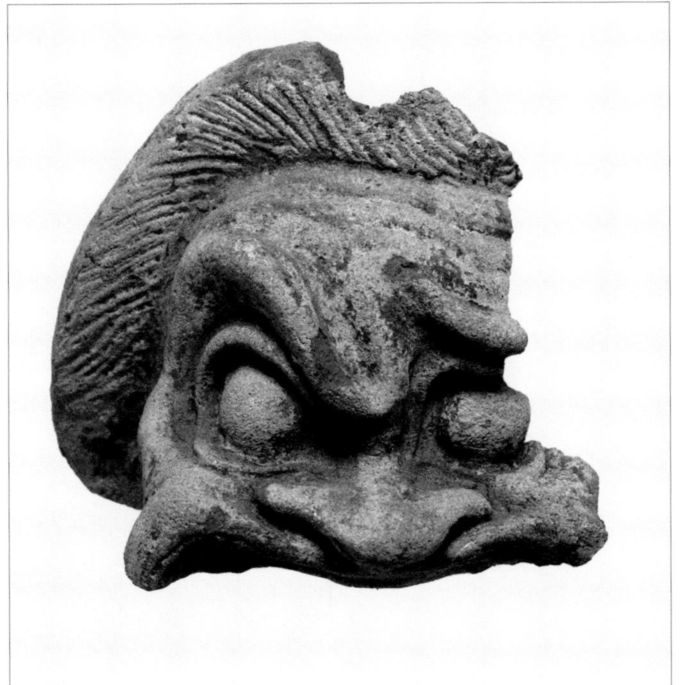

19 a: Inv. 9756

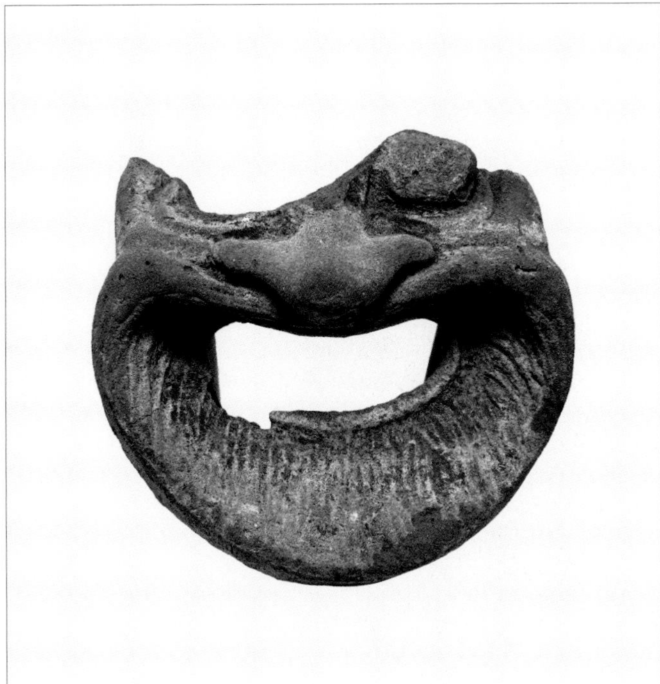

19 b: Inv. 3371

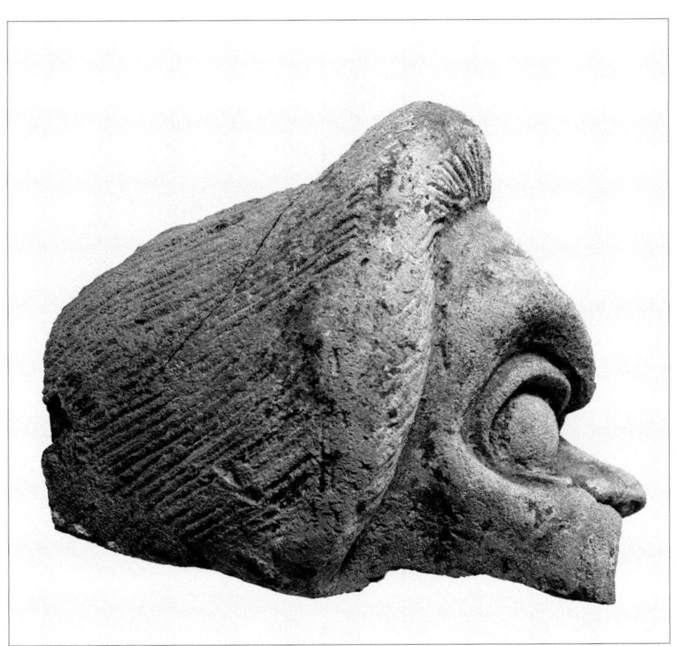

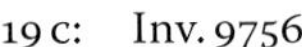

19 c: Inv. 9756

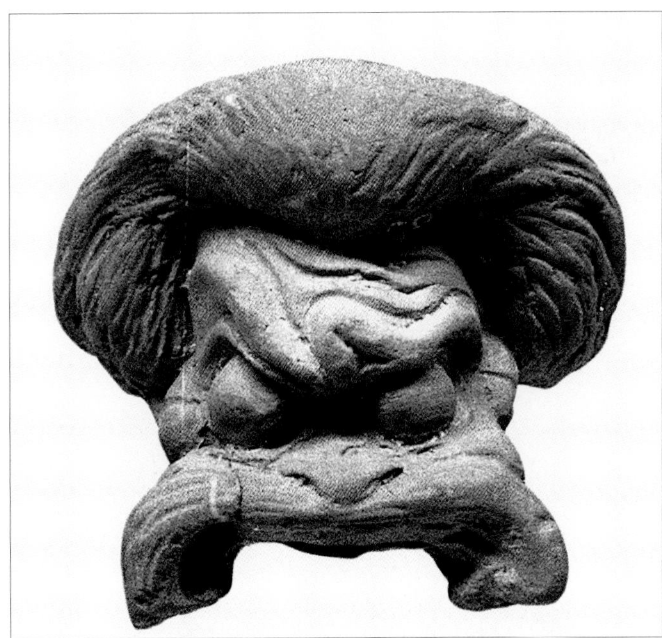

19 d: Korinth, Museum MF 10501

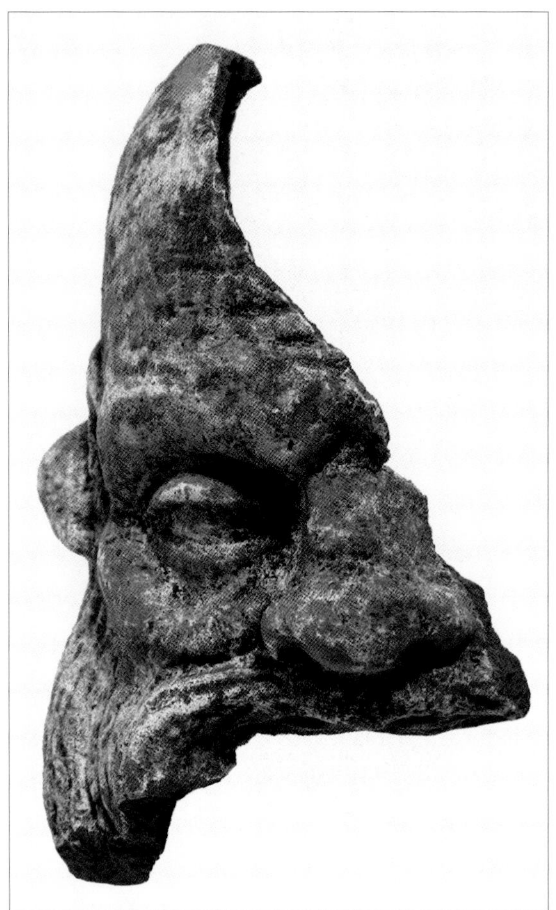

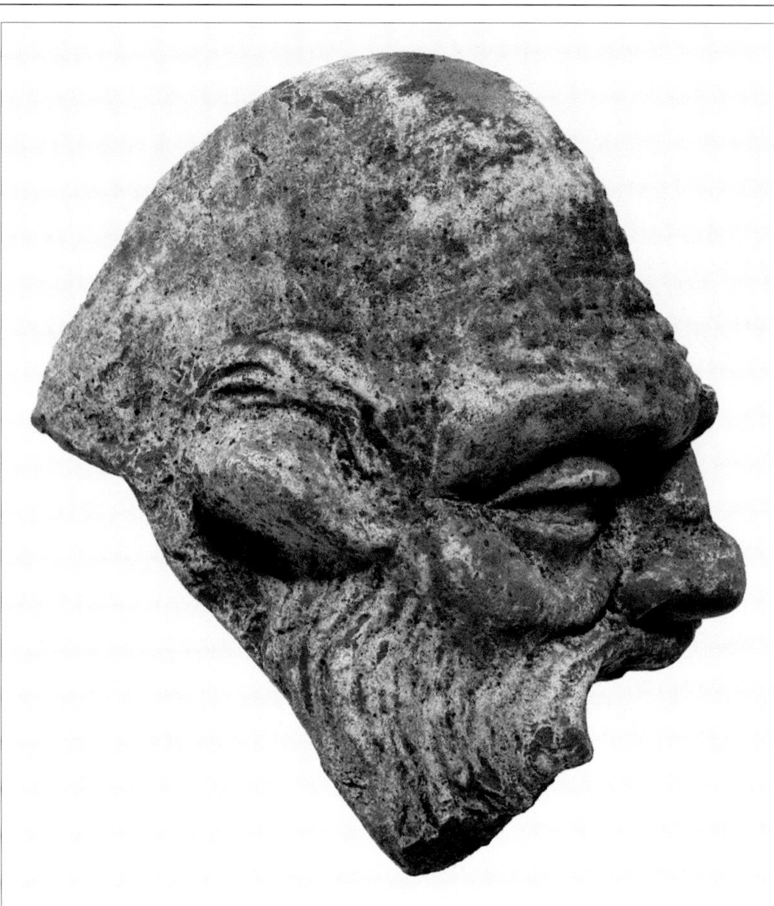

20 a/b: Inv. 15152

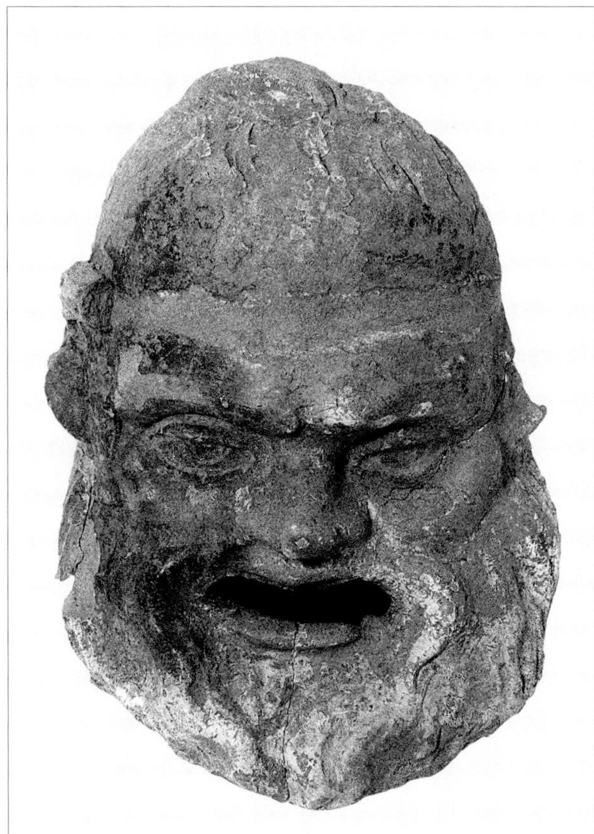

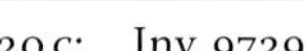

20 c: Inv. 9729

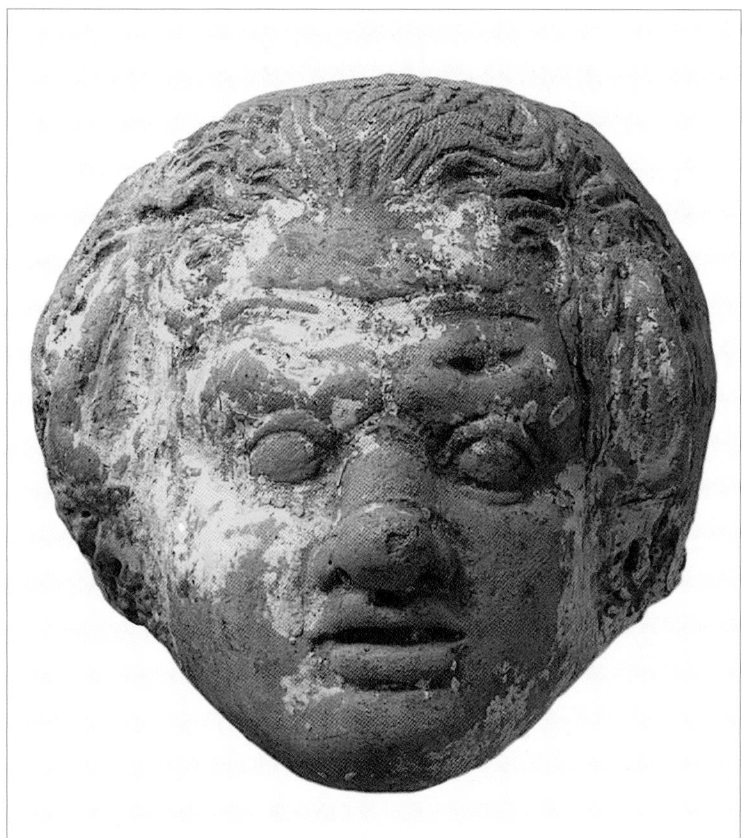

20 d: Glasgow, Kelvingrove Museum 03.70.dt.15

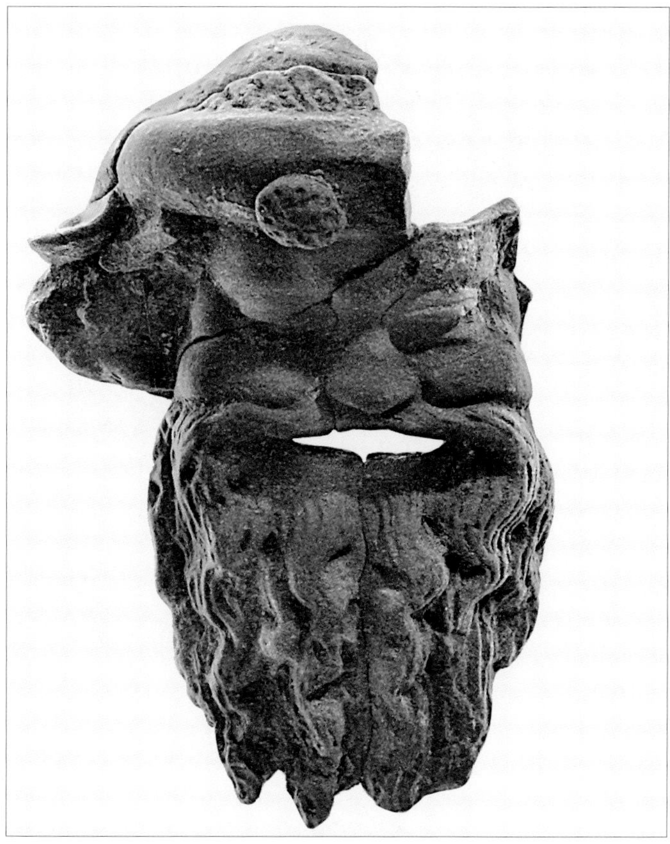

21 a: Korinth, Museum MF 11779

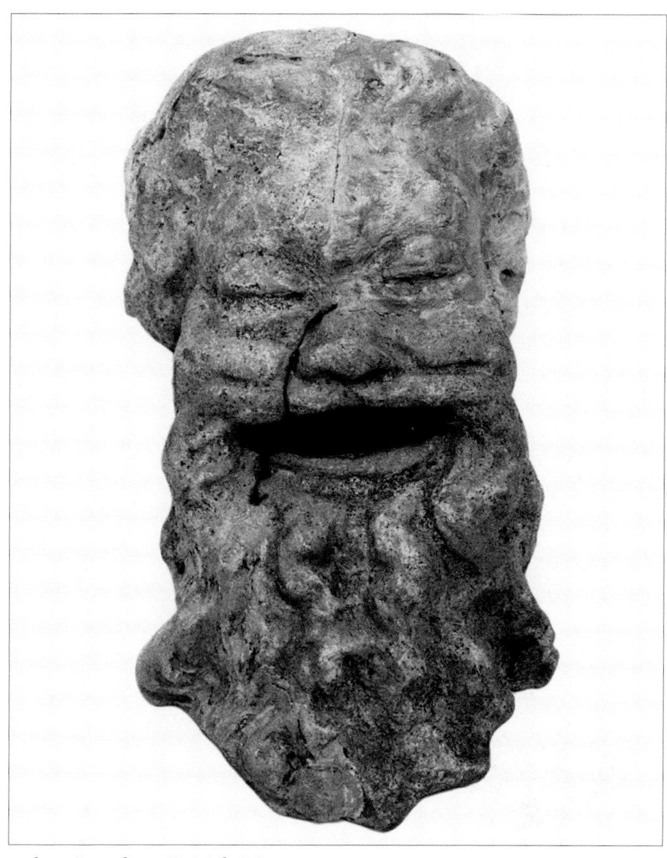

21 b: London, British Museum 1856.12–26.286

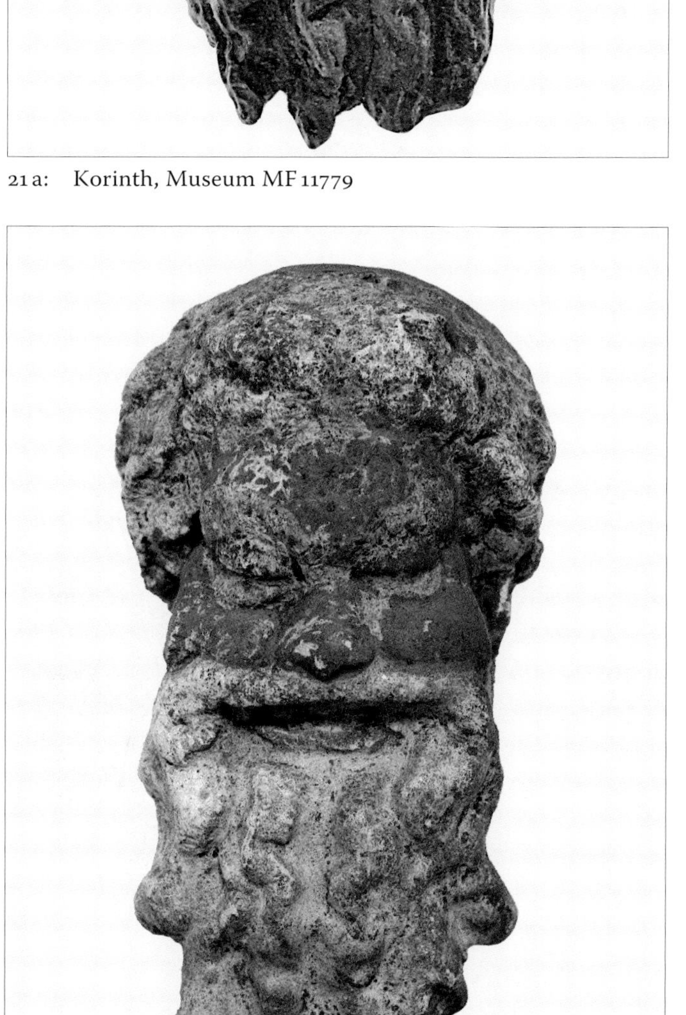

21 c: Inv. 3072

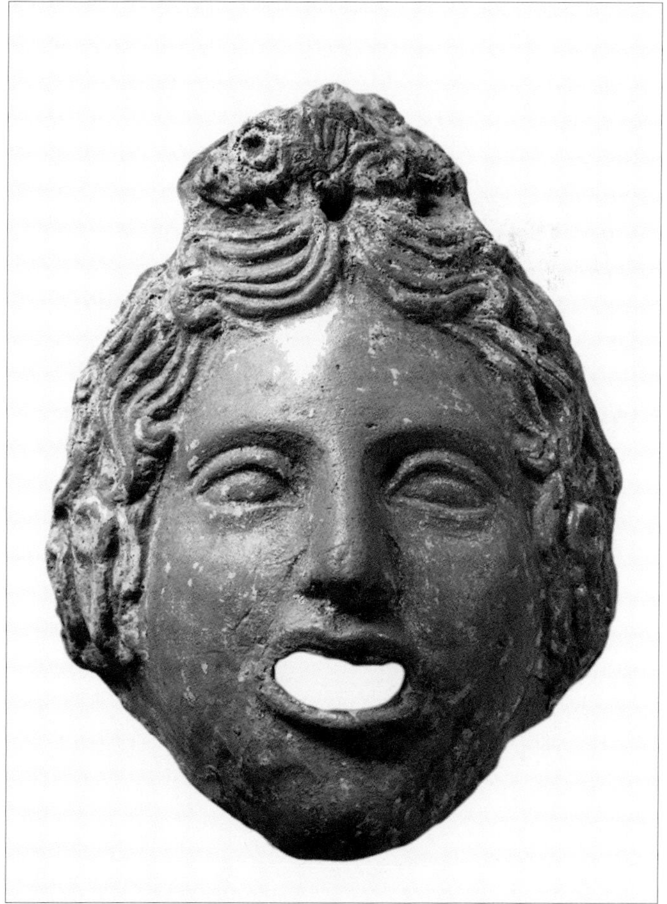

22 a: Glasgow, Kelvingrove Museum 03.70.dt.11

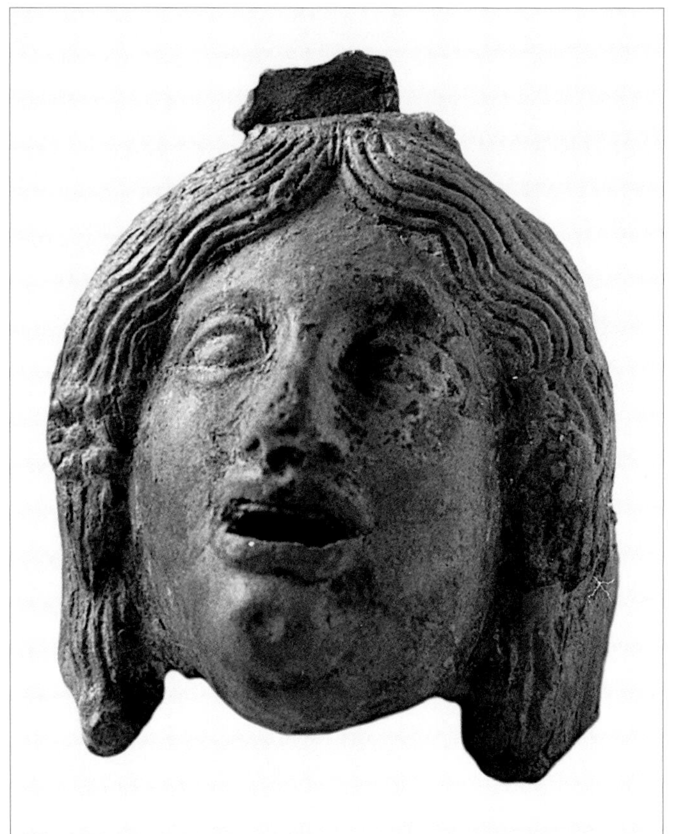

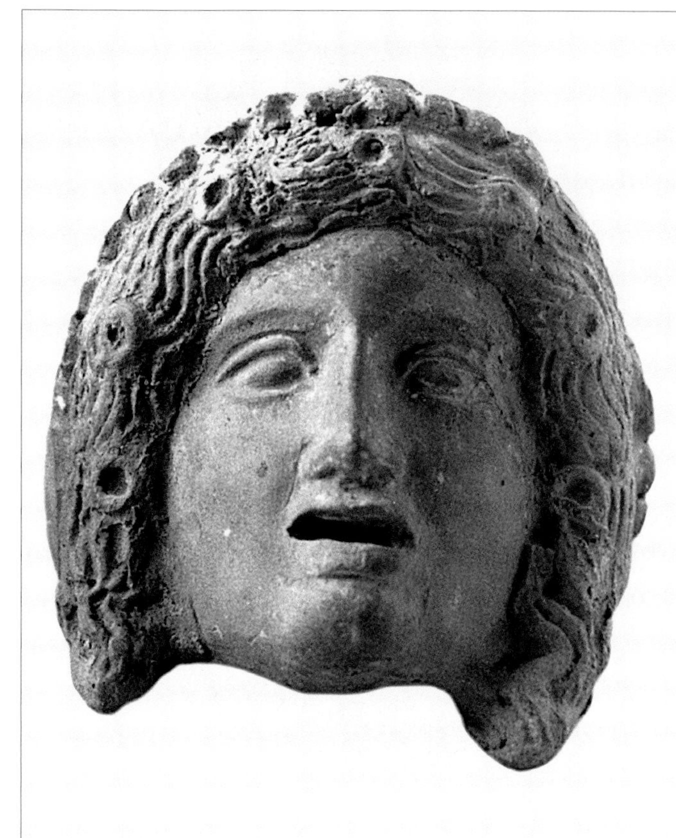

22 b: Glasgow, Kelvingrove Museum 03.70.dt.12; 03.70.dt.9

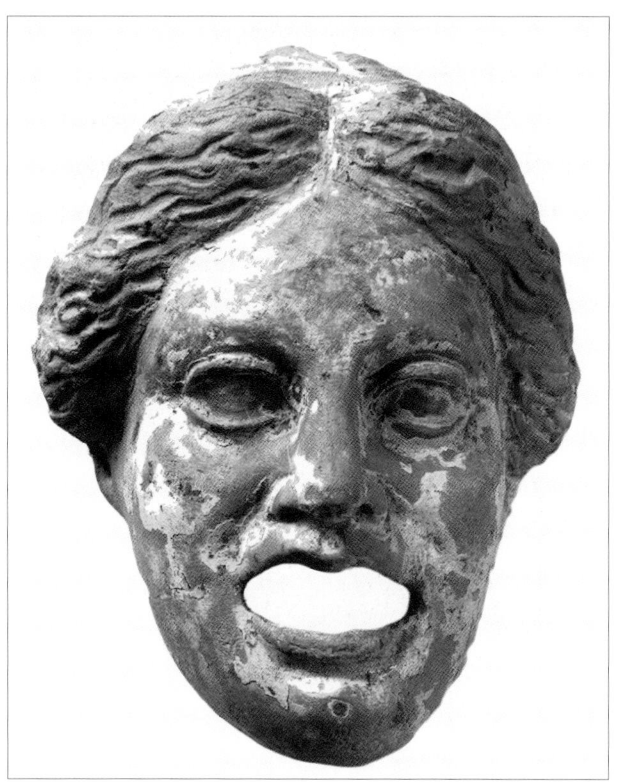

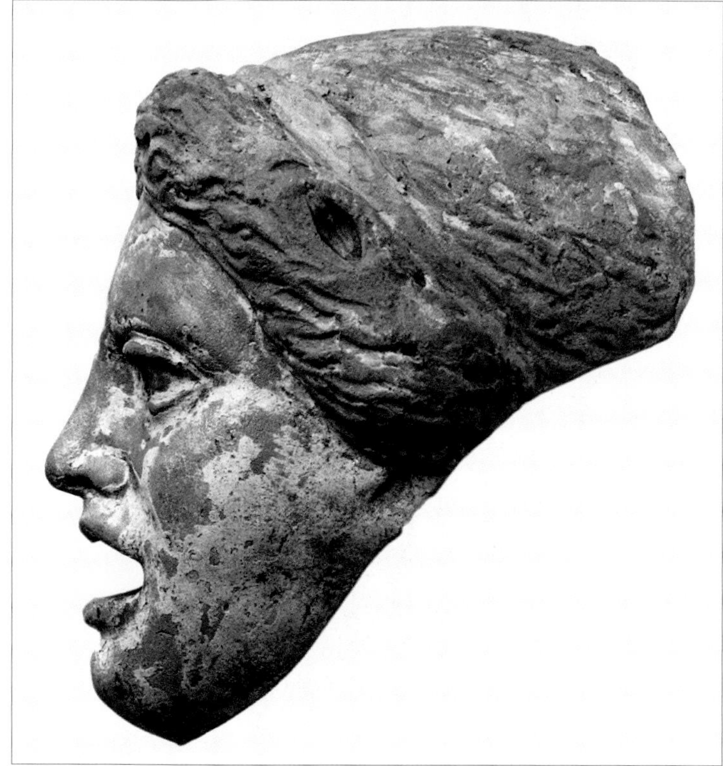

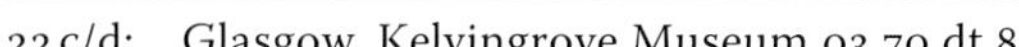

22 c/d: Glasgow, Kelvingrove Museum 03.70.dt.8

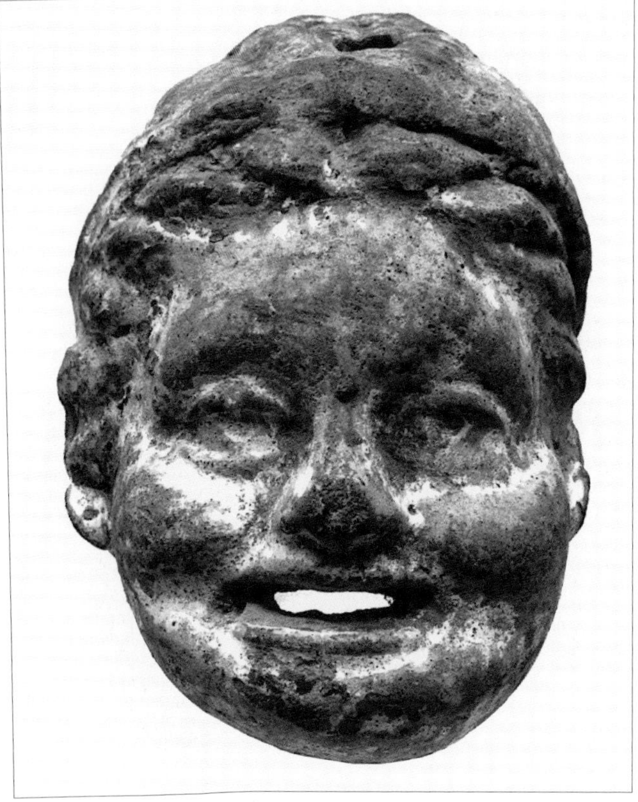

23 a: Neapel, Nationalmuseum Inv. 20513 aus Ponticelli

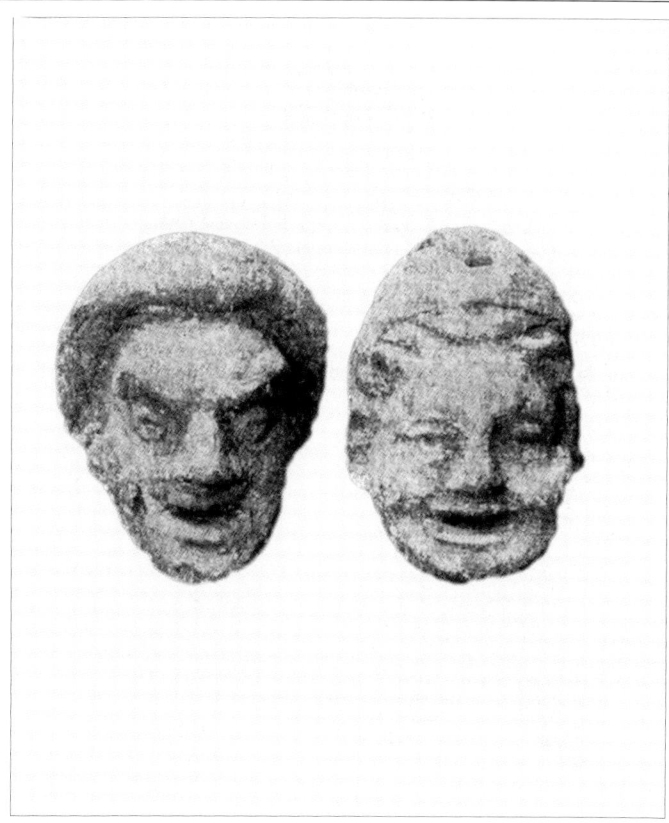

23 b: Masken aus Grab 48 in Ponticelli (Archivphoto)

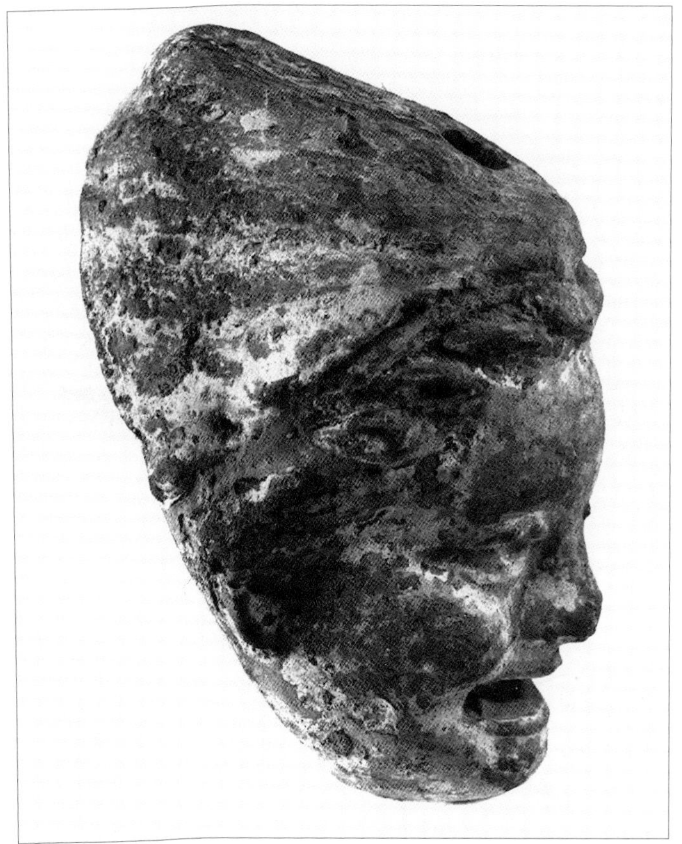

23 c: Neapel, Nationalmuseum Inv. 20513 aus Ponticelli

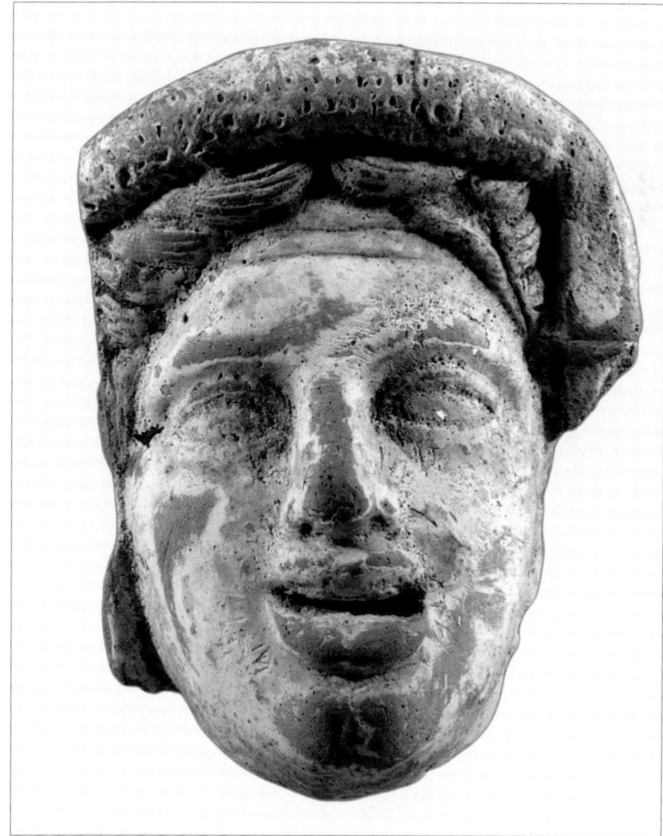

23 d: Palermo, Nationalmuseum Inv. 4000

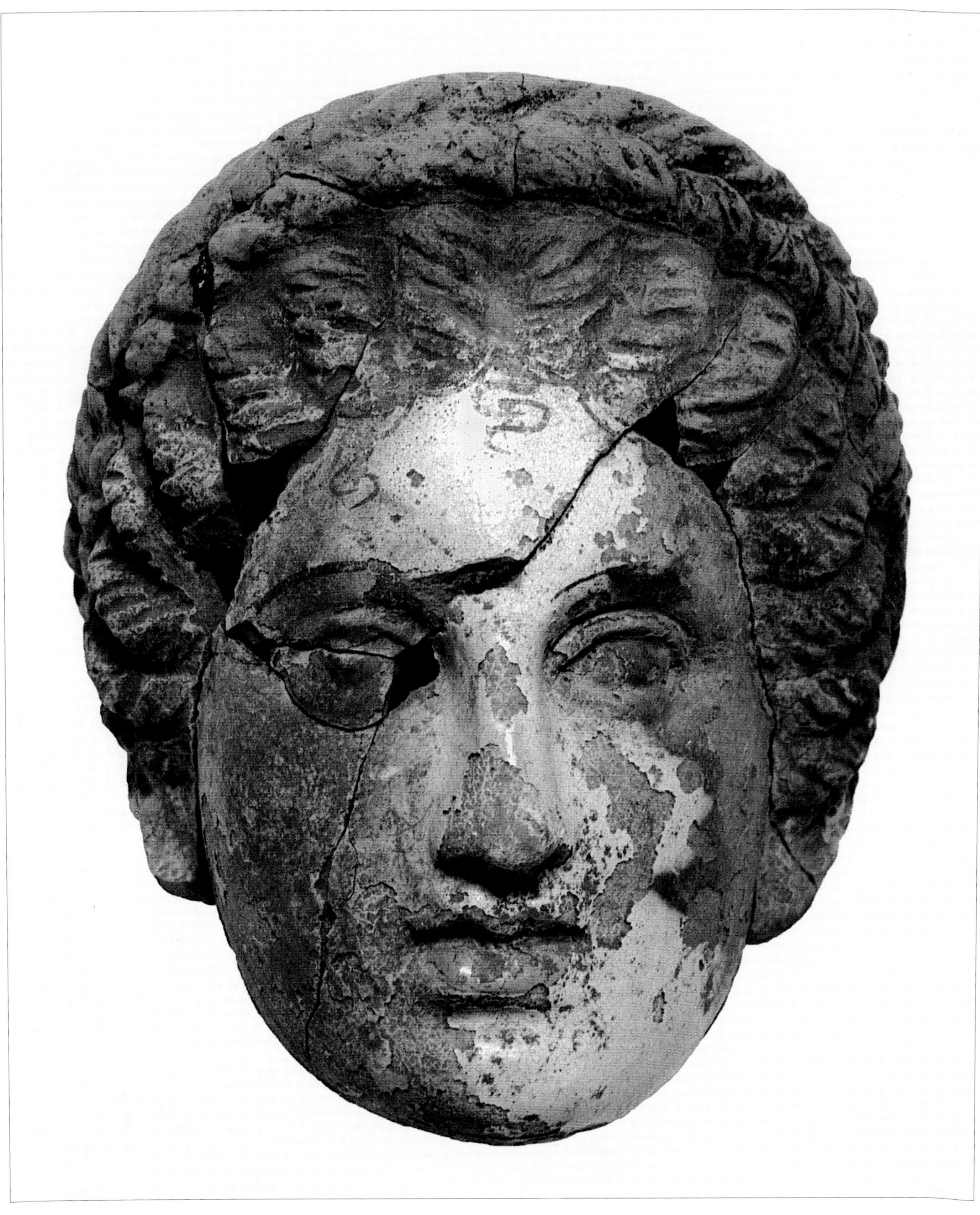

24: Inv. 9762